대한민국임시정부 연구

대한민국임시정부 연구

초판 1쇄 발행 2004. 8. 14.
초판 2쇄 발행 2005. 9. 25.

지은이   김희곤
펴낸이   김경희
펴낸곳   (주)지식산업사
        서울시 종로구 통의동 35-18
        전화 (02)734-1978(대) 팩스 (02)720-7900
        한글문패   지식산업사
        영문문패   www.jisik.co.kr
        전자우편   jsp@jisik.co.kr
        등록번호   1-363
        등록날짜   1969. 5. 8.

책값은 뒤표지에 있습니다.

ISBN   89-423-1080-X   93910

이 책을 읽고 필자에게 문의하고자 하는 이는
지식산업사 전자우편으로 연락 바랍니다.

대한민국임시정부 연구

김 희 곤

지식산업사

책머리에

　임시정부를 연구하겠다고 나섰던 때가 1970년대 말이었으니, 벌써 25년의 세월이 지난 셈이다. 처음 석사학위논문을 쓰느라 상해지역의 독립운동단체에 관심을 가지기 시작하면서 대한민국임시정부(이하 '임시정부')와 그 주변의 독립운동단체를 추적하던 때가 엊그제만 같은데, 돌아보니 벌써 아득하다는 느낌이 든다. 그렇다고 이 긴 세월에 많은 연구 성과를 내놓은 것도 아니니 그저 아까운 시간을 허비했다는 자괴감을 느끼지 않을 수 없다.

　지난 20여 년 동안 임시정부에 대한 학계의 인식은 줄곧 요동쳐왔다고 표현할 수 있을 만큼 변화의 폭이 컸다. 1987년 10월에 개정된 헌법의 전문(前文)을 통해 "3·1운동으로 건립된 대한민국임시정부의 법통"을 계승한다는 뜻이 명문화했음에도, 남한의 일부 학자와 북한학자들은 임시정부를 극히 폄하해 왔다. 또한 남북한이 서로 배타적 정통성을 내세우는 마당이었기에, 정통성을 주장하는 양측의 근거나 논리는 결국 상호 배격될 수밖에 없었다. 따라서 임시정부에 대한 평가는 학술적인 논리보다는 정국 변화의 추이에 따라 '천당과 지옥' 사이를 오갔다.

극단적인 찬사와 폄하로 엇갈리던 임시정부에 대한 평가는 1990년대에 들어 새로운 방향으로 전개되었다. 즉 정부 조직이 수립되어야 했던 시대적 필연성과 역사적 당위성이 증명되었고, 이에 따라 일단 임시정부 자체의 존립가치가 인정되기에 이른 것이다. 그러면서 시기와 형편에 따라 '정부'라는 호칭에 걸맞은 '역할'을 제대로 해내지 못한 경우도 있었기 때문에, 이른바 '역할가치'에 대한 평가가 다양할 수 있다는 논리도 함께 정립되었다.

임시정부를 온당히 평가하기 위해서는 크게 두 가지 관점에서 논의해야 할 필요가 있다. 먼저 미시적인 관점에서 본다면, 임시정부는 한국의 독립을 위해 활동한 여러 세력 가운데 하나이다. 따라서 임시정부만이 배타적인 정통성을 갖는다고 볼 수는 없다. 하지만 수립과정에서 지향한 존립가치나 지속적으로 펼쳐온 활동들을 살펴볼 때, 임시정부를 제각기 독립운동을 벌였던 다른 세력들과 대등한 위상으로 평가하는 것 역시 옳지 않다고 생각한다.

다음으로 거시적인 구도로 본다면, 임시정부의 활동은 당시 세계적으로 전개되었던 식민지해방운동의 대표적인 사례로 평가되어야 한다. 정부조직을 가지고 식민지해방운동을 펼쳐나간 사례 자체가 드문 일이지만, 26년이라는 기나긴 시간을 견디며 독립운동에 전력한 임시정부의 노력은 세계 그 어느 단체나 조직의 활동과 견주어 보아도 유례를 찾기 어려운 것이기 때문이다. 이 점은 세계사적 차원, 곧 제국주의국가의 침략에 맞선 식민지해방운동의 전개라는 거대한 구도 속에서 하나의 중요한 유형으로 이해되고 평가되어야 마땅하다.

이 책은 미리 하나의 주제로 기획하여 집필한 것이 아니다. 그래서 편제상 성근 구석이 없지도 않다. 여기에 담아낸 글은 한두 편을 제외하고는 대개 지난 1995년에 출판된 《中國關內 韓國獨立運動團體研究》(지식산업사) 이후에 발표된 것인데, 그것을 몇 개의 틀 속에 편제시켜 보았다. 여기에는 특히 1992년 중국과 국교가 맺어진 뒤 10여 년에 걸쳐 현지를 방문하면서 얻은 자료와 경험이 크게 도움이 되었다. 그럼에도 풀지 못한 숙제는 아직도 너무나 많다. 이런 과제는 뒷날의 작업으로 넘긴다.

근래에 들어 임시정부 연구 작업은 전혀 다른 차원에서 심각한 난관에 부딪히고 있다. 필자는 독립운동사 영역을 개척한 이른바 '제1세대' 연구자들에 의해 육성된 '전공 제2세대' 연구자에 속하는 셈인데, 다시 후속 연구를 이어나갈 신진연구자가 나타나지 않고 있는 것이다. 연구 인력이 극히 부족한 현 상황은 이 분야 연구의 위축과 직결될 것이다. 이 책의 출간이 임시정부 연구의 활성화뿐만 아니라 신진연구자의 등장을 촉구하는 촉매제가 되었으면 더 바랄 나위가 없겠다.

끝으로 이번에도 출판을 맡아주신 지식산업사의 김경희 사장님께 감사의 말씀을 드린다. 그리고 행간의 뜻까지 읽어가며 글을 다듬어 주신 편집부의 윤동구 씨에게도 고마운 마음을 표한다.

2004년 7월
김 희 곤

차 례

책머리에 / 5

제1부 서 설

대한민국임시정부에 대한 연구 성과· ································· 17
    1. 머리말 / 17
    2. 시기별 연구 성과 / 19
    3. 주제별 연구 성과 / 32
    4. 연구과제와 제언 / 47

제2부 대한민국임시정부의 활동과 독립운동방략

대한민국임시정부 상해시대(1919~1932)의 활동 ·················· 55
    1. 정부 수립 초기(1919~1921)의 활동 / 56
    2. 국민대표회의기(1922~1924)의 활동 / 67
    3. 유일당운동기(1925~1929)의 활동 / 71
    4. 정당조직 정착기(1930~1932)의 활동 / 76

대한민국 임시의정원의 성격 ·· 83
1. 머리말 / 83
2. 임시의정원의 성립 / 85
3. 임시의정원의 활동과 기능 / 89
4. 임시의정원의 구성 / 98
5. 맺음말 / 108

대한민국임시정부와 중국관내지역 독립운동 ························ 111
1. 머리말 / 111
2. 동포사회의 형성과 독립운동의 태동 / 112
3. 수립 초기 한인사회의 점증과 임시정부 지지·반대세력 / 116
4. 1920년대 중·후반 활동지역의 확산과 노선의 분화·통합 / 125
5. 1930년대 내륙지방 이동과 독립운동정당 및 군사조직 건설 / 130
6. 1940년대 독립운동의 광역화와 통합정부 성립 / 137
7. 맺음말 / 145

대한민국임시정부의 독립운동방략 ······································ 147
1. 임시정부에 대한 바람직한 평가를 위하여 / 147
2. 가능한 방략의 총동원(1919~1921) / 149
3. 장기전략 수립과 의열투쟁 채택(1922~1932) / 154
4. 군사력 양성과 전시체제 확립(1933~1939) / 159
5. 군사·외교방략 추진(1940~1945) / 162
6. 방략을 통해 본 임시정부의 위상 / 170

대일선전포고에 대한 몇 가지 문제 ······································ 173
1. 머리말 / 173
2. 대일선전 선포일자에 대한 문제 / 174
3. 대일선전포고의 내용 / 179
4. 임시정부의 기본노선과 대일선전포고 / 182

5. 해방 후 국제사회에서 무시된 대일선전 / 184

6. 맺음말 / 187

제3부 정당과 이념

1920년대 대한민국임시정부의 좌우합작운동 ·························· 191

1. 머리말 / 191

2. 유일당운동의 전개와 발전 / 192

3. 유일당운동의 중단과 좌·우 세력의 분립 / 201

4. 맺음말 / 208

중국관내 독립운동정당의 활동 ······························· 211

1. 독립운동정당의 성립과 활동 / 212

2. 각 정당의 통합노력과 양대 정당체제의 성립 / 225

3. 양대 연합체제와 통합노력 / 233

4. 양대 정당체제의 재현 / 244

5. 임시정부로의 합류 / 248

6. 1930년대 이후 독립운동정당의 특성 / 256

중국관내 우파진영의 민족주의 ······························· 259

1. 머리말 / 259

2. 우파진영 민족주의의 원류 / 261

3. 유일당운동과 우파 이념의 형성 / 264

4. 정당 중심 활동과 우파 이념의 정립 / 268

5. 임시정부 건국방략과 우파 이념의 완성 / 271

6. 맺음말 / 274

제4부   상해시대의 주역들

대한민국임시정부와 신규식 ·· 279

  1. 머리말 / 279

  2. 정부 각료로서의 활동 / 281

  3. 대종교 활동과 《震壇》《震壇週報》 발행 / 287

  4. 협성회 결성과 임시정부 유지 / 293

  5. 국무총리 취임과 호법정부에 대한 외교활동 / 298

  6. 순국 / 310

  7. 맺음말 / 312

백범 김구와 상해 임시정부 ·· 315

  1. 머리말 / 315

  2. 경무국장 시기(1919~1922)의 정부수호활동 / 317

  3. 내무총장 시기(1923~1926)의 정부 유지와 장기전략 추진 / 324

  4. 국무령 시기(1926~1927)의 국무위원제 개헌 / 331

  5. 내무장 시기(1927~1930)의 정부 기초 강화와 유일당운동 / 335

  6. 재무장 시기의 한인애국단 결성과 의열투쟁 / 338

  7. 맺음말 / 345

안창호의 중국관내지역 통일운동 ·································· 349

  1. 머리말 / 349

  2. 국민대표회의 주도 / 351

  3. 유일당운동의 추진 / 362

  4. 한국독립당 창당·대중국 통일운동 모색 / 369

  5. 맺음말 / 379

제5부 결 론

대한민국임시정부의 역사적 의의와 정통성 문제 ····················· 385
   1. 대한민국임시정부 수립과 그 역사적 의의 / 385
   2. 대한민국임시정부에 대한 정통성 시비와 바른 인식 / 387

부 록

조선의용대의 독립운동전략 ··································· 393
   1. 머리말 / 393
   2. 전략의 추이 / 397
   3. 공작 활동 / 402
   4. 조선혁명군 건설 계획 / 416
   5. 민족통일운동 인식 / 419
   6. 한중연합전선 추구 / 421
   7. 원동반제통일전선 추진 / 423
   8. 맺음말 / 426

중국 남부지역 한국독립운동 유적의 현황과 과제 ··················· 429
   1. 머리말 / 429
   2. 지역별 유적 분포와 현황 / 431
   3. 과제 / 463
   4. 맺음말 / 468

찾아보기 / 471

〔표 차례〕

〔표 1〕 임시의정원 의원(1919) 분석 ······································· 99
〔표 2〕 상해지역 유적 현황 ··· 433
〔표 3〕 항주지역 유적 현황 ··· 435
〔표 4〕 가흥지역 유적 현황 ··· 436
〔표 5〕 진강지역 유적 현황 ··· 438
〔표 6〕 남경지역 유적 현황 ··· 440
〔표 7〕 무한지역 유적 현황 ··· 443
〔표 8〕 장사지역 유적 현황 ··· 445
〔표 9〕 부양·임천지역 유적 현황 ··· 446
〔표 10〕 중경지역 유적 현황 ··· 450
〔표 11〕 기강지역 유적 현황 ··· 453
〔표 12〕 성도지역 유적 현황 ··· 453
〔표 13〕 광주지역 유적 현황 ··· 457
〔표 14〕 계림지역 유적 현황 ··· 458
〔표 15〕 유주지역 유적 현황 ··· 461
〔표 16〕 곤명지역 유적 현황 ··· 462

[사진 차례]

[사진 1] 대한민국임시정부 대일선전성명서 ·················· 175
[사진 2] 윤봉길이 심문 받던 일본 상해주둔군 헌병대사령부 자리 ····· 432
[사진 3] 상해 육삼정 의거 현장 ·················· 432
[사진 4] 항주 호변촌 대한민국임시정부 청사 ·················· 434
[사진 5] 김구 피난처(가흥 매만가) ·················· 436
[사진 6] 김구 피난처(가흥 해염현 재청별장) ·················· 436
[사진 7] 남경 조선혁명군사정치간부학교 훈련장소 ·················· 439
[사진 8] 대한민국임시정부 주화대표단 본부 ·················· 439
[사진 9] 조선민족전선연맹이 있던 무한 승리가 15호 ·················· 442
[사진 10] 조선의용대가 창설식을 개최한 장소 ·················· 442
[사진 11] 장사 대한민국임시정부 청사 자리 ·················· 444
[사진 12] 김구가 수술 받은 장사 상아의원 자리 ·················· 444
[사진 13] 광복군 제3지대 성립 장소 ·················· 446
[사진 14] 한국광복군훈련반 훈련 장소 ·················· 446
[사진 15] 중경 유가만 남천집중영 포로수용소 자리 ·················· 449
[사진 16] 광파대하 자리 ·················· 449
[사진 17] 조선혁명당 요인·대한민국임시정부 요인 가족들 거주지 ····· 452
[사진 18] 7당통일회의 개최 장소 ·················· 452
[사진 19] 성도군관학교 남교장 터 ·················· 454
[사진 20] 성도군관학교 북교장 성벽 ·················· 454
[사진 21] 광주 사하병영 자리 ·················· 456
[사진 22] 한국독립당 광동지부 사무소 자리 ·················· 456
[사진 23] 대한민국임시정부 요인 거주지(추정) ·················· 460
[사진 24] 한국광복진선청년공작대 기념사진 촬영지 ·················· 460
[사진 25] 운남육군강무당 ·················· 462
[사진 26] OSS 중국전구 본부 구지 ·················· 462

제1부

서 설

■ 대한민국임시정부에 대한 연구 성과

대한민국임시정부에 대한 연구 성과

1. 머 리 말

대한민국임시정부(이하 '임시정부')에 관한 연구는 그야말로 많은 굴곡을 거쳐 왔다. 27년이란 오랜 시간에 걸쳐 투쟁을 벌였음에도 임시정부는 귀국 단계부터 제자리를 찾기 힘들었고, 해방정국에서는 남북분단과 미군정의 정책 및 이승만(李承晩)의 배척 때문에 중국에서 겪은 시련보다 모진 홍역에 시달렸다. 임시정부는 국민들에게 자신들의 활동을 알리고자 몇 가지 소책자를 발간하기까지 했으나, 이는 제대로 전달되지 못했다. 이승만은 집권하면서부터 입으로는 임시정부의 정통성을 주장하면서도 실제로는 이를 철저하게 배척하였고, 북한에서도 역시 임시정부를 깎아 내렸던 것이다. 그러므로 1950년대는 임시정부에 관한 연구를 진행할 엄두조차 내지 못하는 시기였다고 할 수 있다. 임시정부 연구는 1960년대, 그것도 중반 이후에나 겨우 고개를 들 수 있었다.

이후 남한과 북한에 모두 독재정권이 장기간 지속되면서, 필요한 경우에 한편에서는 임시정부의 정통성을 내걸고, 반대편에서는 이를 비난하는 상황이 되풀이되었다. 그러던 사이, 1970년대에 접어들자 독립운동사 연구는 서서히 기지개를 켜기 시작했고, 임시정부사 연구도 차츰 한 걸음씩 나아가게 되었다. 그렇지만 분단과 냉전논리의 영향으로 말미암아 독립운동사 전체 연구동향과 마찬가지로 임시정부사 연구도 불완전하게 진행될 수밖에 없었고, 장기집권세력에게 악용되는 상황도 계속되었다. 남한의 집권세력이 임시정부를 긍정 일변도로 치켜세우고 일부 학자들이 이에 발맞추었다면, 북한은 임시정부를 철저하게 평가절하할 뿐이었다. 심지어 1980년대 후반 남한에서 민주화운동의 소용돌이 속에서조차 임시정부는 또다시 격렬한 비판에 시달려야 했다. 그렇지만 그 가운데서도 임시정부에 대한 연구는 꾸준히 전개되어 왔다.

1970년대의 임시정부사에 대한 연구는 저서 4권과 20편의 논문이 고작이었다. 그런데 1980년대에는 저서 11권과 논문 백여 편이 발표되었고, 1990년대에는 저서 25권과 150여 편의 논문이 쏟아져 나오기에 이르렀다. 더구나 1990년대에는 정부의 여러 기관들이 앞장서면서 많은 자료집이 발간되었고, 또 박사학위논문이 9편이나 발표됨으로써 연구 분위기가 한껏 고조되었다. 임시정부사 연구가 이제 새로운 단계로 접어들고 있는 듯한 분위기인 것이다.

이 글은 임시정부에 대한 그간의 연구 성과를 시기별·주제별로 정리하고 향후 과제 및 제언을 덧붙이는 형식으로 구성된다. 여기에서 연구 성과에 대한 통계는 1960년대 이후부터 1990년대까지, 곧 1999년까지를 대상으로 삼는다.

2. 시기별 연구 성과

1) 1960 · 70년대

앞서 잠시 언급한 대로, 해방정국에서 임시정부에 대한 소규모의 홍보용 자료가 발간된 바 있다. 그렇지만 당시 정국의 한계로 말미암아 제대로 된 자료집이 발간되지 못하였다. 그러다가 김승학(金承學)이 《韓國獨立史》(독립문화사, 1970)를 발간한 뒤로, 국사편찬위원회《韓國獨立運動史資料》 1~4, 1973~1976) · 독립운동사편찬위원회(국가보훈처, 《獨立運動史資料集》 7~9, 별집 2, 1973~1976) · 국회도서관《大韓民國臨時政府議政院文書》, 1974 ;《韓國民族運動史料》 中國篇, 1976) 등의 정부기관이 나서서 이 작업을 본격화하기에 이르렀다.

이와 함께 개인적인 노력에 따른 자료집 출간이 이어졌는데, 그 가운데서도 대만에서 관계 자료를 수집하고 분류하여 출간했던 추헌수(秋憲樹)의 공헌은 높이 평가할 만하다. 그가 모두 5권으로 펴낸 《資料 韓國獨立運動》은 임시정부의 각종 문서를 비롯하여 구성 인물, 정당, 각종 단체 등에 관한 방대한 자료를 담고 있어, 1980년대 임시정부사 연구에 든든한 바탕을 마련해 주었다. 그리고 김정명〔金正明,《朝鮮獨立運動》 1~5 (東京 : 原書房, 1967)〕과 김정주〔金正柱,《朝鮮統治史料》 7~10 (東京 : 韓國史料研究所, 1970~1975)〕 등 재일동포 학자들의 활약도 이 당시에 중요한 구실을 하였다. 이러한 자료집 외에도 다양한 회고록이나 전기류들이 발간되었다. 《白凡逸志》를 비롯한 임시정부 참여자들의 회고록 · 전기물 · 문집 등은 1960 · 70년대에 무려 30종 가까이 발간되었고, 각 잡지에도 많은 글들이 수록되었다. 이러한 분위기는 관련 연구를 더욱 촉진시키는 계기가 되었다.

임시정부사에 대한 연구는 1960년대 중반 이후에 3편의 논문이 나오면서 겨우 시작될 수 있었다. 그리고 1969년에는 《三 · 一運動 50周年 紀

念論集》(동아일보사)에 임시정부의 수립 과정과 초기 활동 및 국제적 지위에 관한 5편의 논문이 발표됨으로써 비로소 새로운 연구의 장이 펼쳐지게 되었다.

그러다가 임시정부사 연구의 본격적인 출발은 사실상 1970년대에 접어들면서 이루어졌다. 그 계기는 1972년에 독립운동사편찬위원회가 《독립운동사》 제4권으로 〈임시정부 편〉을 발간한 것이었다. 이 책을 집필한 김용국(金龍國)·신석호(申奭鎬)·이선근(李瑄根)·조동걸(趙東杰)·홍순옥(洪淳鈺) 등 5명의 필진들은 당시 구할 수 있는 1차 자료들을 거의 망라하여 체계적으로 서술함으로써 임시정부사 연구에 필요한 기본적인 틀을 다져놓았다. 1,100면이 넘는 방대한 분량의 이 책은 임시정부의 성립과정, 일제 침략에 따른 이동과 정당 조직, 중경(重慶) 정착과 광복군의 활동 등에 대하여 풍부한 1차 자료들을 소개하고 매우 자세하게 서술하였다. 그래서 이 책은 이 분야 연구의 지침 구실을 하였고, 그 결과 1970년대에 임시정부사에 대한 4권의 단행본(이승만과 김구·조소앙·이동녕·아나키즘운동사)과 20편의 논문이 발표될 수 있는 바탕이 되었다. 또 1980년대에 임시정부를 주제로 삼은 3편의 박사학위논문이 나올 수 있었던 밑거름이 되기도 했다.

이와 더불어 이 시기에 국내 학자들에게 영향을 준 연구로 대만 학자 호춘혜(胡春惠)의 업적을 들 수 있다. 《中國 안의 韓國獨立運動》(단국대 출판부, 1978)이라는 제목으로 번역된 그의 저서는 임시정부와 중국국민당 정부의 관계를 중심으로 논지를 전개하였는데, 중국 측 자료의 중요성을 새삼 일깨워 주었다는 점에서 우리 학계에 상당한 영향을 끼쳤다.

2) 1980년대

1980년대에 들면서 임시정부사 연구에 대한 환경은 크게 바뀌었다. 특히 각종 연구단체나 정부차원의 노력이 뒷받침되면서 1980년대 중·후반으로 갈수록 관련 연구가 왕성해졌다. 우선 독립운동사를 전문 영역으로 삼는 학회들이 속속 설립되었던 것이 큰 힘이 되었다. 1984년에 출범한 한국민족운동사연구회는 전공자들의 토론장으로 자리매김하면서 심도 있는 발표를 통해 독립운동사에 대한 인식을 높이고 신진학자를 발굴하는 데 이바지했고, 과학적·민중적·진보적 역사인식을 표방하고 나선 역사문제연구소(1986)나 한국역사연구회(1988) 등도 다수의 신진학자들을 결집시키며 학문적 분위기를 드높여 나갔다.

다음으로 정부 차원의 노력을 보면, 먼저 1987년에 독립기념관이 준공되면서 그 부설기관으로 한국독립운동사연구소가 설치된 것이 이 분야 연구에 크게 기여하였다. 독립기념관건립추진위원회가 1985년에 연세대학교 도서관에 소장되어 있던 《獨立新聞》을 간행한 것은 임시정부 연구에 큰 도움을 주었다. 그리고 부설 한국독립운동사연구소는 연구원들의 월례 발표, 자료 수집, 분류 및 발간에 힘을 기울였다. 특히 이 연구소는 10여 편의 연구 논문과 새 자료를 소개하는 《한국독립운동사연구》를 해마다 1권씩 발행하여 1999년까지 모두 12집을 발간하였는데, 그동안 이 지면에 발표된 임시정부에 관한 논문만 해도 23편이나 된다. 또 국내외 귀중한 자료를 발굴하여 단행본 자료총서를 발간하고 있어서, 연구자들에게 이바지하는 바가 상당히 크다. 그 가운데서도 중국과의 관계가 개선됨에 따라 중국지역의 새로운 자료를 입수하여 발간한 《光復》(1987)과 《〈震光〉·〈朝鮮民族戰線〉·〈朝鮮義勇隊〉(通訊)·〈의용보〉》(1988) 등은 특히 돋보이는 업적이었다. 이 연구소는 또한 《대한민국임시정부사》(추헌수, 1989)를 비롯한 교양총서와 임시정부 요인들을 다룬 열전도 발간하였다.

한편 국가보훈처도 《獨立有功者功勳錄》5(임시정부·광복군 편, 1988)를 발간하고 임시정부 관련 유공자들의 명단과 자료 색인을 정리하여 제공함으로써 연구자들에게 편의를 가져다주었다. 또 한국정신문화연구원도 임시정부와 관련된 중국 인사들의 증언을 담은 《韓國獨立運動史資料

集》(1983)과 주로 광복군 출신 인사들의 증언을 채록한 《韓國獨立運動史證言資料集》(1986)을 발간하였다.

그리고 1970년대에 자료발간에 주력하던 국사편찬위원회는 1980년대 문턱에 들어서면서 임시정부를 주제로 1970년대에 발표된 연구들을 정리한 《韓國史論》 10호를 '임시정부 편'으로 발간하였다. 그 내용은 지도체제·조직·임시의정원·연통제(聯通制)와 교통국 등 조직 분야에 관한 연구 4편, 군·언론·교육·국민대표회의 등 활동 분야에 관한 연구 4편, 중국·구미(歐美) 등 국제 관계에 관한 연구 2편, 안창호(安昌浩)·김구(金九) 등 인물에 관련된 연구 2편 등 모두 12편으로 구성되었다. 이는 당시까지 이루어진 기초적인 연구 업적들을 요령 있게 정리해 낸 작업이었다.

정부기관 외에도 곳곳에서 새로운 성과들이 속속 생산되었다. 이정식(면담)·김학준(편집·해설)의 《혁명가들의 항일회상》(민음사, 1988)은 증언 자료에 대한 접근방법을 적절하게 보여주었다. 또 신진학자와 언론사의 자료수집과 발간도 뒤를 이었고(한홍구·이재화, 《韓國民族解放運動史資料叢書》 1~6, 1988 ; 한국일보사, 《再發掘 한국 獨立運動史》 2·3, 1988~1989), 일본 외무성의 문서 가운데 일부가 발간되기도 하였다(《朝鮮民族運動史》 未定稿, 高麗書林, 1989).

1980년대에 들어 특별하게 눈에 띄는 사실은 전기류나 회고록 및 증언 자료집 출판이 크게 늘어났다는 점이다. 전기류의 자료들로 단행본 10권(김구·박은식·김규식·조소앙·여운형·조봉암·이시영·이회영·장지락 2권)과 논문 15편 정도가 발표되었다. 또 회고록으로 단행본 4편(박기성·장준하·정정화·안병무)과 논문 5편(김성숙·장건상·김원봉·김학규·김우전)이 발간되었다. 그리고 여기에 중국인 소육린(邵毓麟)의 《使韓回憶錄》(臺北 : 傳記文學出版社, 1980)과 오철성(吳鐵城)의 《吳鐵城回顧錄》(臺北 : 三民書局, 1981) 등 중국어권의 저서 2권이 출간되어 이 분야 연구의 바탕이 되었다.

1980년대의 연구 성과는 저서가 11권, 논문이 100여 편 정도에 이르렀다. 구체적으로 살펴보면, 통사류 저서 4권과 논문 2편, 조직과 체제에 대한 논문 6편, 정부외곽단체 12편(한인애국단 4편, 의열단 3편), 인물에 대한 저서 4권(조소앙·김구·박은식·이동녕)과 논문 12편, 이념과 국가건설론에 대한 4권(조소앙 2권·박은식·김창숙)과 논문 15편(신채호의 사상 4편·조소앙의 삼균주의 4편), 교육·문화 활동 8편, 외교관계 16편, 군사 10편, 정당 12편, 좌우합작과 통일운동 7편, 위상과 평가 4편 등이 발표되었다.

이러한 수치를 보더라도 1980년대의 연구 성과가 우선 양적으로 1970년대의 성과(연구서 4권, 논문 20편)의 5배에 달했음을 알 수 있다. 2편 이상의 글을 발표한 연구자의 수도 4명에서 22명으로 증가했고, 특히 1980년대에 5편 이상의 글을 발표한 학자가 5명이나 되었다.

1980년대에 나타난 임시정부 연구의 특성으로는 우선 주제의 다양성을 들 수 있다. 그 이전의 연구가 주로 임시정부 자체의 체제나 헌법, 수립 초기의 활동 등에 집중되었다면, 이 시기의 연구는 주제도 다양해졌을 뿐만 아니라 같은 주제라도 구체적이고 심도를 더해 갔다. 연구 분야는 1910년대 후반의 정부수립론 등장, 임시정부의 수립·통합과정과 정부의 성격, 임시의정원의 성격과 위상, 정부의 기초 단체와 외곽단체 및 그 활동, 임시정부의 직접적인 구성 인물이나 그 주변에서 활약한 인물의 성격과 맥락, 임시정부가 표방한 이념과 강령 및 국가건설론, 임시정부나 그 외곽단체가 추구한 독립운동방략과 활동, 정부 수립기와 제2차 세계대전 시기의 외교활동, 군사력 양성 활동이나 광복군의 창설 및 활동 등으로, 실로 다양한 분야에 대한 연구가 전개되었던 것이다. 이 가운데 임시정부 중심의 독립운동단체에 관한 연구는 정당조직 연구로 발전하였고, 이후 다시 이와 관련된 좌우합작(통일전선)운동에 대한 연구로 한 걸음 더 나아가게 되었다.

1980년대의 연구 동향에서 두드러진 논점은 임시정부에 대한 평가문

제였다. 이 문제는 1980년대라는 시대적인 환경과 관련하여 제기된 것이
었다. 유신체제 계승 세력인 신군부에 대항하는 과정에서 민주화 항쟁은
사회주의적 성향을 강하게 띠게 되었다. 1980년대 전반기에는 집권세력
의 정통성을 보장하는 일군의 극우적인 학자들이 있었던 반면에, 군부세
력이나 극우노선을 부정하면서 진정한 자유민주주의 사회를 추구하는
학자들도 있었다. 또 한편에서는 민주화운동의 귀결점이 사회주의국가
건설이라는 전제 아래 사회주의에 정통성을 두려는 연구 단체가 비밀리
에 만들어졌는데, 1980년대 후반에 이 단체가 수면 위로 떠오르면서 민
중운동의 이론을 개발하고 또 이끌어 나가게 되었다.

　1980년대 전반기까지 이루어진 연구들에서 임시정부에 대한 평가는
대체로 긍정적인 것이 주류를 형성했는데, 그 내용은 다음과 같다. 첫째,
임시정부가 3·1운동으로 나타난 민족정신을 수렴·계승한 민주국가 수
립운동의 결실이며, 한국사에서 최초로 수립된 민주공화정부라는 사실이
다. 둘째, 임시정부가 독립운동을 이끌어 나가는 데 비록 한계가 있었지
만 대체로 독립운동의 구심체 역할을 수행했고, 다소 문제가 있긴 하지
만 대한민국으로 이어지는 법통성(法統性)을 가졌다는 등의 평가이다.

　1980년대 중반까지는 이와 같은 긍정적인 평가가 주류를 이루었지만,
1980년대 후반에 들면서 이에 대한 강력한 반론과 함께 임시정부에 대한
극단적인 폄하가 시도되기도 하였다. 민족주의자들이 그 계급적 속성 때
문에 3·1운동을 통해 표면화한 민중의 역량을 파악하거나 수용할 능력
을 가지지 못했다고 하면서, 임시정부가 쇠퇴한 것은 자체의 성격이 가
진 한계 때문이었다는 것이다.

　그런데 특히 정통성을 의심받는 집권세력이 임시정부를 계승한다는
주장을 펼치는 바람에, 임시정부에 대한 부정적인 폄하는 더욱 강해졌다.
특히 1980년대 이후 한국사학계를 거세게 몰아친 이른바 '민중사학' 논리
는 1970년대 이후의 한국사회를 신식민지로 규정한 뒤, 이러한 상황의
극복을 위해 민중이 사회변혁의 주체요 실체가 되는 민중민주주의운

동·민족민주운동을 전개해야 한다면서, 임시정부를 비롯한 우파세력의 독립운동을 부정적으로 평가하였다.

이러한 인식의 차이로 말미암아, 임시정부와 이를 중심으로 한 독립운동단체들에 대한 평가도 양극화된 모습을 보였다. 극단적인 평가를 극복하고자, 임시정부에 대한 평가를 이른바 '발생가치'와 '역할가치'로 구분해서 보아야 한다는 논리가 제기되었다. 이 견해는 임시정부의 발생가치에 대해서는 긍정적인 평가를 내리면서도, 여러 가지 한계점과 부정적인 요인으로 나타난 활동상의 문제 때문에 임시정부가 만족할 만한 정도의 역할가치를 가질 수 없었다고 지적하는 한편, 그렇다고 하더라도 임시정부가 본질적 가치에 결함을 가졌던 것은 아니라고 보는 것이다. 그러나 1980년대에는 아직 이 논리가 널리 파급되지 못했다.

3) 1990년대

(1) 자료 발간

1990년대에 들어 임시정부에 대한 연구는 대체로 1980년대 후반의 성과를 발전·심화시키는 방향으로 이루어졌다. 그것은 국사편찬위원회·독립기념관·국가보훈처·정신문화연구원 등 정부기관이 자료집·논문집을 계속해서 발간한 것과 중국학자들이 자료를 공급한 것에 힘입은 바가 크다.

정부 기관으로 우선 국사편찬위원회는《한민족독립운동사》13권 가운데 제7권을 임시정부 편(1990)으로 발간하여 1980년대까지의 연구 성과를 일단 정리하였다. 그리고《한국독립운동사》자료 20~31권을 임정 편(5~16)으로 발간하였는데,[1] 이 12권의 자료집은 주로 1940년대 재미 한

---

[1] 각 책의 내용은 다음과 같다. 자료 20·21권 ; 상해(上海)주재 프랑스총영사관 문서와 1920년대 상해 자료, 22권 ; 미국전략첩보국(OSS)의 세 가지 작전 자료, 23권 ; 미국전략첩보국의 광복군과 재미한인 관련 자료, 24권 ; 1941년 한길수 서신

인들의 동향이나 미국전략첩보국(OSS)의 정보문서를 집중적으로 공개한 것으로, 이 분야의 연구에 활기를 불어넣었다. 《中國關內韓國近現代關係資料》는 흩어져 있던 중국지역 자료 가운데 귀중한 것을 발굴하여 학계에 소개한 것인데, 〈우리通信〉이라는 잡지를 비롯하여 상해잠편지대(上海暫編支隊)와 중앙대학 한인입교생, 국민정부군사위원회의 관계자료 등이 실려 있다.

① 《한민족독립운동사》 7 (임시정부 편), 1990.
② 《한국독립운동사》 자료 20~31(임정 편 5~16), 1992~1995.
③ 한시준·한상도·최기영·김희곤 엮음, 《中國關內韓國近現代關係資料》, 1998.

다음으로 독립기념관 부설 한국독립운동사연구소는 《한국독립운동사연구》를 정기적으로 발간하면서, 더불어 《한국독립운동사 사전》을 발간하고 있다. 우선 50편의 글로 구성된 〈총론 편〉을 1996년에 발간했는데, 이 책에는 임시정부와 관련된 논문 6편이 수록되어 있다. 또한 이 연구소는 관련 자료집도 내놓았다. 그 가운데 임시정부와 관련된 것은 다음과 같은 2종 5권인데, 안창호와 이동휘(李東輝)에 관한 것으로 모두 인물에 대한 자료집인 셈이다.

① 《島山安昌浩資料集》 1·2·3, 1990~1992.
② 윤병석 엮음, 《誠齋李東輝全書》 상·하, 1999.

등, 25권 ; 1941년 캘리포니아홍사단 등에 대한 미국전략첩보국 자료, 26권 ; 1939년 김구와 중국요인 사이에 교환된 서신 자료, 27권 ; 1942년 김구와 중국요인 사이의 서신, 28권 ; 미국전략첩보국 문서, 심리전 전단, 일본군 심문 자료, 29권 ; 주일 미국대사관 무관의 보고, 30권 ; 조선주화대표단, 재중국 교민 보호와 귀국 문제, 31권 ; 교포 송환, 중국방송국의 한국어 방송.

한편 국가보훈처는 6종 11권의 자료를 편찬하였다. 《海外의 韓國獨立運動史料》는 중국과 미국의 현지 자료들을 조사하여 묶어낸 것이다.[2] 그리고 《大韓民國獨立有功者人物錄》은 1949년에서 1997년까지의 포상자 명단을 소개한 것이고, 《大韓民國臨時政府關聯 要視察人名簿》와 《排日鮮人有力者名簿》는 각각 1925년과 1920년의 일제 경찰자료를 발굴하여 제공한 것이며, 《大韓民國臨時政府法令集》은 임시정부가 수립된 지 80년 만에 비로소 정리된 임시정부의 법령이다. 그리고 《韓國獨立運動史料》 (楊宇朝篇)은 양우조의 저작물과, 〈韓民〉·〈獨立新聞〉(重慶版)·〈獨立評論〉·〈前道〉 등의 신문과 잡지를 담고 있다.

① 《海外의 韓國獨立運動史料》V-Ⅷ(중국 편 1~4), 1993 ; Ⅺ(미주 편), 1994.

② 《大韓民國獨立有功者人物錄》(1992, 1997).

③ 《大韓民國臨時政府關聯 要視察人名簿(1925)》(1996).

④ 《排日鮮人有力者名簿(1920)》, 1997.

⑤ 한시준 엮음, 《大韓民國臨時政府法令集》, 1999.

⑥ 《韓國獨立運動史料》(楊宇朝篇), 1999.

또한 한국정신문화연구원에서도 3종 6책의 자료를 발간하였다. 《韓國獨立運動史資料集》(중국 편)은 광복군과 중국국민당 정부 사이에 오고 간 문서를 정리한 것이고, 《韓國獨立運動史資料集》(좌우합작론 편)은 국내외의 좌우합작론을 정리한 것이며, 《韓國獨立運動史資料集》(趙素昻篇 1~4)는 조소앙(趙素昻)의 후손이 소장하고 있던 문서를 정리한 것이다. 모두 자료 가치가 매우 높은 것들이어서 후속 연구에도 많은 영향을 줄

---

2) 구체적인 내용은 (1) 임시정부에 대한 중국의 각 신문 기록, (2) 중국관내(中國關內)지역 독립운동, 안중근(安重根)·윤봉길(尹奉吉) 등 의사의 투쟁, 조선의용대에 대한 중국 신문 기사, (3) 〈新韓靑年〉·〈震光〉·〈韓民〉·〈韓國靑年〉 등 잡지, (4) 미국의 임시정부 승인에 관련된 문서 등이다.

것으로 기대된다.

① 윤병석 엮음, 《韓國獨立運動史資料集》(중국 편), 1993.
② 권희영·박성수 엮음, 《韓國獨立運動史資料集》(좌우합작론 편), 1994.
③ 한국정신문화연구원 엮음, 《韓國獨立運動史資料集》(趙素昻篇 1~4), 1995~1997.

또한 정부기관 가운데 국회도서관이 《島山安昌浩資料集》1·2(1997·
1998)를 발간하여 역시 이 분야 연구에 도움을 주고 있다.

한편 일반인들이 뜻을 모아 출판한 자료집으로 1990년대에 굵직한 것
이 두 가지 나왔다. 하나는 우남이승만문서편찬위원회가 발간한 《雩南李
承晩文書》(東文篇 1~18, 1998)이고, 또 하나는 백범김구선생전집편찬위원
회가 편찬한 《白凡金九全集》(1~12, 1999)이다. 전자의 6~8권은 임시정부
관련 문서들로, 9~11권이 구미위원부(歐美委員部) 문서들로, 12권이 하
와이·미주 교민단체 문서들로, 16~17권은 임시정부 관련 인물들과 주
고받은 간찰(簡札) 등으로 각각 구성되어 있다. 후자는 임시정부와 관련
하여 1·2권에 《白凡逸志》와 《屠倭實記》를, 3~6권에 임시정부를, 11권
에 사진과 휘호를 각각 싣고 있다. 그리고 1963년에 주요한(朱耀翰)이 편
찬했던 《安島山全書》가 새롭게 3권으로 제본되어(범양사출판부, 1990) 현
대적 감각으로 소개되기도 하였다.

이외에도 한림대학교 아시아문화연구소에서 발간한 《미국의 대한 정
책(1834~1950)》(한철호 옮김, 1998)과 고정휴가 편집한 《美國務省韓國關
係文書》(1~4, 원주문화사, 1993)는 외교문제에 대한 여러 가지 정보들을
제공해 주고 있다. 또 중국학자의 자료 수집과 편찬이 줄을 이었는데, 다
음의 것들이 대표적이다.

① 楊昭全·李輔溫, 《朝鮮義勇軍抗日戰史》(高句麗, 1995).
② 石源華·李輔溫, 《中國南京國民政府外交部公報》(高句麗, 1995).

③ 石源華, 최복실 옮김,《中國共産黨과 韓國獨立運動 關係紀事研究》(고구려, 1997).

④ 馮開文·楊昭全,《大韓民國臨時政府在重慶》(重慶 : 重慶出版社, 1999).

1990년대에 들어서면서 회고록이나 전기류 출판이 크게 늘어난 것도 흥미로운 점이다. 회고록 7종(김준엽·정화암·권준호·이숙·구익균·김문택·김우전)과 전기자료집 9권(유림·장건상·민필호·장준하·김창숙·윤봉길·안창호·여운형) 및 회고담 3편이 1990년대에 발표되었는데, 이 가운데 회고록은 생존한 광복군 출신의 것이 주류를 이루고 있다는 특징을 보인다. 또 임시정부 관련 독립운동 사적지를 소개하는 글이나 역사 기행문이 등장하여 이 분야 연구자들의 관심을 끌고 있으며, 동시에 관련 연구의 대중화에도 크게 기여하고 있다.

(2) 학계 동향

1980년대 후반부터 달아오른 근·현대사 연구자들의 열기는 민중사관의 바람 속에서 각자의 태도에 따라 '좌' 또는 '우' 편향을 보이기도 했다. 그러다가 1980년대 말의 잇따른 동유럽 사회주의국가들의 동요와 붕괴, 그리고 1990년대 초입에 벌어진 독일의 통일과 소련의 붕괴라는 현실 앞에서, 재야운동 현장을 풍미하던 사회구성체론의 열기는 서서히 식어 갔다. 이런 분위기 속에서 중도론이나 좌우합작 형태의 통일론이 조심스럽게 자리를 잡아가기 시작했다. 극좌나 극우라는 극단적인 논리를 버리고 과거의 중도론적 인식에서 민족통일 구현방안을 찾으려는 노력이 나타났던 것이다.

진보라는 이름 아래 활동하던 학자들 가운데서도 점차 극단적인 논리를 극복하는 모습이 나타났다. 이것은 극우적인 연구 경향을 뿌리치고 중도론 쪽으로 이동해 나간 학자들과 궤를 같이하는 것이었다. 좌우편향적 연구 분위기를 극복하고 실사구시적인 자세로 한국 근·현대의 시대사를 탐구한다는 목적 아래 1993년에 결성된 '한국근현대사연구회'도 그러한 경향의 산물로 이해된다. 특히 이 학회에는 임시정부사를 전공하는 제2세대 연구자들이 다수 포진하고 있었기 때문에 이 분야에 대한 연구를 활발하게 진행할 수 있는 여건을 마련할 수 있었고, 실제로 그러한 결과물들을 지금까지 지속적으로 발표해 오고 있다. 그리고 사회주의적 성향을 보이던 신진학자들 가운데에는 임시정부를 부정적으로만 평가하던 자세를 바꾸어, 임시정부와 사회주의 세력 사이의 관련성에 대해 연구하려는 경향이 나타나고 있기도 하다. 독립기념관의 한국독립운동사연구소나 기존의 한국민족운동사연구회도 이 분야에 대한 연구를 간간이 발표하고 있다.

(3) 연구 현황

연구자의 수가 폭발적으로 늘어나면서 신진연구자들도 대폭 증가하게 되었다. 1980년대에 임시정부에 관하여 한 편이라도 논문을 발표한 연구자들은 60명 정도였고, 두 편 이상 발표한 사람은 22명이었다. 그런데 1990년대에 들어서는 약 80명 정도의 연구자들이 글을 발표하였는데, 그 가운데 2편 이상 발표한 연구자가 30명 남짓에 이르렀다. 특히 5편 이상을 발표한 연구자 수가 1980년대에는 5명에 그쳤지만 1990년대에는 13명으로 크게 늘어났고, 그 가운데 10편 이상을 발표한 연구자가 4명이나 되었다. 이때 크게 눈에 띄는 현상은 신진연구자들의 활약이 갈수록 늘어나는 추세에 있다는 점이다.

여기에 중국인 학자들의 참여 속에 발굴되고 도입된 현지의 자료들이 연구에 큰 활력소로 작용하고 있다. 그런 가운데 한국에 유학 와서 임시정부사를 전공하여 박사학위논문을 결실로 내놓은 연구자가 나오기도 했다. 또 중국 현지에서 논문을 발표하고 자료집으로 펴내는 경우도 늘어나고 있다. 이러한 흐름은 앞으로도 임시정부사 연구에 상당히 기여할 것으로 기대된다.

1990년대에 나타난 특징 가운데 이전과 견주어 무엇보다 크게 달라진 일은 임시정부를 주제로 다룬 박사학위논문이 9편이나 발표되었다는 사실이다.3) 여기에다가 임시정부와 관련된 분야의 논문까지 헤아린다면 훨씬 많은 수의 업적들이 쏟아진 셈이다. 1990년대에 들어 임시정부에 대한 연구로 25권의 단행본과 150편이 넘는 논문이 발표되었다. 1980년대와 견주었을 때 단행본은 두 배가 넘고, 논문은 1.5배나 되는 분량이다. 여기에 1999년 후반의 통계까지 덧붙인다면 그 수치는 훨씬 늘어날 전망이다. 연구 분량만 증가한 것이 아니라 분야도 다양화되었고 깊이도 갈수록 깊어졌다는 데 커다란 의의가 있다.

1990년대에 발표된 단행본과 논문을 주제별로 구분해 보면, 통사적 형식을 취했거나 관련 논문들을 모은 통사류(단행본 6권, 논문 4편)·정부수립과 통합과정(5편)·한인사회와 임시정부 청사(4편)·조직과 헌법체제(7편)·단체(단행본 1권, 논문 13편)·인물(단행본 9권 : 조동호·신규식·김규식·김구·김두봉·김원봉·여운형·이동휘 2권 ; 논문 27편 : 홍진·박찬익·김원봉·김규식 2편·이동녕·김병조·안정근·신규식·조동호·현순·이유필·안창호 5편·박은식·장준하·김구 4편·신익희 2편·이동휘·황학수)·이념과 독립운동론(14편)·의열투쟁(4편)·교육 및 문화운동(4편)·외교와 대외관계(단행본 2권, 논문 16편)·군사조직과 활동

<hr>

3) 김희곤, 〈上海地域 韓國獨立運動團體硏究〉, 경북대 박사논문, 1991.
　고정휴, 〈大韓民國臨時政府 歐美委員部(1919~1925) 硏究〉, 고려대 박사논문, 1991.
　노경채, 〈韓國獨立黨硏究〉, 고려대 박사논문, 1992.
　한상도, 〈在中韓人軍官學校硏究〉, 건국대 박사논문, 1993.
　한시준, 〈韓國光復軍硏究〉, 인하대 박사논문, 1993.
　염인호, 〈朝鮮義勇軍 硏究〉, 국민대 박사논문, 1994.
　손과지, 〈日帝時代 上海 韓人社會 硏究〉, 고려대 박사논문, 1998.
　윤대원, 〈大韓民國臨時政府의 組織·運營과 獨立方略의 분화(1919~1930)〉, 서울대 박사논문, 1999.
　이현주, 〈국내 臨時政府 수립운동과 社會主義勢力의 형성(1919~1923)—서울派, 上海派를 중심으로〉, 인하대 박사논문, 1999.

(단행본 4권, 논문 19편) · 정당(단행본 1권, 논문 13편) · 좌우합작과 통일 운동(단행본 2권, 논문 13편) · 위상과 평가(6편) 등이다. 물론 여기에 빠진 글들도 꽤 있으리라 생각되므로 사실상 1990년대 임시정부사 연구는 이보다 훨씬 활발했던 셈이다.

여기에서 파악한 연구 논문은 주요 학회지의 글을 대상으로 조사한 것이어서 아주 정확한 통계치는 아니다. 그렇지만 주요 관련 학회지를 중심으로 조사된 것이므로 이상의 통계치가 1990년대 연구 성향을 대강 파악하는 데는 크게 부족하지는 않을 것 같다. 이 통계치를 볼 때, 1990년 대의 임시정부사 연구는 이전과 견주어 인물연구와 외교, 군사, 그리고 정당과 좌우합작 등에 대한 것이 대폭 늘어났음을 확인할 수 있다. 특히 인물연구에서는 단행본의 절반이 좌파인물에 집중되었음을 알 수 있고, 이를 통해 학문적 영역이 확장되는 시대적 분위기를 실감할 수 있다. 이와 함께 분단문제에 따른 좌우합작과 통일문제에 대한 연구 역시 많이 진행되었다. 그리고 임시정부의 투쟁이나 활동에 대해서 주로 외교방면의 연구가 많았던 1980년대와는 달리, 군사조직 및 관련 활동에 관한 연구가 많이 쏟아진 것도 눈여겨볼 만한 특징이다.

3. 주제별 연구 성과

1) 임시정부 수립과 운영 체제

1960년대에는 임시정부의 수립과 초기 활동, 통합과정에 대한 초보적인 연구가 진행되었다. 그러다가 1980년대 후반에 들어 임시정부가 수립될 수 있었던 터전에 대한 탐구로서 1910년대 상해지역의 독립운동단체에 대한 연구가 시작되었고, 이때 정부 수립을 처음 제안한 〈大同團結宣言〉이 발굴 · 분석됨으로써 임시정부 수립의 정치적 맥락이 밝혀졌다.

1980년대 후반에는 임시정부의 통합과정에 관한 상반된 연구가 나왔다. 그것은 노령(露領)의 대한국민의회와 상해 임시정부의 통합에 관한 것인데, 기존 연구는 한성(漢城)정부를 정통으로 삼고 이들이 1919년 9월에 연해주의 대한국민의회를 아우르는 통합 정부를 달성함으로써 정통성을 확보하고 독립운동 세력을 통합했다고 주장했다. 그런데 다른 연구에서는 이를 완전한 통합으로 볼 수 없다는 주장을 폈다. 이에 대한 근거는 세 가지인데, 첫째, 대한국민의회가 해산을 선언하고 상해 임시정부와 통합되었지만 이는 불완전한 통합에 불과했고, 둘째, 이에 따라 '승인·개조분쟁'이 일어났으며, 셋째, 결국 대한국민의회가 재건되었다는 것이다.

그러다가 이 논의는 1990년대 전반에 들어 새로운 국면을 맞게 되었다. 그동안 정설로 굳어졌던 한성·상해·노령 정부조직체와 그 통합과정에 대하여 문제가 제기된 것인데, 핵심은 '국민대회'와 '한성정부'의 실체 문제와 '승인·개조 문제'였다. 이 논의 과정에서 새롭게 정리된 내용은 상해 임시정부와 통합을 논의했던 정부조직체가 기존에 언급되던 '한성정부'가 아니라, '전단정부'(傳單政府)로만 불리던 신한민국정부(新韓民國政府)의 조직주체인 경성독립단이었다는 사실이다. 그리고 상해 임시정부와 노령의 대한국민의회가 통합하는 과정에서 이를 추진하던 안창호가 이승만과 있었던 갈등을 극복하고 통합의 명분을 찾고자 '한성정부'에 실체성을 불어넣었다는 주장이 설득력 있게 펼쳐졌다. 그런데 '한성정부' 수립을 위해 개최하였다는 '국민대회'의 실재에 대해서는 견해가 엇갈리고 있다. 또 상해 임시정부가 노령의 대한국민의회와 통합했다고 주장하던 기존 학설을 부인하면서, 실질적인 통합은 '승인·개조 문제'로 사실상 결렬되었고 상해 임시정부는 이동휘의 한인사회당 계열과 부분적으로 통합하는 데 그쳤다는 반론이 제기되었는데, 이는 대체로 받아들여지고 있다.

1990년대에 들어서는 의정원 구성원 분석에 이어 지도체제에 대한 연구, 구미위원부 연구 등이 나왔다. 특히 구미위원부 연구는 임시정부 수립기의 이승만과 임시정부 사이의 관계를 선명하게 그려냈다. 1990년대 후반에는 상해시기의 임시정부의 조직과 운영 및 방략의 분화에 대한 박사학위논문이 나오면서 독립운동론의 전개와 이에 따른 임시정부의 변화 양상이 좀더 뚜렷하게 드러났다.

1990년대 연구 가운데 상해시기의 정부 운영을 조명한 글이 있다. 이 글은 수립 초기 안창호의 정국운영구상이 '삼두정치론'(안창호·이승만·이동휘)이었고, 이때 이동휘는 친소독립전쟁론을, 이승만은 친미외교독립론을 각각 추진하려 했다고 정리하였다. 그리고 이 연구는 초기 임시정부에 나타난 불안정의 원인이 이승만의 전횡에 있었다고 밝혔다. 이와 관련하여 이승만이 비선(秘線) 조직을 통해 임시정부를 원격조정했다는 연구와 함께, 안창호와 이동휘가 개인·비밀주의로 임시정부를 운영하였다는 파행성을 지적하는 연구도 나왔다.

1990년대 후반에 접어들면서 임시정부가 상해에서 수립될 수 있었던 배경과 관련하여 한인사회를 조명한 두 가지 연구가 나왔다. 하나는 상해에 거주하는 중국인 신진학자가 한국에 유학하여 박사학위를 취득한 뒤 이 분야의 글을 발표한 것이어서 의미가 크다. 또 하나는 상해지역을 전문으로 다루는 중국근대사 연구자가 발표한 것인데, 앞으로 새로운 성과가 기대된다. 이들의 연구 성과를 요약하면 다음과 같다. 첫째, 신해혁명(辛亥革命) 직후에 한국인의 중국 망명이 본격화되었는데, 이것은 중국혁명의 성공에서 한국독립과 한국혁명의 가능성을 찾으려 했기 때문이었고, 그래서 초기 망명자들이 무창기의(武昌起義)와 모금운동에 가담하고 연대를 위한 단체도 조직했던 것이었다. 둘째, 상해 한인사회는 본격적으로 1920년대 초반부터 형성되었고, 이후 한인사회는 임시정부의 사회지지 기반으로 작용하였다. 셋째, 상해지역 한국인의 신분이 다른 지역보다 높았고 좋은 교육을 받았으며 독립운동을 하려는 성향도 강했다. 넷째, 윤봉길(尹奉吉) 의거 이후 임시정부가 떠난 뒤에는 한인사회가 친일적 양상으로 변모해 갔고, 일본의 비호 아래 한인사회가 경제적으로 성장했다.

이와 함께 임시정부의 정부 성격에 대해서 헌법체제와 정부형태별로 각각 규명한 작업들이 있었다. 전자는 임시헌장의 제정에서 5차 개헌까지로 구분하여 임시정부의 성격을 시기별·헌법체제별로 정리하였는데, 임시헌장 제정·1차 개헌과 대통령제, 2차 개헌과 국무령제(國務領制), 3차 개헌과 국무위원제, 4차 개헌과 주석제, 5차 개헌과 주석·부주석제 순으로 정리되어 있다. 그리고 후자는 대통령중심제(1919~1925), 내각책임제(1925~1927), 관리정부제(1927~1941), 절충내각제(1941~1945) 등으로 구분하여 각각의 정부형태를 정리한 것이었다.

2) 외곽단체와 정당조직

1980년대에 이루어진 독립운동단체 연구는 임시정부의 교두보로서 1910년대 상해지역에서 조직된 단체와 1920~30년대에 등장한 의열투쟁단체에 초점을 맞추었다. 전자의 경우는 동제사(同濟社)·신한혁명당(新韓革命黨)·신한청년당(新韓靑年黨) 등에 관한 것이고, 후자는 의열단(義烈團)·한인애국단(韓人愛國團) 등에 대한 것이었다. 여기에 유일당운동(唯一黨運動)에 관한 연구가 나와서 좌우합작에 관한 연구의 출발점을 마련하였다.

1990년대에 들어서는 매우 다양한 단체들이 연구 대상으로 떠올랐다. 우선 상해시대(1919~1932)에 대해서는 임시정부의 기초조직인 상해대한인민단(上海大韓人民團)과 그 외곽단체인 한국노병회(韓國勞兵會)·병인의용대(丙寅義勇隊)·한인애국단·흥사단(興士團), 의열투쟁단체인 의열단, 좌파조직인 고려공산당(高麗共産黨)·유호한국독립운동자동맹(留滬韓國獨立運動者同盟), 무정부주의조직인 남화한인청년연맹(南華韓人靑年聯盟) 등의 단체가 연구 대상이 되었다. 그리고 1990년대에는 정당에 대

한 연구가 쏟아졌는데, 한국독립당(韓國獨立黨 ; 상해) · 조선민족혁명당
(朝鮮民族革命黨) · 한국독립당(재건파) · 조선혁명자연맹(朝鮮革命者聯
盟) · 한국국민당(韓國國民黨) · 조선혁명당(朝鮮革命黨) · 한국독립당(중
경) · 신한민주당(新韓民主黨) · 조선무정부주의자연맹(朝鮮無政府主義者
聯盟) · 조선민족해방투쟁동맹(朝鮮民族解放鬪爭同盟) 등과 이들의 연합체
인 한국광복운동단체연합회(광복진선) · 조선민족전선연맹(민족전선) 등에
대한 연구가 집중적으로 발표되었다.

이들에 대한 연구는 다음과 같은 결론을 도출하고 있다. 첫째, 1910년
대 상해지역 독립운동 단체의 활약은 3 · 1운동의 기폭제 구실을 했고 임
시정부 수립의 터전을 마련하였다. 둘째, 상해지역의 민단은 정부의 직할
기초조직이자 행정과 의회 기능을 갖춘 지방자치기구의 역할을 수행하
면서 초기에 해외 각지에 민단 성격의 조직을 총체적으로 관리하려 하였
는데, 서로군정서(西路軍政署)나 북로군정서(北路軍政署) 및 미주지역 한
인회 등은 모두 그러한 성격의 조직이었다. 셋째, 정부 차원에서 활동을
전개하기 힘든 상황에서는 한국노병회 · 병인의용대 · 한인애국단 등의
이름으로 단체의 차원에서 활동한 경우가 많았다. 넷째, 단체들의 성격이
1920년대 후반의 유일당운동이란 대당결성운동을 거쳐 1930년대에는 한
국독립당 · 조선민족혁명당 등의 정당조직으로 발전하였고, 이를 바탕으
로 임시정부가 정당조직 중심으로 운영되는, 이른바 '이당치국'(以黨治國)
체제를 갖추게 되었다. 그리고 정당 결성을 통하여 임시정부는 정치이념
의 부재라는 한계를 극복할 수 있었다. 다섯째, 유일당운동이 좌절되면서
좌파는 유호한국독립운동자동맹을 결성하고 중국공산당과 연대하여 반
제투쟁을 전개하였지만, 대개 1933년과 1934년 사이에 주역들이 일제에
검거됨으로써 크게 약화되었다. 여섯째, 1930년대 중반 이후 임시정부를
중심으로 활동한 독립운동 단체는 모두 정당조직체였고, 이것을 단위로
하여 독립운동이나 좌우합작(통일전선)운동도 추진되었다.

3) 이 념

이념과 독립운동론에 관한 연구는 35편 정도가 발표되었다. 1970년대에서 1980년대 사이에 발표된 25편 가량의 글 가운데 조소앙의 삼균주의(三均主義)에 관한 글이 7편, 신채호(申采浩)의 민중·민족주의와 아나키즘 등에 대한 글이 5편으로, 두 사람의 사상을 다룬 글이 전체의 절반에 이르렀다. 1990년대에는 조소앙의 삼균주의와 안창호의 대공주의(大公主義) 및 임시정부의 건국강령, 김구의 운동노선, 좌·우파의 민족문제 인식 등에 관한 연구가 진행되었다. 그리고 1990년대에는 아나키즘에 대한 연구가 비록 소수였지만 왕성한 의욕 속에서 추진되었다.

이러한 연구들은 대체로 다음과 같은 결론에 이르고 있다. 첫째, 임시정부는 수립기부터 자유민주주의 노선을 견지하였지만, 수립 초기에는 전략적이기는 하나 여전히 복벽(復辟)적인 의식의 잔재가 남아 있었다. 둘째, 임시정부가 제대로 형태를 갖춘 강령을 채택한 시기는 단일 여당인 한국독립당(상해)에 의해 운영되던 1930년대부터였고, 강령의 골자는 안창호의 대공주의와 조소앙의 삼균주의로 나타났다. 셋째, 대공주의의 경우 안창호가 자신의 이론을 문서화하지 못한 상태에서 일제에 체포되었던 탓에 구체적인 내용이 알려지지 않았으나, 조소앙의 삼균주의는 이후 임시정부와 그를 중심으로 활약한 여러 정당의 기본 이념으로 자리 잡게 되었다. 비록 대공주의 내용을 완전하게 알 수는 없지만, 안창호 사망 직후 임시정부의 추도식에서 소개된 대공주의의 골자는 삼균주의와 큰 차이가 없는 것이었다. 넷째, 삼균주의를 바탕으로 삼은 임시정부의 이념은 정치적으로 자유민주주의를, 경제적으로 사회민주주의 성향을 띠고 있었다. 즉 임시정부를 중심으로 활동하던 정치세력들이 하나의 광장으로 합류할 수 있는 이론적 터전이 마련되어 있었던 것이다. 다섯째, 임시정부는 1941년 중경에서 삼균주의를 구체화해 〈대한민국건국강령〉을 발표하였는데, 이것은 독립운동방략으로서 만든 것이면서 동시에 해방정국에서 미군과 소련식 정치 이념을 견제하면서 임시정부의 수정자본주의 또는 민주사회주의를 실현하려는 계획 아래 만든 것이기도 했다. 그리고 이 건국강령의 정신은 1948년 제헌헌법에 상당 부분 반영되었다.

4) 좌우합작운동

최근에 커다란 진척을 보이고 있는 연구 분야가 임시정부를 중심한 좌우합작(통일전선)운동이다. 이렇게 된 이유는 민주화운동이 크게 진작되면서 과거 어느 시기보다 통일에 대한 가능성이 높게 점쳐졌고, 또한 민족의 평화적·주체적인 통일을 도출해내려는 욕구가 왕성하게 나타났기 때문이다. 그리하여 임시정부와 관련한 여러 정당들의 좌우합작(통일전선)에 관한 연구가 상당한 성과들을 남기게 되었다. 특히 좌파조직에 대한 연구가 활발하여, 민족혁명당과 이를 중심으로 한 조선민족전선연맹, 민족혁명당의 임시정부 합류 등이 다루어졌고, 임시정부와 화북조선독립동맹(華北朝鮮獨立同盟) 사이의 관계에 관한 연구가 많이 나왔다.

이상의 연구들을 통해 밝혀진 주요 내용은 다음과 같다. 첫째, 임시정부 수립 초기의 통합운동과 1923년의 국민대표회의는 좌우합작의 차원에서 이해되어야 하는데, 국민대표회의의 경우 이른바 '임정법통론'과 같은 명분보다는 운동의 '실제적 근거와 경험'을 중시하는 풍조를 낳았고, '당적 형태'로의 전환을 모색하는 계기를 마련했기 때문이다. 둘째, 유일당운동은 민족혁명론을 매개로 한 것으로서, 즉각적인 프롤레타리아트 혁명을 주장하는 '일종혁명론'이나 개량주의를 배제한 좌우연합론이었다. 비록 이 회의는 좌파와 우파의 대립, 그리고 민족주의와 국제주의의 대립이라는 양대 구도로 나뉘면서 중단되었지만, 적어도 1930년 7월까지는 그 여진이 지속되었다. 셋째, 이 운동은 1930년대에 들어 대일전선통일동맹(1932)으로 이어지고, 결국은 조선민족혁명당(1935)의 결성으로 결실을 맺게 되지만, 김구 계열이 참여하지 않아 불완전하였다. 넷째, 좌우합작운동은 한국국민당과 조선민족혁명당의 양대 구도를 형성하다가, 중일전쟁 발발(1937) 이후 한국광복운동단체연합회(광복진선)와 조선민족전선연맹(민족전선)의 양대 연합체제를 거쳐, 이들을 통합하려는 전국연합진선협회(1939)를 추진하는 것으로 나타났다. 다섯째, 이 논의는 임시정부의 중경 입성을 앞두고 열린 7당·5당회의를 거치면서 결렬되었고, 우파만이 한국독립당(1940)으로 통합을 보았다. 여섯째, 민족혁명당이 임시정부로 통합(1942)됨으로써 중경시대에는 끝내 좌우합작을 이루었다. 일곱째, 임시정부와 연안(延安)의 조선독립동맹은 상호 합작을 추진하기 위해 대표를 파견하거나 그 자리를 비워두기도 했다.

5) 독립운동방략

(1) 방략 일반

방략에 대한 연구는 외교방략만을 강조하거나 그 방략을 폄하해 왔던 기존의 연구를 넘어, 임시정부가 벌인 의열투쟁, 군사력 양성 및 광복군의 실상을 밝힌 업적들이 나오면서 활발한 모습을 보이고 있다. 우선 1980년대에 발표된 외교방략에 관한 연구가 16편이었고, 1990년대에는 17편으로 이전과 비슷했다. 그런데 군사방략에 관한 연구는 1980년대에 10편에 불과했으나, 1990년대에는 23편으로 늘어났다. 그리고 임시정부가 수립 초기에 독립전쟁론과 외교론, 주전론과 준비론 사이에서 두 차례의 논쟁을 거친 뒤 안창호의 실력양성론에 바탕을 둔 준비론과 외교론으로 흘러감에 따라, 독립전쟁론이 우세했던 서북간도의 주요 독립운동 단체들을 산하 조직으로 복속시키지 못했다는 지적이 나왔다.

그리고 의열투쟁과 아나키즘의 투쟁방략 및 독립전쟁준비방략에 관한 연구도 나왔다. 또 교육·문화활동과 《獨立新聞》 및 잡지 간행에 대한 연구도 잇따랐다. 그러나 대개 외교활동과 군사활동에 관한 연구가 대종을 이루었는데, 1980년대에는 전자가, 1990년대에는 후자가 크게 부각되었다.

(2) 외교방략

1980년대에 이루어진 외교방략에 대한 연구가 주로 임시정부 수립 초기의 활동에 집중되어 있었다면, 1990년대에는 제2차 세계대전기에 초점이 맞추어졌다. 이 방략에 대해 두 편의 박사학위논문이 발표되었다. 하나는 군사적 방략과 외교적 방략을 대치되는 개념이 아닌 상보적인 것으로 인식하고 임시정부의 외교사를 분석·정리한 것으로, 비록 외교활동이 광복에 직접적으로 연결되지는 못했으나 국제 정세의 변화 속에서 임시정부가 이에 대응하며 적절히 대처해간 사실을 높이 평가했다. 또 하나는 임시정부의 초기 외교활동과 관련하여 구미위원부를 심층적으로 분석한 연구로서, 구미위원부의 조직과 위상·외교선전활동·임시정부와의 갈등·국내 조직과의 연결 등을 상세하게 다루었다. 그 과정에서 이 연구는 식민지 약소민족의 외교방략이 갖는 한계, 구미위원부를 통한 친미외교노선의 고착, 외교방략과 실력양성론(독립준비론)의 상호보완적 변화와 이에 따른 이승만과 국내개량주의자들의 결합 등을 논증하였다.

외교방략에 대한 연구는 최근에 들어 제2차 세계대전 시기에 초점을 맞춘 것이 나오고 있다. 중국국민당 정부를 통한 연합국과의 관계, 구미외교위원부(歐美外交委員部)의 활동, OSS와의 합작을 통한 미국과의 관계, 임팔(Imphal)전투를 위해 영국군과 취했던 연락 등에 대한 연구가 이루어지고 있다. 그리고 임시정부의 외교가 별다른 성과를 거두지 못했다는 기존의 부정적인 평가에 대해 그렇지 않다는 견해가 제기되었다. 중국국민당 정부를 통해 열강회의에 우리의 의지를 천명하고, 중경에 있던 세계적인 통신사와 각국 외교관을 상대로 외교전을 펼친 덕분에 바로 카이로회담에서 한국이 독립을 인정받게 되었다는 주장이다. 실제로 열강회의가 전후 독립을 보장한 경우로는 한국이 유일하였다.

(3) 군사방략

1990년대에 들어서는 임시정부의 군사방략이나 활동에 관한 연구가 왕성하게 나타났다. 이 연구들은 임시정부가 수립 초기에 군사방략에도 힘을 기울였음을 밝히고 있다. 특히 임시정부가 독립전쟁을 1920년의 활동방침으로 정했지만, 내부의 준비부족과 이해관계 때문에 이를 실현하지 못했다는 연구가 나왔다. 그렇지만 임시정부가 수립초기에 〈大韓民國陸軍臨時軍制〉 등의 군사법규 마련, 육군무관학교 설립과 생도 양성, 서로군정서와 북로군정서 및 대한광복군총영(大韓光復軍總營) 등 재만(在滿)독립군의 산하 편제화 등에 노력을 기울였고, 또 다소의 결실을 거두었다는 사실도 밝혀지고 있다. 이어서 1930년대에 들어 임시정부가 중국 군관학교에 한인청년교육을 의뢰하여 군사력 양성 활동을 벌인 사실도 검증되었다. 한편 중국의 여러 군관학교별로 한인 청년들이 어떻게 훈련받고 양성되었는가에 대한 연구가 행해졌는데, 그 가운데 임시정부의 외곽에서 활동하던 민족혁명당의 군사정책과 조선의용대(朝鮮義勇隊)가 특히 주목받았다. 또 중일전쟁 시기에 임시정부가 취한 군사정책이 전반적으로 규명되었고, 그 일환으로 편성된 군사조직인 한국광복진선청년공작대(韓國光復陣線靑年工作隊)와   한국청년전지공작대(韓國靑年戰地工作隊) 등에 대한 고찰도 진행되었다.

나아가 군사활동에 대한 최근의 연구는 1940년에 임시정부가 국군인 한국광복군을 조직하고 항일활동을 전개한 구체적인 과정을 밝히고 있다. 특히 중국군사위원회와 민족혁명당의 견제를 극복하고 국군 창설이란 목적을 달성해 나간 과정에서 임시정부가 보인 주체성과 독자성의 확인, 각 지대의 편제 변화와 전지공작의 실상 분석, 시작 시기를 둘러싸고 2지대와 3지대 출신 인물 사이에서 치열한 논란이 벌어졌던 OSS작전 내용과 훈련시기 확인, 그 존재조차 부정되다시피 했던 9전구공작대의 실체에 대한 접근, 성격 때문에 논란거리가 되었던 토교대(土橋隊) 문제 검증, 중국군사위원회와 길고도 험한 줄다리기를 펼치면서 끝내 주체성을 확보해간 임시정부의 자세와 정책에 대한 규명 등, 지금까지 누적된 광복군에 관한 여러 문제들이 상당수 해결된 것은 큰 성과라고 하겠다.

1938년 10월에 무한(武漢)에서 조직된 조선의용대는 처음에는 임시정부와 관계가 없었지만, 1942년에 광복군 제1지대로 합류함으로써 임시정부사의 영역에 포함되었다. 조선의용대에 관한 연구는 최근에 상당히 진척되었는데, 이들이 광복군에 합류하고 조선의용군으로 분화되는 과정이 정밀하게 규명되었다. 이 과정에서 임시정부와 거리가 멀어지긴 했지만, 조선의용군의 성립과 활동에 관한 연구는 정치사뿐만 아니라 독립운동사에서 무장항쟁의 영역을 확대시켰다는 의의를 가진다.

광복군에 대한 최근의 연구들은 광복군의 정통성을 내세우고 있다. 하나는 광복군 전사(前史)로서 한말의병과 대한제국 국군을 상정하고 있고, 또 하나는 광복군 후사(後史)로서 복국(復國) 이후 대한민국 국군 성립으로 이어지는 정통성을 주장하고 있다. 그런데 앞의 것은 큰 무리가 없겠지만, 후자의 경우는 국군에 편입된 광복군 출신의 행방에 대한 면밀한 분석이 없을 경우 임시정부의 법통성 시비와 마찬가지로 다소 문제가 발생할 소지가 있어 보인다.

(4) 의열투쟁방략과 독립전쟁준비방략

그간의 연구들은 임시정부가 투쟁방략을 제대로 수행하지 못하는 어려운 시기에는 정부를 에워싼 외곽단체들의 활동이 이를 대체했다고 밝혔다. 특히 의열투쟁과 같은 방략은 정부 차원에서 전개하기에 약간의 문제가 있었으므로, 이것은 수립 초기의 철혈단(鐵血團)과 같은 조직을 통해, 또는 의열단과의 연대를 통해 나타났다. 그러나 근본적으로 독립 달성이 전쟁으로써 구현된다는 판단 아래 군사력 양성과 전쟁비용 마련을 위해 일정한 기간에 걸쳐 이를 준비해 나가는 독립전쟁준비방략이 추진되었다는 사실과, 그것이 바로 한국노병회(1922~1932)를 통해 추진되었다는 사실이 최근 연구들을 통해 드러난 바 있다. 한편 한국노병회마저 한계에 부딪히자 임시정부는 1920년대 후반에 들어 외곽단체를 동원하여 다시 의열투쟁을 펼쳤는데, 병인의용대와 한인애국단이 그 핵심이었다. 병인의용대는 순종의 장례에 맞춰 국내에 제2의 3·1운동을 시도하였고, 한인애국단은 일본 왕과 상해 주둔 일본군 수뇌부를 겨냥하여 의열투쟁을 전개하였다.

임시정부의 독립운동방략 시기를 그 양상에 따라 구분해 본다면, 외교방략기(정부 수립과 활동 초기)·독립전쟁준비방략기(1920년대 중반)·의열방략기(1920년대 후반에서 1930년대 초)·군사조직준비기(1930년대 중반 이후)·독립전쟁과 외교방략 병행기(1940년대) 등으로 정리할 수 있을 것 같다.

6) 구성인물

임시정부에 참여했던 인적 기반에 대한 연구는 대단히 왕성했다. 과거 연구들은 박은식(朴殷植)·신채호·안창호·김구·조소앙·여운형(呂運亨)·이승만·김규식(金奎植) 등 굵직한 인물들만을 대상으로 삼는 데 머물고 있었다. 그러나 근년에 들어서는 연구의 폭이 매우 넓어졌는데, 기존의 인물들만이 아니라 신규식(申圭植)·이동녕(李東寧)·조동호(趙東祜)·김두봉(金枓奉)·김원봉(金元鳳)·양기탁(梁起鐸)·김동삼(金東三)·홍진(洪震)·박찬익(朴贊翊)·김성숙(金星淑)·장건상(張建相)·장덕수(張德秀)·정화암(鄭華岩)·이강훈(李康勳)·조경한(趙擎韓)·유림(柳林)·김병조(金秉祚)·민필호(閔弼鎬)·황학수(黃學秀)·장준하(張俊河)·현순(玄楯)·신익희(申翼熙)·이동휘 등에 대한 단행본 연구서나 논문 및 연구의 단서를 여는 회고록 또는 전기류 등의 기초 작업이 나온 것이다.

1980년대 이후에는 서술 대상이나 내용에서 커다란 변화를 보였다. 1970년대 말까지만 해도 우파 인사이거나 최고 지도급만을 서술 대상으로 다루었다면, 1980년대 이후, 특히 1980년대 말 이후로는 좌·우 이념 성을 가리지 않고 또한 그 폭도 넓혀가고 있다. 독립기념관 한국독립운 동사연구소 간행의 《島山安昌浩資料集》 1·2·3권과 같은 인물 자료집 이 속속 발간됨에 따라 인물 연구는 한층 활기를 띠게 되었다. 그리하여 임시정부의 인적 기반과 아울러 사상적인 성향과 맥락을 좀더 정확하게 파악하는 것이 가능하게 되었고, 또한 이러한 성과는 앞으로 연구대상의 폭을 더욱 넓혀 가는 데도 영향을 미칠 것이다. 특히 《雩南李承晩全 集》·《白凡金九全集》·《島山安昌浩資料集》·《한국독립운동자료집》(조 소앙 편)·《誠齋李東輝全書》 등의 발간은 인물연구에 다시 한번 박차를 가하는 계기가 될 것으로 기대된다.

한편 근래에 들어 현재 생존하고 있는 1940년대 활동 인물이 자서전이 나 회고록을 편찬함으로써 새로운 자료를 제공하고 있기도 하다. 그런데 여기에는 잘못된 회고나 오류가 다소 있기 때문에 이것들이 적절하게 검 증되어야 하는 부담을 안고 있는 경우가 많다.

인물에 대한 연구는 대체로 다음과 같은 결론을 도출하고 있다. 첫째, 임시정부 수립기의 주요 인물들은 계몽운동의 연장선상에 있던 경우가 다수였다. 둘째, 1920년대 전반기에 고려공산당과 코민테른의 영향으로 구성원들이 각기 좌·우로 분화되기 시작하여 임시정부를 이탈하는 경 우가 있었다. 임시정부에 잔존한 인물 가운데는 개량적 사회주의를 수용 하는 경우가 있었는데, 이들은 1930년대 초반 이후 복국에 이르기까지 그것을 강령으로 채택하였다. 셋째, 연안으로 이동한 인물을 제외한 김원 봉 중심의 민족좌파 세력은 임시정부와 일정한 관계를 유지하면서 합작 을 여러 차례 시도하였고, 1940년대에는 임시정부와 광복군에 합류하였 다. 넷째, 아나키스트들은 의열투쟁을 전개하면서 임시정부와 밀접한 관 계를 유지하였고, 1940년대에는 임시정부에 참가하였다. 다섯째, 1930년 대에는 국내와 중국의 연결이 멀어지면서 국내에서 새로운 인물이 보충 되지 않았지만, 만주에서 활약하던 한국독립당이나 조선혁명당의 주요 군사지도자들이 관내(關內)지역으로 남하함에 따라 임시정부가 장차 광복군을 조직할 수 있는 인적 터전이 마련되었다. 여섯째, 1940년대에는 일본의 징병과 징용으로 중국지역에 한인 청년들이 이동해 옴에 따라 임시정부에 신진 인물이 공급되고 광복군의 확대 강화가 이루어지기도 했지만, 기대만큼 큰 규모는 아니었다.

7) 평가문제

1980년대 후반에 이어 1990년대 전반에도 임시정부에 대한 평가문제는 두 가지로 분화해 있었다. 한편에서는 극단적인 법통성 주장을 되풀이했고, 다른 한편에서는 이를 다시 부정했다. 이렇게 양극화한 인식의 차이는 남북 분단에 따른 시각의 차이뿐만 아니라 남한 자체의 정치적인 문제와도 얽히게 되면서 더욱 복잡해졌다. 유신정권이 막을 내린 뒤에도 군사정권이 계속되자 민주화운동은 점차 사회주의 노선을 걷게 되었고, 그 과정 속에서 임시정부가 도마 위에 올랐다. 군사정권이 자신의 정통성을 확보하기 위해 임시정부의 법통성을 강조하였고, 극우적인 시각을 가진 일부 연구자들이 여기에 박자를 맞추었다. 그런데 이에 저항하던 민주화운동 세력들은 군사정권을 비판하면서, 한편으로 임시정부를 비판하는 데 나섰다. 군사정권을 몰아내기 위해서는 근본 바탕부터 흔들어놓아야 했기 때문이다. 그러다 보니 그 논리는 자연스럽게 북한의 주장과 궤를 같이하게 되어 임시정부를 철저하게 폄하하는 것이 되었다. 그러면서 이들은 극우적인 연구자들을 '군사정권의 시녀'로 비판하고 나섰다.

이런 학계 분위기에서 실사구시적인 자세로 임시정부 그 자체에 대한 연구에 몰입하려는 신진연구자들이 하나의 그룹을 형성하기 시작했다. 이들은 마침 극단성을 극복하고 통합적인 역사인식을 추구하고 있었던 여러 신진학자들과 함께 근현대사 전공 학회를 조직하고 나섰다. 그 가운데 임시정부사 연구자들은 순수 학문적인 차원에서 임시정부를 객관적으로 평가해보려고 나섰고, 여기에 일부 원로 학자들의 지원도 가세하였다.

　1990년대 후반에 접어들면서 극단적인 평가는 상당히 극복되어 가는 모습을 보였다. 물론 아직도 사실 검증도 없이 임시정부를 긍정적으로만 평가하려는 구태가 눈에 띄기도 하지만, 대체로 극단적인 평가가 수그러드는 느낌이다. 그리고 1980년대에 제기되었지만 받아들여지지 않던 평가 척도, 곧 임시정부를 발생가치와 역할가치로 구분해서 보아야한다는 지적이 1990년대에 들어와서야 비로소 받아들여지고 있다. 이 주장은 임시정부의 발생가치에 대해서는 긍정적인 평가를 내리면서도 여러 가지 한계와 부정적인 요인에 따른 활동상의 문제 때문에 임시정부가 만족할 만한 정도의 역할가치를 가질 수 없었다고 지적하는 한편, 그렇다고 해서 임시정부가 본질적 가치에 결함을 가진 것은 아니라는 태도를 취하고 있다. 그리고 1980년대 말부터 1990년대 초 사이에 극단적인 평가를 억제하는 여러 가지 요인들이 나타나기도 했다. 독일의 통일과 소련의 해체 및 동유럽의 민주화 등 국제 정세의 변화가 대표적인 요인이다. 그 가운데서도 중국에 대한 여행조건이 완화되고 이어서 중국과 국교가 수립된 것은 이 분야 연구에 결정적으로 활기를 불어넣은 원동력이었다. 현장 조사는 문헌 연구가 가지는 한계를 극복할 수 있는 기회를 가져다 주었고, 사회주의 국가에 대한 접촉 경험은 이념과 사관에 대한 회의와 역사적 평가의 상대적 인식을 심어 주었다.

　이러한 성과들을 바탕으로 앞으로는 임시정부사의 의의를 세계사적 안목에서 정리한 연구를 기대해볼 수도 있을 것이다. 임시정부가 정부조직으로서 독립운동을 펼쳐나간 점과 갖은 시련을 극복하면서 26년이란 오랜 기간에 걸쳐 존재했다는 기록, 그리고 열강회의에서 독립을 인정받는 사례를 남겼다는 사실 등에 대해 세계사적 맥락에서 평가해야 한다는 주장이 점차 학계에서 제기되고 있다. 이러한 시도는 임시정부의 위상을 새롭게 규명할 뿐만 아니라 세계사적 시각에서 임시정부사를 조명해야 할 필요성을 제기한다는 점에서 커다란 의의를 갖는다.

4. 연구과제와 제언

1) 연구과제

임시정부에 대한 연구는 이제 새로운 단계에 접어들고 있다. 근·현대사 연구가 모두 그러하듯이 이 연구는 장차 통일을 전망하면서 이에 기여해야 한다는 당위성을 염두에 두고 진행되는 경향을 보이고 있다. 그런 과정에서 임시정부에 대한 평가도 극단성을 극복해야 할 것이다. 즉 남과 북을 이원화해 보는 시각을 넘어서서 일원화한 민족운동사로 파악하는 것이 필요하다. 이러한 시각 문제에 덧붙여, 법통성 논리도 재검토할 필요가 있다. 법통성 논리에 지나치게 매달리는 것 자체가 결국 분단이라는 현실에서 비롯된 시각 가운데 하나라고 생각되기 때문이다. 정통성 주장의 한 방편으로 평가되고 있는 북한의 '단군릉 사건'을 냉소적으로 바라보고 있다면, 반대로 우리의 논리도 냉정하게 돌아볼 필요가 있을 것 같다. 통일된 이후를 내다보는 의미에서 포괄적인 정통성 인식이 검토될 때다.

좌우합작에 대한 연구는 앞에서도 본 것처럼 최근 들어 활발하게 이루어지고 있다. 통일에 대한 가능성이 그 어느 때보다 강하게 비치고 있는 상황이기 때문에, 이에 대한 연구는 지속되리라 생각된다. 좌우합작 문제에 덧붙여 광복 직전에 전개된 임시정부와 연안의 조선독립동맹과 국내 건국동맹 사이의 관계도 심도 있게 다루어져야 한다. 그런데 좌우합작에 대한 연구는 어떤 하나의 이념이나 발전 가설에 집착한 나머지 임시정부사를 이에 지나치게 부합시키려는 자세를 먼저 극복해야 할 것이다. 이에 덧붙여, 임시정부와 중국공산당의 관계는 사실상 전혀 연구되지 못한 부분으로 남아 있다. 이와 함께 주로 좌파이론에서 등장하는 '통일전선'과 유럽의 '인민전선', 그리고 독립운동사에서 표방된 '민족전선'이 가지는 각각의 성격에 대한 규명이 명확하게 이루어져야 한다는 것도 언급해 둔다.

임시정부의 성격 규정에 대해서는 아직 미흡한 점이 남아 있다. 임시
정부를 유럽의 망명정부와 비슷하게 이해하는 경우가 더러 있는데, 실제
로 이 둘의 개념은 상당히 다르다. 그럼에도 이를 제대로 비교한 연구가
없다. 임시정부는 정식정부가 수립되기 이전에 특수 임무를 수행하기 위
해 존재한 잠정적인 정부라는 특수성을 가지고 있다. 따라서 그 기능과
역할이 유럽의 망명정부와는 차이가 있는 만큼, 이에 대한 평가도 달리
해야 할 것이다.

임시정부의 재정 연구는 제대로 이루어지지 못한 분야이다. 10년 전과
견주어 볼 때 인적 연구는 상당히 진척을 보았으나, 이 분야는 아직 걸
음마 단계에 놓여 있다. 이것이 해결되어야만 1920년대 임시정부의 독자
적인 활동과 외곽단체 및 중국 혁명세력과의 관계를, 그리고 1930년대
이후 중국국민당과의 관계를 정확하게 파악할 수 있을 것이다. 물론 비
밀활동 때문에 정상적인 회계기록이 없는 경우가 대부분이지만, 1940년
대의 경우는 자료가 더러 발견된다. 1937년에 중일전쟁이 시작되었으나,
중국은 일본과의 전면전을 피하느라 일본에 대해 선전포고를 하지 않을
정도였고, 이에 따라 임시정부에 대한 지원금은 아예 공개조차 되지 않
았다. 이와 달리 중경시대의 경우에는 중일전쟁이 전면전 상태였으므로
임시정부에 대한 지원이 공식적으로 이루어질 수 있었고, 그 때문에 회
계 내용에 관한 자료가 남아 있는 것이다. 특히 광복군과 관련한 임시정
부의 재정 운영을 말해줄 수 있는 자료들이 많이 남아 있으므로, 이를
분석하여 그 실상을 파악할 필요가 있다.

임시정부의 대 국내활동 분야는 수립기의 교통국이나 연통제를 제외
하면 전혀 연구가 없다. 물론 1920년대 초반 이후에 국내와 연결선이 끊
어지다시피 한 뒤 그 성과가 미흡했던 것도 사실이지만, 그렇다고 해서
국내 공작이 완전히 단절된 것은 아니었다. 그럼에도 이에 대한 연구가
아예 없었다는 사실은 무척 아쉬운 일이다. 임시정부가 중경이라는 중국

서부의 깊숙한 지역에서 활동하던 1940년대조차도 국내 지식층은 임시정부를 인식하고 있었고, 이들과 연계하려는 움직임도 보였다. 따라서 비록 시기에 따라 미약한 부분이 있었다고 하더라도 임시정부의 국내 연계 공작을 규명해 낼 필요가 있다고 본다.

외교활동에 대한 연구는 임시정부 연구의 출발 시기부터 중점적으로 진행되어 왔다. 그동안 많은 연구 성과가 있었고, 또 근래에는 제2차 세계대전 시기의 활동에 대해서도 다수의 연구가 나타나고 있다. 여기에서 과제로 제시할 것은 임시정부가 펼쳤던 외교의 근대적 성격과 귀국을 전후한 시기의 외교활동이다. 중국 중심의 전통적 외교에서 벗어나 세계를 향한 근대적 외교의 문턱에 들어서는 순간 국가를 잃어버린 임시정부의 외교가 정상적일 수는 없었을 것이다. 그럼에도 근대 외교의 장을 열어 간 것이나 망명 또는 임시정부 차원의 외교를 꾸준히 전개해 나갔다는 점에서 그 성격을 비교·분석해야 할 당위성은 충분하다.

그리고 근래에 들어 비교적 활발했던 인물 연구도 계속 이어져야 한다. 구체적으로 말하자면, 구성원들의 인맥과 이념적 맥락 및 활동을 묶는 작업이 이루어져야 한다. 이때 그 대상을 좀더 폭넓게 잡을 필요가 있다. 즉 지도급 인물부터 실무를 담당했던 층에 이르기까지 가능한 범위에서 정파별·이념별 맥락과 상호 연결 관계를 다루어야 한다. 이 과정에서 주의할 일은 회고록에 대한 지나친 의존이나 숭조적(崇祖的)인 정리는 철저히 배제되어야 한다는 것이다. 뿐만 아니라 억설(臆說)로써 특정 인물을 내세우기 위해 임시정부와 관련시키거나 임시정부를 폄하해서는 안 되며, 그것이 가진 의미 연구에만 비중을 두어야 한다. 더구나 후대의 사람들에게 불리한 부분이라고 판단하여 자료집 발간과정에서 일부를 삭제하는 행위가 간혹 눈에 띄는데, 이것은 역사 조작이요, 왜곡이다. 후대에 큰 죄를 짓는 이 행위는 결코 용납될 수 없을 것임을 강조해 둔다.

귀국 후 임시정부의 행로에 대한 연구도 사실상 아주 부족한 형편이

다. 귀국 과정과 귀국 후에 나타난 임시정부에 대한 열강들의 정책이나
자세가 검증되어야 한다. 구체적으로 임시정부의 귀국에 대한 중국국민
당 정부·중국공산당·미국·소련·영국 등의 정책이 밝혀져야 하고, 특
히 미국과 미군정의 정책이 검토되어야 한다. 그리고 좌우합작에 대한
연구와 함께 귀국 후 광복군의 행방에 대해서도 같은 차원에서 규명되어
야 한다.

끝으로, 세계사적 시각에서 임시정부사 연구가 접근되어야 한다. 19세
기 후반에서 20세기 전반에 걸쳐 세계사는 크게 제국주의 국가와 식민지
국가로 양분된 구도 속에서 전개되었고, 그 과정에서 두 계열 모두 보편
성과 특수성을 드러내었다. 한국독립운동사, 특히 임시정부 자체와 그들
이 펼친 독립운동을 아시아·아프리카의 식민지 및 그 저항 형태와 각각
비교하면 역시 임시정부가 지닌 보편성과 특수성을 찾을 수 있을 것이
다. 이를 검토할 때만이 비로소 세계사 속에서 임시정부사의 위치를 가
늠하고 이에 정확한 의미를 부여할 수 있을 것이다.

2) 제 언

1990년대에 임시정부 연구가 활기를 띤 바탕에는 국가보훈처·독립기
념관·국사편찬위원회·한국정신문화연구원·국회도서관 등의 정부기관
에서 펼친 자료 조사와 편찬 작업이 결정적으로 기여하였다. 이 작업은
앞으로도 지속적으로 진행되어야 한다.

특히 중국 현지의 임시정부 유적에 대한 정밀 조사가 긴요하다. 그 가
운데서도 우선 현존 유적지에 대한 정확한 목록이 만들어져야 한다. 그
래야만 엉뚱한 건물을 임시정부 청사로 판단하여 이전·복원하려던 우
화를 되풀이하지 않을 것이다. 현재 중국 도시의 빠른 개발속도만큼 유
적 현장이 빠르게 없어지고 있다. 순식간에 서안(西安)의 광복군총사령
부 유적이 사라졌고, 또 중경의 총사령부 건물도 머지않아 헐린다고 전

해지고 있다. 그러므로 현존 유적에 대한 정밀 조사가 매우 시급하다. 그리고 임시정부와 관련된 현지조사가 좀더 확대되어야 한다. 즉 천진(天津)이나 광동(廣東)처럼 임시정부 산하기관이 자리 잡았던 지역, 광복군 초기의 1·2지대 활동지역, 후기 광복군의 1지대 활동지역 등에 대해서도 조사해야 한다.

이와 아울러 중국 당안관(檔案館)이나 각 대학, 각 지방의 신문·잡지 등이 발굴되어야 하고, 미국과 일본 및 소련의 자료도 지속적으로 발굴·정리되어야 한다. 그런데 이 사업은 모두 정부적 차원에서 종합적으로 이루어져야 한다. 왜냐하면 현지 조사나 자료 접근과 수집이 모두 체제의 경직성으로 말미암아 외교적·재정적 지원 없이는 거의 불가능에 가까운 일들이기 때문이다. 이를 위해서는 몇 명의 조사원을 일시적으로 파견하기보다는 조사연구원이 1년 이상 장기적으로 중국에 체류할 수 있도록 하는 것이 필요하다.

이와 함께 중국 정부 및 중국 학자와 연계 작업을 추진해야 한다. 현재 국가보훈처나 독립기념관에서 중국학자들에게 자료 수집을 맡기고 있는데, 이를 국내 연구자와 합작하도록 하는 것이 필요하다. 비록 연구 수준에서 서로 차이가 있기는 하지만, 그들과 발표회를 자주 가지면서 새로운 자료 발굴을 유도해야 한다. 최근에 한국과 중국 정부는 서로 갈등관계가 없는 항일투쟁 분야에 대한 공동연구에 합의하였고, 중국학자들 또한 한국독립운동사 연구에 관심을 가지고 있는 만큼, 자료 발굴과 연구수준 향상에 기여하는 공동의 자리를 마련해야 할 것이다.

또 미국과 일본의 자료 수집에도 노력을 기울여야 한다. 미주지역의 독립운동은 임시정부와 밀접한 관계를 가지고 있었다. 줄곧 임시정부를 재정적으로 지원하고 좌우합작 과정에도 참여했던 한인단체들이 있었던 것이다. 또한 임시정부의 구미위원부가 활동하였는가 하면, 비행사 양성을 위한 활동이 전개되기도 했다. 이에 대한 현장 조사도 물론 필요하지만, 무엇보다 미군정시대에 미국으로 옮겨간 조선총독부의 문서 가운데 아직도 파악하지 못한 자료가 많고, 2차 대전 시기에 연합군이 남긴 문서들 가운데서도 미국을 비롯한 연합군과 임시정부의 관계를 밝혀줄 자료가 적지 않기 때문에 이에 대한 정부 차원의 자료 조사와 분석 작업이 필요하다. 그리고 일본의 자료 조사 필요성은 더 말할 나위가 없다. 여기에는 위에서 말한 바와 같이 일회성 조사단을 보내기보다는 조사원이 장기적으로 체류할 수 있도록 해야 한다.

현재 정부기관들의 자료수집에 상당한 가속도가 붙어 있다. 그럼에도 한 가지 아쉬운 점은 일부 기관에서 수집 속도만큼 자료를 신속하게 공급하지 못하고 있다는 점이다. 수집된 자료를 전공자들에게 맡겨 분석하도록 하고 이를 효율적으로 공급할 수 있는 방안을 찾아야 할 것이다.

제 2 부

대한민국임시정부의
활동과 독립운동방략

- ■ 대한민국임시정부 상해시대(1919~1932)의 활동
- ■ 대한민국 임시의정원의 성격
- ■ 대한민국임시정부와 중국관내지역 독립운동
- ■ 대한민국임시정부의 독립운동방략
- ■ 대일선전포고에 대한 몇 가지 문제

대한민국임시정부 상해시대(1919~1932)의 활동

대한민국임시정부(이하 '임시정부')는 1919년 4월 11일에 상해에서 수립된 뒤 1945년까지 중국에서 활약하였다. 그 시기를 활동 근거지별로 나누어 보면, 상해(上海)시대(1919~1932), 이동시대(1932~1940), 중경(重慶)시대(1940~1945) 등으로 구분된다.[1] 상해시대는 임시정부 수립부터 윤봉길(尹奉吉) 의거로 임시정부가 상해를 떠나던 1932년 4월까지이고, 이동시대는 이후 항주(杭州)·진강(鎭江)·무한(武漢)·장사(長沙)·광주(廣州)·유주(柳州)·기강(綦江)을 거쳐 중경에 이르는 1940년 초까지이며, 끝으로 중경시대는 이후부터 광복을 맞이하게 되는 1945년까지이다. 그리고 이 글에서 다루려는 상해시대는 다시 정부구조, 투쟁방략, 정부세력 등의 변화과정을 각각 기준으로 삼아 시기를 세분할 수 있다. 본고에서는 상해에

---

1) 임시정부사에 대한 시기구분은 다양하다. 헌법체제의 변화나 활동상의 특색 등으로 나누기도 하는데, 예컨대 1기(초기 임시정부 활동기 ; 1919~1923), 2기(국민대표회의 이후 한국독립당 조직기 ; 1923~1930), 3기(정당 중심 활동기 ; 1930~1940), 4기(확대·강화기 ; 1940~1945)로 나눈 추헌수의 구분을 들 수 있다(추헌수,《대한민국 임시정부사》, 독립기념관 한국독립운동사연구소, 1989, pp.13~14).

서 임시정부를 중심으로 전개된 독립운동 양상의 변화과정에 초점을 맞추
어 이를 네 시기로 구분하고, 각각의 활동 내용을 정리하려 한다.[2]

1. 정부 수립 초기(1919~1921)의 활동

1) 정부 통합과 의정원의 활동

1919년 3월에서 4월 사이에 8개의 정부가 나타났다. 그 가운데는 실체
를 지니고 있었던 것도, 있었고 단지 선언만으로 정부를 자임한 것도 있
었는데, 모두 '국민', '민국', '민간' 정부임을 표방하고 있었다는 것이 공통
된 점이었다. 즉 대한제국의 연장선 위에 머물려 했던 것이 아니라 한결
같이 민주공화정체(民主共和政體)를 표방하고 있었다는 점에서, 3·1운동
으로 나타난 국민들의 정서가 어떤 것이었는지 알 수 있다. 이러한 정부
들 가운데서 국내의 이른바 한성정부(1919. 4. 1 ; 서울)를 정통으로 하여
상해의 대한민국임시정부(1919. 4. 13 ; 상해)와 노령(露領)의 대한국민의
회(1919. 3. 21 ; 연해주) 사이에 협의가 맺어져 1919년 9월 15일에 통합정

---

2) 첫 번째 시기는 정부 수립 초기(1919~1921)이고, 두 번째 시기는 국민대표회의기
(1922~1924)이며, 세 번째 시기는 유일당운동기(1925~1930)이고, 네 번째 시기는
정당조직 정착기(1931~1932)이다. 첫 시기는 정부가 수립되고 국내외를 연결하는
왕성한 활동이 전개되던 시기를 대상으로 삼았다. 그리고 둘째 시기의 경우, 침체
해 있던 독립운동계의 활성화를 위한 모임인 국민대표회의가 열린 시기는 1923년
1월부터 5월 말까지였지만, 1922년부터 대회 개최 분위기가 독립운동계를 휩쓸고
있었고, 그 여파도 1924년 이후까지 미쳤다는 점을 감안하여 잡은 시기이다. 또 셋
째 시기는 비록 유일당촉성회가 1926년에 처음 조직되고 1929년 말에 해체되었지
만, 이 역시 1925년부터 그 운동이 본격화되고 1930년까지 여진이 이어졌으므로 이
렇게 정했다. 끝으로 넷째 시기는 1930년 1월에 한국독립당이 성립되고 이를 중심
으로 임시정부가 운영되기 시작하였다는 점과, 1932년 4월 29일에 윤봉길 의거가
일어난 뒤 일제의 탄압을 벗어나 항주로 이동함으로써 상해시대의 대미를 장식하
게 되었다는 점을 바탕으로 결정하였다.

부가 구성되었다.

임시의정원은 임시정부보다도 앞서 출범하였다. 1919년 4월 10일에서 11일 사이에 가진 첫 모임에서 임시정부의 수립을 결의했던 만큼, 임시의정원은 바로 제헌의회였던 셈이다. '대한민국'이란 국호와 '민국'이란 연호를 제정함으로써 민주공화정체의 임시정부를 수립한 임시의정원은 이어서 정부의 조직과 인선을 마쳤고, 또한 임시헌장을 제정하여 대의입법기관의 기능을 담당했다.

임시의정원은 단순한 입법기관의 수준 이상의 역할을 수행했다. 임시의정원은 독립운동의 구심체인 임시정부를 유지하는 위치에 있었으므로, 통합정부 추진과 독립운동방략 논의, 그리고 정부구성원에 대한 인적 자원 조달까지 도맡고 있었다. 결국 임시의정원은 임시정부 수립의 산실이자, 3·1운동으로 표출된 국민의 여망을 수렴하고 정리하여 헌법을 제정한 대의기관이요, 임시정부보다 상위에 서면서 의회 중심 체제를 유지해 간 조직체이고, 국내외 독립운동을 효과적으로 이끌어가려 노력했던 독립운동 지휘조직이었다.[3]

2) 내 정

(1) 민 단

상해지역 민단의 기원은 1918년 가을 무렵에 출범한 상해고려교민친목회(上海高麗僑民親睦會)였다. 이 조직은 임시정부 수립 뒤에 상해대한인국민회, 상해거류민단(上海居留民團) 등으로 개칭되었고, 1920년 3월에 임시정부에서 '거류민단제'를 공포함에 따라 상해대한인거류민단(上海大韓人居留民團)으로 명칭을 변경하면서 정식으로 임시정부 직할 기관으로 추인되었다. 임시정부는 상해지역뿐만 아니라 해외에 조직된 동포들의

---

3) 임시의정원에 대한 자세한 논의는 다음에 이어지는 〈대한민국 임시의정원의 성격〉을 볼 것.

자치행정조직을 모두 임시정부 산하기관으로 만들기 위해 그해 10월에 내무부령으로 교민단제를 발표하였고, 이에 따라 상해 민단은 대한교민단으로 개칭되었다.[4]

임시정부가 확보한 산하 민단의 성격을 갖춘 조직은 상해지역 밖에도 존재했다. 미주의 경우 대한인국민회가 그러했는데, 일부 지역에서는 거류민단으로 개편되기도 하였다. 또 서간도의 한족회와 서로군정서(西路軍政署), 북간도의 대한국민회와 북로군정서(北路軍政署)의 경우도 군사적인 성향 외에 지방자치 행정조직의 성격을 갖고 있었고, 천진(天津)대한교민단, 프랑스 파리위원부 산하 대한국민회 등도 그러한 성격을 지니고 있었다.

상해 민단은 단순한 자치기관에 불과했던 것이 아니라 임시정부를 중심으로 한 독립운동단체이자, 동시에 임시정부 내무부 산하의 지방행정기관과 지방의회 기능을 모두 갖춘 행정기구였다. 민단은 집행기구와 의결기구로 구성되었고, 집행기구는 단장과 총무를 중심으로 산하 지역에 구(區)를 설치하여 행정을 펴 나갔다. 또 민단은 호구조사, 재산조사, 민단세 징수, 임시정부 관련 각종 행사 개최, 인성학교(仁成學校) 운영, 의경대 운영을 통한 치안 확보와 밀정 색출 등의 활동을 펼쳐 나갔다.[5] 즉 임시정부가 자리 잡은 상해지역의 민단은 바로 임시정부의 직할 행정기구였던 셈이다.

(2) 연통제

임시정부는 내무부 산하기관으로 국내에 연통부(聯通府)를 설치하였다. 그 목적은 임시정부가 국내 민중을 직접 관장하여 정부의 기반을 다

---

4) 김희곤, 〈上海 大韓人民團의 成立과 獨立運動〉, 《水邨朴永錫敎授華甲紀念 韓民族獨立運動史論叢》, 1992, pp.823~824.

5) 김희곤, 〈上海 大韓人民團의 成立과 獨立運動〉, 《水邨朴永錫敎授華甲紀念 韓民族獨立運動史論叢》, 1992, pp.824~837.

지며 또한 임시정부 중심의 독립운동을 전개해 나가려는 데 있었다. 민
단이 임시정부 직할의 해외 행정조직이었다면, 연통부는 임시정부 직할
의 국내 행정조직이었다. 연통부의 주요 기능은 상하 행정기관을 연결하
는 통신업무와 자금의 수합 및 임시정부 중심의 국내 행정 장악이었다.

안창호(安昌浩)가 주력을 기울인 연통제는 1919년 11월 30일에 서울에
임시총판부를 설치하기에 이르렀다. 서울에 총판이, 도에 독판이, 군과
부에는 군감과 부장이, 면에 면장이 각각 임명되는 연통부가 구성되었고,
평안도·황해도·함경도에는 순조롭게 하부단위까지 조직되어 상당한
성과를 거두었다. 그러나 강원도·경상도·전라도에는 거의 설치되지 못
하였다. 연통부가 미처 설치되지 않았던 지역에서는 대한독립애국단, 대
한민국청년외교단, 대한민국애국부인회 등이 조직되어 이를 대신하기도
하였다.[6]

임시정부는 국내뿐만 아니라 많은 동포들이 거주하던 만주지역에도
이를 실시하려 했다. 그러나 일본군의 만주 출병과 간도사변으로 말미암
아 실패하였다. 특히 국내에 설치되고 실시된 연통제마저도 일제의 강력
한 탄압으로 1921년에는 거의 붕괴했고, 이에 따라 임시정부의 세력도
크게 약해졌다.

(3) 교통국

임시정부는 교통부 산하에 교통국을 설치하였다. 연통부가 내무부 산하
의 국내 지방행정조직인 것과 달리, 교통국은 교통부 산하의 각 지방 연락
조직망이었다. 교통국의 설치는 임시정부가 국내와 만주 등 각지에 이를
통하여 지도권을 확보하는 데 목적이 있었다. 주요 기능은 통신기관으로
서 독립운동에 필요한 국내외의 정보를 수집하고 연결시키는 것이었다.

교통국의 설치는 1919년 5월에 국무위원 조완구(趙琓九)의 시정연설에

---

6) 추헌수, 《대한민국 임시정부사》, 독립기념관 한국독립운동사연구소, 1989, pp.54~55.

서 처음 밝혀졌다. 교통국의 조직이 설치된 지방은 연통부와 마찬가지로 평안도·함경도·황해도·서울 등의 북부지역이었고, 만주에도 여러 지역에 설치되었다. 주요 교통연결망은 상해와 만주 및 국내를 연결하는 삼각구도를 이루었고, 특히 압록강 대안에 자리 잡은 안동(安東)지부는 그 중심점에 놓여 있어 중요한 기능을 맡았다.

안동지부는 1919년 5월에 만주 안동 시내에 아일랜드인 쇼(George L. Show)가 경영하던 무역회사인 이륭양행(怡隆洋行) 2층에 설치되었다. 이 회사는 무역회사였기 때문에 통신연락이 쉬웠고, 영국에 저항하고 있던 아일랜드와 우리의 처지가 같은 데서 비롯한 쇼의 지원을 받을 수 있는 장점을 지니고 있었다. 그래서 무기의 국내 반입, 독립운동자의 체류지, 망명 인사의 길 안내, 정보의 수집과 연락, 국내 공작원의 휴식처 등 독립운동의 근거지로서 그 구실을 톡톡히 담당하였다.[7]

3) 외 교

임시정부 수립기에 가장 역점을 두었던 정책이 바로 외교방략이었다. 그것은 임시정부의 수립과정과 밀접한 관계를 갖고 있었다. 임시정부의 수립에 발판을 마련했던 동제사(同濟社)나 신한청년당(新韓靑年黨)이 모두 외교활동에 주력해 왔고, 그 연장선상에서 임시정부의 외교방략도 추진되었기 때문이다.

---

7) 교통국 안동지부의 조직은 다음과 같다.

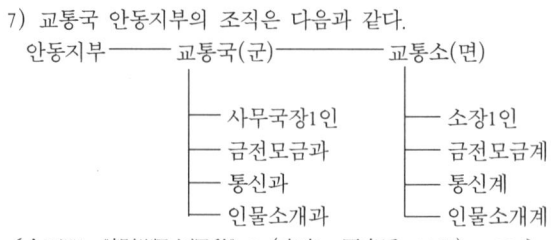

[金正明,《朝鮮獨立運動》2 (東京 : 原書房, 1967), p.204]

임시정부는 수립되자마자 바로 1919년 1월 말부터 파리에서 열린 강화회의에 전력을 기울였다. 상해에서 활동하던 신규식(申圭植)·여운형(呂運亨) 등이 이 회의를 겨냥하여 대표를 파견하면서 국내 민중의 봉기를 추진했고, 그것이 3·1운동을 가능케 했던 중요한 기폭제 가운데 하나가 되기도 했으니, 임시정부 수립기의 외교활동이 파리로 집중된 것은 당연한 일이었다. 그런데 그 시작은 이미 임시정부 수립 직전부터 진행되었다. 그 주체가 된 조직은 역시 임시정부 수립의 주역을 맡기도 했던 신한청년당이었다.

파리에서의 활동은 임시정부가 수립되기 전에 이미 신한청년당의 대표로 파견된 김규식(金奎植)을 중심으로 전개되고 있었다. 그러다가 임시정부가 수립되자 자연스럽게 김규식은 임시정부의 파리대표부를 구성하고 임시정부의 전권대사로서 활약하였다. 그는 강화회의에 20개 항으로 된 청원서를 제출하고 각국 정부에도 발송하였다. 하지만 전승국의 이해관계에 치우친 베르사유조약(1919. 6. 28 체결)은 이들의 노력을 물거품으로 만들어 버렸다. 그러나 비록 즉각적인 성과를 얻지는 못했더라도 국제무대에서 한민족의 문제를 제기하고 이에 대한 이해를 촉구했다는 데서 미미하게나마 의의를 찾을 수 있겠다.

임시정부의 외교활동 대상국가로는 그 어느 국가보다도 자신들이 활동 터전으로 잡고 있던 중국이 중요했다. 그런데 당시 중국은 광동(廣東)을 중심으로 한 손문(孫文)의 혁명정부와 원세개(遠世凱)의 북경(北京)정부 및 군벌로 이루어진 복잡한 구도를 갖고 있었다. 때문에 임시정부의 외교는 자연히 중국의 정세와 밀접하게 맞물리지 않을 수 없었다. 그러나 임시정부 성립 자체가 민주공화정의 수립이라는 시민혁명의 성격을 띠고 있었고, 임시정부 출범의 발판을 마련했던 신규식 등의 상해지역 활동인사들의 성향이 또한 그러했으므로 자연히 외교의 주된 대상은 손문의 광동정부였다. 그래서 1921년 10월에는 신규식이 임시정부 총리대리 겸 외무총장으로서 광동으로 가서 시내 관음산(觀音山) 중턱에 있던 대총통 관저로 손문을 방문하여 임시정부 승인을 요구하였고,[8] 이어서 손문도 동교장(東較場)에서 거행된 북벌서고식에 신규식을 초대하여 정식 국빈으로 예우하였다.[9]

군벌에 대한 임시정부의 외교는 공식적이기보다는 임시정부 구성원들의 개별적인 관계로 유지된 경우가 많았다. 신규식이나 여운형 등이 오패부(吳佩孚) 등의 군벌들과 긴밀한 관계를 가지면서, 한인 청년들을 군벌들이 관장하고 있던 군관학교나 강무당(講武堂)에 파견하는 방식으로 군사적 인재를 육성했던 것이 대표적인 사례이다. 한편 북경정부에 대해서는 임시정부 참여인사들의 성향이 달라서 상대적으로 냉담한 관계를 갖고 있었다.

미국에 대해서는 임시정부가 처음부터 상당한 호감을 갖고 외교를 전개하였다. 그 이유 가운데 하나는 윌슨(T. W. Wilson) 대통령이 전후처리 원칙으로 발표한 민족자결주의 때문이었고, 둘째는 안창호와 이승만(李承晚) 등의 재미 활동가와 교민들이 보낸 성원 때문이었으며, 셋째는 확산된 기독교세력의 영향 때문이었다. 파리강화회의 이후에도 미국에 대한 임시정부의 외교는 계속되었고, 구미위원부를 설치하여 이승만을 중심으

---

8) 관음산은 광주시의 중앙에 자리한 진산(鎭山)인데, 현재 총통 관저 자리에 '孫中山先生治事處'라고 새겨진 기념비가 서 있다.

　손문과 신해혁명(辛亥革命)의 동지이기도 했던 신규식은 다음과 같은 내용을 요청했다.

　1. 대한민국임시정부는 호법정부를 大中華民國正統政府로 승인하고 그 원수와 국권을 존중할 것.

　2. 대중화민국 호법정부는 대한민국임시정부를 승인할 것.

　3. 중화민국 군사학교에 한국 학생을 수용해 줄 것.

　4. 5백만 원을 차관해 줄 것.

　5. 일정한 지역을 조차해 주어 한국독립군을 양성하는 데 사용할 수 있도록 허락해 줄 것(민필호, 〈韓中外交史話〉, 신규식, 《韓國魂》, 박영사, p.177).

　손문은 이 가운데 1, 2, 3항에는 그 자리에서 응낙하고, 차관과 조차 문제는 북벌 후에 해결하도록 결정했다. 그러나 바로 뒤에 군벌의 반동이 일어나고 손문이 일본으로 망명함에 따라 진척되지 못했다.

9) 동교장은 현재 광동성 인민체육장으로 쓰이고 있다.

로 미국 의회에 대한 활발한 외교활동을 벌였다. 특히 안창호가 1919년 5월에 상당한 자금을 갖고 상해로 와서 임시정부를 운영함으로써, 임시정부와 재미동포 및 미국정부를 연결하는 외교 노력이 활발하게 이루어졌다. 1921년에 해군군비축소문제를 논의했던 워싱턴회의(일명 태평양평화회의)에 대한 외교도 그러한 차원에서 이루어졌다. 하지만 그 과정에서 만국공법적인 세계관에 젖어 있다가 냉엄한 국제관계에 부딪히게 되었고, 이를 통해 임시정부는 비로소 국제관계의 현실에 눈을 뜨게 되었다.

소련에 대한 임시정부의 외교는 상해 임시정부와 연해주의 대한국민의회 사이에 통합정부가 구성된 뒤에 본격화했다. 국무총리 이동휘(李東輝)가 레닌(V. I. Lenin)에게 자금을 요청하고, 레닌 또한 동아시아에 대한 세력 확산을 꾀하면서 두 정부 사이에 긴밀한 관계가 이루어지기도 하였다. 그것은 임시정부가 국제사회에서 처음으로 공식적인 정부 대우를 받고 원조를 받은 일이기도 했다. 특히 워싱턴회의의 결과로 실의에 잠겨 있던 독립운동가들은 극동인민대표회의(1922. 1. 21~2. 6 ; 모스크바) 소집과 지원 소식을 듣고 이에 대규모로 참가하게 되었는데, 회의의 전체 참가 인원 약 150명 가운데 한국의 단체 대표들이 52명이나 되었던 것을 보더라도 소련에 대한 독립운동가들의 시선이 어떠했는지 확인할 수 있다. 그러나 이동휘 계열이 레닌의 자금을 독점하다가 문제가 발생하자 임시정부를 이탈하게 되는 부정적인 국면을 맞기도 하였다.

4) 군 사

정부 수립기에 임시정부의 활동은 외교방략에 치중되어 있었다. 그렇다고 해서 임시정부가 계몽운동의 연장선 위에서 이루어지던 독립군기지 건설계획이나 군사력 양성 활동을 포기한 것은 아니었다. 임시정부는 1919년 말부터 군사활동에 대한 계획을 수립하고 이를 추진해 나가기 시작했다. 임시정부의 군사정책은 군대 조직을 위한 법규를 마련하고, 군사

간부의 양성과 모병 활동을 전개하며, 만주지역의 독립군 조직을 통할·
지휘한다는 세 가지 내용으로 정해졌다. 이 가운데 법규는 55개조로 구
성된 〈大韓民國陸軍臨時軍制〉의 제정으로 마련되었다.10)

　두 번째 정책인 군사간부 양성을 위해 임시정부는 육군무관학교를 설
립하였다. 1919년 말에 개교한 것으로 보이는 이 학교는 군무부 직할로
편제되었고, 육군 초급장교 양성을 위한 6개월 과정으로 짜여진 사관학
교였다. 군무부 차장이던 김희선(金羲善)과 도인권(都寅權) 등이 교장으
로서 학교 운영을 맡으며 1920년 5월에 첫 졸업생 19명을, 12월에는 2회
졸업생 24명을 각각 배출하였다. 그러나 이후 이 학교는 폐교되었다. 육
군무관학교 외에 군사인재를 양성하려는 임시정부의 노력은 군무총장이
던 노백린(盧伯麟)이 미국에서 비행사 양성소를 설립하는 것으로 이어졌
다. 1920년 2월에 미국 캘리포니아 주에 세워진 이 양성소에서 실제로
비행사가 양성되기도 했으나 비행대 편성까지는 이르지 못했다.11)

　한편 신흥무관학교(新興武官學校)를 비롯한 1910년대 만주지역의 독립
군 양성 활동이 성과를 거두어 3·1운동 무렵에는 이 지역에 70여 개의
군사조직이 만들어졌다. 이를 바탕으로 하여 만주지역에서 이른바 '군 정
부' 수립을 추진하다가 임시정부가 수립되자 대신 그 산하 조직으로 편
제되는 군사조직들도 있었는데, 서로군정서와 북로군정서가 대표적인 경
우였다. 서간도지역의 대표적 조직인 한족회는 임시정부 수립 직후에 정
부는 상해에 두더라도 독립군을 지휘할 '군 정부'는 만주에 두자고 제의
하면서 조직의 이름을 서로군정서로 개칭하고 임시정부 산하의 독립군
으로 편입되었다. 또한 북간도지역의 대표적인 단체였던 중광단(重光團)
이 정의단(正義團)으로 발전한 뒤, 정의단의 군사조직인 군정회(軍政會)
가 1919년 12월에 임시정부의 명령에 복종키로 결정하고 명칭을 북로군
정서라 변경하였다.12)   이외에도 대한광복군총영(大韓光復軍總營) 같은

<hr />

10) 국회도서관, 《韓國民族運動史料》(中國篇), 1976, pp.132~139.
11) 한시준, 《韓國光復軍硏究》, 일조각, 1993, pp.10~11.

경우는 임시정부의 결정에 따라 조직된 독립군 조직이었다. 임시정부가 서간도지역에서 활동하던 대한청년단연합회 의용대와 대한독립군비단 (大韓獨立軍備團) 및 대한독립단 등을 전투군단으로 편성할 목적 아래 광복군총영을 설치하게 한 것이다.13)

이러한 노력이 있었음에도 1920년을 넘어서면서 임시정부의 군사적 노력은 크게 약화되었다. 청산리·봉오동 전투에서 승리를 거두었음에도 독립군들은 일제의 정면 공격에 밀려 소련의 자유시(自由市)14)로 이동하거나 흩어졌는데, 임시정부가 이를 수습할 만한 통솔력을 갖지 못했기 때문이다. 더욱이 교통국과 연통제가 일제의 탄압으로 붕괴되면서 인적 자원이나 재정이 극심한 난관에 빠지게 되자, 이러한 어려움은 한층 가중되었다.

5) 교육·문화활동과 외곽단체 통솔

임시정부는 인성학교를 경영하여 동포의 자제들을 교육시켰다. 민단과 마찬가지로 인성학교도 임시정부가 수립되기 전인 1917년 2월에 초등교육기관으로 개설되었다. 처음에는 상해고려교민친목회 산하의 교육부에 편제되었다가, 친목회가 민단으로 개편되면서 인성학교는 민단의 산하 기관이 되었다. 그리고 민단이 1919년 9월 이후 임시정부의 산하 조직이

---

12) 윤병석, 〈北間島 大韓國民會와 北路軍政署〉, 《獨立軍史》, 지식산업사, 1990, p.109.
13) 채영국, 〈3·1운동 이후 西間島 지역 獨立軍團 硏究〉, 《尹炳奭敎授華甲紀念 韓國 近代史論叢》, 지식산업사, 1990, pp.843~844.
14) 1924년까지 알렉세프스크(Alexsievsk)였던 스포보드니(Svobodnyi)를 말한다. 1921년 6월 28~29일에 이곳에서 고려혁명군과 대한의용군 사이에 충돌이 발생하여 최소 100명에서 500명에 달하는 독립군 병사들이 사망하거나 행방불명되는 참변이 일어났는데, 이것이 바로 자유시 사건이다. 봉오동·청산리전투 이후 독립군은 일본군의 공격을 피해 흑룡강을 건너 북상하였다. 이때 소련군 및 소련군의 지원을 받은 소련 귀화세력이 지휘권을 장악하기 위해 독립군을 무장해제시켰고, 그 과정에서 충돌이 벌어진 것이다.

됨에 따라 인성학교도 종래의 사립학교에서 공립학교로 성격이 바뀌게 되었다. 인성학교는 국혼적(國魂的) 차원의 교육을 실시하였고, 20회에 걸쳐 졸업생을 배출함으로써 독립운동에 필요한 다수의 인재를 육성·공급하였다. 그러나 윤봉길 의거가 있은 뒤, 일제의 본격적인 탄압에 부딪히면서 1935년에는 폐교되고 말았다.[15]

임시정부는 《獨立新聞》을 기관지로 발행하였다. 1919년 8월 21일에 창간된 이 신문은 민족사상 고취와 민심 통일, 독자적인 보도기관 운영을 통한 홍보, 정부 독려와 방향 제시, 신학술과 사상 보급 등에 목적을 두었다. 창간 당시에는 이광수(李光洙)·주요한(朱耀翰) 등이 중심인물로 활약했고, 그 뒤를 이어 김승학(金承學)·박은식(朴殷植) 등이 활약하였다. 주 1회 발행되던 《獨立新聞》은 1922년을 넘어서면서 극심한 재정난을 겪게 되고, 1924년에는 월 1회 발간되는 데 그쳤다. 그러다가 1925년 9월 25일에 지령 189호로 폐간되었다. 따라서 《獨立新聞》의 전성기는 역시 임시정부 수립기에 해당하는 시기였다고 할 수 있다.

임시정부는 《獨立新聞》과 함께 《韓日關係史料集》을 발간하기도 했다. 임시정부는 1919년 7월에 정부령으로 국무원 안에 '임시사료편찬회'를 설치하고 총재에 당시 국무총리대리였던 안창호, 주임에 이광수, 간사에 김홍서(金弘敍)를 각각 선정하여, 8명의 위원 및 22명의 조역 등과 함께 사료집 발간에 나서도록 했다. 이 사료집은 1919년 9월 23일에 4책으로 100질이 간행되었는데, 그 목적은 파리강화회의에 이어 개최되는 국제연맹회의에 이를 제출하여 한민족 자주독립의 당위성을 역사적으로 밝히는 데 있었다.[16]

임시정부는 그 외곽에 많은 독립운동단체들을 통솔하였다. 임시정부 수립 이전에도 이미 상해지역 독립운동계의 교두보를 확보했던 동제사나 신한청년당 등의 단체가 조직된 바 있으나, 임시정부 수립 직후에는

15) 이명화, 〈上海에서의 韓人 民族敎育運動〉, 《한국독립운동사연구》 4, 1990, pp.122~130.
16) 국사편찬위원회, 《韓國獨立運動史資料》 4, 1974, pp.1~290에 수록.

우후죽순처럼 독립운동단체가 결성되면서 1921년경까지 30여 개 단체가 조직되기에 이르렀다. 그 가운데에는 흥사단이나 고려공산당과 같은 정치적인 단체와 의열단(義烈團)·구국모험단·의용단(義勇團)과 같은 의열투쟁단체, 대종교·화동유학생회 등의 종교·학생단체 등이 있었다. 이들 조직의 구성원들 대부분이 임시정부에 참가하고 있던 핵심인물들이었고, 임시정부는 이 단체들을 지도하고 통솔하는 구심체 노릇을 했다.

2. 국민대표회의기(1922~1924)의 활동

임시정부는 수립기에 왕성한 활동과 성과를 보이다가 1920년 말을 고비로 점차 쇠락하기 시작하였다. 우선 주력을 기울이던 외교활동이 베르사유체제라는 벽에 부딪혀 좌절되었고, 교통국과 연통제가 일제의 탄압으로 무너지면서 국내에서 전해지던 인적·물적 자원이 줄어들었으며, 만주의 서로군정서와 북로군정서 등 임시정부의 산하기관임을 자처하던 독립군 조직마저 청산리·봉오동 전투 이후 일본군의 대대적인 침공에 밀려 소련의 자유시로 이동하거나 만주 각지로 흩어짐으로써, 임시정부의 기반이 크게 약화된 것이다. 이런 상황을 극복하고자 하는 움직임이 1921년에 접어들면서 나타났다. 특히 임시대통령 이승만이 1920년 12월에 상해에 도착함에 따라 상황 극복의 요구가 여기저기에서 대두하였다. 1921년 2월에 박은식·김창숙(金昌淑)·원세훈(元世勳) 등 14명의 이름으로 국민대표회의의 소집을 요구한 〈我 同胞에게 告함〉 선언, 북경 군사통일촉성회를 이은 군사통일주비회의 군사지휘권 요구, 만주 액목현(額穆縣) 회의의 임시정부 개조 요구, 극동인민대표회의의 임시정부 개혁 결의 등이 바로 그것이었다.[17]

---

17) 김희곤, 《中國關內 韓國獨立運動團體研究》, 지식산업사, 1995, p.143.

1921년 5월에는 국민대표회의 소집을 요구하는 연설회가 열렸고, 이 자리에서 안창호와 여운형이 연설함으로써 회의 소집이 기정사실로 되었다. 그러나 회의 소집은 자금문제로 계속 연기되었고, 1922년 4월이 되어서야 다시 본격적인 준비가 시작될 수 있었다. 극동인민대표회의에 참가하고 돌아온 여운형이 안창호와 합세하였고, 국민대표회의의 소집을 요구하는 청원이 임시의정원에 제출되었던 것이다.

준비가 진척되면서 1923년 1월 3일에 드디어 국민대표회의가 열리게 되었고, 의장에 김동삼(金東三), 부의장에 윤해(尹海)와 안창호가 각각 선출되었다. 세계 각 지역에서 지역대표와 단체대표들이 200여 명이나 운집하였고, 그 가운데 125명이 정식 대표로 인정되어 회의에 참석하였다.[18] 독립운동사상 최대 규모였던 이 회의는 이후 5월 15일까지 63회에 걸쳐 열렸다. 국민대표회의는 재정·군사·외교·생계·교육·노동 등 모두 6개 분과위원회를 구성하고 독립운동의 방향과 정책을 수립해 나갔다. 그러나 임시정부를 명의에 맞게 개혁시키자는 개조파와 임시정부를 없애고 신정부를 수립하자는 창조파가 맞서게 되면서 회의가 결렬되었고, 5월 15일을 끝으로 두 세력은 같은 자리에 모일 수 없었다. 6월에 들어 단독으로 회의를 개최한 창조파는 6월 7일에 헌법을 통과시키고 조선공화국(또는 '韓')이라는 신정부를 수립하기 위해 블라디보스토크로 갔다. 그러나 신정부 수립 계획은 차츰 연기되었고, 1924년 초에 레닌이 사망한 뒤 코민테른의 지원방침이 변경됨에 따라 창조파는 정부 수립에 실패하고 다시 북경으로 돌아오고 말았다.

국민대표회의 소집이 요구되던 시기에 임시정부는 상당한 진통을 겪

---

18) 국민대표회의의 참석자 수가 100여 명이라는 막연한 연구가 있었다.《獨立新聞》을 자세하게 분석한 결과, 대표자격을 정식으로 인정받아 회의에 참석한 대표들은 모두 125명이었다(김희곤,《中國關內 韓國獨立運動團體研究》, 지식산업사, 1995, p.157, pp.170~171). 그러나 최근에 나온 자료를 검토한 결과, 실제 참석자 수는 이보다 많은 129~132명 정도였을 것으로 추정된다. 이 책의 제4부에 실려 있는 〈안창호의 중국관내지역 통일운동〉의 각주 23을 볼 것.

으면서도 회의 소집이 필요하다는 쪽으로 의견을 모았다. 안창호 역시 1922년 4월 6일에 국민대표회의 소집이 현 단계에서 반드시 이루어져야 한다고 천명했고, 결국 같은 4월에 국민대표회의의 소집을 요구하는 인민청원안이 천세헌(千世憲) 등 102명의 명의로 의정원에 제출되었다. 의정원은 이에 대한 찬반을 놓고 격론을 벌이다가 4월 13·14일 양일에 걸쳐 이를 심의·통과시켰다.

국민대표회의가 1923년 1월 3일에 개회되자 임시정부를 구성하고 있던 주요 인사들은 대부분 이 자리에 대표 자격으로 참가하였다. 대표의 종류에는 지역대표와 단체대표가 있었는데, 지역대표는 다시 국내지역 대표와 국외지역 대표로 나뉘었다. 임시정부를 구성하고 있던 인사들은 의정원 의원이 국내의 각 도별로 구성되었던 것을 바탕으로 하여 주로 국내지역 대표로 활약하였다. 또 이들은 상해지역에서 활동하던 단체들의 대표로도 활약하면서 국민대표회의에서 상당한 발언권과 영향력을 행사하였다.

국민대표회의가 한창 뜨거운 열기 속에 진행되고 있던 1923년 4월 2일에 의정원은 일반 독립운동자의 여론을 수렴하여 국면을 일신하자는 대국쇄신안(大局刷新案)을 통과시켰다. 이어서 같은 달 25·26일에는 이를 실행하는 방안으로 법제를 개정하였고, 민중기관의 의사를 살려 통일적이고 적극적인 광복운동을 전개할 것을 결의하였다. 이 결의는 이미 진행되고 있던 국민대표회의를 의정원이 긍정적인 자세로 수용하고자 했음을 의미한다. 이어서 창조파가 주장하고 있던 이승만 대통령에 대한 탄핵안이 의정원에 제출되었다. 그리고 5월에 국민대표회의가 헌법을 개정할 수 있게 하자는 헌법개정안을 통과시킴으로써, 의정원은 의회 고유의 입법권마저 포기하는 데까지 이르렀다.[19]

그러나 5월 15일에 열린 63회 회의를 마지막으로 개조파와 창조파의

---

19) 《獨立新聞》 1923년 5월 2일자.

회합은 끝나고 말았다. 그렇게 되자 임시정부의 태도도 급격히 바뀌었다. 6월 3일 이후 7일까지 창조파만의 회의가 열렸고, 창조파는 그 자리에서 임시정부를 부인하고 새로운 정부를 수립한다고 결의하였다. 이에 임시정부도 돌연 자세를 바꾸어 강경한 조치를 내렸다. 중국본토·만주·미주 등지의 동포들이 창조파를 향해 강력한 성토문과 경고문을 발표하는 분위기 속에서 임시정부도 포고령과 내무부령을 발표하여 창조파만의 회의에 대해 해산명령을 내렸다.

국민대표회의가 끝난 뒤, 임시정부는 체제 개편작업에 몰두하였다. 먼저 1924년 6월에 이승만 대통령의 유고안을 통과시킨 뒤, 1925년에 3월에는 그를 탄핵시켰다. 창조파가 가장 강력하게 요구했던 이승만에 대한 탄핵문제를 의정원에서 정식으로 수용한 셈이었다. 그리고 4월에 제2차 개헌을 단행하여 대통령제를 폐지하고 국무령제(國務領制)를 채택하게 되었다.

국민대표회의의 소집이 요구되고 또 그 회의가 열리던 무렵에 임시정부는 별다른 독립운동을 추진할 수 없었다. 오직 그 회의의 개최와 진행에만 매달려 있었던 것도 원인이었지만, 무엇보다 역사상 최대 규모의 독립운동자대표회의를 통해 난국 극복을 위한 방략을 끄집어내는 데 임시정부가 전력을 기울이고 있었기 때문이다. 이처럼 임시정부가 직접적인 투쟁활동을 하지 못하던 시기에 외곽단체들의 힘으로 의열투쟁과 독립전쟁준비방략이 추진되었다. 전자는 소수의 요원을 파견하여 주요인물 암살과 적 기관 파괴를 목표로 삼은 것이었는데, 의열단의 활동이 대표적이었다.

후자는 임시정부의 중심인물이던 김구(金九)와 여운형을 중심으로 1922년 10월에 출범한 한국노병회(韓國勞兵會)가 추진하던 방략이었다. 이 방략은 다음과 같은 세 가지 이유에서 나온 것이었다. 첫째, 1920년의 봉오동·청산리 전투 이후 만주의 독립군이 흩어져 독립전쟁을 추진하기 어렵다는 것이었고, 둘째, 베르사유체제로 말미암아 당분간 국제적인

분쟁이 없어 독립을 성취해 낼 국제적인 여건이 마련되지 않는다는 것이
며, 셋째, 궁극적으로 독립은 전쟁을 통해서만 가능하고 그것은 국제적인
분쟁, 특히 일본이 전쟁에 나서는 시기에 가능하므로, 전쟁이 일어날 그
시기를 기다리며 군사력을 양성하자는 것이었다. 그래서 한국노병회는
10년이라는 기간을 상정하고 1만 명의 군사를 양성하며 100만원의 전쟁
비용을 준비하자는 계획을 세웠다. 여기에서 언급되는 '노병'(勞兵)이란
노동자와 병사 대표로 구성된 소련의 소비에트와는 달리, 군사교육을 받
은 자가 평소에는 다른 직업을 갖고 있다가 전쟁이 닥치면 군대조직으로
편제되는, 곧 한 사람의 노동자이면서 병사가 되는 것을 의미했다. 이것
은 평소에 군대를 운영할 만한 경제력이 없었던 임시정부의 처지에서 택
할 수 있는 유일한 길이었다.[20]

　한국노병회는 청년들을 중국의 여러 군관학교나 강무당으로 파견하여
군사교육을 받게 하였다. 1924년 당시 16명이 군사교육을 받거나 예비과
정을 이수하였다. 그러면서 전비 마련에도 힘을 쏟았다. 그러나 김구가
이사장을 그만둔 1925년 이후 한국노병회는 정체 상태에 빠지고 말았다.
10년을 기한으로 정했기 때문에 1932년 말에 이르러서야 공식적으로 해
체되었지만, 한국노병회는 1926년부터 이유필(李裕弼)이 이끄는 병인의
용대(丙寅義勇隊)가 중심이 되면서 사실상 의열투쟁방략으로 전환하게
되었다.

3. 유일당운동기(1925~1929)의 활동

　국민대표회의가 별다른 성과 없이 끝나자, 임시정부는 1925년에 접어
들면서 다시 조직정비에 나섰다. 우선 1924년 6월에 의정원이 이승만 임

---

20) 김희곤,《中國關內 韓國獨立運動團體硏究》, 지식산업사, 1995, pp.212~213.

시대통령의 유고안을 통과시켰고, 1925년 3월 18일에는 그를 탄핵하였다. 그리고 박은식을 후임 임시대통령으로 선출하였다. 그러나 박은식이 노환으로 서거하게 되자, 임시정부는 1925년 4월 7일에 제2차 개헌을 단행하여 대통령제를 국무령제로 변경하고, 대한민국의 주권에 관하여 광복운동 중에는 광복운동자가 전 인민을 대표하며 광복운동 단체가 지방의회를 대신한다는 규정을 마련하였다.[21]

초대 국무령에는 서간도 한족회계의 거물인 이상룡(李相龍)이 선출되어 1925년 9월 24일에 취임식을 거행하고 내각 구성에 나섰다. 그러나 그는 내각 구성에 실패하고 다음 해 2월 18일에 사임했다. 뒤를 이어 양기탁(梁起鐸)이 국무령으로 선출되었으나 곧 자진사퇴하였다. 이러한 혼란의 과정을 거치다가 1926년 7월 8일에 홍진(洪震)이 국무령에 취임하면서 일단 혼란의 국면에서 벗어나게 되었다. 홍진은 취임사에서 3대 강령을 발표하였는데, 비타협적 자주독립운동의 진작, 전민족대당체(全民族大黨體) 건립, 피압박민족과의 연맹 체결 등이 그 골자였다.[22] 특히 이 가운데 '전민족대당체의 건립'에 대한 강령은 1925년부터 임시정부 주변을 휩쓸고 있던 유일당운동을 정부 차원에서 추진하겠다는 선언이었다.

유일당운동(唯一黨運動)이란 좌·우 세력을 가릴 것 없이 독립운동계의 모든 세력과 집단을 하나로 통일하여 유일한 대규모의 정당조직이나 대당체를 조직하고, 이를 중심으로 독립운동을 전개하자는 운동이었다. 이것은 좌·우 세력의 협동전선운동과 정당조직운동이 그 골간을 이루고 있었다. 그런데 이 운동이 촉발된 계기는 두 가지 면에서 찾을 수 있다. 하나는 3·1운동 이후 국내에서 등장했던 자치론에 반박을 가한 비타협주의요, 또 하나는 1924년 중국의 1차 국공합작(國共合作)의 영향 아래 전개된 민족협동전선론이었다. 특히 국민대표회의가 독립운동사상 최대 규모의 민주적 회의였음에도 제대로 성과를 거두지 못하고 또다시 독

---

21) 2차 개헌, 임시헌법(1925년 4월 7일) 1장 3조, 3장 19조 참조.
22) 국회도서관, 《韓國民族運動史料》(中國篇), 1976, p.615.

립운동계가 침체의 늪에 빠지게 되자, 안창호를 중심으로 이를 극복하려
는 운동이 전개되기 시작한 것이었다.

전 민족적 대당 결성을 위한 민족주의 계열의 첫 움직임은 1926년 5월
에 상해에서 안공근(安恭根)·조상섭(趙尙燮)·오영선(吳永善) 등이 주도
한 독립운동촉성회(獨立運動促成會)의 결성으로 나타났다. 이어서 본격적
인 대당 결성 움직임은 7월에 안창호의 주도로 일어났다.23) 7월 8일, 삼
일당(三一堂)에서 열린 연설회에 참석한 안창호는 국내 일부 인물들이
주장하던 타협주의를 철저히 비판하면서, 민족협동전선의 추진을 통한
일대혁명당(一大革命黨) 결성을 주장하고 나섰다.24) 일대혁명당이란 바
로 중국국민당이나 소련공산당과 같은 것이라고 하면서, 하나로 결집한
정당체를 중심으로 하여 '정당조직으로 국가를 다스리자'(以黨治國)라는
것이었다. 앞에서 본 것처럼, 같은 시기에 임시정부의 국무령에 취임한
홍진 역시 비타협주의를 비판하고 민족대당체를 건립하자며 안창호의
주장에 맞장구치고 나섰다.

한편 좌파세력도 1926년 2월에 '주의자동맹'(主義者同盟)을 상해에서
결성하고, 주의자간담회를 가진 자리에서 "무산운동과 독립운동과의 연
합을 촉성하기에 노력"하자고 결의하였다.25) 즉 이들은 극동인민대표회
의의 결의 내용처럼 계급해방을 최종 목표로 삼고 이를 이루는 앞 단계
로 민족해방을 성취해야 한다고 주장했다. 이런 분위기 속에서 유일당운
동은 북경에서 가시적인 성과를 보이게 되었다.

이후 안창호와 북경의 대표적 좌파지도자인 원세훈 사이에 협상이 이
루어져, 1926년 10월에 대독립당조직북경촉성회(大獨立黨組織北京促成會)
가 결성되었다. 이어서 1927년 4월에는 국무령 홍진과 좌파의 홍남표(洪
南杓) 두 사람의 이름으로 선언이 발표되었고, 곧 한국유일독립당상해촉

---

23) 朝鮮總督府警務局, 《高等警察關係年表》, 1930, p.201.
24) 국회도서관, 《韓國民族運動史料》(中國篇), 1976, pp.599~600.
25) 국사편찬위원회, 《日帝侵掠下 韓國三十六年史》 8, 1973, p.49.

성회(韓國唯一獨立黨上海促成會)가 결성되었다. 뒤를 이어 광주(5월)·무한(7월)·남경(9월) 등에서도 유일당촉성회가 결성되었다. 그리고 곧 5개 지역 유일당촉성회가 뭉쳐 한국독립당관내촉성회연합회(韓國獨立黨關內促成會聯合會)가 그해 11월에 상해에서 조직되었는데, 이들은 다음의 단계가 당조직주비회를 조직하는 것이라 밝혔다.26) 또 상해·북경·남경·광주·무한 등 각지의 청년단체도 하나로 통일되면서, 한국독립당관내촉성회연합회의 전위조직으로서 중국본부한인청년동맹이 결성되었다.

유일당운동이 전개되던 1920년대 후반에 임시정부는 이 운동을 수용하고자 체제 전환에 몰입하였다. 당을 중심으로 국가를 다스리는 '이당치국'(以黨治國) 체제를 성립시키기 위해서는 두 가지 조건이 마련되어야 했다. 하나는 무엇보다 정당을 조직해야 했고, 또 하나는 중국국민당이나 소련공산당과 같은 유일대당(唯一大黨)을 건설해야 했다. 즉 독립운동에 참가하고 있는 독립운동세력들이 하나로 통일된 조직을 만들어야 했던 것이다. 그러기 위해서 임시정부는 헌법체제를 전환시켜야 했다. 곧 개헌 작업이 필요했던 것이다.

임시정부의 국무령인 홍진이 좌파의 지도자인 홍남표와 공동명의로 한국유일독립당상해촉성회를 결성한 1927년 4월보다 한 달 앞서, 임시정부는 유일당운동에 발맞추어 개헌을 단행함으로써 '이당치국'의 노선을 명확하게 제시하였다. 3월 5일에 3차 개헌을 통해 헌법 제1장 2조에 "대한민국의 최고 권력은 임시의정원에 있다"고 한 뒤, 단서 조항에 "단, 광

---

26) 金正明, 《朝鮮獨立運動》 2 (東京 ; 原書房, 1967), p.329 ; 朝鮮總督府 慶北警察部, 《高等警察要史》, 1934, p.106, 239 ; 국회도서관, 《韓國民族運動史料》(中國篇), 1976, p.621. 연합회에 참가한 5개 지역 촉성회의 인원을 보면, 북경 50명, 상해 160명, 광동 170명, 무한 150명, 남경 30명 등이었다(김희곤, 《中國關內 韓國獨立運動團體研究》, 지식산업사, 1995, p.254). 광동과 무한에 당시 많은 한인 청년들이 집결하고 있었음을 알 수 있다. 이것은 이들 지역에 황포군관학교(黃埔軍官學校), 중산대학(中山大學), 중앙군사정치학교 무한분교 등을 비롯한 교육기관이 자리 잡고 있었던 사실과 1차 국공합작 이후 이들 지역이 가졌던 혁명적 분위기와 밀접한 관련이 있다.

복운동자가 대단결한 黨이 완성될 때는 최고 권력은 그 당에 있는 것으로 한다"(밑줄 필자)라고 명시하고, 또 제5장 49조에도 "광복운동의 대단결한 당이 완성한 경우에는 그 당에서 개정(헌법개정—필자)하는 것으로 한다"(밑줄 필자)고 규정한 것이다.[27] 이것은 임시정부가 협동전선운동과 유일대당결성운동을 정부 차원에서 흡수하고 능동적으로 추진한다는 자세에서 나온 것이었다. 또 임시정부는 자체의 체제 개편에만 노력을 기울이지는 않았다. 임시정부는 1928년 1월초에 한국독립당관내촉성회연합회의 결의에 따라 홍진을 만주로 파견하여 만주지역 독립운동단체의 통일을 종용하였다.

  그런데 유일당운동이 막 달아오르던 1927년, 이에 찬물을 끼얹는 사건이 발생하였다. 1924년에 체결된 중국국민당과 중국공산당 사이의 제1차 국공합작이 무너진 것이다. 이어서 1928년 12월에는 코민테른이 '12월 테제'를 통해 좌파세력에게 민족부르주아와 결별할 것을 요구해 옴으로써, 유일당운동에 결정적인 충격을 주었다. 비록 화요파에서 이를 적극적으로 수용하지는 않았지만 ML파에서는 화요파와 달리 분리노선이 증폭되었고, 결국 ML파의 주도 아래 1929년 10월에 한국유일독립당상해촉성회가 해체되기에 이르렀다. 그 자리에서 좌파는 유호한국독립운동자동맹(留滬韓國獨立運動者同盟)을 결성하여 독립하였다. 이후에도 유일당운동의 여진이 1930년까지 얼마간 진행되기도 했지만, 유일당운동은 사실상 이 지점에서 중단되고 말았다.[28]

  유일당운동이 중단된 시점에서 임시정부는 독자적인 활동 대책이나 방향을 가늠해야 했다. 협동전선운동 시기에는 좌파와 갈등하는 일이 별로 없었으나, 이것이 붕괴되어 가면서 충돌현상이 나타나기 시작했다. 한국노병회의 산하조직인 병인의용대는 1929년에 들면서 의열투쟁과 좌파

---

27) 朝鮮總督府 慶北警察部, 《高等警察要史》, 1934, p.93, 95.
28) 김희곤, 《中國關內 韓國獨立運動團體硏究》, 지식산업사, 1995, pp.263~266. '유호한국독립운동자동맹'에서 '호'(滬)는 상해의 별칭이다.

세력 견제를 병행하는 기관으로서 활약하게 되었다. 이는 점차 의열투쟁
으로 돌아서고 있었던 이 시기의 임시정부의 투쟁방략과 무관하지 않다.
1922년 10월에 임시정부의 핵심인물들에 의해 조직되어 독립전쟁준비방
략을 추구했던 한국노병회는 1926년 이후 별다른 성과를 올리지 못하고
있었다. 전비 마련과 노병 양성이라는 두 가지 목표 모두를 달성하지 못
하고 있었던 것이다. 그래서 한국노병회는 병인의용대를 조직하고 의열
투쟁을 중점적으로 펼쳐 나가고자 하였다. 그러한 과정에서 좌·우 세력
의 갈등기로 접어들자, 병인의용대는 좌파를 견제하는 기능까지 맡게 되
었던 것이다.

4. 정당조직 정착기(1930~1932)의 활동

좌파에서 유호한국독립운동자동맹을 결성하자,[29] 임시정부를 유지하
고 있던 우파세력은 1930년 1월 25일에 한국독립당을 결성하였다. 한국
독립당은 처음에 비밀결사체로 출발하였기 때문에 결성 초기의 활동에
대해서는 알 수 없다. 한국독립당의 활동이 자료에 처음 등장한 것은

---

[29] 유호한국독립운동자동맹은 1929년 10월 26일에 상해촉성회의 해체를 선언한 뒤,
그 자리에서 결성되었다. 이 동맹은 1931년에 12월 3일에 상해한인청년동맹과 통합
하여 상해한인반제동맹으로 변모할 때까지 2년 남짓한 짧은 기간 동안 존립하였다.
화요파와 ML파의 결합으로 구성되었으나 구성 인물로는 전자가 주축을 이루었고,
최성기에는 회원 수가 50명을 웃돌기도 했다.
    이 동맹이 가진 역사적 의의는 무엇보다 한인 좌파세력을 하나로 묶은 뒤, 이를
바탕으로 독자적인 활동을 전개하려고 시도한 데 있다. 당시 일국일당주의라는 원
칙에 따라 상해지역의 한인공산주의자들이 중국공산당의 한인지부를 결성하고 있
었지만, 이 동맹은 '당명'을 사용하지 못하는 한계 속에서도 좌파세력을 결집하고,
독자적인 투쟁을 펼쳐 나가고자 하였다. 하지만 이들이 전개한 반제운동이 중국공
산당의 활동 범주 안에서 이루어졌음이 확인된다는 점에서, 이들은 독자성과 부수
성을 함께 갖고 있었다고 판단된다(김희곤, 〈1930년대 초 상해지역 한인공산주의자의
동향 — 留滬韓國獨立運動者同盟을 중심으로〉, 《國史館論叢》 47, 1993, pp.175~194).

1930년 10월 초이다. 이는 남경에서 중국국민당 중앙집행위원회가 개최
되고 장학량(張學良)이 남경을 방문하는 기회를 맞아 중국거주 한인문제
에 관하여 청원하기 위해 파견된 대표자의 명단에서 드러났다. 임시정부
대표로 조소앙(趙素昻), 한국독립당 대표로 박찬익(朴贊翊)이 각각 남경
으로 파견된 것이다.[30]

한국독립당은 비록 협동전선을 달성하지 못하고 우파세력만으로 조직
되었지만, 당으로써 정부를 운영하는 '이당치국'의 체제를 이루었다는 점
에서 1920년대 후반을 줄곧 추구해온 두 가지 목표 가운데 정당조직의
문제 하나만은 달성한 셈이다. 그리고 한국독립당의 성립은 단순하게 하
나의 당이 결성된 것에서 그치지 않고, 이후 임시정부를 에워싼 여러 정
당조직의 이합집산이 거듭되면서 자리를 잡게 되는 정당체제를 근간으
로 독립운동계가 운영되는 출발점이 되었다. 즉 1920년대 후반의 정당조
직을 위한 노력이 한국독립당 결성으로 이어졌고, 다시 이것을 출발점으
로 하여 정당 중심의 활동기를 맞게 된 것이다.

한국독립당의 구성인물은 임시정부의 구성인물 그 자체였다.[31] 임시
정부에 가담하고 있는 우파세력만이 여기에 참여하고 있었으므로, 우파
의 처지에서 보면 한국독립당이 곧 유일대당이었다. 구성원은 3·1운동
이전, 곧 1910년대 초부터 상해지역에서 동제사나 신한청년당 활동에 참
가한 인물들과 3·1운동 직후에 망명해온 인물들이 주류를 이루었고, 계
열로는 국내에서 신민회(新民會) 등에 참여했던 애국계몽운동의 경력자,
동제사와 신한청년당을 통해 성장한 청년층, 3·1운동에 동참하고 망명한
인사, 안창호의 영향권인 흥사단 소속 단원 등이 주류를 이루었다.

---

30) 국회도서관, 《韓國民族運動史料》(中國篇), 1976, p.676.
31) 이러한 점에서 상해시대의 한국독립당은 1940년대 중경시대의 한국독립당과 차
　　이를 갖고 있었다. 중경시대 임시정부에는 여당과 야당이 참여하고 있었고, 여당인
　　한국독립당은 상대역으로 민족혁명당이나 신한민주당과 같은 야당을 상대하고 있
　　었다. 하지만 상해시대의 한국독립당은 임시정부를 구성하고 있는 유일한 정당이
　　었다.

한국독립당은 결성 초에 간사제로 운영되다가, 위원제를 거쳐 이사제로 바뀌었던 것으로 보인다. 시기별로 명단을 살펴보면, 간사제로 운영될 때에는 이동녕(李東寧)이 간사장을 맡은 것을 비롯하여 김구 등 7명이 간사를 맡은 것을 확인할 수 있고, 1932년 4월의 명단에는 윤봉길 의거 무렵에는 총무주임 조완구, 집행위원 김구 등 15명 등의 이름이 보이며, 1933년의 것에서는 이사장 송병조(宋秉祚)와 김구를 포함한 10명의 이사 명단이 나타나기 때문이다. 한편 한국독립당은 상해시대에는 상해에 본부를 두고 다른 지방에 몇몇 지부를 두었다.

한국독립당의 이념은 당의(黨意)와 당강(黨綱)을 통해 쉽게 드러난다. 초기의 강령은 안창호의 구상에 따라 이루어졌는데, 반일과 민주사상을 근간으로 했다는 사실만 전해진다. 구체적으로 남아있는 것은 윤봉길 의거 직후 안창호가 체포당한 뒤에 조소앙이 자신의 삼균주의(三均主義)를 골자로 하여 발표한 내용인데, 종(從)으로는 "人與人・族與族・國與國"을, 횡(橫)으로는 정치・경제・교육의 균등생활을 각각 보장하는 이원적인 틀로 이루어졌다.[32] 그리고 한국독립당은 토지와 대생산기관을 국유로 하는 사회주의적 성향도 갖고 있었다. 이는 독립운동계에서 1929년 말에 중단된 좌・우 세력 사이의 협동전선운동을 다시 추진할 여지를 남겨둔 것으로 파악된다.[33]

한국독립당의 투쟁강령은 '민중적 반항'과 '무력적 파괴'로 나타났다.[34] 즉 한국독립당은 국내에서는 민중을 주체로 파악하여 일제에 저항하는

---

32) 삼균학회, 《素昻先生文集》上, 햇불사, 1979, pp.105~107.

33) 1920년대 말의 유일당운동에서 좌파세력을 대표한 것은 화요파와 ML파였다. 그러나 그들이 결성한 유호한국독립운동자동맹도 1931년 12월에 해체되었고, 일부 잔존 구성원들이 중국공산당의 반제활동에 머물거나 그 세력이 크게 약화되어 독자적인 활동을 보일 수 없었다. 이후 한국독립당의 우파세력과 협동전선을 도모하는 상대역으로 의열단이 나서게 되었는데, 이는 한국독립당의 사회주의적 이념이 협동전선의 결성을 추진할 수 있는 여지를 남겨두었던 것과 무관하지 않을 것으로 생각된다.

34) 삼균학회, 《素昻先生文集》上, 햇불사, 1979, p.108.

것을, 국외에서는 기존의 방식에서 의열투쟁으로 전환하는 것을 각각의 내용으로 하는 대일항쟁방략을 표방한 것이다. 이는 한국노병회에서 추구된 독립전쟁준비방략의 결과가 미미하게 나타나자, 1926년에 병인의용대를 조직하고 의열투쟁으로 방향을 전환한 것과도 관련되어 있다. 그러나 실질적인 의열투쟁은 한국독립당의 전위조직인 한인애국단이 등장하면서 나타났다.

1930년 이후 상해를 떠날 때까지 임시정부의 활동은 크게 두 가지로 나뉜다. 하나는 남경에 있던 중국국민당 정부와의 외교활동이고, 또 하나는 일제에 대한 의열투쟁이다. 임시정부의 활동은 당연히 한국독립당과 하나가 되어 이루어졌다. 이미 앞에서도 본 것처럼 남경에 파견된 대표들과 그들의 활동을 통해서 쉽게 확인할 수 있다. 조소앙과 박찬익은 중국국민당 정부에 길돈사건(吉敦事件)에 대해 관대하게 처분하고 체포된 한인을 석방할 것, 독립운동자를 정치범으로 대우하고 일본에 인도하지 말 것, 중국 국적을 가진 동포에게 중국인과 동등한 권한을 부여할 것, 토지제한법을 정지할 것, 한인 자치를 허용할 것 등을 요구하였다.[35]

이어서 임시정부는 1931년 5월에 국무위원 조완구·조소앙·이동녕·김철(金澈)·김구 등의 명의로 선언을 발표했다. 이것은 당시 남경에서 열리고 있던 중국국민회의에 임시정부와 한국독립당의 방침과 정책을 알리기 위한 조치였고, 안창호가 이 선언문을 들고 남경으로 파견되었다. 임시정부는 이 선언에서 두 가지를 천명하였는데, 하나는 옛 한국영토에 민주독립국가를 수립하는 것이고, 또 하나는 균등사회를 실현하는 것이었다. 이를 관철시키기 위해 임시정부는 한국독립당을 근간으로 삼았고, 한국독립당은 민국 전체를 기초로 하여 균등사회를 추구해 나가는 것이

---

35) 국회도서관,《韓國民族運動史料》(中國篇), 1976, p.676.
  길돈사건이란 8월 1일의 인터내셔날 기념일과 8월 29일 한일합병 20주년을 맞이하여 1930년 여름에 한인중국공산당원이 일으킨 항쟁을 말한다(김준엽·김창순,《韓國共産主義運動史》4, 청계연구소, 1986, p.437).

정부의 주의이며 정책이라고 밝혔다. 이와 함께 이 선언은 일제의 만몽
정책(滿蒙政策)을 폭로하고 만주지역 한인 문제를 거론하면서, 장차 한국
독립당과 중국국민당 사이에 절실한 연락관계를 수립할 것을 요구하였
다.36) 이처럼 1930년 한국독립당 성립기의 임시정부는 남경의 중국국민
당 정부와 밀접한 관계를 유지하고자 외교활동에 주력을 기울였다.

임시정부가 역점을 둔 또 하나의 활동은 의열투쟁이었다. 임시정부는
1931년 9월의 만주사변 발발 이후 여러 차례 국무회의를 열고 일제 군사
력의 침략에 대한 테러[恐怖]작전을 채택하였다. 그것으로써 일제의 간
담을 서늘하게 하고 나아가 세상을 놀라게 하여 독립운동계에 생기를 불
어넣고 침체된 정부의 존재를 드높이기로 하였다.37) 그러나 정부의 이름
을 걸고 테러작전을 펼치기에는 문제가 많았다. 그래서 한국독립당의 전
위조직인 한인애국단이 김구의 주도로 조직되었고, 이들은 먼저 1932년
1월 8일에 이봉창(李奉昌)을 도쿄(東京)로 파견하여 일본 국왕을 저격토
록 하는 거사를 터뜨렸다.38) 이어서 한인애국단은 일제 요인 암살에 돌
입했다. 1932년 중순에서 하순까지 총독 암살을 위해 서이균[徐利均 ; 이
덕주(李德柱)]과 유진식(兪鎭軾)을 파견하였고, 3월 하순에는 연락원 금
긍호(琴兢鎬)를 안동(安東)에 보냈으며, 4월 1일에는 관동군 사령관 암살
을 위해 최흥식(崔興植)과 유상근(兪相根)을 파견하였다. 그러던 가운데
4월 29일에 일본군이 상해침공의 승리를 기념하는 행사를 홍구공원(虹口
公園)에서 열게 되자, 김구의 지령을 받은 한인애국단원 윤봉길이 행사

---

36) 국회도서관, 《韓國民族運動史料》(中國篇), 1976, pp.672~675.
37) 독립운동사편찬위원회, 《獨立運動史》4, 1972, p.609.
38) 일본군이 상해를 공격한 상해사변의 발단은 이봉창 의거였다. 중국국민당 기관지
   《靑島國民日報》가 이봉창 의거에 대해 "韓人 李奉昌 狙擊 日皇 不幸不中"(밑줄
   필자)이라 게재했다고 하여, 청도(靑島) 주둔 일본군이 신문사를 습격·파괴하였
   다. 이어서 일본군은 일본 승려 피살사건을 조작하여 1월 28일에 대군을 상해에 상
   륙시켜 오송(吳淞) 포대를 점령하였다(이강훈, 《獨立運動大事典》, 도서출판 동아,
   1985, p.435).

장 단상에 폭탄을 작렬시키는 쾌거를 이루었다.[39]

이 의거가 독립운동계에 끼친 영향은 대단하였다. 첫째, 의열투쟁에서 하나의 금자탑을 이룸으로써 침체된 독립운동계에 활력을 불어넣었다. 둘째, 일본군의 상해침공에 분개하면서도 침울해 있던 중국인들에게 활력을 불어넣었고, 그 결과 중국 각계에서 많은 지원금을 받게 되었다. 셋째, 이 거사를 바탕으로 김구가 장개석(蔣介石)을 만나 중국군사학교에 한인 청년을 파견·교육시킬 수 있도록 함으로써 군사력을 양성할 수 있는 길을 열게 되었다. 넷째, 만보산(萬寶山) 사건[40] 이래 쌓여 있던 양 국민 사이의 긴장이 해소되고, 대일 항쟁 의식에 공감대를 형성할 수 있게 되었다. 하지만 이봉창·윤봉길의 양대 의거를 구실로 삼은 일본의 철저한 공격으로 임시정부는 1910년대 이래 독립운동의 근거지로 구축해 놓은 상해를 떠나지 않을 수 없었고, 이후 항주로 자리를 옮기게 되면서 임시정부는 상해시대를 마감하게 되었다.

---

39) 이 의거로 시라카와(白川義則) 대장과 가와바타(河端貞次) 상해 민단장이 사망하였고, 시게미쓰(重光葵) 주중공사와 노무라(野村吉三郎)·우에다(植田謙吉) 중장 등이 크게 다쳤다. 1945년 8월에 미주리함(USS Missouri) 위에서 일본 대표가 항복 문서에 조인을 하게 되었는데, 한쪽 다리를 쓰지 못해 지팡이를 짚고 절며 탁자로 걸어가 서명한 외무대신이 바로 윤봉길의 의거로 한쪽 발목을 상실한 시게미쓰였다. 패전국가의 대표로 참석한 인물이 불구자였고, 그러한 장애가 바로 윤봉길 의거로 만들어졌다는 사실은 광복사에서 우리의 독립운동이 가지는 의미를 상징적으로 보여주는 것 같다.
40) 만보산 사건은 1931년 7월 2일 중국 길림성(吉林省) 장춘시(長春市) 만보산 지역에서 한·중 농민들 사이에 농업수 문제를 둘러싸고 일어난 충돌이다. 이 문제는 일제의 이간질로 말미암아 한국과 중국 양 국민 사이의 큰 충돌로 비화되었는데, 평양에서 중국 교민들이 한국인들에게서 대대적인 공격을 받고 중국으로 돌아간 것이 대표적인 사례이다.

대한민국 임시의정원의 성격
—1919년 정부 수립기를 중심으로

1. 머 리 말

　근년에 들어 대한민국임시정부(이하 '임시정부')에 대한 평가는 크게 두 가지의 양상으로 나타났다. 그 하나는 지금까지 이 분야에 대한 연구를 주도해 왔던 독립운동사 연구자들의 평가인데, 대체로 긍정적인 것이었다.[1] 그 내용은 첫째, 임시정부가 3·1운동의 산물이고, 둘째, 우리 역사에서 수립된 최초의 민주공화정체(民主共和政體)이며, 셋째, 오늘날 대한민국으로 이어지는 법통성을 가지고 있고, 넷째, 임시정부가 독립운동을 지휘해 나가는 과정에서 비록 매우 약화된 시기를 겪기도 했으나, 민족의 총화를 바탕으로 한 독립운동의 구심체 노릇을 오랫동안 수행했다는 평가이다. 이처럼 이들의 견해는 대체로 임시정부를 긍정적으로 평가하는

---

[1] 　독립운동사편찬위원회, 《獨立運動史》 4, 1972 ; 국사편찬위원회, 《韓國史論》 10, 1981 ; 이현희, 《大韓民國 臨時政府史》, 집문당, 1982 ; 이현희, 《三·一獨立運動과 臨時政府의 法統性》, 동방도서, 1989 ; 이연복, 〈大韓民國臨時政府(1919~1948)硏究〉, 경희대 박사논문, 1982 ; 신재홍, 〈大韓民國臨時政府外交史〉, 경희대 박사논문, 1988.

것이기는 하지만, 그 가운데는 문벌·학벌·지역 사이의 정쟁으로 나타난 파벌적 속성을 청산하지 못했다는 사실과, 전체 독립운동 역량의 결집과 통솔에 완전히 성공하지 못했다는 한계에 대한 지적이 담겨 있기도 하다.

또 하나는 근래에 들어 제기된 것으로 부정적인 평가이다.[2] 그 내용은 첫째, 임시정부는 부르주아 민족운동으로서 구성원의 계급적 한계 때문에 민중의 의사와 역량을 파악하지 못하여 민족해방투쟁사에 기여하지 못하였고, 둘째, 외교활동을 중심으로 하고 무장투쟁을 부수적인 것으로 파악한 임시정부의 방략이 결국 정부의 쇠퇴를 가져왔으며, 셋째, 임시정부는 1920년에서 1930년대의 쇠약한 모습에서 탈피하기 위해 진보적 사상을 도입해야만 했고, 따라서 1940년대에는 비교적 활발하게 사회주의를 수용하는 모습을 보였지만 결국 사상적 편차를 극복하지 못했다는 평가이다.[3]

이러한 견해들은 임시정부에 대한 부정적인 평가가 다수이지만, 그 가운데서도 한편으로 공화정체의 정부가 3·1운동에 따른 전 민족적인 염원의 수렴으로 이루어 진 것에 대해 의미를 부여하는 등 일정한 범위 안에서 행해지는 긍정적인 평가를 일부 발견할 수 있기도 하다.

이 글은 앞서 살펴본 평가들을 염두에 두고 임시정부의 역사적 의의를 재검토하려는 작업으로, 특히 대한민국 임시의정원(이하 '의정원')의 성격

---

2) 신춘식·임영태·정병준, 〈대한민국임시정부 정통론의 허와 실〉, 《망원한국사연구실회보》, 1988. 2 ; 신춘식, 〈상해임시정부 인식에 문제 있다〉, 《역사비평》, 1988년 봄.

3) 임시정부에 대한 북한의 연구경향과 역사서술은 이러한 평가와 성향을 같이하고 있다. 북한의 《조선전사》 연표에는 "부르주아민족상층의 정치적 참위분자들이 중국 상해에서 이른바 '림시정부'를 조작(꾸밈―필자)"하였고, "이른바 '상해림시정부 대표'가 〈조선독립청원서〉를 제출하려고 파리 '평화회의'에 구걸행각을 갔다가 실패"하였다고 기술되어 있다. 《조선근대사》는 임시정부가 한 일이란 자치파와 독립파로 나뉘어 싸웠고, 자리다툼을 한 것 외에는 독립자금을 가지고 강대국에 독립을 '청원'하러 다닌 것뿐이었다고 하면서, "3·1운동 후 조선에서 부르주아민족운동의 전면적인 쇠퇴·몰락과정을 직접 반영한 것이었으며 그의 뚜렷한 표현이었다"라고 서술하고 있다.

을 규명하는 데 그 목적을 둔다.4) 그런데 지금까지 3·1운동과 임시정부
를 연결하는 연구와 의정원에 대한 기능 및 그 변천에 대한 연구는 있었
으나, 아직도 임시정부를 구성했던 인적 구성에 대한 분석적 연구는 미흡
하기 때문에 임시정부의 성향에 대한 이해가 부족한 실정이다. 그러므로
이 글에서는 1919년 정부 수립기의 의정원 성립과정과 운영 및 활동을
살펴보고, 특히 구성인물들을 분석하여 그 성격을 규명해 보고자 한다.5)

2. 임시의정원의 성립

주권재민의 근대국가를 건설하고자 하는 민족의 의지는 이미 3·1운동
이전부터 태동되고 있었다. 이러한 움직임은 1910년 이전에 국내에서 신
민회(新民會)의 새로운 국가 건설 주장으로, 미주(美洲)에서는《公立新
報》와《新韓民報》의 논조로 각각 표출되었다.6) 그리고 1910년 일제에 대
한제국이 병합된 이후에는 실제로 근대민족국가를 수립하고자 하는 모습
을 보이기 시작했다. 1914년에 이상설(李相卨)이 블라디보스토크에서 수

---

4) 임시의정원이란 명칭은 국회 설립 이전의 조직을 일컫고자 만들어진 것이다. 우
   리 역사에서 처음으로 등장한 근대 의회의 명칭은 독립협회 시절에 시도된 '의회
   원'(議會院)이었다. 그런데 임시정부는 1919년 9월에 제1차 개헌을 단행하면서, 독
   립 달성 이전에는 임시의정원이란 명칭을 사용하고, 광복이 이루어지면 '국회'로 발
   전시킨다고 명시하였다. 따라서 임시정부는 '대한민국임시정부에는 대한민국 임시
   의정원, 대한민국에는 대한민국 국회'라는 체제를 염두에 두고 임시의정원이란 이
   름을 사용한 것이다(김희곤, 〈'대한민국 임시의정원'과 '대한민국 국회'〉,《국회보》
   (2003년 6월호), 대한민국 국회, pp.51~54).
5) 임시의정원을 직접 다룬 연구에는 다음의 몇 가지가 있다.
   오세창, 〈大韓民國臨時議政院의 役割〉,《韓國史論》10, 국사편찬위원회, 1981 ; 양
   영석, 〈대한민국 임시의정원 연구〉,《한국독립운동사연구》1, 독립기념관 한국독립
   운동사연구소, 1987 ; 윤병석, 〈大韓民國臨時政府研究序說 ─ 臨時議政院文書를 중
   심으로〉,《韓國史와 歷史意識》, 인하대출판부, 1989.
6) 오세창, 〈大韓民國臨時議政院의 役割〉,《韓國史論》10, 국사편찬위원회, 1981, p.31.

립한 대한광복군정부가 그 효시였고, 러시아정부의 추방에 따라 북경으로
간 이상설과 상해(上海)에서 활약하고 있던 신규식(申圭植)이 조직한 신
한혁명당(新韓革命黨)도 정부 조직과 비슷한 존재였다.[7] 그 뒤에도 정부
수립을 위한 노력은 계속되어, 1917년에는 망국정부가 아닌 임시정부 수
립을 위해 대표자회의를 소집하라는 요구가 나타나기에 이르렀으니, 바로
〈大同團結宣言〉이었다. 이것은 "신규식·조소앙(趙素昂) 등이 내외 상황
의 변화를 포착하여 새로운 독립운동의 활로를 개척하기 위하여 민족대회
의를 소집하여 임시정부를 수립하려고 계획한 提議 提唱의 문서였다."[8]

임시정부 수립을 위한 노력이 계속되는 가운데, 국내외 민족운동의 역
량은 차츰 축적되어 1919년에 3·1운동이라는 결정체를 낳았다. 국외의
민족운동 가운데 특히 중국 상해를 거점으로 했던 두 단체, 곧 신규식을
중심으로 한 동제사(同濟社)와 그의 영향 아래 조직된 신한청년당(新韓
靑年黨)의 활동은 3·1운동의 발발에 결정적인 계기를 가져다주었고,[9]
나아가 3·1운동 직후 상해에서 임시정부가 수립되는 바탕을 마련하였
다. 이것은 3·1운동 직후인 3월 말에 상해 프랑스조계 안의 보창로(寶昌
路) 329호에서 조직되어 임시정부 수립을 위한 본격적인 활동을 가능케
했던 독립임시사무소(이하 '독립사무소')가 동제사와 신한청년당의 활동
결과로 세워졌다는 사실에서 분명해진다.

독립사무소가 위의 두 단체의 활동결과로 이루어진 것이란 근거는 다
음의 세 가지에서 비롯된다. 첫째, 독립사무소를 운영하는 주요 인물 가
운데 여운형(呂運亨)·김철(金澈)·선우혁(鮮于爀)·서병호(徐丙浩)·한
진교(韓鎭敎)·조동호(趙東祜) 등이 신한청년당원이었고, 이들은 동제사

---

7) 김희곤, 〈同濟社의 結成과 活動〉, 《韓國史研究》 48, 1985, pp.183~187 ; 강영심, 〈新
   韓革命黨의 결성과 활동〉, 《한국독립운동사연구》 2, 1988, pp.105~138 참조.
8) 조동걸, 〈臨時政府 樹立을 위한 1917년의 '大同團結宣言'〉, 《韓國學論叢》 9, 1987,
   p.150.
9) 김희곤, 〈新韓靑年黨의 結成과 活動〉, 《한국민족운동사연구》 1, 1986, pp.166~168 ;
   신용하, 〈新韓靑年黨의 獨立運動〉, 《韓國學報》 44, 1986년 가을, pp.113~121 참조.

의 지도 아래 활동했기 때문이다. 둘째, 만주와 연해주로 파견된 여운형이 1919년 2월 28일에 길림(吉林)에서 대한독립의군부(大韓獨立義軍府)를 조직하고 있던 이 지방의 유력자인 여준(呂準)을 만나 파리대표 파견과 이에 따른 문제를 의논하였고, 블라디보스토크로 가서 박은식(朴殷植) · 이동녕(李東寧) · 조완구(趙琓九) · 원세훈(元世勳) 등의 인사들을 만나 상해로 모일 것을 약속받았으며, 북간도에서도 정재면(鄭載冕) · 김약연[金躍淵, 또는 약연(若然)]을 만나 역시 상해로 모일 것을 요구했기 때문이다.10) 셋째, 이미 상해에서 전개되어 온 독립운동의 축적된 역량과 지역적 기능이 작용하면서 3 · 1운동 직후에 많은 인사들이 상해로 결집하였기 때문이다.

독립사무소 출범 초기의 주요 구성원은 위에서 본 신한청년당의 대표들과, 일본에서 2 · 8운동에 참가하고 상해로 온 이광수(李光洙) · 최근우(崔謹愚), 미국에서 온 여운홍(呂運弘), 그리고 국내에서 3 · 1운동의 주역들이 파견한 현순(玄楯) 등이었는데, 이 가운데 현순이 총무를 맡았다. 그 뒤 3월 말에 이르러 각지에서 민족운동을 전개하고 있던 인물들이 여기에 집결하였으니, 대표적인 인물은 본국에서 온 최창식(崔昌植), 일본에서 온 신익희(申翼熙) · 윤현진(尹顯振), 만주와 러시아지역에서 온 이동녕 · 조성환(曺成煥) · 이시영(李始榮) · 조소앙 · 김동삼(金東三) 등이었고, 총 30명이 넘었다.

독립사무소에서는 본격적으로 3 · 1운동의 정신을 이어받아 독립운동을 펼쳐나갈 조직체 결성을 위한 준비작업과, 중국을 비롯한 세계 각국의 신문에 민족의 의지를 알리기 위한 활동에 들어갔다. 이때 '정부'와 '정당' 가운데 어떠한 조직체를 결성할 것인가에 대한 문제로 상당한 격론이 전개되었다. 다수의 인사들이 정부의 필요성을 내세워 임시정부의 수립을 주장했으나, 소수의 인사들은 제안된 정부가 주권과 영토 및 충

---

10) 김희곤, 〈신한청년당〉, 《한민족독립운동사》 3, 국사편찬위원회, 1988, pp.179~180.

분한 국민의 수를 결하고 있어서 실패할 수도 있다고 하여 정당의 조직을 주장했다. 이러한 상황에서 서울에 있는 3·1운동 지도자들의 의사를 정확하게 타진하고자, 독립사무소는 앞서 국내에 파견된 바 있었던 이봉수(李鳳洙)를 다시 국내로 보냈다. 그 결과 서울의 지도자들이 조직체에 대한 뚜렷한 구상을 갖고 있지 않음을 확인하고, 회의가 시작된 지 2주일 만에 정부 수립으로 방향을 굳혔다.[11] 그러한 노력이 진행되고 있던 사이, 국내에서 전해진 정부 수립의 움직임은 상해에도 커다란 자극을 주었다. 서울에서는 이규갑(李奎甲)·이교헌(李敎憲)·한남수(韓南洙)·홍면희(洪冕憙) 등이 3월 17일에 모여, 4월 2일 인천에 있는 만국공원에서 13도 대표자대회를 열어 한성정부 수립을 공포하기로 하고, 한성정부의 각원명단과 임시헌법초안을 강대현(姜大鉉)을 통해 상해에 알렸다.[12] 이로써 상해에 집결한 인사들 역시 정부 수립에 박차를 가하게 되었다.

그런데 정부수립론으로 결정되었다는 것은 3·1운동이 마무리되면서 주권적 의지가 민족 전체에 팽배해 있었음을 말해주는 것이었다.[13] 그렇기 때문에 4월 들어 서울의 한성정부와 연해주의 대한국민의회 및 상해의 임시정부가 수립되었고, 또한 전단으로만 전해지기는 하지만 또 다른 5개의 정부 명칭도 나타났던 것이다.

독립사무소의 구실은 크게 두 가지로 정리된다. 하나는 민족운동의 결정체인 3·1운동을 마무리하면서 그것을 계승할 방향을 모색하고자 각지에서 활동하고 있던 독립운동자들을 모을 수 있는 결집체를 마련해준 것이다. 그리고 또 하나는 앞으로 독립운동을 지속적으로 지휘해 나갈 조직체인 정부를 수립하기 위한 준비과정을 담당한 것이었다.

임시정부 수립을 위한 정식회의는 1919년 4월 10일 저녁 10시에 열렸다. 이 회의는 다음 날 오전 10시까지 계속되었는데, 모두 29명이 참가하

---

11) 이정식, 《韓國民族主義의 政治學》, 한밭출판사, 1982, p.172.
12) 오세창, 〈大韓民國臨時議政院의 役割〉, 《韓國史論》 10, 국사편찬위원회, 1981, pp.34~36.
13) 조동걸, 《韓國近代史의 試鍊과 反省》, 지식산업사, 1989, p.106.

여 정부 수립을 위한 중요한 기본문제들을 논의하였다.

이 회의에서 결정된 사항은 크게 다음과 같은 다섯 가지였다. 그것은 대한민국 임시의정원이라는 회의명칭 결정과 의장단 선출, 국호와 연호 제정, 정부관제와 인선, 임시헌장 채택, 선서문과 정강(政綱) 채택 등이다. 따라서 이 회의는 임시의정원의 성립을 의미하는 모임이자 제1회 의정원회의요, 그 성격상 제헌의회였던 것이다.

3. 임시의정원의 활동과 기능

1) 활 동

4월 10일 저녁 10시부터 다음 날 오전 10시까지 진행된 제1회 회의에서는 다섯 가지의 중요한 기본사항들이 결정되었다. 먼저 대한민국 임시의정원이란 회의 명칭 결정과 의장단의 선출이었다. 의장에는 이동녕, 부의장에는 손정도(孫貞道), 서기에는 이광수와 백남칠(白南七)이 각각 선임되었다.[14]

두 번째는 국호와 연호의 제정이었다. 신석우(申錫雨)와 이영근(李渶根)의 동의와 제청으로 제정된 '대한민국'이란 국호는 두 가지의 의미를 가졌는데, 하나는 빼앗긴 국가를 되찾는다는 뜻에서 10년 전에 상실한 국가이름인 '대한제국'에서 '대한'을 다시 찾아 쓴 것이고, 또 하나는 정치체제에 '제국'이 아닌 '민국'을 채택했다는 사실이다. 민국이라는 국호의 제정은 3·1운동 직전까지, 소수이기는 했지만 면면히 이어져 오던 복벽주의(復辟主義)를 완전히 극복하고 한국사에서 최초의 민주정체(民主政體)를 달성했음을 의미한다. 그리고 연호를 '민국'으로 정한 사실은 중국이 신해혁

---

14) 〈임시의정원회의록〉 제1회집(제1회의 내용은 국회도서관, 《大韓民國臨時議政院文書》, 1974, pp.39~42 참조).

명(辛亥革命) 이후에 사용하던 연호에서 영향을 받은 것으로 보인다.15)

셋째는 정부조직과 인선이었다. 이 회의에서는 한성정부에서 보내온 관제를 검토하면서, 국무총리를 수반으로 하고 국무원에 내무·외무·재무·교통·군무·법무의 6부를 두는 정부조직을 꾸렸다. 한성정부에서는 집정관총재 아래 내무·외무·재무·교통부를 두도록 하였으나, 상해임시정부에서는 집정관총재 대신에 국무총리를 두었고, 독립운동의 전개를 내다보면서 군무부와 법무부를 증설하였으며, 각부의 대표명칭을 총장으로 정했다. 여기서 정한 인선을 보면 국무총리에 이승만(李承晩), 내무총장에 안창호(安昌浩), 외무총장에 김규식(金奎植), 교통총장에 문창범(文昌範), 재무총장에 최재형(崔在亨), 군무총장에 이동휘(李東輝), 법무총장에 이시영 등이었다. 그리고 국무원비서장에는 조소앙, 내무차장에 신익희, 외무차장에 현순, 국무차장에 조성환, 법무차장에 남형우(南亨祐), 교통차장에 선우혁이 각각 선임되었다. 총장의 경우는 상해 도착 여부와 상관없이 국내외의 명망 있는 인사로 선정되었고, 차장은 상해에서 실제 업무를 담당할 수 있는 인물로 구성되었다.

넷째는 임시헌장의 제정이었다. 이 헌장은 이시영·조소앙·남형우·신익희 등 율사들에 의해 종합적으로 마련되었는데,16) 서두에는 헌법전문형식의 선포문을 포함하고 이어 10개 조항의 규정을 두는 형식으로 이루어졌다. 선포문의 내용은 3·1운동과 국민의 신의로 임시정부가 수립되었으며, 임시정부는 완전한 자주독립을 후대에 전하고자 임시의정원의 결의로 임시헌장을 선포한다는 것이었다. 그리고 임시헌장은 국체와 정체 및 기본권 등에 관한 규정을 싣고 있었다. 그 가운데 특히 중요한 것은 대한민국은 민주공화제임을 명시한 제1조와, 임시정부가 임시의정원의 결의에 따라 통치한다는 관리정부 형식을 채택한 제2조였다.

15) 윤병석, 〈大韓民國臨時政府序說—臨時議政院文書를 중심으로〉, 《韓國史와 歷史意識》, 인하대출판부, 1989, p.241.
16) 한국일보사, 《再發掘 한국獨立運動史》II, 1988, p.31.

다섯째는 임시정부 명의의 선서문과 정강을 채택한 것이었다. 선서문의 내용은 3·1운동을 찬양하고, 이어서 임시정부가 국토광복의 사명을 이행할 것임을 다짐하는 것이었다. 그리고 정강은 간단히 6개 항으로 이루어졌다. 그 주된 내용은 민족·국가·인류평등의 선전, 외국인의 생명과 재산 보호, 모든 정치범에 대한 특사, 그리고 절대독립의 서도(誓圖) 등이었다.[17]

제2회 회의는 제1회 회의가 끝나고 11일이 지난 4월 22일에서 23일 사이에 열렸다. 이 회의에는 모두 69명의 의원이 참가하여 1회보다 규모가 커졌는데, 여기서 결의된 사항은 정부조직의 개편과 그에 따른 인선 및 임시의정원 성립의 반포 등이었다. 먼저 정부조직은 국무총리와 총장을 그대로 두고 그 하부조직인 차장제를 위원제로 바꾸었다. 그 이유는 6개 부의 총장 가운데 법무총장인 이시영만 상해에 도착한 상황에서 실제 업무를 젊은 차장이 혼자 담당하기에는 무리가 따랐기 때문인 듯하다. 그리하여 채택한 것이 국무원과 6개 부에 각각 위원을 두는 집단운영체제, 곧 위원제였고, 위원 수는 모두 49명에 이르렀다.[18]

그리고 제2회 회의는 임시의정원의 성립을 공식적으로 반포할 것을 결의했다. 이 결의는 회의가 열리던 23일에 국내에서 국민대표회의가 개최되고 있었던 것을 의식한 데서 나온 행위로 여겨진다.[19]

제3회 회의는 2회 때와 거의 동일한 의원들이 참가한 가운데 4월 25일에 열렸다. 이 회의에서는 법률심사위원인 남형우·이춘숙(李春塾)·서

---

17) 독립운동사편찬위원회, 《獨立運動史》 4, 1972, p.175.
18) 독립운동사편찬위원회, 《獨立運動史資料集》 7, 1973, p.1157. 49명의 위원 가운데 법무부 위원이 3명으로 가장 적었고, 교통부 위원이 12명으로 제일 많았다. 이러한 인원수의 차이는 당시 주어진 업무의 양에 말미암았던 것 같다. 그러나 이렇게 채택된 위원제는 그해 8월 18일부터 열리게 된 제6회 회의에서 다시 차장제로 환원되었다.
19) 양영석, 〈대한민국 임시의정원 연구〉, 《한국독립운동사연구》 1, 독립기념관 한국독립운동사연구소, 1987, p.205.

병호·홍주(洪疇)·이광(李光) 등 5명이 심사한 전문 13장 57개 조로 구성된 임시의정원법을 만장일치로 통과시켰고, 이로써 의정원의 법적인 근거가 마련되었다.

특히 의정원법 가운데 의원선거법이 제정됨으로써, 의원 선임에 관한 법적 근거가 마련되었다. "의정원은 각 지방 인민의 대표위원으로 조직함"이라는 원칙에 따라, 의정원은 그달 30일까지 각 지역별로 선거위원회를 만들어 공식절차를 거쳐 의원을 선임하였다. 의정원은 각 지역의 인구 30만 명에 1명씩의 의원을 선임하기로 하고, 그 결과 경기·충청·경상·전라·함경·평안도에서 각 6명씩, 황해·강원도에서 각각 3명씩, 중국·소련령·미국령에서 각각 3명씩을 뽑아 국내의 42명과 국외의 9명 등 모두 51명의 의원을 두도록 했다.[20] 이에 따라 1회 이후 당시까지 의원의 자격문제가 해결되지 못했던 상황을 극복할 수 있게 되었다. 아울러 이 회의에서는 의원 선거와 선거세칙 및 관제의 제정을 국무원에 위임하기로 의결했다.

제4회 회의는 4월 30일부터 5월 12일까지 열렸다. 이 회의는 의정원이 의정원법에 따라 체계화한 모습을 갖추고 개최한 첫 회의로서, 인선과 재원조달에 관한 방침을 결정하고 연해주의 대한국민의회와 통합할 것을 결의하는 등 중요한 문제들을 다루었다. 우선 의정원법에 따라 의장(손정도)과 부의장(신규식)을 선출한 뒤, 재정심사위원회·청원법률심사위원회·의원자격심사위원회·의정원세칙제정위원회 등을 조직하고 각 위원을 선출했다. 아울러 이 회의에서는 국무총리대리에 전 의장인 이동녕을 선출했다. 또 재원 확보를 위해 구급의연금 모금과 인두세 징수 및 공채 발행 등을 실시하기로 하고, 이를 실천하고자 각 지방별 구급의연금 모집위원을 선정했다.

특히 제4회 회의에서 결정된 중요한 사항 가운데 하나는 상해의 임시

---

20) 1919년 4월 25일 제정 임시의정원법 1, 2조(임시의정원기사록 참조).

정부를 비롯하여 3·1운동이 일어난 직후에 여러 곳에서 수립된 정부들을 한데 통합하자는 것이었다.[21] 그런데 3·1운동 직후에 수립 사실을 발표한 8개 정부 가운데, 국내의 한성정부와 상해의 임시정부 그리고 연해주의 대한국민의회만이 제대로 된 모습을 갖추고 있었다. 그러나 한성정부는 일제의 탄압 때문에 실제적인 활동을 할 수 없었으므로 결국 한성정부의 법통을 살리는 한에서 대한국민의회와 통합을 추진해야 했다. 여기서 한성정부의 법통을 살려야 했던 이유는 그 정부가 국민적 절차에 좀더 충실했기 때문이었다. 한성정부는 서울에서 추진되었고, 인천에서 13도 대표회의를 개최하여 조직의 내용과 절차를 검토했으며, 또한 국민대회를 열어 정부 수립을 선포했던 것이다.[22]

정부 통합을 위한 노력은 미국에 머물고 있던 내무총장 안창호가 5월 23일에 상해에 도착함에 따라 급진전되었다. 이러한 노력은 결국 이동휘를 상해로 합류시키는 데 성공하여, 제5회 회의가 열리고 있던 7월 10일에 대한국민의회와 통합하기 위한 타결안을 마련하게 되는 것으로 이어졌다.[23]

제5회 회의는 같은 해 7월 7일부터 19일까지 37명의 의원이 참가한 가

---

21) 〈임시의정원회의록〉 제4회집(국회도서관, 《大韓民國臨時議政院文書》, 1974, p.49).
22) 조동걸, 《韓國近代史의 試鍊과 反省》, 지식산업사, 1989, p.106.
23) 합의 내용은 다음과 같은 5개 항이었다.
　1. 상해와 노령에서 설립한 정부들을 모두 해소하고 오직 국내에서 13도 대표가 창설한 한성정부를 계승할 것이니 국내의 13도 대표가 민족 전체의 대표인 것을 인정한다. 2. 정부의 위치는 아직 상해에 둘 것이니 각지의 연락이 비교적 편리하기 때문이다. 3. 상해에서 설립한 제도와 인선을 作消한 후에 한성정부의 집정관총재제도와 그 인선을 채용하되, 상해에서 정부 설립 이래에 실시한 행정은 그대로 유지한다. 4. 정부 명칭은 대한민국 임시정부라 할 것이니, 독립선언 이후에 각지를 원만히 대표하여 설립된 정부의 역사적 사실을 살리기 위함이다. 5. 현임 정부 각원은 일제히 퇴직하고, 한성정부가 택선한 각원들이 정부를 인계할 것이다(독립운동사편찬위원회, 《獨立運動史資料集》 8, 1973, p.858).
　정부 통합과정에 대한 대표적인 연구에는 반병률, 〈大韓民國議會와 上海臨時政府의 統合政府 수립운동〉, 《한국민족운동사연구》 2, 1988이 있다.

운데 열렸다. 이 회의에서 논의된 중요안건은 실질적인 위원회의 증설, 통합정부 수립 촉구 및 공채 발행에 대한 사항 등이었고, 국무위원과 의원 사이의 질의·응답도 있었다. 제5회 회의에서는 전체 운영위원회격인 전원(全院)위원회와 법제·내무·외무·재무·군무·예산결산·청원·징계위원회 등 8개 상임위원회 및 법무총장선거위원회·국제연맹제출안건작성특별위원회·결석의원심사위원회 등 3개 특별위원회를 조직하고 의원을 배정하였다.[24]

이 회의에서 두드러지게 나타났던 문제는 51명으로 정한 의원 수를 확보하지 못했던 점과 의원의 해임 및 선임이 많았던 점이었다.[25] 이것은 정부 수립 초기의 시기적 특성과 관련하여 국무원과 의정원 사이의 인사교류 확대라는 긍정적인 요소와, 수립기의 혼돈 속에 참여한 일부 의원들의 자질 결여와 독립운동자들 사이의 응집력 부족이라는 부정적인 요소가 한데 얽혀 나타난 현상이었던 것으로 보인다.

그리고 정부와 의회의 중요한 기능 가운데 하나인 의회 내 국무위원과 의원 사이의 질의·응답이 제5회 회의에서 처음 진행되었다. 그것은 내무총장인 안창호와 의원들 사이에서 이루어진 것으로서, 의정원의 활동이 진일보한 모습을 보여주는 면이었다. 또 이 회의에서는 통합정부 수립을 위한 노력이 촉구되었고, 앞에서도 본 바와 같이 회기 중에 통합타결안이 결정되었다. 이어서 자금 확보를 위한 공채 발행 문제를 미국에서 활동하고 있던 이승만에게 일임할 것을 결정했다.

제6회 회의는 8월 18일부터 9월 17일까지 한 달에 걸쳐 개최되었는데, 앞선 회의들보다 훨씬 길게 회의가 열린 셈이다. 회기 가운데 회의가 열린 날은 공식휴일 4일과 정회일자를 제외하고 모두 16일이었다. 이 회의에서는 매우 중요한 사항인 정부 통합을 위한 임시정부의 조직 개편과 임시헌법의 개정(제1차 개헌)이 이루어졌다. 국무총리대리 안창호의 이름

---

24) 〈임시의정원회의록〉 제5회집(국회도서관, 《大韓民國臨時議政院文書》, 1974, pp.51~52).
25) 제5회 회의에서 12명의 의원들이 각각 해임·신임되었다.

으로 된 정부 개조와 개헌에 대한 제안 가운데, 먼저 정부조직에 관한 내용은 국무총리제를 대통령제로 바꾸고 국무총리인 이승만을 대통령으로 선출하는 것과, 정부조직을 6부에서 7부 1국으로 개편하고 이에 맞추어 인선하는 것이었다. 제안된 인선의 내용은 한성정부에서 선정된 인선과 거의 같도록 하였는데, 국무총리 이동휘, 내무총장 이동녕, 외무총장 박용만(朴容萬), 군무총장 노백린(盧伯麟), 재무총장 이시영, 법무총장 신규식, 학무총장 김규식, 교통총장 문창범, 노동국 총판 안창호 등이었다.26) 이러한 정부의 제안은 집정관총재로 되어 있는 한성정부의 최고직위를 대통령으로 현실화하고 그 인선내용을 변경하지 않은 채 그대로 유지한 것으로서, 한편으로는 한성정부의 법통성을 유지하면서 또 한편으로는 연해주의 대한국민의회와 통합을 완결하고자 이루어진 것이었다.

임시정부는 또 헌법개정안을 제안했다. 임시헌장은 제1회 의정원 회의에서 시간적으로 조급하게 제정되었을 뿐만 아니라 그 내용도 10개 조만으로 이루어져 매우 소략하였으므로, 어떻게든 보완될 필요가 있었다. 개정된 임시헌법은 전문에 이은 8장 58개 조로 구성되었는데, 임시정부가 1945년 광복을 맞이할 때까지 거치게 되는 다섯 차례의 개헌 가운데 어느 때보다 헌법전(憲法典)으로서 내용과 체제가 잘 정비되었던 경우라고 할 수 있다. 따라서 제1차 개헌은 임시헌장의 개정이라기보다 사실상 새 헌법의 제정이었다.27) 이러한 사실은 "대한민국의 인민을 대표한 임시의정원은 민의를 體하여 元年 4월 11일에 발포한 10개 조의 임시헌장을 기본 삼아 본 임시헌법을 제정"한다고 표현한 데서 나타난다. 이 헌법의 내용은 전문에 이어 제1장부터 제8장까지 강령, 인민의 권리 의무, 임시대통령, 임시의정원, 국무원, 법원, 재정, 보칙(補則) 등 모두 58개 조로 구성되어 있었다.28)

---

26) 독립운동사편찬위원회, 《獨立運動史》 4, 1972, pp.219~220.
27) 윤병석, 〈大韓民國臨時政府序說—臨時議政院文書를 중심으로〉, 《韓國史와 歷史意識》, 인하대출판부, 1989, p.255.

개정된 헌법의 내용상 특징은 대통령제를 택하면서도 내각책임제 요소를 가미한 정부형태를 갖추었다는 데 있다. 임시대통령이 헌법의 테두리 안에서 주권을 행사하되, 국무원이 실질적인 행정권을 가지도록 한 것이다. 즉 임시대통령이 정부의 수반으로서 관제와 관규의 제정권, 국군통수권, 관리임명권, 계엄포고권 등의 권한을 소유하지만 행정권을 가지는 국무원과는 유리되고, 또한 국무위원을 임명할 때 임시의정원의 동의를 얻도록 함으로써 권력의 집중보다는 분산을 도모한 것이었다. 따라서 제1차 개헌을 통해 임시정부의 체제가 비록 삼권분립의 형태를 갖추기는 했으나, 실제로는 국무원이 의정원의 결의에 따라 행정을 집행하는 체제를 이루게 되었다.29)

2) 기 능

의정원이 한 구실과 기능은 매우 중요했다. 그러한 내용은 임시정부의 수립과정과 임시헌장을 비롯한 헌법 제정, 통합정부 성사 및 의회중심체제 성립 등에서 의정원이 담당해 왔던 구실을 통해 쉽게 알 수 있다.

의정원의 구실을 언급할 때 무엇보다 강조되어야 할 것은 의정원이 임시정부의 산실이라는 사실이다. 독립협회운동에서 추구했던 의회설립운동의 결실로 의정원이 성립됨으로써, 나라를 잃은 지 10년이라는 시간이 흐른 뒤 비로소 대한민국이라는 민주공화정체의 정부가 태어날 수 있었던 것이다. 그러한 사실이 갖는 의미는 개원 당시 흥분에 가득 찬 이동녕 초대의장의 다음과 같은 발언에서 잘 느낄 수 있다.

이때야말로 내 생애에서 가장 보람을 안겨주는 순간입니다. 우리는 이제 군주제를 부활하려고 독립운동에 투신한 것이 아닙니다. 세계적인 추세에

---

28) 국회도서관, 《大韓民國臨時議政院文書》, 1974, pp.4~9.
29) 제1차 개헌에서 임시헌장의 내용 가운데 당시 현실적 의미가 없던 '국제연맹가입, 生命刑·公娼制 폐지' 등의 조항들은 삭제되었다.

따라 이 나라에 민주제를 정착시켜야 한다는 사명감 속에서 회의를 진행하고 있는 것입니다.[30]

의정원은 최고 대의입법기관이었다. 의정원은 먼저 3·1운동의 이상을 법제화해야 한다는 필요에 따라 민주헌법의 이상을 담은 임시헌장을 선포하였고, 이어 제6회 회의에서 개헌을 의결했다. 의정원은 헌장과 절차를 거쳐 고친 헌법에서 그 권한과 기능을 분명히 했다. 헌장에서 "대한민국은 임시정부가 임시의정원의 결의에 의하여 이를 통치함"이라고[31] 밝혔는데, 이 조항은 대의제의 채택을 의미하는 동시에 의정원이 지니는 강력한 권한과 임시정부에 대한 우위성을 나타내주고 있다. 아울러 헌법에서는 의정원의 권한과 기능에 대해 일체의 법률안 의결, 예산·결산 의결, 조세·화폐제·도량형 준칙 의정(議定), 공채모집과 국고부담의 의정, 대통령 선거, 국무원·대사·공사의 임명에 대한 동의, 선전(宣戰)·강화(講和)조약 체결에 대한 동의, 인민 청원 수리, 국무원 출석 답변 요구, 관리의 위법행위 조사, 대통령과 국무원 탄핵 등으로 명문화했다.[32]

의정원은 단순한 입법기관의 기능 이상의 구실을 수행했다. 의정원은 독립운동의 구심체인 임시정부를 유지하는 처지에 있었으므로, 통합정부의 추진과 독립운동방략의 논의 및 정부구성원에 대한 인적자원 조달 기능까지 도맡게 되면서 사실상 초의회적인 모습을 보여주었다.[33] 즉 의정원은 3·1운동으로 표출된 국민의 여망을 수렴하고 정리하여 헌법을 제정하는 대의기관이었고, 동시에 의회중심체제로 임시정부를 운영하는 구심체이기도 했다.

특히 1919년 임시정부 수립기의 의정원은 성립 초기였던 만큼, 이후 찾아볼 수 없는 두 가지 특징적인 면모를 보였다. 하나는 3·1운동을 마

---

30) 김석영, 《先驅者李東寧一代記》, 을유문화사, 1978, 서론 참조.
31) 임시헌장 제2조(국회도서관, 《大韓民國臨時議政院文書》, 1974, p.3).
32) 1919년 9월 제1차 개정 헌법(국회도서관, 《大韓民國臨時議政院文書》, 1974, pp.4~9).
33) 오세창, 〈大韓民國臨時議政院의 役割〉, 《韓國史論》 10, 국사편찬위원회, 1981, p.43.

무리하고 새로운 독립운동의 중추기관을 조직한다는 뜻에서 정부를 수립하게 되었다는 사실이다. 또 하나는 상당히 서둘러 임시정부를 만들려다 보니, 의회의 본 모습을 제대로 갖추지 못하고 출발하게 되는 미숙함을 보였다는 사실이다. 때문에 의원의 수와 자격, 회의일정, 회의의 종류 등 의회가 갖추어야 할 정형들은 회의를 거듭하면서 서서히 이루어지게 되었다.

결국 1919년 임시정부 수립기의 의정원은 제헌의회의 성격을 띠었다. 그런데 제1회 회의만이 제헌의회였던 것이 아니라 제1회 이후 제6회에 이르는 1919년의 모든 회의가 그러했다고도 볼 수 있을 것이다. 왜냐하면 그해 8월과 9월 사이에 열린 제6회 회의에서 제1차 개헌이 단행됨으로써 비로소 의회의 본 모습이 제대로 갖추어졌기 때문이다.

4. 임시의정원의 구성

1919년 4월 10일과 11일에 열린 제1회 회의에 참가한 의원은 29명이었다. 그런데 이들이 어떠한 방법으로 선출되거나 또는 참가하게 되었는지는 알 수 없다. 아마 이들이 선출된 의원들이었다기보다는 이전부터 상해를 중심으로 활동하고 있던 인사들이었거나, 3·1운동을 전후로 한 시기에 상해에 도착하여 그해 3월 중순 무렵 상해에서 만들어진 독립임시사무소에 참가했던 인사들이었을 것으로 추측된다. 그리고 제1회 회의가 개최될 무렵에는 국내외 각지에서 날마다 많은 인사들이 상해에 도착하였고, 그 결과 열흘 정도 뒤에 열린 제2회 회의에는 69명, 또 그 회의 바로 뒤에 열린 제3회 회의에는 70명이라는 많은 의원이 참가하게 되었다.

의원의 선출 원칙이 처음으로 결정된 회의는 4월 25일에 열린 제3회 회의였고, 그 결과 앞에서도 살펴본 것처럼 제4회 회의부터는 비로소 국내외의 각 지역별로 정해진 대표들로 의정원이 구성되기에 이르렀다. 그러나 이와 같이 인원이 규정되었음에도 51명으로 정해진 대표의 수를 모두 확보하는 일은 매우 어려웠다. 2·3회 회의와는 달리, 제4회 회의에는 35명, 제5회에는 36명, 그리고 제6회에는 28명의 의원만이 각각 참가하였던 것이다.

제1회 회의 이후 제6회 회의에 이르기까지 참가의원은 모두 109명에 달했다(표 1 참조). 이들을 출신지역별로 살펴보면 지역별 대표가 선정되기 이전인 제1회의 경우 확인되는 27명 가운데 서울·경기지역이 12명(44%)으로 압도적으로 많았고, 경상도가 6명(22%), 충청도와 평안도가 각각 4명씩(15%)이었다. 그리고 제2회의 경우에도 총 69명 중에서 확인되는 60명 가운데 경기도가 15명(25%), 평안도와 경상도가 각각 13명(22%), 충청도가 7명, 함경도와 황해도가 각 4명, 전라도와 강원도가 각각 2명씩으로 제1회 때와 비슷했다. 그러나 인원수가 지역별로 규정된 제4회 이후에는 각 지역별로 2명에서 7명 사이로 비교적 고르게 유지되었다.

당시 이들의 나이는 주로 30대로서, 구성원들이 왕성한 의욕으로 가득차 있었다고 할 수 있다. 확인되는 77명 가운데 20대가 27명(35%), 30대가 31명(40%), 40대가 16명(21%), 그리고 50대가 3명(4%)이었다.

〔표 1〕 임시의정원 의원(1919) 분석

이름 (별명)	본적	생년 (나이)	학력	경력	종교	이전 활동지	상해 도착시기	의정원활동	가입단체/ 기타
姜泰東	함남 이원	1889 (30)		대동단			1919	5, 함경의원	
高一淸	평북 의주			신민회			상해	4, 5 청원위 원장; 6, 법, 평안의원	.
高漢 (高義鳳)		1891 (28)	일본정치 영어학교				일본	1919. 4	2, 3	
金甲	경남 부산	1888 (31)			대종교	북간도	1919. 4	2, 3, 5 군무, 6, 경상의원	
金九	황해 해주	1876 (43)	漢學	신민회	기독교	국내	1919. 3	2, 3	신한청년당

이름 (별명)	본적	생년 (나이)	학력	경력	종교	이전 활동지	상해 도착시기	의정원활동	가입단체/ 기타
金大池 (金大地)	경남 밀양	1891 (28)		一合社 3·1		국내	1919. 4	1, 2, 3	의열단
金東三 (金肯植)	경북 안동	1878 (41)	漢學	신민회, 신흥무관학교		서간도	1919. 4	1, 2, 3	
金東瀅	경북 상주	1888 (31)						4, 경상의원	
金枓奉	경남 부산	1889 (30)	문법학자		대종교	상해		5, 경상의원	의열단
金秉祚	평북 정주	1876 (43)	평양신학교	3·1	기독교	국내	1919. 3	2, 3, 4, 5 법 6, 외위장 평안의원	
金甫淵	황해 장연					상해		2, 3, 4, 5 징계, 황해의원	
金錫璜	황해 봉산	1894 (25)	보성전문, 일본연수	2·8		일본	1919. 3	5, 6 황해의원	의열단
金聲根	함남 함흥							5, 6 함경의원	구국모험단장
金宇鎭	충남 홍성	1890 (29)		3·1		국내	1919. 4	2, 3	의열단
金應燮	평북 선천							2, 3	
金應變	경북 안동	1877 (42)		3·1, 변호사		국내	1919. 3	2, 3	
金仁全	전라	1876		신한청년당	기독교 목사	상해		6, 전라의원	
金鼎穆								2, 3	
金正默	경북 선산	1888 (31)	북경西城大 정치과	만주군사활동		북경, 봉천		4, 5, 6 경상의원	
金振宇	강원 영월	1880 (39)		서화가				6, 강원의원	
金昌淑	경북 상주	1879 (40)	漢學, 유림	대한협회	유교	국내	1919. 3	4, 5, 교통 경상의원	
金澈 (金永澤)	전남 함평	1886 (33)	법률학	신한청년당	기독교	상해	1917	1, 2, 3, 4, 5 전라의원	교통차장 총장대리
金泰淵	황해 장연			신민회, 3·1		국내		6, 외교위원	
金致根	충청							4, 충청의원	
金鉉軾	평남 평양	1885 (34)		신민회				2, 3, 4 평안의원	
金弘權	경남			대동청년당		국내		2, 3	

이름 (별명)	본적	생년 (나이)	학력	경력	종교	이전 활동지	상해 도착시기	의정원활동	가입단체/ 기타
金弘敍	평남 강서	1886 (33)		신민회		상해	1916	2, 3, 5 군무, 6, 전원 평안의원	홍사단
金弘祚	경남 울산				불교			2, 3	
羅容均	전북 정읍	1895 (24)	와세다대	2·8		일본		5, 6 전라의원	
南亨祐	경북 고령	1875 (44)	보성전문 법률교수	신민회, 대동청년당, 3·1		국내	1919. 3	1, 2, 3	법무차장
閔濟鎬	서울	1890 (29)	한성영어 학교	동제사		상해	1919년 이전	2, 3	
閔忠植	서울	1890 (29)	도쿄유학		기독교	상해		2, 3	
朴健秉	강원 철원							6, 강원의원	
朴容珏 (朴容珪)	강원 철원		서울청년 학원 中				상해	4, 강원의원	박용만의 사촌
裵亨湜	평남 평양	1873 (46)		목사	기독교	북간도		2, 3	농민호조사
白南奎	경북 경산	1891 (28)	일본유학	신한청년당		상해	1919. 2	2, 3, 4, 5 예산, 6, 경상	
白南七	경상							1, 2, 3, 4	
徐丙浩	황해 장연	1885 (34)	남경금릉대	동제사, 신한청년당	기독교	상해	1918년 이전	2, 3, 6 황해의원	
徐成權		1880 (39)		한족독립 기성회		북간도		2, 3	
徐載哲	경기							6, 경기의원	
鮮于爀	평북 정주	1882 (37)	숭실중, 금릉신학교	신민회, 동제사, 신한청년당	기독교	상해	1912	1, 2, 3	교통차장
孫斗煥	황해 은율	1895 (24)	메이지대	2·8		일본	1919. 3	4, 5(법제위) 황해의원	
孫貞道	평남 강서	1872 (47)	숭실중, 숭실전문	3·1	목사	상해	1919. 3	1(부의장), 2(의장), 3,4,5,6,평안	홍사단
宋世浩	경북 선산	1893 (26)		청년외교단	승려		1919년 이전	4, 5 강원의원	월정사 승려
申圭植	충북 청원	1880 (39)	무관학교	무관, 동제사	대종교	상해	1911	4, 5(부의장) 충청의원	법무총장

이름 (별명)	본적	생년 (나이)	학력	경력	종교	이전 활동지	상해 도착시기	의정원활동	가입단체/ 기타
申錫雨	서울	1894 (25)	와세다대	교민회장		상해	1918년 이전	1, 2, 3, 4 경기의원	교민단장
申翼熙	경기 광주	1892 (27)	와세다대 정경학부	2·8 도중 파견		일본	1919. 2	1, 2, 3, 5 (부의장) 외무위장, 경기의원	
申采浩	충북 청원	1880 (39)	漢學	신민회, 동제사	대종교	북경	1913	1, 2, 3, 5 (전원위원장) 충청의원	
申鐵 (申澈)								1, 2, 3	
安承源	평북 의주	1872 (47)	도쿄고공 中	3·1	목사	국내	1919. 4	2, 3	
梁濬明	평북 선천	1879 (40)		신민회, 3·1	기독교	국내	1919. 4	2, 3	신한청년당
呂運亨	경기 양평	1886 (33)	금릉대학 영문과	동제사, 신한청년당	기독교	상해	1914	1, 2, 3, 6 경기의원	
呂運弘	경기 양평	1891 (28)	왓드대학 철학과		기독교	미국	1919. 3	1, 2, 3	신한청년당
吳義善	경기 용인	1884 (35)	무관학교, 메이지대 中	신민회, 무관교육		연해주	1919. 4	4, 5 (예산위원장), 6, 경기의원	
吳翼杓	충남 청원	1887 (32)	감리신학, 青山學院	3·1	기독교	국내	1919. 4	5, 충청의원	
玉成彬	평남 평양	1886 (33)	숭실중학	신민회	기독교	상해	1919년 이전	2, 3	
柳璟煥	경남 산청	1891 (28)	일본중앙 대학 中	유학생운동		일본	1919. 4	2, 3, 4, 5 (재무), 6(법제), 경상의원	
柳範奎	함북 온성	1881 (38)	경성기독 회관중학	항일투쟁		만주	1919	2, 3	
兪政根 (致根)	충남 천안							2, 3, 4, 5 예산, 6, 충청의원	
尹愿三	평남 평양	1885 (34)		신민회, 3·1	기독교	국내	1919	2, 3	
尹顯振	경남 양산	1892 (27)	메이지대 법과	대동청년당, 은행지점장		국내	1919. 1	2, 3 (재무위장), 6, 경상의원	
李光	충북 청주	1879 (27)	와세다대 中, 북경대	신민회, 동제사	대종교	만주	1910	1, 2, 3	

이름 (별명)	본적	생년 (나이)	학력	경력	종교	이전 활동지	상해 도착시기	의정원활동	가입단체/ 기타
李光洙	평북 정주	1892 (27)	와세다대 철학과 中	2·8			1919	1(서기), 2, 3, 4 평안의원	신한청년당
李奎甲	충남 아산	1888 (31)	한성사범 신학교	3·1, 한성정부	목사	국내	1919. 4	5(청원위), 6, 충청의원	
李圭禎 (李圭珽)								2, 3	
李起龍	경기 이천	1885 (34)						2, 3, 4, 5 (청원위) 경기의원	
李東寧	충남 천원	1869 (50)	漢學, 진사급제	신민회, 권업회	대종교	만주	1919. 3	1(의장), 2, 3	
李命敎	충청							4, 충청의원	
李鳳洙	함남 홍원	1891 (28)	메이지대 中			일본	1919. 3	2, 3	
李始榮	서울	1869 (50)	漢學, 과거급제	관찰사, 신민회	대종교	남만주	1919. 3	1, 2, 3	법무총장, 재무총장
李洪根	경남 산청							1, 2, 3	
李永贊								2, 3	
李元益	평북 선천			의주 3·1	목사	국내	1919. 4	4, 5 (내무위), 6, 평안의원	신한청년당
李丁奎	경기 부천	1896 (23)	경응의숙 中			일본	1919	5, 6 충청의원	의열단
李春塾	함남 정평	1889 (30)	보성법과, 中央大學			일본	1919. 4	2, 3, 4, 5 (징계), 6(법제위장) 함경의원	
李致俊	황해 신천							2, 3, 4	
李泌珪	강원							2, 3, 4, 5 (교통위), 6, 강원의원	
李會榮	서울	1866 (53)	漢學	신민회, 신흥무관학교	대종교	만주	1919. 3	1, 2, 3	
李喜儆	평남 순천	1890 (29)	오하이오 대학 영문과, 시카고대 의대				국내	1918. 12	4, 5 (군무위장) 평안의원	적십자 초대회장, 의학박사

이름 (별명)	본적	생년 (나이)	학력	경력	종교	이전 활동지	상해 도착시기	의정원활동	가입단체/ 기타
林鳳來	함북 길주	1878 (41)						4, 5, 징계위, 함경의원	
張道政	함남 영흥	1894 (25)				연해주		4, 함경의원	이동휘계
張炳俊	전남 무안	1893 (26)		3·1		국내	1919. 4	4, 전라의원	
張鵬	서울	1877 (42)		3·1, 한성정부	기독교	국내	1919. 4	6, 경기의원	신한청년당, 민단장
張正櫓								2, 3	
鄭大鎬	서울							4, 경기의원	
鄭元澤	충북 음성	1890 (29)		동제사, 독립의군부	대종교	상해, 만주	1919. 3	2, 3	
鄭仁果	평남 순천	1887 (32)		신흥무관학교	목사	남만주	1919	5(재무, 교통위원장) 6(부의장) 미국령의원	
趙東珍	경상							1, 2, 3	
趙東祜	충북 옥천	1888 (31)	금릉대학 중문과	동제사, 신한청년당, 중화신보기자	기독교	상해	1914	1, 2, 3, 5, 6 충청의원	국무위원
曹成煥	서울	1875 (44)	한국무관 학교	무관, 신민회	대종교	상해, 북경	1919	1, 2, 3, 4 중국령의원	군무차장, 군무위원
趙素昂	경기 양주	1887 (32)	메이지대 법과	독립의군부, 신한청년당		남만주	1919. 3	1, 2, 3	국무위원, 비서장
趙永晋				신한촌민회장		연해주	1919. 3	2, 3	
趙琬九	서울	1880 (39)	한성법학 전수학교	대종교운동	대종교	간도, 연해주	1919 3월	1, 2, 3, 5, 6 전원위원장, 경기의원	
趙元昌	함남 북청	1885 (34)				상해, 만주		2, 3	
秦熙昌	서울	1875 (45)				상해	1919	1, 2, 3	
崔謹愚	경기 개성	1897 (22)	도쿄고등 사범학교	2·8		일본	1919	1, 2, 3, 5, 6 법제, 경기의원	

이름 (별명)	본적	생년 (나이)	학력	경력	종교	이전 활동지	상해 도착시기	의정원활동	가입단체/ 기타
崔浣	경북 경주			대동청년당				2, 3	최준의 아우
崔昌植	서울	1892 (27)		기자, 교사		국내	1919. 3	5(전원, 내무장) 경기의원	
韓基岳	강원 원주	1897 (22)	보전법과, 일본유학	3·1	기독교	일본	1919. 3	2, 3	
韓南洙	전남 광주	1881 (38)		3·1 한성정부		국내	1919. 4	4, 5, 법제장, 전라의원	
韓偉健	한남 홍원	1895 (24)	경성의전, 일본유학	2·8, 3·1	기독교	일본, 국내	1919. 3	4, 함경의원	
韓鎭教	평남 중화	1887 (32)	양정의숙	신한청년당	기독교	상해	1914	1, 2, 3	海松·松溪 洋行 경영
玄楯	서울	1880 (39)	하와이 성경연구	3·1 국내대표	목사	국내	1919. 3	1, 2, 3	
玄彰運								1, 2, 3	
洪疇 (洪壽)	함남 함흥	1894 (25)		검사, 3·1, 한성정부				4, 함경의원	
洪震 (洪冕熹)	충북 영동	1877 (42)		검사, 3·1, 한성정부		국내	1919. 4	4, 5 법제위원장, 충청의원	교민단장
洪震義	전라		메이지대				1919	2, 3	
黃公浩		1879 (40)				중국		4, 5 중국령의원	
黃鎭南	함남 함흥							5, 6 미국령의원	

① ( ) 안의 나이는 1919년 당시 기준임.
② 경력란의 '2·8'과 '3·1'은 각각 2·8운동과 3·1운동 경력자를 의미함.
③ 학력란의 '中'은 중퇴를 의미함.
④ 의정원 활동란의 '전원'·'법'·'외'·'재무'·'교통'·'징계'·'예산' 등은 각각 전원위원·법제위원·외무위원·재무위원·교통위원·징계위원·예산위원을, '장'은 위원장을 의미함.
⑤ 의정원 활동란의 숫자는 회의가 개최된 횟수를 의미함.

의원들의 학력은 대체로 고등교육을 이수한 수준이었다. 자료에서 확인되는 54명 가운데 국내에서 신교육을 받은 이는 16명(30%)이고, 한학을 공부한 이는 7명(13% ; 이들은 거의 개신유학자임)이었다. 나머지 31명(58%)은 유학생 출신인데, 유학지로는 일본이 23명으로 대다수를 차지했고, 중국이 5명, 미국이 3명이었다. 유학생 출신 인물들과 국내에서 신교육을 받은 인물들이 전공한 분야는 의학과 공학의 1명씩을 제외하면 모두 정치학·법률학·철학·신학·영문학·중문학 등으로, 인문학 분야에 집중되어 있었다.

종교의 경우, 확인되는 37명 가운데 기독교가 23명(62%, 목사 6명)으로 가장 많았고, 대종교가 11명(30%)으로 그 다음이었으며, 불교가 2명(승려 1명), 유교가 1명이었다.

의원들의 경력은 저마다 독특했는데, 이들 가운데 1910년 병합을 전후한 시기의 대표적인 구국계몽운동 조직이었던 신민회 출신이 18명이나 되었다. 확인되지 않은 2명을 제외한 16명 가운데 6명이 상해와 북경에서, 5명이 만주에서, 1명이 연해주에서, 4명이 국내에서 각각 활동하고 있었는데, 국내에 있던 4명은 모두 3·1운동 당시 주도적인 활동을 전개했었다. 그리고 상해에서 조직된 최초의 독립운동단체인 동제사 출신이 8명인데, 이 가운데 3명은 또한 신민회 출신이기도 했다. 또 1918년에 동제사의 영향 아래 조직된 신한청년당 출신이 9명인데, 이 가운데에는 신민회 출신 1명과 동제사 출신 4명이 소속되어 있었다. 이를 통해 신민회의 구국계몽운동을 이어받은 인물들이 의정원에 대거 참여했음을 알 수 있다.

그리고 국내에서 결사활동을 벌였던 5명 가운데는 대동청년당 출신이 4명(신민회 출신 1명), 일합사(一合社) 출신이 1명이었다. 만주의 경우, 신민회 활동의 연속선 위에서 전개된 남만주의 경학사(經學社)·신흥강습소(新興講習所)·신흥무관학교(新興武官學校)·백서농장(白西農莊)·대한독립의군부 등의 단체에 참가한 인물이 6명이었다. 또 연해주 출신의 경우도 권업회(勸業會) 등을 통해 독립운동에 가담했던 인물들이 참여했다.

의원들 가운데 2·8운동에 참여했던 인물은 모두 11명이었고, 국내에서 3·1운동에 참가하여 주도적 활동을 벌이다가 정부 수립에 참여하여 의원이 된 경우는 17명이었다. 3·1운동에 동참했던 인물 가운데 5명은 국내의 13도 대표회의에서 파견된 대표였는데, 이를 통해서도 임시정부가 3·1운동으로 표출된 민족의 여망을 안고 수립되었음을 알 수 있다.

그런데 이들이 의원이 되기 이전에 활동했던 지역과 상해에 도착한 시기를 함께 파악하고자 할 때, 한 가지 난관에 부딪히게 된다. 왜냐하면 3·1운동보다 훨씬 앞서 상해에 왔다가 다른 지역으로 옮겨가거나 여러 지역을 다니면서 활동했던 인물도 있어, 어느 인물을 특정 지역 출신으로 파악하는 것이나 상해에 왔던 시기를 구체적인 날짜로 잡는 것이 곤란하기 때문이다.

앞서 살펴본 활동근거지가 확인되는 78명(지역이 겹치는 인물 3명 포함) 가운데, 상해·북경이 24명(31%)으로 가장 많았고 국내가 23명(29%), 일본이 14명(18%), 만주(간도 포함)가 12명(15%), 연해주가 4명(5%), 그리고 미국이 1명이었다. 이 수치로 보아 한국인이 독립운동을 하고 있던 거의 모든 지역의 대표들이 참여하여 의정원을 구성했음을 알 수 있다.

이들이 상해에 도착한 시기는 다양했다. 확인되는 63명 가운데 3·1운동 이전에 도착한 경우가 17명(27%)이었고, 나머지는 3·1운동 무렵이나 그 직후에 도착했다.

그리고 상해에 도착한 이들 가운데 6명이 신한청년당에, 5명이 의열단(義烈團)에, 2명이 흥사단에, 1명이 구국모험단에 각각 가입하였다. 따라서 신한청년당의 경우 이미 가입된 의원 9명을 포함하여 모두 15명의 의원들을 확보하게 되었으므로, 의정원에서 이들이 차지하게 된 위상은 대단했다고 할 수 있다. 특히 의원이 아닌 차장직에 있는 당원까지 합할 경우 그 비중은 더욱 커졌다.

이상의 분석을 통하여 의정원 의원들에 대해 다음과 같이 정리할 수 있다. 첫째, 1919년 임시정부 수립기에 의정원에 참여한 의원들은 구국계몽운동 출신 인물들이 주류를 이루었고, 특히 신민회와 동제사, 그리고 신한청년당으로 이어지는 인물들이 연결고리를 이루었다. 따라서 이러한 인적 구성을 바탕으로 임시정부는 제1차 세계대전의 종전이라는 국제 상황에서 동제사와 신한청년당이 추구했던 방략 가운데 하나인 외교방략을 채택하였고, 아울러 만주의 독립군 조직을 임시정부 산하에 소속시킴으로써 신민회의 방략 가운데 하나인 독립전쟁론의 목적도 이루고자 하였다.

둘째, 의정원을 구성했던 의원들은 국내외에 걸쳐 독립운동을 전개하고 있던 인물들이었다. 이들 가운데는 국내에서 3·1운동을 주도했던 인물이 있었고, 상해에서 활동하면서 국제정세 변화를 독립의 기회로 포착하여 3·1운동의 진원 구실을 맡았던 인물도 있었으며, 만주와 연해주에서 무관교육을 통해 독립군을 양성하면서 독립운동의 근거지를 마련하고자 민족생활터전 확보운동을 했던 인물이 있었고, 일본에서 제1차 세계대전의 종전과 상해 독립운동자들의 움직임을 주시하고 2·8운동을 전개했던 인물 또한 있었다. 이들의 다양한 활동 근거지를 볼 때, 임시정부는 상해를 중심으로 활동하는 사람들만의 국지적인 단체로서 조직된 것이 아니라 전체 민족운동 역량의 결집체로서 성립된 것임을 알 수 있다.

5. 맺음말

의정원은 독립협회 이후 추구해 온 의회설립운동의 매듭이었다. 특히 1910년에 일제에 병합된 이후 만주와 연해주 그리고 중국본토지역에서 정부를 수립하고자 했던 지속적인 노력이 1919년에 와서야 비로소 달성된 것이었다.

의정원을 조직하는 데 매개체 구실은 1919년 3월 중순에 상해에서 조직된 독립임시사무소가 맡았다. 이 사무소의 구성원은 일찍이 상해로 망명하여 독립운동을 하고 있던 동제사 및 신한청년당 소속인물들과 국내에서 대표로 파견되어 온 인물들이었다. 이 사무소의 구실은 3·1운동을 마무리하고 새로운 방향을 모색하는 독립운동의 구심체를 조직하는 일이었다. 그 결과 의정원을 먼저 구성한 다음, 의정원에서 임시정부를 수립하게 되었다.

1919년 임시정부 수립기에 의정원은 상당한 활동과 역량을 펼쳐보였다. 의정원은 민주공화정체의 정부 수립과 조직 및 인선, 대의입법기관으로서의 헌법 제정, 의회 중심의 정부 운영, 독립운동의 방략 논의와 정부에 대한 인적 자원의 확보 등 다양한 방면에서 적지 않은 성과들을 거두었다.

1919년의 의정원 구성인물들은 주로 30대의 젊은층으로, 고등교육을 받고 거의 기독교와 대종교 신앙을 가진 이들이었다. 또 이들은 국내와 국외에서 일찌감치 광범하게 독립운동을 전개하고 있던 경력자들로, 상당수가 신민회 계열의 구국계몽운동을 했던 인물들이었다.

3·1운동 이전에 이들이 펼쳤던 활동들은 대부분 3·1운동으로 수렴되었는데, 이들은 특히 국외 활동을 통해 국내에 자극을 주어 3·1운동을 일으키는 데 영향을 끼치고, 그 다음에는 직접 3·1운동을 마무리하고자 상해로 집결하여 임시정부를 조직하는 모습을 보여주었던 것이다. 물론 국내의 운동도 3·1운동에 집중되고 있었음을 인정해야 하지만 이들이 국외에서 펼쳤던 진원지적 구실을 중요하게 평가해야 할 것으로 생각된다. 아울러 진원지로서의 구실뿐만 아니라 이에 따라 이루어진 3·1운동을 다시 수용하고 마무리한 데, 나아가 새로운 차원의 독립운동을 모색했다는 데 커다란 의미를 부여할 수 있을 것이다.

그러므로 임시정부가 3·1운동의 정신을 수렴한 계승체이자 독립운동의 구심체였음을 정당하게 평가하고 임시정부 성립에 내재된 이른바 '발생가치'를 인정하는 것이 무엇보다 선행되어야 한다. 물론 당시의 국제

현실 속에서 독립이라는 목적을 이루기 위해 임시정부가 과연 얼마나 적절한 방략을 갖추었는가에 대해 문제를 제기하고 그 한계를 구체적으로 검토하는 것은 반드시 필요하다. 그러나 이를 빌미로 임시정부의 존재 자체를 평가절하하려는 것은 곤란하다고 생각된다.

대한민국임시정부와 중국관내지역 독립운동

1. 머 리 말

　대한민국임시정부(이하 '임시정부')는 그 명칭이 말해주듯이 '대한제국'이 아닌 '대한민국'을, '정식'이 아닌 '임시' 기구를, 그리고 일개 '단체'가 아닌 '정부' 조직을 표방하였다. 그런 점에서 대한민국임시정부는 단지 독립운동이라는 차원에서뿐만 아니라, 근대민족국가의 성립과 발전이라는 측면에서도 대단히 중요한 의미를 지니고 있는 것이다.[1]

　중국관내(中國關內)지역에 동포사회가 형성되기 시작한 시기는 1910년대 초였다. 상해(上海)와 남경(南京)을 비롯하여 북경(北京)과 천진(天津)지역에도 동포사회가 만들어졌고, 이에 따라 독립운동단체들이 하나 둘 결성되기 시작하였다. 주로 중국의 신해혁명(辛亥革命)에 가담한 인물들이 앞장서서 독립운동단체를 조직하였는데, 그 혁명이 상해지역을 중심

---

[1] 의회를 조직하고 정부를 수립해야 한다는 주장은 1917년에 신규식(申圭植)·조소앙(趙素昂) 등이 발표한 〈大同團結宣言〉에서 이미 천명된 바 있다(조동걸, 〈臨時政府 樹立을 위한 1917년의 '大同團結宣言'〉, 《韓國學論叢》 9, 1987, p.150).

으로 활발하게 펼쳐졌으므로, 자연스럽게 상해지역에서 먼저 한인들의 독립운동단체가 나타나게 되었다.

임시정부는 수립 초기 국내외 독립운동을 통할하는 구심적 구실을 수행하였다. 그러나 임시정부는 수립 단계부터 종종 의견 차이로 임시정부 반대세력과 갈등을 겪어야 했고, 여러 가지 부정적인 요인으로 말미암아 '정부'라는 이름에 걸맞지 않은 허약한 모습을 드러내며 한때 조직 자체를 꾸려나가기 힘들 정도로 시련을 겪기도 하였다. 그렇지만 임시정부는 끈질긴 생명력을 발휘하며 수립 이후 광복을 맞이하기까지 27년에 걸쳐 한 번도 간판을 내린 일이 없었고, 광복 직전인 1940년대에 이르러서는 독립운동의 중심적 위치를 회복하면서 독립전쟁을 통할해 나가는 역량을 발휘하기까지 했다.

이 글은 임시정부와 중국관내 독립운동 사이의 관계를 정리하는 데 목적을 둔다. 이 글에서는 임시정부의 거점이었던 중국관내지역 동포사회의 형성과 독립운동의 태동, 임시정부 수립 초기 한인사회의 점차적인 증가와 임시정부에 대한 지지·반대세력 형성, 1920년대 중·후반 활동지역의 확산과 노선 분화 및 통합운동 전개, 1930년대 내륙 이동과 독립운동정당 및 군사조직의 건설, 1940년대 독립운동의 광역화와 통합정부 성립 등을 다루고자 한다. 그리고 이를 통해 임시정부가 중국관내지역의 독립운동에서 차지하는 위상을 정리해 보고자 한다.

2. 동포사회의 형성과 독립운동의 태동

조선인의 중국관내지역 내왕은 개항 이후부터 차츰 잦아지기 시작했다. 1881년에 김윤식(金允植)이 이끄는 영선사(領選使)가 천진에 파견되고 1882년에 조중상민수륙무역장정(朝中商民水陸貿易章程)이 맺어지면서 내왕의 빈도가 늘어나게 된 것이다. 당시 내왕자는 고위관리이거나 상인

이 주류를 이루었다. 관리들은 해관 설치 문제, 무기나 기계 구입 문제, 신기술 인력 양성 문제 등을 해결하려는 목적에서 파견되었다.[2] 그러므로 그들은 북경과 천진, 그리고 상해와 남경을 중심으로 드나들었다. 그렇지만 당시 대부분의 조선인들은 내왕자에 불과했기 때문에, 중국에서 동포사회를 형성하는 것은 어려운 일이었다.

한인동포들로 구성된 최초의 단체는 1907년에 상해에서 결성된 대한인대동보국회(大韓人大同保國會)라는 조직이었다.[3] 이 단체의 성격을 자세히 알 수는 없으나, 본격적인 독립운동 조직은 아니었던 것으로 보인다. 그런데 1910년 일제에 나라를 빼앗기게 되자 상당수의 독립지사들이 해외로 망명하였고, 그 가운데 중국관내지역으로 이동한 사람도 많았다. 이때 만주와 간도지역으로 진출한 사람들은 "지역적 인접성을 고려한 망명이고 따라서 독립운동의 전략에서도 본국으로부터 지원과 함께 본국에 대한 영향력을 계산한 것"이었지만, "관내지역으로의 망명은 장기적이고 체계적인 안목을 필요로 하는 것으로 정치적 상황에 대한 기대와 함께 중국(혁명)과의 연대를 염두에 두는 경우가 많았을 것"이라고 생각된다.[4]

일제에 강점되자마자 독립운동을 목적으로 했던 인물들이 중국으로 망명하기 시작하였다. 이들은 북경·남경·상해 등을 오가며 혁명에 일정 부분 참여하기도 했다. 그러면서 이들은 유학생들을 모아 터 잡기에 나섰다. 그 가운데 대표적인 도시가 북경·천진·상해·남경·청도(靑島)·광주(廣州) 등이었다. 그러나 동포사회가 집단적으로 형성되는 시기는 이보다 훨씬 뒤였다.

국치 직전에 신민회(新民會) 주역들은 중국으로 가서 청도회담(靑島會

2) 손과지, 〈日帝時代 上海 韓人社會 硏究〉, 고려대 박사논문, 1998, p.26.
3) 金正明, 《日韓外交資料集成》 8 (東京 : 巖南堂書店, 1964), pp.300~301.
4) 배경한, 〈上海·南京지역의 初期(1911~1913) 韓人亡命者들과 辛亥革命─武昌起義·討袁運動에의 參與와 孫文·革命派人士들과의 交流를 중심으로〉, 《東洋史學硏究》 67, 1999, p.41.

談)을 열고 방책을 논의했다. 그리고 조성환(曺成煥)이 북경에 자리 잡고 신민회의 연락책 구실을 맡고 있었다.[5] 그는 안창호(安昌浩)에게 동정을 보고하고 지시를 받으며 유학생들을 돌보고 있었다. 그런데 이때 일어난 신해혁명은 독립운동가들이 관내지역으로 망명하는 데 커다란 영향을 주었다. 신규식(申圭植)·박은식(朴殷植)·김규식(金奎植) 등의 망명에서 그러한 사실을 확인할 수 있다.

각 지역마다 거주했던 동포들의 수를 지금 확인하기란 어렵다. 상해지역의 경우, 일제 경찰 보고자료는 1910년대 전반기에는 한인들의 수가 수십 명에서 100여 명 정도였다가 후반기에는 500명을 넘었고, 3·1운동을 전후한 시기에는 700명 정도가 되었다고 보고하였다. 그러나 1920년대에 접어들어서는 대체로 1,000명 미만으로 분석한 것을 볼 때, 이후 상해에 거주하는 한인들의 수는 크게 늘어나지 않았던 것으로 보인다.[6] 그럼에도 실제로는 이러한 통계치보다 더 많았으리라 생각된다. 어차피 독립운동에 관여하던 사람들의 움직임은 공개되지 않았기 때문이다. 특별히 상해에 독립운동자들이 집결하게 된 이유는 그곳에 일본의 간섭이 미치지 않는 프랑스조계가 있었기 때문이다. 상해의 프랑스조계는 이미 여러 나라의 혁명 활동들이 펼쳐졌던 지역이고, 중국 신해혁명의 근거지였으며, 1921년에 중국공산당이 제1차 전국대표회의를 열어 창당을 선언한 곳이기도 하다. 이와 달리 영국이나 미국 등의 조계가 하나로 통합된 공공조계 지역에 사는 동포들은 정치적인 성향을 별로 갖지 않은 사람들이어서, 상해지역의 동포들과 성향 차이가 뚜렷하였다.

상해에 독립운동의 터전을 일군 인물은 신규식이었다. 국치 직후인 1911년 말에 상해로 망명한 신규식은 신해혁명에 '수백 元'이라는 거금을

5) 〈曺成煥이 安昌浩에게 보낸 편지〉(1911.9.3, 11.20, 11.22, 1912.5.17 등), 독립기념관 한국독립운동사연구소, 《島山安昌浩資料集》 2, 1990, p.13, pp.45~6, p.50, 52, 60.
6) 김희곤, 《中國關內 韓國獨立運動團體研究》, 지식산업사, 1995, p.38 ; 손과지, 〈日帝時代 上海 韓人社會 硏究〉, 고려대 박사논문, 1998, pp.43~44.

기부하였고,[7] 진기미(陳其美)·송교인(宋教仁)을 비롯한 중국의 혁명인사들과 연대 활동을 벌였다. 그는 1912년에 최초의 한인 독립운동단체인 동제사(同濟社)를 조직하였고, 박달학원(博達學院)을 세워 고국에서 망명해 온 청년들을 교육하는 데 나섰다.[8] 그리고 그 바탕 위에서 중국혁명 인사들과 함께 최초의 한·중 연대조직인 신아동제사(新亞同濟社)를 조직하였다.[9]

한편 북경과 천진에도 1910년대에 이미 한인사회가 정착되었을 것으로 짐작된다. 상해와 마찬가지로 천진에서도 임시정부 수립 이후에 천진교민단(天津僑民團)이 조직된 사실이나, 조성환·손정도(孫貞道)·신채호(申采浩) 등이 북경에 일찌감치 자리 잡고 있었던 점으로 미루어 볼 때 그렇게 짐작된다. 하지만 자료가 부족하여 상해를 제외한 북경이나 천진, 또는 다른 지역에 거주했던 한인동포들의 수를 확실하게 파악하기는 어렵다. 북경에는 원세개(袁世凱)와 관계가 있던 인물들이 내왕하기도 했다. 임오군란 이후 12년 동안이나 조선에 파견되었던 원세개가 아무래도 한국 문제에 대해 남달리 관심을 가졌을 것이고, 또 서울에서 원세개와 가졌던 여러 만남과 인연을 이용하려는 인물들도 많았을 것이기 때문이다. 이러한 인물들의 움직임은 1915년에 북경과 상해의 활동가들을 중심으로 조직되었던 신한혁명당(新韓革命黨)의 행보에서 나타났다.

신한혁명당은 1915년에 이상설(李相卨)이 연해주에서 이동해 와서 신규식과 더불어 조직한 것이다. 그런데 신규식을 비롯한 상해·남경지역

7) 당시 상해 재계의 중심인물 가운데 한 사람인 우흡경(虞洽卿)이 500원을 낸 것에 비추어 볼 때, 신규식이 낸 기부금은 상당히 큰 금액이었다(배경한, 〈上海·南京지역의 初期(1911~1913) 韓人亡命者들과 辛亥革命—武昌起義·討袁運動에의 參與와 孫文·革命派人士들과의 交流를 중심으로〉,《東洋史學研究》 67, 1999, p.47).
8) 김희곤,《中國關內 韓國獨立運動團體研究》, 지식산업사, 1995, pp.54~59.
9) 배경한은 신아동제사를 "韓中連帶組織의 출발점"으로 이해하고 있는데(배경한, 〈上海·南京지역의 初期(1911~1913) 韓人亡命者들과 辛亥革命—武昌起義·討袁運動에의 參與와 孫文·革命派人士들과의 交流를 중심으로〉,《東洋史學研究》 67, 1999, p.65), 필자도 같은 생각을 갖고 있다.

인사들은 이미 민주공화제를 향한 의식적 변모를 보였음에도 한편으로
고종의 망명을 계획하는 이중적 태도를 보이고 있었다. 물론 그것이 제1
차 세계대전의 전개상황을 지켜보면서 한국에게 유리한 방향으로 가닥
을 잡아가는 과정에서 생긴 일이기는 하지만, 정치사상에서 복벽(復辟)
추진이라는 한계를 보인 일이기도 했던 것이다. 더구나 여기에 참가한
사람 가운데는 실제로 복벽노선을 걷고 있는 경우도 많았는데, 바로 원
세개와 인연을 가진 인물들이었다. 이를 극복하고자 민주공화정을 표방
하는 새로운 정부 수립을 요구하고 나섰던 선언이 1917년에 발표된 〈大
同團結宣言〉이다.

  이 선언은 당시까지 전개된 독립운동을 정리하고 앞날의 방향을 잡은
것이었다. 이후 제1차 세계대전이 끝나가던 1918년 말에 조직된 신한청
년당(新韓靑年黨)은 파리강화회의에 대표를 파견하였고, 이는 3·1운동
의 계기가 되었다. 1910년대 중국관내지역 독립운동은 주로 상해나 남
경·북경·천진 등에서 전개되었고, 이들 지역에서 펼쳐졌던 활동들이
바로 상해에서 임시정부가 수립되는 교두보 구실을 하였던 것이다.

3. 수립 초기 한인사회의 점증과 임시정부 지지·반대세력

1) 한인사회의 점증과 한·중 연대활동

  1920년대에 들어 한인들의 거주지역은 확대되어 갔다. 1910년대에 상
해와 남경, 북경과 천진을 중심으로 거주하던 동포들이 수적으로 증가하
면서 점차 내륙에 위치한 주요 도시로 진출하게 된 것이다. 자료 부족으
로 모두를 파악하는 데 어려움이 있지만, 한인들의 친목과 협조를 위해
광주에서 1921년 9월 25일에 조직된 여월한인동향회(旅粵韓人同鄉會)는
한인들이 거주지역을 확대해 나간 좋은 사례로 꼽을 수 있다.[10] 내륙으

로 이동하는 한인들 가운데에는 상업을 목적으로 하거나 대학 및 무관학
교에 진학하고자 하는 인물들이 많았는데, 후자의 경우 1910년대에는 상
해와 남경에 자리 잡은 신규식을 비롯한 지도자들의 알선으로 입학이 이
루어지는 것이 대부분이었다. 그러다가 임시정부가 수립된 이후에는 정
부에서 직접 중국의 대학이나 무관학교에 한인 청년들을 보냈고, 특히
임시정부의 외곽조직이던 한국노병회(韓國勞兵會)가 1920년대 초·중반
에 무관학교에 청년들을 보내 군사간부로 양성한 경우가 많았다.11)

  한인들이 이동한 곳에는 한·중 연대활동을 펼치는 조직이 나타났다.
이때 임시정부의 민간외교가 한몫을 하였는데, 임시정부의 노력이 결실
을 거둔 대표적인 사례로 1921년을 전후하여 각 지역에 조직된 한중호조
사(韓中互助社)를 들 수 있다. 한중호조사는 중국의 주요 도시마다 생겨
났는데, 장사한중호조사(長沙韓中互助社, 1921. 3)·안휘한중호조사(安徽韓
中互助社, 1921. 3)·한구한중호조사(漢口韓中互助社, 1921. 4)·상해한중호
조사(上海韓中互助社, 1921. 4)·상해한중호조총사(上海韓中互助總社, 1921.
5)·광동한중협회(廣東韓中協會, 1921. 9)·성도한중호조사(成都韓中互助
社, 1922) 등이 그것이다. 한중호조사가 성립된 지역을 보면, 중국의 주요
도시가 거의 망라되다시피 했음을 알 수 있다. 각 지역의 한인 거주자 규
모를 정확히 파악할 수는 없으나, 일반 동포들이나 독립운동가들이 내륙
깊숙이 이동하고 있었다는 사실만큼은 확연히 알 수 있는 증거인 것이다.
  광주에는 광동한중호조사(廣東韓中互助社) 외에도 한중협회(韓中協會)

---

10) 《獨立新聞》 1921년 11월 11일자.
11) 한국노병회는 특별회원 양성에 힘을 기울였는데, 이를 위해 정진국(鄭鎭國)·김세
    쟁(金世錚)·성준용[成俊鏞 ; 성주식(成周寔)]·나석주(羅錫疇)·강명규[姜明圭 ;
    양원(陽園)]·송호[宋虎 ; 송호성(宋虎聲)]·이경재(李景材 ; 이성(李成)·김기덕
    (金基德)·이동건(李東健)을 한단군사강습소(邯鄲軍事講習所)에, 백운서(白雲瑞)·
    공주선(孔周宣)을 북경학생단(北京學生團)에, 주문원(朱文元(源))·윤원장(尹元章)
    을 개봉병국(開封兵局)에, 최천호(崔天浩)·채군선(蔡君仙)·박희곤(朴熙坤)을 낙
    양학병단[洛陽學兵團 ; 낙양강무당(洛陽講武堂)]에 각각 파견하였다(김희곤, 《中國
    關內 韓國獨立運動團體硏究》, 지식산업사, 1995, p.220).

라는 연대활동 단체가 조직되기도 했다. 한중협회는 여월한인동향회가 성립된 지 이틀 뒤인 1921년 9월 27일에 동포들이 발기하여 성립시킨 단체인데, 성립 당시 회원은 70여 명에 지나지 않았지만 결성 뒤 한 달 만에 수백 명으로 증가하는 놀라운 발전상을 보였다.[12] 이것은 당시 광동(廣東)의 호법정부(護法政府)를 방문하고 있던 국무총리 겸 외무총장 신규식의 행보와도 관련이 있다고 생각된다.

2) 임시정부의 독립운동세력 통합과 지지세력

수립 초기부터 임시정부는 독립운동의 중심에 서 있었다. 중국관내지역의 독립운동세력뿐만 아니라 만주지역이나 국내에까지도 상당한 영향력을 보였고, 또 여러 지역에서 존재가치를 인정받았다. 국내의 정부수립운동을 잇고 노령(露領)의 대한국민의회와 통합을 일궈낸 업적으로 사실상 '정통성'을 확보한 셈이었다. 이를 바탕으로 임시정부는 각 지역에서 몰려든 인물들을 묶어 독립운동의 구심점 노릇을 톡톡히 펼쳐나갔다.

임시정부 수립기에 가장 역점을 두었던 대외정책은 외교활동이었다. 그것은 제1차 세계대전이 끝나서 강화회의가 열리고 있던 당시의 국제정세를 이용하려는 의도에서 비롯되었다. 일제에 병합된 지 10년 가까이 지난 시점에서 세계 질서를 재편하기 위한 국제회의가 열린다는 사실은 망명 독립운동가들에게 외교활동에 대한 의욕을 불러일으키기에 충분한 것이었다.

실제로 이와 관련된 활동은 임시정부 수립 4개월 전에 이미 시작되었다. 즉 신한청년당이 1918년 11월에 활동을 시작하여 1919년 2월 초에 김규식을 파리로 보냈던 것이다. 두 달 뒤 임시정부가 수립되자, 김규식은 임시정부의 파리대표부를 구성하고 전권대사로서 활약하게 되었다.

---

12) 최봉춘, 〈중산대학과 1920년대 조선인의 혁명운동〉,《史學硏究》48, 1994, p.116.

그러나 일본이 승전국에 속했기 때문에 임시정부의 의도는 달성될 수 없었다.

임시정부의 외교활동 대상국가로는 활동 터전이었던 중국이 어느 국가보다도 중요했다. 중국에 대한 임시정부의 외교활동은 주로 북경정부보다는 중국국민당 계열의 혁명세력과 관련된 지역에 집중되었다. 이를 통해 얻은 최대의 성과는 1921년 9월 국무총리 대리 겸 외무총장 신규식이 광동에 가서 호법정부로부터 '사실상' 정부 승인을 얻어낸 것이다.[13] 그러나 분열된 중국 내정으로 말미암아 그 성과를 지속시켜 나갈 수 없었다.

그리고 미국에 대해서는 임시정부가 처음부터 기대를 갖고 구미위원부(歐美委員部)를 설치하여 이승만(李承晚)을 중심으로 외교활동을 벌였지만, 큰 성과를 거두지 못하였다. 그 과정에서 임시정부는 만국공법적인 국제관에서 벗어나, 힘에 따라 움직이는 냉엄한 국제관계에 비로소 눈을 뜨게 되었다. 한편 소련에 대한 외교는 임시정부가 대한국민의회와 통합정부를 구성한 뒤 본격화했다. 국무총리 이동휘(李東輝)가 레닌(V. I. Lenin)에게 자금을 요청하여 지원금을 얻어냈는가 하면, 레닌 또한 동아시아에 대한 세력 확산을 꾀하는 과정에서 극동인민대표회의를 모스크바에서 개최하였다. 특히 이 자리에 52명의 한국대표가 참가함으로써 양쪽 사이에 긴밀한 관계가 이루어지기도 하였다.

임시정부의 외교활동은 제1차 세계대전을 마무리하는 파리강화회의에서 비롯되었다. 그렇다고 해서 임시정부가 외교활동에만 전념한 것은 아니었다. 당시 주요 방략으로 이승만의 외교론, 안창호의 준비론, 이동휘의 독립전쟁론 등 세 가지가 거론되지만, 임시정부는 임시대통령이었던 이승만의 노선에 따라 외교에 치우쳤다는 주장이 이어져 왔다. 하지만 당시 세계의 이목이 종전 뒤의 국제질서를 논의하던 파리에 집중되고 있

---

13) 윤대원, 〈大韓民國臨時政府의 組織·運營과 獨立方略의 분화(1919~1930)〉, 서울대 박사논문, 1999, p.142.

었기 때문에, 임시정부의 시선이 먼저 외교현장에 몰렸던 점은 당연한 현상으로 볼 수 있다.

그리고 임시정부가 외교방략에만 매달려 왔다는 주장들과는 달리, 실제로 임시정부는 독립군기지 건설이나 군사력 양성을 포기하지 않았다. 임시정부는 1919년 말부터 군사활동에 대한 계획을 수립하고 이를 추진해 나가기 시작했다. 임시정부의 군사정책은 군대 조직을 위한 법규를 마련하고, 군사간부의 양성과 모병 활동을 전개하며, 만주지역의 독립군 조직을 통할·지휘하도록 하는 세 가지 내용으로 추진되었다. 임시정부는 1919년 12월에 〈大韓民國陸軍臨時軍制〉 등 세 가지 군사관련 법령을 발표하고, 이 방침에 따라 일단 1919년 말에 상해에서 육군무관학교를 설립하여 군사간부 양성 작업에 돌입하였다. 그런데 이 학교는 1920년에 1기 19명과 2기 24명을 졸업시킨 뒤 폐교되었는데, 그 이유가 정확하게 알려지지 않고 있다. 그리고 임시정부는 군무총장이던 노백린(盧伯麟)의 주도와 미국 동포 김종림(金鍾林)의 지원으로 1920년 2월에 미국 샌프란시스코 근처에 비행사양성소를 설립하여 공군 창설을 시도하였으나 뜻을 이루지 못하였다.

또한 임시정부는 만주지역을 중심으로 독립전쟁을 준비하고 전개해야 한다는 것을 확실하게 인식하고 있었다. 그래서 우선 만주지역에서 활동하고 있던 독립군 조직을 정부 산하로 편제시키고자 노력하였고, 그 결과 서간도의 서로군정서(西路軍政署)와 북간도의 북로군정서(北路軍政署)가 임시정부 군무부 산하 조직으로 편제되었다. 특히 임시정부가 독자적으로 군대를 편성하기도 했는데, 대한청년단연합회 의용대·대한독립군비단·대한독립단 등을 통합하여 대한광복군총영(大韓光復軍總營)을 조직하였고, 또 주만참의부(駐滿參議府)를 설치하였던 것이다. 이후 임시정부는 군무부를 만주지역으로 이동시키려는 계획도 수립하였다. 그러나 임시정부에 인력과 자금을 이어주던 연통부(聯通府)와 교통국이 일제에 의해 부서진 뒤에는 이 계획을 지속할 수 없었다. 더구나 1920년 여름에 봉오동·청산리 승첩을 거두었던 만주지역의 독립군 세력마저 일제의 정면 공격에 밀려 소련의 자유시로 이동하거나 흩어지는 바람에, 임시정부로서는 더 이상 군사적 활동을 주도해 나갈 수 없게 되었다.

한편 임시정부는 우선 상해지역 동포를 비롯한 관내지역 동포사회에 대한 행정 장악에 나섰다. 임시정부는 거류민단제(居留民團制)를 채택하여 1918년 상해에 만들어져 있던 상해고려교민친목회를 내무부 산하기관으로 편입하고 이를 교민단으로 개편하였다. 천진대한교민단의 경우도 이와 마찬가지였다. 임시정부는 민단에 자치행정과 지방의회라는 두 가지 기능을 부여했다. 임시정부는 직할조직으로서 민단을 조직하여 상해 동포사회를 장악하였고, 천진대한교민단, 만주의 대한인국민회와 한족회, 미주의 대한인국민회 등도 같은 차원에서 파악하였다.14)

임시정부는 교육을 통하여 동포 자제에게 국혼(國魂)을 심어주고자 노력하였다. 이러한 취지에서 초등과정의 인성학교(仁成學校)와 중등과정의 삼일중학(三一中學)이 운영되었다. 인성학교 안에는 예비강습소가 설치되어 있었는데, 이것이 고등보습학원을 거쳐 1925년에 삼일중학으로 발전하게 된 것이다. 이들 학교는 민족혼을 앙양(昻揚)시켜서 장차 독립운동계의 인물을 배출하고자 국어와 국사를 가르치는 데 중점을 두었고, 중국어 교육을 통해 중국의 고등교육에 대비할 수 있도록 했다. 그리고 김규식의 주도로 상해에 영어전문학원인 남화학원(南華學院)이 1923년에 세워지기도 했다.15)

또 임시정부는 《獨立新聞》을 발행하여 독립운동의 소식을 국내외에 전함으로써, 민족사상을 고취하고 민심을 통일하는 데 힘을 기울였다. 이 신문은 동포사회가 있는 세계 각지로 배포되어 동포들의 힘을 결집시키고, 국내에도 밀송되어 국내 민중들이 임시정부를 비롯한 해외 독립운동계의 동향을 파악하고 이에 대해 지원하거나 궐기하도록 자극을 주었다.

14) 김희곤, 《中國關內 韓國獨立運動團體硏究》, 지식산업사, 1995, pp.114~116.
15) 손과지, 〈日帝時代 上海 韓人社會 硏究〉, 고려대 박사논문, 1998, pp.149~158.

또한 임시정부는 《韓日關係史料集》을 발간하였다. 이것은 1919년 9월에 개최된 국제연맹회의에서 한민족 자주독립의 당위성을 밝히고자 발간하였던 것이다. 이 사료집을 발간한 임시사료편찬회의 주선으로 박은식의 《韓國獨立運動之血史》가 발간되기도 하였다.

임시정부는 그 외곽에 많은 독립운동단체들을 통솔하였다. 구국모험단・철혈단(鐵血團)처럼 무력투쟁을 목적으로 삼은 단체에서 교육회・적십자회・상해한인애국부인회 등 교육・문화・여성운동을 펴는 단체에 이르기까지 많은 조직들을 거느렸다. 이러한 단체들의 구성원 대부분이 임시정부에 참가하고 있던 핵심인물들이었기에, 임시정부는 이들을 지도하고 통솔하는 구심체 노릇을 할 수 있었다.

3) 임시정부 반대세력과 갈등

임시정부가 수립되던 1919년 가을에 접어들면서 북경과 천진을 중심으로 임시정부 반대세력이 자리를 잡기 시작했다. 이러한 세력은 임시정부가 수립되던 첫 회의부터 나타났다. 반대세력이 형성된 이유는 크게 세 가지로 나뉘는데, 그 첫 번째 이유가 수립을 논의하던 제1차 의정원 회의에서 바로 드러나게 되었다. 이승만을 임시정부의 국무총리로 선출하는 과정에서 신채호가 격렬하게 반대한 것이다.[16] 신채호가 그토록 이승만의 국무총리 선출을 반대한 이유는 이승만이 미국의 대통령에게 한국을 위임통치해 줄 것을 제안했다는 이유 때문이었다.[17] 더구나 미국에

---

16) 국회도서관, 《大韓民國臨時政府議政院文書》, 1974, p.34.
17) 위임통치안의 내용은 다음과 같다.
  "(전략) 천오백만의 자유를 사랑하는 한국인의 이름으로 저희들은 동봉한 청원서를 각하께서 평화회의에 제출하여 주시옵고 평화회의에 모인 연합군측이 한국의 장래의 완전한 독립을 보장하는 조건하에 한국을 국제연맹의 위임통치하에 두고 (밑줄 필자) 현 일본의 통치하에서 해방하는 조치를 취할 수 있도록 저희들의 자유원망을 평화회의의 탁상에서 지지하여 주시기를 간절히 청원하는 바입니다(후

서 대통령 명칭을 고집하던 이승만을 안창호가 추인하면서 대통령으로 추대해 나가자, 신채호는 아예 임시정부를 떠나버렸다. 그 순간 임시정부 반대세력이 태동하게 된 것이다.

임시정부 반대세력이 형성된 두 번째 이유는 임시정부의 독립운동방략 문제 때문이었다. 수립 초기 임시정부는 안창호·이동휘·이승만을 세 정점으로 하여 운영되었다. 그런데 이들이 표방하던 방략이 각각 달랐는데, 안창호는 독립전쟁이 가능할 때까지 실력을 양성하며 준비하자는 준비론을, 이승만은 미국을 배경 세력으로 하는 외교론을, 이동휘는 러시아에 기대는 독립전쟁론을 각각 펴고 있었다. 그런데 마침 제1차 세계대전이 끝나고 열린 파리강화회의에 대표를 파견하면서 임시정부는 차츰 외교방략에 집중하게 되었고, 이는 크게 전자의 두 노선과 후자의 이동휘 노선이 맞서는 두 개의 구도를 가져왔다.[18] 그러다가 이승만의 영향력이 상실되어 가면서 안창호의 준비론과 이동휘의 독립전쟁론이 대립하게 되었고, 이후 이동휘가 임시정부를 떠나면서 안창호의 노선이 임시정부의 중심축으로 자리 잡게 되었다.[19]

세 번째 이유는 이른바 '승인·개조 문제'였다. 이것은 1919년 9월에 상해 임시정부와 노령의 대한국민의회가 통합된 뒤, 대한국민의회의 문창범(文昌範)이 제기한 문제이다. 즉 한성정부를 정통으로 삼고 상해 임시정부와 연해주의 대한국민의회 모두를 해체한 다음에 통합정부를 수립하기로 했던 당초의 약속을 어기고 상해 임시정부가 단순히 기존의 정부를 개조하는 것에 그쳤다며 이의를 제기하고 나선 것이다.[20] 이에 문

략)"(방선주, 〈李承晚과 委任統治論〉, 《在美韓人의 獨立運動》, 한림대 아시아문화연구소, 1989, p.219).

18) 윤대원, 〈大韓民國臨時政府의 組織·運營과 獨立方略의 분화(1919~1930)〉, 서울대 박사논문, 1999, pp.151~152.

19) 윤대원, 〈大韓民國臨時政府의 組織·運營과 獨立方略의 분화(1919~1930)〉, 서울대 박사논문, 1999, p.160.

20) 《獨立新聞》 1919년 10월 28일자, 11월 1일자.

창범·원세훈(元世勳) 세력은 거세게 반발하면서 임시정부를 이탈하여, 이동휘 세력을 제외한 채 대한국민의회를 다시 복원하였다. 그런데 상해를 떠나 노령으로 향하던 문창범은 북경에 들러 신채호와 박용만(朴容萬) 등의 임시정부 반대세력과 제휴를 논의함으로써, 군사통일회의 및 국민대표회의에서 창조파로 공조하게 되는 출발점을 마련하였다.[21]

임시정부 반대세력의 가장 핵심적인 인물은 신채호·박용만·신숙(申肅) 등이었다. 주로 북경과 천진을 근거지로 삼았던 이들은 임시정부를 부정하거나 불신임을 주장하면서 줄곧 임시정부 반대운동을 전개하였다. 이들은 신문과 잡지를 발간하면서 반대운동을 펼쳐 나갔는데, 특히 신채호는 국한문 혼용의 주간신문인 《新大韓》을 1919년 10월부터 1921년 초까지 발행하여 일제 침략의 야만성을 폭로하는 한편, 이승만의 위임통치 청원안, 외교론, 임시정부의 무능과 파쟁에 대해서도 신랄하게 공격하였다. 또 천진에서는 신숙이 주도하고 신채호가 주필을 맡은 《大同》(大同週報)이 1921년 7월부터 발행되었다. 이 신문은 군사통일회의를 준비하면서 이승만의 위임통치청원 문제를 공격하고 임시정부에 대한 불신임 결의안을 채택하였다. 이와 비슷한 성격의 신문으로 국민대표회의 개최에 때를 맞추어 발간된 《上海타임쓰》라는 신문도 있었다. 특히 이 신문은 9호에서 이승만의 대통령직 사직을 요구하였다.[22]

임시정부에 직접적으로 반대를 표명하지는 않았다 하더라도 부정적인 자세를 가졌던 조직으로 의열단(義烈團)을 들 수 있다. 임시정부에 대한 의열단의 부정적 자세는 당연히 투쟁방략의 차이에서 왔다. 의열단은 길림(吉林)에서 상해로 이동해 와 이미 여러 차례 투쟁성과를 올린 바 있었다. 그런데 구국모험단의 김태연(金泰淵)이 단원을 국내로 침투시키려 하자, 이에 안창호가 다음과 같이 주장하며 반대한 일이 있었다.

---

21) 반병률, 〈大韓國民議會와 上海臨時政府의 統合政府 수립운동〉, 《한국민족운동사연구》 2, 1988, p.117.
22) 한시준, 〈중국관내 독립운동과 신문 잡지〉, 《한국독립운동사연구》 12, 1998, pp.7~8.

炸彈의 聲이 轟然하야 적의 戒嚴令이 徒甚하면 인심의 激發함보다 恐怖心만 多케 할 터이오. 잘못하면 난폭적 행동이 일기도 쉬우며 계엄이 심한 결과로 연통제·재정수합·冒險·교통재정운송 등의 기관시설이 불가능할 것이오. (중략) 炸彈이 폭발된 후에는 적이 法國公領司에 교섭하야 上海臨時政府의 動搖가 生할넌지도 不知할 바 안이리오.[23]

하물며 의열단의 투쟁에 대해서는 더 말할 필요도 없을 것이다. 결국 의열단은 임시정부 반대세력의 대표적 인물인 신채호에게 의뢰하여 〈조선혁명선언〉을 투쟁지침으로 받게 된다.

4. 1920년대 중·후반 활동지역의 확산과 노선의 분화·통합

1) 활동지역의 확산

1920년대 중·후반에 한인사회의 규모는 크게 확장되었다. 광주의 경우를 살펴보면, 수십 명을 헤아리던 한인들의 수가 1920년대 중반에 접어들면서 수백 명으로 늘어났다. 이들은 관내지역이나 만주에서뿐만 아니라 국내와 일본 및 소비에트 러시아지역에서도 이동해 온 사람들이었다. 대개 혁명가들로서 유망한 청년들이었고, 지식인들도 많았다. 이들 가운데 군사를 지향하는 사람들은 황포군관학교(黃埔軍官學校)를 비롯한 여러 군사학교에 입교하거나 국민혁명군에 입대하였고, 교육을 지향하던 한인들은 주로 국립 광동대학[1925년 10월부터 국립 중산대학(中山大學)으로 교명 변경]에 응시하였다.[24]

한인 청년들이 광주로 모여든 데는 의열단의 이동과 손문(孫文)이 이

---

23) 도산기념사업회, 〈일기〉,《安島山全書》中, 1990, p.243.
24) 최봉춘, 〈중산대학과 1920년대 조선인의 혁명운동〉,《史學研究》48, 1994, pp.117~118.

끼는 혁명의 물결이 절대적인 영향을 주었다. 김원봉(金元鳳)을 비롯한 의열단의 간부진은 의열투쟁의 한계를 절감하면서 1924년부터 방략 전환을 모색하였다. 독립을 달성하기 위해서는 결국 독립전쟁을 펼쳐야 한다고 결론을 내린 그들은 군사간부가 되고자 광동에 갔고, 1926년 3월에 황포군관학교에 4기로 입교하였다. 4기에는 모두 24명의 한인이 입교하였는데, 이 가운데 절반인 12명이 당시 의열단원이었다. 이를 전후하여 광주에 한인 청년들이 대거 집결하게 되었고, 대부분 황포군관학교나 중산대학에 지원하였다.

당시 중산대학의 재학생 명단을 살펴보면, 1926년 명단에서 한인 47명의 이름을 찾을 수 있고, 1927년 명단에서는 28명의 이름을 확인할 수 있다.[25] 심지어 1927년 5월 무렵에는 57명의 한인 청년이 수학하고 있었다는 기록도 발견된다. 이외에도 1927년에는 황포군관학교에 14명, 황포교도단(黃埔敎導團)에 56명, 사하병영(沙河兵營)에 15명, 어주학생군(魚珠學生軍)에 36명, 심천요새(深川要塞)에 1명, 광주동산육군병원(廣州東山陸軍病院)에 20명 등 여러 학교나 단체에 많은 한인 청년들이 소속되어 활동하였는데, 중산대학 학생까지 포함하면 이들의 수는 229명에 이른다.[26] 여기에 일반인까지 합할 경우 당시 광주지역의 한인들은 수백 명에 달했을 것임을 쉽게 짐작할 수 있다.

광주에서 가장 규모가 큰 한인 독립운동단체는 유월한국혁명동지회(留粤韓國革命同志會)였다. 이 단체에는 손두환(孫斗煥)과 김원봉이 이끈 의열단 단원들이 참가하였는데, 회원이 200명에 달하는 조직이었다. 이 회는 《革命運動》이라는 기관지를 발행하면서 광동지역 한인 독립운동의 구심점 역할을 맡았다.[27]

---

25) 廣東省檔案館, 《中山大學同姓學生名冊》, 全宗20號, 案卷246號, 1926年度와 1927年度 (최봉춘, 〈중산대학과 1920년대 조선인의 혁명운동〉, 《史學研究》 48, 1994, pp.119~122 에서 재인용).

26) 朝鮮總督府 慶北警察部, 《高等警察要史》, 1934, p.107.

27) 朝鮮總督府 慶北警察部, 《高等警察要史》, 1934, p.107.

장개석(蔣介石)이 중국공산당을 공격하기 시작했던 1927년에는 한인 청년들 가운데 다수가 무창(武昌)으로 이동하여 무창봉기(武昌蜂起)에 참가하였다. 의열단 대표 김원봉도 여기에 참가하였다. 따라서 이 무렵에는 무한(武漢)지역이 다시 한인 청년들의 집결지로 부각되었던 셈이다. 이 시기는 상해에서 유일당운동(唯一黨運動)이 한창 무르익어 가고, 무한에도 역시 유일당촉성회가 만들어지던 때였다. 참고로 당시 각지의 유일당촉성회원의 수를 살펴보면, 북경 40명, 상해 160명, 광동 170명, 무한 150명, 남경 30명 등이었다.[28] 물론 유일당촉성회원의 수가 곧 한인 거주자의 통계라고 볼 수는 없지만, 이를 통해 대체로 이들 지역에 한인 청년들이 대거 집결하고 있었음을 알 수 있다.

2) 국민대표회의

1920년을 지나면서 임시정부는 수립기에 가졌던 탄력성을 잃게 되었다. 교통국과 연통부의 파괴로 국내에서 들어오던 지원이 차단되었고, 주력을 기울이던 외교활동도 베르사유체제가 성립되면서 한계에 부딪혔기 때문이었다. 여기에 미주동포의 자금 지원마저도 이승만에 의해 차단되었으니, 임시정부가 당면했던 고통은 컸다. 더구나 이 난국 타개를 위해 상해에 도착한 이승만이 목적 달성에 실패하고 다시 떠나버리자, 임시정부는 더욱 쇠락해졌다.

임시정부의 활동을 지켜보던 독립운동 세력들은 난국 타개를 위해 대표자 회의를 갖고자 하였다. 임시정부 지지세력이든 임시정부 반대세력이든 가릴 것 없이 모두가 회의 개최를 촉구하고 나섰다. 특히 이승만이 상해에 도착한 1920년 12월부터 회의 개최 요구는 더 확대되었고, 이승만이 하와이로 떠난 6월 초까지 사태 해결을 요구하는 목소리가 끊이지

---

28) 金正明, 《朝鮮獨立運動》 2 (東京 : 原書房, 1967), p.329 ; 朝鮮總督府 慶北警察部, 《高等警察要史》, 1934, p.10 ; 국회도서관, 《韓國民族運動史料》(中國篇), 1976, p.621.

않았다. 북경의 임시정부 반대세력은 북경군사통일회의를 열고 위임 청
원에 대한 책임을 물어 이승만을 공격하면서, 마침내 임시정부 해체를
요구하고 나서기까지 하였다. 더욱이 임시정부에 지원된 레닌 자금을 이
동휘의 고려공산당이 독식한 것에 대한 문제가 부각되자 이동휘가 상해
를 떠나게 되었고, 이에 따라 좌우합작 형태가 무너지면서 임시정부는
더욱 약화되어만 갔다.

사태 해결을 위해 1923년 1월부터 5개월에 걸쳐 130명 정도의 정식대
표가 참석한 가운데 국민대표회의가 상해에서 열렸다.29) 열릴 때 레닌의
지원금 일부를 사용하기도 했던 이 회의는 독립운동사상 가장 대규모의
대표자회의이자 또한 민주적으로 운영되었던 회의로 기록되고 있다. 그
리고 이 회의는 당시 동포들이 독립운동을 펼치고 있던 모든 지역의 범
주와 각 독립운동 단체의 성향을 자세하게 보여준 것이기도 했다. 그런
데 이 회의에 참석한 대표자들은 분과별로 문제를 풀어나가다가, 5월 중
순에 '임시정부를 그대로 둘 것인가, 개조할 것인가, 또는 임시정부를 없
애고 새로운 정부조직을 만들 것인가'라는 문제에 직면하여 세 가지 세
력으로 나뉘게 되었다. 정부옹호파·개조파·창조파가 그것이었다.30) 이
에 관한 논란이 계속되고 타협점 모색을 위한 논의가 진행되기도 했지
만, 결국 합의점을 찾지 못한 채 국민대표회의는 6월 초에 완전히 결렬
되고 말았다.

이 과정에서 임시정부는 약간의 논쟁을 벌이기도 했지만, 국민대표회
의를 수용하고자 했다. 그래서 의정원은 "국민대표회의로 하여금 대한민
국 임시헌법을 개정케 하며 또는 기타 중대 사건을 처리케 함"이라는 긴
급제의를 통과시켰다.31) 그러나 끝내 국민대표회의는 결렬되었고, 창조

---

29) 김희곤, 〈안창호의 중국 관내지역의 통일운동〉, 《도산사상연구》 5, 1998, p.161.
30) 윤대원, 〈大韓民國臨時政府의 組織·運營과 獨立方略의 분화(1919~1930)〉, 서울
    대 박사논문, 1999, p.288.
31) 《獨立新聞》 1923년 6월 13일자.

파는 임시정부를 부정하며 새로운 정부 수립을 표방하고 나섰다. 이에 임시정부는 국민대표회의에 대해 해산령을 내렸다. 이후 임시정부는 후유증을 정리하는 가운데 이승만을 면직시켰고, 내각책임제인 국무령제를 채택하게 되었다.

3) 유일당운동

국민대표회의 해산 이후 맥이 빠진 관내지역 독립운동계는 몇 년 뒤 다시 통합을 도모하기 시작하였다. 안창호가 앞장서서 추진한 이 움직임은 비타협주의와 민족협동전선론의 바탕 위에 중국 국공합작(國共合作)의 영향으로 나타났으니, 이것이 곧 유일당운동이었다. 유일당운동은 좌·우세력으로 각기 분화되어 가는 독립운동계를 하나로 묶어 보려는 독립운동계의 노력이었다. 1926년 10월에 북경에서 첫 수확을 거둔 유일당운동은 관내지역 전체로 확산되어, 마침내 1927년 9월에서 11월 사이에 한국독립당관내촉성회연합회(韓國獨立黨關內促成會聯合會)를 열기에 이르렀다.[32]

임시정부는 이러한 움직임에 발맞추어 1927년에 3차 개헌을 단행하였다. 즉 "광복운동자가 대단결한 당이 완성될 때는 최고 권력은 그 당에 있는 것으로 한다"고 천명하면서 좌우합작으로 이루어지는 이른바 '이당치국'(以治黨國) 체제를 표방하고 나선 것이다.[33] 이러한 유일대당(唯一大黨), 또는 혁명정당 조직 움직임은 의열단에서도 동시에 일어나고 있었다. 광주로 이동했던 주요 인물들이 황포군관학교에서 군사간부로 성장하면서, 의열단을 점차 혁명정당 체제로 전환시켜 나갔던 것이다. 이들은 1926년 겨울 광주에서 전체회의를 갖고, 의열단이 "통일된 민족주의 정당이 되어야 한다"고 결의하였다.

그러나 1928년에 접어들면서 유일대당 조직에 대한 노력이 답보상태

---

32) 朝鮮總督府 慶北警察部, 《高等警察要史》, 1934, p.106.
33) 朝鮮總督府 慶北警察部, 《高等警察要史》, 1934, p.93.

에 빠지기 시작하더니, 결국 1929년 말에 이르러 유일당운동이 일단 결렬되었다. 여기에는 유일당운동이 시작되던 무렵에 나타난 중국의 국공분열(1927)과 코민테른의 12월 테제(1928), 그리고 1928년 이후의 화요파와 ML파 사이의 대립 등이 크게 영향을 끼쳤다.

5. 1930년대 내륙지방 이동과 독립운동정당 및 군사조직 건설

1) 내륙지방으로의 이동과 재만 한국독립당·군의 관내 합류

상해는 1932년까지 독립운동의 교두보요, 터전이었다. 그런데 한인애국단이 의열투쟁을 펼치기 시작하면서 임시정부가 더 이상 상해에서 버틸 수 없는 환경에 놓이게 되었고, 결국 내륙지방을 향해 이동하지 않을 수 없게 되었다. 임시정부와 이를 둘러싼 독립운동 세력이 이동하는 데는 몇 가지 요인이 작용하였다. 그 가운데 가장 직접적인 요인은 이봉창(李奉昌)과 윤봉길(尹奉吉)의 양대 의거였다.

이봉창 의거는 일본 육군군벌의 만주침공을 응징하는 데 의의가 있었다. 그런데 폭탄이 일왕(日王)에게 명중하지 못한 것에 대해 중국 신문들이 "불행하게도 명중하지 못했다[不幸不中]"고 표현한 것을 트집 삼아, 일본 해군은 상해를 침공하였다. 이는 육군군벌과 해군군벌 사이에 존재했던 치열한 경쟁의식의 산물이기도 했다. 상해의 민간인 거주지역을 공격한 뒤, 일본 해군은 이를 승리라고 자축하며 승전기념식을 일왕 생일에 맞추어 홍구공원(虹口公園)에서 열었는데, 윤봉길이 이를 붕괴시켜 버렸다. 이 사건 이후 프랑스조계 공무국은 더 이상 임시정부를 비롯한 독립운동 조직과 인물을 보호하지 못했고, 결국 요인들과 가족들은 가흥(嘉興)과 항주(杭州)로 급히 탈출해야 했다. 임시정부의 이동기가 시작된 것이다.

임시정부가 상해를 떠난 뒤에도 동포사회는 여전히 남아 있었다. 그러

나 이후 상해의 동포사회는 급격히 친일적인 성향으로 바뀌어 갔다. 다
만 한인 공산주의자들은 중국공산당원이 되어 상해에서 전개되는 중국
공산당의 반전·반제투쟁에 참가하고 있었다. 그러나 그러한 투쟁도 주
요 인물의 대다수가 일본경찰에 체포되는 1934년 이후에는 거의 종적을
감추게 되었다.

만주에서 활약하던 한국독립당과 한국독립군은 만주사변 직후 동북항
일의용군과 연합하면서 항일투쟁의 진로를 모색하였다. 그러나 일본군
및 만주국군의 공세와 중국군 일부 부대의 소련지역으로의 퇴각 등의 악
조건들에 부딪혔던 이들은 관내지역으로 이동하는 것을 선택하였다. 그
리하여 1933년 2월 이후 이규채(李圭彩)·오광선(吳光鮮)·신숙·김상덕
(金尙德) 등이 북경과 남경에 파견되어 기존의 세력들과 연합을 모색하
였고, 결국 박찬익(朴贊翊)을 매개로 김구(金九)와 연합하는 데 성공하였
다. 1933년 9월부터 그해 말까지 이청천(李靑天)을 비롯한 재만(在滿) 한
국독립당과 한국독립군의 지도세력은 김구의 지원금에 힘입어 마침내
관내지역으로 이동하게 되었다.[34] 이들은 한창 무르익고 있던 대일전선
통일동맹(對日戰線統一同盟)에 참가하는 한편, 김구와 합의한 대로 낙양
분교(洛陽分校)에서 한인 청년들을 군사간부로 양성하기 시작했다.

임시정부는 항주와 남경 사이에 위치한 진강(鎭江)으로 청사를 옮겼
고, 요인들은 남경성(南京城) 안으로 이동하였다. 이곳에서 활약하던 시
기에 임시정부와 민족혁명당은 군사간부를 양성하기 시작했다. 그러나
남경 체류는 1937년 7월 7일에 중일전쟁이 일어나면서 끝이 났다. 12월
13일 남경이 일본군에 점령되었고, 중국국민당 정부가 전시수도를 중경
(重慶)으로 천도했기 때문이다. 임시정부 요인과 가족들은 남경 함락 직
전인 11월 말에 남경을 벗어나 무한으로 이동하였고, 곧이어 장사(長沙)
로 남하하였다. 그리고 나서 남쪽 끝인 광동으로 갔다가 그때 막 상륙한

---

34) 한상도, 〈在滿 韓國獨立黨과 韓國獨立軍의 中國關內地域 移動〉, 《史學硏究》 55·
   56, 1998, pp.774~780.

일본군에 쫓기게 되자, 북북서로 다시 방향을 돌려 중경을 향해 이동하였다. 1939년에 임시정부의 핵심 인물들은 중경에 도착하였고, 일부 요인들과 가족들은 중경 남쪽의 기강(綦江)에 머물다가 1940년이 되어서야 중경에 도착하였다.

한편 민족혁명당 세력은 무한에 도착하였으나, 최창익(崔昌益)·허정숙(許貞淑) 등은 김원봉의 노선을 부정하고 중국공산당의 근거지인 연안(延安)으로 이동하였다. 민족혁명당은 무한이 함락되기 직전에 조선의용대(朝鮮義勇隊)를 조직하였고, 그 본대는 서쪽의 계림(桂林)으로 이동하여 대적(對敵)공작을 벌이다가 중경으로 이동하였다.

중일전쟁은 동포들의 거주지역을 내륙지방으로 확산시키는 계기가 되었다. 전선이 내륙지방으로 옮겨짐에 따라 국내에서 많은 동포들이 이동해 온 것이다. 그러므로 1938~9년에 이르면 동포들이 많이 이주해 있는 화북(華北)지역으로 독립운동가들의 시선이 쏠릴 수밖에 없었다.

2) 독립운동 정당의 조직과 정착

유일당운동이 1929년 10월에 일단 주저앉게 되자, 상해지역 좌파세력은 유호한국독립운동자동맹(留滬韓國獨立運動者同盟)을 조직하였다. 이에 임시정부 중심의 우파세력은 한국독립당을 결성하고 임시정부를 유지해 나갔다. 이제 정당조직에 의해 정부가 운영되는 새로운 통치 형태가 나타난 것이다. 이후 관내지역 독립운동계에는 정당이라는 조직 형태가 정착하게 되었고, 독립운동의 전개와 더불어 이들 사이의 이합집산도 진행되었다.

이 무렵 의열단도 정당조직체로 변모하고 있었다. 의열단의 주력이 다시 상해로 돌아와 의열단을 정당체제로 전환하고자 했던 것이다. 그리하여 남경에서 한국혁명당이 조직되었고, 1934년 이청천의 만주 한국독립당이 옮겨와 한국혁명당과 통합함으로써 신한독립당이 창당되었다. 이처럼 독립운동세력들은 정당체제로 발전하였다. 이들 정당 가운데 한국독립당은 임시정부 운영의 주체였고, 나머지는 그 성격에 따라 임시정부와 친소관계를 갖고 있었다.

한편 상해를 중심으로 활약한 좌파세력은 코민테른의 일국일당 원칙에 따라 중국공산당 소속으로 활동하였다. 이들은 주로 반전운동에 힘을 기울였지만, 1930년 전반기에 대다수 주역들이 체포됨에 따라 그 세력이 매우 미약해졌고, 임시정부와는 거의 관계를 갖지 않았다. 반면에 아나키스트들은 임시정부가 이끄는 한인애국단과 비슷한 활동 성향을 가졌고, 김구를 통해 임시정부와 연결되고 있었다.

1929년 10월 이후 중단된 좌우합작은 1932년 11월에 김규식·최동오(崔東旿) 등이 대일전선통일동맹을 추진하면서 다시 고개를 들기 시작하였다. 이것은 국내의 광주학생운동과 만주사변 및 한인애국단 의거 등으로 이어지는 급변하는 정세 변화 속에서 진행되었다. 그리고 그 결실은 1935년 7월 5일에 김원봉의 의열단, 조소앙(趙素昻) 중심의 한국독립당 탈퇴 세력, 이청천의 신한독립당, 최동오의 조선혁명당, 김규식의 대한독립당 등이 한데 통합된 조선민족혁명당(이하 '민족혁명당') 결성으로 나타났다. 민족혁명당은 중국군사위원회와 황포동학회(黃埔同學會) 등의 지원 아래 일시적으로나마 독립운동세력 가운데 최대 규모를 자랑하였다. 여기에 집결한 인물들은 '反臨政·非金九' 세력의 결집을 표방하고 임시정부 해체를 요구하였으니,[35] 임시정부가 한순간에 사라질 수도 있는 상황이었다.

이처럼 좌우합작 대당체 건설이라는 명제를 내세웠음에도, 민족혁명당이 결코 관내지역 독립운동세력을 모두 통합한 것은 아니었다. 임시정부를 고수하려는 김구 중심의 세력이 반대편에 단단히 자리 잡고 있었기 때문이다. 더욱이 임시정부 해체에 동의하면서 여기에 참여했던 조소앙 중심의 한국독립당 출신들이 창당 2개월 20일 만인 9월 25일에 민족혁명당

---

35) 한상도, 〈중국 관내지역 독립운동 단체의 활동〉, 《한국독립운동사사전》(총론 편) 하, 독립기념관, 1996, p.461.

을 탈퇴하면서, 통합체로서 민족혁명당이 갖는 대표성은 크게 약화되었다.

한편 절체절명의 위기에서 임시정부의 생명을 붙들고 선 세력은 김구·송병조(宋秉祚)·차리석(車利錫) 등이 1935년 10월에 조직한 한국국민당이었다. 이들은 조소앙이 민족혁명당을 이탈하여 한국독립당을 재건하는 것을 지켜보면서 임시정부의 여당으로서 한국국민당을 조직하였던 것이다. 그러면서 한국국민당은 민족혁명당의 내부에서 벌어지는 김원봉과 이청천의 갈등을 지켜보았다. 민족혁명당은 구성원들 사이의 당권 경쟁과 이념 및 정책적 관점의 차이로 말미암아 내부적 갈등을 겪고 있었는데, 결국 이 가운데 이청천 세력이 1937년 4월에 민족혁명당을 탈퇴하여 조선혁명당을 조직하게 되었다. 이외에도 임시정부 주변에는 민족혁명당에 참여하지 않은 중도 및 좌파세력 가운데 김성숙(金星淑)·박건웅(朴建雄) 등이 1936년에 남경에서 조직한 조선민족해방동맹, 남화한인청년연맹(南華韓人靑年聯盟)을 결성했던 유자명(柳子明)·정화암(鄭華岩) 등의 아나키스트들이 1937년에 조직한 조선혁명자연맹 등이 있었다. 비록 군소조직들이 있기는 했지만, 관내지역 독립운동계는 민족혁명당과 한국국민당이라는 양대 정당체제로 재편되고 있었다.

1937년 7월 7일에 일어난 중일전쟁은 또다시 관내지역 독립운동계의 변화를 가져왔다. 김구는 민족혁명당에서 탈퇴한 한국독립당(재건)과 조선혁명당을 한국국민당과 하나로 묶는 연합체 구성에 착수하였다. 그것이 바로 1937년 8월에 만들어진 한국광복운동단체연합회[광복진선(光復陣線)]였다.36) 이에 대항하여 김원봉은 민족혁명당을 중심으로 조선혁명자연맹과 조선민족해방동맹을 묶어 1938년 2월 하순에 한구(漢口)에서 조선민족전선연맹[민족전선(民族戰線)]을 조직하였다.37) 이로써 관내지역 독립운동 세력은 양대 연합체제를 형성하게 되었다.

---

36) 선언서를 발표한 날짜가 1937년 8월 17일이었다. 〔金正明, 《朝鮮獨立運動》 2 (東京 : 原書房, 1967), p.599〕
37) 內務省警保局, 《社會運動의 狀況》 9 (東京 : 三一書房, 1972), p.1166.

양대 정당체제라든지 양대 연합체제는 이념과 강령 및 정책적 관점의 차이와 관련된 것이기도 하지만, 무엇보다 중국국민당 정부의 지원 방침과 밀접하게 연관된 것이었다. 중국은 중국국민당 조직부장 진과부(陳果夫)와 소쟁(蕭錚)을 통해 김구를, 중국군사위원회 등걸(藤傑)을 통해서는 김원봉을 각각 지원하였다.

장개석은 직접 나서서 이들 양대 세력을 하나로 묶어보려 했다. 그는 1938년 11월에 김구를, 이듬해 1월에는 김원봉을 각각 초대하여 양 세력의 결합을 종용하고 나섰다. 그 결과 두 사람은 1939년 5월에 〈동지·동포 제군에게 보내는 공개통신〉을 발표하여 "전 민족적 역량을 집중한 통일조직의 건설이 요구되며, 통일조직은 전 민족의 의견과 요구에 의한 혁명적 강령에 기초하여야 한다"고 천명하였다.

두 사람의 공동선언은 한인세력의 단결과 통합을 촉진시켰다. 그 결과 같은 해인 1939년 8월 중경 바로 아래에 있는 사천성(四川省) 기강에서 양대 연합전선을 하나로 통합하려는 회의가 열렸다. 한국국민당·한국독립당(재건)·조선혁명당 등 광복진선 소속 3당과 민족혁명당·조선혁명자연맹·조선민족해방동맹·조선청년전위동맹 등 민족전선 소속 4당으로 개최된 7당통일회의가 그것이다.[38] 그러나 조직방법에서 이견을 보인 조선민족해방동맹과 조선청년전위동맹이 이탈하여, 나머지 5당이 다시 통일회의를 열게 되었다. 하지만 이것마저도 민족혁명당과 조선혁명자연맹의 이탈로 말미암아 그 목적을 달성하지 못하고 말았다.

3) 군사간부 육성과 군사조직 건설

1930년대의 독립운동 정당들이 이합집산을 반복하는 일만으로 세월을 보낸 것은 아니었다. 이들은 일제의 만주침공을 지켜보면서 군사력 양성

---

38) 中央研究院近代史研究所,《國民政府與韓國獨立運動史料》(臺北 : 1989), pp.20~21.

이 시급한 일임을 다시 한번 깨달았다. 군사력을 양성하려는 노력은 임시정부와 의열단에 의해 추진되었는데, 의열단 쪽이 임시정부보다 한발 앞섰다. 황포군관학교를 졸업한 김원봉을 비롯한 의열단의 간부진은 중국국민당 정부의 군사위원회에 많은 동기생들을 두고 있었다. 이들은 이러한 인맥을 활용하여 활동계획을 제출하고 지원을 약속받았다. 그 결과 의열단은 남경 주변에 세 차례에 걸쳐 조선혁명군사정치간부학교를 개설하고, 그때마다 각각 한 번씩 초급간부를 양성해 냈다. 이후에도 의열단은 한인 청년들을 모집하여 성자군관학교(星子軍官學校)를 비롯한 중국의 여러 군관학교에 파견하였고, 이를 통해 초급간부의 수를 늘려갔다.

한편 김구는 한인애국단의 투쟁에 힘입어 남경 중앙육군군관학교 안에 자리 잡은 총통관저에서 장개석과 회담을 가질 수 있었고, 회담을 통해 한인 청년들을 중국군관학교에 입교시킬 수 있게 만드는 성과를 거두었다. 그 결실로 낙양군관학교(洛陽軍官學校)에 한인 청년을 위한 특별반이 마련되었고, 김구는 북만주에서 활약하던 이청천을 비롯한 한국독립군 간부들을 초빙하였다. 이후 김구와 이청천 및 김원봉이 각각 파견한 청년들이 낙양(洛陽)에서 군사간부로 육성되었다. 그런데 이해관계가 얽히면서 이 교육이 완료되지 못하자, 김구 계열의 청년들은 남경의 중앙육군군관학교에 입학하였다.

1937년 7월에 발발한 중일전쟁은 장개석 정부의 중경 천도뿐만 아니라 한국독립운동 세력의 이동까지 강요하였다. 임시정부는 무한을 거쳐 장사로 이동하였다. 의열단을 주축으로 만들어진 민족혁명당은 남경에서 양성한 군사간부들을 바탕으로 무한이 함락되기 직전인 1938년 10월에 조선의용대를 조직하였다. 조선의용대는 중국군이 철수해 나가는 현장에서 벽보를 붙이거나 삐라를 만들어 뿌리는 등의 심리전을 폈다. 이어서 그들은 중국의 각 전구(戰區)로 나뉘어 가서 일본군 포로 심문과 이를 통한 정보수집과 분석, 일본군에 대한 선무공작 및 한인 청년 포섭공작 등 적후(敵後)공작을 펼치기 시작하였다.[39] 이 무렵 김원봉의 노선에 반대한 최창익·허정숙 등이 민족혁명당을 떠나 중국공산당의 본거지인 연안으로 이동하였고, 장차 이들이 결성하게 될 조선독립동맹의 기초를 마련하였다.

한편 임시정부는 장사와 광주를 거쳐 1939년에는 기강으로 이동하였다. 그 과정에서 광복진선은 1939년에 한국광복진선청년공작대(韓國光復陣線靑年工作隊)를 조직하였고, 이후 임시정부는 군사특파단(軍事特派團)을 조직하여 서안(西安)으로 파견하였다. 당시 격증하고 있던 한인들을 포섭하여 군사력을 증대시키고 이를 바탕으로 일본군과 전쟁을 치르겠다는 계산에서 나온 전략이었다. 이러한 전략은 1940년에 한국광복군이 창설되는 바탕이 되었다.

6. 1940년대 독립운동의 광역화와 통합정부 성립

1) 임시정부의 중경 정착과 독립운동의 광역화

중일전쟁 발발 이후 5개월이 지난 1937년 12월 13일, 일본군은 중국의 수도 남경을 함락시켰다. 전선의 움직임은 독립운동가의 활동지역과 동포들의 거주지역에도 커다란 영향을 주었다. 임시정부는 중국국민당 정부를 따라 후방으로 이동하였고, 1939년에는 중경에 도착하였다. 중경에 도착한 이후 임시정부는 차츰 안정을 되찾으며 체제를 정비하였고, 광복군을 조직함으로써 독립전쟁을 준비하고 실제로 펼칠 수 있는 터전을 마련했다. 이러한 바탕 위에서 임시정부는 광복군을 전선지역으로 파견하여 일본군으로 끌려나온 한인 청년들을 포섭하고 군사력을 확충하면서 대적공작을 펴 나갔다. 광복군이 각 지역에 5개의 징모처(徵募處) 분처를

---

39) 김희곤, 〈朝鮮義勇隊의 기관지 발간과 그를 통해 본 對敵工作〉, 《史學志》31, 1998, pp.518~527.

둔 것도 모두 여기에서 비롯된 일이었다.[40) 또 김원봉이 이끄는 조선민족혁명당과 조선의용대도 중경에 본부를 두고 임시정부와 비슷한 활동을 전개했다. 이들은 전선이 이동하는 경로를 따라 지대별로 옮겨 다니는 형상이었다.

동포들의 경우도 이와 마찬가지였다. 전선이 중국 내륙으로 깊숙하게 파고들수록 전선을 따라 동포들도 이동하였고, 이들의 생계 터전이 옮겨짐에 따라 동포사회의 구성도 달라지게 되었다. 특히 일찌감치 일본군이 장악한 화북지역에는 기록에 따라 다르지만, 대체로 10만여 명의 동포들이 전선을 따라 이동해 와서 자리 잡고 있었다. 1940년에 이미 한국청년전지공작대(韓國靑年戰地工作隊)가 서안으로 진출하여 그곳에 공작거점을 마련하고, 조선의용대의 병력 가운데 3분의 2가 같은 곳으로 이동한 이유가 여기에 있었다. 또 광복군총사령부가 1941년에 약 1년 동안 서안에 자리 잡았던 이유도 마찬가지였다.

그 사이 황하(黃河) 유역인 서주(徐州)지역에서 대회전이 벌어지자, 임시정부는 1942년 4월 이곳 안휘성(安徽省) 일대에 제6징모분처를 설치하고 뒷날 광복군 제3지대(1945. 6)를 만드는 초석을 마련하였다. 그리고 북경, 천진 및 산동성(山東省) 일대에서 청년들이 이곳을 찾아 속속 탈출해 왔다. 특히 학병들의 탈출이 이 지역에 집중되었다. 1945년 1월에는 군사교육을 받고 광복군이 된 36명과 제6징모분처 요원을 포함하여 모두 51명이 걸어서 중경에 자리 잡은 임시정부에 도착하는 일이 있었는데, 이는 국제 언론의 시선을 모으기에 충분한 '하나의 사건'이었다.[41) 그리고 양자강 남쪽 일대에서는 장사 대회전이 벌어졌다. 징병 1기로 이곳에 도착한 한인 청년들이 1945년 초부터 일본군에서 많이 탈출하였다.

또 중국공산당의 본거지인 연안으로 이동해 간 청년들도 있었다. 이미 무정(武亭)이나 김산[金山 ; 본명 장지락(張志樂)]처럼 중국공산당의 대장

40) 한시준, 《韓國光復軍硏究》, 일조각, 1993, pp.155~158.
41) 김준엽, 《長征》 1, 나남, 1987, p.259, 277.

정 시기부터 여기에 합류한 경우도 있었고, 중국공산당이 연안에 안착한 이후 합류한 경우도 있었다. 특히 조선의용대의 병력 3분의 2가 1941년 봄에 황하를 건넜고, 이곳으로 합류하여 조선의용대 화북지대를 만들었다가 조선독립동맹을 결성하였다. 또 화북지역에서 태항산맥(太行山脈)을 넘어 이곳으로 합류한 청년들도 늘어갔다.

한편 적의 후방에도 동포사회가 급격하게 확대되어 갔다. 물론 동포들의 상당수는 생업을 위해 정착한 경우였다. 특히 상해에는 일제의 압력에 타협하여 자본을 축적해 가는 인물들이 많았고, 또한 일자리를 구하고자 이곳으로 이동한 동포들도 많았다. 임시정부는 그 안에 요원을 파견하여 지하거점을 구축하였다. 이를 통해 정보를 수집하고 광복군에 충당할 인력을 확보하며 후방교란을 도모하기 위해서였다.

한편 중경에서는 1942년 10월에 한중문화협회(韓中文化協會)가 결성되었다. 양국 문화의 교류를 표면적인 목적으로 내세웠지만, 실은 혁명에 대한 공조를 주된 목적으로 삼는 단체였다. 임시정부와 중국 정부의 요인들이 이사와 감사를 맡았는데, 여기에는 임시정부 측의 김구・김규식・조소앙, 중국 측의 손과(孫科 ; 손문의 아들)・오철성(吳鐵城)・진립부(陳立夫) 등 양국의 최고 실력자들이 각각 참가하였다. 회원이 400명이나 되었던[42] 이 협회는 한국의 독립 문제를 주제로 강연회나 토론회를 개최하였고, 중국인에게 한글을 가르쳐 문화교류의 길을 열기도 했다.

2) 임시정부의 중경 정착과 통합정부의 성립

(1) 중경 정착과 체제 정비

관내지역 독립운동 세력들이 중국의 전시수도인 중경에 도착하기 시작한 시기는 1939년이었다. 먼저 김원봉 계열이 도착하였고, 이어서 임시

---

42) 胡春惠, 신승하 옮김, 《中國 안의 韓國獨立運動》, 단국대출판부, 1978, p.112.

정부 요인들이 도착하였다. 7당·5당 통일회의가 연이어 실패한 뒤에도
광복진선 3개 정당은 통합 논의를 계속하였다. 그 결과 1940년 5월 8일
에 이들 3개 정당은 하나로 통합하여 한국독립당(중경)을 결성하였다. 이
들은 "3·1운동의 정맥을 계승한 민족운동의 중심적 대표당"임을 천명하
였다.43) 비록 좌파진영이 배제된 것이기는 하지만, 광복진선 결성 이후
줄곧 추진해 왔던 우파진영의 3당 통합만큼은 이루어진 셈이다.

한국독립당 결성 후 임시정부는 세계대전의 종결을 내다보면서 건국
구상에 들어갔다. 그 결과는 1941년 11월 28일에 〈대한민국건국강령〉으
로 정리되었다. 〈대한민국건국강령〉의 내용은 한국독립당이 1941년 5월
에 제1차 전당대회에서 근대민족국가 수립단계로 정했던 복국운동·복
국·건국·치국의 4단계 노선을 한 단계 더 발전시킨 것이었다.

임시정부를 중심으로 통합한 한국독립당은 이어서 군대 창설을 준비
하였다. 그 과정에서 창군의 주체가 한국독립당에서 임시정부로 바뀌게
되었다. 그것은 광복군의 성격이 당군(黨軍)에서 국군(國軍)으로 바뀐다
는 것을 의미한다. 그래야만 민족의 대표성을 확보할 수 있고 민족역량
을 한데 결집시키기 쉬울 것으로 생각했기 때문이다.44) 그러나 광복군
창설에는 민족전선과 조선의용대의 방해공작을 극복해야 하는 과제가
놓여 있기도 했다. 김원봉 세력이 조선의용대의 존재를 내세우면서 임시
정부의 군대 창설에 반대활동을 벌였기 때문이다.45) 그렇지만 임시정부
는 기어이 군대 창설 계획을 밀고 나갔다.

1940년 9월 15일, 김구는 〈한국광복군선언문〉을 발표하였다. 그는 이

43) 삼균학회, 《素昻先生文集》 上, p.264.

44) 한시준, 《韓國光復軍硏究》, 일조각, 1993, p.88.

45) 광복군 창설에 반대하던 조선의용대는 광복군 창설 나흘 전에 발간된 기관지에서
"두 집단의 출현이 바람직하지 않다"라고 주장하면서, 조선의용대가 각 당파를 망
라하여 관내 혁명자들을 통일·단결시킬 대오임을 강조하였다 〔如松, 〈論朝鮮義勇
隊在革命運動中的地位〉, 《朝鮮義勇隊》 37기(1940. 9. 13), 《海外의 韓國獨立運動史
料》 Ⅷ, 국가보훈처, 1993, pp.444~448〕.

선언문에서 "대한민국임시정부는 원년(1919)에 정부가 공포한 군사조직법에 의거하여 중화민국 총통 장개석 원수의 특별 허락으로 중화민국 영토 내에서 광복군을 조직하고, 대한민국 22년(1940) 9월 17일 한국광복군 총사령부를 창립함을 자에 선언한다"고 밝혔다.[46] 그리고 이틀 뒤인 9월 17일, 마침내 한국광복군이 창설되었다. 이로써 우파진영은 당(黨 ; 한국독립당) · 정(政 ; 임시정부) · 군(軍 ; 한국광복군) 체제를 정립하였다. 1941년 12월 8일(미국 날짜)에 일본이 하와이의 진주만을 공습했다는 소식이 들려오자마자, 임시정부가 바로 그날(중경 날짜 12월 9일) 〈大韓民國臨時政府對日宣戰聲明書〉를 발표할 수 있었던 것은 이러한 바탕이 있었기에 가능했다.

(2) 좌익세력의 합류와 통합정부의 위상 확립

민족좌파의 대표세력인 민족혁명당이 결국 1942년에 임시정부에 합류하였다. 여기에는 장개석 정부의 요구와 조선의용대의 분열이 주된 원인으로 작용하였다. 중경시대에 접어들면서 장개석은 한국독립운동의 구심점으로 임시정부를 지목하고 군대도 광복군을 중심으로 통합할 것을 요구하였다. 여기에는 조선의용대의 화북 북상이 결정적으로 작용하였다.

조선의용대는 이미 1938년 출범 무렵부터 분열의 조짐을 안고 있었다. 우선 최창익이 김원봉의 지도노선에 반발하면서 연안으로 떠났고, 1939년에 중국국민당의 반공노선이 강화되고 중국공산당 소조(小組)의 활동이 개시되면서 북상항일(北上抗日) 노선이 설득력을 얻어 가고 있었다. 특히 조선의용대가 목표했던 조선혁명군 건설이 중국국민당에 봉쇄되어 있는 점은 대단한 불만거리였다.

조선의용대는 성립 직후부터 당면목표를 조선혁명군 창설에 두고 있었다.[47] 독자적인 무장부대를 조직하여 일본군과 싸우려는 것이 목적이

---

46) 독립운동사편찬위원회, 《獨立運動史》 6, 1979, pp.177~178.
47) 조선의용대는 결성 직후부터 계속하여 '조선혁명군' 조직을 추구하였고, 그러한

었던 조선의용대는 만주의 김일성(金日成)이 거느리는 동북항일연군을 모델로 삼기도 했다.[48] 그러나 이를 위해서는 전선을 따라 한인들이 많이 이동해 와 살고 있던 화북지역으로 이동해야 했다. 그 결과 1940년 말부터 이듬해 여름 사이에 조선의용대의 병력 가운데 3분의 2 가량이 중국국민당 정부 몰래 황하를 건너 북상해 버렸다. 그리고 이들은 끝내 연안으로 들어가 조선독립동맹을 결성하고 조선의용군을 조직하였다. 이에 대한 장개석 정부는 강한 불만을 드러내며 조선의용군을 광복군으로 통합시킬 것을 요구하였다.

민족혁명당의 임시정부 참여에 대한 태도 변화는 1941년부터 나타났다. 임시정부가 통치권을 행사하지 못하고, 외국의 승인을 받지 못했으며, 합법적 선거를 거쳐 수립된 정부가 아니라는 점을 들어 불관주의(不關主義)를 고수해온 그들이 태도를 바꾸었던 것이다. 민족혁명당은 태평양전쟁 발발에 따라 국제정세가 급격히 변화하고 독립운동의 세계혁명에 대한 기대가 점증하고 있는 점을 태도 변화의 이유로 내걸었다.[49] 민족혁명당의 임시정부 참여는 1942년 10월에 열린 제34회 임시의정원회의에서 구체화했다. 이에 임시정부는 의정원 의원선거규정을 개정하여 임시정부에 대한 참여의 길을 터놓았다. 그 결과 민족혁명당·조선혁명자연맹·조선민족해방동맹·한국독립당통일동지회 출신 인물들이 국무위원과 의정원 의원으로 선임될 수 있었다. 비록 군소 정당들이 존재하기는 했지만, 이제 임시정부는 실질적으로 여당인 한국독립당과 야당인

주장이 그들의 기관지 《朝鮮義勇隊》에 지속적으로 게재되었다(한지성, 〈目前環境與朝鮮義勇隊今後工作方向〉, 《朝鮮義勇隊》 34기, 《海外의 韓國獨立運動史料》 Ⅷ, 국가보훈처, 1993, p.376 ; 박효삼, 〈爲建立朝鮮革命軍而鬪爭〉, 《朝鮮義勇隊》 35기, 같은 책, p.393).

48) 馬義, 〈朝鮮人在中國〉, 《朝鮮義勇隊》 38기, 《海外의 韓國獨立運動史料》 Ⅷ, 국가보훈처, 1993, p.465 ; 韋明, 〈英勇戰鬪中的東北朝鮮革命軍〉, 《朝鮮義勇隊》 39기, 같은 책, pp.485~486.

49) 한상도, 〈중국 관내지역 독립운동 단체의 활동〉, 《한국독립운동사사전》(총론 편) 하, 독립기념관, 1996, pp.475~476.

민족혁명당이라는 양대 정당에 의해 운영되는 명실상부한 좌우통합정부
가 되었다. 1930년대 중반의 양대 정당체제가 한쪽만이 임시정부를 지키
고 다른 한쪽은 이를 부인하던 체제였다면, 1940년대의 양대 정당체제는
양측이 모두 임시정부의 운영에 참여하는 체제였던 것이다.

통합정부가 달성된 데는 물론 외부적인 압력이 큰 요인으로 작용하였지
만, 각 독립운동세력들의 강령이나 정책이 상당히 접근되어 있었다는 점
도 중요한 요인으로서 작용하였다. 한국독립당은 당책(黨策)에서 보통선
거 실시, 국민기본권 보장, 지방자치제 실시, 토지국유화 및 분급제 실시,
대규모 생산기관의 국유화 및 중소기업의 사유화 보장, 징집제 실시와 국
방군 편성, 남녀평등, 매국적 및 독립운동 방해자 처벌과 재산 몰수 등을
밝혔다. 즉 한국독립당의 당책은 자유민주주의 정치체제를 골간으로 하는
바탕 위에서 사회주의 경제정책을 수용한 자주독립국을 지향한 것으로서,
민족혁명당의 당책과 충돌할 만한 내용을 담고 있지 않았던 것이다.[50]

그리고 정부 통합과 함께 군사 통합도 이루어졌다. 이미 1941년 1월에
무정부주의 청년들이 핵심을 이룬 한국청년전지공작대를 광복군 제5지
대로 흡수했던 임시정부는 1942년 4월 20일 제28차 국무회의에서 조선의
용대과 광복군의 통합을 결의하였다.[51] 이어서 5월 15일에는 중국국민당
정부 군사위원회가 조선의용대의 광복군 합류를 명령하고, 김원봉을 부
사령에 임명하였다.[52] 이에 따라 조선의용대는 7월에 해체되고 광복군
제1지대로 새롭게 편제되었으니, 사실상 흡수 통합이었다. 이로써 연안
의 조선의용군을 제외한 관내지역의 모든 군사조직들이 임시정부라는
하나의 통수권 아래 통합되었다. 통합을 이룬 이들은 자율권 획득을 다
음 목표로 삼았다.

임시정부는 좌우합작정부를 구성한 뒤 자신감을 갖고 장개석 정부를

---

50) 추헌수 엮음, 《資料 韓國獨立運動》 2, 연세대출판부, 1975, pp.172~173.
51) 추헌수 엮음, 《資料 韓國獨立運動》 3, 연세대출판부, 1975, p.112.
52) 국사편찬위원회, 《韓國獨立運動史資料》 3, 1973, p.296.

통해 외교활동을 펼쳐 나갔다. 그리고 미국과 교섭하기 위해 주미외교위원부(駐美外交委員部)를 설치하였다. 그 결과 카이로선언에 한국의 독립을 보장하는 내용을 포함시킬 수 있었다. 또 연합군의 일원이 되어야만 독립에 유리한 위치를 차지할 수 있었기 때문에 연합군과 군사합작을 도모하였다. 미국전략첩보국(OSS)과 훈련하면서 국내정진군(國內挺進軍)을 편성한 것은 그 성과 가운데 하나였다.

중국국민당 주변의 독립운동 세력을 하나로 묶은 임시정부는 중국공산당의 본부인 연안에 자리 잡은 조선독립동맹과도 연계를 추진하였다. 국공합작으로 주은래(周恩來)를 비롯한 중국공산당 주요 인물들이 중경에 포진해 있었는데, 그들은 임시정부 행사에 참석하는 등 임시정부에 관심을 보이기도 했다. 그리고 연안의 조선독립동맹 역시 임시정부를 타협의 대상으로 삼고 있었다. 김학무(金學武)가 김구와 김두봉(金枓奉)의 서신 연락을 맡았던 점,53) 연안의 행사에 임시정부 주석 김구를 명예주석단에 추대하거나 손문·장개석·모택동(毛澤東)과 함께 김구의 초상화를 대회장에 내걸었던 점,54) 임시정부가 《獨立新聞》에서 조선의용군을 소개한 점,55) 임시정부에서 국무위원 장건상(張建相)을 연안으로 파견한 점56) 등은 연합을 위한 두 세력의 노력을 보여주는 주요한 증거들이다. 미처 결실을 맺기에 앞서 전쟁이 끝나버렸지만, 이 노력은 중국국민당 정부의 관할 구역을 벗어나 관내지역 전체 독립운동 세력의 통합을 꾀하였다는 점에서 높이 평가할 만하다.

---

53) 한홍구, 〈華北朝鮮獨立同盟의 조직과 활동〉, 서울대 석사논문, 1988, p.67.
54) 한홍구, 〈華北朝鮮獨立同盟의 조직과 활동〉, 서울대 석사논문, 1988, p.67.
55) 독립운동사편찬위원회, 《獨立運動史》8, 1975, pp.198~199.
56) 한시준, 〈1940년대 전반기의 민족통일전선운동〉, 《대한민국임정의 좌우합작운동》, 한울, 1995, p.169.

7. 맺음말

중국관내지역의 동포사회는 임시정부가 자리 잡은 곳이어서 임시정부와 직접적인 상관관계를 가졌다. 1910년대에 들어 동포사회가 형성되기 시작했고, 특히 상해와 남경, 북경과 천진에 집중되었다. 그 가운데서도 상해에는 신해혁명의 물결을 따라 지식인들이 모여들었고, 독립운동 조직이 나타났으며, 새로운 정부 수립에 대한 주장도 터져 나왔다. 그 바탕 위에서 임시정부가 수립된 것이다.

임시정부 수립 초기에는 동포사회가 점차 커져가는 상황이었다. 초창기에 임시정부는 이러한 동포사회를 장악하여 독립운동을 통할해 나갔고, 한·중 연대활동을 벌이기도 했다. 그러나 방략의 차이와 이승만의 문제로 임시정부 반대세력이 형성되었고, 이들은 북경과 천진에 터를 잡고 임시정부 반대활동을 펼쳐 나갔다.

1920년대 중·후반에 접어들면서 동포사회는 광주나 무한 등으로 점차 확산되어 갔다. 물론 그곳은 모두 혁명적인 변화가 일어나던 곳이었다. 이 지역에서 동포들은 군관학교나 대학에 진학하거나 공산주의 혁명세력에 동참하기도 했다. 그러나 이 시기의 임시정부는 쇠약해지고 혼란스러웠다. 그래서 이를 극복하고자 국민대표회의를 열고 유일당운동도 폈다. 그러다가 임시정부는 의열투쟁으로 방략을 선회하고 차츰 결실을 거두어 나갔다.

1930년대는 임시정부가 내륙으로 이동하면서 정당조직을 정착시키고 군사간부를 육성한 시기였다. 1932년에 임시정부는 윤봉길 의거의 여파로 상해를 떠나야 했고, 1937년에는 중일전쟁이 발발함에 따라 더욱 깊숙이 내륙으로 이동해 갔다. 전선을 따라 동포들도 이동하였는데, 군사조직이 이들에 대한 공작을 벌여 나갔다. 또 이 시기에는 임시정부 주변의 정당조직들이 크게 광복진선과 민족전선이라는 양대 조직으로 짜여지게 되고, 이들 사이에서는 좌우합작을 위한 노력이 줄곧 추진되었다.

1940년대는 임시정부가 중경에 정착하여 안정을 찾으면서 체제를 정비하고 건국강령을 마련하는 시기였다. 또 임시정부는 좌우합작 정부를 만들어냈고, 광복군에 조선의용대를 편입시켰다. 그리고 관내지역 독립운동 조직 가운데 통합하지 못한 채 남아 있던 연안의 조선독립동맹과도 통합을 모색하였다. 한편 전선이 중국 내륙으로 더욱 이동하게 됨에 따라 동포들도 함께 밀려 들어왔고, 광복군의 공작지역도 이에 따라 움직이게 되었다.

중국관내지역의 독립운동은 시기에 따라 임시정부와 관계를 달리했다. 수립 초기에는 임시정부가 대체적으로 관내지역 독립운동 세력을 장악하고 통솔했지만, 1920년 중반으로 들면서 주도권을 차츰 상실해 갔고, 심지어는 하나의 독립운동단체 정도의 영향력만을 지니던 때도 있었다. 그러나 1930년 무렵 의열투쟁을 전개하면서 임시정부는 차츰 중심축의 역할을 회복해 나갔고, 중국국민당 정부와 긴밀한 관계를 갖게 되는 1930년대 중반부터 군사간부를 육성하고 통합운동을 전개하는 등 활발한 모습을 보였다. 하지만 중일전쟁으로 다시 정신없이 옮겨 다니는 바람에 정부의 구실을 제대로 해내지 못하다가, 1940년에 중경에 정착하면서 임시정부는 비로소 '정부'에 걸맞은 면모와 활약을 보여주게 되었다.

대한민국임시정부의 독립운동방략

1. 임시정부에 대한 바람직한 평가를 위하여

해방 이후 대한민국임시정부(이하 '임시정부')에 대한 평가는 남북한 사이에서 양극화 현상을 보였다. 남한에서는 정부의 정통성을 임시정부에서 찾으면서 이를 높게 평가한 반면에, 북한에서는 남한의 정통성을 부인하는 차원에서 임시정부를 철저하게 폄하해 왔다. 그런데 1980년대에 들어 남한에서 임시정부를 부정적으로 평가하는 주장이 나오기 시작하면서, 평가문제를 둘러싸고 다양한 주장들이 발표되기 시작했다. 대개 극단적으로 긍정하거나 부정하는 방식 대신, 존립과 역할이라는 두 개의 기준으로 가치를 평가하는 방향이 정립된 것이다.[1] 독립선언서에서 조선이 독립국임을 선포한 상황에서 그 독립국을 운영·유지해 나갈 정부조직체의 등장은 필연적이었는데, 3·1운동 직후에 쏟아져 나오다시피 했던 정부 수립 선포와 실체를 가진 3개 정부조직체의 등장이 이러한 정

---

1) 조동걸, 《韓國近代史의 試鍊과 反省》, 지식산업사, 1989, pp.104~111.

부 수립의 당위성과 존립의 가치를 잘 웅변해 준다. 그렇지만 그 활동과
역할이 '정부'라는 이름에 걸맞은 것인가라는 의문에는 쉽사리 답하기 힘
들다. 왜냐하면 시기에 따라 편차가 컸기 때문이다.

임시정부에 대한 부정적인 논리 가운데 주요한 한 가지가 바로 방략
문제이다. 북한에서는 이른바 '외교놀음'에만 빠졌다며 임시정부를 낮추
어 평가했다. 직접적으로 독립전쟁을 치러야 한다면 만주에 자리 잡아야
옳은데, 동포들도 많이 살지 않는 중국 본토, 그것도 상해(上海)의 프랑
스조계라는 안전지역에 자리 잡은 것 자체가 잘못이라는 주장도 있었다.
반면 정부 수립 후 1년을 조금 지나 만주일대의 독립군 근거지가 일본군
의 전면 공격에 무너진 것을 상정한다면, 당시 정부를 만주에 세우는 것
이 바람직했다고 주장하기는 어렵다는 논리도 나왔다.

독립을 위해 전쟁을 치르는 것이 가장 적극적인 방법인 줄 몰랐던 인물
은 없었을 것이다. 그런데 당시 임시정부는 독립전쟁을 치를 만한 능력을
지니고 있지 않았다. 만약 그 정도의 능력을 갖고 있었다면 국가를 잃는
일은 없었을 것이다. 일부에서는 실제로 독립전쟁을 벌인 세력이 있었음
을 내세우기도 하지만, 압록강이나 두만강을 건너 수십 명이 전투를 치르
고 빠져나갔던 얼마 되지 않는 사례를 전면적인 독립전쟁이라고 부르기
는 어렵다. 난관을 극복한 항일전투로서 영광스럽게 평가할 수는 있어도
그것을 독립을 달성할 만한 전쟁이었다고 평가하는 것은 적절하지 않다.

이처럼 방략에 대한 평가는 다양할 수 있다. 그렇지만 그러한 평가는
우선 사실을 실사구시적으로 살펴본 뒤에 내릴 수 있는 것이지, 본래의
활동사실을 제대로 들여다보지도 않은 채 선입견에 따라 내릴 수 있는
것이 아니다. 그럼에도 임시정부를 긍정적으로 평가하는 경우나 그 반대
의 경우 모두 구체적으로 방략을 분석하지 않고 섣불리 평가를 내리는
것 같다. 그래서 본 연구는 임시정부가 상황변화에 따라 대응해 나간 방
략을 규명하고 평가하는 데 목적을 둔다. 그래서 지금까지의 '양극화된
평가' 대신 새로운 '평가'를 제시하려 한다.

2. 가능한 방략의 총동원(1919~1921)

1910년대에 신규식(申圭植)을 비롯한 선구자들이 상해에 한국독립운동의 둥지를 틀고 발전시켜 장차 정부를 수립할 만한 교두보를 확보했지만, 막상 정부를 수립하는 과정이나 수립 직후에 겪어야 했던 어려움은 많았다. 국내의 한성정부나 연해주의 대한국민의회를 통합하는 것과 인적·물적 자원을 확보하는 일도 어려운 문제였지만, 특히 한국 역사에서 최초로 수립된 민주공화정부를 정상적인 궤도로 끌어올리는 일은 난제 가운데서도 난제였다. 정부가 수립되었다고 해서 바로 독립전쟁을 치를 수 있는 것은 아니다. 이러한 문제들을 풀어가면서 독립을 구현할 수 있는 정부의 방략을 수립하고, 또 실천해야 하는 것이다.

수립 초기의 임시정부 방략에 대해 흔히 외교 분야에 치우쳐 있었다고 평가해 왔다. 하지만 결코 그렇지는 않다. 왜냐하면 임시정부는 각 부서별로 종합적인 계획을 수립하고 이에 맞는 법 체제를 갖추면서 다양한 방략을 추구해 갔기 때문이다. 임시정부가 수립되던 1919년 4월의 부서 체제는 내무·외무·재무·법무·군무·교통 등 6부로 구성되어 있었다. 그리고 통합정부가 구현된 9월에는 내무·외무·군무·법무·학무·재무·교통 등의 7부에 노동국이 설치되는 것으로 바뀌었다. 이들 부서들은 나름대로 독립 달성을 위한 정책 수립에 나섰고, 이를 법제화하였다.

먼저 내무부의 정책은 국내와 국외지역 두 가지로 나뉜다. 국내에 대해서는 국내 행정을 장악하려는 연통제(聯通制)를 추진하였다. 이것은 일제의 통치를 무력화시키고 국내를 직접 통치하려는 데 목적을 둔 것이었다. 이를 추진하고자 연통제는 국내의 시위운동을 지속시키고, 독립전쟁이 일어날 경우 군인과 군속을 징모하며, 군수품을 징발·수송한다는 활동내용을 근간으로 삼고 있었다. 그 핵심 내용을 담은 것이 국무원령 제1호인 '임시연통제'였다. 그리고 이를 구체화한 작업이 내무부령 제1호

로 확정한 "국내 도부군면(道府郡面) 위치 명칭 구역"(1919.12.5)이다.[2]

내무부는 국내에 이어 국외지역의 동포사회를 독립운동의 근간으로 확보하려는 정책을 추진하였다. 상해의 민단조직을 비롯하여 한인사회가 형성된 세계 모든 지역의 동포들을 내무부 산하 조직으로 확보하는 것이 그 정책의 골간이다. 국외지역에서 민단제를 운영한 것이 바로 그것인데, 한인회미주총회나 시베리아총회가 내무부 산하 조직으로 편성된 것도 모두 이러한 맥락에서 비롯되었다.

또한 내무부는 국내 동포들에게 독립운동을 선전·홍보하는 활동을 추진하였다. 이를 위해 홍보업무를 관장하는 비밀기관인 지방선전부를 설치하였고, 다시 그 아래에 지방선전부와 연락을 하여 관내(關內)의 한인에 대한 홍보업무를 강구·집행하는 비밀기관인 선전대를 두었다. 이 기관은 민정을 살피고 정부방침을 선전하는 것을 주목적으로 삼았다.

다음으로 외무부는 정부수립기의 정세와 밀접한 관계를 가졌다. 3·1운동 자체가 제2차 세계대전의 종전과 전후 처리를 다룬 파리강화회의에 대한 전략적 대응에서 비롯된 것이다. 임시정부가 수립되고 외교활동을 시작한 것이 아니라, 외교활동을 시작하면서 뒤따라 정부를 수립한 것이다. 다시 말하자면 임시정부 수립은 3·1운동의 계승이지만, 3·1운동 자체가 제1차 세계대전의 전후처리 회의에 대한 대응이기 때문에 임시정부가 그 외교활동을 추인하고 지원하는 과정에서 수립되었다고 말할 수 있는 것이다. 따라서 임시정부가 수립 초기에 외교활동에, 특히 파리강화회의에 초점을 맞추었던 것은 지극히 당연한 것이다. 파리에 대표부를 설치하고, 또 미국에 구미주찰위원부(歐美駐紮委員部)를 설치하여 외교활동을 펴 나간 것도 마찬가지다.

1920년에 접어들면서 러시아도 임시정부의 중요한 외교대상국으로 떠올랐다. 이동휘(李東輝)가 임시정부의 국무총리를 맡아 상해로 이동한

---

2) 한시준, 《대한민국임시정부법령집》, 국가보훈처, 1999, pp.124~151.

뒤에 소비에트 러시아에 대한 관심이 증대되었고, 특히 1920년 초에 러시아의 알렉세이 포타포프(Alexei Potapov) 장군이 상해에 온 것을 계기로 소비에트 러시아정부에 특사를 파견하는 문제가 대두되었다. 이동휘의 주도 아래 임시정부는 국무회의를 열고 1920년 1월 22일에 한형권(韓亨權)·여운형(呂運亨)·안공근(安恭根) 세 사람을 러시아 파견외교원으로 선정함으로써, 대 러시아 외교정책을 공식적으로 채택했다. 최종적으로는 4월 말에 한인사회당 간부인 한형권만을 이동휘가 밀파하였지만, 이것이 사실상 임시정부가 러시아와 가진 첫 번째 공식적인 외교활동이었다. 그리고 한인사회당에서 모스크바로 파견한 박진순(朴鎭淳)이 레닌(V. I. Lenin)을 만난 사실이 1920년 4월 29일자 《獨立新聞》에 보도되고, 5월 말에는 한형권도 모스크바에 도착하여 레닌을 만났다는 것이 알려지자, 두 정부 사이에 조약이나 공수동맹을 맺었다는 풍문이 신문에 보도되거나 조선총독부 자료에 게재되기까지 했다. 그런데 이동휘 계열을 제외한 임시정부 요인들, 특히 안창호(安昌浩)는 러시아에게서 지원을 얻고자 하는 계획에 부정적이었다. 이에 반해 이승만(李承晚)을 비롯한 인물들은 미국에 시선을 고정시켰다.

한편 중국 정부와의 초기 외교는 불안정하였는데, 그 이유는 중국의 정국 자체가 불완전하고 불투명했기 때문이다. 1921년에 광동(廣東)에 손문(孫文)의 호법정부(護法政府)가 들어서자 국무총리 대리 겸 외무총장을 맡은 신규식이 전권사절로서 광동으로 떠났다. 임시정부는 호법정부와 태평양회의에서 연대활동을 펴는 것에 대해 합의를 도출하려 노력했지만, 태평양회의 자체가 한국의 문제를 논의하는 자리도 아니었고, 더구나 호법정부가 단명으로 끝나는 바람에 결실을 거두지 못했다. 다만 손문에게서 임시정부에 대한 지원과 승인 약속을 받았다는 점에서 만족하였을 뿐이다.

임시정부의 외교활동은 한국 근대외교사에서 중요하게 평가되어야 한다. 국가를 잃어버린 상황에서 타국에 임시정부를 수립하여 외교활동을 펴 나간 것은 세계사에서 유례를 찾기 힘들다. 그럼에도 임시정부의 외교활동이 기대에 부응하는 성과를 올리지 못했다고 부정적으로 평가하는 경우가 있다. 그러나 그 논리는 마치 자신의 힘으로 독립하지 못했다는 이유로 독립운동 전체를 부정하는 것이나 마찬가지다. 문제는 파리강화회의가 전승국 중심으로 조정되고 또 한국을 침략한 일본이 승전국에 속했다는 정세에 있었던 것이지, 결코 외교활동 자체에 있었던 것은 아니다.

당시 임시정부의 외교활동은 군사활동을 배제하거나 이에 배타적으로 추진된 전략이 아니라, 오히려 독립전쟁을 지원하는 중요한 수단이었다. 군사력을 양성하기 위해서라도 외교활동이 필요했던 것이다. 임시정부도 군사활동이 외교활동보다 더 적극적인 투쟁방법이요, 외교방략이 군사방략의 기초라는 사실을 인식하고 있었다. 다만 당시의 국제정세와 일본의 군사력으로 보아 바로 독립전쟁을 벌이기 어렵다는 것을 확인하면서, 완전 독립을 달성하기 위해서는 먼저 국제외교활동을 통하여 후원을 받아 군사력을 양성하는 것이 더 현명한 방략이라고 판단하고 있었던 것이다.

한편 군무부는 독립전쟁을 준비하면서 크게 세 가지 방면에서 정책을 밀고 나갔다. 첫째는 주로 국내지역에 군사주비단(軍事籌備團)을 조직하여 독립전쟁을 위한 군사기초조직을 결성하고, 둘째는 육군무관학교를 세워 군사간부를 양성하며, 셋째는 직할부대를 조직하거나 기존 독립군을 산하 부대로 직할시키는 방안이었다. 우선 군무부는 임시군사주비단제(1919. 12. 18)를 제정하여 국내에서 단원모집과 군수품 확보 및 모험공작에 착수하였다. 그 결과가 국내 주비단의 등장으로 나타났는데, 이를 주목한 연구가 최근에 보고되면서 그 실체가 드러나고 있다.3) 또한 군무부는 〈大韓民國陸軍臨時軍制〉(1919. 12. 18)를 비롯한 법적 체제를 마련하고 실제로 육군무관학교를 설립하였는가 하면, 대한광복군총영(大韓光

---

3) 이성우, 〈주비단의 조직과 활동〉, 《한국근현대사연구》 25, 2003, pp.310~337.

復軍總營)이나 육군주만참의부(陸軍駐滿參議府)를 직속 또는 직할부대로, 서로군정서(西路軍政署)와 북로군정서(北路軍政署)를 외곽 군사조직으로 각각 확보하였다. 이러한 사실은 독립전쟁에 대한 임시정부의 의지를 잘 보여주는 것이다.

다음으로 교통부는 국내외 독립운동조직과 일반 통치망을 연결시키고자 교통국을 설치하였다.[4] 이것은 철도와 통신 및 해운국을 두고 내왕인원을 연결하는 업무를 맡은 비밀 연락선이었다. 특히 만주의 안동(安東)에 있는 아일랜드계 영국인 쇼(G. L. Show)가 경영하는 이륭양행(怡隆洋行)을 국내와 연결하는 지사로 삼았다. 내무부가·운영하는 연통제가 국내 통치를 위한 관공리의 행정 연결선이었다면, 교통국은 정보수집과 행정 연락 및 선전·홍보를 펴 나가기 위한 지역적 연결망이었다.

한편 재무부는 정부를 유지하기 위해 징세령(1919. 6. 15)을 발표하고 인구세 제도를 시행했다. 또 재정을 확충하기 위하여 국채통칙(1919. 11. 20)·독립공채발행조례(1919. 11. 20)·임시공채관리국관제(1920. 1. 20) 등을 마련하였는데, 이 가운데 독립공채 발행은 미주지역에서 상당한 성과를 올렸다. 이외에도 법무부는 근대 헌법체제를 확립하기 위한 체제를 마련하였고, 학무부는 독립운동의 새로운 인력을 육성하고자 인성학교를 설치한다거나 유학생을 위한 과정을 만들었다.

결국 수립 초기에 임시정부는 부서별로 동원 가능한 모든 방략을 추진하고 있었다고 말할 수 있다. 상황이 급박하게 돌아가고 있던 파리강화회의에 외교노력을 집중시키면서도, 내무부는 국내 행정을 직접 장악하기 위해 연통제를, 교통부는 연결망을 확보하기 위해 교통국을 각각 두었고, 군무부는 국내 비밀군사조직 확보를 위해 군사주비단을 설치하고 직할부대를 편성하였다. 여기에서 연통제와 교통국 및 군사주비단은 임시정부가 국내장악을 위한 삼각체제로서 형성했던 것으로 정리된다.

---

4) 국무원령 제2호 임시지방교통사무국장정(1919. 8. 20).

그리고 내무부의 지방선전부는 그 연결망을 타고 들어가 국내에 선전·홍보활동을 펼쳤다.

1920년 당시 내무총장이었던 안창호는 독립운동의 방략을 군사·외교·교육·재정·사법·통일 등의 여섯 가지로 요약하였다. 그 가운데 군사와 외교가 독립운동의 절대적인 수단과 방법임을 말한 그는 다른 네 가지도 이를 뒷받침하는 기반이라고 역설하였다.[5] 그렇다면 군무부의 군사주비단이나 연통제 및 교통국도 전체적으로는 군사방략, 곧 독립전쟁방략의 차원에서 이해될 수 있다는 말이다.

3. 장기전략 수립과 의열투쟁 채택(1922~1932)

1) 독립전쟁 준비

수립 초기에 펼칠 수 있는 모든 방략을 총동원한 임시정부의 노력은 이후 상당한 난관에 부딪히게 되었다. 밖으로 심혈을 기울였던 외교활동은 파리강화회의의 결과가 승전국 중심의 베르사유체제 성립으로 정리됨에 따라 별다른 성과를 거두지 못했다. 또 안으로는 연통제와 교통국 및 군사주비단이라는 삼각조직이 일제의 철저한 탐색과 추적으로 절단되었고, 주비단은 투쟁을 벌였으나 결국 무너져 갔다. 임시정부를 지탱해 오던 핏줄인 세 조직이 단절되자, 임시정부는 존립마저 위태로운 상황에 처하게 되었다.

확실한 사실은 국제정세가 한국의 독립 문제를 짧은 시일 안에 해결해줄 수 없었고, 또 한국과 한국 주변에는 스스로 독립을 이루어낼 만한 에너지를 갖춘 세력이 없었다는 점이다. 수립 초기에 임시정부는 파리강

---

5) 《獨立新聞》 1920년 1월 8일자.

화회의의 결과에 따라 독립이 가능할지도 모른다는 희미한 희망이나마 품고 활동을 펼쳤고, 3·1운동의 여세를 몰아 독립전쟁도 가능하리라 생각도 했다. 하지만 만주에서의 무장항쟁도 일시적인 승리 이후 커다란 시련을 겪었고, 국제정세에서 별다른 기회를 발견할 가능성도 보이지 않았다. 따라서 이제는 방략의 변화가 필요했다.

그러나 임시정부가 쇠약기에 들면서 정부 차원의 방략을 세우기도 힘들었다. '쇠약기'라는 말 자체가 임시정부 자체의 방략이 없거나 뚜렷하지 않았다는 의미를 담고 있는 것이기도 하다. 이에 김구(金九)를 비롯한 임시정부의 핵심 인물들이 나서서 외곽조직을 결성하여 장기적인 방략, 곧 독립전쟁준비방략을 추진하였다. 이 방략은 기본적으로 독립을 달성하는 길이 전쟁에 있다는 점을 재확인하고, 전쟁의 기회가 닿을 때까지 군사를 양성하고 전쟁비용을 준비하자는 것이다. 말하자면 독립전쟁론과 준비론의 결합이었던 셈이다. 이를 추진하고자 1922년 10월에 김구와 여운형을 비롯한 임시정부의 중간층 인물들이 한 단체를 결성하게 되는데, 바로 한국노병회(韓國勞兵會)이다.[6]

여기서 말하는 '노병'은 소련의 노병회처럼 노동자와 병사가 결합되었다는 뜻이 아니라, 한 사람이 군사훈련을 받고서 병사의 기능을 갖춘 뒤에 돌아와 노동자로서 스스로 생계를 꾸려가며 기회를 기다린다는 의미이다. 이는 임시정부가 아직 군대를 유지할 만한 재정적인 능력을 갖추지 못한 상황과 관련된 것이었는데, 군인으로 육성된 인물들이 임시정부 주변에서 생활을 유지해 나간다면, 전쟁이 일어났을 때 이들을 묶어 독립전쟁을 치를 수 있다는 계산과 기대에서 나온 방략이었다.

결성 초기의 한국노병회는 다수의 청년들을 중국의 여러 무관학교나 강무당(講武堂)에 파견하여 군사간부로 육성하는 성과를 올렸다. 또 회비와 성금을 거두어 전쟁비용을 축적해 나가기도 하였다. 특히 김구가

---

6) 김희곤, 《中國關內 韓國獨立運動團體硏究》, 지식산업사, 1995, pp.209~213.

이사장을 맡던 1925년까지는 그 실적도 좋았다. 그렇지만 김구가 이사장을 사임한 1926년부터 한국노병회가 급격히 쇠퇴하게 됨에 따라, 당초 10년 예정으로 군사간부를 기르고 자금을 축적하여 독립전쟁을 준비하겠다던 방략 역시 변경되지 않을 수 없었다. 그 결과 임시정부나 외곽단체들도 점차 의열투쟁 쪽으로 방향을 바꾸기 시작했다.

2) 의열투쟁

의열투쟁은 이미 1910년대 초반, 곧 국권상실 직후부터 등장하였다. 당시에는 의협(義俠)투쟁으로 불리던 활동으로, 요인을 암살하고 민족반역자들을 처단하는 것이 주된 내용이었다. 그리고 1920년대에 들어 나타난 의열투쟁은 1910년대의 요인처단활동에 조선총독부를 비롯한 식민지 통치기관에 대한 파괴공격이 추가된 것이었다. 임시정부 및 독립운동계의 희망과는 너무나 다르게 파리강화회의가 베르사유체제 구축으로 나타나자 열강들의 전면적인 전쟁상태를 당장 바랄 수는 없게 되었고, 이에 따라 다시 의열투쟁에 대한 기대가 높아졌다. 임시정부가 공식적으로 '7가살(可殺)', 즉 죽여야 할 일곱 가지 군상을 지정한 것도 바로 그 때문이다.[7] 임시정부는 직접 의열투쟁을 벌이기보다는 의열투쟁 단체를 지원하였는데, 그 가운데 구국모험단은 임시정부가 지원한 가장 대표적인 초기의 의열투쟁 단체였다. 임시정부는 "필요한 시기 작탄(炸彈) 등으로 적괴 및 창귀(倀鬼)를 격살하고 혹은 그 영조물(營造物)을 파괴한다"고 시정방침을 확정하고 의열투쟁을 권고하였다.[8]

임시정부가 선택한 초기 의열투쟁방략은 일차적으로 납세 및 소송 거부, 관공리 퇴직, 일화 배척, 일인법령 거부 등의 적극적인 불복종·비협

---

7) 《獨立新聞》 1920년 2월 5일자. 여기에서 말하는 '7가살'의 대상은 적괴·매국적·창귀(倀鬼)·친일부호·적 관리·불량배·모반자 등이다.

8) 독립운동사편찬위원회, 《獨立運動史》 4, 1972, pp.259~260.

조 운동을 이끌어내고, 만약 그것이 탄압을 받을 경우 이들 작탄대(炸彈隊)와 감사대(敢死隊)를 동원하여 독립열기를 고양시킨다는 것이 핵심이었다. 조선인의 독립의지를 점차 고양시키는 문제가 당면과제로 인식되었기 때문이다. 임시정부가 의용단(義勇團)을 직접 지도·관리한 것도 그러한 차원에서 이해된다.

의열투쟁은 이미 임시정부 수립 초기부터 상해지역에서 자리 잡았다. 1919년 말에 길림(吉林)에서 결성된 의열단(義烈團)이 1920년 초에 북경(北京)을 거쳐 상해로 옮겨온 뒤, 구국모험단과 철혈단(鐵血團) 등 의열투쟁 단체들이 속속 등장하기 시작했다. 의열단은 1920년대 초반에 밀양경찰서 투탄의거, 박재혁(朴載赫)의 부산경찰서 폭탄 반입, 김시현(金始顯)의 국내 대량무기 반입, 김지섭(金祉燮)의 도쿄 니주바시(東京 二重橋) 투탄의거, 오성륜(吳成崙)의 황포탄(黃浦灘) 의거 등 빛나는 투쟁을 펼쳤다. 그러나 의열투쟁만으로는 독립을 직접 달성하기 어렵다는 판단 아래 임시정부는 장기적인 투쟁방략을 수립하였다. 그 결과 의열단 간부진들이 황포군관학교(黃埔軍官學校)에 입교하여 군사간부로 양성되었다. 바로 그 무렵에 임시정부의 외곽조직으로서 병인의용대(丙寅義勇隊)가 결성되었다.

임시정부는 초기에 의열단을 지원하였다. 다만 안창호가 의열단의 활동을 임시정부 아래에 두고 지도하려 했던 점 때문에 마치 임시정부가 의열투쟁을 막은 것처럼 잘못 이해되는 경우가 있는데, 사실 임시정부의 근본적 의도는 의열투쟁단체들을 일원적으로 지도하려는 데 있었다. 이외에도 임시정부는 1920년에 독립군결사대·광복회·천마산대·무장계획단·보합단(普合團) 등의 의열투쟁단체들과 연계하고 또 이들을 지도하였다.

1920년대 중반을 넘어서면서 임시정부 주변에서는 의열투쟁을 주된 방략으로 선택하는 동향이 나타났다. 한국노병회를 계승하여 1926년에 조직된 병인의용대는 임시정부의 외곽조직으로서 등장한 대표적인 의열투쟁단체였다. 독립전쟁준비방략의 대명사인 한국노병회가 노병을 양성하면서 전쟁비용을 은행에다 저축하고 있었지만, 성과가 주춤해지자 임시정부는 그 인력을 의열투쟁에 투입하기 시작했던 것이다.

임시정부가 정부 차원에서 직접 의열투쟁을 선택하고 나선 시기는 1931년 가을이다. 이 시기가 일제의 만주침공 직후라는 점에서 의열투쟁방략의 선택과 일제의 만주침공 사이의 함수관계를 헤아릴 수 있다. 한국노병회가 예상했던 대로 10년 뒤 전쟁이 터지긴 했지만, 이에 대한 전쟁수행 준비는 이루어지지 않았다. 즉 독자적인 무장항쟁 능력을 갖추지 못한 상황이었던 만큼, 적은 인력으로도 가능한 의열투쟁은 지극히 당연하면서도 한편으로 효과적인 투쟁방법이었던 것이다.

임시정부는 김구의 계획을 수용하여 한인애국단 결성을 확정했다. 유일당이자 여당인 한국독립당도 "엄밀한 조직하에 민중적 반항과 무력적 파괴를 적극적으로 진행할 것"을 천명하였다. 여기에서 무력적 파괴는 대체로 의열투쟁활동과 파괴공작을 말하는 것이다. 세부 실천에 대해서는 김구가 모든 권한을 위임받았다.[9] 김구의 계획은 기왕의 의열투쟁과 달리 광범한 범위에서 펼치는 동시다발적인 투쟁이라는 특징을 가진 것이었다. 재무장을 맡아 미주지역 동포들에게 '편지 보내기 작전'을 펼친 끝에 축적한 자금으로 무기를 구입하고 요원을 파견하여 여러 지역에서 한꺼번에 투쟁을 벌이는 것이 그 골자였다. 그 결과 터뜨린 대표적인 투쟁이 1932년 1월 8일의 이봉창(李奉昌) 의거와 4월 29일의 윤봉길(尹奉吉) 의거이다.

한인애국단의 투쟁은 이 두 거사만이 아니었다. 1931년 말부터 이듬해 5월까지 벌어진 한인애국단의 활약을 정리하면 다음과 같다.

---

9) 김구, 《白凡逸志》 백범학술원총서 1, 나남출판, 2002, p.250.

① 남경(南京)에서 만철(滿鐵) 총재 처단 계획(방문이 취소되어 중단, 1931. 10)

② 이봉창의 도쿄 의거(1932. 1. 8)

③ 이즈모호(出雲號 ; 상해주둔 일본군사령부) 폭파 계획(중국인 용병-실패 ; 1932. 2. 12)

④ 윤봉길 등의 상해 비행장 폭파계획(좌절 ; 1932. 3. 3)

⑤ 이덕주(李德柱)·유진식(兪鎭植)의 조선총독 공략(좌절 ; 1932. 3)

⑥ 윤봉길의 상해 홍구공원(虹口公園) 의거(1932. 4. 29)

⑦ 최홍식(崔興植)·유상근(柳相根)의 만주 관동청 공략(좌절 ; 1932. 5. 23)

이로써 한인애국단의 활동이 결코 무계획하거나 여기저기에서 나타난 게릴라식 투쟁이었던 것이 아니라, 유기적인 계획 아래 추진된 조직적인 투쟁이었음을 알 수 있다. 남경(南京)—도쿄—서울—대련(大連)으로 이어지는 활동지역을 보면, 한인애국단의 투쟁이 일제의 침략판도를 따라가며 맞서고 있는 형국임을 쉽게 알 수 있다. 다시 말해, 일제가 만주를 침공한 직후부터 상하이 사변을 일으킨 직후까지 줄곧 일제의 침략을 맞받아치는 작전이었던 것이다.[10]

4. 군사력 양성과 전시체제 확립(1933~1939)

1) 군사력 양성

윤봉길 의거가 성공한 뒤에 임시정부는 상해를 떠날 수밖에 없었다. 격분해 있는 일본의 요구 때문에 프랑스조계 공무국이 더 이상 임시정부

---

10) 조동걸, 〈이봉창 의거의 역사성과 현재성〉, 《이봉창 의사와 한국독립운동》, 단국대출판부, 2002, pp.59~73.

를 보호해 주기 어려웠기 때문이다. 5월에 상해를 떠난 임시정부 요인들
은 대개 항주(杭州)로 이동하였고, 김구와 이동녕(李東寧)을 비롯한 극소
수 요인들은 일본 추격대를 따돌리며 상해와 항주 사이의 조그만 시골인
가흥(嘉興)으로 잠적하였다. 그리고 정부는 항주에서 진강(鎭江)으로 이
동하고, 요인들은 남경에 숨어 1937년 말까지 활동하였다. 상해를 떠난
뒤 5년 6개월에 걸쳐 남경 주변에서 활동한 것이다.

　　남경에서 김구는 장개석(蔣介石)과 중앙육군군사간부학교 교정에 자
리 잡은 장개석의 관저에서 회담을 가졌다. 이봉창・윤봉길 의거를 칭송
하던 장개석에게 김구는 몇 가지 요구 조건을 내놓았다. 그 가운데 핵심
이 한인 청년들을 군사간부로 양성하는 데 협조해 달라는 제안이었고,
장개석은 이를 받아들였다. 그 결과, 낙양군관학교(洛陽軍官學校)에 한인
특별반이 개설되었고, 뒤 이어 중앙육군군관학교에도 한인 청년들이 입
교할 수 있게 되었다. 여기에는 김구 계열의 청년들뿐만 아니라 이청천
(李青天) 계열과 김원봉(金元鳳) 계열의 청년들까지 가담하고 있었다. 여
기에서 이청천은 만주에서 한국독립당군을 이끌다가 김구가 한인 청년
에 대한 군사교육을 부탁하자 남하하여 합류한 경우이고, 김원봉은 이미
자신의 역량으로 1932년 조선혁명군사정치간부학교를 설립하고 청년들
을 초급군사간부로 양성하고 있던 상황이었다.

　　따라서 윤봉길 의거 이후 1930년대 중반은 중국관내지역에서 군사간부
를 육성하던 시기라고 정리할 수 있다. 김구와 이청천 및 김원봉이라는 삼
각점이 형성되어 군사간부를 양성하고 있었는데, 임시정부 차원에서 본다
면 김구 계열이 비교적 정부와 밀접한 관계를 맺고 있었다. 김구는 이렇게
육성된 인력을 근간으로 삼고 새로 남경에 도착한 청년들을 규합하여 남
경에서 1934년 12월에 한국특무대독립군(韓國特務隊獨立軍)을 설치하였
고, 이듬해 2월에는 중앙육군군관학교 입교 예비교육을 위해 학생훈련소
를 설치하였다. 이러한 바탕 위에 임시의정원은 군사인재 양성과 군사기구
설치 및 특무사업을 주요 내용으로 하는 사업계획을 제시하기에 이르렀다.

2) 전시체제 확립

1937년 7월 7일, 일본이 중일전쟁을 일으켰다. 장강(長江)을 타고 올라오는 일본군의 공격이 눈앞으로 다가오자, 임시정부는 급히 이에 대응하는 전략 수립에 들어갔다. 두 가지 방면에서 전시체제를 갖추었는데, 하나는 군사적인 것이고 다른 하나는 정치적인 것이다. 전자의 경우는 중일전쟁 발발 1주일 만에 '군사위원회규정'(1937. 7. 15)을 마련하여 전시체제로 전환을 시도한 것이고, 후자는 정치세력들을 통합함으로써 임시정부를 강화시켜 나간 것이다. 특히 후자의 움직임은 김구의 주도로 추진된 여러 세력들의 통합 노력을 거쳐, 마침내 8월에 우파세력의 연합체인 한국광복운동단체연합회(광복진선)의 결성으로 이어졌다. 그러자 좌파세력들도 뒤를 이어 11월에 조선민족전선연맹(민족전선)을 결성하였다. 임시정부는 상해를 떠난 이후 약화일로를 걸으며 1935년에는 정부 해체까지 거론되는 난국을 맞기도 했지만, 전시상황이란 악조건을 오히려 정치적인 연합으로 극복하는 모습을 보였고, 이에 따라 경쟁관계이던 좌파세력도 하나의 연합체로 통합시킬 수 있었다.

중경(重慶)으로 수도를 옮긴 중국국민당 정부를 따라 이동하면서 임시정부는 전시체제를 확립해 나갔다. 임시정부는 구체적인 방안으로 가장 먼저 군사조직을 결성해야 한다고 결정했고, 이러한 점에서는 좌파인 민족전선도 마찬가지였다. 그런데 군사조직 결성 면에서는 민족전선이 1938년 10월에 무한(武漢)에서 조선의용대(朝鮮義勇隊)를 결성하며 앞서나갔다. 그 소식을 접할 무렵 임시정부는 장사(長沙)와 광주(廣州)를 거쳐 광서성(廣西省) 유주(柳州)에 도착한 상태였고, 그곳에서 1939년 2월에 한국광복진선청년공작대(韓國光復陣線靑年工作隊)를 조직하게 되었다. 그리고 4월에 유주를 떠나 사천성(四川省) 기강(綦江)으로 이동할 때까지 임시정부는 계속 항전활동을 벌였다.

5. 군사 · 외교방략 추진(1940~1945)

1) 한국광복군 창설과 참전활동

임시정부는 기강에 안착한 1939년 5월 이후로 안정기에 접어들었다. 중경에서 남쪽으로 자동차로 한 시간 거리인 기강에 도착한 임시정부는 이곳에서 정치적 통합과 군사조직 창설이라는 숙제를 해결하고자 적극적으로 노력했다. 임시정부는 7당회의와 5당회의를 열어 좌우합작을 모색하는 동시에 본격적인 전시활동에 나서기 시작했는데, 이러한 노력은 그해 11월에 뚜렷한 진척을 보였다. 우선 임시정부는 독립운동방략을 발표하면서 '조직화된 무장독립군'이 주도하는 무장투쟁을 통해 민족해방을 달성해야 한다고 주장하였다. 그리고 임시정부는 군사특파단(軍事特派團)을 구성하여 서안(西安)으로 파견하였다.[11] 이 군사특파단은 단장인 조성환(曹成煥)을 비롯하여, 황학수(黃學秀) · 나태섭(羅泰燮) · 이준식(李俊植) 등과 청년공작원 노복선(盧福善) · 서파(徐波) 등으로 구성되어 있었다.[12] 이로써 임시정부는 중경에 입성하기 직전 군사조직 결성을 위한 기초 작업을 마무리한 셈이다. 비록 같은 11월이긴 하지만, 군사특파단 결성에 앞서 중경에서 나월환(羅月煥)을 대장으로 하는 한국청년전지공작대(韓國靑年戰地工作隊)가 결성되었고, 이들은 서안으로 이동하여 본격적인 군사활동에 들어갔다. 결과적으로 군사특파단이 이들을 뒤따라간 형국이 되었다. 이 공작대는 한국광복진선청년공작대를 계승한 것으

---

11) 당시 서안은 최전선의 바로 후방으로서 20만여 명의 한인들이 거주하는 화북(華北)지역과 가장 가까운 요충지였다. 때문에 임시정부는 이곳에 교두보를 확보한 뒤 한인을 초모하려는 계획을 세우고 실천에 들어간 것이다. 군사특파단은 광복군총사령부가 성립된 뒤 두 달 만에 서안으로 옮겨갈 때까지 활동하였다. 이 가운데 조성환만 중경으로 귀환하여 군무부장을 맡았고, 나머지는 서안에서 서안총사령부의 간부로 활동하였다(한시준, 《한국광복군연구》, 일조각, 1993, pp.73~76).

12) 한시준, 《한국광복군연구》, 일조각, 1993, pp.73~76.

로서, 아나키스트 청년들이 주축을 이루었다.

임시정부가 정식으로 중경에 입성한 시기는 1940년 9월이었다. 남경을 중심으로 5년 반 동안 활동하던 임시정부가 중일전쟁이 터진 직후 이동하기 시작하여 3년 만에 중경에 안착한 것이다. 이미 김구를 비롯한 요인들이 중경에서 활동하고 있었지만, 임시정부는 중경에 들어오기 전에 기강에 머무르며 5월에 우파통합정당인 한국독립당을 결성하고 정치적 안정을 회복하고 있었다. 이를 바탕으로 임시정부는 본격적인 군대 창설에 나섰고, 그 결과 1940년 9월 17일에 성립전례식을 치르며 한국광복군 총사령부를 결성하게 되었다. 이로써 임시정부는 한국독립당과 한국광복군, 곧 정(政)·당(黨)·군(軍)이라는 삼위일체를 달성하였다. 그리고 이와 더불어 한국광복군총사령부조직조례(1940. 10. 9)·대한민국임시통수부관제(1940. 11. 1)·통수부(1940. 11. 1 ; 참모부 포함) 등 법적인 조치들도 마련하였다.

임시정부는 일단 한국광복군을 창설한 뒤 부대 확장을 도모하였다. 이를 위해 먼저 임시정부는 당시 아나키스트 계열의 주도 아래 섬서성(陝西省) 서안에서 활동하고 있던 한국청년전지공작대를 광복군의 편제 아래 확보하고자 했다. 그래서 미리 군사특파단을 파견한 바 있었던 임시정부는 한국광복군총사령부 자체를 전방으로 전진 배치할 필요성을 절감하며 이들을 서안으로 이동시켰고, 결국 앞서 공작을 펼치고 있던 한국청년전지공작대를 1941년 1월 1일자로 광복군 제5지대로 흡수할 수 있었다. 그리고 1942년에 광복군이 조선의용대를 합병함으로써, 임시정부는 관내지역의 한국군사조직들을 통합하는 데 성공하였다. 이어 광복군은 1943년에 대한민국임시정부잠행관제(大韓民國臨時政府暫行官制 ; 1943. 3. 30)를 공포하여 공군에 관한 규정을 마련하고 8월에는 공군설계위원회조례를 공포하는 등 의욕적으로 활동하였다.[13]

---

13) 한시준,《대한민국임시정부법령집》, 국가보훈처, 1999, pp.107~108.

1941년 12월에 태평양전쟁이 터지자 임시정부는 곧바로 일본에 전쟁을 선포했다. 그리고 전선에 나가 있는 광복군의 규모를 확대시키는 데 노력을 집중했다. 이때 광복군의 효용가치를 저울질하던 미국은 광복군을 훈련시켜 한반도에 투입한다는 계획을 마련하였다. '독수리작전'(Eagle Project)으로 명명된 계획이 바로 그것이다. 임시정부가 육성한 광복군이 국제적으로 인정받는 순간이었다. 때마침 1945년 5월 1일부터는 9개 준승(準繩)을 해결하여 임시정부가 광복군의 통수권을 장악하였고, 따라서 임시정부가 직접 연합군과 공동작전을 펼 수 있게 되었다. 그래서 서안의 제2지대가 5월에, 안휘성(安徽省) 부양(阜陽)에서 활약하던 제3지대가 7월에 각각 이 훈련에 들어갔다. 특히 서안에서 훈련을 마친 1기생은 국내정진군(國內挺進軍)으로 편성되어 국내 침투작전에 들어갔는데, 이들이 국내로 출발하기 바로 직전에 일본이 항복함으로써 국내 침투 작전은 일단 중단되었다. 이범석(李範奭)을 비롯한 4명은 '광복군정진대'로서 미국전략첩보국(OSS) 대표와 함께 미군 수송기를 타고 8월 18일 여의도에 선발대로 도착했다가 물러나게 되는 기록을 남기기도 했다.

임시정부는 독립전쟁을 추구하는 과정에서도 국내에 밀사를 파견하였는가 하면, 한국어 방송을 통해 국내외 동포들에게 항일의식을 고취시켰다. 임시정부의 선전부는 1944년 3월 말 중국국민당중앙선전부 대적(對敵)선전위원회와 합작하여 정기방송을 내보냈다.[14] 일주일에 세 차례에 걸쳐 단 10분씩만 방송되었지만, 국내 동포들에게 끼치는 영향은 무시할 수 없었다. 실제로 국내에서 그 방송을 듣고 항일투쟁으로 나선 경우가 경성방송국이나 안동농림학교 항쟁에서 확인되기 때문이다. 한편 주미외교위원부(駐美外交委員部)에서도 1942년 6월부터 초단파로 '미국의 소리'(Voice of America) 방송을 내보내면서 국내에 홍보활동을 전개하였다.

---

14) 국사편찬위원회, 《韓國獨立運動史資料》1, 1968, p.471. 방송을 담당한 광파국(廣播局), 곧 방송국은 지금도 당시 자리(重慶市 渝中區 中山3路 159號)에 있는데, 건물은 새로 지어졌다.

2) 정부·교전단체 승인 획득 활동

임시정부는 중경에 도착하면서 한편으로는 광복군을 창설하여 독립전쟁을 준비하였고, 다른 한편으로는 적극적인 자세로 외교활동에 나섰다. 임시정부가 여기에서 외교활동에 적극성을 보인 이유는 무엇보다 독립의 기회가 눈앞에 다가왔다는 확신 때문이었다. 왜냐하면 한국이 독립하는 길은 일본이 패전하는 것이고, 일본이 전쟁에서 패하려면 미국이 참전해야 하는데, 당장 미국과 일본의 전쟁이 예견되는 상황에 이르렀고 실제로 얼마 지나지 않아 제2차 세계대전이 일어났기 때문이다. 1940년 9월에 임시정부가 중경에 도착하자마자 광복군을 창설한 것이나, 1941년 12월에 일본군이 진주만을 기습하자마자 '대일선전'(對日宣戰)을 포고한 것도 세계대전, 특히 그토록 학수고대하던 미일(美日)전쟁이 발발하면서 독립에 대한 확신을 가지게 되었기에 가능했다.

태평양전쟁이 터지자 임시정부는 대단히 바빠졌다. 우선 독립을 이루기 전에 열강들에게서 임시정부에 대한 승인을 얻는 작업이 필요했다. 정부로서 승인을 받아야 종전 이후 한국의 완전한 독립을 달성하기 쉽기도 하려니와, 임시정부가 국내에서도 그 위상을 지켜나갈 수 있기 때문이었다. 이를 위해 임시정부는 일단 외교대상 국가 가운데 중국국민당 정부와 미국을 핵심으로 파악하였다. 여기에 중국공산당과도 접촉할 수 있는 일정한 채널을 확보하고 있었다.

임시정부가 승인을 획득하기 위해서는 가장 먼저 교전단체로 인정받아야만 했다. 대일선전(1941. 12)이나 대독선전(對獨宣戰 ; 1945. 2)도 이러한 차원에서 발표된 것이다. 광복군의 창설과 전선 파견 및 활동도 마찬가지였다. 임시정부의 국군이 전쟁에 참가하고 업적을 올리는 길이야말로 국제열강들에게 임시정부의 존재와 역할을 확실하게 인식시켜 줄 수 있는 첩경이었기 때문이다. 더욱 구체적으로 말하자면, 임시정부가 미국에게서 승인을 받아내고 군사활동에 대한 지원을 확보하는 것이야말로 미국을 비롯한 연합국들에게서 승인을 얻어내는 가장 효과적인 길이었다. 이렇듯 대일투쟁의 강도를 높여가는 것은 바로 미국정부의 승인을 유도하는 것이었으므로, 임시정부는 광복군 창설과 함께 대일・대독선전포고를 발표하는 등 강경한 투쟁노선을 채택하였다.

이를 위해 임시정부는 외교활동의 영역을 나누었다. 중국국민당 정부에 대해서는 김구와 조소앙(趙素昂)이 나서서 활동하도록 하고, 미국에 대해서는 외교위원부를 설치하여 이들로 하여금 교섭하도록 했다. 그리고 중국공산당에 대해서는 중경 주재 판사처에 머물고 있는 대표들을 통해 접촉하는 방안을 선택하였다.

먼저 중국국민당 정부에 대해 장개석과 직접 담판하기로 하고 임시정부는 그 연결망으로 오철성(吳鐵城)・주가화(朱家驊) 등 당 간부를 선택하였다. 광복군을 창설한 뒤 이에 대한 중국 정부의 지원을 받아내고자 노력하던 임시정부는 9개 준승이라는 족쇄를 푸는 데 온갖 시도를 다하고 있었다. 그러면서도 누구보다 먼저 중국 정부가 임시정부를 승인해주기를 요구하였다. 그렇지만 중국 정부는 광복군을 지원하는 조건으로 통수권을 장악한 뒤로 쉽게 그것을 돌려주지 않았고, 정부 승인에 대해서도 연합국과의 합의를 기다리면서 뒤로 미루고 있었다. 한편 미국에 대해서 임시정부는 대한민국임시정부주미외교위원부규정(1941. 6. 4)을 제정하여 주미외교위원부를 설치하고, 이를 중심으로 외교활동을 폈다. 또 재미동포들의 많은 비난을 감수하면서도 이승만을 대표로 선정하고 그의 외교력을 기대하였다. 그리고 중국공산당에 대해서는 주은래(周恩來)와 동필무(董必武) 등 중경 주재 대표들을 접촉 대상으로 삼았다.

1941년 8월에 미국 대통령 루스벨트(F. D. Roosevelt)와 영국 수상 처칠(W. Churchill)이 대서양헌장을 발표하고, 9월에 영국 정부가 프랑스・폴란드 망명정부를 적극적으로 지원하는 등 국제정세에 변화가 있게 되자, 임시정부는 크게 고무되었다. 임시정부는 즉각 중국 정부에 대해 정식 승인을 요구하였고, 미국에 대해서도 1941년 2월과 6월 두 차례에 걸쳐 루스벨트에게 서한을 보내 임시정부 승인과 군사·경제 원조 등 6개 항의 요구조건을 내놓았다.

임시정부는 장개석을 연합국과 교섭하기 위한 간접 외교채널로서 인식하였다. 직접 미국이나 영국의 수뇌를 만나기 어려웠으므로, 먼저 장개석을 만나 설득한 뒤 다시 그의 말과 활동을 통해 미국과 영국 등 연합국의 수뇌를 움직이는 방안을 선택하였다. 특히 종전에 대한 예상들이 들려오는 가운데, 전후 한국을 바로 해방시키지 않고 얼마간 국제열강들이 직접 관리하려는 계획을 세우고 있다는 소식이 전해지면서, 임시정부는 상당히 다급해진 상태였다. 그래서 임시정부는 장개석을 움직여 열강들의 계획을 봉쇄하고 완전한 독립을 쟁취하겠다는 계획을 세웠고, 이를 실현하기 위해 장개석과 회담을 추진하고자 한 것이다.

이에 대해 중국 정부도 대응책을 마련하였다. 중국국민당은 1942년 7월 20일에 한국문제전문 소위원회를 구성하고, 12월 27일에는 〈부조조선복국운동지도방안〉(扶助朝鮮復國運動指導方案)을 확정·실시하였다. 이 방안에는 다른 나라보다 중국이 먼저 임시정부를 승인하고 광복군을 중국군사위원회에서 운용할 것이라는 사실이 들어 있었다.[15] 그리고 여기에 소속된 위원들 가운데에는 임시정부에서 교섭창구로 삼은 오철성과 주가화도 포함되어 있었다.

김구를 비롯한 임시정부 요인들은 1943년 7월 26일에 장개석을 만났다. 그 자리에서 김구와 조소앙 등 임시정부 요인들은 미국과 영국이 일정 기간에 걸쳐 한국에 국제공동관리의 신탁통치를 실시하려는 것에 중국 측이 절대 현혹되지 말고, 한국의 완전한 독립을 주장하는 임시정부 측의 요구를 지지하여 이를 관철시켜 줄 것을 주문하였다. 이에 대해 장개석은 중국이 한국 측의 완전 독립을 지지·관철시키기 위해 미국과 영국이 국제공관(國際共管)을 주장하는 것에 맞서 힘써 대항할 것이고, 이

---

15) 추헌수 엮음, 《資料 韓國獨立運動》 1, 연세대출판부, 1975, pp.686~687.

러한 역쟁(力爭)에 착수할 것이라 공약하였다.[16] 이것은 임시정부의 요구에 따라 장개석이 영국과 미국의 국제공동관리 신탁통치안에 반대하고 대항하여 한국의 독립을 보장하고자 노력할 것을 약속한 획기적인 성과였다. 그 결과 카이로선언에서 한국의 독립 문제가 포함될 수 있었던 것이다.

카이로선언문은 "위의 3대국은 한국 민중의 노예상태에 유의하여 적당한 시기에 한국이 자유롭게 되고 독립하게 될 것을 결의하였다"는 대목을 담고 있었다. 여기에서 한국이 자유롭게 독립하게 될 것이라는 부분은 장개석의 제안이, 또 '적당한 시기'는 루스벨트의 제안이 각각 채택된 것이다. 그런데 카이로선언이 1943년 12월 1일에 발표되자, 중국 통신들은 '적당한 시기'를 뜻하는 'in due course'를 '당연한 순서'라고 번역하여 신문과 라디오 등에서 보도하였다. 그러자 김구는 12월 5일에 신문기자 회견을 열고 '당연한 순서'가 어떻게 해석되든지 간에 이 표현을 반대한다고 하면서, 일본이 패전하면 한국은 즉시 독립되어야 하며 그렇지 않을 때는 상대가 누구든지 역사적인 독립전쟁을 계속하겠다는 요지의 성명을 발표하였다.[17]

임시정부의 외교활동이 카이로선언을 가져오는 데 기여한 것은 사실이다. 그렇지만 열강들이 한반도를 남북으로 분단시키고 점령하는 바람에 그러한 공로는 빛을 잃었다. 발표될 때만 하더라도 인도의 민족지도자 네루(P. J. Neru)를 비롯한 동아시아의 많은 약소민족들의 부러움을 샀을 만큼[18], 카이로선언은 임시정부의 값진 성과로서 여겨졌다. 그런데 막상 전쟁이 끝난 뒤에는 미국과 소련의 이해관계에 따라 한반도가 남북으로 분단되었고, 따라서 카이로선언에 일조한 임시정부의 외교활동도

---

16) 〈總裁接見韓國領袖談話紀要〉, 백범김구선생전집편찬위원회 엮음, 《白凡金九全集》
    5, 대한매일신보사, 1999, p.252.
17) 《新韓民報》1943년 12월 9일자 〈카이로회의 발표에 대한 김구씨의 성명〉, 국사편
    찬위원회, 《韓國獨立運動史資料》3, 1973, p.239.
18) Jawaharlal Nehru, 노명식 옮김, 《世界史遍歷》, 삼성문화문고, 1974, pp.272~273.

빛바랜 것이 되고 만 것이다.

중국공산당에 대한 임시정부의 외교활동은 중경에 주재하던 중국공산당판사처의 대표 주은래를 비롯한 주요 인사들을 통해 연안(延安)에 자리 잡은 중국공산당 본부로 연결되었다. 중국국민당 정부의 부정적 시선과 견제 때문에 완전히 공개적으로 벌였던 활동은 아니었지만, 서로 왕래가 있었다는 사실 정도는 양쪽 모두 알고 있었던 것 같다. 예를 들자면, 1940년 9월 17일에 한국광복군총사령부 성립전례식을 가질 때도 주은래와 동필무 등 중국공산당 대표들이 참석하여 축하해 주었고, 1942년 10월 11일에 임시정부가 중국국민당 인사들과 함께 한중문화협회(韓中文化協會)를 결성할 때, 이 두 사람이 명예이사로 참가하기도 했다. 한중문화협회에는 김구·조소앙·김규식(金奎植)·김원봉 등 임시정부 요인들과 손과(孫科)를 비롯한 오철성과 주가화 등 중국국민당 요인들과 같은 거물급 인사들이 다수 참여하고 있었음에도, 중국공산당 대표들이 이사직—명예이사이기는 하더라도—을 맡고 있었던 것이다. 여기에다가 해방 직전에 임시정부가 국무위원 장건상(張建相)을 특사로 임명하여 연안으로 파견하였고, 그가 그곳에서 해방을 맞이했다는 사실은 중국공산당에 대한 임시정부의 외교활동을 짐작하게 하는 대목이 아닐 수 없다.

임시정부가 중경에 도착한 뒤에 펼쳤던 외교활동으로 국제통신사에 대한 언론활동도 이야기할 만하다. 사실 임시정부가 국제통신사들의 주목을 받은 것은 윤봉길 의거 직후에 중국언론을 통해 발표한 성명 정도가 고작이었다. 그런데 중경에 도착한 뒤에는 임시정부가 직접 국제언론사를 대상으로 기자회견을 열어 선전활동에 나서기 시작하였다. 당시 중경에는 유럽과 미국 및 소련에서 파견된 통신사의 특파원들이 활동하고 있었는데, 임시정부가 이들을 외교와 선전활동의 주요 대상으로서 삼기 시작한 것이다. 이와 관련하여 임시정부는 1943년 3월에 선전부를 설치하고 언론 및 선전활동에 종합적으로 대처해 나갔다.

6. 방략을 통해 본 임시정부의 위상

세계 식민지해방투쟁사에서 임시정부가 가진 위상은 결코 만만한 것이 아니다. 의도적으로 높게 평가하려 할 것 없이, 몇 가지 측면만을 살펴보더라도 임시정부의 의의를 발견할 수 있다. 정부라는 조직을 통하여 식민지해방투쟁을 펼쳐 나갔던 민족이나 국가를 찾기란 쉬운 일이 아니다. 더구나 26년이 넘도록 버티어 낸 경우는 전혀 찾아볼 수 없는 일이다. 물론 하나의 단체에 지나지 않았을 뿐이라 해도 지나친 말이 아닐 정도로 쇠약했던 기간도 잠시 있었지만, 그렇다고 해서 임시정부가 환국할 때까지 존립해 왔던 26년 8개월이라는 시간을 한꺼번에 무시할 수 있을 만큼 이들의 활동이 부족했거나 미약했던 것은 결코 아니기 때문이다. 당면했던 상황이나 국제정세의 변화에 따라 임시정부가 가능한 한 가장 합당한 방략을 모색하고 실천에 옮기는 데 노력해 왔음을 감안한다면, 임시정부의 구실을 온당히 평가하기 위해서는 이들의 활동을 시기별로 나누어 평가하는 것이 옳을 것이다.

임시정부는 수립 초기에 총체적인 방략을 추구하였다. 굳이 강조해야 할 것이 있다면, 외교와 군사라고 말할 수 있다. 그렇지만 파리강화회의에 대한 외교활동과 직할부대 및 육군무관학교 설립, 그리고 군사주비단·연통제·교통국이라는 삼각체제 구축 등 임시정부가 초기에 펼쳤던 다각도의 활동들을 고려한다면, 임시정부의 수립 초기를 굳이 '외교와 군사'에 중점을 두었던 시기로 보는 것보다는 가능한 방략을 총동원한 시기로 규정하는 것이 좋을 것 같다.

1920년대 중반에 접어들면서 당장 일본이 참가하는 전쟁이 일어날 가능성이 보이지 않자, 임시정부는 장기적으로 독립전쟁을 준비해야 한다고 판단했다. 그러한 판단이 한국노병회의 전쟁준비방략으로 나타났고, 다른 한편으로는 의열투쟁에 대한 관심 및 지원으로 나타났다. 이후 일제가 만주를 침공하자, 임시정부는 직접 의열투쟁에 나섰다. 한인애국단

을 조직하여 일본군이 침공하는 길목을 따라 맞받아치는 작전을 구사한
것이다. 임시정부는 남경과 상해, 대련, 서울, 그리고 도쿄를 잇는 한·
중·일 삼국의 요충지마다 투쟁을 기획하고 실천에 옮겼다. 그 가운데
가장 성과를 크게 올린 것이 이봉창·윤봉길의 의거였다.

　임시정부는 상해를 떠나 이동하는 사이 두 가지 측면에서 활동을 추
진하였다. 하나는 군사간부를 양성하는 일로서, 남경을 중심으로 한인 청
년들을 중국군사간부학교에 보내 육성하는 것이었다. 다른 하나는 전시
체제를 확립하는 것이었다. 이를 위해 임시정부는 관련된 법적 제도를
마련하고 실제로 군사특파단을 구성하여 서안으로 파견하기도 했다.

　1940년 9월에 중경에 입성한 임시정부는 군사와 외교라는 두 가지 방
략을 동시에 추진하였다. 중경에 도착하자마자 광복군을 창설한 것, 총사
령부를 서안으로 전진 배치한 것, 또 태평양전쟁이 터지자 바로 대일선
전을 포고한 것, OSS 훈련을 추진하고 실현한 것 등이 모두 독립전쟁방
략에 속한다. 다음으로 임시정부는 외교방략을 밀고 나갔다. 가장 먼저
목표로 삼은 것이 정부 승인 획득이었고, 이를 위해 중국과 미국을 주요
대상으로 삼아 외교활동을 벌였다. 특히 태평양전쟁이 터진 뒤에는 교전
단체로서 인정받기 위해 노력하였다. 이러한 노력이 카이로선언에 한국
독립문제가 포함될 수 있었던 바탕이 된 것은 당연하다. 열강들이 종전
을 내다보며 식민지의 해방 문제를 선언에 포함시키게 된 것은 임시정부
의 활동, 특히 군사와 외교활동의 성과가 아닐 수 없다.

　이제는 임시정부가 세계 식민지해방투쟁사에서 어떠한 위상을 가지는
지 세계사적 안목에서 바라볼 수 있어야 할 것이다. 당시 전 세계에서
제국주의 침략과 식민지해방투쟁이 충돌하고 있던 상황이었고, 이러한
대립들은 저마다 성격을 달리하고 있었다. 임시정부가 식민지 상태를 극
복하고 독립하는 것은 무척 힘든 일이었고, 더구나 이를 망명지에서 풀
어나가는 일은 더욱 어려운 것이었다. 이 같은 현실에서 임시정부는 안
으로는 여러 차원에서 역량을 기르는 한편, 바깥으로는 정세 변화를 분

석하여 이에 '합당한 방략'을 선택하고자 노력해 왔다. 이러한 사실은 세계 식민지해방투쟁의 역사적 전개 과정과 관련하여 정당하게 평가받아야 한다.

임시정부의 활동이 거둔 성과는 시기에 따라 다르고, 이에 따라 정부에 대한 평가도 달라진다. 27년에 걸쳐 '정부'를 유지하면서 독립운동과 식민지해방투쟁을 벌여 온 임시정부의 존재와 방략을 가볍게 평가절하하는 것은 결코 바람직하지 않다. 물론 임시정부의 구실만을 배타적으로 높이 평가하는 것도 마찬가지임은 두말할 나위가 없다.

대일선전포고에 대한 몇 가지 문제

1. 머 리 말

'선전포고'란 무엇인가? 이것은 전쟁을 시작한다는 의사를 상대국에 정식으로 선포하는 행위, 곧 전쟁선언(declaration of war)이다. 다시 말해 한 국가가 전쟁을 시작하면서 상대 국가에게 이를 알리는 행위가 바로 선전포고이다. 그렇지만 대개 전쟁이란 것이 사전에 통보되기보다는 예고 없는 적대행위(hostile acts)로 시작되는 경우가 대다수였고, 또 앞으로도 그러할 것이다. 적대행위를 시작하기 이전에 먼저 이를 선포하는 것이 필요하다고 그로티우스(H. Grotius) 이래로 많은 학자들이 주장해 왔지만, 냉엄한 국제사회에서 그러한 주장이 받아들여질 수는 없었다. 일본이 청(淸)을 공격한 1894년의 청일전쟁이나 러시아를 공격한 1905년의 러일전쟁은 말할 것도 없고, 1941년 진주만 기습으로 시작된 태평양전쟁도 모두 선전포고 없는 공격으로 일어난 전쟁이었다는 사실이 이를 증명한다.

국제사회에서 선전포고 없는 전쟁 발발을 막고자 이 문제를 논의한

적도 여러 차례 있었다. 대표적인 경우가 이준(李儁)의 분사(憤死)로 널리 알려진 1907년의 헤이그평화회의였다. 이준은 제1차 회의에 참석을 시도한 바 있는데, 여기서 말하려는 '선전포고'와 관련된 〈전쟁개시에 관한 협약〉은 같은 해 10월 18일에 열린 제2차 헤이그평화회의에서 채택되었다. 이 협약의 제1조에서는 전쟁을 일으키기 전에 '이유를 붙인 전쟁선언' 또는 '조건부 전쟁 선언을 포함한 최후통첩'의 형식으로 명시적인 경고를 하지 않을 경우, 상호 간에 적대행위를 개시하지 못한다고 규정하기도 했다. 하지만 이것조차 지켜지지 않은 사실은 그 뒤에 일어난 수많은 전쟁들을 통해 증명되고도 남는다.

그렇다면 이제 대한민국임시정부(이하 '임시정부')가 일본에 대해 전쟁을 선포하였던 것에 관한 문제에 접근해 보자. 정부는 1980년대 후반부터 12월 9일을 임시정부가 대일선전(對日宣戰)을 포고한 날이라 하여 이를 기념해 왔다. 시기로 보아서는 대개 일본의 역사교과서 왜곡 문제가 터진 뒤 이에 대응하고자 민족의 뜻을 모아 독립기념관을 건립하는 과정에서 시작된 일이 아닌가 생각된다. 이러한 추정이 틀리지 않다면, 임시정부의 대일선전포고를 기념하는 일이야말로 제2의 독립운동을 펼치는 작업이 되리라 생각된다.

2. 대일선전 선포일자에 대한 문제

1) 자료에 나타나는 두 가지 기록

〈對日宣戰布告〉의 공식적인 이름은 〈大韓民國臨時政府對日宣戰聲明書〉이다. 이 성명서가 발표된 날짜에 대한 기록은 두 가지인데, 하나는 대한민국 23년(1941년) 12월 9일이고, 다른 하나는 12월 10일이다.

우선 12월 9일자로 기록된 자료는 다음과 같은 두 가지이다.

① 韓國臨時政府宣傳委員會編印,《韓國獨立運動文類》第一集, 대한민국 24
　년(1942) 4월 11일

② 삼균학회,《素昻先生文集》上, 햇불사, 1979, pp.265~268

①의 자료는 임시정부의 선전위원회가 발간한 것인데, 그 위원장을 맡
고 있던 인물이 당시 임시정부 외무부장으로 있던 조소앙(趙素昻)이었다.
그는 이 책의 서문을 쓰기도 했다. 그리고 ②의 자료는 ①의 자료도 포
함하여 발간하는 과정에서 수록된 것으로 보인다. 따라서 두 가지 자료
이기는 하더라도 실제로는 하나의 자료라고 생각된다.

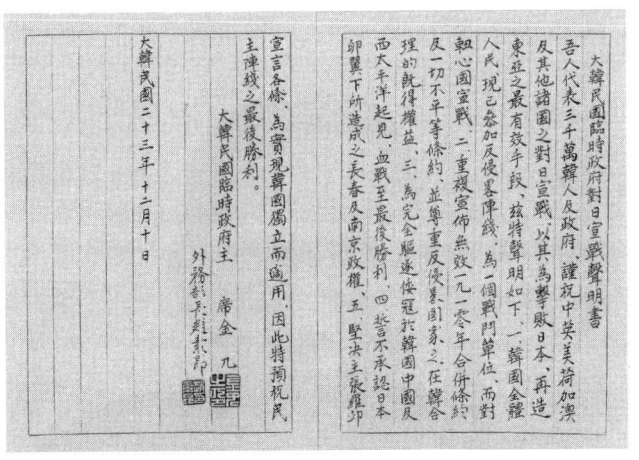

〔사진 1〕 대한민국임시정부 대일선전성명서(1941년 12월 10일)

　다음으로 12월 10일자로 기록된 자료는 바로 그 원본을 복사한 것이다
(《사진》 참조). 독립기념관이 개관될 당시에 대만에서 원본을 복사해 온
것으로서 현재 독립기념관과 백범기념관에 전시되고 있고, 1999년에 편
찬된 《백범김구전집》 5권에도 실려 있다.[1]

---

1) 백범김구선생전집편찬위원회,《白凡金九全集》5, 대한매일신보사 1999, pp.102~103.

2) 엇갈리는 기록이 생긴 요인

성명서에 1941년 12월 10일이라는 날짜가 분명하게 적혀 있는 만큼, 대일선전포고가 발표된 날짜가 12월 10일임을 인정할 수밖에 없다. 그러나 이것이 선언된 지 5개월 밖에 지나지 않은 시점인 1942년 4월에 임시정부의 공식기구인 선전위원회가 이를 잘못 기록하였다고 생각하기도 어렵다. 그렇다면 왜 이런 일이 생겼을까? 이를 추적하기 위해 일단 진주만 공습 시각부터 더듬어 보자.

일본군 진주만 북방 접근 ; 12월 7일 06시(북경 시각 12월 8일 새벽 0시)
진주만 1차 폭격(183대)   ; 하와이 12월 7일 07:50~08:20
                          하와이 08시는 워싱턴 12월 7일 13시
                          북경시각 12월 8일 02시
진주만 2차 폭격(177대)   ; 하와이 12월 7일 08:50~09:50, 10시경 종료
                          하와이 10시는 워싱턴 15시
                          북경시각 12월 8일 새벽 4시

시각표를 보면, 진주만이 폭격을 받은 12월 7일 아침이 한국이나 중국에서는 12월 8일 새벽이었다. 따라서 그 시각에 중경(重慶)의 임시정부는 깊은 잠에 빠져 있었을 것이다. 그러므로 진주만 공습 소식이 통신사를 거쳐 일반인들에게 알려진 시각을 정확하게 알 수는 없어도, 일단 12월 8일 낮이었으리라 추정해 볼 수 있다. 마침 12월 8일에 임시정부 요인이나 가족들이 그 소식을 접하고 있었다는 사실을 알려주는 자료가 남아 있다. 양우조(楊宇朝)·최선화(崔善嬅) 부부가 남긴 육아일기인 《제시의 일기》가 그것이다.

오늘 새벽 1시에 미일전쟁이 폭발되었다고 한다. 어느새 일본 비행기가

하와이 진주만 항구와 맨낼나(마닐라─필자)와 향항(香港 ; 홍콩─필자)을 爆炸했다는 호외신문이 배부되어 세상이 모두 놀랐다. 이를 쫓아 우리나라 사람에게는 좋은 기회가 오리라고 고대고대하며 기뻐함을 마지아니한다. 중일전쟁과 일미전쟁 끝에는 반드시 우리나라 문제가 중요한 안건이 되리라고 당국과 한인들은 더욱 분투 노력하려 한다.[2]

이 글은 진주만이 폭격되었다는 시각이 '새벽 1시'였다고 알려주고 있다. 중경으로 천도하기 이전에 중국 정부의 수도가 남경이었고, 따라서 중국이 당시 남경시각(하와이보다 18시간 빠름)을 사용하였다고 본다면, 남경시각 '12월 8일 새벽 1시'는 하와이시각으로 12월 7일 오전 7시가 된다. 즉 진주만 공습 시각은 실제 폭격시각인 오전 8시보다 한 시간 정도 빠른 시각으로서 전해진 셈이다. 어쨌든 이 글은 일단 중경에서 활약하던 임시정부 요인과 가족들이 미국과 일본 사이에 전쟁이 일어날 것을 학수고대하고 있었고, 그것이 바로 우리의 독립으로 연결된다고 믿고 있었다는 사실을 알려주고 있다.

12월 8일 낮에 중경에서는 임시정부 요인들이 모여 이 사실을 확인하느라 분주했을 것이다. 중국국민당 정부나 중경에 자리 잡은 통신사를 통해 정확한 정보와 새로운 소식을 얻고자 흥분하였을 것이고, 그러면서 이에 대한 대응책을 마련하기 위해 당시 임시정부 청사이던 화평로(和平路) 오사야항(吳師爺巷) 1호에서 요인들이 머리를 맞대고 회의를 거듭하였을 것이다. 그리고 곧 국무회의에서 일본에 대해 선전을 포고하는 것으로 가닥을 잡았을 것이다. 왜냐하면 그것이야말로 임시정부가 연합국의 일원이 되어 장차 전쟁에서 승리하기 위한 첫 발판이었고, 또 독립을 쟁취할 수 있는 길이었으며, 임시정부가 수립된 이후 일관되게 기다리고 기다리던 상황이었기 때문이다.

---

2) 양우조·최선화, 《제시의 일기》, 혜윰, 1999, pp.179~180.

일단 국무회의가 대일선전포고문, 곧 〈大韓民國臨時政府對日宣戰聲明書〉 초안을 마련한 시기는 12월 8일 저녁이나 다음 날인 9일쯤이었을 것으로 보인다. 그런데 이는 임시의정원에 제출하고 또 동의를 받아야 하는 사항이었다.

〈大韓民國臨時約憲〉(1940년 10월 9일 제정, 4차 개헌)

제2장 제10조   임시의정원은 의원 또는 정부가 제출한 모든 법률안 및 국가의 예산, 결산을 의결하고, 국무위원회 주석 및 국무위원을 선거하며, 또한 駐外使節의 任免 및 조약의 체결과 宣戰, 講和를 同意함에는 總議員 과반수의 출석과 출석의원 3분의 2 이상의 찬성이 있어야 한다.[3](밑줄 필자)

일단 역으로 계산해보자. 임시정부가 선전포고한 날은 12월 10일이다. 그렇다면 12월 9일에 선포했다는 임시정부선전위원회의 기록은 이보다 하루 앞서 성명서가 작성되었음을 시사하는 것으로 생각할 수 있다. 즉 그것이 의정원에서 통과된 날이 9일이었을 가능성도 높은 것이다.

이상을 정리하면 다음과 같다. 첫째, 임시정부는 북경시각으로 12월 8일 낮에 진주만공습 사실을 알게 되었다. 둘째, 임시정부가 대일선전성명서를 발표하기로 방향을 정하고 초안을 작성하여 국무회의에서 의결한 뒤, 이를 의정원에 회부하여 동의를 받기까지의 과정은 12월 9일에 이루어진 것으로 보인다. 셋째, 그 성명서가 공식적으로 발표된 날짜는 12월 10일이다. 임시정부가 성명서를 중경에 주재하던 세계 통신사들에 알린 날짜도 아마 이날이었을 것이다.

---

3) 국회도서관, 《大韓民國臨時議政院文書》, 1974, p.12.

3. 대일선전포고의 내용

순 한문으로 쓰여진 대일선전성명서는 전문과 5개 항의 성명으로 구성되어 있다. 이를 번역한 것이 《素昻先生文集》과 《韓國獨立運動文類》번역본에 각각 실려 있다. 그런데 이 번역문은 약간 소략하게 처리된 부분도 있고 어투도 고문체이다. 그래서 좀더 현대적인 어투로 고쳐 적어보면 다음과 같다.

〈대한민국임시정부대일선전성명서〉(번역)

우리는 3천만 한인과 정부를 대표하여 삼가 중국·영국·미국·캐나다·네덜란드·오스트리아 및 기타 여러 나라가 일본에 대해 전쟁을 선포한 것이 일본을 격패(擊敗)시키고 동아시아를 재건하는 가장 유효한 수단이 되므로 이를 축하하면서, 특히 다음과 같이 성명(聲明)한다.

1. 한국의 전체 인민은 현재 이미 반침략전선에 참가해 오고 있으며, 이제 하나의 전투단위로서 축심국(軸心國)에 전쟁을 선언한다.
2. 1910년의 합방조약과 일체의 불평등 조약이 무효이며, 아울러 반침략 국가가 한국에서 합리적으로 얻은 기득권익(旣得權益)이 존중될 것임을 거듭 선포한다.
3. 한국과 중국 및 서태평양에서 왜구를 완전히 구축(驅逐)하기 위하여 최후의 승리를 거둘 때까지 혈전한다.
4. 일본세력 아래 조성된 장춘(長春)과 남경정권(南京政權)을 절대로 승인하지 않는다.
5. 루스벨트·처칠 선언의 각 항이 한국독립을 실현하는 데 적용되기를 견결(堅決)히 주장하며 특히 민주진영의 최후승리를 미리 축원한다.

대한민국임시정부 주석 김구
외무부장 조소앙
대한민국 23년 12월 10일

전문에서 먼저 임시정부와 한인들이 중국을 비롯한 여러 나라가 일본에 전쟁을 선포한 것을 절대적으로 지지한다는 의사를 분명히 밝혔다. 임시정부는 일본을 무너뜨리는 가장 좋은 방법이 곧 열강들이 일본과 전쟁을 벌이는 것이라고 판단하고 있었기 때문이다. 이는 참으로 당연한 일이었고, 임시정부가 수립된 이후 줄곧 고대하던 국제정세의 모습이었다. 한국정부가 무력으로 일본을 이길 수 있었다면 망국의 설움도 당하지 않았을 것이고, 설사 국가를 잃었다고 하더라도 전쟁을 벌여 나라를 되찾았을 터였다. 하지만 바로 군사력이 모자라 전쟁을 펼치지 못했고, 그 때문에 소수의 싸움으로 큰 효과를 올리고자 한인애국단 의거와 같은 의열투쟁을 벌여야 했던 것이다. 그러면서 줄곧 바라 마지않은 것이 일본을 상대로 하는 세계전쟁, 특히 미국과 일본의 전쟁이었는데, 마침 그 정황이 눈앞에 벌어진 것이다. 그러니 이제 한국의 광복이 눈앞의 현실로 다가왔다고 확신하게 되면서, 성명서의 전문에 이를 축하한다는 말을 사용한 것이다.

전문에 이어 5개 항의 성명이 본론으로 제시되었다. 첫째 항에서는 한국인과 임시정부의 항전사실, 그리고 맞서 싸울 적의 범위가 분명하게 제시되었다. 즉 한국인은 이미 오래 전부터 반침략전선에서 투쟁해 왔다는 사실을 전제하고, 그 연장선상에서 일본과 독일 및 이탈리아로 대표되는 축심국[軸心國 ; 추축국(樞軸國)]에 전쟁을 선포한다고 밝혔던 것이다. 물론 그 가운데서도 우리의 주적(主敵)은 일본이었다.

둘째 항은 두 가지 측면에서 외교문제를 표명한 것이다. 하나는 1910년에 맺은 합방조약을 비롯하여 불평등하게 맺어진 모든 조약이 무효임을 천명한 것이고, 다른 하나는 침략전쟁에 맞서 싸우는 연합국이 과거 한국과 합리적으로 맺고 얻은 기득권을 앞으로도 인정하겠다는 것이다. 일본과 잘못 맺어진 관계를 청산하는 데 반해, 연합국과의 관계를 정상화한다는 의지를 분명하게 내세운 것이다.

셋째 항은 임시정부가 상정하는 전쟁의 범위를 말해준다. 한국과 중

국, 그리고 서태평양에서 '왜구'를 물리칠 때까지 싸운다는 것이다. 이것
은 결국 이 전장을 두고 참가하는 중국과 미국, 오스트레일리아 등 서태
평양 권역의 모든 연합국과 공동전선을 편다는 의미이고, 또한 일본이
패망할 때까지 전쟁을 펼치겠다는 의지의 표명이기도 한 것이다.

넷째 항은 일본이 수립한 괴뢰정부를 인정하지 않겠다는 선언이다. 장
춘(長春)이란 그곳에 수도를 둔 만주국을 말하는 것이고, 남경정부라는
것은 왕조명(汪兆銘) 정부이다. 이들은 모두 일본이 만든 꼭두각시 정권
이요, 정부였다. 이를 부정한다는 것은 곧 중국 정부를 유일한 정부로 인
정한다는 뜻이고, 더불어 1941년 7월 1일자로 왕조명 정부를 승인한 독
일과 이탈리아를 부정한다는 의미이기도 한 것이다.

다섯째 항에서는 먼저 루스벨트와 처칠 사이에 합의된 대서양헌장이
한국문제에도 그대로 적용되기를 바란다는 점을 밝혔다. 1941년 8월 14일
에 대서양 해상의 영국군함 웨일즈함(Prince of Wales)에서 맺어졌기에 대서
양헌장이라 명명된 이 헌장은 '연합국 공동전쟁목표와 국제연합의 이념적
기초'를 제시한 것으로, 제2차 세계대전 뒤의 세계 인류의 복지와 평화 등
에 관한 정책들을 마련하는 데 미국과 영국이 공통된 원칙을 정한 것이었
다. 그 가운데서도 "관계 주민의 자유의사에 의하지 아니하는 영토 변경을
인정하지 않는다"라는 2항과 "주민이 政體를 선택하는 권리를 존중하며,
강탈된 주권과 自治가 회복될 것을 희망한다"라는 3항은 임시정부에게 희
망을 주는 내용이었다. 그래서 임시정부는 이것이 한국문제에 그대로 적
용되기를 바란다는 뜻을 분명히 밝힌 것이다. 이어서 연합국의 승리를 미
리 축하한다는 말을 끝으로 성명서는 마무리되었다. 연합국의 승리는 곧
한국의 독립이요, 광복을 의미하는 것이 아닐 수 없었기 때문이다.

전체적으로 본다면, 대일선전성명서는 한국이 이제부터 연합국의 일원
으로서 전쟁에 참여하여 반드시 승리할 것이므로 한국의 광복도 바로 이
루어지리라 확신하는 내용이다. 이러한 내용을 임시정부를 대표하여 주
석과 외무부장의 명의로 선포하였던 것이다.

4. 임시정부의 기본노선과 대일선전포고

임시정부는 수립 이후 변함없이 조국의 독립과 항일전 승리를 목표로 삼아 왔다. 군대를 육성하고 자금을 마련하느라 힘을 쏟았던 것도 모두 일본과 전쟁을 벌이고 또 승리하기 위한 것이었다. 따라서 독립운동가들은 한결같이 대일선전을 포고하는 날이 오기를 기다렸고, 또 이를 준비하였다.

임시정부는 수립되자마자 여러 가지 방략을 총체적으로 마련하고 추진하였다. 가끔 임시정부는 외교방략에 치우쳤다는 지적을 받기도 하지만, 이러한 지적은 사실과 다르다. 실제로 제1차 세계대전 뒤 전후처리 방안을 마련하기 위해 열린 파리강화회의에 대표를 파견한 것도 한국문제를 이슈로 만들려는 노력의 산물이었고, 그러한 과정에서 3·1운동도 일어난 것이다. 말하자면 임시정부는 파리강화회의를 독립의 기회로 포착하고 이용하고자 했던 것이다. 그런데 임시정부는 여기에서 머무르지 않고, 군무부 아래에 군사주비단(軍事籌備團)을, 내무부 아래에 연통부(聯通府)를, 그리고 교통부 아래에 교통국을 각각 설치하며 정부에 걸맞은 조직을 하나하나 정비해 갔다. 국내에 동원할 수 있는 군사력을 확보하려 했던 것이 군사주비단이요, 국내 행정을 원격조정으로 장악하고자 했던 것이 연통부였으며, 행정과 독립운동의 핏줄을 국내외로 연결시키려 했던 것이 교통국이었던 것이다. 특히 군무부 산하 육군무관학교 설치, 〈大韓民國陸軍臨時軍制〉 및 임시군구제(臨時軍區制) 마련, 직할 군대 신설 등을 통해 군사제도와 체계를 정비한 사실에서, 군사적 역량을 키우고자 했던 임시정부의 강한 의지를 엿볼 수 있다.

임시정부의 이러한 의지는 임시대통령의 교서에서 천명되기도 했다. 즉 이승만 임시대통령이 1921년 1월에 연두교서를 통해 일본에 정식으로 '宣戰'하는 것이야말로 임시정부의 목표라는 점을 확실하게 밝혀 두었던 것이다.[4] 1922년 10월에 김구(金九)를 이사장으로 하여 출범된 한국노병

회(韓國勞兵會)도 항일전쟁에 필요한 군사 양성과 전쟁비용 마련을 목표
로 삼고 결성되었다.5) 하지만 우리의 힘만으로 전쟁을 치르기는 어려웠
기 때문에 국제사회의 변화, 다시 말하면 일본과 열강의 전쟁이 일어나
기를 기다리면서, 한편으로 독자적인 군사력을 기르는 장기 전략을 추진
한 것이다. 그 과정에서 임시정부는 소수 인력을 투입하여 국민들 가슴
에 항전의식을 불어넣는 의열투쟁을 병행하기도 하였다.

한인애국단의 의거 이후 임시정부나 그 주변에서 활약하던 인물들이
추진한 것은 오직 군사력 양성이었다. 김구나 이청천(李青天), 그리고 김
원봉(金元鳳) 모두 마찬가지였다. 그러한 노력들이 조선의용대와 한국광
복군을 결성하는 데 밑거름이 되었다. 특히 1940년 9월 17일에 결성된
한국광복군은 임시정부의 항전의지를 명확하게 보여준 것이었는데, 만약
한국광복군이 조직되지 못한 채 1년 뒤에 대일선전포고가 발표되었다면
이는 웃음거리에 지나지 않았을 것이다. 다시 말하자면 대일선전은 바로
한국광복군이 수립되고 나서야 가능했던 일이었다.

여기에서 또 하나 확인해야 할 것은 대일선전포고가 선포된 그날, 김
원봉이 이끌던 민족혁명당이 임시정부에 합류한다고 결정한 사실이다.
좌익진영을 주도하고 있던 민족혁명당은 종래 임시정부에 대하여 부
정·불관주의(不關主義) 노선을 고수해 왔는데, 12월 10일에 "여러 민주
국이 파시즘 집단과 혈전을 전개하고 있는 국제정세의 변화 및 임시정부
에 대한 국제적 승인 가능성"을 이유로 하여 임시정부 참여를 결정하였
던 것이다. 여러 절차를 거치느라 실제 합류가 실현된 것은 다음 해의
일이었지만, 일단 민족혁명당도 일본의 진주만 공습과 이에 대응하는 임
시정부의 대일선전포고를 접하면서 광복이 그리 멀지 않다는 확신을 가
지게 되었던 것 같다. 따라서 대일선전포고가 좌우합작에도 영향을 주었
다고 보아도 큰 무리는 없을 것이다.

---

4) 《獨立新聞》 1921년 3월 5일자.
5) 김희곤, 《中國關內 韓國獨立運動團體硏究》, 지식산업사, 1995, pp.209~213.

5. 해방 후 국제사회에서 무시된 대일선전

1945년 9월 2일(한국시각) 동경만(東京灣)에 정박한 미주리함(USS Missouri) 위에서 일본의 항복서명이 있었다. 이후 국제적으로 패전국 일본에 책임을 묻는 강화회의가 오랫동안 지루하게 열렸다. 여기에 한국정부의 참가를 두고 논란이 거듭되었다. 1947년, 주한미군사령관 하지(J. R. Hodge)의 정치고문이었던 제이콥스(J. E. Jacobs)가 대일강화회의(對日講和會議)에 한국정부가 참가하는 것을 반대한 반면, 건국 이후 주한 미국대사로 있던 무쵸(J. J. Muccio)는 대일강화회의에 한국을 서명국으로서 참가시켜야 한다고 주장하였다. 무쵸 대사의 논리는 "한국정부와 국민은 과거 임시정부 등이 중국본토와 만주에서 일본군에 대항해서 싸웠다고 생각하고 있으며(밑줄 필자), 특히 이 대통령과 한국관리가 한국이 대일강화회의에 참가하는 것을 당연시하고 있다"는 것이었다.[6] 여기에다가 공산세력에 대한 견제세력으로서 한국이 차지하는 위치를 중시하는 이유도 있었다.

무쵸 대사의 논리를 통해 당시 한국인들 스스로 임시정부 등이 펼쳐온 무장항쟁을 긍정적으로 평가하고 있었고, 대사 자신도 이에 어느 정도 동의하고 있었음을 알 수 있다. 그렇다면 임시정부의 〈대일선전포고〉도 같은 차원에서 이해할 수 있을 것이다. 실제로 이승만 대통령은 대일강화조약의 서명국으로 참여해야 한다는 강력한 의지를 표명하고 있었다. 하지만 전쟁 상황이었고 부산에 전시수도를 꾸리고 있던 처지에서 그 주장은 한계를 갖고 있었다. 그렇다고 하더라도 한국정부가 대일강화회의에 참가해야 한다는 논리가 미국대사에 의해 주장되고 있었다는 사실만큼은 확인된 셈이다.

---

6) 김태기, 〈1950년대 초 미국의 對韓 외교정책 : 대일강화조약에서의 한국의 배제 및 제1차 한일회담에 대한 미국의 정치적 입장을 중심으로〉, 《한국정치학회보》 33집 1호, 1999년 봄, pp.360~361.

그런데 미국 상원의원 출신이자 국무부 고문인 덜레스(J. F. Dulles)가
일본을 방문하여 요시다 시게루(吉田茂) 일본 수상과 만나는 과정에서 상
황이 반전되었다. 일단 요시다가 덜레스에게 제시한 〈한국과 강화조약〉
이라는 글을 보자.

〈한국과 강화조약〉(1951. 4. 23) 전문

미국은 강화조약의 서명국으로서 참가시키기 위하여 한국을 초대한다는
의향을 시사해 왔습니다. 일본정부는 다음과 같은 이유로 미국정부가 이 문
제를 재고할 것을 희망합니다.

한국은 이른바 '해방된 국가'(1946년 6월 21일자 SCAPIN에 의하면 '특별
지원국')의 하나이며, 일본에 관한 한 강화조약의 발효에 의해 독립을 회복
하게 됩니다. 이 나라는 일본과 전쟁 혹은 교전상태에 있지 않았기 때문에
연합국으로 간주할 수 없습니다.(밑줄 필자)

한국이 만약 강화조약의 서명국이 되면 일본에 있는 한국민(Korean
Nationals)은 재산과 배상 등에 있어 연합국민으로서의 자신들의 권리를 획
득하고, 주장하게 됩니다. 아직까지 100만 명(전쟁 종료시는 거의 150만 명)
가깝게 거주하고 있는데, 이들 한국인이 터무니없는 배상을 청구하여 일본
정부는 거동도 할 수 없게 될 것입니다.

일본정부는 대일강화조약에서는 일본의 한국에 대한 모든 권리, 권한 및
청구권의 포기(미국초안, 제3장 영역 제3항)와 일본에 의한 한국의 완전독
립 승인만으로 한정하고, 정상적인 양국관계 수립은 현재의 한국전쟁이 끝
나고 한반도에 평화와 안정이 돌아왔을 때 체결되는 협상에 맡기는 것이
최선이라고 믿습니다.[7]

---

7) "Korea and the Peace Treaty", April 23. 1951, RG, Japanese Peace Treaty Files of John
Foster Dulles, Washington D.C. : National Archives(김태기, 〈1950년대 초 미국의 對韓
외교정책 : 대일강화조약에서의 한국의 배제 및 제1차 한일회담에 대한 미국의 정

요시다의 주장은 한국이 일본과 교전한 나라가 아니기 때문에 대일강화회의에 참가할 필요가 없다는 것이다. 또한 한국이 여기에 참가하여 서명할 경우, 일본에 거주하는 한국인을 연합국민으로 인정하여 엄청난 금액을 배상해야 하고, 그렇게 되면 일본정부가 움직일 능력을 상실하게 된다는 것이다. 더구나 이들은 한국전쟁이라는 상황을 이용하여, 당시 일본에 거주하던 한국인 가운데 북한을 지지하는 조총련 계열이 많아 배상금을 지불할 경우 북한으로 흘러 들어갈 위험이 크다는 이유를 내걸기도 했다. 이러한 요시다의 주장과 〈대일선전포고〉를 연결해 보면, 자신들은 임시정부의 선전포고 자체를 아예 인정하지 않겠다고 주장하는 셈이다.

대일강화조약에 한국이 참가하는 문제에 대해 미국은 일본의 반대주장을 받아들였고, 여기에 영국이 합세하였다. 이에 반해 한국정부의 대처는 늦었다. 한국정부가 의견서를 전달한 시기는 1951년 5월 중순, 즉 이미 미국 국무부의 방침이 결정된 이후였던 것이다. 이는 미국 국무부의 방침을 돌릴 수 없었다. 한국이 대일강화조약의 참가 근거로 폴란드의 경우를 제시하였지만, 미국 국무부는 "한국정부가 과거 임시정부가 일본과 교전했다고 하나, 미국 및 주요국은 임시정부의 승인을 회피했으며, 임시정부가 일본에 선전포고하고 일부의 한국인이 일본과 항쟁했다는 것은 아무런 의미를 갖지 않는다"(밑줄 필자)라고 평가했다.[8] 즉 한국정부가 대일강화회의에 참가하기 위한 법적 근거로서 제시한 임시정부의 정통성과 대일교전은 국제법상 효력을 가질 수 없다고 못 박은 것이다.

하지만 1949년 제네바에서 채택된 4개 협약의 각 제2조에는 이와 상반된 규정이 담겨 있다. 선전포고가 없는 경우에도, 즉 공식적인 통고가 없는 경우에도 합법적인 교전상태로 인정한 것이다. 만약 이를 따른다면 임시정부의 〈대일선전포고〉는 반드시 인정되어야만 했다. 물론 대일강화

치적 입장을 중심으로〉, 《한국정치학회보》 33집 1호, 1999년 봄, p.364에서 재인용).

8) 이원덕, 《한일 과거사 처리의 원점》, 서울대출판부, 1996, pp.34~35.

회의의 결과로서 샌프란시스코조약이 1952년에 발효되었지만, 우리는 그 조약에 서명한 나라가 아니므로 이에 구애받을 필요는 없다. 그렇지만 이 회의에 참가하지 못한 결과, 독도 영유권을 비롯한 여러 가지 문제점도 남기게 되었다. 미국을 비롯한 연합국이 임시정부를 승인하지 않은 것은 곧 임시정부의 〈대일선전포고〉를 부인하고 한국을 승전국에 포함시키지 않는다는 사실을 의미했으며, 이는 전후 배상문제와 영토 협상에서 한국을 배제시키는 결과로 이어졌다. 샌프란시스코 강화조약에서 독도 영유권에 관해 명확하게 처리하지 못한 것이 지금까지 이에 대한 논란의 불씨를 제공하는 원인이 되었고, 그 바탕에는 임시정부 불승인과 대일선전포고 불인정이라는 국제적인 움직임이 작용했던 것이다.

6. 맺 음 말

이상에서 본 것처럼, 임시정부가 일본에 대해 선전을 포고한 날짜는 1941년 12월 10일이다. 비록 그것이 미국시각으로 12월 9일이라고 말할 수는 있지만, 어디까지나 그것은 우리 시각으로 말해야 옳다. 따라서 지금까지 잘못 진행된 '대일선전포고기념일' 지정을 이제라도 바로 잡아야 한다.

다음으로 대일선전포고가 임시정부의 일관된 노선 위에서 선포되었다는 사실에 주목해야 한다. 마치 그것이 일제의 진주만 공습이라는 순간에 맞추어 급하게 발표된 것처럼 인식하는 것은 결코 옳지 않다. 왜냐하면 대일선전포고는 임시정부 수립 직후부터 끊임없이 일관적으로 추진해 온 노선이었기 때문이다.

그러나 이러한 대일선전포고는 해방 뒤 국제사회에서 무시되고 말았다. 일본의 외교활동과 국제적인 이해관계에 휘말려 존재조차 희미하게 변해 버린 것이다. 더 심각한 문제는 이것이 국제사회에서뿐만 아니라,

국내에서조차 무시되어 왔다는 데 있다. 해마다 선전포고일자에 맞추어 기념행사를 가지면서도 정작 그 날짜에 대해 조금도 의심하지 않고 지내 온 것이 그 대표적인 증거가 아닐 수 없다. 명확하게 날짜를 보여주는 자료가 있음에도 이를 제대로 헤아리지 못한 것은 어디까지나 무관심의 결과로 평가될 수밖에 없다.

　이제 대일선전포고에 대한 논의를 마무리하고 다시는 이러한 '선전포고'를 되풀이하지 말자는 결의를 가슴에 새기자. 이 말은 침략국에 대해 전쟁을 벌이지 말자는 것이 아니라, 원천적으로 식민지의 역사를 반복하지 않아야 한다는 것이다. 식민지가 아니라면 독립전쟁을 벌일 필요도 없다. 즉 우리가 다시는 식민지의 역사를 되풀이하지 않을 수 있는 방법을 찾아야 하는 것이다. 나아가 이를 국가의 정책으로 입안시켜 나라를 이끌어 가는 방향으로 정립해야 한다.

제3부

정당과 이념

- 1920년대 대한민국임시정부의 좌우합작운동
- 중국관내 독립운동정당의 활동
- 중국관내 우파진영의 민족주의

1920년대 대한민국임시정부의 좌우합작운동

1. 머 리 말

대한민국임시정부(이하 '임시정부')와 그 주변에서 전개되었던 좌우합작운동에 대한 논의는 남북분단과 통일운동이라는 현대적 과제로 말미암아 임시정부사 연구의 가장 중요한 주제 가운데 하나가 되었다. 1980년대 이후 이에 관한 연구들이 본격적으로 진행되고 1990년대에는 선행 업적들을 바탕으로 구조적 분석을 더한 연구들이 등장하면서, 임시정부 중심의 좌우합작운동에 대한 체계적인 성격 규명이 가능해졌다. 그 가운데 1920년대 중·후반에 임시정부를 중심으로 펼쳐졌던 유일당운동(唯一黨運動)이 연구사적인 측면에서 볼 때 비교적 이른 시기라 할 수 있는 1980년대 초반에 좌우합작운동사 연구의 단초로서 주목을 받았다. 그리고 유일당운동에서 출발한 연구는 1990년대에 접어들면서 1930·40년대 좌우합작운동에 대한 연구로 나아갔다.

유일당운동은 임시정부 인사들이 중심이 되어 1920년대 중·후반에 벌인 좌우합작운동의 대명사였다. 임시정부의 관점에서 보자면, 이 시기

는 1919년에서 1932년까지의 이른바 상해(上海)시대의 후반기, 곧 임시
정부 쇠약기에 해당되는 시점으로서, 임시정부가 난국을 타개하고자 안
간힘을 쓰던 때였다. 유일당운동은 민족독립이라는 과제를 달성하고자
반민족적인 세력을 제외한 전 민족의 힘을 결집시켜 나갈 당적 결합체를
구성하자는 운동이었다. 다시 말해 이념적 차이를 극복하여 하나의 정당
을 조직하고, 이를 중심으로 독립운동 전개와 국가 운영을 도모하자는
것이었다. 새로운 이념과 정치체제를 수용하는 문제와 관련하여 국가를
운영해 나가는 정당조직의 필요성을 강조하는 것이 이 운동의 핵심이었
다. 결국 유일당운동은 독립운동의 진행과정에서 나타난 좌우분립구도를
극복하고 하나의 힘으로 결집하여 오직 하나의 정당조직체를 만들어내
는 것을 과제로 삼았다고 할 수 있다.

　유일당운동의 전개과정에서 임시정부는 두 가지 문제를 동시에 해결
해야 했다. 하나는 이념적으로 유일당운동에 상응하는 변화를 수용하는
것이고, 다른 하나는 정부 자체를 정당이 운영하는 체제로 바꾸는 것이
었다. 즉 임시정부는 이념적인 결합과 조직 자체의 변화를 한꺼번에 이
루어야 하는 난제에 직면했던 것이다.

2. 유일당운동의 전개와 발전

1) 유일당운동의 배경

　유일당운동이 시작된 직접적인 요인은 비타협주의(반자치론)와 민족협
동전선론의 대두였다. 임시정부의 기능과 역할이 벽에 부딪히고 있던 가
운데 국내에서 전해진 타협주의(자치론)의 주장은 이들에게 엄청난 충격
을 주었다. 이를 비난하는 논리로서 등장한 것이 바로 비타협주의, 곧 반
자치론이었다. 비타협주의는 국내외에 걸쳐 대단한 반향을 불러 일으켰

는데, 그 가운데서도 1923년에 의열단선언으로 발표된 신채호의 〈조선혁명선언〉이 대표적인 논리였다.[1]

민족협동전선론은 1920년대 초에 사회주의 사상의 유입으로 나타난 사상적인 분화와 갈등을 극복하려는 노력에서 비롯되었다. 전선통일을 위한 시도는 코민테른의 지도와 요구에서 출발하였는데, 이는 계급해방에 앞서 민족해방을 실현한다는 일차적인 목표를 달성하기 위해서는 전선통일을 이루어야 함을 뜻했다. 그러므로 진보적·선구적인 독립운동자로 자처하는 인사들 가운데 상당수는 자신이 비록 공산주의자가 아닐지라도 코민테른의 선언과 정책에 반대할 이유는 없다는 긍정적인 태도를 갖게 되었다. 그리하여 극동인민대표회의 참가자들이 주도하여 국민대표회의를 개최하였으나, 창조파와 개조파의 분열로 회의가 결렬됨에 따라 결과적으로 의도한 목표 달성에는 실패한 셈이 되었다.

극동인민대표회의와 국민대표회의를 거치면서 중국관내(中國關內)지역의 독립운동계에 좌파세력이 크게 확장되자 민족협동전선론은 더욱 힘을 얻게 되었다. 특히 중국국민당이 1924년 1월 20일에 열린 제1회 전국대표대회[一全大會]에서 '연소(聯蘇)·용공(容共)·공농부조(工農扶助)'의 정책을 채택하고 제1차 국공합작(國共合作)을 성립시킨 것은 독립운동계에도 큰 영향을 미쳤다. 그 결과 우리 독립운동계에도 협동전선을 촉구하는 요구가 빗발치게 되었다.[2]

1920년대 초반을 넘어서면서 임시정부는 정부로서 지니는 이른바 '역할가치'를 크게 상실하였다. 따라서 임시정부를 중심으로 한 우파 진영은 민족의 절대적인 독립 달성을 위해서 좌파세력과 연대를 도모해야만 했다. 이승만(李承晚)이 임시대통령에서 면직된 직후, 1925년 3월부터 7월까지 대통령직을 역임하다가 병사한 박은식(朴殷植)은 유언을 통하여 민족협동전선의 필요성을 간절하게 강조하였고,[3] 특히 좌파의 움직임을

1) 이현종, 《近代民族意識의 脈絡》, 아세아문화사, 1979, pp.232~249.
2) 金正柱, 《朝鮮統治史料》 8 (東京 : 韓國史料研究所, 1971), p.115.

신축적으로 수용할 것을 요청하였다.

한편 1926년 2월에 상해에서 결성된 '주의자동맹'(主義者同盟)은 "우리 무산동맹과 독립운동과의 연합을 촉성하기에 노력할 것"을 결의하고 나섰다.[4] 그러나 사회주의 세력은 기본적으로 극동인민대표회의에서 결의한 내용과 같이 계급해방을 최종의 목표로 삼고 그 전 단계로 민족해방을 성취해야 한다고 주장하고 있었다. 결국 민족해방을 달성할 때까지만 민족협동전선을 추진하고자 한 것이 좌파의 자세였던 것이다.

2) 한국유일독립당상해촉성회와 협동전선운동의 전개

전 민족적 대당 결성을 위한 민족주의자의 첫 움직임은 1926년 5월에 상해에서 조상섭(趙尚燮)·오영선(吳永善) 등이 독립운동촉성회(獨立運動促成會)를 조직하는 것으로 나타났다.[5] 그러나 본격적인 대당 결성의 움직임은 1926년 7월에 안창호(安昌浩)를 중심으로 시작되었다. 임시정부의 존립과 각 단체의 통일을 목적으로 송병조(宋秉祚)·김종상(金鍾商)·서대우(徐大宇)·한진교(韓鎭敎)·김보연(金甫淵)·허운(許雲)·황훈(黃勳) 등이 발기하여 1926년 7월 8일에 상해의 삼일당(三一堂)에서 개최한 연설회가 그것이다. 안창호는 주의 여하를 불문하고 단합된 통일전선을 결성해야 한다고 역설했다. 그는 이어서 오직 혁명만이 유일한 길임을 강조하면서, 그 방법으로 '일대혁명당'(一大革命黨) 결성을 요구하고 나섰다.[6] 즉 중국과 같은 정치형태인 이른바 '이당치국'(以黨治國)에 필요한 '대당' 건설을 촉구한 것이다.

이렇게 대당 결성의 필요성에 대한 여론이 높아지던 가운데, 임시정부

3) 《獨立新聞》, 1925년 11월 11일자.
4) 국사편찬위원회, 《日帝侵略下 韓國三十六年史》 8, 탐구당, 1973, p.49.
5) 朝鮮總督府 警務局, 《高等警察關係年表》, 朝鮮總督府, 1930, p.201.
6) 국회도서관, 《韓國民族運動史料》(中國篇), 1976, p.600.

국무령(國務領) 홍진(洪震)은 1926년 7월 8일에 임시의정원에서 열린 취임식에서 전 민족을 망라한 당체(黨體) 조직과 전 세계피압박민족과의 협동전선 구축을 강령으로 제시하였다.[7] 비타협적 운동과 대당 결성에 대한 임시정부의 능동적이고 적극적인 자세를 확인할 수 있는 장면이다. 이러한 임시정부의 움직임은 독립운동계 전반에 비타협적 운동 및 대당 결성 추진이 활성화하는 데 영향을 주었다.

안창호는 1926년 8월과 9월에 북경(北京)의 유력자이면서 좌파세력의 대표인 원세훈(元世勳)을 만나 대동단결을 거듭 촉구했다. 이 만남은 촉성회 결성을 위한 최초의 본격적인 접촉이었다. 이들은 10월 10일부터 세 차례에 걸쳐 회합을 가진 뒤, 마침내 같은 달 16일에 선언서를 발표하고 '대독립당조직북경촉성회'(大獨立黨組織北京促成會 ; 이하 '북경촉성회')를 창립하는 성과를 일구어냈다.[8] 북경에서 발표된 선언서에는 러시아의 무산혁명자가 공산당의 깃발 아래 모였고 중국의 혁명자가 국민당에, 아일랜드의 혁명자는 신펜당에 각각 집결하였다는 사실이 예로 언급되면서, 당적 결합이 필요하다는 당위성이 강조되고 있었다.[9] 이것은 북경촉성회의 구성원들이 소련·중국과 같이 '이당치국'의 형태로 민족협동전선을 결성하려 했다는 사실을 말해준다.

회원의 조직은 집행위원과 일반회원으로 구성되었다. 집행위원은 원세훈·조성환(曺成煥)·박건병(朴健秉)·배천택(裵天澤) 등 5명이었고, 일반회원은 강부약〔姜扶弱 ; 강구우(姜九禹)〕·김광선(金廣善)·김운파(金雲坡)·김유성(金有成)·김인제(金人濟)·김일성(金一成)·김찬(金贊)·김해산(金海山)·권경지(權敬止)·이광(李光)·이찬(李贊)·박해관(朴海觀)·송호(宋虎)·배운영(裵雲英)·신익희(申翼熙)·윤괴추(尹愧椎)·원홍(元興)·황욱〔黃郁 ; 황일산(黃一山)〕 등 18명이었다.[10]

---

7) 국회도서관, 《韓國民族運動史料》(中國篇), 1976, p.615.
8) 朝鮮總督府 慶北警察部, 《高等警察要史》, 1934, pp.109~110.
9) 朝鮮總督府 慶北警察部, 《高等警察要史》, 1934, pp.110~111.

북경에서 시작된 대당 결성 시도는 상해에 직접적으로 영향을 끼쳤다. 1926년 11월에는 《獨立新聞》에 대당 결성에 대한 주장이 거듭 실리기에 이르렀다.11) 여기에 국내의 정우회(政友會)가 발표한 방향전환론도 이러한 분위기를 더욱 촉진시켰다. 대당 결성을 바라는 목소리는 1927년 3월 26일에 상해 삼일당에서 열린 상해한인청년회 창립총회에서 채택된 강령에서도 나타난다. 즉 "청년의 공고(鞏固)한 단결과 분열된 전선의 통일을 기할 것과 독립운동의 유일당이 속히 완성되기를 노력한다"라는 등의 내용이 포함되어 있었던 것이다.12)

정우회의 방향전환론 발표와 북경촉성회 결성에 자극받은 상해의 독립운동자들은 능동적으로 개헌을 단행했다. 홍진이 국무령직을 사직하고 재야에서 유일당 발기를 위해 움직이게 되었는가 하면, 1926년 12월 13일에 홍진을 이어 국무령에 취임한 김구(金九)는 정체변경(政體變更)을 위한 개헌에 착수했다. 그리하여 임시정부는 좌우합작에 관한 왕성한 논의들을 체제 안으로 수용하고자 개헌을 단행하였다. 그 결과가 1927년 3월 5일에 이루어진 3차 개헌이다. 임시정부는 이를 통해 '이당치국' 노선을 명확하게 제시하였다. 헌법 제2조의 단서에 "단, 광복운동자가 대단결한 당(黨)이 완성될 때는 최고 권력은 그 당에 있는 것으로 한다"13)고 명시하였고, 제49조에서 그 당이 완성될 때 헌법 개정도 거기에서 하도록 규정한 것이다.14) 이것은 민족협동전선 결성의 노력을 정부 차원에서 수렴하려던 것으로서, 유일대당 결성운동을 크게 촉진시키는 계기가 되었다.

좌파세력 또한 이러한 움직임에 동조하고 나섰다. 1927년 3월에 화요파의 홍남표(洪南杓)와 ML파의 정백(鄭栢)이 대당 결성을 위한 준비에 착수했다. 좌파의 양대 세력이 결집한 가운데 유일당 결성을 위한 모임

---

10) 朝鮮總督府 慶北警察部, 《高等警察要史》, 1934, p.111.
11) 《獨立新聞》, 1926년 11월 3일자.
12) 국사편찬위원회, 《日帝侵略下韓國三十六年史》 8, 탐구당, 1973, p.422.
13) 한시준, 《대한민국임시정부법령집》, 국가보훈처, 1999, p.56.
14) 한시준, 《대한민국임시정부법령집》, 국가보훈처, 1999, p.61.

이 열렸고, 그 결과 좌·우 세력을 각기 대표하는 홍남표·홍진 두 사람
의 이름으로 〈전민족적독립당결성의 선언문〉이 발표되었다. 이어서 3월
21일에는 삼일당에서 창립총회가 거행되었다.15) 약 40명이 참석한 창립
총회에서 유일당 조직을 촉성하고 민족의 독립적 역량을 집중하는 데 노
력한다는 결의 등을 포함한 강령이 작성되었고, 더불어 집행위원 조직도
완료되었다. 선임된 집행위원은 모두 24명이었는데, 이 가운데 홍진·이
동녕(李東寧)·이규홍(李圭洪)·조상섭·조완구(趙琬九)·나창헌(羅昌
憲)·최석순(崔錫淳)·최창식(崔昌植)·김철(金澈)·김갑(金甲)·오영
선·안공근(安恭根)·김구·윤기섭(尹琦燮)·송병조·김규식(金奎植) 등
16명이 임시정부 계열이고, 홍남표·조봉암(曺奉岩)·황훈·강경선(康景
善)·김두봉(金枓奉)·정백·현정건(玄鼎健)·이민달(李敏達) 등 8명이
사회주의 계열이었다.16)

　이러한 과정을 거쳐 상해에서 1927년 3월에 한국유일독립당상해촉성
회(이하 '상해촉성회')가 성립되었고, 5월에는 의열단이 〈독립당촉성운동
에 대한 선언〉을 발표했다. 이 선언을 통해 의열단은 먼저 "전운동선(全
運動線)의 시대적 상황이 과거의 착오를 깨닫고 새롭고 완전한 진로를
도모하는 시기에 이르렀다"라고 주장하고, 그것이 곧 "독립운동의 통일
및 통일적 당조직운동, 대독립당촉성운동"이라고 밝혔다.17) 이어 의열단
은 종래의 착오와 오류에서 벗어나기 위해서는 통일된 당을 조직하는 방
법에 관한 문제가 해결되어야 한다고 주장하면서, 촉성회의 형식으로 통
일적 중추기관, 곧 대당의 결성을 이루어야 한다는 것을 밝혔다. 이들은
또한 전체 단원이 개인 자격으로 가입하도록 하고 대당이 결성되는 즉시
조직을 해체한다고 밝힘으로써, 개인 본위로 대당을 결성하는 방법을 지

---

15) 김영범, 〈1920년대 후반기의 민족유일당운동에 대한 재검토〉, 《한국근현대사연구》
　　1, p.111.
16) 朝鮮總督府 慶北警察部, 《高等警察要史》, 1934, p.105.
17) 이현종, 《近代民族意識의 脈絡》, 아세아문화사, 1979, p.245.

지하고 나섰다.[18]

그러나 조직방법론을 둘러싸고 둘로 갈라졌던 만주지역의 경우와 달리, 상해 독립운동계에서는 이 문제가 크게 거론되지 못한 듯하다.[19] 중국관내에서는 각지 촉성회의 결성 이후에 민족주의 진영과 사회주의 진영 모두 국내의 '민족단일당론'에 해당하는 '유일독립당론'을 줄곧 고수했던 것으로 생각된다. 특히 국내의 신간회에 대하여 ML파가 시기에 따라 '민족단일당론', '대중적 협동전선론', '반제협동전선론' 등으로 전술을 전환시켜 나간 것과 견주어 보면, 이 현상은 더욱 확연하게 드러난다.

북경촉성회가 결성된 뒤, 이에 영향을 받아 1927년 3월 이후 상해・광주(廣州)・무한(武漢)・남경(南京) 등에서도 잇따라 촉성회가 성립되었다. 광동촉성회는 1927년 5월 8일에 김성숙(金星淑)・정학빈(鄭學彬)의 주도로 성립되었고, 170여 명의 회원을 규합하였다. 그리고 같은 해 7월 초에는 의열단원인 박건웅(朴建雄)을 중심으로 무한촉성회가 조직되었고, 회원 수가 150명에 달했다.[20] 남경촉성회는 이들 가운데 가장 늦은 1927년 9월 27일에 김일주(金一柱)를 필두로 창립회원 30명이 모인 가운데 결성되었다.[21]

3) 한국독립당관내촉성회연합회와 협동전선운동의 발전

1926년 10월에 북경촉성회가 성립된 이후 1927년에 접어들면서 상해・광주・무한・남경 등에 각지 촉성회가 결성되었다. 이제 다음 단계는 이들을 하나로 묶는 일이었다. 결합을 위한 움직임은 1927년 9월에

---

18) 이현종, 《近代民族意識의 脈絡》, 아세아문화사, 1979, p.246.
19) 국회도서관, 《韓國民族運動史料》(中國篇), 1976, p.635.
20) 朝鮮總督府 慶北警察部, 《高等警察要史》, 1934, p.108 ; 김영범, 〈1920년대 후반기의 민족유일당운동에 대한 재검토〉, 《한국근현대사연구》 1, 1994, p.113.
21) 金正明, 《朝鮮獨立運動》 2 (東京 : 原書房, 1967), p.329 ; 朝鮮總督府 慶北警察部, 《高等警察要史》, 1934, p.106.

북경촉성회가 이에 관한 문제를 논의하고자 상해 측과 교섭을 시도함으로써 비롯되었다. 이 교섭에 따라 상해촉성회는 연합회 출석대표로 이동녕·홍진·김두봉·홍남표·조소앙(趙素昻)을 선출했다. 그리고 각지에 교섭하여 1927년 11월 9일에 상해에서 '한국독립당관내촉성회연합회'(韓國獨立黨關內促成會聯合會 ; 이하 '연합회')를 개최하게 되었다.

연합회는 1927년 11월 22일 본회의에서 채택한 선언서를 통해 '광복운동'을 점검하면서 성적부진의 원인을 분석하였다. 그 결과 광복운동단체의 숫자가 적지 않았으나 이들의 운동방법이 부적합한 것이 부진의 원인이라고 밝혔다. 운동역량을 총집중시킬 유기적 통일기관이 없다는 데서 부진의 원인을 찾은 연합회는 각지의 촉성회 결성이 그 돌파구이며, 이 연합회의 다음 순서가 당조직주비회(黨組織籌備會)를 조직하는 것이라고 밝혔다. 즉 연합회는 각지 촉성회를 연결하여 유일당의 조직을 주비(籌備)할 모임을 결성하는 데 그 목적을 두었던 것이다.[22]

연합회는 전체회원이 모이는 대회와 15인으로 구성되는 집행위원회, 그리고 5인으로 구성되는 상무위원회로 구성되었다. 집행위원은 박건병·배천택·장건상(張建相, 이상 북경)·최추해(崔秋海)·함성(咸聲, 이상 광주)·장성산(張聖山)·김일주(이상 남경)·허열추(許悅秋)·최원(崔圓, 이상 무창)·진덕삼(陳德三 ; 홍남표)·홍진·현정건·조소앙·김두봉(이상 상해) 등 15인이었다. 그리고 상무위원은 진덕삼·홍진·김두봉·배천택·장건상 등 5인이었다.[23]

연합회의 성립 과정에는 중국관내지역의 독립운동계가 모두 참여했다고 해도 지나친 말이 아니다. 거기에는 상해·북경·남경·광주·무한 등 각 지역의 대표뿐만 아니라, 홍진을 비롯한 임시정부 계열과 박건병·배천택 등의 북경을 거점으로 하는 세력, 그리고 사회주의 세력 가운데 이르쿠츠크파·화요파 계열과 상해파·서울청년회파 등 각 계열의

---

22) 朝鮮總督府 慶北警察部, 《高等警察要史》, 1934, p.106.
23) 국회도서관, 《韓國民族運動史料》(中國篇), 1976, p.619.

독립운동자들이 한데 모여 있었기 때문이다.

1927년 11월에 연합회의 성립이 추진되던 가운데, 연합회의 전위로서 '중국본부한인청년동맹'(中國本部韓人靑年同盟 ; 이하 '중본한청')이 조직되기에 이르렀다. 중본한청은 기존 단체인 '상해청년회'(상해한인청년회인 것으로 추측됨)가 1927년 12월 4일에 상해·남경·북경·광주·무한의 다섯 지역 청년회 대표와 협의하여 창립한 조직이다.[24] 이어 중본한청은 5일에 집행위원회를 열어, 중앙집행위원장 변장성[邊長城 ; 변동화(邊東華)]를 비롯한 23명의 대표로 이루어진 집행위원회를 구성하는 등 내부 조직을 꾸리고 위원들을 선출하였다. 그 가운데 중심인물은 정태희(鄭泰熙)·이관수(李寬洙)·김기진(金其鎭) 등이었다.[25] 구성 인물을 보면, 좌파인물이 상당히 포함되어 있고 그 가운데서도 화요파가 다수를 이루고 있음을 알 수 있다. 동맹의 조직은 상해에 본부를 설치하고 각 지역에 지회를 두는 것으로 구성되었는데, 각 지역의 청년회를 지회로 개조하도록 했다.

중본한청은 "한국독립 및 세계혁명의 이론과 실제적 진술을 토구수립(討究樹立)하여 그 실현을 도모한다"는 강령 및 선언서를 발표했다. 이 선언을 통해 중본한청은 정치적 투쟁으로 방향을 전환할 것과 노동자와 농민대중의 기반 위에 투쟁할 것을 주장했다. 조직의 구성과 이념을 살펴보면, 중본한청의 주도권이 좌파세력 쪽으로 기울어 있었음을 쉽게 알 수 있다. 또 좌파세력의 양대 축인 화요파 계열과 ML파 계열이 모두 참가하고 있는 것도 확인할 수 있다.

---

24) 국사편찬위원회, 《韓國獨立運動史》 4, 탐구당, 1968, p.628.
25) 23명의 대표는 상해지부 대표 변장성(위원장)·정태희·이관수[최환(崔煥)]·김기진·엄항섭(嚴恒燮)·정원[鄭遠 ; 정세호(鄭世鎬)] 등 11명, 북경지부 대표 김영식(金英植) 등 5명, 광동지부 대표 정학빈[정유린(鄭有燐)]·함성[咸聲 ; 오성륜(吳成崙)]·최추해·장지락(張志樂) 등 5명, 무한지부 대표 진갑수(陳甲秀), 남경지부 대표 김수청(金秀靑) 등으로 구성되었다[(국회도서관, 《韓國民族運動史料》(中國篇), p.623].

중본한청은 만주의 청년단체와 유기적인 관계를 맺고 한국청년총동맹의 일지대적(一支隊的) 구실을 하고자 하는 자신들의 의지를 결의안에 담아냈다. 이러한 결의에 바탕을 두고 중본한청은 중앙집행위원인 정원(鄭遠)을 1928년 1월 상순에 만주로 파견하여 현지의 청년 단체들과 접촉하게 하였다.26) 이는 1928년 5월 27일에 만주 길림성(吉林省) 반석현(盤石縣)에서 재중국한인청년동맹(在中國韓人靑年同盟)을 성립시키는 데 이바지하였다.

3. 유일당운동의 중단과 좌 · 우 세력의 분립

1) 상해촉성회의 해체와 유일당운동의 중단

1928년에 접어들면서 유일당운동이 답보 상태에 빠지기 시작했다. 이후의 과정은 크게 세 단계로 나누어 살펴볼 필요가 있다. 그 첫 번째 단계는 1928년 중반부터 유호한국독립운동자동맹(留滬韓國獨立運動者同盟 ; 이하 '유호동맹')이 결성되는 1929년 10월까지이고, 두 번째 단계는 유호동맹과 한국독립당이 분립되었음에도 협동전선운동의 여진이 남아 있던 1931년 말까지이며, 마지막 세 번째 단계는 1931년 말에 유호동맹이 해체되어 협동전선운동의 한 축이 사라지게 되는 시기까지이다.

첫 번째 단계의 전반부에는 좌 · 우의 분립과 좌파 내부의 화요파 · ML파 분립이라는 두 가지 구도가 나타났다. 민족주의 세력은 대당 결성을 통해 민족운동의 통일과 임시정부의 강화를 도모하고, 나아가 민족운동의 새로운 돌파구를 찾고자 했다. 이에 반해 사회주의 세력은 전선 통일을 일시적인 전술로서 상정하면서 세력 확산을 꾀하였다. 점차 사회주의 세

---

26) 김준엽 · 김창순, 《韓國共産主義運動史》 4, 청계연구소, 1986, pp.269~270.

력이 강화되는 가운데, 상해촉성회는 민족운동을 위해서 결집된 조직이라는 당초의 목표와 강령에 어긋나게 구성원들이 자신들의 세력을 확충, 또는 방어하는 모습을 드러내며 혼란을 거듭하게 되었다. 즉 1928년부터 나타난 좌우분립구도는 "우익진영이 '전민일치'(全民一致)의 중앙집권적 대독립당 결성을, 좌익진영은 노농대중의 이해와 처지에 바탕을 둔 '전투적 협동전선' 내지 '혁명적 통일전선'의 결성을 주창하면서 나뉘었다."[27]

전반부에서 드러난 또 다른 갈등구도는 좌파 내부의 양대 세력인 화요파와 ML파 사이에서 형성되었다. 이는 좌파 헤게모니 전략의 즉각적인 적용 여부를 둘러싸고 나타난 분립구도였는데, "화요파(중본한청)가 우파와의 '결합'을 우선시하여 그 적용을 유보했다면, ML파(재중국한인청년동맹 ; 이하 '재중한청')는 우파와의 '분리'와 헤게모니 전략의 상시적 및 즉각적인 적용을 강조함으로써, 양측이 날카로운 대립을 보인 것이다."[28] 좌파의 양대 세력은 재중한청이 성립되면서부터 분열 양상을 보이기 시작하였다. 재중한청의 주도권을 장악한 ML파는 상해의 중본한청을 장악한 화요파에 대해 공세를 취했다. 중본한청과 재중한청 사이에 갈등이 계속되다가, 결국 상해에서는 촉성회의 전위조직인 중본한청에서 ML파가 이탈하고 우익진영과 화요파만 남게 되었다.

첫 번째 단계의 후반부는 1929년 후반기로 접어들면서 시작되었다. 전반부의 대립구도에 새로운 축, 곧 국제주의와 민족주의의 대립구도가 첨가된 것이다. 즉 코민테른이 '12월 테제'로 지령한 민족부르주아 세력과의 결별 요구를 좌익진영이 받아들여 유일당운동을 중단시킨 것이었다. 국제주의 노선을 강하게 표방하던 ML파의 논리와 태도가 종래 우파와 결합하는 것을 우선시해온 화요파의 그것을 누르게 되었다. 특히 의열단도 ML

27) 김영범, 〈1920년대 후반기의 민족유일당운동에 대한 재검토〉, 《한국근현대사연구》 1, 1994, p.128.
28) 김영범, 〈1920년대 후반기의 민족유일당운동에 대한 재검토〉, 《한국근현대사연구》 1, 1994, p.128.

파에 지지를 보냄으로써, 세력 간의 우열은 확연히 드러났다. 1929년 7월
에 재중한청 제1구 상해지부가 발표한 격문에 "제군의 조국 소비에트 러
시아(밑줄 필자)는 제국주의 강도군의 무력적 포위에 직면하였다"는 구절
이 있었다. 이에 대해 우익진영은 "모국을 팔아먹고 조상을 바꾸는[賣母換
祖] 행위"라고 강력하게 비판하였는데, 이는 연합을 유지하던 우익세력과
화요파 사이의 결별을 의미하는 것이었다.29) 이제 화요파와 ML파 모두
"국제주의의 논리를 내세워 코민테른-소련의 지도적 지위를 절대시하고,
그 권위를 맹목적으로 추종하는 풍조를 갖게 되었고, 이에 따라 결국은
좌우익의 전선분리"30)가 초래되었다. 상해지역의 좌파세력이 들고 나온
해체 이유는 만주와 마찬가지로 조직방법론상의 문제 제기였다. 즉 그들
은 '민족유일당론'의 단계가 아닌 '대중적 협동전선론'을 주장하고 나선 것
이다.31)

  1929년 10월 26일에 상해촉성회는 결국 해체되었다. 이는 프랑스조계
의 사교(斜橋)에 있던 혜중학교(惠中學校)의 대강당에서 열린 회의에서
결정되었다. 이 회의에는 사회를 맡았던 최창식을 비롯하여 홍남표·황
훈·구연흠(具然欽)·곽헌(郭憲)·정태희·이민달·최봉관(崔鳳官)·조
봉암·김원식[金元植; 김형선(金炯善)]·이동녕·김두봉·조완구 등 좌파
와 우파를 각기 대표하는 인물들이 참석하였다.32) 그렇지만 참석자의 대
다수가 화요파와 ML파의 양대 세력을 망라하는 좌파세력의 대표들이었
다. 이로써 상해지역의 좌우합작운동은 일단 중단되고 말았다.

29) 독립운동사편찬위원회, 《獨立運動史資料集》 7, 1973, pp.1425~1429.
30) 김영범, 〈1920년대 후반기의 민족유일당운동에 대한 재검토〉, 《한국근현대사연구》 1,
    1994, p.128.
31) 국회도서관, 《韓國民族運動史料》(中國篇), 1976, p.635.
32) 국회도서관, 《韓國民族運動史料》(中國篇), 1976, p.638 ; 〈外務省警察史 支那之部〉,
    《朝鮮民族運動史》(未定稿), 고려서림, 1989, p.618.

2) 좌·우 세력의 분립과 협동전선운동의 중단

(1) 유호한국독립운동자동맹과 한국독립당의 분립

좌파세력은 유호동맹을 결성하였다. 상해촉성회가 해체를 결의한 그 자리에서 바로 벌어진 일이었다.[33] 극소수였던 우익인사들은 '동향회'(同鄉會) 정도의 이름을 내걸고 실제로는 독립운동을 전개하는 단체를 조직하자고 주장한 데 반해, 다수를 차지하고 있던 좌익진영은 이름과 실제를 일치시킬 수 있도록 독립운동을 펼칠 단체를 결성하자고 주장하였다.[34] 그리고 바로 유호동맹의 창립과정을 밟았다. 이어서 이들은 기관지 《앞으로》를 발간하면서 창간호를 통해 〈창립선언〉을 발표하였다.[35] 이들은 혁명전선통일의 원칙을 투쟁적 통일에서 찾고, 당시의 객관적 정세가 유일당 조직의 방법이 아닌 협동투쟁의 방법을 강조하고 있다고 밝히면서, 국제주의의 논리 위에서 중국·소비에트 러시아와 연대할 것을 주장하였다.[36]

유호동맹을 결성한 뒤에도 화요파와 ML파는 일정한 거리를 두고 있었다. 그런데 이들을 하나로 묶는 계기가 외부에서 나타났다. 중국공산당의 강력한 흡인력이 바로 그것이다. 1930년 5월 이후 중국공산당은 한인공산주의세력을 흡수하고 직접 관장하고자 나섰다. 재중한청 제1구 상해지부는 처음에 이를 거부하였으나, 8월에 이르러 결국 재중한청 상해지부의 해산과 한인청년동맹으로의 통합을 선언하게 되었다.[37] 즉 상해지역

---

33) 朝鮮總督府 高等法院檢事局思想部, 《思想彙報》 2, 1935. 3, p.13 ; 《東亞日報》, 1929. 11. 11.
34) 〈外務省警察史 支那之部〉, 《朝鮮民族運動史》(未定稿), 고려서림, 1989, pp.618~619.
35) 창간호의 주필은 유호동맹의 대표인물인 구연흠이었다. 아울러 창간호에 표기된 활자는 한글이었고, 크기는 신문지의 절반인 4절지였다[〈外務省警察史 支那之部〉, 《朝鮮民族運動史》(未定稿), 고려서림, 1989, p.582, pp.619~620].
36) 〈外務省警察史 支那之部〉, 《朝鮮民族運動史》(未定稿), 고려서림, 1989, p.582, pp.619~620.
37) 〈外務省警察史 支那之部〉, 《朝鮮民族運動史》(未定稿), 고려서림, 1989, pp.634~639.

에서 소수 세력인 ML파가 중국공산당의 요구를 수용하지 않고 버티어 내다가 결국에는 흡인되고 만 셈이다.

유호동맹의 구성원은 대략 50명이 넘는 수준이었다고 추정된다. 중국 공산당에서 1930년을 전후한 시기에 상해에서 활동하고 있던 한인공산 주의자의 수를 48명으로 파악하였고,[38] 일제 관헌도 1930년 3월 당시 중국공산당강소성위원회법남구한인지부(中國共産黨江蘇省委員會法南區韓人 支部 ; 이하 '중공당한인지부')에 가입한 유호동맹원을 45명이라 파악하고 이를 명단에까지 기록하였기 때문이다.[39] 일제 정보기관에 노출되지 않은 인물까지 계산한다면 구성원의 수는 50명이 넘었으리라 짐작된다.

유호동맹을 선도했던 인물은 구연흠 · 조봉암 · 홍남표 등이었다. 초기에는 구연흠이 대표로 활동했던 것으로 파악된다. 하지만 그는 유호동맹이 결성된 후 1년 만인 1930년 9월에 상해에서 체포당함으로써 활동을 종료하게 되었다. 뒤를 이어 유호동맹을 이끌었던 인물이 조봉암과 홍남표였다. 조봉암은 1931년 1월에 중국공산당 상해지부 서기가 되었다. 조봉암은 유호동맹의 확장을 위해 정력적으로 활동하였다. 그 결과 상해한인반제동맹과 상해조선인반제주의자동맹 등의 전위단체들을 조직할 수 있었다.[40] 그리고 홍남표는 구연흠을 이어 중공당한인지부장을 맡아 역시 주도적으로 활동하였다.[41]

유호동맹은 1929년 10월 26일에 결성된 뒤, 만 2년에 걸쳐 상해지역 한인공산주의운동의 핵심적인 구실을 담당해 오다가 1931년 말에 해체되었다. 여기에는 그들이 채택한 국제주의 노선에다가 중국공산당의 흡인력이 작용했음은 분명하다. 이후에는 한인 좌익세력의 독자적인 활동

38) 〈外務省警察史 支那之部〉, 《朝鮮民族運動史》(未定稿), 고려서림, 1989, p.668 ; 국회 도서관, 《韓國民族運動史料》(中國篇), 1976, p.642.
39) 〈外務省警察史 支那之部〉, 《朝鮮民族運動史》(未定稿), 고려서림, 1989, pp.585~587.
40) 스칼라피노 · 이정식, 한홍구 옮김, 《한국공산주의운동사》 1, 1986, pp.235~236.
41) 《中央公論》 52, 제10호(1937. 10) ; 서대숙, 《한국공산주의운동사연구》, 화다, 1985, p.150에서 재인용.

은 거의 없어지고, 중국공산당 한인지부의 주도 아래 중국 민중과 연대하는 국제적인 반제투쟁이 주류를 이루게 되었다. 그러나 중국공산당의 영향 아래 왕성한 반제운동과 국내에 대한 투쟁이 전개되었음에도 지도급 인물들이 줄을 이어 체포됨에 따라 상해지역의 한인공산주의 운동의 역량은 크게 약화되었다.[42] 유호동맹이 해체된 뒤로 추진체를 상실함으로써, 한인의 독자적인 협동전선 추구, 또는 유일당운동의 재추진은 불가능했다.

한편 임시정부를 지탱하던 우파세력은 유일당운동의 결렬을 지켜보면서 독자적인 정당 결성에 나섰다. 새로운 조직체는 민족주의 세력을 결집시키면서 임시정부의 기능을 강화시키는 것이어야 했다. 아울러 유일당운동으로 표출된 요구에 걸맞게 정당의 성격을 지닌 조직체를 결성하는 것이 과제였다. 이러한 필요에 따라 1930년에 들면서 민족주의 세력은 임시정부의 여당 구실을 하는 독립운동정당을 조직하고자 했는데, 그 결정체가 바로 1930년 1월 25일에 결성된 한국독립당이었다. 좌파세력이 유호동맹을 결성함으로써 유일당운동이 일단 좌절된 이후, 이에 대응하는 차원에서 우익진영이 독자적인 당적 조직체로서 성립시킨 조직체가 바로 한국독립당이었던 것이다.

한국독립당은 비밀결사체로서 출발했지만, 1931년 초부터 수면 위로 완전히 떠오르게 되었다. 1931년 4월에 임시정부국무위원회가 남경에 정착해 있던 중국국민당 정부에 대해 〈재남경중국국민당회의(在南京中國國民黨會議)에 대한 선언〉을 발표함으로써,[43] 한국독립당의 존재를 뚜렷하

---

42) 1930년에 최창식과 구연흠, 정백 등이 체포된 뒤, 조선공산당 재건운동을 위해 국내에 파견되었던 김명시(金命時)가 1932년 8월에, 또한 김명시의 오빠인 김형선이 1933년 7월에 각각 국내에서 체포당했다. 그리고 정태희가 1932년 8월에, 조봉암이 같은 해 9월에, 홍남표 역시 같은 해 12월에, 곽헌이 1933년 5월에, 그리고 오기만(吳基萬)이 1934년 4월에 각각 상해에서 체포당하였다. 특히 1933년 7월에는 코민테른의 리포터로 활동하던 박헌영(朴憲永)마저 체포당하여 국내로 송환되었다.
43) 국회도서관, 《韓國民族運動史料》(中國篇), 1976, pp.672~676.

게 부각시켰던 것이다. 유호동맹이 성립되었음에도 한국독립당이 은밀하게 움직였던 이유 가운데 하나는 안창호가 주도했던 협동전선운동의 여진이 계속 남아 있었기 때문이라고 추측해 볼 수도 있다. 하지만 점차 중국공산당의 영향 아래 직속되어 가는 좌파세력을 지켜보면서 협동전선운동의 돌파구를 찾지 못한 우파세력이 자신들만의 조직체를 공개적으로 드러낸 것으로 짐작되기도 한다.

(2) 좌우합작운동의 중단과 여진(餘震)

유호동맹과 한국독립당 결성으로 나타난 좌파와 우파의 분립구도가 그대로 좌우합작운동의 종말을 뜻하는 것은 아니었다. 특히 임시정부 중심의 우익세력이 내심 품고 있던 좌우합작에 대한 기대가 1930년 1월에 개최된 상해한인단체연합회를 통해서도 드러났기 때문이다. 1929년 11월에 국내에서 광주학생운동이 일어나자, 12월 말에 이에 대한 원조와 선전을 위해 상해지역의 한인독립운동단체가 모두 참가하는 연합체를 결성하자는 움직임이 나타났다. 즉 국내 학생운동 소식에 고무된 상해지역 독립운동가들이 이를 중요한 기회로 파악하고 나선 것이다. 좌익진영의 유호동맹이 연합체 구성을 주창하고 나섰고, 임시정부 중심의 우익진영도 마찬가지였다. 결국 안창호가 중심이 되어 상해한인단체연합회를 엮어내면서 상해 시가지에서 전개된 시위에 좌익과 우익 모두가 참여하였다. 그러나 좌익진영에서 그 투쟁을 중국공산당의 영향 아래 반제투쟁으로 전개하여 국제주의 노선을 걷게 되자, 우익진영은 여기에서 이탈하고 말았다. 즉 유호동맹과 한국독립당이 각각 좌·우로 분립되어 가던 상황에서 좌우합작운동이 일시적으로 다시 시도되었다가 결렬된 것이다.

상해한인단체연합회의 결렬 이후에도 좌우합작운동은 두 가지 방면으로 추진되었다. 하나는 좌절하지 않고 또다시 좌우합작운동에 나선 안창호의 활동에서 확인된다. 그는 한국독립당이 결성된 직후인 1930년 3월 말에 천진(天津)으로 가서 그곳의 유력 인물인 박용태(朴龍泰)를 만나 협동전선을 논의하는 한편, 7월 초에도 천진으로 가서 배천택·박해관·송호 등 북경·천진 지역의 유력 청년층 운동자들과 접촉하였다.[44] 안창호의 활동과는 별개로 한국독립당은 자체적으로 표방한 이념을 통하여 협동전선운동의 여지를 남겨 놓았다. 비록 유일당운동이 결렬된 상태였지만 장차 다시 추진될 것을 전망하면서 당의(黨意)와 당강(黨綱)에 이를 위한 공간을 마련해 두었던 것이다. 즉 한국독립당은 기본강령에 민주독립국가의 수립과 균등제도의 실현을 목표로 내걸면서도, '균등사회의 생활보장', '국비교육시설 완비', '평등호조'라는 원칙을 밝힘으로써, 좌파세력과 합작할 수 있는 가능성을 열어두었다.[45] 그리고 이후에 정리된 당강도 민족의 총역량을 동원한 민족적 저항과 무력적인 파괴를 방략으로 내세우면서, "토지 및 대생산기관을 국유화하여 국민의 생활권을 평등하게 한다"라는 사회주의 정책을 규정하고 있었다.[46] 이처럼 사회주의적인 내용을 강령에 포함한 일은 유일당운동이 결렬된 이후 우파진영이 좌파진영에 이념적으로 접근한 최초의 시도였다. 이는 민족주의 세력이 이념적인 측면에서 사회주의 세력을 어느 정도 수용하고자 노력하였음을 의미하는 것이기도 하다.

4. 맺음 말

1920년대 후반기는 임시정부가 좌우합작운동에 매진하던 시기였다. 1926년 10월 북경촉성회 결성을 기점으로 상해·광주·무한·남경 등 다섯 지역에서 촉성회가 결성되었다. 그리고 이를 하나로 묶은 한국독립

---

44) 김영범, 〈1920년대 후반기의 민족유일당운동에 대한 재검토〉, 《한국근현대사연구》1, 1994, p.137.
45) 김승학, 《韓國獨立史》, 독립문화사, 1965, p.411.
46) 국사편찬위원회, 《韓國獨立運動史資料》3, 1973, p.396.

당관내촉성회연합회가 1927년 11월에 결성되고 이듬해에는 청년조직마저 통일됨으로써, 협동전선운동은 정점에 이른 듯하였다. 하지만 촉성회 단계를 지나 주비회 결성 단계에서 12월 테제 등이 난관으로 작용하면서 유일당운동은 답보상태에 빠지게 되었다.

이후 좌파세력이 유호동맹을 결성하면서 결국 유일당운동은 중단되었다. 이에 임시정부를 구성하던 우파세력도 독자적인 정당체인 한국독립당을 결성하고 나섰다. 그렇다고 해서 협동전선운동의 여지마저 없애버린 것은 아니었다. 광주학생운동의 소식이 전해지자 임시정부 중심의 우파세력과 유호동맹의 좌파세력이 상해한인단체연합회를 결성하여 공동투쟁을 도모하였고, 그 과정에서 다시 한번 좌우통합운동이 전개되는 듯했다. 하지만 중국공산당의 흡인력에서 자유롭지 못했던 좌파세력이 국제주의 노선에 바탕을 둔 반제투쟁만 고집함에 따라, 양측은 공동투쟁을 펼치는 데까지 이르지 못했다.

유일당운동으로 대변되는 1920년대 후반의 좌우합작운동은 1929년 말에 일단 중단되었다. 1930년 초에 잠시 상해한인단체연합회 개최로 다시 불씨가 살아나는 듯했지만, 이것도 곧 사그라지고 말았다. 그렇다고 하여 좌우합작운동 자체가 완전히 끝났다고 볼 수는 없었다. 그 이후에도 협동전선을 구축하려는 노력이 거듭 시도되었기 때문이다. 안창호의 계속되는 활약과 사회주의 이념을 바탕으로 삼은 사회경제정책을 담아낸 한국독립당의 강령에서 이를 확인할 수 있다. 한편 윤봉길(尹奉吉) 의거 직후에 안창호가 일제관헌에 체포되면서 좌우합작운동은 가장 중요한 동력을 상실하는 듯했다. 그러나 임시정부가 상해에서 항주(杭州)로 이동하기 직전에 임시정부를 구성하던 인물들에 의해 대일전선통일동맹이 결성됨에 따라, 협동전선운동은 다시 추진될 수 있었다. 이러한 움직임은 1930년대 중반에 남경지역을 중심으로 펼쳐진 협동전선운동에 다시 불을 지피는 계기로 작용하였고, 1940년대 중경(重慶)지역에서 마침내 탄생하게 되는 좌우통합정부의 원류가 되기도 했다.

중국관내 독립운동정당의 활동

대한민국임시정부(이하 '임시정부')가 수립된 이후, 중국관내(中國關內) 지역에는 많은 독립운동단체들이 조직되었다. 이념을 같이하는 인물들이 하나의 틀을 만들어 각각의 단체에 집결하였고, 그 이념에 따라 상황에 알맞은 활동방향을 찾아 나갔다. 그 단체들은 상황 전개에 따라 성격을 달리하게 되는데, 가장 대표적인 변화라면 이들이 차츰 '정당'조직체로서 발전해 간 것을 들 수 있을 것이다. 1920년대만 하더라도 철혈단(鐵血團)·의용단(義勇團)·의열단(義烈團)·대한민국애국부인회 등 임시정부 주변에서만 60여 개의 단체들이 만들어졌다가 또 흩어져 갔다. 그러나 시간이 지나면서 이들 단체들은 점차 정당이라는 형태로 변모해 가기 시작했고, 이후 정당은 임시정부의 운영이나 독립운동의 전개에 중심축으로서 자리 잡게 되었다.

정당을 조직하려는 움직임은 임시정부를 수립하던 단계에서 이미 나타났다. 정부가 아니라 정당을 조직하고 이를 중심으로 독립운동을 펼치자는 주장이었는데, 논의 끝에 결국 정부조직체를 구성하는 것으로 결론이 난 것이다. 그 뒤 임시정부가 정부라는 이름에 걸맞은 역할을 해내지 못하면서 독립운동이 전반적으로 답보상태에 빠졌을 때, 이를 극복하는 방안으로 유일당·좌우합작·민족협동전선·민족대당 등으로 불리던 유일당운동이 일어났고, 그 연장선상에서 여러 독립운동정당들이 결성되었다. 이후 임시정부 주변의 독립운동정당들은 임시정부와의 친소관계에 따라 이합집산을 반복하면서 광복에 이르기까지 독립운동을 펼치는 가장 중요한 단위조직체로 자리 잡았다.

1. 독립운동정당의 성립과 활동

1) 한국독립당

1926년부터 1929년까지 중국관내에서 유일당운동이 펼쳐졌다. 대독립당조직북경촉성회를 출발점으로 하여 상해(上海)·광동(廣東)·무한(武漢)·남경(南京) 등에서 유일당촉성회가 결성되었고, 1927년 11월에는 이들 관내지역 유일당촉성회 대표들이 상해에 모여 '한국독립당관내촉성회연합회'(韓國獨立黨關內促成會聯合會)를 결성함으로써 유일당운동을 한 걸음 진전시켰다. 하지만 임시정부가 민족대당이 완성되면 최고의 권한을 모두 거기에 넘긴다는 내용이 든 개헌안을 통과시키고 국무위원 전원이 유일당운동에 참여하는 파격적인 자세를 갖추었음에도 유일당운동은 결실을 맺지 못하였다. 1929년이 되어 분열의 기미를 보이다가 결국 1929년 10월 26일에 좌파세력이 한국유일독립당상해촉성회를 일방적으로 해체한 뒤 유호한국독립운동자동맹(留滬韓國獨立運動者同盟)을 결성하고 중국공산당과 연대투쟁을 벌이거나 그 범주 안으로 들어가기 시작하면서 좌우합작운동이 일단 중단되고 만 것이다.

상해지역의 좌파세력이 이처럼 독자적인 길을 걸어가게 되자, 임시정부 유지세력 역시 독자적인 방안을 찾아야 했다. 그 결과 1930년 1월 25일에 임시정부는 정부청사에서 한국독립당이라는 정당체를 결성하게 되었다.[1] 단일당을 추구하던 유일당운동이 좌파세력의 결별 선언에 따라 중단된 상태에서 우선 임시정부를 유지할 '이당치국'(以黨治國)의 존재로서 정당을 결성한 것이다.

이 한국독립당은 이동녕(李東寧)·안창호(安昌浩) 등 임시정부 유지세력이 "종래의 지방적·파벌적 감정을 버리고 민족주의의 입장에서 新旗幟下에 전선의 통일"을 도모하려는 뜻에서 결성하였다. 안창호는 이를 "대독립당"이라거나 "한국독립운동을 위한 최고기관"이라고 표현하였다.[2]

한국독립당 결성의 주역은 이동녕을 비롯한 임시정부의 핵심세력과 흥사단(興士團)의 안창호였다. 임시정부 핵심세력은 임시정부의 기능 강화와 이에 따른 독립운동의 활성화를 도모하고자 했고, 이러한 맥락에서 안창호는 임시정부를 해체하고 독립운동의 최고기관을 수립하고자 했다. 그러나 임시정부를 어렵게 고수해 온 이동녕·김철(金澈)을 비롯한 임시정부의 간부들은 "과거 10여 년이란 역사를 가진 정부를 해산함은 불가하며, 설령 새로운 기관을 설립한다고 하더라도 반드시 이보다 유리하다고는 할 수 없다"고 태도를 밝혔다.[3] 즉 한국독립당의 결성은 이러한 상반된 견해가 조정된 결과인 것이다. 따라서 한국독립당은 유일당운동이 결렬된 이후 민족주의세력이 임시정부를 강화하고 이를 중심으로 독립운동의 주도권을 장악하고자 조직한 것으로, 임시정부의 여당으로서 기능하게 되었다.

한국독립당은 1930년을 전후하여 결성된 여러 정당들과는 다소 그 성격을 달리했다. 즉 이 당은 정착된 정당조직의 모습을 갖추었다고 할 수 있는데, 그 이유는 정부와의 관계 및 정강(政綱)·정책면에서 성숙과 완성도를 보여주었기 때문이다. 한국독립당은 이른바 '이당치국'의 체제를

---

1) 金正明,《朝鮮獨立運動》2 (東京 : 原書房, 1967), p.511.
   金正柱,《朝鮮統治史料》10 (東京 : 韓國史料研究所. 1975), p.697.
   朝鮮總督府 高等法院檢事局 思想部,《思想月報》3卷 11號(1934. 2), pp.16~17.
2) 국회도서관,《韓國民族運動史料》(中國篇), 1976, p.645.
3) 국회도서관,《韓國民族運動史料》(中國篇), 1976, p.645.

갖춘 중국국민당 정부처럼 '한국독립당 정부'를 구성하게 되었다. 1930년에 조직되어 1932년 5월 항주(杭州)로 옮겨간 이 당은 1940년 중경(重慶)에서 조직된 같은 이름의 한국독립당과 달리, 임시정부의 여당(與黨)이라기보다는 임시정부 그 자체였다.[4]

당의 중심인물은 모두 임시정부의 주요 직책을 맡고 있었다. 1927년 8월에 조직된 내각의 국무위원은 이동녕(국무회의주석 겸 법무장)·김구(金九 ; 내무장)·오영선(吳永善 ; 외무장)·김철(군무장)·김갑(金甲 ; 재무장) 등이었고, 1930년 6월에 오영선의 사직으로 조소앙(趙素昻)이 외무장으로 선출되었다. 그리고 같은 해 11월 8일에 개최된 의정원 회의에서 임기(3년) 만료에 따른 국무위원 개선(改選)이 이루어지면서 선출된 국무위원은 이동녕(법무장·주석)·김구(재무장)·조완구(趙琬九 ; 내무장)·조소앙(외무장)·김철(군무장) 등이었다. 그 밖의 주요직은 군사위원회위원장에 윤기섭(尹琦燮), 외교위원회와 경제위원회 위원장에 안창호, 임시의장에 이동녕, 부의장에 차리석(車利錫) 등이었다.[5]

한국독립당은 그 이전에 전혀 볼 수 없던 성숙한 정강·정책을 마련했다. 한국독립당의 정강·정책을 입안한 이는 조소앙이었고, 따라서 그의 삼균주의(三均主義)가 당 이념의 기본구조가 되었다. 이 내용의 골격은 결국 민주독립국가의 수립과 균등제도의 실현을 목표로 한다는 것이었다. 조소앙의 삼균주의를 기본골격으로 한 한국독립당의 이념은 크게 세 가지의 특성으로 구분해 볼 수 있다. 민족주의·민주주의적 성격, 민중적 항일투쟁과 무력적 파괴라는 두 가지 형태로 제시된 대일투쟁방법, 토지와 대생산기관을 국유로 한다는 사회주의적 성격 등이 그것이다. 한국독립당의 정강·정책은 1930·40년대에 조직된 대다수 정당의 본보기

---

4) 1930년대의 한국독립당은 임시정부의 여당이면서 유일당이었다. 때문에 임시정부와 한국독립당은 거의 동일한 인물들로 구성되어 있었다. 그러나 1940년대에 조직된 한국독립당은 제1야당인 민족혁명당을 비롯하여 여러 야당들을 경쟁상대로 두었던 집권당이었다.

5) 독립운동사편찬위원회, 《獨立運動史》 4, 1972, pp.575~576.

가 되었다는 점에서 큰 의미를 가진다.

한국독립당은 투쟁방략으로 민중적 반항과 무력적 파괴를 제시했다. 이것은 만주의 한국독립당과 조선혁명당처럼 군사조직을 갖추지 못한 상태에서는 요인 암살이나 적 기관의 파괴와 같은 소규모이면서도 상대적으로 효과가 있는 투쟁을 주로 전개할 수밖에 없었던 현실에서 비롯되었다. 그러므로 1930년대 초 한국독립당의 항일투쟁활동은 이러한 무력적 파괴·요인 암살 등이라는 주된 흐름 속에서 펼쳐졌고, 이것이 당시의 상황에서는 최선의 방법이었다.[6] 그리고 이 투쟁방략은 한국노병회(韓國勞兵會)의 독립전쟁준비방략과 병인의용대(丙寅義勇隊)의 의열투쟁방략을 계승한 것이었다.

한국독립당은 산하 각 부문단체를 통해 활동을 전개하기도 했다. 그 산하 부문단체로는 비밀결사인 한인애국단을 비롯하여 상해한인청년당·상해한인애국부인회·상해한인여자청년동맹 등이 있었다. 또한 한국독립당의 중요한 활동 가운데 하나가 바로 중국국민당의 지원을 획득하는 것이었다. 1930년 5월 초에 남경에서 개최되는 제4차 중국국민당 중앙집행위원회에 참석차 장학량(張學良)이 남경을 방문하는 기회를 맞아 중국거주 한인 문제를 청원하기 위해 조소앙과 박찬익(朴贊翊)이 대표로 파견되었다. 이들은 남경에서 장개석(蔣介石)·장학량을 비롯한 중국국민당의 요인을 방문하고 한국독립당의 주의·강령 등을 적극 주장했다.[7]

1931년 5월, 조완구·조소앙·이동녕·김철·김구 등은 국무위원 명의로 선언서를 발표했다.[8] 이 선언은 남경에서 개최되고 있던 중국국민

---

6) 소규모의 국부적인 무력적 파괴만으로 독립운동의 궁극적인 목표인 복국(復國)을 달성할 수는 없었다. 따라서 윤봉길(尹奉吉) 의거 이후 장개석(蔣介石)과 면담했던 김구는 한국청년의 조직적 훈련과 군사력 양성을 위해 중국군관학교에 한국청년을 입교시켜 달라고 요청했고, 이 자리에서 양자 합의가 이루어지면서 중국군관학교 낙양분교(洛陽分校)에 한인특별반이 만들어졌다.
7) 국회도서관, 《韓國民族運動史料》(中國篇), 1976, p.676.

회의에 임시정부와 한국독립당의 방침과 정책을 알리고자 발표한 것인데, 이 선언에서 임시정부와 한국독립당이 요구한 것은 두 가지로 요약된다. 하나는 옛 한국영토에 민주독립국가를 확립하는 것이고, 또 하나는 역시 그 땅에 균등제도를 실현하는 것이었다.[9]

한국독립당의 성립은 한국독립운동사에서 큰 의의를 가진다. 왜냐하면 이는 "민족유일독립당이라는 민족운동상의 요구를 구현하기 위해 시도된 중국관내에서 최초로 이루어진 본격적인 정당 활동"[10]이었기 때문이다. 그리고 한국독립당이 조직된 뒤에 임시정부를 중심으로 하거나 또는 이를 벗어난 위치에서 여러 정당들이 조직되었고, 이어서 점차 임시정부를 중심으로 하는 정당정치가 이루어지게 되었다는 사실에서도 한국독립당의 의의를 찾을 수 있다.

2) 의 열 단

의열단은 1919년 11월에 길림성(吉林省)에서 창단된 뒤 상해로 이동하여 1925년 상반기까지 파괴·암살 등의 의열투쟁에 힘을 쏟았다.[11] 의열단은 1920년대 초에 무정부주의 이념을 표방하고 의열투쟁을 벌였으나 그것만으로 일제를 축출할 수 없다고 판단하고 1925년부터 활동 방향을 바꾸었다. 의열단의 대표인 김원봉(金元鳳)은 주요 간부들과 함께 황포군관학교(黃埔軍官學校) 제4기로 입학하였다. 당시 이 학교의 교장이었던 장개석은 북벌에 참가하고 있었는데, 교장대리를 맡고 있던 등연달(鄧演達)은 공교롭게도 공산주의자였기 때문에 김원봉을 비롯한 의열단원들이 공산주의에 심취하게 되었다.[12]

---

8) 국회도서관, 《韓國民族運動史料》(中國篇), 1976, p.676.
9) 국회도서관, 《韓國民族運動史料》(中國篇), 1976, pp.673~675.
10) 추헌수, 〈日帝下 國內外 政黨活動〉, 한국사학회 엮음, 《韓國現代史의 諸問題》Ⅱ, 을유문화사, 1987, p.352.
11) 김영범, 《한국 근대민족운동과 의열단》, 창작과비평사, 1997, p.141.

1926년 10월에 황포군관학교를 졸업한 김원봉은 그해 겨울에 광주(廣州)에서 의열단의 개조를 위한 전체회의를 개최하였다. 오성륜(吳成倫) · 김산(金山) · 유자명[柳子明 ; 본명 유흥식(柳興湜)] 등이 함께 참석한 이 회의에서 의열단은 장차 '혁명정당'으로 전환할 것을 결정했다.13) 이 결정을 바탕으로 의열단은 1927년 초에 조직을 개편하였다. 개편 안은 광동에 중앙집행위원회를 두고 상해와 무창(武昌) 및 남창(南昌)에 지방집행위원회를 두는 내용이었다.14)

'혁명정당'으로 전환할 것을 결정한 의열단은 이듬해인 1927년 5월에 〈獨立黨促成運動에 대한 宣言〉을 발표하였다.15) 이 시기는 이미 1926년 10월에 대독립당조직북경촉성회가 결성된 데 이어 1927년 4월에 상해에서 한국유일독립당상해촉성회가 조직된 직후였다. 이 선언을 통해 의열단은 '민족협동전선운동'과 '혁명정당' 결성이라는 두 가지 활동방향을 정립했다. 우선 이들은 주요 활동지역에서 유일당촉성회를 조직했다. 1926년 황포군관학교 입교 무렵부터 김원봉과 김성숙(金星淑) 등이 활동하고 있던 광동에서는 김성숙이 주도하여 1927년 5월 8일에 광동촉성회를 조직했다. 또한 당시 무한에도 1927년 4월 12일에 장개석이 중국공산당을 탄압하기 위해 전개한 '반혁명청당운동'(反革命清黨運動 ; 상해쿠데타)을 피해 모여든 의열단원들이 많았는데, 이들 가운데 박건웅(朴建雄)이 중심이 되어 무한촉성회를 조직하였다.16)

1927년 5월 이후 무한에서 활동하다가 그해 말에 상해로 돌아온 김원봉은 1928년 늦여름에 안광천(安光泉)을 상해에서 만나 앞서 선언했던 두 가지 활동 방향 가운데 하나인 민족협동전선운동을 추진하게 되고,17)

---

12) 김희곤, 《中國關內 韓國獨立運動團體硏究》, 지식산업사, 1995, p.250.
13) 水野直樹, 〈黃埔軍官學校と朝鮮の解放運動〉, 《朝鮮民族運動史硏究》 6, 1989, p.63.
14) 水野直樹, 〈黃埔軍官學校と朝鮮の解放運動〉, 《朝鮮民族運動史硏究》 6, 1989, p.59 에서 재인용.
15) 박태원, 《若山과 義烈團》, 백양당, 1947, p.206.
16) 梶村樹秀, 〈1940年代 中國の抗日鬪爭〉, 《三千里》 31, 1982, p.102.

이와 함께 1928년 말에 의열단의 성격을 정당조직체적인 것으로 전환시켜 나가기에 이르렀다. 의열단이 1926년에 '혁명정당'으로 전환할 것을 결정한 이래 내용상으로 드러난 구체적인 변화는 1928년 10월 4일에 〈朝鮮義烈團 第3次 全國代表大會宣言〉[18]을 발표하면서 '정당체적 조직'으로의 전환을 암시하는 20개 항의 정강·정책을 내놓은 것이었다.[19] 이는 결국 의열단이 1926년 겨울에 결의한 '혁명정당 전환' 방침을 사실화하는 동시에, 1927년에 표명한 '통일적 총지휘기관'을 확립하고자 노력할 것임을 밝히는 일이었다. 그리고 이 선언이 나오고 한 달 뒤인 11월에 의열단은 〈창립 9주년을 기념하면서〉라는 발표문을 통해 협동전선의 실천적 형태로서 '통일적 정당'을 제안하였다.[20]

상해를 거쳐 북경(北京)에 도착한 김원봉은 ML파 간부인 안광천과 제휴했다. 이들은 조선공산당재건동맹을 조직하고 전위투사를 양성하고자 레닌주의 정치학교를 설립하여 청년들을 교육했다.[21] 그러다가 1930년에 상해에서 한국독립당이 창당될 무렵, 의열단의 중심세력은 1929년 봄 이후 상해를 떠나 북경으로 활동무대를 옮겼다.[22] 그러다가 1931년 9월에 일제의 만주침공 소식을 접하면서 의열단의 중심세력은 남경으로 이

---

17) 한상도, 《韓國獨立運動과 中國軍官學校》, 문학과지성사, 1994, p.223.
18) 金正明, 《朝鮮獨立運動》 2 (東京 : 原書房, 1967), pp.340~341.
19) 강만길, 《조선민족혁명당과 통일전선》, 화평사, 1991, p.37.
    의열단의 이념과 정강을 보면, 사회주의 정책을 중점적으로 채택하고 있었음을 쉽게 알 수 있다. 우선 1928년 10월에 조선의열단 제3차 전국대표대회선언을 통해 발표된 정강의 대강을 정리하면 다음과 같다. 1) 봉건제도 및 일체 반혁명 세력을 삭제하고 진정한 민주국을 건설함. 2) 소수인이 다수인을 착취하는 경제제도를 소멸시키고 조선인 각개의 생활상 평등한 경제조직을 건립함. 3) 대지주의 재산을 몰수함. 4) 농민운동의 자유를 보장하고 가난하여 고생하는 농민에게 토지·가옥·기구 등을 공급함. 5) 대규모의 생산기관 및 독점성의 기업(철도·광산·기선·전력·수리·은행 등)은 국가에서 경영함.
20) 朝鮮總督府 慶北警察部, 《高等警察要史》, 1934, pp.102~104.
21) 金正柱, 《朝鮮統治史料》 10 (東京 : 韓國史料研究所. 1975), p.704.
22) 坪江汕二, 《朝鮮民族運動秘史》(東京 : 日刊勞動通信社, 1959), p.65.

동하기 시작했다. 이 시기의 의열단 활동은 김원봉이 남경에서 군사간부를 양성하는 것과, 한일래[韓一來 ; 본명 천병림(千炳林)]와 박건웅이 중심이 되어 한국대일전선통일동맹(韓國對日戰線統一同盟)을 결성하여 민족협동전선운동을 전개하는 것으로 나타났다.

  김원봉은 남경에서 황포군관학교를 통해 맺어진 인연을 최대한 활용하여 국민정부군사위원회에 〈中韓合作에 관한 建議〉·〈韓國革命의 現狀과 本團의 策略〉·〈朝鮮義烈團의 政治決意案〉 등을 제출하였고, 그 결과 장개석의 결재를 얻어 조선혁명군사정치간부학교를 열 수 있었다.[23) 이 학교의 설립목적은 청년간부들에게 항일투쟁 정신을 계승시키고 근대적 군사교육을 시킴으로써, 한국의 절대독립을 달성하고 더불어 중국의 목표인 만주국 탈환도 도모한다는 것이었다. 그리하여 의열단은 1932년 10월부터 1935년 9월에 이르기까지 3기에 걸쳐 모두 125명의 청년간부들을 배출했다.

  의열단이 전개한 또 하나의 중요한 활동은 앞에서도 본 것처럼 1920년대 후반기에 추진하다가 일단 실패한 민족협동전선체 구성을 다시 시도하는 것이었다. 이 활동은 1932년 10월에 의열단을 비롯한 한국독립당·조선혁명당·한국광복동지회·신한독립당 등의 대표들이 상해에 모여 각단체연합주비위원회(各團體聯合籌備委員會)를 결성하고, 뒤 이어 11월 10일에 한국대일전선통일동맹을 정식으로 발족시키면서 구체화했다.[24) 이로써 1926년 이후 상해 등 중국본토지역에서 추진된 민족협동전선운동은 한 단계 나아가 장차 '대동단결체'를 조직할 수 있는 발판을 만들었다. 의열단의 관점에서 볼 때, 이러한 결실은 1926년 겨울에 광주에서 열린 의열단 개조를 위한 전체회의와 1927년 5월에 발표한 '독립당촉성운

---

23) 군사간부학교 운영에 대해서는 한상도, 《韓國獨立運動과 中國軍官學校》, 문학과
    지성사, 1994, pp.255~296 ; 김영범, 《한국 근대민족운동과 의열단》, 창작과비평사,
    1997, pp.299~316 참조.
24) 국사편찬위원회, 《韓國獨立運動史 資料》 3, 1972, pp.473~474.

동에 대한 선언' 등으로 시작하여 1935년 7월 5일의 조선민족혁명당 성
립으로 연결되는 민족협동전선운동의 일련의 과정 속에서 맺어진 것이
었다고 할 수 있다. 이 과정에서 의열단은 당명을 사용하지 않았던 문제
와는 관계없이 다른 독립운동정당과 동일한 자격과 위치에서 제 구실을
했다.

3) 신한독립당

신한독립당은 만주의 한국독립당(상해의 것과 다름)과 남경의 한국혁
명당이 1932년에 통합되어 조직되었다.

만주의 한국독립당은 1928년 12월에 조직된 혁신의회를 기반으로 하여
1930년 7월에 홍진(洪震)·이청천(李靑天)·민무(閔武)·안훈〔安勳 ; 조경
한(趙擎韓)〕·황학수(黃學秀)·신숙(申肅)·이장녕(李章寧)·김원식(金元
植) 등에 의해 결성되었다.25) 만주의 한국독립당은 중앙에 6개 위원회를
두고 지방에는 지당부(支黨部)와 구당부(區黨部)를 두었다. 그리고 이 당
은 동북 만주의 의병·유림·대종교 등의 집단을 망라하였다. 당의 간부
를 보면 홍진이 중앙위원장을 맡았고, 신숙(총무)·남대관(南大觀 ; 조
직)·안훈(선전)·이청천(군사)·최호(崔灝 ; 경리)·이장녕(감찰) 등이 각
각 6개 위원회의 위원장을 담당하였으며, 한국독립군 총사령은 이청천이
맡았다.26) 당 내부에는 총무·조직·선전·군사·경리·감찰 등 6종의
위원회를 두었고, 당의 조직 체계는 중앙당부, 지당부, 구당부 등의 3급
조직으로 구성되었다. 이후 한국독립당은 동·북만주의 의병 출신 인물
들과 유림 및 대종교 관련 인물들 등을 망라하여 진영을 강화했고, 1931
년에는 36개의 군구(軍區)를 가질 정도로 그 조직이 확대되었다.27)

---

25) 채근식, 《武裝獨立運動秘史》, 대한민국공보처, 1949, pp.156~157.
26) 독립운동사편찬위원회, 《獨立運動史》 5, 1973, pp.598~599.
27) 독립운동사편찬위원회, 《獨立運動史》 5, 1973, pp.596~597.

한국독립당은 창당과 함께 다음과 같은 당강(黨綱)을 채택하였는데, 첫째, 민본정치(民本政治) 실현, 둘째, 노본경제(勞本經濟) 조직, 셋째, 인본문화(人本文化) 건설 등이 그것이다.28) 이 강령은 '民'·'勞'·'人'을 삼본(三本)으로 삼는 정치·경제·문화정책을 의미하였다. 특히 여기에서 나타나는 '民'이나 '人'은 당시 만주에서 농업에 종사하면서 독립운동의 인적·물적 바탕을 이루고 있던 동포들을 의미하는 것이라는 점에서, 한국독립당이 관심을 기울인 부분이 농민 위주의 경제정책이었다고 생각된다.

한국독립당은 소속 당군(黨軍)으로 한국독립군을 조직했다. 따라서 한국독립당은 자치기관으로서 한족자치연합회를, 군사기관으로서 한국독립군을 각각 정치적으로 지도하는 위치에 있었다.29) 한국독립당은 한족자치연합회와 한국독립군을 주도·육성하면서 항일운동을 전개해 나갔던 것이다. 1931년 일제가 전격적으로 만주를 침공하자 한국독립당은 1932년 11월 한국독립당 중앙의회의 결의에 따라 항일전선에 대한 한국독립군의 총동원령을 내리는 한편, 중국의 길림성 당국과 연합 항일전쟁 방안을 협의하기도 하였다.30)

이후 일제의 침공이 더욱 격화되자 한국독립군 부대는 중국관내로 이전하게 되었다. 이때 임시정부가 이청천을 초대하여 이청천·조경한(趙擎韓)·오광선(吳光鮮)·공진원(公震遠) 등을 상해로 이동시키는 한편, 한국독립군 부대는 독립군 가운데 군관학교 입학지원자를 선발하여 상해에 보내기로 하였다.31) 이것은 1932년 1월 29일의 윤봉길(尹奉吉) 의거를 계기로 장개석이 김구에게 제안하여 성사된 면담 자리에서, 중국군 관학교 낙양분교(洛陽分校)에 한인특별반을 설치해달라는 김구의 요청에

---

28) 신숙, 《나의 一生》, 일신사, 1963, p.94.
29) 추헌수, 〈日帝下 國內外 政黨活動〉, 한국사학회 엮음, 《韓國現代史의 諸問題》 Ⅱ, 을유문화사, 1987, p.343.
30) 홍영도, 《韓國獨立運動史》, 애국동지수호회, 1956, p.281.
31) 홍영도, 《韓國獨立運動史》, 애국동지수호회, 1956, p.279.

장개석이 찬성한 데 따른 것이다. 즉 중국관내로 이동한 만주 한국독립
군들의 대다수가 여기에 입교하였다.[32]

한편 한국혁명당은 윤기섭·신익희(申翼熙)·연병호(延秉昊)·성주식
(成周寔)·민병길(閔丙吉) 등이 1929년에 남경에서 조직한 정당이었다.
구성원은 대부분 임시정부에서 주류에 속하지 못했던 인물들이었는데,
근거지를 남경으로 옮기면서 임시정부나 한국독립당에 속하지 않는 별
도의 정당을 조직했다. 이 당은 사상의 정화와 독립운동 진영의 단결을
꾀하는 것을 목적으로 하는 한편, 산하에 철혈단을 두어 무력 행동대로
삼았는데, 그 주요 인물은 안재환(安在桓)·김창화(金昌華)·나월환(羅月
煥) 등이었다. 이 당은 기관지로 《우리 길》을 발간하여 독립사상을 고취
하고 단원 훈련과 교양에 이바지하였다. 그리고 1932년 당시의 당원은
40명 정도로서, 간부는 이사장 윤기섭·총무 정태희(鄭泰熙)·외무 신익
희 등이었다.[33]

1934년 2월 25일에는 만주 한국독립당의 대표 홍진·김원식과 한국혁
명당 대표 윤기섭·연병호가 남경에서 협의한 결과에 따라 각 당을 해체
하고 '신한독립당'을 결성하게 되었다. 이어서 3월에 대표회의를 열어 간
부 선임과 운동방침을 결정했는데, 당수에 홍진·당무위원에 김상덕(金
尙德)·신익희·윤기섭 등이 각각 선임되었다.[34] 신한독립당은 당의(黨
意)로 "민족주의를 기초한 정권, 생계문화의 독립과 민주적 신건설 완성,
전세계 인류의 평등 행복의 촉진"을 채택하고, 강령으로는 민주공화국·
대의제·토지와 대생산기구의 국유제 등을 채택하였는데, 이는 한국독립
당을 비롯한 다른 정당의 것과 비슷했다.[35]

두 당의 합당은 만주 한국독립당의 당세 만회와 한국혁명당의 세력

---

32) 낙양분교에 대해서는 백범김구선생전집편찬위원회, 《白凡金九全集》 4, 대한매일
　　신보사, 1999, pp.799~1066 참조.
33) 독립운동사편찬위원회, 《獨立運動史》 4, 1972, p.727.
34) 金正柱, 《朝鮮統治史料》 10 (東京 : 韓國史料硏究所. 1975), p.701.
35) 金正柱, 《朝鮮統治史料》 10 (東京 : 韓國史料硏究所. 1975), p.702.

확대 추구라는 목적이 합쳐져 이루어진 것이었다. 이러한 양당의 통합은
독립운동사에서 최초로 이루어진 '黨對黨 통합'이라는 데 의미가 있었고,
장차 독립운동계로 하여금 정당 사이의 통합운동을 내다볼 수 있도록 해
주었다.

4) 조선혁명당

조선혁명당은 1929년 12월에 국민부가 기존의 민족유일당조직동맹을
개편함에 따라 결성된 것이다. 그래서 조선혁명당은 국민부의 독립운동
에 관한 사항을 관장하였고, 국민부의 무장조직을 조선혁명군의 산하에
편성하기로 했다.36) 이것은 '이당공작'(以黨工作)·'이당통치'(以黨統治)라
는 시대조류에 호응한 것으로서, 국민부는 한인사회의 자치행정기관으
로, 조선혁명군은 독립운동에 대한 군사적 임무를 담당하는 기관으로 각
각 구실을 분담시키면서, 그 조직과 운영은 유일정당인 조선혁명당의 정
치적 지도 아래 놓이게 하는 체제를 갖추었던 것이다.37)

조선혁명당의 중심인물은 최동오(崔東旿)·유동열(柳東說)·고활신(高
豁信)·이웅(李雄) 등이었다.38) 구성간부들의 내용을 보면 현익철(玄益
哲)이 중앙책임비서였고, 7부 위원장에 현정경(玄正卿 ; 정치부)·고이허
(高而虛 ; 조직부)·김보안(金輔安 ; 교육부)·장승언(張承彦 ; 체육부)·
최동오(외교부)·고활신(선전부)·이웅(군사부) 등이 각각 선임되었다.39)

이들 가운데 대다수는 민족주의자들이었고, 또 조선혁명당 역시 민족
주의세력의 결집체였다. 그럼에도 창당 시 발표했던 선언은 사회주의적
인 논리를 강하게 표방하고 있었다. 이들은 "일본제국주의를 박멸하고

---

36) 국사편찬위원회,《韓國獨立運動史》5, 1969, p.736.
37) 추헌수 엮음,《資料 韓國獨立運動》2, 연세대출판부, 1975, p.338.
38) 金正柱,《朝鮮統治史料》10 (東京 : 韓國史料硏究所. 1975), p.703.
39) 홍영도,《韓國獨立運動史》, 애국동지수호회, 1956, p.281.

아울러 내부의 일체 압박 및 착취세력을 파괴하고 조선의 절대 독립을 완성하여 노동 민주 정권을 확립하는 것과 동시에 대기업 기관을 몰수하여 국유로 하고 대토지 소유를 몰수하여 농민에게 분여하고 일체 노력 생활의 평형 발달을 도모하는 데 있다"라며 자신들의 목적을 천명했다.[40] 구성원들이 '민족주의자들의 결사체'였음에도 이와 같이 선언에서 사회주의 논리가 주류를 이루고 있었던 것은 당시 러시아 혁명의 성공에 따라 혁명적 사회주의 사상이 민족운동 안에 광범위하게 수용되고 있었고 또한 만주 한인사회의 대다수가 농민으로 구성되어 있었던 점을 감안할 때, 이러한 논리를 수용하는 것이 선전적 차원에서 더욱 유리했기 때문이라고 볼 수 있다.[41]

그러나 조선혁명당은 민족·사회주의 양파의 대립이 극심하였고, 그 결과 민족주의 세력의 현익철이 사회주의 세력인 현하죽(玄河竹) 일파를 몰아내고 실권을 장악하게 되었다.[42] 이후 조선혁명당은 1935년에 조선민족혁명당에 참가함으로써 해체되었다.

조선혁명당은 한국독립당(만주)과 함께 1930년대 초 만주에서 정당활동을 전개했다. 활동의 주안점을 정책 제시 및 조직화에 두었던 다른 정당들과 달리, 이들은 모두 당에 소속된 독자적인 군사력을 가짐으로써 오히려 항일전투활동의 정치적 지도를 위한 정당조직의 유지를 강조했다는 점에 그 특징이 있다. 그러나 이들이 만주사변 이후 1931~1933년 사이에 중국관내로 이동함에 따라, 만주지방에서 민족주의 계열의 정당 활동은 사실상 종료되었다.[43]

---

40) 金正明,《朝鮮獨立運動》2 (東京 : 原書房, 1967), pp.669~672.

41) 추헌수 엮음,《資料 韓國獨立運動》2, 연세대출판부, 1975, p.339.

42) 추헌수 엮음,《資料 韓國獨立運動》2, 연세대출판부, 1975, p.67.

43) 추헌수,〈日帝下 國內外 政黨活動〉, 한국사학회 엮음,《韓國現代史의 諸問題》Ⅱ, p.345.

2. 각 정당의 통합노력과 양대 정당체제의 성립

1) 조선민족혁명당

1932년 후반에 들어 독립운동정당들은 통합을 위해 노력하였다. 이러한 노력은 1920년대에 전개되었던 유일당운동의 연장선상에서 통일운동이 재개된 것으로서 해석된다. 이처럼 다시 통일운동이 일어날 수 있었던 배경에는 만주사변과 상해사변에 따른 중국인의 대일 항전의식 고조, 이봉창(李奉昌)·윤봉길 의거가 가져온 한국독립운동에 대한 중국인의 인식 전환과 적극적인 지원, 그리고 미국과 일본, 또는 소련과 일본 사이의 전쟁 예견 등이 작용하였다.

한국독립운동자들은 이러한 상황에 따른 대응책으로 대동단결체의 결성을 모색하였다. 그 근저에는 이 목표가 이루어질 경우 효과적인 항일투쟁을 전개할 수 있고 또한 중국의 지원을 확보할 수 있다는 계산이 작용했다. 그 결과 1932년 10월 12일에 한국독립당 대표 이유필(李裕弼)·송병조(宋秉祚)·김두봉(金枓奉)과 신한독립당 대표 윤기섭·신익희, 조선의열단 대표 한일래·박건웅, 광복단 대표 김규식(金奎植) 등 9명이 모여 대일전선통일동맹을 결성하게 되었다. 이 동맹의 결성은 1920년대 후반에 추구되었던 유일당운동의 연장선상에서 이루어진 것으로 볼 수 있다.[44]

그런데 이 동맹은 각 단체의 제휴에 불과했기 때문에, 더욱 적극적인 투쟁역량 결집을 위한 단일대당 결성의 필요성이 제기되었다. 이 문제를 해결하기 위한 대책 논의가 1933년 3월 1일 남경에서 열린 제2차 대표대회 겸 한국혁명각단체대표자대회에서 이루어졌다. 여기에서 각 단체의 해체와 단일대당의 결성 및 임시정부의 해산이 제안되었다. 이후 상당한 진통을 거쳐 1935년 6월에 개최된 제3회 대회에서 동맹의 발전적 해소와

---

44) 金正明, 《朝鮮獨立運動》 2 (東京 : 原書房, 1967), p.513.

신당, 곧 민족혁명당 창립을 결정하게 되었다.[45]

민족혁명당은 1935년 6월 29일부터 7월 4일까지 열린 신당창립 정식 회의를 통해 결성되었다.[46] 의열단의 김원봉과 신한독립당의 이청천은 윤봉길 의거 이후 중국의 대단한 지원과 보호를 받을 수 있었기 때문에 민족혁명당 창립을 과감하게 추진할 수 있었다. 이는 동시에 일본의 추격을 피해 잠적 중이었던 김구의 세력에 대응하면서 중국국민당 정부의 지원을 확보하고자 했던 목적이 있었기 때문이기도 하다. 그러나 이와 반대로 김구가 이탈한 한국독립당의 경우는 단일신당에 대한 의견이 통일되지 못했기 때문에 상대적으로 능동적인 태도를 가지지 못했다. 김두봉·강창제(姜昌濟)·박창세(朴昌世) 등은 신당 참여에 찬성했으나, 송병조·조완구·차리석 등은 끝내 반대하였다. 7월 25일, 민족혁명당에 참가한 단체들은 단체를 정리하고 사업·재정·당원 및 소유 비품 등을 신당에 인계하였다.

민족혁명당을 구성한 핵심인물들은 물론 의열단·한국독립당·신한독립당의 중심인물들이었다. 그러나 창당 2개월 뒤인 1935년 9월에 김원봉의 전권 장악에 반발한 조소앙·박창세 등의 한국독립당 출신들이 탈퇴하여 한국독립당의 재건을 선언하고, 이어 신한독립당 출신의 민병길·조성환(曺成煥)·홍진 등도 탈퇴하게 되자, 남아 있는 중심인물은 김원

---

45) 朝鮮總督府 高等法院檢事局 思想部, 《思想彙報》 5 (1935. 12), pp.89~91.
　　당명이 처음에 민족혁명당·한국민족혁명당·조선민족혁명당 등으로 쓰이다가 1937년 1월에 남경에서 개최된 전당대표대회에서 조선민족혁명당으로 결정되었다.
46) 金正明, 《朝鮮獨立運動》 2 (東京 : 原書房, 1967), p.537.
　　민족혁명당은 창당선언을 통해 신당창당의 역사적 당위성을 밝혔는데, 그것은 과거의 분산적 운동과 그 오류를 지적하고 투쟁역량의 결집을 주장한 내용이었다. 그들은 제2차 세계대전을 예견하면서 "우리민족의 혁명역량을 급속으로 집중·공고하게 하고 중국민족과 절실히 제휴하며, 나아가 우리 독립운동에 동정하는 각 민족국가를 모두 우군으로 인정하고 반일전선의 전략 아래 최후에 승리를 획득할 때까지 희생적으로 분투한다"고 했다[金正柱, 《朝鮮統治史料》 10 (東京 : 韓國史料硏究所. 1975), p.757].

봉 등의 의열단계와 이청천·윤기섭 등의 신한독립당계, 그리고 최동오
를 비롯한 조선혁명당계의 인물들뿐이었다.

창당대회에서 선임된 간부는 내무부 겸 선전부장 김두봉·외무부장 김
규식·군무부장 이청천·재무부장 윤기섭·교통부장 이범석(李範奭)·
특무부장 박창세·감찰부장 양기탁(梁起鐸) 등이었다. 그러나 한국독립
당 등의 세력이 이탈한 뒤 1937년에 새로 구성된 중앙위원은 김원봉·이
청천·윤기섭·성주식·신익희·윤세주(尹世胄)·김상덕·최석순(崔錫
淳)·천병일(千炳日)·유동열·김홍서(金弘敍)·이경산(李景山)·정팔선
(鄭八仙)·정일명(鄭日明) 외 2명으로, 대부분 세 계열의 대표들이었다.[47]
민족혁명당은 중앙에 중앙위원회와 7부 및 서기국·군사국·조직국·검
사국의 4국으로 구성되는 중앙당부를 두었다. 그리고 1937년 초에 중앙
의 7부를 조직부(부장 최석순)·군사부(부장 이청천)·선전부[부장 진의로
(陳義路)]·서기국(총서기 김원봉)의 3부 1국제로 고쳤다. 지부 조직은 처
음에 상해지부(지부장 김홍서)·남경지부(지부장 최석순)·만주지부[지부
장 김학규(金學奎)]로 구성되었다. 그 뒤 1936년 4월에 화중·화동·화
남·화서·화북지부와 국내외 특별1지부 및 만주의 특별2지부 등 7개 지
부로 변경되었다.[48]

민족혁명당의 이념은 당의와 당강 및 정책 등을 통해 쉽게 드러난다.
그 이념의 대강은 혁명적 수단으로 일제를 물리치고 정치·경제·교육
의 평등에 기초한 민주공화국을 건설한다는 내용이다. 이것은 조소앙의
삼균주의에 바탕을 두고 있는 것으로, 앞서 성립된 한국독립당의 이념이
나 민족혁명당의 결성 직후에 성립되는 한국국민당의 이념과 거의 동일
하다. 그러나 발표된 이념과는 달리 김원봉을 비롯한 의열단 세력은 공
산주의 이념을 갖고 있었는데, 다만 중국국민당 정부의 지원을 받는 과
정에서 이를 나타내지 않고 있을 뿐이었다.

---

47) 金正明, 《朝鮮獨立運動》 2 (東京 : 原書房, 1967), p.601.
48) 金正明, 《朝鮮獨立運動》 2 (東京 : 原書房, 1967), pp.571~572.

민족혁명당의 항일투쟁방략은 당의에서 나타나는 것과 같이 '혁명적 수단'을 전개하는 일이었다. 아울러 민족혁명당은 일제의 견제를 피하면서 중국국민당 정부의 지원을 받아 군관을 양성하고 이들을 국내와 만주 그리고 중국 내 각지로 파견하여 적의 후방을 교란하고 인력을 확보하는 방략을 추구하였다. 민족혁명당은 상황에 따라 1·2·3차의 단계로 특무공작을 전개했다. 제1차 공작은 중국군관학교에서 한인군관을 양성하는 것이었으나, 일본의 간섭으로 중지되었다. 제2차 공작은 1936년부터 당원 각자의 희망에 따라 군사부(부장 이청천)·특무부(부장 이범석)·당무부(부장 김원봉)에 각각 속하게 한 뒤, 군사부가 무장군사훈련을, 특무부가 첩보·암살·파괴 활동을, 당무부가 특무부원 배치·당원 밀파·선전활동 등을 각각 담당하여 당원들을 교육하는 것이었다. 이어서 제3차 공작은 같은 해에 파견된 요원으로 하여금 암살과 파괴활동을 전개하게 하고 또 남경에서 대기하고 있던 40~50명을 다시 파견하는 일이었다.[49] 한편 민족혁명당은 중국국민당 정부와 긴밀한 관계를 이루면서 활동했다. 특히 장개석이 이끄는 남의사(藍衣社 ; 중국국민당의 비밀특무기관)와 정보를 교환하고 이들에게서 재정과 무기의 원조를 받았다.

민족혁명당은 대일전선통일동맹을 발전적으로 해소하고 여러 정당들의 통합운동을 거쳐 성립되었지만, 성립 무렵부터 상당한 문제와 한계를 지닌 채 출발했다. 그 이유는 다음의 세 가지에 근거한 것이었다. 첫째, 독립운동계의 가장 큰 세력이었던 김구 계열과 임시정부를 고수하고자 한 송병조·조완구 등이 불참하였다. 둘째, 여러 정당들이 한데 모여 통일전선을 이루었음에도 사상적인 갈등을 극복하기가 어려웠다. 셋째, 항일투쟁의 대부분이 중국국민당 정부의 자금지원을 받아 이루어졌는데, 이를 둘러싸고 나타난 실권 장악 투쟁이 논란거리로 남아 있었다.

창당 2개월 뒤인 1935년 9월에는 조소앙·박창세 등의 한국독립당 출

---

49) 金正明, 《朝鮮獨立運動》 2 (東京 : 原書房, 1967), p.571.

신들이 탈퇴하여 한국독립당의 재건을 선언함으로써, 미완성의 단일신당
이라는 민족혁명당의 면모는 흔들리게 되었다. 이 현상은 중국의 재정지
원을 김원봉이 독점하면서 나타났다.[50] 곧이어 신한독립당 계열의 민병
길·조성환·홍진 등도 탈퇴함으로써, 1936년부터는 의열단과 조선혁명
당 및 신한독립당의 잔류 세력만이 남게 된 상황이었다. 더구나 김원봉
과 이청천의 대립은 갈수록 심각해졌다. 재정 운용만이 아니라 당 운영
권마저도 김원봉이 독점한 상황은 이청천에게 큰 불만을 안겨주었다. 이
들 사이에 대립이 표면화된 결정적인 계기는 1936년에 당의 기관지인
《民族革命》3호에 당기(黨旗) 대신 의열단 기를 게재했던 사건이었
다.[51] 이로 말미암아 이청천 세력이 비상대회의 소집을 요구하면서 반격
을 가하게 되자, 김원봉은 1937년 4월 상순에 간부회의를 열어 이청천·
최동오·이광제(李光濟) 등 핵심 인물 11명을 제명시켜 버렸다.

이렇듯 민족혁명당은 1935년 7월에 김구 계열과 임시정부 고수파를
제외하고 성립된 통합 정당이었다. 따라서 1930년대 전반은 중국본토의
독립운동계에 독립운동정당이 정착했던 시대였고, 특히 정당의 통합 운
동이 전개된 시기였다고 할 수 있다. 그러나 민족혁명당이 성립된 4개월
뒤인 1935년 11월에 김구 세력이 한국국민당을 결성하게 됨으로써, 독립
운동계는 양대 정당체제를 맞이하게 되었다.

2) 한국국민당

1930년에 성립된 한국독립당은 임시정부의 여당이라기보다는 임시정
부 그 자체라고 할 수 있다고 앞에서 서술한 바 있다. 그런데 대일전선

---

50) 중국국민당은 남의사를 통해 자금을 지원하였는데, 당시 남의사는 김원봉의 황포
군관학교 동기생들이 주축을 이루고 있었기 때문이다. 김원봉은 남의사에게서 매
월 2천 5백 불(원)을 지급 받았고, 기타의 자금 수입도 있었다〔金正明, 《朝鮮獨立
運動》2 (東京 : 原書房, 1967), p.576〕.
51) 金正明, 《朝鮮獨立運動》2 (東京 : 原書房, 1967), p.577.

통일동맹과 민족혁명당이 결성되는 1930년대 전반에 한국독립당은 세 갈래로 나뉘어졌다. 첫째 갈래는 이봉창·윤봉길 의거 직후에 쇄도한 중국인들의 의연금을 둘러싸고 일어난 시비와 그에 따른 김철과의 대립으로 말미암아 임시정부 군무장직을 사임하고 떠난 김구와 그 주변 세력이었다.[52] 김구는 그 뒤 한인애국단과 군사활동에 주력하면서 한동안 한국독립당과 임시정부 등에 관여하지 않고 고립된 상태에서 독자적인 활동을 펼치게 되었다.[53] 둘째 갈래는 민족혁명당 결성에 가담했던 홍진·조소앙 등의 세력이었다. 앞에서도 본 바와 같이 이들은 민족혁명당 창당 직후에 탈퇴하여 한국독립당 재건을 선언하였다. 셋째 갈래는 임시정부를 사수하겠다는 의지를 표명한 이른바 '임시정부 사수파'였다.

한편 김구는 임시정부 폐지론이 등장하게 되자 1935년에 이동녕·엄항섭(嚴恒燮) 등과 제휴하여 임시정부를 강력하게 뒷받침할 조직을 결성하고 임시정부로 복귀하고자 시도하였다. 김구는 우선 자신과 타협이 가능한 세력인 한국독립당 재건파, 임시정부 고수파와 제휴하고자 했다. 즉 세 갈래로 나뉘어졌던 한국독립당의 세력들이 다시 결집을 도모하게 된 것이다. "민족혁명당이 점차 독립운동의 주도적 위치를 확보하게 됨에 따라 그들은 '임정존치론'의 명분 아래 민족혁명당에 대항해야 할 공동의 입장에 놓이게 되었다. 따라서 그들은 임시정부를 둘러싸고 서로의 연합을 모색하였다."[54] 그러나 세 갈래의 세력들이 연합을 모색하는 과정에서 김구 세력과 임시정부 고수파만이 의견을 합치시켰으니, 이로써 한국국민당이 결성된 것이다.

한국국민당은 민족혁명당 성립 뒤 4개월이 지난 11월 하순에 결성되었다. 이 당의 구성은 김구의 한인애국단을 비롯하여 임시정부 사수파 및 구

---

52) 金正明, 《朝鮮獨立運動》 2 (東京 : 原書房, 1967), pp.490~500.
53) 노경채, 〈한국독립당의 결성과 그 변천 : 1930~1945〉, 《역사와 현실》 1, 한울, 1989, p.217.
54) 노경채, 《한국독립당연구》, 신서원, 1996, p.63.

한국독립당 광동지부원 등으로 이루어졌다. 구성 간부진을 보면 이사장에 김구, 이사에 이동녕·송병조·조완구·차리석·김붕준(金朋濬)·안공근(安恭根)·엄항섭, 감사에 이시영(李始榮)·조성환·양묵[楊墨 ; 양명진(楊明鎭)] 등이었다.55) 한국국민당의 이념은 민족주의를 강조하고 무산계급 혁명론을 배격하는 내용이었다. 이 당은 창당선언에서 일제의 박멸과 임시정부의 옹호 및 완전한 민주공화국의 수립 등을 주장했다.56) 당강은 국가의 주권을 회복하기 위해 혁명적 의식을 국민에게 고취하여 민족적 혁명역량을 총집중시킬 것을 주장하고 아울러 독립운동에 대한 사이비 불순적 이론과 행동을 배격할 것임을 천명하였다.57) 그리고 광복 뒤 추구할 정책으로 민족혁명당의 경우와 마찬가지로 삼균주의를 채택하였다.

한국국민당은 항일투쟁방략으로 무장투쟁론을 당강에 제시했다. 그 내용은 '민족적 반항'과 '무력적 파괴'를 적극 추구하는 것이었다. 이 방략은 한국노병회의 독립전쟁준비방략과 병인의용대의 의열투쟁방략에 이어 대두된 것으로, 특히 만주사변 이후 중일전쟁의 현실화가 예견되는 시기였음을 감안할 때 적절한 것이었다. 한국국민당의 활동은 기관지를 통한 선전활동, 부문단체를 통한 조직력 강화, 의열투쟁(특무공작) 및 중국국민당과의 협조체제 유지 등이었다. 1936년 3월에 창간된 《韓民》은 국제정세를 분석하고 민족적 항쟁을 고양시키는 데 이용되었다. 한국국민당은 산하에 행동력을 가진 청년단체로 한국국민당청년단을 두었다. 이 단체는 1936년 7월에 김구의 청년전위단체였던 한국특무대독립군(韓國特務隊獨立軍)에 이어 만들어진 것으로,58) 당의 선전부장 엄항섭의 지도 아래

55) 社會問題研究會 編,《思想情勢視察報告集 : 中華民國在留不逞鮮人の動靜》 2 (京都 : 東洋文化社, 1976), p.42.
56) 金正明,《朝鮮獨立運動》 2 (東京 : 原書房, 1967), pp.545~547.
57) 독립운동사편찬위원회,《獨立運動史》 4, 1972, p.755.
58) 한국특무대독립군은 1934년 12월에 김구가 자신의 휘하에 있던 중국중앙육군군관학교 입교생을 중심으로 조직한 것으로 '김구 구락부'라고도 불렸다. 그러나 이 조직은 1936년 1월에 김동우[(金東宇) ; 본명 노종균(盧鐘均)]·오면직(吳冕稙)·한도원(韓道源) 등의 이탈로 해산되었다. 이들은 민족혁명당을 탈퇴한 김승은(金勝

남경중앙군관학교 졸업생 17명과 자원한 청년 20명으로 조직되었다. 그리고 이 단체의 중심인물은 김구의 장남인 김인(金仁)과 안공근의 장남인 안우생(安禹生)이었다. 또 이들은 《韓青》이라는 기관지를 1936년 8월에 창간하기도 했다.[59]

한국국민당청년단의 구성원은 18세 이상 35세 이하의 남녀로 구성되었다. 이들은 강령을 통해 "스스로 훈련하고 자체의 역량을 제고·강화하여 본당의 핵심이 되는 전위적 임무를 충실히 하는 외에, 국내외에 산재해 있는 각층 청년과 제휴하여 한국광복운동에 노력한다"[60]고 밝혔다. 즉 한국국민당청년단은 김구의 지도노선에 따라 활동하는 한국국민당의 전위활동조직이었던 것이다. 또한 한국국민당은 그 세력을 확장시키고자 1936년 10월에 안우생 등 몇 사람을 민족혁명당의 지부활동이 전개되고 있던 광동으로 파견하였다. 그들은 그곳에서 청년들을 규합하여 한국청년전위단을 결성했다.

한편 구 한국독립당의 조소앙·홍진 및 이청천 세력 등과 통합하기 위한 한국국민당의 모색은 1937년 초에 이르러서야 가시적으로 나타나게 되었다. 1937년 2월에 이청천 세력이 민족혁명당을 탈퇴하고 4월에 조선혁명당을 다시 조직하게 되자, 한국국민당은 송병조가 주축이 되어 이들과 제휴를 시도했다. 그러나 그해 7월, 남경에서 재미 독립운동단체를 함께 포함시키는 문제에 대해 협의하는 사이에 중일전쟁이 발발하여, 제휴는 매듭이 맺어지지 못한 채 뒤로 미루어졌다.[61]

恩)과 아나키즘 계열의 김창근(金昌根) 등을 규합하여 맹혈단(猛血團)을 조직하고 한국독립당재건파와 제휴를 시도하다가 김동우를 제외한 대다수가 일제에 체포되어 해산되었다(金正明, 《朝鮮獨立運動》 2 (東京 : 原書房, 1967), p.560). 한국특무대독립군에 대해서는 한상도, 《韓國獨立運動과 中國軍官學校》, 문학과지성사, 1994, pp.333~338 참조.

59) 金正明, 《朝鮮獨立運動》 2 (東京 : 原書房, 1967), pp.562~563.
60) 朝鮮總督府 高等法院檢事局思想部, 《思想彙報》 20(1939. 9), pp. 267~268.
61) 金正明, 《朝鮮獨立運動》 2 (東京 : 原書房, 1967), p.644.

3. 양대 연합체제와 통합노력

1) 한국광복운동단체연합회

1937년 7월에 중일전쟁이 터지자, 한국독립운동계는 정세변화에 적응하면서 돌파구를 찾아 나갔다. 양대 정당체제에서 좌·우 세력이 각각 연합체를 결성하게 된 것이다. 그 가운데 우파의 연합체가 바로 한국광복운동단체연합회[이하 '광복진선'(光復陣線)]였다.

1935년 7월에 독립운동계의 여러 세력들이 민족혁명당으로 결집하자, 임시정부 사수파는 4개월 뒤 한국국민당을 결성하였다. 한국국민당을 이끄는 김구는 민족혁명당의 동정을 주시하고 있었다. 때마침 결성 두 달 만에 조소앙이 이끄는 한국독립당 출신들이 김원봉의 전권 장악에 반발하여 뛰쳐나와 새로이 한국독립당을 재건하자, 김구는 이들을 다시 자신의 세력권 속에 포함시키려는 꿈을 가지게 되었다. 더구나 1937년 4월에 이청천마저 민족혁명당을 이탈하여 조선혁명당을 결성하게 되자, 김구는 이들 두 세력과 함께 우파 3당의 통합을 모색하게 되었다.

임시정부를 사수하고 있던 김구가 이들 세력을 통합하기 위한 구체적인 수순 밟기에 들어서던 시기는 1937년 중반이었다. 미국의 이승만(李承晩)에게 서신을 보내면서 미주지역의 독립운동단체들도 참가하는 통합정당 창출에 나섰던 것이다. 그런데 갑자기 이 작업을 서두르게 만드는 사건이 발생하였다. 7월 7일에 터진 일본군의 중국본토 침략, 곧 중일전쟁의 발발이었다. 전시체제에 맞추어 중국군과 연합작전을 논의하려면 먼저 통합체를 구성해야만 했다. 그래서 이승만의 답이 오기도 전에 그 사정을 8월 2일자 편지로 알렸다.[62] 이어서 8월 17일 남경에서 앞의 3개 정당과 미주지역의 6개 단체, 곧 대한인국민회[북미·멕시코 ; 현순(玄楯)]·

---

62) 백범김구선생전집편찬위원회, 《白凡金九全集》 4, 대한매일신보사, 1999, p.758.

대한인동지회(이승만)・대한인단합회〔전경무(全耕武)〕・한인애국단〔한시대(韓始大) ; 미주   대한인애국단)〕・대한부인애국단〔일명   대한인부인구제회 ; 박신애(朴信愛)〕・대한인독립단(일명 대한인독립군) 등 총 9개 단체의 연명으로 선언을 발표하고 광복진선을 결성하였다.[63]

광복진선은 성립 선언을 통하여 세 가지 노선을 천명하였다. 하나는 강력한 광복 전선을 건립하고 확대한다는 것이고, 두 번째는 상호 합작하여 중요한 당면공작을 실행한다는 것이며, 끝으로 임시정부를 옹호하고 지지한다는 것이다.[64] 임시정부를 중심으로 본다면, 민족혁명당 창당 과정에 대부분이 합류한 뒤 극소수 잔류자들의 노력으로 명맥을 유지하던 임시정부가 우파 3당의 참여로 다시 활기를 찾는 모습이었다. 특히 대당결성을 내다보는 김구로서는 한 단계 고비를 넘긴 셈이었다.

광복진선의 이념은 이를 주도하고 있던 한국국민당의 당강을 통해서 알 수 있다. 한국국민당은 당강에 "국가주권 광복의 혁명적 의식을 국민에게 고취・환기하여 민족적 혁명 역량을 총 집중할 것"을 명시함으로써, 좌・우 세력의 연합에는 원칙적으로 길을 터놓았다. 그러나 "독립운동에 대한 사이비 불순적 이론과 행동을 배격할 것"과 "임시정부를 옹호・진전시킬 것" 등의 사실을 규정하고 있어서, 계급혁명적인 의식으로 무장한 채 임시정부를 사실상 인정하지 않고 있던 좌파의 통합조직인 조선민족전선연맹(朝鮮民族戰線聯盟)과 합작하기란 어려운 상황이었다.

광복진선은 중일전쟁이 터진 상황에서 강력한 연합전선을 형성하여 일본을 타도하는 공작을 실행할 것과 임시정부를 절대적으로 옹호해 나갈 것을 방략으로 채택하였다. 따라서 이들은 중일전쟁이 한국과 중국 양 민족에게 공히 최후의 결전이 될 것이라고 인식하면서 "양 민족이 연합하여 항일구국전선에 참여해서 왜적을 섬멸할 것"을 실행목표로 정했

---

63) 金正明,《朝鮮獨立運動》2 (東京 : 原書房, 1967), p.559.
64)〈韓國光復運動團體聯合會〉, 윤병석,《韓國獨立運動史資料集》, 趙素昻篇 4, 한국정신문화연구원, 1997, pp.9~10.

다.65) 광복진선은 구체적인 활동방안으로 선전활동과 군사작전계획 수립을 채택했다. 광복진선은 선전활동을 위해 1937년 10월에 선전위원회를 구성했다. 이 위원회는 간행물의 발간을 통해 일제의 붕괴과정과 갖가지 정보들을 우방과 약소민족의 혁명동지에게 제공하고 국제공론을 환기함으로써, 일제에 대해 한·중 양국이 설욕하여 잃어버린 국토를 회복하는 데 이바지하는 것으로 당면공작의 방향을 설정했다.66)

광복진선의 성립과 선전위원회 선전활동에 대한 중국의 반향은 상당히 컸다. 중국의 한 신문은 1937년 9월 3일자에 "한국 각 당이 대연합하여 조국의 회복을 도모한다"는 표제로 크게 보도하면서, 기사의 말미에서는 "국민당은 혁명영수 김구가 영도하는 유일대당으로, 김구는 1·28 (상해사변) 당시 홍구공원 사건(虹口公園事件 ; 윤봉길 의거—필자)의 주모자"라고 찬양했다.67) 또한 같은 해 11월 1일자 각 신문은 여기에 호응하여 선전위원회의 내용을 게재했고,68) 11월 6일자 《上海大公報》 역시 그러한 사실을 보도했다.69)

광복진선은 중일전쟁을 맞아 군사작전계획의 수립과 실행을 추구했으나, 중국 정부가 후퇴함에 따라 임시정부도 이동할 수밖에 없었으므로 그 실천은 다소 연기되어야 했다. 그리하여 광복진선은 1938년 10월이 되어서야 광서성(廣西省) 유주(柳州)에서 나월환을 대장으로 하는 한국광복진선청년공작대(韓國光復陣線靑年工作隊)를 조직할 수 있었다.70) 하지만 본격적인 군사활동은 1940년에 중경에서 광복군이 성립되기까지 기다려야만 했다. 비록 군사활동이 본격화하지 못한 단계였으나, 광복진

---

65) 〈韓國光復運動團體對中日戰局宣言〉, 윤병석, 《韓國獨立運動史資料集》 趙素昂篇 4, 한국정신문화연구원, 1997, pp.7~8.
66) 국사편찬위원회, 《韓國獨立運動史資料》 3, 1973, p.468.
67) 金正明, 《朝鮮獨立運動》 2 (東京 : 原書房, 1967), p.599.
68) 金正明, 《朝鮮獨立運動》 2 (東京 : 原書房, 1967), p.600.
69) 趙中孚·張存武·胡春惠 主編, 《近代中韓關係史資料彙編》 四 (臺北 : 國史館, 1987), p.436.
70) 독립운동사편찬위원회, 《獨立運動史》 6, 1979, p.164.

선은 결사대 파견을 통한 공작, 무정부주의자와의 연결을 통한 대일투쟁 전개, 중국정부기관의 통신검열을 피해 상해·홍콩(香港) 등지를 거친 정보 수집 등의 활동을 활발히 전개했다.[71]

　광복진선의 역사적 의의는 크게 세 가지로 요약될 수 있다. 첫째, 광복진선이 우파세력 3당을 중심으로 구성되었던 만큼, 장차 3당 합당을 거쳐 좌파의 통합세력인 조선민족전선연맹과도 합작할 수 있는 가능성을 내다볼 수 있게 했다는 점이다. 둘째, 광복진선이 중일전쟁에 대응한 전시체제를 구축했다는 점이다. 셋째, 이것이 임시정부를 옹호하는 강력한 기초조직의 구실과 여당의 기능을 동시에 수행했다는 사실이다. 이러한 의의를 가짐에도 광복진선은 뚜렷한 한계점도 갖고 있었다. 1919년에 상해에서 임시정부가 출범한 이후, 한국독립운동자들은 늘 독립을 달성할 수 있는 기회를 노리고 있었다. 특히 임시정부가 염두에 두었던 중요한 기회 가운데 하나가 바로 중일전쟁의 발발이었는데, 막상 전쟁이 일어났음에도, 더구나 중국이 과거와 달리 전면전에 돌입하였음에도 좌·우파의 연합을 달성하지 못한 점은 광복진선의 커다란 한계임이 분명하다. 특히 실제로 우파세력 3당을 이끌었던 한국국민당이 우파세력의 통합조차 성취하지 못하고 단순한 연합 단계에 머물렀던 것도 같은 맥락에서 지적될 수 있는 한계일 것이다.

2) 조선민족전선연맹

　민족혁명당은 한국대일전선통일동맹의 발전적 해소를 바탕으로 하여 1935년 7월에 창당되었다. 그러나 민족혁명당은 창당 2개월 뒤인 9월에 조소앙·박창세 등 한국독립당 출신들이 탈퇴하여 한국독립당 재건을 선언하고 곧이어 신한독립당 계열의 민병길·조성환·홍진 등도 탈퇴하

---

71)　金正明,《朝鮮獨立運動》2 (東京 : 原書房, 1967), p.614.

자, 민족혁명당은 완성되지 않은 단일신당의 모습마저 잃은 채 흔들리게 되었다. 이러한 현상은 중국의 재정지원을 김원봉이 독점함에 따라 나타났다. 결국 1936년 이후 민족혁명당은 의열단과 조선혁명당 및 신한독립당의 일부 잔류세력만 남게 되는 상황에 처한다.

1937년 4월에는 이청천 세력까지 이탈하면서 민족혁명당은 더욱 약화되었다. 김원봉은 민족혁명당의 세력 만회를 위해 연합 가능한 단체와 교섭을 추진했다. 그는 우선 1936년 여름부터 중앙본부에 대해 반대의사를 표명하여 '조선민족해방동맹'을 결성한 광동지부원들을 복귀시키고자 노력하였다.[72] 이어서 그는 무정부주의 단체인 조선혁명자연맹[73] 및 손두환(孫斗煥)·김병두(金炳斗)가 중심이 된 남경한족회와 연합하고자 노력하였다. 김원봉이 이들과 제휴를 시도함으로써 김구 세력에 대항할 단일대당을 추구하고 있던 가운데, 우파진영은 중일전쟁 발발 직후인 8월에 광복진선을 성립하게 되었다.

김원봉도 중일전쟁이 터지자 7월 말에 간담회를 개최하고 민족혁명당·조선민족해방동맹·조선혁명자연맹의 대표 15인으로 구성되는 대표회의를 가졌다. 여기에서 조선민족전선통일촉성회가 조직되었다. 이들은 남경 함락 직전인 11월에 대표회의를 열어 조선민족전선연맹(이하 '민족전선')을 조직하기로 하고 규약·강령·선언 내용을 결정했다. 그러나 곧 남경이 함락되었으므로 12월 초에 한구(漢口)로 옮겨 창립을 선언하게 되었다.[74] 8월에 김구 쪽에서 먼저 광복진선을 발표하였으니, 이들은 연

---

72) 조선민족해방동맹은 민족혁명당에 참여하지 않은 좌파인물에 의해 결성되었다. 김성숙·박건웅·김산 등이 주도적 인물들이었는데, 이들은 중국공산당이나 코민테른에 참가하지 않음으로써 '민족주의적' 좌파 성향을 보였다[內務省警報局, 《社會運動の狀況》 8, 1936(東京 : 三一書房, 1972), p.1572].

73) 1930년에 상해에서 유자명·유기석(柳基石) 등이 '남화한인청년연맹'(南華韓人靑年聯盟)이라는 무정부주의 단체를 조직했다. 이 단체가 1937년에 남경에서 '조선혁명자연맹'으로 재조직된 것이다.

74) 金正明, 《朝鮮獨立運動》 2 (東京 : 原書房, 1967), pp.606~607.

합체 결성에 선수를 빼앗긴 셈이다.

민족전선은 창립선언을 통하여 "조선민족의 유일 활로는 전민족의 단결력에 의해 일본제국주의를 타도하고 조선민족의 독립자주를 완성함에 있다. 고로 조선혁명은 민족혁명이며 그 전선은 '계급전선'도 '인민전선'도 아니며, 또한 프랑스와 스페인 등의 소위 '국민전선'과도 엄격한 구별이 있다"[75]고 하여 현 단계의 조선혁명은 민주주의적 민족해방운동일 뿐, 사회혁명이 아님을 천명했다. 즉 민족전선은 민주주의적 독립국가 건설과 민족의 자유·평등 실현이라는 공동의 정치강령을 바탕으로 단체본위의 연합형식으로서 결성된 연합전선체였다. 이처럼 민족전선에 공산주의자가 참여하고 있음에도 민족의 과제를 강령으로 채택한 것은 식민지하에서 계급모순은 민족모순을 통해 관철되며 한국의 총체적인 적은 일본제국주의라는 이해와 시각 때문이라 하겠다.[76]

이처럼 민족전선은 조선의 혁명이 민주주의적 민족해방운동이어야 한다고 하면서도 1940년까지 임시정부에 관여하지 않는다는 이른바 '불관정책'(不關政策)을 가지고 있었다. 민족혁명당은 불관정책을 갖는 것을 넘어, 심지어 임시정부가 조선의 독립에 유해한 존재이고 어떠한 대중적 기반도 없는 조직이며 통치권력이 결핍된 일부의 망상이 낳은 형식적인 결과물이라고 혹평하였다.[77] 이는 임시정부의 여당을 자임했던 광복진선과 달리, 민족전선이 임시정부의 존재 자체를 부정하고 있었음을 보여준다.

75) 金正明,《朝鮮獨立運動》2 (東京 : 原書房, 1967), p.617.
76) 이러한 경향은 김규광(金奎光)의 주장에도 나타난다. "전체 민족이 똑같이 해방을 요구하고 있으며 반일의 임무를 갖기 때문에, 현 조선혁명의 주체는 어느 한 계급 혹은 어느 한 정당이 될 수 없다. 동시에 광대한 중소자산계급·민족상공업자·지주 등도 반일의 혁명성을 상당히 갖고 있고 전민족 해방투쟁에서 상당히 주요한 세력을 구성하고 있음을 인정해야 한다"(金奎光,〈朝鮮民族反日革命 總力量問題〉,《朝鮮民族戰線》5·6期 合刊, 1938. 6).
77) 胡春惠, 신승하 옮김,《中國 안의 韓國獨立運動》, 단국대출판부, 1978, p.115.

민족전선의 조직은 선전부·정치부·경제부로 나뉘었다. 물론 명목상 민족전선이 동등한 자격을 가진 단체들의 연합체이기는 했지만, 재정권을 장악하고 있는 김원봉이 대표를 맡고 그 아래에 세 개의 부서를 두는 방식으로 조직되었다. 선전부는 조선혁명자연맹 소속의 유자명을 대표로 약 50명, 정치부는 조선민족해방동맹 소속의 한빈[韓斌 ; 일명 왕지연(王志延)]을 대표로 약 40명, 경제부는 민족혁명당의 이춘암(李春岩)을 대표로 하여 약 10명의 인원으로 각각 구성되었다.[78] 민족전선은 투쟁강령으로 소수 민족반역자를 제외한 전 민족이 연합할 것, 무장투쟁을 전개하여 일본에 직접 항전할 것, 중국 및 전 세계 피압박민족과 연합하여 반파시스트운동을 전개함으로써 한국혁명의 세계적 연대성을 가질 것, 그리고 국내외 혁명역량을 연계할 것 등을 채택했다. 이러한 투쟁강령에 따라 민족전선은 중국군과 함께 일본군에 항전할 군사조직으로 조선의용대(朝鮮義勇隊)를 결성하였다.

조선의용대가 결성될 것이라는 소식은 중일전쟁 발발 1주년 기념일인 1938년 7월 7일에 중국 정부에 알려졌다. 조선의용대가 중국 정부의 지지를 받아 정식으로 조직된 시기는 한구가 함락되기 직전이던 같은 해 10월 10일이었다. 조선의용대는 동포와 파시스트 압제하의 민중을 연합하여 일제를 타도하고 세계의 영원한 평화를 완성하는 데 그 임무와 목표를 두었다.[79] 조선의용대의 대원 수는 성립 초기에 약 120명 정도였고, 인원이 가장 많았을 때 약 340명에 이르렀다. 최초의 편제는 두 개의 구대(區隊)로 이루어졌고, 제1구대는 박효삼(朴孝三)의 지휘 아래 호남·강서 일대에서, 제2구대는 이익봉(李益鳳)의 지휘 아래 안휘(安徽)·낙양(洛陽) 일대에서 각각 활동했다. 그리고 김원봉이 지휘하던 본부는 한구에 있다가 계림(桂林)을 거쳐 중경으로 옮겨졌다.[80] 조선의용대는 기본

78) 金正明,《朝鮮獨立運動》2 (東京 : 原書房, 1967), pp.615.
79) 胡春惠, 신승하 옮김,《中國안의 韓國獨立運動》, 단국대출판부, 1978, p.138.
80) 胡春惠, 신승하 옮김,《中國안의 韓國獨立運動》, 단국대출판부, 1978, pp.138~139.

적으로 투쟁강령에 따라 조직된 전투조직의 성격을 띠고 있었지만, 중국
국민당 정부에게서 지원을 받는 특수성 때문에 중국군사위원회 정치부
의 전지공작대(戰地工作隊)에 예속되어 활동하는 국제지원군의 성격도
가지고 있었다.[81]

조선의용대의 당초 목적은 조선혁명군을 조직하여 중국의 대일항전[中
國抗戰]에 직접 참가하는 것이었다. 그러나 인원이 크게 모자랐던 탓에 일
단 정치선전공작의 대오로서 조직되었던 만큼, 적의 중국 공격과 한·중
양 민족에 대한 이간책을 분쇄하는 것, 조선 동포와 일본군민을 자원으로
확보하는 것, 중국의 대일항전에 참가하여 조선민족의 해방공작을 삼는
것 등을 활동방침으로 정했다.[82] 조선의용대의 공작내용은 대적선전공작,
대적전투, 정보 수집과 포로 교육, 대원 확충, 중국군민과 합작 전개 등이
었다.[83] 그런데 그들이 만주의 동북항일연군 구성원으로 활약하던 김일
성(金日成)부대를 모델로 삼고 있었다는 사실은 주목해 볼 만하다.[84]

한편 민족전선은 기관지로《朝鮮民族戰線》을 발간했다. 창간호는
1938년 4월 1일에 발간되었는데, 매월 10일과 25일에 발간되는 것으로
했다. 그리고 편집인은 김규광(金奎光)·유자명·한일래 등이었고, 발행
처는 '조선민족전선사'였다. 이 기관지는 창간사에서 "금일 만약 중국의
항전이 실패하면 조선민족의 해방은 영원히 無望하며 따라서 조선민족
의 노력은 중화민족의 최후승리에 영향을 끼쳐야 한다"고 하여 항일전쟁
에 임하는 한·중 양국의 결속을 촉구했다.[85]

민족전선은 1938년 중반에 접어들면서 분열현상을 보이기 시작했다.

---

81) 胡春惠, 신승하 옮김,《中國안의 韓國獨立運動》, 단국대출판부, 1978, pp.141~142.
   이러한 성격은 1940년 9월 17일 중경에서 성립된 한국광복군의 경우와 같다.
82) 김약산,〈第二年的開始〉,《朝鮮義勇隊通訊》7기,《海外의 韓國獨立運動史料》Ⅷ(중
   국 편 4), 국가보훈처, 1993, p.276.
83) 김희곤,〈조선의용대의 독립운동전략〉,《韓國近現代史研究》11, 1999, pp.15~27.
84) 韋明,〈英勇戰鬪中的東北朝鮮革命軍〉,《朝鮮義勇隊》39기,《海外의 韓國獨立運動
   史料》Ⅷ(중국 편 4), 국가보훈처, 1993, pp.485~486.
85) 金正明,《朝鮮獨立運動》2 (東京 : 原書房, 1967), p.620.

그것은 1938년 5월에 호북성(湖北省) 강릉(江陵)에서 열린 제3차 전당대표회의에서 최창익(崔昌益)이 김원봉의 지도권에 도전하는 형태로 나타났다. 최창익은 민족혁명당을 통해 조선공산당의 재건을 꿈꾸는 한편, 민족통일전선에 대해서는 연맹조직론을 고수하고 있었으며, 중국과 연합할 경우에는 중국공산당을 연합 대상으로 삼아야 한다는 주장을 펼치고 있었다. 이에 반해 김원봉은 민주공화국와 건설을 목표로 해야 하고 민족통일전선은 단일당의 형태여야 하며 중국국민당과 연합할 것을 주장했다. 이러한 두 세력의 갈등 때문에 최창익은 같은 해 7월에 김학무(金學武)와 함께 조선의용대를 편성하기 위해 중국 각지에서 모인 중앙군관학교 성자분교(星子分校) 특별훈련반 졸업생 50명으로 조선청년전시복무단(朝鮮靑年戰時服務團)을 결성하고 민족혁명당을 이탈했다가, 자금난으로 곧 복귀하기도 했다. 하지만 최창익은 결국 허정숙 등과 함께 그해 10월에 전위동맹을 탈퇴하고 연안(延安)으로 떠났다.[86] 그리하여 한빈이 전위동맹의 주축이 되어 공산주의 청년들을 지도하게 되었다.

중일전쟁 직후에 성립된 민족전선은 김구가 이끄는 광복진선과 더불어 독립운동세력의 양대 체제를 이루었다. 민족전선의 역사적 의미는 좌파세력을 통일하고 나아가 우파의 광복진선과 광범한 연합전선을 모색함으로써 이후 전국연합진선협회 구성으로 나아가는 기틀을 마련했다는데 있다. 반면에 내부 통제에 실패하여 조직이탈을 막지 못함으로써, 대동단결로 나아가는 방향에 암운을 드리우기도 했다. 바로 이 지점에서 민족전선은 우파의 광복진선과 타협 및 통합을 모색하는 계기를 맞게 되었던 것이다.

---

86) 이정식·한홍구 엮음, 《항전별곡》, 거름, 1986, pp.67~71 참조.

3) 7당·5당 통일회의와 전국연합진선협회

양대 연합체인 광복진선과 민족전선은 중일전쟁의 소용돌이 속에서 차츰 양측의 통일점을 모색하기 시작하고, 때마침 제시되었던 중국국민당 정부의 적극적인 요구를 받아들이면서 통합을 시도하게 된다.[87] 그 결과 1939년에 짧게나마 전국연합진선협회(이하 '진선협회')가 성립되었던 것으로 보인다.

장개석은 1938년 11월에 김구를, 이듬해 1월에 김원봉을 각각 중경으로 초청하여 두 세력의 합작을 권유하였고, 이에 호응한 두 사람이 1939년 5월에 〈동지·동포 제군에게 보내는 공개통신〉을 발표하였다.[88] 그 주요 내용은 크게 세 가지였다. 첫째는 지난날의 활동에 대한 반성과 현 정세 분석이었고, 둘째는 현 단계의 정치강령이었으며, 셋째는 전 민족적 통일기구의 조직방법에 대한 의견이었다.[89] 두 사람은 서두에서 과거의 투쟁이 통일된 단결력을 보이지 못했고 아울러 민족혁명의 전략적 임무를 정확하게 파악하지도 못했다고 했다. 그래서 이제는 두 사람 모두 조선민족의 해방이라는 대업을 완성하기 위해 서로 협력할 것임을 밝혔다. 이어서 이들은 10개 항목의 정치강령을 밝혔는데, 주요한 내용은 자주독립국가의 건설, 민주공화제 건설, 국가적 위기 시 기업의 국유화, 농민에 대한 토지 분배와 매매 금지, 노동시간 감소와 보험제도 실시, 기본권 보장, 의무교육 시행 등이었다.

끝으로 두 사람은 중국 안에서 전개되고 있는 독립운동단체의 통일체

---

87) 비록 실패하긴 했지만, 진선협회가 결성되기 이전에 양대 세력의 통합 시도가 없었던 것은 아니었다. 1937년 11월에 김원봉이 민족전선을 결성하던 과정에서 김구의 광복진선에게 민족전선에 합류할 것을 권유했다가 거절당한 일이 있었다. 당시 김구는 김원봉 세력이 중국공산당에 접근해 있고 인민전선파적인 경향이 농후하다고 하여 합류에 반대했다[金正明, 《朝鮮獨立運動》 2 (東京 : 原書房, 1967), p.625].

88) 內務省警報局, 《社會運動の狀況》 11, p.1047.

89) 金正明, 《朝鮮獨立運動》 2 (東京 : 原書房, 1967), pp.637~640.

조직방법에 대하여 '연맹조직론'이 아니라 '단일당조직론'을 주장했다. 두 사람이 합의점을 마련함에 따라 1939년 8월 27일에 사천성(四川省) 기강(綦江)에서 한국혁명운동통일7단체회의(이하 '7당통일회의')가 개최되기에 이르렀다. 광복진선의 3당(한국국민당・재건 한국독립당・조선혁명당)과 민족전선의 4당(조선민족혁명당・조선민족해방동맹・조선혁명자연맹・조선청년전위동맹) 등 7당이 참가한 이 회의에서 김구와 김원봉은 〈공개장〉에서 언급했던 것처럼 연맹조직론의 단점을 들추면서 단일당 조직론을 주장했다. 그러나 민족전선에 소속된 조선민족해방동맹과 조선청년전위동맹이 연맹조직론을 주장하면서 민족주의와 결합할 수 없다는 태도를 밝히고 결국 7당통일회의를 탈퇴함으로써, 회의는 유회되고 말았다. 조직방식에 일치하고 있었던 나머지 5당은 공동으로 5당의 통일조직을 먼저 완성한 뒤 다시 기타 소단체들을 포괄하기로 수순을 결정하였다. 그러나 이 회의마저 곧 중단되고 말았는데, 당시 중국국민당 정부는 회의가 결렬된 원인을 통일당의 당의・정책 등의 문제에 대한 의견 불일치로 파악한 바 있다.[90] 그 밖에 논쟁의 초점은 협동전선의 조직방식 및 기본이념과 임시정부의 위상에 관한 것 등이었다.[91]

7당통일회의가 결렬된 뒤, 5당회의에서 일시적으로 진선협회가 결성된 것 같다. 1939년 9월 22일에 결성되었다고 전해지는 이 조직은 며칠이 지나지 않아 민족혁명당이 탈퇴를 선언함으로써 해체되고 말았던 것으로 보인다.[92] 이것은 1920년대 후반기 유일당운동과 1932년의 한국대일전선통일동맹, 그리고 양대 연합체 등을 통해 이어져 온 일련의 민족협동전선운동의 흐름을 다시 한번 가로막는 일이었다.

---

90) 〈綦江韓國7黨統一會議經過報告書〉, 中央研究院近代史研究所, 《國民政府與韓國獨立運動史料》(臺北, 1989), pp.20~22.
91) 한상도, 《한국독립운동과 국제환경》, 한울, 2000, p.271.
92) 한상도, 《한국독립운동과 국제환경》, 한울, 2000, p.279.

4. 양대 정당체제의 재현

1) 한국독립당

1940년 5월, 민족주의 정당들이 한데 모여 '한국독립당'을 결성했다. 한국국민당·(재건)한국독립당·조선혁명당 등 우파 3당의 합당 추진은 진선협회 이전인 광복진선 시기부터 논의되던 일이었다. 우파 3당의 통합 논의는 좌파세력과 단일당 결성을 협의하는 과정에서 수면 아래로 가라앉아 있었으나, 통합을 시도했던 진선협회가 곧 좌절되면서 결국 재개된 것이다. 한국국민당에 견주어 나머지 두 당의 정치노선이 약간 진보적이기는 했으나, 이들 사이에 이론적 장벽이 생길 만한 큰 차이점은 없었다.

3당 통합의 직접적인 계기는 무엇보다 진선협회의 결렬이었다. 광복진선과 민족전선의 통합체였던 진선협회의 결렬은 민족주의 3당으로 하여금 자신들만의 통합을 촉진하게 하는 계기가 되었다. 그리하여 임시정부는 진선협회가 결렬된 직후인 1939년 11월에 임시정부 국무회의와 임시의정원의 의결을 거쳐, 그해 말까지 3당 통합을 실현하도록 촉구하는 내용이 담긴 〈독립운동방략〉을 발표했다.[93] 3당 통합의 본격적인 움직임은 이듬해인 1940년 4월에 시작되었다. 4월 1일, 중경 아래에 있는 기강에서 열린 3당 대표회의에서 광복진선 3당의 통합이 비로소 결정된 것이다. 이어 5월 8일에 3당은 해체선언서를 발표하고[94] 다음 날인 9일에 신당 창당을 선언했다. 이것이 중경의 한국독립당이다.

통합 한국독립당의 간부는 역시 3당의 간부들로 이루어졌다. 집행위원장에 김구가 선임되었고, 홍진·조소앙·조시원(趙時元)·이청천·김학규·유동열·안훈·송병조·엄항섭·김붕준(金朋濬)·양묵·조성환·차리석·이복원(李復源) 등이 집행위원을 맡게 되었다. 그리고 이동녕이

---

93) 삼균학회, 《素昻先生全集》, 횃불사, 1979, p.136.
94) 金正明, 《朝鮮獨立運動》 2 (東京 : 原書房, 1967), pp.667~668.

감찰위원장을, 이시영·공진원·김의한(金毅漢) 등이 감찰위원을 각각 맡았다.95) 이들은 김구·조완구·박찬익 등의 보수파와 홍진·조소앙 등의 진보파로 구성되었는데, 후자는 전자보다 민족혁명당 등 다른 정당·단체와 합작하는 문제에 상대적으로 더 적극적이었다.96)

한국독립당은 3당 해체선언에서 자신들이 임시정부 우파진영 정당의 역사와 "3·1운동의 생명을 계승한 민족운동의 중심적 대표당"97)임을 선언했다. 그리고 당의 이념도 1930년대 이후 독립운동진영에서 널리 수용되어 있던 삼균주의를 근간으로 이루어졌다. 당의에 삼균주의 이론이 그대로 나타나 있는데, 혁명적 수단으로 일본침략세력을 박멸하고 국토·주권을 완전히 광복하여 정치·경제·교육의 평등한 기초 위에 신민주국가를 건설하는 것과, 안으로 균등생활을 확보하고 밖으로 세계일가(世界一家)의 노선으로 나아가는 것이 그 골자였다. 당강의 주요내용은 완전한 광복을 통한 대한민국의 건설, 보통선거제 실시를 통한 정치적 균등 실현, 토지와 대생산기관의 국유화를 통한 경제적 균등 실현, 의무교육을 통한 교육적 균등 실현, 그리고 광복군 편성과 의무 병역 실시 등이었다. 또한 당책의 주요내용은 민족의 혁명의식 환기, 국내외의 민족혁명역량 집중, 광복군 편성, 대중적 반항과 무장적 전투의 확대, 임시정부의 옹호, 중국의 항일동맹군으로서 구체적 활동 전개 등이었다.98)

3당이 통합한 1940년의 한국독립당은 임시정부 그 자체였다. 당의 간부들이 임시정부의 국무위원을 겸직하며 임시의정원에 참여하고 있었으므로, 당의 정책은 곧 정부의 정책으로 집행되었던 것이다. 따라서 당의 구체적인 활동이 임시정부의 운영과 한국광복군의 결성에 직결됨에 따라, 임시정부는 비로소 당·정·군 체계를 확립할 수 있었다.

---

95) 추헌수 엮음,《資料 韓國獨立運動》2, 연세대출판부, 1975, p.70 ; 김구,《白凡逸志》, 나남출판, 2002, p.387.
96) 추헌수 엮음,《資料 韓國獨立運動》2, 연세대출판부, 1975, p.66.
97) 金正明,《朝鮮獨立運動》2 (東京 : 原書房, 1967), p.668.
98) 추헌수 엮음,《資料 韓國獨立運動》2, 연세대출판부, 1975, pp.405~406.

앞서 언급한 바와 같이, 민족전선은 1938년 10월에 조선의용대를 조직
하였다. 이에 임시정부는 독립운동 3개년 계획을 세워 장교 양성과 무장
대의 편성 및 유격대의 조직에 전력을 다하기로 하고 1939년 11월에 섬
서성(陝西省) 서안(西安)에 군사특파단을 파견하였다.[99] 이어서 1940년
4월의 3당 통합을 위한 대표회의에서는 중국영토 안에서 한국광복군이
성립될 수 있도록 중국 정부에 승인을 요구하는 안을 결의했다.[100] 다음
달인 5월에 장개석이 이를 승인하면서 준비가 진행되었고, 9월 17일에
중경에서 광복군총사령부 성립전례(成立典禮)가 개최되었다.

한국독립당은 한국광복군이 한국독립당의 '당군'이 아니라 한국의 '국
군'임을 강조했다.[101] 그리고 중국 각지에 있는 모든 한국인 무장부대들
을 규합하여 이들로 하여금 통일적인 지휘 아래 공동으로 항일의 행렬에
참가하도록 하였다. 또한 이러한 통일의 목표대상은 서안에 있던 나월환
의 한국청년전지공작대뿐만 아니라 김원봉의 조선의용대까지도 포함하
는 것이었다. 그런데 전자의 경우는 1940년 말에 일찌감치 광복군 제5지
대로 편입되었으나, 후자의 경우는 그 성립의 역사가 비교적 오래되기도
했고 동시에 김원봉이 조선의용대를 중심으로 한국인의 무장세력을 집
중시키고자 하는 의도를 갖고 있었으므로 오히려 광복군과 대결하는 구
도를 보였다.[102]

광복군을 조직한 한국독립당은 이듬해인 1941년에 다시 발전단계와
〈대한민국건국강령〉을 마련하였다. 한국독립당은 5월에 제1차 전당대표
회의를 열고 복국(復國)·건국(建國)·치국(治國)의 발전단계와 정책을
제시한 뒤, 이어서 정당의 차원에서 논의되고 정리되었던 독립운동에 대
한 이론을 정부의 차원에서 다시 검토하고 수용하여 1941년 11월에 〈대

---

99) 독립운동사편찬위원회, 《獨立運動史》 4, 1972, p.884.
100) 金正明, 《朝鮮獨立運動》 2 (東京 : 原書房, 1967), p.740.
101) 한시준, 《韓國光復軍》, 일조각, 1993, p.88.
102) 如松, 〈論朝鮮義勇隊在革命運動中的地位〉, 《朝鮮義勇隊》 37기(2주년특집호), 국
　　가보훈처, 《海外의 韓國獨立運動史料》 8 (중국 편 4), 1993, p.444.

한민국건국강령〉으로 발표했다. 이러한 과정은 당과 정부의 기능이 차츰 제자리를 찾고 있었음을 보여주는 사례이다.[103]

2) 조선민족혁명당

1939년 초부터 몰아친 여러 정당·단체들의 단일당 조직을 위한 노력들이 실패하자 민족혁명당은 상당한 곤경에 빠지게 되었다. 장개석의 적극적인 요구가 수용되면서 추진되던 진선협회가 주저앉음에 따라, 민족전선이 와해되어 버렸기 때문이다. 광복진선이 우파만의 3당 통합을 이룬 것과는 정반대로, 민족전선에서는 4당 가운데 2개 당이 이탈해 버렸다. 이것은 곧 김원봉의 민족전선 장악력이 무너졌음을 의미하는 것이었다.

비록 진선협회에서 탈퇴했지만, 민족혁명당은 그 이전만큼 민족전선의 구성단체들에게 지도력을 미칠 수 없었다. 그러한 구체적인 징후는 그해 말부터 다음 해인 1940년 말까지 조선의용대가 분열하여 3분의 2가 넘는 병력이 화북(華北)지역으로 이동해 버린 것으로 나타났다. 조선의용대의 분열이란 결국 김원봉의 민족혁명당과 조선청년전위동맹의 괴리를 의미한다.[104] 조선의용대는 1939년 말에 세 개의 지대로 개편되었다. 이 가운데 신악(申岳)을 중심으로 하는 조선민족해방동맹원으로 이루어진 제1지대 50명이 1940년 3월에 낙양으로 북상하였고, 그해 말에 제2지대도 북상하였으며, 민족혁명당 본부의 제3지대도 1941년 3월 상순에 낙양에 도착하였다. 중경에서 파견된 제3지대는 앞서 이동한 부대들을 확실하게 장악하고자 김원봉이 보낸 핵심 부하들로 구성되어 있었다. 그런데 3월 말에서 4월 사이에 황하(黃河)를 건너 간 조선의용대 병력은 결국 중국국민당 작

---

103) 추헌수 엮음,《資料 韓國獨立運動》2, 연세대출판부, 1975, p.156.
104) 조선의용대의 분열 원인은 김원봉의 민족좌파적인 사상 성향과 전위동맹의 공산주의 성향, 파벌적 갈등, 중국공산당과 군의 발전에 따른 충동 및 활동 근거지의 확보가능성 여부 등에 있었던 것으로 일제 관헌은 분석했다(《特高月報》, 1942년 3월호, p.211).

전지역을 뚫고 팔로군(八路軍) 지역으로 이동하였다.[105] 그러므로 김원봉
이 장악하고 있던 조선의용대는 사실상 주력이 없는 부대가 되고 말았다.

한편 최창익과 달리 민족혁명당에 남아 있던 한빈은 김원봉에게서 무
기정권 처분을 받자 10여 명을 이끌고 1940년 여름에 민족혁명당을 탈당
했다. 그는 김성숙·박건웅·이정호(李貞浩)와 함께 그해 말 조선청년전
위동맹과 조선민족해방동맹에 합류하여 조선민족해방투쟁동맹을 결성하
였다.[106] 이로써 민족혁명당은 크게 약화되었고, 이제 새로운 돌파구를
모색하지 않을 수 없었다.

5. 임시정부로의 합류

1) 한국독립당

중경시대 독립운동정당들은 1942년 10월에 민족혁명당이 임시정부에
합류하면서 변화의 전기를 마련하였다. 통합 한국독립당은 1940년에 성
립된 이후 줄곧 임시정부를 독자적으로 운영해 왔지만, 이때부터는 강력
한 야당을 대응세력으로 두는 여당으로서 임시정부를 이끌게 된 것이다.
한국독립당이 출범한 1940년 5월부터 1943년 5월까지 3년 동안은 김구
가 집행위원장을 맡는 이른바 '김구 체제'였다. 민족혁명당이 임시정부에
합류하면서 조소앙·홍진 등의 진보적인 인물이 대두하게 되었는데,
1943년 5월 8일에 개최된 제3차 전당대표대회에서 조소앙이 중앙집행위
원장이 됨으로써 한국독립당은 제2기를 맞게 되었다. 하지만 조소앙이
위원장을 맡았음에도 김구가 계속하여 재정권을 장악하고 있었기 때문
에 김구의 세력은 지속되었다. 그리고 1945년 7월에 개최된 제4차 전당

---

105) 염인호, 〈朝鮮義勇軍 硏究〉, 국민대 박사논문, 1994, pp.87~95.
106) 염인호, 《조선의용군의 독립운동》, 나남출판, 2001, p.89.

대표대회에서 위원장에 김구, 부위원장에 조소앙이 각각 선출되면서 이른바 '김구·조소앙 체제'가 성립되었다.

당·정 관계도 민족혁명당이 합류하면서 당연히 크게 바뀌었다. 한국독립당과 임시정부의 관계는 1943년 1월에 열린 제14차 중앙집행위원회에서 무력은 광복군에, 정치·외교는 정부에 각각 집중하여 독립운동을 일원화한다고 결정함으로써 정리되었다.107) 이전에는 당의 간부가 임시정부의 직책들을 겸직하는 등 한국독립당이 사실상 정부 그 자체의 구실을 했지만, 민족혁명당이 합류하면서부터는 그 성격이 바뀌어 야당에 대응하는 여당의 성격을 띠게 된 것이다.108)

이 과정에서 한국독립당은 분열의 양상도 보였다. 그것은 국무위원 선임에서 소외되거나 불만을 가진 인물들이 나타나면서 생겨났다. 1943년 10월에 유동열이 이탈하여 조선민족혁명통일동맹을 조직했고, 이듬해인 1944년에는 의정원 의장 홍진과 부의장 최동오가 중간에서 조정역할을 맡겠다는 명분을 내걸고 탈당하여 신한민주당을 결성했던 것이다. 이 과정에서 한국독립당은 다소 흔들리는 모습을 보이기도 했다.109)

한국독립당의 이념은 앞에서 본 것처럼 삼균주의를 근간으로 삼았다. 그 내용은 대내적으로 민족 내부에 정치·경제·교육의 평등을 실현함으로써 역사적이고 현실적인 모순을 제거하고, 대외적으로 세계 인류의 행복을 도모하기 위해 민족과 민족, 국가와 국가의 균등을 실현함으로써

---

107) 국사편찬위원회, 《韓國獨立運動史資料》 3, 1973, p.420.
108) 이러한 모습은 국무위원이나 의정원 의원의 수치를 통해 나타났다. 민족혁명당 참가 직후의 국무위원은 11명인데 한국독립당과 민족혁명당이 각각 9석과 2석을 차지했고, 의정원 의원도 57석 가운데 양 당이 25석과 13석을 각각 획득했던 것이다(胡春惠, 신승하 옮김, 《中國 안의 韓國獨立運動》, 단국대출판부, 1978, p.133).
109) 유동열 등의 탈당자 17명은 성명서를 통해 "우리는 당을 위하여 당을 需要하는 것이 아니라 혁명이익을 위하여 당을 수요하는 것이며, 통일을 위하여 통일을 주장하는 것이 아니라 민족이익을 위하여 통일을 주장하는 것이다"라고 하였다(추헌수 엮음, 《資料 韓國獨立運動》 2, 연세대출판부, 1975, p.161). 유동열은 당을 이탈하여 조선민족혁명통일동맹을 결성하였다가 취소하고 신한민주당을 조직했다(같은 책, pp.188~189).

평화를 파괴하는 화근을 제거하는 것이었다.[110]

한국독립당의 구성원 가운데 박찬익·조완구 등의 보수파는 사회주의에 대해 거부하는 자세를 보였다. 비록 당강에서 토지와 대생산기관의 국유를 선언하여 사회주의적인 요소를 나타내기는 했어도, 보수파들의 기본적인 생각은 이와 일치하지 않았다. 이들이 무산계급에 의한 계급혁명을 반대한 논거는 식민지 상태에 있는 국가에게 민족모순이 계급모순에 우선한다는 것, 국가와 민족이 불가분의 관계에 있음에도 계급혁명이 이를 부인함으로써 민족혁명을 파괴한다는 것, 무산계급이라고 하더라도 무산계급 자신들이 속한 국가와 민족의 상황에 따라 그 역할이 다르다는 것 등이었다. 따라서 민족연합을 결성하더라도 사회주의 세력을 배제하고 민족혁명을 우선시하는 인사들과 연합할 것을 주장했던 것이다.

한국독립당의 조직변천상의 특징은 상층조직만으로 유지되었다는 것, 한국 교민만을 조직기반으로 하고 대중조직을 지향하지 못했던 것, 다른 정당·단체와 전선을 연합하는 과정에서 극히 배타적인 태도를 보였다는 것 등이다.[111] 아울러 한국독립당이 가진 역사적 의의는 임시정부의 바탕을 자임하고 또 이를 강화함으로써 장차 민족혁명당을 비롯한 독립운동정당 및 단체와 통합을 추진하기 위한 기반을 마련한 데 있다.

2) 조선민족혁명당

민족혁명당은 1939년 말에서 1940년 말까지 한빈·이정호 등이 탈당하고 조선의용대가 화북지역으로 북상함에 따라 매우 약화되었다. 이러한 상황에서 중국 정부가 1941년을 전후하여 지원 정책을 바꾸어 더 이상 여러 단체들을 함께 지원하지 않고 임시정부만을 유일한 지원대상으로 삼게 되자, 민족혁명당은 더욱 어려움을 겪게 되었다. 때문에 민족혁명당

---

110) 추헌수 엮음, 《資料 韓國獨立運動》 2, 연세대출판부, 1975, pp.141~142.
111) 노경채, 《한국독립당연구》, 신서원, 1996, p.234.

은 돌파구를 마련하고자 했다. 그리하여 일본이 진주만을 폭격하여 태평양전쟁이 시작된 이틀 뒤인 1941년 12월 10일에 민족혁명당은 제6차 전당대표대회를 개최하여 임시정부에 대한 참여를 결의하고 한국독립당과 통일협상을 추진하였다. 이들은 대회선언에서 "종래에는 임시정부에 대해 不關主義를 취해 왔으나 내외의 정세가 변하여 지난 5월 제5기 제7차 중앙의회에서 종래의 불관주의를 포기하고 임시정부에 참가하기로 결정하였다"고 밝혔다.112)

1942년 10월 25일에 열린 제34차 의정원회의에서는 23명의 의원에 대한 보선(補選)이 있었고, 이 과정에 민족혁명당의 인사들이 참여하게 되었다.113) 그리고 9명이었던 국무위원의 수를 11명으로 늘렸는데, 민족혁명당의 김규식과 장건상(張建相)이 그 자리를 차지하였다.114) 이어서 1943년 10월에 열린 제35차 의정원회의에서는 의원 48명 가운데 24석을 차지한 한국독립당을 이어, 민족혁명당이 12석을, 그리고 조선민족해방동맹 등 다른 세력이 나머지를 각각 차지했다.115) 민족혁명당은 약세를 만회하고자 단일당을 향한 통일운동을 다시 시작했다. 그러나 통일의 조건에서 현격한 차이를 보이자, 이들은 민족혁명당을 탈당했던 세력을 다시 결집시키고자 노력했다. 그 결과 1943년 2월에 개최된 제7차 전당대표대회에서 민족혁명당은 한국독립당통일동지회·조선민족혁명당해외전권위원회·조선민족해방투쟁동맹과 함께 4당 통일을 결의했다. 여기에서 그들은 임시정부의 확대·강화를 비롯한 지부 확충 등의 중요사업을 결정했다.116) 이와 아울러 민족혁명당은 임시정부의 일원으로서 한국독립당의 일방적인 독주를 견제하고 발언권을 강화하고자 노력했다. 그러한

---

112) 추헌수 엮음,《資料 韓國獨立運動》2, 연세대출판부, 1975, p.211.
113) 重慶《大公報》, 民國 31年(1942) 10월 26일자, 趙中孚·張存武·胡春惠編,《近代中韓關係史資料彙編》4 (臺北：國史館, 1987), p.462.
114) 胡春惠, 신승하 옮김,《中國 안의 韓國獨立運動》, 단국대출판부, 1978, p.120.
115) 胡春惠, 신승하 옮김,《中國 안의 韓國獨立運動》, 단국대출판부, 1978, p.122.
116) 독립운동사편찬위원회,《獨立運動史資料集》7, 1973, p.208.

노력의 하나가 1945년 6월 11일에 한국독립당에 임시정부 재정의 공개, 비밀외교 정지, 미국 의존 금지, 광복군 인사의 양당 사전 협의, 광복군 제반 사항에 대한 총사령·참모장의 사전 협의 등을 요구한 것이다.[117]

민족혁명당의 조직은 역시 한국독립당과 마찬가지로 중앙집권제였다. 전당대표대회가 최고의 권력기구이고, 그 아래에 중앙집행위원회가 있으며, 또 그 아래에 각부가 있는 체제였다. 조직과 간부를 보면, 1944년의 경우 주석에 김규식, 총서기 김원봉, 비서처 주임 신기언(申基彦), 조직부장 김인철(金仁哲), 선전부장 손두환, 재정부장 성현원(成玄園), 통계부장 신영삼(申榮三), 미주 총지부장 김강(金剛), 미주지부 총서기 이경선(李慶善) 등으로 구성되어 있었다. 한국독립당과 달리, 주석이 큰 힘을 갖지 못하는 반면에 총서기가 모든 권한과 대외사무를 담당했던 점이 특징이다.[118]

민족혁명당은 상대적으로 공산주의에 접근한 이념을 갖고 있었다. 이들은 조선민족해방동맹 등의 공산당 계열과 행동을 같이하였고, 투쟁강령에서도 반제국주의·봉건잔여세력의 타도·토지혁명·노동시간 단축 등을 강조함으로써 한국독립당이 받아들인 자유경제에 유보적인 태도를 보였다. 민족혁명당은 1942년 12월에 열린 제6차 전당대표대회에서 정강을 채택했다. 그 내용은 자주독립의 민주공화국 수립, 국민헌법 제정과 보통선거제 실시, 토지혁명 단행, 부녀권리 보장, 노동시간 단축과 사회보험, 반파시스트 조선인 기업가 보호육성, 기본권 보장 등이었다.[119] 이를 통해 민족혁명당이 노동자와 농민 그리고 소자산 계급을 기반으로 삼고자 했음을 알 수 있다.

117) 추헌수 엮음, 《資料 韓國獨立運動》 2, 연세대출판부, 1975, p.83.
    이 요구 가운데 미국에 부용(附庸)하지 말라는 것은 한국광복군이 국내에 침투하기 위해 서안에 있던 미국 공군에게서 훈련을 받고 있었던 것에 대한 이의였다. 민족혁명당이 전쟁의 진행상황을 제대로 파악하지 못한 데서 나온 주장으로 보인다.
118) 胡春惠, 신승하 옮김, 《中國 안의 韓國獨立運動》, 단국대출판부, 1978, p.209.
119) 추헌수 엮음, 《資料 韓國獨立運動》 2, 연세대출판부, 1975, p.209~210.

3) 조선민족해방투쟁동맹

조선민족해방투쟁동맹의 연원은 1929년 10월에 결성된 유호한국독립운동자동맹까지 거슬러 올라간다. 유호한국독립운동자동맹이 해산된 뒤 동맹원 가운데 일부가 민족혁명당으로 흡수되었고 나머지는 중국공산당원으로서 활동하였는데,[120] 민족혁명당에 가담했던 세력은 1936년에 당을 이탈하여 김성숙과 박건웅을 중심으로 조선민족해방동맹을 조직했다. 김성숙 등은 김원봉의 독주로 이루어지는 민족혁명당의 운영에 불만을 가지고 있었고, 결국 당을 떠난 뒤 중국공산당에 가입하지 않은 인물들을 바탕으로 동맹을 결성하게 되었다.[121]

조선민족해방동맹은 1937년에 조직된 좌파의 연합조직인 민족전선에 합류했다. 그러나 이 동맹은 1939년 9월 7당통일회의에서 조직방법론의 차이를 내세워 조선청년전위동맹과 함께 이탈하였다. 이들은 1940년 말에 한빈과 이정호, 그리고 조선청년전위동맹과 합류하게 되는데, 이때 결성된 조직이 조선민족해방투쟁동맹이다. 그 뒤 한빈과 조선청년전위동맹원으로 구성된 조선의용대 1·2지대가 화북지역으로 이동하게 되자, 조선민족해방투쟁동맹은 1941년 12월 1일에 임시정부의 지지를 선언하고 이에 참여하였다. 그리하여 김성숙은 1942년에 내무차장, 1943년에 국무위원을 차례로 역임하게 되었다. 당시의 주요구성원은 김성숙을 비롯하여, 신익희의 사위였던 김재호[金載浩 ; 일명 호건(胡建)]와 그의 아내 신정완(申貞琓), 그리고 박건웅 등이 있었다.[122]

120) 金正柱, 《朝鮮統治史料》 10 (東京 : 韓國史料硏究所, 1975), p.868.
121) 김성숙은 한국의 공산주의자들이 대다수 중국공산당원이 된 상태에서, "중국공산당에 들지 않은 채 조선의 공산운동이나 조선의 혁명에 몸 바치려는 동지를 규합"하여 동맹을 조직했다고 밝혔는데, 그 이유는 공산주의보다 조국의 해방이 더욱 중요하기 때문이라는 것이었다(이정식·김학준, 《혁명가들의 항일회상》, 민음사, 1988, p.100).
122) 이정식·김학준, 《혁명가들의 항일회상》, 민음사, 1988, p.115 ; 정정화, 《녹두

조선민족해방투쟁동맹의 성립이 갖는 의의는 중국국민당 지구 내에 있던 공산주의자를 조직적으로 통일했던 점과 국제성보다는 민족혁명을 우선하여 임시정부를 강화시키는 데 기여했던 점에서 찾을 수 있다. 한편 화북지역의 조선독립동맹과 긴밀한 관계를 형성하지 못했던 데에 그 한계가 있었다고 할 수 있다.

4) 조선무정부주의자연맹

중국에서 펼쳤던 한국 무정부주의운동은 1924년에 조직된 재중국 조선무정부주의자연맹에 그 뿌리를 두고 있다.[123] 그 뒤 1930년 4월 20일에 유자명·장도선(張道善)·정해리(鄭海里)·유기석(柳基石) 등이 남화한인청년연맹을 조직하여 활동하였다.[124] 이들은 또한 1931년 11월에 동방무정부주의자연맹과 연합하여 흑색공포단(黑色恐怖團)을 결성하였는데, "현 사회 대부분의 권력을 부정하고 세계 전 인류가 자유와 평등을 향유할 수 있는 신사회의 수립"[125]을 강령으로 내걸며 1933년 3월에 육삼정(六三亭) 의거를 일으키는 등 많은 활약을 보였다.[126]

유자명을 비롯한 무정부주의자들은 1937년에 남화한인청년연맹에 이어 조선혁명자연맹을 조직했다. 그리고 이들은 민족혁명당과 조선민족해방동맹과 함께 민족전선을 결성하여 1939년에 진선협회에 가입하였다. 그런가 하면 1940년 말에는 무정부주의 청년지도자인 나월환이 이끄는 한국청년전지공작대가 한국광복군 제5지대로 개편되기도 했다. 이후 조

꽃 : 여자 독립군 정정화의 낮은 목소리》, 미완, 1987, p.162.

123) 이정식·김학준, 《혁명가들의 항일회상》, 민음사, 1988, p.274.

124) 金正柱, 《朝鮮統治史料》 10 (東京 : 韓國史料硏究所, 1975), p.801.

125) 金正柱, 《朝鮮統治史料》 10 (東京 : 韓國史料硏究所, 1975), p.871.

126) 육삼정 의거는 백정기(白貞基)와 이강훈(李康勳)이 유자명의 지도를 받아 상해의 중국요리점인 육삼정에서 일본공사 아리요시 아키라(有吉明)를 살해하려다 미수에 그친 사건을 말한다.

선혁명자연맹은 조선무정부주의자연맹으로 명칭을 바꾸고 임시정부에 참여했다. 그리하여 1942년 10월에 있었던 제34차 의정원회의에서 유자명과 유림(柳林)이 의원이 되었고, 이 가운데 유림은 1945년 4월에 열린 제38차 의정원회의에서 다시 국무위원으로 선출되었다.

무정부주의자들은 독립에 이르기까지 줄기차게 항일투쟁을 전개했지만 주도세력이 되지 못했다. 아마 이념과 투쟁방법의 한계성 때문인 듯하다.[127] 그러나 무정부주의 세력이 민족전선에 참여한 일시적인 시기를 제외하면 대체로 한국독립당이나 임시정부와 관계를 긴밀하게 가지는 특성을 나타내기도 했다.

5) 신한민주당

신한민주당은 1945년 2월 7일에 한국독립당에 불만을 갖고 있던 인물들에 의해 조직되었다. 그 주요 인물은 한국독립당에 합류했던 조선혁명당 출신의 유동열과 최동오, 재건 한국독립당 출신의 홍진, 진보적인 사상을 갖고 있던 소장파의 안원생(安原生), 그리고 민족혁명당에 불만을 갖고 이탈한 김붕준·신기언·신영삼 등으로, 특히 민족혁명당 이탈자가 많았다.[128]

신한민주당의 조직은 3명으로 구성된 주석단 아래에 4명의 상무위원을 두고 그 아래에 4부를 둔 체제였다. 주석단의 구성원은 의정원 의장 홍진과 참모총장인 유동열, 그리고 김붕준 등이었고, 상임위원이 4개 부의 부장을 맡았는데, 신기언이 비서부장을, 김원서(金元叙)가 조직부장을, 안원생이 선전부장을, 유진동이 재무부장을 각각 맡았다. 그리고 집행위원은 손두환·이광제·신영삼 등이었다.[129]

127) 신일철, 〈한국무정부주의운동〉, 국사편찬위원회, 《한민족독립운동사》 4, 1988, p.534.
128) 추헌수 엮음, 《資料 韓國獨立運動》 2, 연세대출판부, 1975, p.189.
129) 추헌수 엮음, 《資料 韓國獨立運動》 2, 연세대출판부, 1975, p.189.

신한민주당의 강령은 한민족의 역량을 동원하여 일제를 전복하고 민주공화국을 건설하는 것과 자유와 평등의 원칙 아래 민주주의 신세계를 건설하는 것이었다. 그리고 기본정책으로는 조국광복 후에 국민대표대회를 소집하여 공화국의 헌법과 국호 등을 제정하고 일제의 재산을 압류하는 것이었다.[130] 이를 통해 신한민주당이 임시정부에 대한 한국독립당이나 민족혁명당의 기득권을 부정하고자 했던 점을 알 수 있다. 그러나 이들에게는 특별한 활동을 펼치거나 세력을 확장할 만한 시간이 없었다. 신한민주당이 조직된 지 반년 만에 조국의 독립이 찾아왔기 때문이다.

6. 1930년대 이후 독립운동정당의 특성

1930~1940년대에 임시정부를 지지하거나 견제했던 세력들은 주변의 여러 정당조직들이었다. 임시정부를 사수해 나가는 정당이 있었는가 하면, 또 임시정부의 존재 자체를 부정하는 정당도 있었다.

1920년대 후반의 유일당운동을 계승한 정당조직들은 크게 두 가지 성향을 뚜렷하게 나타냈다. 하나는 '이당치국'의 개념을 도입하여 정당을 조직하고 이를 통해 독립운동도 전개하였다는 것이다. 그래서 이를 '독립운동정당'이라 일컫는 것이다. 임시정부는 이러한 독립운동정당이 민족단일대당으로 조직된다면 최고 권력을 그 당에 넘기겠다고 약헌에 못 박기까지 하였다. 또 하나는 민족협동전선, 민족통일운동, 민족통일전선운동, 좌우합작 등으로 불리는 통일운동을 펼쳤다는 것이다.

1930~1940년대 정당들의 양상에 대해서는 다음과 같이 몇 단계로 나누어 정리할 수 있다. 1930년 한국독립당 결성을 전후하여 의열단이 정당으로 변신하였고, 신한독립당과 조선혁명당이 연이어 자리 잡게 되었

---

130) 추헌수 엮음, 《資料 韓國獨立運動》 2, 연세대출판부, 1975, p.188.

다. 유일당운동이 깨어지면서 중단된 통일운동은 1932년 이후 다시 추진되어, 일단 1935년에 민족혁명당 결성이라는 결실을 거두었다. 하지만 이것은 김구를 비롯한 임시정부 유지세력이 불참한 상황에서 이루어진 불완전한 성과였다. 게다가 바로 이탈세력이 생겨나면서 통일운동은 허물어지게 되었다. 그 결과 김구 중심의 한국국민당과 김원봉의 민족혁명당이라는 양대 정당시기가 도래하게 되었다.

두 정당은 1937년에 중일전쟁에 직면하면서 각기 강력한 연합체를 만들어 갔다. 광복진선과 민족전선이 바로 그것이다. 이들 두 거대 연합체는 다시 통합노력에 들어갔고, 1939년에 7당·5당통일회의를 거치면서 일순간 진선협회를 구성하기도 했지만, 완전한 결실을 맺지 못했다. 그렇게 되자 우파만의 통합체인 (중경)한국독립당이 1940년에 결성되어 임시정부의 여당이 되었다. 당(한국독립당)·정(임시정부)·군(한국광복군)의 완성된 체제가 비로소 갖추어진 것이다. 이후 한국독립당과 민족혁명당의 양대 정당 체제가 다시 형성되었지만, 제2차 세계대전이 터져 상황이 급박해지고 중국국민당 정부가 두 정당의 통합을 요구함에 따라 그동안 임시정부를 부정하던 민족혁명당이 1942년에 임시정부에 합류하게 되었다. 이보다 앞서 주변의 군소 정당들이 임시정부에 합류함으로써, 1942년 이후 임시정부는 중국관내 독립운동세력이 모두 집결한 명실상부한 독립운동의 구심체가 되었다.

임시정부를 중심으로 이합집산을 벌인 독립운동정당들은 우선 단체의 성격 자체에서 발전적인 성향을 보였다. 우후죽순처럼 존재하던 여러 성격의 단체들이 1930년 이후에는 정당조직화를 거치며 일정한 대표성을 띠게 되었던 것이다. 그리고 이들 정당은 임시정부를 철저히 유지하고자 하는 세력과 이에 대한 반대세력으로 크게 나뉘어 구성되었는데, 의견의 차이가 있었음에도 이들 사이에서는 끊임없이 통일운동이 전개되었다. 1942년부터 모든 정당들이 임시정부에 합류할 수 있었던 배경에는 바로 1920년대 후반 이후 전개된 정당 결성과 통일운동이라는 역사적 경험이

자리 잡고 있다. 이처럼 통합된 모습으로 광복을 맞을 수 있었다는 사실
을 높이 평가할 필요가 있겠다.

중국관내 우파진영의 민족주의

1. 머 리 말

국외지역, 특히 중국관내(中國關內)지역에서 나타났던 우파진영의 민족주의에 관하여 논의하자면, 우선 민족주의라는 용어부터 정리하고 시작하는 것이 순서일 것이다. 한국사에서 민족주의라는 말이 쓰이기 시작한 시기는 대개 1905년 전후로 알려지고 있다. 일본에서 메이지유신(明治維新) 이후 '내셔널리즘'(nationalism)이라는 개념이 국가주의, 국민주의, 민족주의 등으로 번역되었는데, 이 가운데 민족주의라는 용어가 우리나라의 상황에 가장 알맞은 용어로 인식되면서 받아들여졌고, 또 널리 사용되어 왔다. 신채호(申采浩)를 비롯한 당시의 많은 계몽운동가들은 민족주의를 제국주의 침략세력에 맞설 수 있는 원동력으로 인식하였고, 그 결과 민족주의는 종종 그 용어 자체가 저항성을 내포하는 개념인 것으로 이해되어 왔다.

내셔널리즘이란 말은 흔히 민족주의로 번역되어 왔지만, 그렇다고 내셔널리즘이 우리가 사용하는 민족주의와 동일하다고 말할 수는 없다. 비록 서유럽에서 발생한 내셔널리즘이라는 용어와 이를 일본에서 번역한 민족주의란 말을 우리가 그대로 사용하고 있기는 하지만, 우리가 쓰는 민족주의의 의미는 앞의 두 가지와는 다르기 때문이다. 널리 알려진 것처럼, 내셔널리즘은 유럽 근대의 산물이다. 따라서 '포스트모던'(postmodern) 시기로 이야기되는 오늘날에 내셔널리즘을 주장한다는 것 자체가 곧 퇴행적인 시각을 드러내는 것이라는 비판을 받을 수 있다. 하지만 한국의 민족주의는 내셔널리즘과 달리, 근대에 국한되지 않는 통사적(通史的)인 개념으로 쓰이고 있다. 바꾸어 말하자면, 한국근대사에서 쓰이기 시작한 민족주의는 한민족사 전체를 포함하는 통시대적 의미를 가지고 있다. 따라서 서유럽에서 내셔널리즘이 종말을 고해야 한다고 해서 우리의 민족주의도 끝장나야 한다는 논리는 잘못된 것이다.

다음으로 우파를 이야기하기 위해서는 좌·우의 문제에 대해 간단하게나마 짚고 넘어가야 할 듯하다. 좌파와 우파가 영국의회의 토리당(Tory Party)과 휘그당(Whig Party)에 그 연원이 있다는 사실은 널리 알려져 있다. 그런데 한국사에서, 특히 중국관내지역 한국독립운동에서 좌·우의 문제는 사회주의의 수용 여부와 연관을 가진다. 제1차 세계대전을 거치는 과정에서 사회주의 또는 사회당이라는 용어가 독립운동가들 사이에 사용되기 시작하였다. 특히 러시아혁명 직후에 러시아 거주 한인들 사이에서 급격하게 확산되기 시작한 이 사조는 1918년에 한인사회당의 출현을 가져왔고, 3·1운동을 전후하여 국내에도 파급되었다. 새로 유입된 사회주의는 이후 민족문제를 풀어나가는 중요한 요소로 작용하기 시작하였다. 그러면서 이것의 수용 여부에 따라 독립운동가들은 좌파와 우파로 분화되었고, 또 통합을 모색하기도 하면서 이념적으로나 방략 면에서 성숙해 갔다.

중국관내지역에 독립운동가들이 망명하기 시작한 시기는 1910년 무렵이었다. 신규식(申圭植)의 주도 아래 1912년에 상해(上海)에서 결성된 동제사(同濟社)가 독립운동의 교두보를 확보한 이래로 중국관내지역에서는 상해를 중심으로 줄곧 독립운동가들의 활동이 펼쳐져 왔고, 이는 1919년에 대한민국임시정부(이하 '임시정부')가 수립될 수 있는 터전이 되었다. 중국관내지역의 한국독립운동은 주로 임시정부를 중심으로 펼쳐졌다. 물론 임시정부가 자리 잡았던 상해나 중경(重慶)뿐만 아니라 북경(北京)을 비롯한 다른 지역에서도 한국독립운동가들이 활약하였다. 그렇지만 중국관내지역의 독립운동은 대개 임시정부를 중심으로 펼쳐졌고, 우파진영의 경우는 특히 임시정부에 집결하는 양상을 보였다. 이러한 맥락에서 이 글은 임시정부를 중심으로 나타났던 중국관내지역 우파진영의 민족주의를 정리하는 데 초점을 둔다.

2. 우파진영 민족주의의 원류

해외 우파진영이 가졌던 근대민족주의의 원류는 망명자들의 신해혁명(辛亥革命) 참여에서 나타났다. 1911년의 신해혁명에 참가하면서 근대지향성을 보였던 신규식은 이를 바탕으로 동제사를 결성하여 상해지역에서 독립운동의 교두보를 확보하였다. 1914년에 발발한 제1차 세계대전을 지켜보면서 신규식을 비롯한 상해지역 활동가들은 황제정(皇帝政)을 염두에 둔 신한혁명당(新韓革命黨)을 조직하는 등 일시적인 정치적 정체를 보이기도 했다. 그러나 이들의 이상은 복벽(復辟)노선이 아닌 국민주권국가 수립으로 곧 가닥이 잡혔다. 그러한 의도가 선언서로 명문화된 것이 〈大同團結宣言〉이었다.

〈大同團結宣言〉은 1917년 4월에 발표되었다. 나라를 잃은 1910년 이후, 처음으로 정부 수립에 관한 공식적인 선언이 나온 셈이다. 주된 논지는 고종이 왕권을 포기했으므로 왕권의 행사와 권리는 국민에게 부여되었기에 이에 대한 책임을 해외 동지가 총단결하여 '국가적 행동'을 실천함으로써 감당해야 함을 강조하면서, 이를 성취하기 위한 요령으로 통일기관·통일

국가·원만한 국가의 3단계를 제시한 것이었다. 즉 이 선언은 군주국가의
종결을 선언하며 국민주권국가 수립의 당위성을 표방한 것이고, 또한 해
외에 임시정부를 수립하는 문제의 필요성과 방법을 제시한 것이었다.[1]

〈大同團結宣言〉은 신규식 등 당시 독립운동계의 대표적 인물 14명의
이름으로 발표되었다.[2] 그 면면을 보면, 대체로 국내에서 계몽운동을 펼
치다가 중국관내나 만주지역으로 망명한 당대의 대표적인 인물들이라는
공통점을 갖고 있다. 그들은 이 선언을 통하여 독립운동의 활로를 개척
하기 위한 민족대회의를 소집하고 임시정부를 수립할 것을 제의·제창
하였던 것이다.[3] 그리고 그 논리는 시종일관 당시 풍미하던 대동론을 바
탕으로 이루어졌고, 이는 신한청년당의 강령에도 등장하였다.[4]

1918년 11월에 제1차 세계대전이 끝나고 곧 전후 처리를 목적으로 프
랑스 파리에서 강화회의가 열리게 되자, 세계의 이목은 모두 파리로 집
중되었다. 특히 식민지 국가들은 1918년 1월에 미국 윌슨(T. W. Wilson)
대통령이 발표한 전후처리원칙 가운데 식민지 처리문제는 해당 민족의
의사에 따라 결정한다는 이른바 '민족자결주의'에 관한 내용이 들어있다
는 사실에 지대한 관심을 갖고 있었다. 물론 이것이 패전국 소유의 식민
지를 해방시키려는 것이었다고 해도, 우리 국민들에게는 독립을 위한 중
요한 기회로 여겨졌다. 게다가 당시는 일본이 '조선은 일본의 통치에 감
읍하고 있다'고 왜곡된 선전을 하고 있던 판국이었기에, 우리의 독립의지
가 분명하게 표명될 필요가 있었다.

1919년 벽두에 해외 독립운동진영은 당시 정황을 독립의 기회가 온 것

---

1) 조동걸,《韓國民族主義의 成立과 獨立運動史研究》, 지식산업사, 1989, pp.316~320.
2) 14명의 명단은 신규식·조소앙(趙素昂)·신석우(申錫雨)·한진교(韓鎭敎)·홍명
   희(洪命憙)·박은식(朴殷植)·신채호·윤세복(尹世復)·조성환(曺成煥)·박기준
   (朴基駿)·신빈(申斌)·김규식(金奎植)·이용혁(李龍爀) 등이다(조동걸,《韓國民族
   主義의 成立과 獨立運動史研究》, 지식산업사, 1989, p.321).
3) 조동걸,《韓國民族主義의 成立과 獨立運動史研究》, 지식산업사, 1989, p.132.
4)《新韓青年》, 창간호, 1920, p.78.

으로 파악하였다. 그래서 한편으로는 파리에 대표를 파견하고자, 다른 한 편으로는 민중의 궐기를 이끌어내고자 노력하였다. 이러한 노력은 상 해·만주·연해주·도쿄(東京)·미주지역 등에서 동시다발적으로 일어 났다. 1월에는 상해에서 국내외에 공작원을 파견하였고, 2월 1일에는 김 규식이 신한청년당을 대표하여 파리에서 열리는 강화회의에 참석하고자 상해를 출발했으며, 2월 8일에는 도쿄에서 2·8독립선언이 발표되었고, 비슷한 무렵에 만주에서도 대한독립선언이 터져 나왔다. 그리고 3월 1일, 국내에서 조선독립선언이 발표되어 절정을 맞았다. 세계 각국에 우리 민 족의 독립의지를 확실하게 선언하고 이를 강화회의에서 수용할 것을 요 구하고 나선 것이다.

1919년 초는 우리 민족이 일제 통치를 거부하고 독립을 요구했으며, 비록 해외에서나마 독자적인 정부 수립을 달성한 시기였다. 한편으로는 1905년 이래 묶여 있던 외교활동을 부활시키면서, 다른 한편으로는 3·1 운동 정신을 수렴하면서 한국사에서 최초로 민주공화정체(民主共和政體) 를 표방한 임시정부를 4월에 상해에서 수립한 시기였던 것이다.

임시정부는 임시헌장을 통하여 근대 이념에 부합하는 민주주의를 표 명하였다. 앞에서도 언급한 민주공화제를 1조에 내걸었고, 이어서 의회 중심주의, 평등과 자유, 참정권 등에 관한 내용을 밝혔다. 헌법체제상 미 비한 점이 많았지만, 나라를 잃은 지 약 10년 만에 처음으로 독립을 위 한 조직적 저항운동단체의 기본법이 마련된 것이다. 임시정부는 한성정 부를 계승하고 연해주의 대한국민의회와 통합을 이루어 정통성을 확보 하고, 이에 걸맞은 헌법체제를 마련하였다. 그리고 1919년 9월에는 1차 개헌을 통해 인민의 자유와 권리 및 의무를 규정한 민주주의 헌법을 제 정하였다.

임시정부의 헌법은 인민의 자유와 평등 및 기본권을 보장함으로써 반 봉건적·근대적인 성향을 표방하였다. 또한 임시헌법은 대한민국이 독립 국임을 선포함으로써 반침략·반제국주의적 성향을 나타냈다. 그렇지만

임시헌장이나 1차 개헌에서도 '구황실을 우대함[5]'이라는 내용을 삽입함
으로써 한계를 보이기도 하였다.

3. 유일당운동과 우파 이념의 형성

수립기의 임시정부는 아직 좌·우의 구별이 없는 상태였으나, 일반적
인 성향은 우파 쪽에 가까웠다. 그러나 1919년 9월에 임시정부가 이동휘
(李東輝)의 한인사회당이 주도하는 연해주의 대한국민의회와 통합하면
서, 좌·우 세력의 만남이 이루어지게 되었다. 이는 2년 전에 있었던 소
련 혁명의 영향이 파급된 결과라고 볼 수 있는 것으로서, 본격적인 의미
의 좌우합작이라고 말하기는 어려운 수준이었다. 이후 임시정부 국무총
리에 취임한 이동휘와 상해에 파견된 코민테른 대표의 활약으로 좌파 세
력은 서서히 성장하게 되었고, 이를 바탕으로 1921년에는 고려공산당이
조직되기에 이르렀다.

임시정부 주변에서 좌파세력이 점차 확산되어간 데는 코민테른의 노력
이 주효한 것도 있지만, 모스크바에서 1922년 초에 열린 극동인민대표회
의도 커다란 영향을 주었다. 그 과정에서 주요 인사들이 좌파의 길을 택
하였는데, 여운형(呂運亨)이 공산주의 서적을 번역하면서 좌파에 가담한
것이 대표적인 사례이다. 그러나 이때까지는 정치나 이념 면에서 양쪽으
로 뚜렷하게 갈리지 않았다. 1923년의 국민대표회의에서 개조와 창조를
둘러싼 의견들이 좌파와 우파로 나뉘지 않았다는 것이 이를 증명한다.

한편 우파진영의 대표적인 논리는 1920년대 초에 안창호(安昌浩)에 의
해 제시되었다. 안창호는 1921년 5월에 있었던 강연에서 앞으로 펼칠 독
립운동의 방향을 군사·외교·재정·문화·식산·통일운동의 여섯 가지

---

5) 임시헌장 8조, 1차 개헌 헌법 1장 7조.

로 내세웠다. 즉 어느 한 가지 방략에만 매달릴 것이 아니라, 가능한 모든 방략을 동원할 것을 주장한 것이다.

그 가운데서도 안창호는 통일운동의 중요성을 가장 절실하게 강조하면서, 정부와 의정원에 힘을 집중시키고 공론을 중시해야 한다고 주장하였다. 자유민주주의를 구가하던 미국의 공론정치를 자세하게 예로 들면서, 선거를 통한 국민의 심판을 공론으로 인정하고 이에 복종하는 정치양상을 우리도 도입해야 한다고 역설하였던 것이다. 따라서 안창호의 민족주의는 강력한 정부와 공론을 바탕으로 하는 민주정치 실현을 근간으로 삼고 있었다고 볼 수 있다.

상해에서는 1923년 1월부터 5개월에 걸쳐 국민대표회의가 열렸다. 공식적으로 인정된 125명의 대표를 비롯하여[6] 세계 각 지역의 대표급 인물들이 대거 참가한 이 회의는 독립운동사를 통틀어 가장 규모가 컸던 회의였다. 그러나 회기 내내 민주적인 방식으로 진행되었던 회의는 정부의 장래를 둘러싸고 논란이 벌어지면서 그만 결렬되고 말았다. 이 일을 겪은 뒤에 임시정부는 임시대통령 이승만을 탄핵하고 체제 개편을 도모하였다. 그 결과가 1925년 4월에 단행한 2차 개헌이다. 2차 개헌에서는 1919년 정부 수립기에 명시했던 구(舊)황실 우대 조항을 삭제함으로써 구체제에서 완전히 벗어났다. 그리고 광복운동 기간에는 광복운동자가 인민을 대표한다는 내용을 명시함으로써 독립운동자 중심의 정부 운영 원칙을 명문화했다.

임시정부 중심의 우파진영은 1920년대 초반을 넘어서면서 좌파세력에 대한 분명한 인식을 갖게 되었다. 따라서 이들은 상대를 확인한 가운데 자신의 이념과 방향을 정립하려고 했다. 이것이 유일당운동으로 나타났던 것이다.

1920년대 중반에 접어들면서 안창호를 비롯한 임시정부 중심의 우파

---

6) 김희곤,《中國關內 韓國獨立運動團體硏究》, 지식산업사, 1995, p.171.

진영은 두 가지의 특성을 보였다. 하나는 당시 국내 일각에서 일고 있던 자치론과 실력양성론의 오류를 지적하면서 철저한 비타협주의 노선을 주장한 것이고, 다른 하나는 좌파진영과 통합을 추진한 것이다. 이 가운데 전자의 것은 신채호가 〈조선혁명선언〉을 통해 국내 자치론자들을 통렬하게 공박했던 것과 동일한 맥락인데, 특히 안창호가 자치론이나 실력양성론을 철저하게 비판하면서 독립이란 오직 혁명으로써만 달성된다는 사실을 강조한 것에서 잘 드러나 있다.[7] 여기에서 말하는 혁명이란 바로 철저한 항쟁을 의미하는 것으로, 이는 당시 우파진영이 견지하고 있던 저항적 민족주의의 특성을 선명하게 보여주는 것이다.

후자의 것, 곧 좌파와 우파의 합작 추진은 1920년대 중반 이후 중국관내지역 전체에 걸쳐 진행되었다. 1922년 극동인민대표회의에서 이미 전선통일이 요구된 바 있었고, 1924년에는 중국의 1차 국공합작(國共合作)이 달성되는 분위기 속에서 좌우합작의 필연성이 여기저기에서 제기되고 있었다. 또한 1925년에는 대통령 박은식(朴殷植)이 유언으로 '全族的 통일'을 요구하였고,[8] 좌파에서도 '무산동맹과 독립운동과의 연합'을 주장하고 나서기에 이르렀다.[9] 그리고 1926년 7월에 임시정부의 국무령으로 취임했던 홍진(洪震)이 비타협적 운동과 대당 결성의 추진을 시정방침의 골자로 제시하자,[10] 안창호는 곧바로 8·9월에 북경을 중심으로 활동하던 좌파진영의 대표인 원세훈(元世勳)과 만나 대동단결을 위한 본격적인 협의에 들어갔다. 그 결과, 10월에 대독립당조직북경촉성회(大獨立黨組織北京促成會)가 창립되었다.[11] 이것은 국내외를 통틀어 이념의 차이를 확인한 상태에서 성사된 최초의 좌우합작이었다.

대독립당조직북경촉성회 성립은 중국관내지역 전체에 영향을 주었다.

---

7) 김희곤, 《中國關內 韓國獨立運動團體研究》, 지식산업사, 1995, pp.242~243.
8) 《獨立新聞》, 1925년 11월 11일자.
9) 국사편찬위원회, 《日帝侵略下 韓國三十六年史》, 1973, p.49.
10) 국회도서관, 《韓國民族運動史料》(中國篇), 1976, p.615.
11) 朝鮮總督府 慶北警察部, 《高等警察要史》, 1934, pp.109~111.

1927년에 접어들면서 상해와 남경(南京), 무한(武漢), 광주(廣州) 등 한인들이 다수 거주하던 지역에서 속속 유일당촉성회가 조직되었고, 특히 임시정부는 1927년의 3차 개헌을 통해 "단, 광복운동자가 대단결한 당이 완성될 때는 최고 권력은 그 당에 있는 것으로 한다"고 명시함으로써 민족협동전선과 유일대당 결성에 박차를 가한 것이다.12)

당시 안창호를 비롯한 우파진영의 논리는 자치론과 실력양성론에 대한 강력한 비판과 혁명론 강조 및 유일당 추진에 집중되고 있었다. 안창호는 "혁명의 한 길이 있을 뿐이며, 이를 위해서는 유력한 일대 혁명당의 조직이 필요하다"고 주장하였다.13) 즉 그는 대당을 조직함으로써 임시정부를 충실하게 만들 수 있다고 본 것이다.

이처럼 유일당운동은 1927년 후반에 이르러 괄목할 만한 성과를 보였지만, 1928년을 넘어서면서 차츰 부진해지기 시작했다. 중국관내지역 전체를 하나로 묶는 한국독립당관내촉성회연합회가 결성되기도 했지만, 1928년 12월에 코민테른의 '12월 테제'가 발표되면서 점차 좌우분립구도가 형성되고 있었다. 여기에다가 좌파진영에서 우파와의 결합 또는 분리 문제를 두고 화요파와 ML파가 두 세력으로 나뉘어 날카로운 대결을 보임에 따라, 좌우합작은 일단 정돈상태에 접어들게 되었다.14)

그런데 1929년 7월에 ML파가 발표한 격문은 좌파와 우파의 결속을 완전히 무너뜨렸다. 재중국한인청년동맹 제1구 상해지부 명의로 발표한 격문에서 ML파는 "제군의 조국 소비에트 러시아는 제국주의 강도군의 무

---

12) 朝鮮總督府 慶北警察部, 《高等警察要史》, 1934, p.93, 2조 단서 조항.
13) 국회도서관, 《韓國民族運動史料》(中國篇), 1976, p.600.
14) 김희곤 외, 《대한민국임시정부의 좌우합작운동》, 한울, 1995, p.38.
   화요파와 ML파의 갈등은 좌파 헤게모니 전략의 즉각적인 적용 여부를 둘러싸고 나타났다. 화요파(중국본부한인청년동맹)는 우파와의 결합을 우선시하여 그 적용을 유보한 반면, ML파(재중국한인청년동맹)는 우파와의 분리와 헤게모니 전략의 상시적·즉각적인 적용을 강조하여, 양측이 날카로운 대립을 보이게 된 것이다(김영범, 〈1920년대 후반기의 민족유일당운동에 대한 재검토〉, 《한국근현대사연구》 1, 1994, p.118).

력적 포위에 직면하였다"고 하였고, 이에 대해 우파진영이 "모국을 팔아
먹고 조상을 바꾸는[賣母換祖] 행위"라고 강력한 비판을 퍼부으면서, 양
쪽의 관계가 급격히 경직되기 시작하였다.15) 김구(金九)가 좌파에 대한
부정적 인식을 강하게 표출하였고,16) 병인의용대(丙寅義勇隊)가 좌파에
대한 공격에 나서기도 하였다. 그러자 화요파마저 방향을 전환하면서 좌
파진영 두 세력은 모두 좌익국제주의 노선을 따르게 되었고,17) 이들은
1929년 10월에 유호한국독립운동자동맹(留滬韓國獨立運動者同盟)을 결성
함으로써 결국 좌우합작을 중단시키고 말았다.

4. 정당 중심 활동과 우파 이념의 정립

1930년 1월에 임시정부 중심의 우파진영은 한국독립당을 결성하였
다.18) 비록 좌파를 제외한 상태이긴 했지만, 당초의 목적 가운데 하나였

---

15) 독립운동사편찬위원회, 《獨立運動史資料集》 7, 1973, pp.1425~1429.
16) 김구는 "레닌이 공산당 사람들에게 '식민지운동은 복국운동이 사회운동보다 우선'
    이라고 천명함에 따라 어제까지 민족운동 즉 복국운동을 비난하고 조소하던 공산
    당원들이 돌변하여 독립운동 민족운동을 공산당의 당시(黨是)로 주창하고 나섰다.
    민족주의자들은 자연히 찬동되어 유일독립당촉성회를 결성하였는데, 내부로는 여
    전히 양파 공산당(화요 · ML―필자)의 권리쟁탈전이 명으로 암으로 대립되어 한
    발짝도 앞으로 나갈 수 없었다. 이에 민족운동자들도 차차 각오가 생겨서 공산당의
    속임수를 받아들이지 않게 되었다. 유일독립당촉성회는 결국 공산당의 음모로 해
    산되었다"고 기록하였다(김구, 《白凡逸志》, 나남출판, 2002, p.315).
17) 김영범, 〈1920년대 후반기의 민족유일당운동에 대한 재검토〉, 《한국근현대사연
    구》 1, 1994, p.128.
18) 중국관내지역에서 성립된 한국독립당에는 세 가지가 있었다. 상해에서 1930년 1월
    에 성립된 것이 첫째요, 이 당이 남경에서 1935년에 다른 4단체와 통합하여 조선민
    족혁명당에 참가했다가 이탈한 뒤 재건을 선언한 것이 둘째이며, 1940년에 중경에
    서 한국국민당(김구) · 조선혁명당(이청천) · 재건 한국독립당(조소앙) 등 세 정당
    이 통합하여 조직한 것이 셋째이다. 이들은 편의상 각각 상해 한국독립당, 재건 한
    국독립당, 중경 한국독립당이라고 불리기도 한다.

던 당으로써 국가를 운영하는 체제, 곧 '이당치국'(以黨治國) 체제 확립은
일단 달성한 셈이었다. 이후 임시정부 주변에서는 다수의 정당조직이 결
성되었다가 해산되는 과정이 거듭되었다. 1920년대에 의열투쟁이나 무력
항쟁 및 교육운동 등을 지향하는 여러 종류의 단체들이 조직되었지만, 이
제는 정당조직이 독립운동단체의 주류를 이루게 된 것이다. 1930년대에
결성된 정당으로는 한국독립당(1930, 상해) · 신한독립당(1932, 남경 ; 만주
의 한국독립당과 남경의 한국혁명당이 통합하여 결성) · 민족혁명당(1935, 남
경) · 재건 한국독립당(1935, 남경) · 한국국민당(1935, 남경) · 조선혁명당
(1937, 남경) 등이 대표적이다. 또 1935년 민족혁명당 창설에 주역을 맡았
던 의열단(義烈團)도 1930년대에 접어들면서 정당체로서의 성격을 지니
게 되었다.

상해 한국독립당은 임시정부의 여당이요, 정부 그 자체였다. 왜냐하면
한국독립당 외에는 임시정부를 구성하는 다른 정당, 곧 야당이 없었기
때문이다. 때문에 한국독립당의 강령은 바로 임시정부의 핵심을 이루고
있던 우파진영의 이념을 대변하는 것이었다. 당시 우파진영의 이론가로
는 안창호와 조소앙(趙素昂)을 들 수 있다. 안창호의 사상은 대공주의(大
公主義)라는 이름으로 전해지고 있지만 구체적인 이론체계나 정책노선을
갖추지 못했던 것으로 보이고, 특히 안창호 자신이 윤봉길 의거 직후에
일제에 체포됨으로써 더 이상 발전을 보이지 못하였던 것으로 생각된
다.[19] 그러나 조소앙의 경우는 다르다. 그가 내세운 삼균주의(三均主義)
는 한국독립당 강령의 골자가 되었고, 임시정부의 노선도 이를 바탕으로
하고 있었기 때문이다.

삼균주의는 조소앙에 의해 1910년대 말에 배태된 이념이다. 조소앙은
서유럽 사회주의와 러시아 공산주의를 직접 둘러보면서 자신의 구상과
이론을 더욱 진전시켰고, 1920년대 후반 무렵 기본 체제를 정립하였던

---

19) 한시준, 〈趙素昂의 三均主義〉,《한국사 시민강좌》10, 일조각, 1992, p.106.

것으로 알려지고 있다.[20] 그런데 삼균주의가 우파진영의 정치이념으로
자리 잡은 시기는 그것이 상해 한국독립당과 임시정부의 이념으로 수용
되기 시작한 1930년대였다.

삼균주의는 개인과 개인, 민족과 민족, 국가와 국가의 균등생활을 실
현하자는 것이 주된 내용이다. 우선 개인과 개인의 균등 실현을 위해 정
치·경제·교육의 균등화가 이루어져야 하는데, 이를 위해서는 보통선거
제와 국유제 및 국비의무교육제가 실시되어야 한다. 또 민족과 민족의
균등은 민족자결주의를 자민족과 타민족에게 적용함으로써, 소수민족과
약소민족이 피압박·피통치의 지위에서 벗어날 수 있도록 해야 성취될
수 있다. 마지막으로 국가와 국가의 균등은 식민정책과 자본제국주의를
도괴(倒壞)함으로써, 국제생활에서 모든 국가가 서로 간섭·침탈하지 않
는 평등한 지위를 도모할 수 있을 때 달성될 수 있다. 나아가 이를 통해
사해일가·세계일원이라는 궁극적 목적을 실현한다는 것이 삼균주의의
기본내용이다.[21]

삼균주의가 처음으로 우파진영의 이념으로서 표면화된 것은 임시정부
가 중국 정부에 보낸 선언에서였다. 1931년 4월 남경에서 개최된 중국국
민회의에 임시정부 국무위원들은 '민주독립국가의 확립'과 '균등제도의
실현'이라는 삼균주의의 핵심이 담긴 선언을 발송하였던 것이다.[22] 그리
고 이 선언에 나타난 두 가지 내용을 1930년대에 다시 정리한 것이 다음
과 같이 5개 항으로 구성된 한국독립당의 기본강령이었다.

1. 국가의 독립을 보위하며 민족의 문화를 발양할 것.
2. 계획경제를 확립하여 균등사회의 행복생활을 보장할 것.

20) 한시준, 〈趙素昻의 三均主義〉, 《한국사 시민강좌》 10, 일조각, 1992, pp.104~106.
21) 한시준, 〈大韓民國臨時政府의 光復후 民族國家 建設論〉, 《한국독립운동사연구》 3,
    1989, p.534.
22) 국회도서관, 《韓國民族運動史料》(中國篇), 1976, pp.672~676.

3. 전민족 정치기구를 건립하여 민주공화의 국가체제를 완성할 것.

4. 국비교육시설을 완비하여 기본지식과 필수기능을 보급할 것.

5. 평등호조를 원칙으로 한 세계일가를 실현하도록 노력할 것.[23]

이 내용에서 경제와 관련된 부분은 사회주의의 성향을 강하게 띠고 있음을 알 수 있다. 이것은 대내적으로 한국사 속에서 나타나는 특성과 일제치하라는 시대상황의 특수성 및 정강상의 조건을 구비한 것이고, 대외적으로는 러시아의 사회주의와 영국노동당의 개량적 사회주의의 영향으로 형성된 것이며, 특히 이러한 성격이 1920년대 유일당운동의 과정을 거치면서 더욱 뚜렷이 드러나게 된 것으로 이해할 수 있다. 여기에서 주목해야 할 것은 한국독립당이 강령을 통해 사회주의의 성향을 표방한 것이 이념적 분화와 갈등이 생겨난 이후 좌파진영에 이념적으로 접근하고자 한 첫 번째 시도였다는 사실이다. 이는 우파진영이 항상 좌우합작을 위한 공간을 강령 속에 확보해 두고 있었음을 시사한다.[24]

5. 임시정부 건국방략과 우파 이념의 완성

1937년 7월에 중일전쟁이 발발하면서, 임시정부 중심의 우파세력은 험난한 피난길에 올랐다. 남경 함락 직전인 1937년 11월 말에 남경을 탈출

---

23) 김승학, 《韓國獨立史》, 독립문화사, 1965, p.411.

24) 김희곤, 《中國關內 韓國獨立運動團體硏究》, 지식산업사, 1995, p.325.
    한국독립당의 강령은 당시 좌파 성향을 나타내고 있던 민족혁명당의 강령과 크게 다를 바가 없었다. 예컨대 1935년 7월에 5개 정당 단체가 통일하여 성립된 민족혁명당의 당의(黨義)를 보면, "5천 년 자주 독립해온 국토와 주권을 회복하여 정치·경제·교육의 평등에 기초를 둔 진정한 민주공화국을 건설하고"라 하여 삼균주의를 정치이념으로 삼고 있었음을 알 수 있다. 물론 한국독립당뿐만 아니라 1930년대의 여러 '독립운동정당들'이 삼균주의에 기본을 두고 있었던 것은 보편적인 현상이었다(한시준, 〈趙素昻의 三均主義〉, 《한국사 시민강좌》 10, p.111).

한 임시정부는 무한·장사(長沙)·광동(廣東)·유주(柳州)·기강(綦江)을 거쳐 1940년에 중경에 도착하였다. 중경에 정착하기 바로 직전인 1940년 5월, 임시정부를 구성하고 있던 한국국민당(김구)·재건 한국독립당(조소앙)·조선혁명당(이청천) 등 우파 3당은 한데 통합하여 한국독립당을 창당하였다. 이제 우파진영의 주요 세력들은 하나로 통합을 이룬 셈이었다. 이들은 우선 1930년대에 만들었던 강령을 더욱 다듬어서 당의 강령으로 마련하였다.

1. 국민의 혁명의식을 환기하고, 민족적 총역량을 집중한다.
2. 엄밀한 조직하에 민중적 반항과 무력적 파괴를 적극 진행한다.
3. 우리 광복운동에 우호적인 원조를 할 국가와 민족과 연락한다.
4. 普選制를 실시하여 국민의 참정권을 평등하게 하고 국민의 기본권리를 보장한다.
5. 토지 및 대생산기관을 국유화하여 국민의 생활권을 평등하게 한다.
6. 생활상의 기본지식과 필수적인 기술의 충족을 위해 공비로써 의무교육을 실시하여 국민의 求學權을 평등하게 한다.
7. 국제평등과 세계공영을 도모한다.[25]

　우파진영은 이어서 1941년 11월에 건국방략을 확립하였다. 제2차 세계대전 발발이 임박한 시점에서 독립의 달성이 눈앞에 다가왔다는 자신감을 가진 임시정부가 광복 후에 건설할 국가상을 마련한 것이다. 〈대한민국건국강령〉이란 제목으로 발표된 그 내용은 삼균주의를 골격으로 삼은 것으로서, 1931년 4월에 마련된 대외선언이 발전된 것이었다.
　건국강령은 총강·복국·건국의 3장 24개 항으로 구성되었다. 총강은 민족의 과거 내력을 통해 앞으로 나아갈 방향의 윤곽을 예시한 것이고,

---

25) 국사편찬위원회, 《韓國獨立運動史資料》 3, 1973, p.396.

복국과 건국은 빼앗긴 국토와 주권을 회복하여 민족국가를 건설하기까
지 시기별로 각 단계를 설정한 뒤, 단계마다 수행하고 추진할 임무와 절
차 등을 규정한 것이다.26) 건국강령은 각 단계를 복국과 건국으로 나누
고, 이를 다시 각각 3시기로 구분하였다.

　건국강령에 나타나는 지향점은 광복 후에 정치·경제·교육의 균등을
기초로 한 신민주국가 건설에 맞추어져 있다. 그 내용의 골자는 다음과
같이 세 가지이다. 첫째, 정치면에서 인민의 기본권리·자유·의무 등을
헌법에 규정하고 법률로 이를 시행한다는 것으로, 민주주의 원리에 바탕
을 두고 국민의 권리와 자유를 최대한 보장함으로써 국민의 정치적 균등
을 도모하려는 것이다. 둘째, 경제면에서 국가사회적 지도 및 계획 조정,
분배의 합리성을 기본원칙으로 삼아 생활의 균등을 이룬다는 것으로, 이
를 위해 사회주의 경제체제를 바탕으로 하여 토지와 대생산기관을 국유
화하되 중소기업의 사유화는 인정한다는 것이다. 그리고 셋째, 교육과 관
련하여 국비의무교육을 기본원칙으로 삼고 초등·고등교육에 대한 비용
을 국가가 부담함으로써 교육의 기회를 균등하게 만든다는 것이다.27)

　건국강령에 보이는 신민주국가는 이처럼 정치·경제·교육의 균등을
바탕으로 하는 삼균주의를 기본 골격으로 삼았다. 우파진영이 지향한 신
민주국가는 철저하게 독재를 거부하고 자본주의와 사회주의 국가가 갖
고 있는 결점을 극복한 '신민주주의'를 바탕으로 하는 새로운 형태의 국
가였던 것이다.28)

　　그러면 우리는 어떠한 제도를 건설할 것인가. (……) 정치·경제·교육
　의 균등을 기초로 한 신민주국 즉 '뉴데모크라시'의 국가를 건설하려는 것

---

26) 한시준, 〈大韓民國臨時政府의 光復후 民族國家 建設論〉, 《한국독립운동사연구》
　　3, 1989, p.531.
27) 한시준, 〈趙素昻의 三均主義〉, 《한국사 시민강좌》 10, p.113.
28) 한시준, 〈趙素昻의 三均主義〉, 《한국사 시민강좌》 10, p.113~114.

이다. 여기에 신민주라 함은 민중을 우롱하는 '자본주의데모크라시'도 아니
며, 무산자독재를 표방하는 '사회주의데모크라시'도 아니다. 더 말할 것도
없이 범한민족을 지반으로 하고 범한국국민을 단위로 한 全民的 데모크라
시다.[29]

결국 〈대한민국건국강령〉에서 밝힌 광복 후의 민족국가는 자본주의나
사회주의 국가가 아닌, 한민족을 기반으로 하여 한국민을 기본 단위로
삼는 전민적(全民的) 국가였다. 그런데 이는 좌파적 성향의 대표적 존재
인 민족혁명당이 표방하던 강령과 거의 동일한 것이기도 했다. 그리고
이를 입증하듯 1942년에 민족혁명당이 임시정부에 합류함으로써, 건국강
령은 명실 공히 좌우합작의 광장에서 합일된 이념과 이론으로서 자리 잡
게 되었다. 물론 연안의 조선독립동맹과 함께하지 못했다는 점에서 중국
내 전체적인 좌우합작을 달성하지 못했다는 한계가 있으나, 이것만으로
도 좌우합작운동사에서 하나의 커다란 금자탑이 이룩된 것이라고 보아
도 무방할 것이다.

6. 맺음말

1910년대는 일제 강점기에 해외에서 활약한 우파진영의 민족주의가
원류를 형성하던 시기였다. 중국관내지역에서는 이미 신해혁명에 참가한
독립운동자들에 의해 국민주권국가 수립과 근대적 민족주의를 지향하는
활동이 펼쳐지고 있었고, 이러한 활동이 명문화한 것이 1917년에 발표된
〈大同團結宣言〉이었다. 이후 3·1운동을 전후하여 여러 독립선언들이
나왔고, 이를 바탕으로 민주공화정체를 천명한 국민주권국가로서 임시정

---

29) 삼균학회, 〈韓國獨立黨黨義解釋〉, 《素昻先生文集》上, 1979, p.218.

부가 수립되었다. 임시정부는 임시헌장이나 1차 개헌 헌법에서 반침략·반봉건적인 근대민족주의의 성격을 분명히 밝혔다.

1920년대 초반은 우파진영이 국내에서 일어난 자치론자들의 주장을 철저하게 반박하면서 비타협주의를 선언하던 시기였다. 또 당시는 좌파세력이 등장함에 따라 '좌파'를 상대로 하는 진영으로서 '우파'가 새롭게 정립되던 시기였다. 이후 양 진영은 독립운동을 전개하는 과정 속에서 상호 견제와 협조라는 줄타기를 계속하였다. 1923년에 독립운동계가 한데 모여 대규모로 개최했던 국민대표회의가 결렬되자, 1920년대 중반 이후 좌우합작을 통한 독립운동계의 통일운동이 안창호를 중심으로 일어났는데, 그것이 곧 유일당운동이었다.

1920년대 후반은 유일당운동이라는 좌우합작운동의 시기였다. 이 시기에 우파진영은 좌파진영과 합작하는 데 몰입하였고, 임시정부는 여기에 맞추어 개헌을 단행하였다. 그러나 이 움직임은 1929년 말에 좌파진영이 이탈하여 독자적으로 유호한국독립운동자동맹을 결성함으로써 중단되었다.

1930년대는 우파진영이 독립운동정당을 결성하고 당의 이념을 정립한 시기였다. 1930년 1월에 우파진영은 한국독립당을 결성함으로써 당을 통해 정부를 운영하는 '이당치국'의 형태를 취하게 되었다. 비록 좌파와의 합작을 통해 한국독립당이 결성된 것은 아니었지만, 이로써 일단 유일당운동의 목표 가운데 하나였던 정당 중심의 활동이 가능하게 된 것이다. 한국독립당 창당은 이후의 독립운동이 정당 중심으로 전개되도록 하는 데 영향을 끼쳤다.

이 당시 우파진영은 삼균주의를 바탕으로 한 강령을 선택하였다. 삼균주의는 정치·경제·교육의 균등과 개인과 개인, 민족과 민족, 국가와 국가의 평등을 기조로 삼은 이념으로, 정치적으로는 자유민주주의의 논리를, 경제적으로는 사회주의적인 논리를 각각 내세웠다. 즉 삼균주의에 근거하고 있는 우파진영의 이념은 극우적인 성향과는 거리가 멀었다. 오히려 이것은 우파진영이 일시적으로 중단된 좌우합작을 언제든지 추진해 나가겠다는 의지를 강령으로 보여준 것이요, 그러한 공간을 마련하고 있다는 의미를 나타낸 것이다. 삼균주의에 바탕을 둔 한국독립당의 강령은 우파진영의 대표적인 이념 논리였을 뿐만 아니라, 1930년대 이후 결성된 독립운동정당들의 보편적인 논리가 되었다.

1930년대를 거쳐 다듬어진 우파진영의 이념은 1940년대 임시정부 중경시대에 접어들면서 광복 후에 건국할 국가상을 명문화한 〈대한민국건국강령〉으로 나타났다. 그 내용은 독재와 제국주의에 저항하는 반독재ᆞ반제투쟁을 천명하였고, 자유와 평등 및 국민의 기본권을 보장하는 정치적 특성과 토지와 대생산기관의 국유화를 내세운 사회주의적 경제정책을 표명하였다. 즉 건국강령은 광복 후 건국할 국가상이 자본주의와 사회주의 가운데 어느 한쪽으로도 치우치지 않은 신민주국가임을 밝힌 것이다. 또한 국제관계에 대해서는 배타적인 민족주의가 아니라 세계일가(世界一家), 곧 세계의 평등을 추구하는 개방적인 민족주의의 특성을 보여주고 있었다. 이러한 바탕이 있었기에 중경시대에는 좌파진영도 임시정부에 참가할 수 있었고, 이로써 중국관내지역에서 좌우합작이 이루어질 수 있었던 것이다.

1940년대 전반에 우파진영은 좌파와 갈등을 겪으며 견제관계 속에 놓여 있었음에도 합작을 유지하였고, 실제로 우파의 민족주의 이념만큼은 좌파의 그것과 상당히 근접해 있었다. 그렇지만 이러한 역사적 성과가 제대로 수용되지 못한 채 해방 후 남북분단이라는 현실이 빚어졌고, 이에 따라 해방정국에서 이념적 양극화가 초래된 사실은 한국현대사에서 가장 큰 비극이었다고 할 수 있다.

제4부

상해시대의 주역들

- 대한민국임시정부와 신규식
- 백범 김구와 상해 임시정부
- 안창호와 중국관내지역 통일운동

대한민국임시정부와 신규식

1. 머 리 말

상해(上海)에 한국독립운동의 터전을 마련한 사람으로 예관 신규식(睨觀 申圭植 ; 1880~1922)을 꼽지 않을 수 없다. 신규식은 1911년 초봄에 중국으로 망명하여 중국의 혁명가들과 교유하면서 한국독립운동의 상해시대를 열었고,[1] 1912년에는 동제사(同濟社)를 결성하여 지도자들을 초청하고 박달학원(博達學院)을 세운 뒤 한인 청년들을 교육하고 결속시킴으로써, 독립운동의 교두보를 확보한 인물이다. 또한 동제사와 중국의 혁명가들을 엮어 신아동제사(新亞同濟社)를 조직하였는가 하면,[2] 제1차 세계대전의 결과를 전망하면서 신한혁명당(新韓革命黨)을 만들기도 하였다.[3] 이러한 신규식의 작업 모두가 중국지역에 한국독립운동의 교두보를 확

---

1) 신승하, 〈睨觀 申圭植과 中國革命黨人과의 관계〉,《金俊燁教授華甲紀念 中國學論 叢》, 1983.
2) 김희곤, 〈同濟社의 結成과 活動〉,《韓國史研究》48, 1985.
3) 강영심, 〈新韓革命黨의 결성과 활동〉,《韓國獨立運動史研究》2, 1988.

보하고 이를 다지기 위한 일련의 과정이었다.

신규식은 상해가 갖고 있는 국제적 특성을 제대로 파악하고 일찍부터 뛰어난 국제적 감각으로 정세변화에 부응하는 대응책을 찾아나갔다. 민주공화정부 수립의 방향을 제시한 〈大同團結宣言〉은 세계적 조류에 걸맞은 정치 감각을 발휘한 것이고,4) 1917년 스톡홀름에서 제2인터내셔널회의가 열린다는 소식에 조선사회당 명의로 참가희망 전문을 보낸 것은 한국의 독립문제가 국제사회의 여론과 밀접한 관련을 갖는다는 냉철한 인식을 보여준 것이다.5) 또 제1차 세계대전 종결에 따른 국제정세 변화에 대한 대응방향을 모색하던 가운데, 자신이 육성한 청년들이 신한청년당(新韓靑年黨)을 결성하자 신규식은 이를 지원하고 나섰고, 이는 곧 3·1운동의 기폭제가 되었다.6)

1919년 4월, 상해에서 대한민국임시정부(이하 '임시정부')가 수립되었다. 어느 날 아무런 바탕이 없이 그저 국제도시라는 성격 하나만으로 상해에 임시정부가 수립될 수는 없었다. 상해에는 당연히 정부가 수립될 만한 특수성이 있었던 것이다. 국제정보를 종합적으로 흡수할 수 있었고, 중국혁명인사들의 핵심근거지라는 점에서 이들의 영향을 많이 받을 수 있었으며, 정치활동의 자유가 보장된 프랑스조계라는 특수한 공간을 활용할 수 있었던 곳이 바로 상해였다. 더구나 상해는 한반도를 지척에 두고 있는 곳이기도 했다. 이런 조건을 활용하여 임시정부의 근거지를 확보한 인물이 바로 신규식이었는데, 그의 초청에 따라 박은식(朴殷植)이나 신채호(申采浩)와 같은 지도자들이 속속 상해로 집결했던 것이다.

임시정부와 신규식의 관계는 정부가 수립되던 1919년 4월부터 그가 순국한 1922년 9월까지 3년 6개월에 걸쳐 지속되었다. 기왕의 연구를 통

---

4) 조동걸, 〈臨時政府樹立을 위한 1917年의 '大同團結宣言'〉, 《韓國學論叢》9, 국민대 한국학연구소, 1987.
5) 김희곤, 《中國關內 韓國獨立運動團體硏究》, 지식산업사, 1995, p.53.
6) 김희곤, 〈신한청년당〉, 《한민족독립운동사》3, 국사편찬위원회, 1988, pp.170~181.

해 정리된 신규식의 임시정부 관련 활동은 법무총장을 맡다가 국무총리 대리 겸 외무총장까지 역임하게 되면서 광동(廣東)에서 호법정부(護法政府) 총통 손문(孫文)을 만나 상호 승인 및 독립운동 지원에 대해 논의한 것, 그리고 대종교를 개인 신앙의 차원을 넘어 국교의 차원에서 이해하고 《震壇》을 펴내면서 한국의 독립의지와 활동을 국제사회, 특히 중국혁명인사에 알린 것 등으로 요약된다.

한편 임시정부와 관련하여 신규식의 움직임을 추적하면, 아직 해결되지 못한 몇 가지 난제가 남아있음을 알 수 있다. 첫째, 신규식은 상해에 한국독립운동의 장을 열고 임시정부를 세울 수 있는 교두보를 확보한 인물이었음에도, 임시정부 수립 초기에 그의 위상이 크게 부각되지 못했다는 사실이다. 둘째, 이승만(李承晚) 대통령이 상해에 체류하던 시기, 곧 1920년 12월과 1921년 5월 사이의 신규식의 동향을 확실하게 파악할 수 없다는 점이다. 특히 당시에 임시정부를 주도하고 있던 안창호(安昌浩)와 이동휘(李東輝)가 임시정부를 이탈하던 상황의 신규식의 행보와 동향이 확연하게 드러나지 않고 있다. 셋째, 이승만이 상해를 떠나면서 신규식에게 법무총장에다가 국무총리대리와 외무총장까지 맡긴 이유를 선명하게 이해하기 어렵다는 사실이다. 끝으로, 신규식이 광동에서 손문을 만나 벌인 외교활동은 잘 알려져 있지만, 이것과 그 당시 초미의 관심사였던 태평양회의 사이의 관련성은 그리 주목받지 못했다는 사실이다. 이러한 문제들을 한꺼번에 해결하기는 물론 어렵겠지만, 이번 연구를 통해 차근차근 짚어나가고자 한다.

2. 정부 각료로서의 활동

신규식이 임시정부에 참가하여 활동한 내용을 시기별로 간단히 정리하면 네 시기가 된다. 첫째 시기는 정부수립을 논의하고 실제로 현실화

하던 단계이다. 임시정부 수립 직전까지 상해지역에서 독립운동을 주도
했던 인물이 바로 신규식이다. 그런데도 정작 수립 단계에서는 총장 반
열에 그의 이름이 등장하지 않았다. 국내에서 발표된 한성정부 명단에는
신규식의 이름이 법무총장으로 들어 있었지만, 상해에서 열린 제1차 의
정원회의 참석자 명단과 초기 각료명단에는 빠져 있었던 것이다. 그 원
인에 대해 신규식이 신병 치료를 위해 상해를 떠나 있었기 때문이라 짐
작하는 경우도 있다. 물론 그가 병으로 고생하고 있던 것이나 상해를 떠
나 있던 날이 많았던 것은 사실이다. 따라서 그가 임시정부 수립을 위한
의정원회의가 열릴 때 건강문제로 여기에 참석하지 못하고 병원에서 지
내고 있었다는 점을 각료 배제의 이유로 내걸 수는 있을지 모른다. 그렇
다고 하더라도 다른 지역에 머물던 인물마저 각료로 선출되던 상황에서
그가 배제된 점을 쉽게 이해하기는 어렵다.

특히 정부수립을 논의하던 기간인 4월 10일 전후에는 신규식이 상해
에 머물고 있었다.[7] 그렇기 때문에 상해의 독립운동계를 개척한 인물인
그가 각료 명단에서 빠졌다는 사실은 더더욱 납득되지 않는다. 제헌의회
의 성격을 지닌 첫 의정원회의가 열리던 무렵의 신규식의 상태에 대해
"병세가 그다지 심하지 않고 다만 心火가 대단한 듯하였다"고 전하는 주
변 인물의 기록을 헤아려 볼 때, 당시 임시정부 수립 초두에 신규식의
마음을 편치 않게 만든 일들이 생겼다는 사실을 알 수 있다. 그것이 정
치체제에 말미암은 것은 아닐 것이다. 이미 1917년에 〈大同團結宣言〉을
주도하면서 민주공화정부 수립을 제시했던 인물이 신규식 자신이었기
때문이다. 무엇이 그의 불만이었는지는 확연하지 않다.

둘째 시기는 정부가 수립된 이후 20일 정도 지난 1919년 4월 30일부터

---

7) 지산 정원택(志山 鄭元澤)이 상해에 도착하여 신규식의 동생인 신건식(申健植)
을 만난 날이 첫 의정원회의 다음 날인 4월 12일이다. 정원택은 신건식에게서 "睨
觀先生은 身病으로 入院治療中"이라는 소식을 들었다(정원택 씀, 홍순옥 엮음, 《志
山外遊日誌》, 탐구당, 1983, p.192).

1920년 3월까지이다. 이 시기에 신규식은 의정원 의원, 부의장, 법무총장 등을 역임하였다. 그가 처음 임시정부에 모습을 드러낸 시기는 제4회 임시의정원 회의(4월 30일~5월 13일)로서, 이 자리에서 그는 출신지(충북 문의군 ; 현 청원군)에 따라 충청도지역 의원으로 선임되었고, 의장 손정도(孫貞道)와 함께 부의장에 선출되었다. 그렇지만 신규식의 첫 등장은 짧게 끝이 났다. 7월 14일에 열린 제5회 임시의정원 회의에서 그는 부의장직과 의원직을 모두 사퇴하였기 때문이다.[8]

이 무렵에도 계속하여 건강에 문제가 있었던 것만은 확실하다. 신규식이 1919년 10월에 임시정부에 돌아온 직후 《獨立新聞》이 "申總長은 3월 이래 國家多事의 秋에 健康을 損하여 누차 憂慮할 狀態를 經하고 아직 平復치는 못하였으나 從此로 國務에 鞅掌하리라"[9]고 보도한 내용을 볼 때, 그가 건강 악화로 임시정부를 떠나 있었음을 짐작할 수 있다. 또 "杭州에서 宿痾(宿患)를 치료하다가 昨日 病을 扶하고 來滬하다"[10]라는 보도에서도 그가 상해를 벗어나 항주(杭州)에 머물면서 요양했음을 알 수 있다. 이상의 사실로 미루어 볼 때, 신규식이 임시정부 수립과정에 빠지게 된 이유로는 건강이 악화되었던 점과, 명확하진 않지만 한편으로는 자신의 의도대로 진행되지 않는 상황에 마음이 불편했던 점을 들 수 있을 것 같다.

신규식이 다시 정부에 모습을 드러낸 시기는 그해 9월 11일부터 열린 제6회 의정원회의였다. 이 회의에서는 안창호가 중심이 되어 진행했던 노령(露領)의 대한국민의회와 국내의 한성정부를 통합하려는 노력이 결실을 거두게 되었고, 더불어 임시헌법이 개정되고 정부개조안이 통과되었다. 이를 바탕으로 같은 자리에서 이승만을 대통령으로 하는 내각이 결정되었는데, 신규식은 바로 이때 법무총장으로 임명되었다.[11] 당시 내

---

8) 국회도서관, 《大韓民國臨時政府議政院文書》, 1974, pp.442~443.
9) 《獨立新聞》 1919년 10월 14일자.
10) 《獨立新聞》 1919년 10월 14일자.

각 구성의 면모를 보면 다음과 같다.

임시대통령 李承晩	국무총리 李東輝
내무총장 李東寧	외무총장 朴容萬
군무총장 盧白麟	재무총장 李始榮
<u>법무총장 申圭植</u>	학무총장 金奎植
노동국총판 安昌浩12)	(밑줄 필자)

　이처럼 신규식의 이름은 9월에 내각 명단에 포함되었으나, 실제로 신
규식이 상해로 돌아와 집무하기 시작한 것은 10월 초였다. 건강은 여전
히 그리 좋은 편이 아니었던 것으로 보인다. "신총장은 (중략) 아직 平復
치는 못하였으나 從此로 國務에 鞅掌하리라"13)는 보도내용이 이를 말해
준다.

　신규식은 10월 3일 저녁 7시 30분에 3백 명이 모인 취임식에 이동휘
국무총리, 이동녕(李東寧) 내무총장, 이시영(李始榮) 재무총장과 함께 참
석하여 인사하였다. 그 자리에서 신규식은 "一個의 信念을 가지고 나왔
으니, 나의 赤誠이 이것이라. 병석에 있을 때 나는 신께 求하여 신생명을
受함을 확신하노니……"14)라고 말하면서, 그동안 병석에 누워서도 항상
간절히 기구하던 민족과 독립에 대한 자신의 신념을 밝혔다.

　이후 신규식의 움직임을 보면, 그가 정부각료 활동과 신병(身病)치료
라는 두 가지 일에 매달렸음을 알 수 있다. 1919년 11월 15일 밤에 민단
주최로 열린 국무총리와 각 총장에 대한 환영회에 그가 신병으로 참석하
지 못한 사실도 그의 불완전한 건강문제를 보여주는 사례이다.15) 그럼에

---

11) 강영심, 〈申圭植의 생애와 독립운동〉, 《한국독립운동사연구》 1, 1987, p.246.
12) 《獨立新聞》 1919년 9월 16일자.
13) 《獨立新聞》 1919년 10월 14일자.
14) 《獨立新聞》 1919년 11월 4일자.
15) 《獨立新聞》 1919년 11월 20일자.

도 신규식은 항상 임시정부를 중심으로 '大同團結'할 것을 주장하였다. 1920년 3·1절에 신규식은 1년 전의 3·1운동이 모두 거국일치(擧國一致)하여 찬란한 자취를 남긴 것이라 강조하면서, "단결이 민족사활과 光復遲早의 운명을 持하였으니 이에 盡誠努力함이 유일의 근본으로 思惟"[16]한다고 밝혔던 것이다.

셋째 시기는 1920년 10월부터 1921년 5월까지이다. 1920년 3월 이후 약 반년 사이의 기록들에서는 신규식의 모습을 찾아볼 수 없다. 그러다가 그해 10월의 기록들에서 신규식이 상해에서 《震壇》을 주간(週刊)으로 발간했다는 사실이 나타난다. 결국 이 반년에 걸친 공백도 그가 법무총장의 직함을 지닌 채 신병으로 고생했던 시기였다고 짐작된다. 이후 1920년 12월에 임시대통령 이승만이 상해에 도착하자, 비로소 그의 모습이 드러났다. 그리고 1921년 1월 1일에 열린 '임시정부 및 임시의정원 신년축하식' 사진에도 그는 모습을 보이고 있다.

이승만이 상해에 체류하던 기간에 신규식은 내각의 가장 중요한 인물로 부상하기 시작했다. 이승만이 주변에서 공격을 받아 위태로워지자 협성회(協誠會)라는 전위조직을 1921년 4월 24일에 결성하게 되는데,[17] 그 일에 신규식이 비교적 적극적으로 협조한 것 같다. 그리고 1921년 5월에 이승만이 상해를 떠나 하와이로 향하자, 신규식은 국무총리대리를 맡게 된다.

넷째 시기는 신규식이 국무총리대리 겸 외무총장으로서 이승만이 떠난 뒤의 상해 정국을 정리하고 광동으로 남행하여 호법정부와 외교활동을 펴던 1921년 5월부터 그해 연말, 그리고 모든 직임을 사직하던 1922년 3월까지이다.

이승만이 상해를 떠난 이후 신규식의 행로는 임시정부를 혼자서 메고 가는 형국이었다. 안으로는 임시정부를 유지해 나가면서, 밖으로는 손문

---

16) 《獨立新聞》 1920년 3월 1일자.
17) 《獨立新聞》 1922년 4월 30일자.

이 이끄는 호법정부와 외교활동을 펴면서 태평양회의에 대처하였다. 5월
20일에 개최된 임시의정원 폐원식에 국무총리대리 겸 법무총장의 자격
으로 참석한 신규식은 입법기관과 행정기관의 맥락이 잘 통하고 유지되
는 것에 대해 치하하는 '告辭'를 발표하였다.[18] 또 1922년 2월 8일에도
임시의정원 제10회 의회 개원식에 참석하여 '告辭'를 발표하였는데, 이때
는 내무·군사·재정·교육·사법·외교 등에 관한 시정방침을 역설하
였다.[19] 한편 신규식은 밖으로도 시선을 돌려 우선 태평양회의에 대한
준비 작업에 착수하면서, 임시정부의 국무총리 겸 외무·법무총장으로서
중국과 일본의 각계 인사들에 대한 선전활동에 들어갔다. 즉 중국과 일
본이 태평양회의에 즈음하여 한국의 독립에 관한 문제를 제기하고 지원
해야 하는 이유를 내건 선언서를 발표하고 발송한 것이다. 중국인사들에
게는 한국의 독립을 지원해야 하는 이유를 역사적으로 설명하였고,[20] 일
본의 법률단체 인사들에게는 한국문제가 유럽의 발칸 사정과 동일하므
로 이 문제가 해결되지 않으면 동아전쟁(東亞戰爭) 발발이 필연적이라는
점을 강조하면서, 일본정부에 해결을 재촉하라고 요구하였다.[21] 그리고
사전 정지작업을 마친 신규식은 드디어 광동의 호법정부를 찾아 손문 총
통에게 임시정부에 대한 승인과 지원을 요청하면서 태평양회의에 대한
공동 보조를 요구하게 되었다.

    1921년 5월부터 국무총리대리 겸 법무총장에다가 다시 외무총장이라
는 중책까지 맡게 된[22] 신규식은 사실상 임시정부 안에서 전권을 장악
한 상태였다고도 할 수 있다. 다시 말해 그가 1922년 초까지 임시정부를

---

18) 《獨立新聞》 1921년 5월 25일자.
19) 《獨立新聞》 1922년 2월 20일자.
20) 〈大韓民國臨時政府敬告中華民國各界諸君子書〉, 우남이승만문서편찬위원회, 《雩南
    李承晚文書》 東文篇 6, 중앙일보사·연세대 현대한국학연구소, 1998, pp.420~424.
21) 《申報》 1921년 10월 5일자.
22) 〈대한민국임시정부공보〉 호외 및 25호, 《雩南李承晚文書》 東文篇 7, 중앙일보
    사·연세대 현대한국학연구소, 1998, p.230~231.

거의 홀로 버티다시피 짊어지고 있었던 것이다. 그런데 광동에 특사로 다녀오고 태평양회의와 러시아에서 열린 극동인민대표회의를 지켜보던 신규식은 내무총장 이동녕이 1922년 2월 말에 사면서를 제출하자, 3월 20일에 이시영과 함께 사직하였다.[23] 이때부터 다시 신병으로 고생하던 신규식은 돌이킬 수 없는 상태로 빠져들고, 결국 임시정부를 떠난 뒤 반 년 만에 서거하기에 이른다.

3. 대종교 활동과 《震壇》《震壇週報》 발행

1) 대종교 활동

신규식은 중국에 정착한 이후 줄곧 민족혼의 보존에 매달렸고, 이를 구체화하는 방안으로 대종교를 이끌어 나갔다. 잃어버린 국가를 다시 찾는 방법은 오직 민족을 살려나가는 것뿐이라는 판단 아래 대종교의 확립과 확산을 도모하였던 것이다. 즉 민족 보존과 국가 회복이라는 궁극적인 목표를 위해 신규식 스스로 대종교 신앙을 생활화하고 있었다. 그러한 점은 신규식뿐만 아니라 1910년대 독립운동계 전반에서 나타나는 특성 가운데 하나였다.

그러한 활동들을 크게 네 가지 면에서 정리할 수 있다. 개인적인 신앙생활, 정부 차원의 공식행사 주도, 학교 경영, 그리고 대종교를 바탕으로 삼은 잡지 발간 등이 그것이다. 우선 개인적인 신앙생활로서 신규식은

---

23) 《獨立新聞》 1922년 3월 31일자. 노백린(盧伯麟) 군무총장을 제외한 국무원 전원이 사직하는 사태가 발생하자, 임시의정원은 4월 7일 임시대통령에게 책임을 묻기로 결의하게 되었다(《獨立新聞》 1922년 4월 15일자). 여기에다가 임시의정원은 당시 추진되고 있었던 국민대표회의 소집을 위한 인민청원안[천세헌(千世憲) 등 102인 청원]이 결국 14일에 통과되는 어려움을 겪고 있었다(《獨立新聞》 1922년 6월 24일자).

매일 새벽과 밤 두 차례씩 단군(檀君)의 신상(神像)을 향해 향을 피우고 배례(拜禮)하면서, 아울러 묵도(默禱)로써 하루 바삐 혁명을 일으켜 조국의 광복과 민족의 구원을 성취할 것을 빌었다.[24] 이러한 생활은 망명 시절 내내 끊임없이 이어졌다.

다음으로 신규식은 대종교 조직을 통해 독립운동가들을 엮어나갔다. 단군 상 앞에 모여 앉아 배례하고 나서 국제정세와 독립운동 방략을 논의하는 것이 정례가 되었고, 또 신규식이 그 자리에서 직접 요원들을 파견하는 임무를 주기도 했다. 따라서 대종교 조직 자체가 독립운동의 거점이요 연결점이었던 것이다. 이를 담당하는 대표적인 단체가 상해지역 최초의 한국독립운동조직인 동제사였고, 그 핵심인물이 바로 신규식이었다. 《震壇》 7호에는 1912년 10월 3일(음력)에 상해의 어느 밀실에서 촬영한 개천절 기념사진[25]과 1914년 10월 3일(음력)에 동제사 배달학회(倍達學會) 동인이 재상해환구학생회(在上海寰球學生會)에서 촬영한 기념사진이 게재되어 있는데,[26] 이러한 모임들은 모두 신규식이 주도한 것이었다.

임시정부가 수립된 뒤에는 신규식이 앞장서 국교 차원에서 대종교 행사를 열어 나갔다. 가장 뜻 깊게 치른 행사가 음력 3월 15일 어천절(御天節) 기념식이었다. 임시정부 수립 후 처음으로 맞이한 어천절이었던 1920년 음력 3월 15일(양력 5월 3일)에는 민단의 주최로 민단 사무실에서 2백 명이나 참가한 가운데 기념식이 거행되었다. 신규식은 그 자리에서 시로 된 기념사를 낭독하고, 박은식이 역사를 강론하였으며, 이화숙(李華淑 ; 대한부인회장)이 신덕가(神德歌)를, 조완구(趙琬九)가 감상연설을 각각 맡았다. 그리고 행사 직후에 《獨立新聞》 기자와 면담을 가진 신규식은 대종교의 양대 축일인 어천절과 개천절(開天節)의 역사에 대하여 다음과 같이 설명하였다.

24) 민필호, 〈申公逸話二三事〉, 김준엽 엮음, 《石麟 閔弼鎬傳》, 나남출판, 1995, p.339.
25) 《震壇》 7호(1920년 11월 21일) p.3.
26) 《震壇》 7호(1920년 11월 21일) p.7.

　금일 즉 3월 15일은 한배검이 昇天하야 오신 곳으로 다시 돌아간 날이오, 개천절(10월 3일)은 즉 세상에 내려오신 날을 기념함이니, 이 두 가지 명절은 삼국시대까지는 滿韓에 散在한 한배의 자손들이 八關齋, 東盟, 舞天, 天君祭, 大檀 등의 이름으로 성대히 모여 축하하고 기념하였습니다. 그렇지만 이조시대에 이르러서는 불행히 민간에서는 전혀 이 날을 망각하고 아무 의미 모르고 아들 점지하여 주는 신을 위한다 하여·이 날을 祭한 일이 있고, 겨우 왕실에서 평양 崇明殿에 年年이 祭한 일이 있을 뿐이오. (후략)27)

　즉 단군의 탄생일이 개천절이요, 승천한 날이 어천절이라고 두 축일의 역사에 대해 설명하면서, 이 축일들이 조선시대에 들어 잊혀져 가게 된 사실을 밝힌 것이다. 이어서 신규식은 어천절의 유래에 대해 다음과 같이 답하였다.

　壁上에 걸린 단군의 御眞을 가리키면서 "이것이 즉 崇明殿에 있던 御眞을 模寫한 것이외다. 좌우에 있는 글은 檀君의 德을 頌하는 古代語니, '가미고이'는 높은 恩德이라는 말이오, '도가오소'는 길이 사모한다는 뜻이외다. (후략)"28)

　당시《獨立新聞》기사에는 어천절 행사사진이 들어있는데, 양 벽에 두 단어가 세로로 걸려 있다. "가미고이 도가오소"가 그것인데, 이는 결국 '단군의 높은 은덕을 사모한다'라는 뜻이다. 다음 해인 1921년의 어천절(음력 3월 15일 ; 양력 4월 22일)에도 신규식은 축사를 통해 못난 후손들의 잘못을 용서하고 깨우쳐서 옛 터전을 되찾을 수 있도록 도와달라고 간절하게 기원하였다.29)

---

27)《獨立新聞》1920년 5월 6일자.
28)《獨立新聞》1920년 5월 6일자.
29) "오늘은 한배검의 어천하옵신 사천일백륙십일회 되는 날이라. 저의 무리들이 공

1910년대 상해지역 한국독립운동은 대종교 조직을 연결망으로 하여 형성되어 있었고, 그 핵심에 신규식이 있었다. 그러나 3·1운동 직후에 국내에서 현순(玄楯)을 비롯한 기독교 지도자들이 대거 망명하고 특히 안창호가 임시정부의 주도권을 장악하면서, 대종교의 교세는 점차 흔들리기 시작하였다. 그렇지만 민족을 상위개념으로 두던 시기이고 독립을 최고 목적으로 삼던 상황이었으므로, 종교적 갈등은 그리 나타나지 않았다. 그래서 어천절 행사도 국교적인 차원에서 열릴 수 있었던 것이다. 이를 주도했던 인물 역시 신규식이었다. 그가 서거한 뒤에 어천절 행사가 급격하게 위축되어 간 사실에서 그의 위상을 확인할 수 있다.

한편 신규식은 대종교를 바탕으로 설립된 학교를 계속 운영했던 것으로 보인다. 광동에서 손문을 만날 때, 신규식은 《韓國見聞錄》과 《獨立新聞》이었을 것으로 추측되는 한글 신문, 그리고 3·1운동 사진 및 인쇄물을 전달하였다. 그 가운데 "申公이 경영하는 震壇學校 등의 인쇄물"이 포함된 점으로 미루어 보아,[30] 신규식이 상해에서 진단학교를 지속적으로 운영하고 있었다는 사실을 알 수 있다. 신규식은 1913년부터 동제사에서 박달학원을 세워 민족교육사업을 추진한 바 있는데,[31] 1920년 무렵에도 대종교를 바탕으로 삼은 진단학교라는 민족교육기관을 지속시켜 나간 것으로 생각된다.

경하고 사모하여 한결같은 마음을 모아 한배검의 옛 가르치심을 생각하며 노래함으로 오늘을 지내옵나이다. 모든 은총을 한량없이 주시옵셔 靈의 지경과 세상일에 빠짐없이 가르쳐 주시고 인도하시며 그 길과 그 자루를 맡기시고 큰 도리의 영광을 나타내시며 근원으로 돌아가시니 아스달 맑은 바람과 밝은 달은 저의 가슴을 내려 비추며 거려내어 깊고 높은 은총과 영광에서 살았나이다. 저희는 불초하여 주신 것을 잃사옵고 있는 것을 없이하여 아픈 마음 끓는 피가 약한 몸을 더욱 상하게 되나이다. 비옵나니 용서하며 깨우치어 옛 터전을 닦아내며 모든 영광을 빛내어서 한배검 사랑하시는 은택 가운데서 이룸 있고 나감 많아 크고 높은 먼 실머리를 더욱 빛나게 하여 주옵소서"(《獨立新聞》 1921년 4월 30일).

30) 민필호, 〈韓中外交史話〉, 김준엽 엮음, 《石麟 閔弼鎬傳》, 나남출판, 1995, p.232.
31) 김희곤, 《中國關內 韓國獨立運動團體硏究》, 지식산업사, 1995, p.57~59.

2) 《震壇》《震壇週報》 발행

신규식은 1920년 10월 31일에 주간지 《震壇》을 창간하였다.[32] 사실 신규식이 이 잡지를 1920년에 처음 발간한 것은 아니고, 동제사 시절인 1917년에도 이미 선전사업의 일환으로 발간한 일이 있었다.[33] 이 시기에 다시 잡지를 발간하게 된 정확한 이유는 알려져 있지 않지만, 그때가 《獨立新聞》이 프랑스조계 공무국의 정간명령을 받아 발간되지 못하던 시기였다는 점을 그 이유 가운데 하나로 짐작해 볼 수도 있다. 《獨立新聞》은 1920년 6월 24일자(68호)가 나온 뒤 무려 6개월 동안이나 정간되다가 그해 말이 되어서야 1920년 12월 18일자로 87호가 발간될 수 있었다.[34] 임시정부의 기관지 정간이 장기화되는 상태에서 새로운 선전활동이 필요했던 것이다.

또 하나의 이유는 신규식이 1910년대에 중국 혁명동지들과 형성했던 인연을 임시정부 유지를 위한 자원으로 접목시키려 한 데 있었던 것으로 보인다. 왜냐하면 순 한문본으로 발간하였다는 사실 자체가 일반 동포들을 독자층으로 파악한 것이 아니었음을 시사하고 있고, 또한 내용도 한국독립운동의 상황을 중국인들에게 선전하는 데 무게를 두고 있었기 때문이다. 그리고 중국 최고혁명지도자들의 '祝詞'를 계속 실은 점도 바로 그러한 배경에서 나온 것으로 이해된다. 그래서 국내외의 한국독립운동 지도자들과 중국 혁명인사들의 관심을 임시정부에 묶어 보려는 신규식

32) 石源華, 〈上海地區 韓國獨立運動史料 述論〉, 《중국에서의 한국독립운동》(한중 수교 10주년·윤봉길 의거 70주년 기념 한중 국제학술회의 발표집), 2002. 5. 13~14, p.248.
　　한편 한시준이 논문을 통해 《震壇》을 국내에 소개한 바 있다(한시준, 〈중국 관내 독립운동과 신문 잡지〉, 《한국독립운동사연구》 12, 1998, p.6).
33) 민필호, 〈大韓民國臨時政府와 나〉, 김준엽 엮음, 《石麟 閔弼鎬傳》, 나남출판 1995, p.73 ; 강영심, 〈연보〉, 《신규식》, 독립기념관 한국독립운동사연구소, 1992, p.165.
34) 〈본보 속간에 임하여〉, 《獨立新聞》 1920년 12월 18일자(87호).

의 의도가 《震壇》 발간으로 나타난 것이 아닌가 생각된다.

지금까지 확인된 《震壇》은 창간호부터 22호(1921년 4월 24일자)까지이
다. 더 이상의 자료가 발견되지 않아 일단 1920년 10월부터 다음 해 4월
까지 대략 6개월 정도 발간된 것으로 추정된다. 표지에는 제목을 '震壇'
이라 쓰고, 위쪽에 한글을 가로로 풀어쓴 '지ㄴ다ㄴ'을, 중간에 중화민국
연호를 각각 표기하였으며, 그 아래에 목차를 실었고 맨 아래에는
'CHIDAN'이라는 영문 표기를 달았다. 그리고 안쪽 위에는 '震壇週報'라고
쓰고 한국연호를 사용하여 날짜를 표기하였다. 크기는 타블로이드판이
고, 분량은 표지를 포함하여 8면이며, 순 한문으로 된 활자본이었다. 구
성내용은 대개 사설, 손문을 비롯한 중국 최고급 지도자들의 축사, 한국
독립운동의 현황, 한국소식, 중국소식, 세계소식 등이 고정란으로 배치되
었고, 신규식이 쓴 〈韓國魂〉이 산려(汕廬) 또는 임수산려(壬樹汕廬)라는
필명으로 게재되었으며, 한국명인전기(韓國名人傳記)라는 고정란에 박은
식의 〈李舜臣傳〉이 연재되는 등의 형식이었다.[35]

《震壇》 발간에 대하여 중국 지도자들의 지원도 잇따랐다. 손문이 〈天
下爲公〉이란 축사를 보내온 것을 비롯하여, 진독수(陳獨秀)·호한민(胡漢
民)·우우임(于右任)·장정강(張靜江)·당소의(唐紹儀)·백문울(柏文蔚) 등
혁명인사와 《救國日報》 및 신아동제사 등 언론과 단체도 축사를 각각 보
내왔다.[36] 또 재정적인 지원을 보내온 경우도 있었는데, 사천(四川)의 재
벌이자 혁명가인 양서감(楊庶堪)과 귀주(貴州)의 재벌 혁명가 오정창(吳
鼎昌)이 각각 대양(大洋 ; 상해 화폐) 5백 원씩 보조하였다고 전해진다.[37]

---

35) 발행처인 '震壇報社'는 상해에 있었고, 북경(北京)·무석(武錫)·남경(南京) 등에
   서도 이를 보급했다. 그 밖에 프랑스의 파리, 미국의 워싱턴, 호놀룰루, 시카고, 독
   일의 베를린, 러시아의 니콜리스크, 스코틀랜드의 셸리 오크, 영국의 버밍햄 등에
   통신처를 두었다(각 호의 8면).
36) 당시 신규식의 거주지가 어양리(漁陽里) 5호[현 남창로(南昌路) 100농(弄) 5호]
   였는데, 바로 앞 골목에 진독수의 집(2호)이 있었으니, 두 사람 사이에 특별한 관
   계가 있었을 것으로 추정된다.

신규식은 창간호에서 머리글 성격의 글을 지닌 〈吾人今後的責任〉이란 글을 발표하였고, 5호부터는 〈韓國魂〉을 22호까지 계속 연재하였다. 그리고 5호에는 자신이 주도하고 발표하여 임시정부 수립의 바탕이 된 〈大同團結宣言〉을 게재하였고, 10호에도 자신이 쓴 〈民族自決與韓國獨立〉을 실었다. 〈民族自決與韓國獨立〉의 요지는 한국이 나아갈 길이 오직 독립이라는 것, 이를 위해서 민족자결이라는 네 글자를 절체절명의 기치로 가슴에 새겨야 할 것, 그리고 그 자결이 결코 노예자결이 아니라 진정한 민족자결이어야 한다는 것 등을 강조하는 내용이었다. 그리고 이를 실천하기 위한 투쟁방향으로서 나라를 위한 희생, 정신적 독립 추구, 강인한 투쟁, 중외인사에게 독립의 필요성 선전, 민기(民氣)의 보존 등 8가지를 제시하였다. 결국 국민들에게는 '우리가 주체가 되는 민족자결'을 통해 독립을 쟁취하자는 뜻을 강조하고, 외국 인사, 특히 중국 지도자들에게는 한국독립의 당위성을 알리는 것이 바로 《震壇》을 발간한 신규식의 의도였던 셈이다.

4. 협성회 결성과 임시정부 유지

임시정부는 상해에 있었지만 대통령이 미국에서 활동하고 있었던 관계로 여러 가지 문제들이 발생하였다. 특히 1920년에 접어들면서 이에 따른 문제들이 더욱 심각해지면서, 상해에서는 임시대통령인 이승만에게 상해로 와 줄 것을 거듭 요구하고 나섰다. 그러나 이승만은 상해로 갈 것인지 확신하지 못하였다. 그는 평소에 미국에서 통신원을 통해 상해의 임시정부에 대한 동향을 파악하고, 이를 바탕으로 임시정부를 이른바 '원격조정'하고 있었다.[38] 그런데 임시의정원에서 이승만의 상해 부임을 독

---

37) 민필호, 〈韓國獨立運動에 協助한 中國人士〉, 김준엽 엮음, 《石麟 閔弼鎬傳》, 나남 출판, 1995, p.146.

촉하던 가운데, 1920년 5월에 김립(金立)을 비롯한 차장들이 이승만에 대한 불신임안을 의정원에 제출하는 사태가 벌어졌고, 미국의 통신원들은 이승만에게 이를 정면 돌파하기 위해 상해로 떠날 것을 건의하게 되었다.[39] 이에 이승만은 워싱턴을 출발하여 하와이를 거처 1920년 12월 5일에 상해에 도착하게 되었다.[40]

이승만이 상해에 도착하자마자 커다란 갈등을 겪어야 했던 인물은 신규식이었다. 법무총장으로서 내각을 구성하고 있던 신규식은 대통령을 맞이하여 그가 정부를 안정시키고 독립운동의 구심점 노릇을 수행할 수 있도록 도와야 했지만, 상해에 도착한 직후부터 이승만에 대한 기대와 비난이 엇갈리고 있었고, 무엇보다 신규식 자신도 이 점에서 결코 자유로울 수 없었기 때문이다. 한편에서는 민단을 비롯한 정부 주변의 단체와 인물들이 이승만을 환영하는 모임을 여러 차례 개최하고 있었고, 다른 한편에서는 이승만 반대세력이 북경(北京)에 결집하여 군사통일촉성회(1920. 9)와 군사통일주비회(1921. 4)를 결성하면서 이를 중심으로 이승만을 비난하고 나섰다.[41] 게다가 이승만이 임시정부의 산적한 문제들을 풀어나가지 못하자 비판세력의 목소리는 점점 더 커져만 갔다. 더구나 1920년부터 논의되던 국민대표회 소집 요구가 갈수록 힘을 얻고 있는 상황이었다.[42] 그 회의는 우여곡절 끝에 계속 연기되다가 신규식이 서거한 지 반년이

---

38) 한시준, 〈이승만과 대한민국임시정부〉, 유영익 엮음, 《이승만 연구 : 독립운동과 대한민국 건국》, 연세대출판부, 2000, pp.176~179.

39) 한시준, 〈이승만과 대한민국임시정부〉, 유영익 엮음, 《이승만 연구 : 독립운동과 대한민국 건국》, 연세대출판부, 2000, pp.185~186.

40) 유영익, 《이승만의 삶과 꿈》, 중앙일보사, 1996, p.154. 《獨立新聞》은 1921년 1월 1일자로 〈대통령 來東〉이란 기사를 통해 이승만이 12월 8일에 상해에 도착한 것으로 보도하였지만, 이 날짜는 이승만이 임시정부에 자신의 도착을 통보한 시기로 생각된다.

41) 김희곤, 《中國關內 韓國獨立運動團體硏究》, 지식산업사, 1995, p.145.

42) 이 시기에는 '국민대표회'라는 이름이 사용되었지만, 1923년 1월 개회 이후에는 '국민대표회의'라는 명칭이 주로 사용되었다.

지나고 1923년 1월에 이르러서야 겨우 열리게 되지만,[43] 소집을 요구하는 활동 자체가 이승만 대통령에게 심각한 부담을 주었고, 그러한 부담은 신규식에게도 영향을 주지 않을 수 없었다. 특히 박은식을 비롯한 원로들과 의정원 의원들, 그리고 임시정부의 외곽에서 활동하던 인물들이 모여 1921년 2월 초에 발표한 〈我 同胞에게 告함〉이란 선언은 이승만에게 충격을 주기에 충분하였고, 이는 신규식에게도 마찬가지였을 것 같다.[44]

주변의 반대여론이 들끓자, 임시대통령 이승만을 지탱하던 내각은 대응세력 결집에 나섰다. 당시 내각을 구성하던 인물들이 임시정부의 존재 가치를 내세우면서 이를 중심으로 대동단결할 것을 요구하고 나섰는데, 이 과정에서 조직된 단체가 협성회였다. 임시정부를 비판하는 선언들이 쏟아져 나온 직후인 3월 5일에는 조완구·윤기섭(尹琦燮) 등 이승만 지지자 45명이 '임시정부 절대 유지'를 주장하면서, 이승만 대통령을 비롯한 임시정부에 절대적인 지지를 부탁하는 선언서를 발표하였다.[45] 여기에 법무총장과 국무총리대리를 각각 맡고 있던 신규식과 이동녕이 적극 나선 것은 당연한 일이었다. 그 결과 3월 중순에 황중현(黃中顯)·윤기섭·조완구 등에 의해 협성회 결성 계획이 구체화했다.

협성회는 1921년 4월 24일에 상해현성(上海縣城) 서문 밖 혜령전수여학교(惠靈專修女學校)에서 발회식을 가졌다.[46] 이 모임에서 조완구가 3대

---

43) 국민대표회의를 개최하게 된 직접적인 계기에는 네 가지가 있다. 첫째, 1921년 2월 초 박은식·원세훈(元世勳)·김창숙(金昌淑)·왕삼덕(王三德)·유예균(劉禮均) 등 14인이 발표한 〈我 同胞에게 告함〉이란 선언, 둘째, 북경의 군사통일촉성회를 이은 군사통일주비회의 선언, 셋째, 만주 액목현회의(額穆縣會議)의 결의, 넷째 모스크바에서 열린 극동인민대표회의의 결의 등이 그것이다(김희곤, 《中國關內 韓國獨立運動團體硏究》, 지식산업사, 1995, p.143).

44) 〈我 同胞에게 告함〉 선언에 참여한 발기인은 다음과 같다.
  고일표(高一彪)·김창숙·김강산(金鋼山)·정인교(鄭寅敎)·유진호(柳振昊)·유건혁(柳健爀)·유예균·이민창(李民昌)·박은식·손영직(孫永稷)·안병찬(安秉瓚)·최동오(崔東旿)·왕삼덕·원세훈[국회도서관, 《韓國民族運動史料》(中國篇), 1976, pp.276~278].

45) 국사편찬위원회, 《韓國獨立運動史》 3, 1967, pp.67~70 참조.

강령을 설명했는데, 이것은 3개월 뒤에 열린 연설회에서 밝힌 다음의 3대 강령과 같은 것으로 생각된다.

1. 정부는 절대로 유지할 것.
2. 앞서의 단점을 극복하고 혁신할 것.
3. 군사상의 지식을 함양하고 국가적 독립사업에 의의를 두고 실행할 것.[47]

이 강령은 첫 항에서 임시정부의 유지라는 절대적인 명제를 내걸었다. 이 말은 당시 주변에서 임시정부의 존재 자체를 어렵게 만드는 기류가 형성되어 있었다는 것을 보여준다. 그러므로 '절대 유지'라는 표현은 임시정부가 처한 존립 자체의 위험에 맞서 적극적으로 대처하기 위한 외침이었음을 알 수 있다. 그리고 정부의 혁신에 대한 둘째 항은 박은식 등이 터뜨린 선언에 대한 대응이었다. 임시정부가 한계를 보이며 여러 가지 문제를 노출하고 있음을 인정하면서도, 이를 '정부'라는 이름에 걸맞은 조직체로 혁신시켜 나가겠다는 의지를 표명한 것이다. 끝으로 셋째 항은 북경에서 열린 군사통일촉성회(1920. 9)와 이를 계승하여 역시 같은 곳에서 개최된 군사통일주비회(1921. 4. 24)가 반임시정부적인 자세를 견지하고 있는 상황에서 이들에 대응하고자 하는 것이었다.[48] 비교적 외교

---

46) 《獨立新聞》 1922년 4월 30일자에는 23일에 열린 것으로 기록되어 있다.
47) 金正明, 《朝鮮獨立運動》 2 (東京 : 原書房, 1967), pp.463~464.
   '3대 강령'의 내용은 7월에 발표된 '3대 강령'과 같은 것으로 추정된다. 그런데 이보다 내용이 더 추가된 '4대 강령'이란 자료도 있다. 이것은 협성회원 129명의 서명으로 된 선언서를 통해 발표된 것인데, 그 내용은 "1. 임시정부를 절대로 옹호할 것, 2. 광복의 정신과 協誠主義를 鼓勵할 것, 3. 국세 납입을 勵行할 것, 4. 軍事의 服習을 督進할 것" 등이었다[국회도서관, 《韓國民族運動史料》(3·1運動篇 其一), p.45]. 1항과 4항은 '3대 강령'의 1항과 3항의 앞부분과 동일하고, 2항과 3항은 '3대 강령'의 2항과 3항 뒷부분과 거의 같거나 구체화되었다. 같은 시기에 만들어진 두 강령 가운데 일단 '4대 강령'이 좀더 늦게 나온 것으로 보이지만, 약간의 차이가 일제의 정보수집 과정에서 빚어진 것일 뿐, 두 강령은 사실상 같은 것일 수도 있다.
48) 우연인지 아닌지 확인할 수 없지만, 군사통일주비회가 열렸던 1921년 4월 24일은

에 큰 비중을 두었던 기존의 노선에서 독립전쟁을 염두에 두는 방향으로 방략 수정을 검토하겠다는 뜻을 밝힌 것이다. 신규식도 이러한 구도와 노선 속에서 임시정부를 유지하려 애를 쓰고 있었을 것은 당연하다. 아쉽게도 당시 신규식의 동향을 확실하게 보여주는 자료는 없지만, 이승만이 상해를 떠나가면서 신규식에게 뒤를 부탁한 사실만으로도 신규식이 이승만의 상해 체류 때 정부를 옹호하고 유지하려는 선 위에서 움직이고 있었음을 짐작할 수 있다.

5월이 되면서 신규식은 거의 혼자서 임시정부를 책임져야 하는 상황에 놓이게 되었다. 이승만은 상해를 떠나 하와이로 가기에 앞서 5월 16일에 신규식을 국무총리대리로 임명하였다. 그리고 이승만은 17일자로 상해를 떠나는 이유를 다음과 같이 교서로 발표하였다.

지난 12월에 간신히 상해 도착, 국무원의 내부 결속 기도, 의외로 각원의 사퇴문제로 시일을 多費한지라, 지금에 다행이 각원 제공의 질서가 정돈되었으매 적체된 서무를 점차 집행되기를 바라는 바 본 대통령은 외교상 긴급(밑줄 필자)과 재정상 절박으로 인하여 다시 OO(渡美일 듯—필자)하기를 각원 제공과 협의 내정한지라…… (후략)[49]

이승만이 미국으로 떠난 뒤에도 협성회의 활동은 미미하게나마 존재했던 것으로 보인다. 그해 8월 10일자로 〈太平洋會議에 對한 事實槪論〉이라는 글이 협성회의 이름으로 작성되었다는 사실이 이를 말해준다. 이 글은 태평양회의를 개최하게 된 배경과 미국의 하딩(W. G. Harding) 대통령의 의도, 참가대상 국가들의 정세 등을 자세하게 분석하였다.[50]

'임시정부의 절대 옹호'를 위해 상해에서 협성회가 발회식을 갖고 출범한 날이기도 했다.
49) 《獨立新聞》 1921년 5월 31일자.
50) 우남이승만문서편찬위원회, 《雩南李承晚文書》 東文篇 8, 중앙일보사·연세대 현대한국학연구소, 1998, pp.363~372.

5. 국무총리 취임과 호법정부에 대한 외교활동

이승만이 상해를 떠나기에 바로 앞서 5월 16일자로 신규식을 국무총리대리로 임명함으로써, 신규식은 법무총장과 국무총리대리를 겸직하게 되었다. 뿐만 아니라 열흘 뒤인 5월 26일에 외무총장마저 맡게 됨으로써, 신규식은 정부 안에서 절대권을 장악하게 되었다. 말하자면 이승만이 미국으로 떠나면서 신규식에게 정국을 완전히 일임한 것이다.

그렇다면 이승만이 신규식을 2인자로 임명하게 된 이유를 살펴보아야 할 것이다. 이 문제를 해명해 줄 법한 뚜렷한 자료는 보이지 않는다. 상황만으로 미루어보면, 이승만에게는 별다른 선택의 여지가 없었던 것으로 생각된다. 그가 상해에 도착한 뒤 가장 먼저 국무총리 이동휘가 의견과 노선대립으로 말미암아 임시정부와 결별하였고, 뒤를 이어 안창호가 임시정부에서 이탈하여 국민대표회 소집운동을 주도해 나갔다. 즉 연해주지역과 미주지역을 각각 배경으로 삼았던 대표적 인물 두 사람이 이승만에게서 등을 돌린 것이다. 여기에다가 이동휘의 후임으로 국무총리를 맡은 이동녕마저 체제 개혁문제를 들고 나와 이승만과 부딪치다가 퇴진하고 말았다. 이승만으로서는 이제 내각구성도 힘들게 되었다. 이승만은 상해 정국을 안정시킨 뒤 미국으로 돌아가려 했지만, 사실 어느 것 하나 시원하게 해결하지 못한 채 돌아가야 했다. 가시적인 성과가 없더라도 정국만은 수습해야 했으나, 이승만은 이에 실패했던 것이다.

이승만에게는 연해주나 미주가 아닌 중국 현지의 지원을 받을 수 있는 인물이 필요했을 것이다. 특히 상해의 정서에 맞는 인물이 바람직했는데, 이에 적합한 인물이 바로 신규식이었다. 신규식은 이미 1910년대의 활동을 통해 중국혁명인사들과 긴밀한 관계를 형성하고 있었고, 곳곳의 학교에 청년들을 파견하여 인재로서 양성하고 있었으며, 더구나 이승만이 상해에 머무는 동안 줄곧 정부 옹호와 유지라는 태도를 고수해왔기 때문이다. 여기에 이승만 자신이 태평양회의에 참가한다는 계획을 세우고 있었던 만큼, 태평양회의를 통해 중국과 공동전선을 이끌어내기 위해서는 단연 신규식을 활용하지 않을 수 없었을 것이다.

한편 신규식도 이승만의 임명을 받아들일 만한 나름의 이유가 있었을 것이다. 뒤를 받쳐줄 중국 인사들과 자신이 동제사를 통해 길러낸 청년들의 지원, 1921년 4월에 광동에서 호법정부가 수립되고 손문이 5월에 비상총통에 취임한 중국의 상황을 외교적 배경으로 삼을 수 있다는 자신감, 여기에 이승만이 기대하고 있는 태평양회의에 손문과 공동전선을 형성할 수 있으리라는 고려에 이르기까지, 신규식은 자신의 가능성들을 복합적으로 계산했을 것으로 생각된다. 이승만은 상해를 떠날 때 '외교상 긴급'이란 것을 중요한 이유로 내세웠는데, 이것이 바로 태평양회의에 대한 대응을 염두에 둔 것이라 생각된다. 특히 신규식과 이승만 사이에 사전 논의가 있었다는 사실이 자료에서 확인된다. 구체적으로 신규식이 1921년 9월 30일자로 이승만에게 보낸 보고문에서 이를 발견할 수 있다.

　　각하의 <u>渡美하시기 前에 已爲 內命하신</u>(밑줄 필자) 바에 의하야 9월 22일 국무회의에서 本職을 廣東(中華民國)에 派遣하는 특사로 임명하기로 결정되야……(후략)[51]

신규식은 독립을 달성하는 데 외교방략이 갖는 중요성에 대해 일찌감치 눈을 뜬 선구자였다. 망명하자마자 그는 중국혁명인사들과 교유관계를 형성하면서 외교활동의 바탕을 형성하였고, 원세개(袁世凱) 정부와는 신한혁명당 결성을 통해 교섭에 나섰으며, 만국사회당대회가 열리자 조선사회당의 명의로 한국의 독립을 국제문제로 부각시켜 해결하고자 노력했다. 그리고 제1차 세계대전을 마무리하기 위해 열린 파리강화회의에

---

51) 〈국무총리대리법무총장 신규식이 임시대통령 이승만에게 보낸 보고〉(國務院呈文 28號, 대한민국 3년 9월 30일), 우남이승만문서편찬위원회, 《雩南李承晩文書》 東文篇 6, 중앙일보사·연세대 현대한국학연구소, 1998, p.409.

신한청년당이 대표를 파견하여 외교활동을 전개하는 것을 지휘하거나 지원한 사실도 같은 맥락에서 바라볼 수 있다. 이러한 바탕 위에서 신규식은 태평양회의에 맞추어 외교활동에 나선 것이다.

태평양회의에 대해서도 신규식과 이승만 사이에 이미 이승만의 도미(渡美) 이전에 교감과 조율이 있었음은 당연하다. 많은 자료 가운데 대표적인 것 두 가지만 검토해 본다. 우선 이승만은 상해를 떠나면서 발표한 〈諭告〉를 통하여 여러 정책들을 제시하였는데, 그 안에는 외교에 관한 것들도 언급되어 있다. 이승만은 "中華南北政府에 위원을 派送하여 外交事宜를 管掌케하며 各省에도 系統的으로 聯絡交涉을 施할지며"[52]라고 하여, 광동 및 북경과 외교관계를 펼쳐나가야 함을 밝혔다.

다음으로 신규식은 광동행에 나서기에 앞서 이승만에게 보낸 글에서, 이승만의 도미 이전에 논의한 것처럼 태평양회의에 광동정부 대표가 파견될 경우 그 대표와의 협조를 이끌어내겠다는 전략을 밝혔다.

廣東政府를 內容으로 承認하야 我國政府와 因緣을 結하며 各界要人으로 接洽聯絡하고 今番 太平洋會議에 廣東政府의 代表派遣이 尙今未定이오나 萬一 派遣케 되면 그 代表에게 豫先 約束하야 我國問題를 회의에 제출케 하고 盡力幇助케 하도록 하기 爲함.[53]

이승만이 도미한 뒤에 두 사람은 공함(公函)을 주고받으며 추진과정을 논의하고 대책을 마련해 나갔다. 신규식은 이 태평양회의를 좋은 기회로 판단하고 이시영·이동녕 등과 더불어 대책을 협의하는 한편, 정부 대표단을 파견하여 대한민국의 〈要求書〉를 제출하는 등 적극적인 외교정책

52) 〈諭告〉, 우남이승만문서편찬위원회, 《雩南李承晩文書》東文篇 6, 중앙일보사·연세대 현대한국학연구소, 1998, p.65.
53) 〈국무총리대리법무총장 신규식이 임시대통령 이승만에게 보낸 보고〉(國務院呈文 28號, 대한민국 3년 9월 30일), 우남이승만문서편찬위원회, 《雩南李承晩文書》東文篇 6, 중앙일보사·연세대 현대한국학연구소, 1998, p.410.

을 폈다. 이승만이 상해를 떠난 사실에 대해 비난이 집중되었지만, 태평
양회의에 대한 논의가 일어나자 임시정부를 둘러싼 불협화음은 일단 잦
아들었다. 임시정부뿐만 아니라 정부에 거리를 두던 인물들도 태평양회
의외교후원회 결성에 참여하였고, 이를 활성화하고자 임시의정원 의장
홍진(洪鎭)이 주최하고 안창호가 연설을 맡은 연설회가 백이로(白爾路)
439호에 위치한 교민단 공회당에서 열렸다.[54] 그 결과, 태평양회의에 참
가한 열국이 동양평화의 근본문제인 대한의 독립을 완전히 승인할 것을
요구하고, 각지의 동포와 단체가 연결하여 일치단결 선전활동에 나서며,
이를 재정적으로 후원한다는 결의 내용을 포함한 〈宣言書〉를 태평양회
의외교후원회간사장 홍진의 명의로 도출해 냈다.[55] 만약 이것이 이승만
과 신규식의 계산된 의도였다면, 일단 정국안정이라는 면에서는 성공적
인 것이었다고 평가할 만하다.

한편 임시정부는 태평양회의외교후원회와 협의하여 각 방면의 외교활
동을 분담시켰는데, 신규식은 신익희(申翼熙)와 함께 중국남방을 담당하
는 책임자가 되었다.[56] 신규식은 이승만을 태평양회의에 참가할 대표장
으로, 서재필을 출석대표로 각각 결정했다는 공문을 내고, 이 회의에 제
출할 〈요구서〉를 요령·서언·조건·이유·결론 등으로 작성하였으니
이를 영문으로 번역하여 제출해달라고 이승만에게 주문하였다.[57] 이승

---

54) 〈연설회 개최 통지문〉·〈태평양회의에 외교후원회 간사회 조직〉·〈태평양회의에 대
   한 외교후원회 규칙〉, 〈특별 대연설회 개최 통지문〉, 우남이승만문서편찬위원회, 《雩
   南李承晩文書》東文篇 8, 중앙일보사·연세대 현대한국학연구소, 1998, pp.373~377,
   p.386.
55) 〈宣言書〉, 우남이승만문서편찬위원회, 《雩南李承晩文書》東文篇 8, 중앙일보사·
   연세대 현대한국학연구소, 1998, pp.387~389.
56) 〈朝鮮治安狀況〉, 독립운동사편찬위원회, 《獨立運動史資料集》7, 1973, pp.486~487.
57) 〈국무총리대리법무총장 신규식이 임시대통령 이승만에게 보내는 보고〉(國務院로
   文27號, 1921. 9. 8), 우남이승만문서편찬위원회, 《雩南李承晩文書》東文篇 6, 중앙
   일보사·연세대 현대한국학연구소, 1998, pp.362~364 ; 대한민국국무총리대리외무
   총장 신규식 명의, 〈此書類를 接覽하는 衆位에게 宣함〉(대한민국 3년 9월 29일),
   같은 책, pp.431~432.

만도 미국에서 9월 9일자로 국무원과 신규식에게 보낸 공함에서 "태평양
대회는 吾族의 莫大한 기회라. 마땅히 극력 이용해야" 한다고 주장하면
서, 자신이 워싱턴대회에 참가권을 요구할 것이며 조선이 독립국이라는
사실을 확실하게 보여주겠다는 굳은 의지를 나타냈다.[58] 1921년 10월에
신규식이 임시정부의 친선전권대사 자격으로 임시정부에 대한 정식 승
인과 독립운동에 대한 지원을 획득하고자 손문의 호법정부에 급파된 것
도 바로 이러한 차원에서 펼쳐진 활동이었던 것이다.[59]

　신규식은 본격적인 외교활동을 위해 광동으로 떠나기 전, 중국과 일본
의 각계 인사들에게 보내는 글을 발표하여 선전작업에 들어갔다. 우선
중국인사들에 대해서는 '대한민국임시정부 국무총리대리외무총장 신규
식'의 이름으로 〈大韓民國臨時政府敬告中華民國各界諸君子書〉를 발표하
고 발송하였다. 그는 이 글에서 중국의 여러 인사들이 한국의 독립을 적
극 도와야하는 네 가지 근거를 제시하였다. 즉 중국의 역사적 인도주의,
세계대전의 재발을 막아낼 세계평화, 청일전쟁 이래 약속된 국제신의, 순
치관계(脣齒關係)를 가진 양국의 정세 등이 그것인데, 결론적으로 태평양
회의에 중국대표를 파견하고 한국의 독립 문제를 제기하여 세계의 공판
(公判)을 이끌어 내줄 것을 당부하였다.[60]

　이어서 신규식은 일본의 각 법률단체에 다음과 같은 요지의 통고서를
보냈다.

　우리나라를 욕심낸 나라는 귀국이다. 지금 태평양회의를 앞두고 본국에
서는 대회에 대표를 파견하려 한다. 귀국은 국제조약에 따라 대회에서 한국

---

58) 〈國務院僉位鈞照, 睨觀仁兄鈞鑑, 尊函第一號를 接하야〉, 우남이승만문서편
　　찬위원회, 《雩南李承晩文書》東文篇 6, 중앙일보사·연세대 현대한국학연구
　　소, 1998, pp.86~88.
59) 강영심, 〈申圭植의 생애와 독립운동〉, 《한국독립운동사연구》1, p.247.
60) 〈大韓民國臨時政府敬告中華民國各界諸君子書〉, 우남이승만문서편찬위원회, 《雩南
　　李承晩文書》東文篇 6, 중앙일보사·연세대 현대한국학연구소, 1998, pp.420~424.

의 독립문제를 제출하여 주기를 바란다. 이 문제는 귀국의 자구책 가운데
상책이다. 발칸문제 때문에 유럽전쟁이 일어났듯이 지금 귀국의 지위가 바
로 서방의 발칸사정과 똑같다. 때문에 동아전쟁이 일단 발동되면 귀국은 그
어느 나라보다 먼저 참여할 것이 조금도 의심되지 않는다. 본국 문제가 토
의될 것을 희망하며 귀 정부를 재촉하기를 바란다. 이것은 귀국을 위한 자
구책이며 양국을 위한 일이다.[61]

　　주장의 요지는 한국의 독립 없이 동아시아의 평화를 일구어낼 수 없으
니, 이를 해결하기 위해 일본 법률단체가 나서서 일본정부로 하여금 이
문제를 태평양회의에 제출하고 해결하도록 압력을 넣어야 한다는 것이
다. 이 사실이 보도된 시기가 1921년 10월 5일이므로, 통고서는 대개 9월
말이나 10월 초에 일본으로 발송되었을 것이라 짐작된다. 그리고 바로 이
무렵, 신규식은 광동으로 출발한 것으로 보인다.

　　임시정부의 국무총리대리 겸 외무총장으로서, 또 특사로서 신규식은
광동행에 올랐다. 10월 초순 어느 새벽, 신규식은 민필호(閔弼鎬)를 대동
하고 애산부두(涯山埠頭)에서 1만 톤급의 프랑스 우편선 스니엘호(S.
Sniel)를 타고 출발하였고, 이틀 뒤 홍콩에 도착하였다.[62] 신규식은 다음
날에 운남(雲南)의 주요 인물인 당계요(唐繼堯)를 만나서, 그가 운남에
돌아가면 한국을 위해 최소한 2개 사단의 군관인재들을 양성하여 한국의
혁명을 원조하고 또 중불은행(中佛銀行)의 예금문제가 해결될 경우 10만
원을 찬조한다는 약속을 받아내기도 하였다.[63] 그날 오후에 광동에 도착

---

61)《申報》1921년 10월 5일자.
62) 지금까지 신규식의 광동행 시기는 민필호가 1940년대에 중경(重慶)에서 쓴〈韓中
　　外交史話〉에 근거하여 10월 26일 이후라고 이해되어 왔다. 그런데 최근에 알려진
　　자료인《廣東群報》1921년 10월 18일자에서는 신규식이 광동에서 중국혁명인사들
　　에게 연일 환영을 받고 있는 것으로 보도되고 있다. 따라서 신규식의 광동 방문시
　　기나 손문 면담시기는 모두〈韓中外交史話〉의 기록보다 20일 정도 앞서는 것으로
　　생각된다.

한 신규식은 다음 날에 대통령 관부(官府)와 각 부회 및 친지를 방문하고, 총통부 비서장 호한민, 대리원장 서겸(徐謙), 내무부장 여지이[呂志伊 ; 천민(天民)] 등과 만나 광동에 온 목적을 밝혔다. 당시 광동의 각 신문은 "한국특사 신규식 씨가 來廣하여 우리 당국과의 협상이 매우 융화하였으며 全廣東은 기뻐 경축한다"고 보도하였다.64)

10월 중순에 신규식은 민필호를 대동하고 손문을 만났다. 관음산(觀音山) 아래에 있던 비상총통부를 방문한 다음, 외교부에 들러 국제관례에 따라 절차를 밟았다.65) 신규식은 그곳에서 호한민(호법정부 손문 대총통 비서장)·오정방(伍廷芳 ; 호법정부 외교부장) 등을 만난 뒤, 관음산 중턱에 자리 잡은 대총통관저를 방문하여 대총통 손문을 만났다.66) 그 자리에서 신규식은 다음과 같은 〈互惠條約 五款〉을 제시하고 설명하였다.

1. 대한민국임시정부는 護法政府를 중국 정통의 정부로 승인함. 아울러
   그 元首와 국권을 존중함.
2. 大中華民國 호법정부가 대한민국임시정부를 승인할 것을 요청함.
3. 한국 학생의 中華民國 軍官學校 수용을 허가하기를 요청함.
4. 차관 5백만 원을 요청함.
5. 租借地帶를 허락하여 한국독립군 양성에 도움이 되게 하기를 요청
   함.67)

---

63) 민필호, 〈韓中外交史話〉, 김준엽 엮음, 《石麟 閔弼鎬傳》, 나남출판, 1995, p.224.
   당계요는 운남강무당(군관학교)에 한인학생 50여 명을 졸업시킴으로써 군관인재들
   을 양성하겠다는 약속을 지켰지만, 상해 중불은행이 파산함에 따라 예금을 찾지 못
   하면서 경제적으로 지원한다는 약속까지는 이행하지 못했다.
64) 민필호, 〈韓中外交史話〉, 김준엽 엮음, 《石麟 閔弼鎬傳》, 나남출판, 1995, p.230.
65) 민필호, 〈韓中外交史話〉, 김준엽 엮음, 《石麟 閔弼鎬傳》, 나남출판, 1995, p.231.
66) 관음산은 현재 월수공원(粤秀公園)으로 가꾸어져 있고, 중턱에 있던 손문의 관저
   자리에 '孫先生讀書治事處'라는 기념비가 세워져 있다.
67) 민필호, 〈韓中外交史話〉, 김준엽 엮음, 《石麟 閔弼鎬傳》, 나남출판, 1995, p.232.

제1·2항은 상호 승인을 요구한 것이고, 제3항은 한국학생의 군사간부 육성을 도와달라는 것이며, 제4·5항은 경제적 지원과 근거지 제공을 부탁한 것이었다. 이에 대해 손문은 신규식의 요구가 매우 당연한 일이지만 이를 실현하기에는 다소 시일이 필요하다고 답하였다. 왜냐하면 손문이 이끄는 호법정부 자체가 아직 광동성이라는 하나의 성(省)만 장악하고 있어 자신들도 타국의 승인을 얻지 못하는 형편이었고, 그만큼 활동영역이나 재정 면에서 전혀 여유가 없었기 때문이다. 그래서 손문은 이와 같은 사정을 하나씩 설명한 뒤, 대신 한인 청년에 대한 군사교육에 관해서는 "군관학교에 귀국 자제를 전부 수용하여야 한다고 명령을 전달하겠다. 租借地를 가지고 군사를 훈련시켜 혁명의 근거지로 삼는다는 데 대하여 나는 북방이 가장 적합하다고 인정하지만, 호법정부의 역량으로는 아직 도달치 못하고 있으니 (중략) 일체의 실력 원조는 북벌계획이 완성됨을 기다린 후 시기가 오면 全力으로 한국 광복운동을 원조하겠다"고 답함으로써, 가능한 부분부터 실천에 옮긴다는 의지를 표명하였다.[68]

신규식의 노력이 있었음에도 상호 승인 문제는 형식과 실제라는 측면에서 약간의 문제를 드러냈다. 형식적으로 완전히 상호 승인이 이루어지려면 양 국가의 의회 승인 절차를 거쳐야 하는데, 쌍방이 이를 마치지 못했기 때문이다. 그렇지만 실제로는 상호 승인을 달성했다고 해도 과언이 아니다. 그 첫째 이유는 비록 '정부 승인'은 아닐지라도 이를 찬성하는 손문의 의지가 광동국회에서 '한국독립승인안'을 상정하고 통과시켰다는 점이다.[69] 둘째 이유는 신규식이 손문에게서 공식적인 외교관계 성립을 상징하는 공식접견의 기회를 받아냈다는 점이다. 마침 10월 말경에 광주(廣州)의 동교장(東較場)에서 열린 호법정부의 북벌서사전례식(北伐誓師典禮式)에 신규식이 임시정부의 대표자격으로 참석하여 정식 외교절

68) 민필호, 〈韓中外交史話〉, 김준엽 엮음, 《石麟 閔弼鎬傳》, 나남출판, 1995, p.238.
69) 《獨立新聞》 1921년 12월 6일자.

차에 따라 대총통을 접견하는 의식을 가졌던 것이다.[70] 그리고 셋째 이
유는 임시정부가 1922년 2월에 외무부 외사국장 박찬익(朴贊翊)을 광동
주재 임시정부 대표로 파견하여 외교업무를 관장하게 하였는데,[71] 호법
정부에 주차(駐箚)하는 동안 호법정부로부터 경비로 매월 호양(毫洋 ; 광
동 화폐) 5백 원(元)씩, 6개월에 걸쳐 원조를 받았다는 점이다.[72]

이와 같은 외교적 성과는 임시정부가 소련에 이어 두 번째로 성립시
킨 공식적인 외교관계라는 점에서 중요한 의의를 가진다. 그리고 이러한
성과를 거둘 수 있었던 배경은 신규식이 임시정부 수립 이전부터 손문을
비롯한 중국혁명지사들과 교류하며 협력관계를 마련해 놓은 데 있었
다.[73] 따라서 상호 승인 문제에 대해 양측은 정확한 의미에서 볼 때 모
두 합법성을 결여하고 있지만, 일종의 '사실상의 승인'을 일구어낸 것으
로 평가할 수 있다.[74]

또한 신규식은 손문에게 태평양회의에 대해 공동으로 대처하자고 제
안하였다. 즉 이미 임시정부가 파리와 워싱턴에 구미위원부(歐美委員部)
를 설립하고 범태평양회의에도 대표를 파견하여 선전에 노력하고 있으
니, 호법정부도 그들의 대표에게 한국대표와 호응하도록 훈령을 내려달
라고 요구하였던 것이다. 이에 대해 손문은 태평양회의가 가지는 한계를
지적하면서도 호법정부 대표에게 훈령을 내려 양국 대표의 협조를 이끌
어내자는 데 신규식과 합의하였다.[75]

---

70) 동교장은 현재 광동성 체육장으로 사용되고 있다.
71) 강영심, 〈申圭植의 생애와 독립운동〉,《한국독립운동사연구》1, p.247.
72) 민필호, 〈韓國獨立運動에 協助한 中國人士〉, 김준엽 엮음,《石麟 閔弼鎬傳》, 나남
　　출판, 1995, p.146.
73) 강영심, 〈申圭植의 생애와 독립운동〉,《한국독립운동사연구》1, p.247.
74) 배경한, 〈孫文과 上海韓國臨時政府—申圭植의 廣州訪問(1921년 9～10월)과 廣東
　　護法政府의 韓國臨時政府 承認問題를 中心으로〉,《東洋史學硏究》56, 1996, p.109.
75) 민필호, 〈韓中外交史話〉, 김준엽 엮음,《石麟 閔弼鎬傳》, 나남출판, 1995, p.237,
　　239.
　　호법정부는 당시 중국북방정부가 태평양회의에 대표를 파견하자 이를 부정하고
　　북방대표 승인을 중국의 내정간섭으로 규정하면서, 열강의 이권과 일본의 21개조

태평양회의에 대한 두 정부 사이의 협조 약속은 당장 광동지역에서 실천으로 나타나기 시작하였다. 광주의 중한협회(中韓協會)가 "華盛頓에서 열리는 태평양회의에 대하여 한·중에 대한 요구조건을 전보로 제출하기로 결정"한 것이다.[76) 이어서 이 협회는 한국과 중국에 대한 일체 비밀조약 및 강박조약(한국에 대한 을사조약과 합병조약, 21개조 산동문제 등)이 무효임을 주장하고 한국 독립과 중국영토의 완전 담보를 약속한 마관조약(馬關條約)의 완전 이행을 촉구하는 선언을 발표하였다.[77)

신규식이 호법정부를 방문하는 동안, 광동의 신문도 그에 대해 호감을 갖고 보도하였다. 대표적으로 《廣東群報》가 〈政府對付韓使之態度〉라는 제목 아래 신규식의 방문을 자세하게 보도한 것을 들 수 있다. 글머리만 보아도 호법정부 요인들이 신규식에 대해 극진하게 대하고 있음을 알 수 있다.

우리 신정부가 그를 접대하는 데 정부 각 요인이 비록 국제관례에 따라 아직 정식으로 접견할 수 없지만 申君이 다년간 함께 고생한 사람이라 만약 형세에 구애된다면 매우 편치 않을 것이라. 특별히 사사로이 정을 나누고 여러 차례 만나기를 청하니 大理院長 徐季龍 등의 요인들이 연일 老友로서의 정을 나누고 연회를 열어 환영하고 있다.[78)

에 대한 불인정을 선언하였다(《獨立新聞》 1921년 12월 6일자).

76) 《獨立新聞》 1921년 11월 11일자. 1921년 9월 안휘성(安徽省) 의원인 정상겸(丁象謙), 북경에서 남하한 국회의원 사영백(謝英伯)·주념조(朱念祖)·고진소(高振宵)·장계영(張啓榮)·엽하성(葉夏聲), 호법정부 사법부장 서겸 등은 한인 김천정(金擅庭)·김희담(金熙譚)·박화우(朴化祐)·손사민(孫士敏) 등과 함께 광주에서 중한협회를 결성하였다[국회도서관, 《韓國民族運動史料》(三·一運動篇 其二), 1977, p.634]. 9월 27일에 중한협회는 선언을 발표하고 중국과 한국의 제휴와 호조(互助) 등을 주장하였다(《在上海共産黨首領呂運亨取調狀況に關する件》, 《日本外務省特殊調査文書》 26, 1989, p.454).

77) 《獨立新聞》 1921년 11월 19일자.

78) 《廣東群報》 1921년 10월 18일자(재광동일본총영사가 외무대신에게 보낸 보고에 스크랩된 기사).

이 글은 신규식이 손문을 만나는 장면 또한 보도하면서, 특히 신규식의 발언을 다음과 같이 자세하게 표현하였다.

申君이 首座(손문—필자)를 알현하매 頌詞를 아뢰니 그 정의가 진지하다. 대개 그 내용은 "한국이 회복독립을 선포하고 공화정부를 改建하였으니 국체가 귀국과 같습니다. 이후 일체를 귀국이 찬조해 줄 것으로 믿고 그것이 이루어질 것을 낙관합니다. 규식이 총통의 내리 사랑을 입은 지 10년에 각하께서 하늘을 슬퍼하고 국민을 애틋하게 여기며 길이 大同에 있음을 깊이 알게 되었고, 이제 중화를 안정되게 지키며 大局을 주지하며 새로운 국면을 이끄시니 더 이상 기쁠 수가 없습니다. 삼가 각하께서 이웃이 스스로 구할 수 있도록 더욱 새겨주시길 바랍니다. 동아화평이 이에 영원히 보존되기를 실로 본국정부와 2천 만 인민이 기도하는 바입니다."

호법정부의 극진한 대우는 신규식의 병환에 대한 태도에서도 드러났다. 신규식이 과로로 말미암아 불면증에 걸려 광주 도미의원(韜美醫院)에 입원하였을 때, 손문 총통은 호양 천 원을 치료비로 보내주었고, 또 호법정부 대리원(大理院) 원장 서겸과 총통부 비서장 사지(謝持 ; 호한민)로 하여금 문병하도록 하였다.[79]

호법정부와 외교활동을 펼친 뒤, 신규식은 광동에 주재하고 있던 각국의 외교관들에게 한국 문제를 알리는 데 힘을 쏟았다. 그는 의사인 이성요(李聖耀)에게 프랑스어 통역을 맡기고 광동시내 사면(沙面)지역에 주재하는 각국 영사관을 방문하여 한국의 독립 문제를 선전하였다. 또 1921년 12월 22일에는 신신(新新)호텔에 각국의 영사들을 초청하였는데, 이 자리에는 미국·프랑스 영사 및 총통부 내빈 등 60여 명이 참석하였다. 이때 신규식은 중국어로 연설하였으니, 3·1운동의 경과와 각지 운동 근황, 중

---

79) 민필호, 〈韓國獨立運動에 協助한 中國人士〉, 김준엽 엮음, 《石麟 閔弼鎬傳》, 나남출판, 1995, p.146.

국호법정부가 한국임시정부를 정식으로 승인한 경과를 설명한 다음, 이에 열국이 한국독립운동에 대해 가일층 원조하고 지도해 주기를 희망한다고 부탁하였다.[80] 이어 프랑스 영사와 미국 영사가 각각 축사를 하였다. 이 행사를 끝으로 신규식은 광동에서의 활동을 마무리하고, 1921년 12월 25일 아침에 광동을 출발하여 상해 직행 기선으로 돌아왔다.[81]

신규식의 외교활동은 호법정부의 '사실상 승인'을 획득하였고, 호법정부가 북벌(北伐)을 이루어 가는 과정에서 임시정부에 대한 지원을 늘려 가겠다는 확약을 받아내었다. 또 태평양회의에 대해 공동으로 대처한다는 태도에도 호법정부와 합의하였다. 그러한 점에서 신규식의 광동행은 상당한 성과를 거둔 것이라 평가할 만하다. 결국 이승만과 사전 조율을 거친 이러한 외교활동을 통해 태평양회의에 대한 임시정부의 외교활동에서 임시정부가 본부로서 기능하게 되었고, 이승만 대통령이 회의장소로 전진 배치될 수 있었으며, 신규식이 호법정부와 공동전선을 형성할 수 있었던 것이다.

그러나 기대가 큰 활동일수록 그 결과에 따른 영향 또한 클 수밖에 없다. 정부 차원에서 가능한 외교수단을 총동원하여 활동을 폈지만, 태평양회의가 기대한 것과 전혀 동떨어진 방향으로 끝나버리면서 임시정부는 안팎으로 큰 시련에 부딪히게 되었다. 태평양회의 전후로 잠시 소강상태를 보이던 국민대표회 추진운동이 다시 점화되었고, 신규식 내각은 외교적인 실패 등을 이유로 그해 3월에 노백린(盧伯麟) 군무총장을 제외한 국무원 전원이 총사퇴를 결의하였다.[82] 개인 차원이었든 국무총리대리 차원이었든 신규식이 겪어야 하는 고통은 너무나 큰 것이었다. 그가 마지막으로 던진 일생일대의 승부수가 무너지는 순간이었던 것이다.

---

80) 민필호, 〈韓中外交史話〉, 김준엽 엮음, 《石麟 閔弼鎬傳》, 나남출판, 1995, p.255.
81) 민필호, 〈韓中外交史話〉, 김준엽 엮음, 《石麟 閔弼鎬傳》, 나남출판, 1995, p.256.
82) 국회도서관, 《大韓民國臨時議政院文書》, 1974, pp.137~138 ; 강영심, 〈申圭植의 생애와 독립운동〉, 《한국독립운동사연구》 1, p.247.

6. 순 국

1922년 이후 임시정부는 급격하게 위축되기 시작하였다. 이승만은 상해에 체류하면서도 사태를 전혀 수습하지 못했고, 뒤처리를 신규식이 도맡다시피 하는 형국이 되었다. 다만 1922년 2월에 열린 태평양회의 문제로 중국 호법정부와 공동전선을 펴고 이와 관련하여 이승만이 미국에서 활약하는 동안, 임시정부는 잠시나마 평온한 상태를 유지할 수 있었다. 그렇지만 태평양회의가 아무런 결실을 가져다주지 못하자, 임시정부는 사실상 무정부상태에 빠져들게 되었다. 제10회 임시의정원회의에서 국민대표회의에 대한 인민청원안이 통과되고, 대통령 이승만에 대한 불신임 결의가 터져 나온 것이다. 신규식은 이러한 임시정부의 분열상태를 비관하여 5~6월경부터 심장병과 신경쇠약으로 병석에 누워야 했고, 오래 지나지 않아 중태에 빠졌다.[83] 그러다가 9월 25일 밤 9시 반, 신규식은 상해 애인리(愛仁里) 31호에서 끝내 순국하였다.[84] 그는 이미 자신의 병을 되돌리기 어렵다고 판단하고서 음식과 약을 끊었고, 임시정부의 처지를 비관하여 입을 닫았다. 신규식이 입을 닫기 전에 남긴 말 속에는 혼신의 힘을 쏟았으나 좋은 결실을 맺지 못하고 떠나는 데 대한 한스러움이 배어 있었다. 그러면서도 그는 임시정부를 중심으로 독립을 이루어야 한다는 부탁을 남기고 있었다.

"나는 아무 죄도 없습니다. 나는 아무 죄도 없습니다. 그럼 잘 있으시오! 친구분들 나는 가겠소. 여러분들. 임시정부를 잘 간직하시고 삼천 만 동포를 위해 진력해 주시오. 나는 가겠소. 나는 아무 죄도 없습니다." 그 후부터 줄곧 절식하고 다시는 말을 하지 않았다.[85]

---

83) 《獨立新聞》 1922년 7월 8일자.
84) 《獨立新聞》 1922년 9월 30일자.
85) 민필호, 〈申圭植先生傳記〉, 김준엽 엮음, 《石麟 閔弼鎬傳》, 1995, p.319.

중국의 신문인《申報》는 신규식의 죽음에 대하여 다음과 같이 보도하였다.

　대한민국임시정부 신규식 총리가 지난 4월부터 몸이 불편하여 신경쇠약증에 걸렸는데도, 국사에 대해 너무 마음을 아파한 나머지 병세가 호전되지 않고 있었는데, 건강으로 인해 더 이상 나라를 위하여 일을 할 수 없음을 알게 되자 더 이상 살 의미가 없다면서 의사가 권하는 약도 쓰지 않았고, 이달 1일부터는 아예 모든 음식까지 전폐하였다. 그는 음식도 전폐하고 약도 전폐하며 말도 전폐하겠다고 선포하였다. 이렇게 20여 일을 지속하다가 어젯밤 9시에 거처하던 집에서 작고하였다.[86]

　이 기사는 신규식의 병환이 임시정부의 형세에 따라 더욱 깊어졌고 또 그것 때문에 신규식 자신이 생명을 유지해 나갈 의미를 상실했다는 점, 그리고 9월 1일부터 스스로 식음을 전폐한 채 말도 하지 않겠다고 선언했다는 사실을 전해주고 있다. 이 기사 내용은 신규식의 죽음이 표면적으로 병사(病死)이기는 하지만, 사실상 '자결순국'(自決殉國)이라고 평가한 것으로 보인다. 혼절한 상태에서 그가 마지막 숨을 거두면서 내뱉은 말이 "정부, 정부"였다고 전해지는 것도 같은 맥락에서 이해된다.

　순국 당시 신규식은 43세(만 42세)였고, 자녀로 1남 1녀를 남겼다. 장례는 1922년 10월 3일 오후 2시에 치러졌다. 상해 복조로(福照路) 애인리 31호에 자리했던 그의 유택에서 고결식(告訣式)을 행하고 발인하였고, 서가회 만국공묘(徐家匯萬國公墓)에 이르러 추도식을 거행한 후 입장(入葬)하였다. 추도식에서는 교민단장 여운형(呂運亨)이 식사(式辭)를 하였고, 조완구가 신규식의 생애를 소개하였으며, 상해 중국인청년회 평민교육부장 장계민(張啓民)과 임시정부의 홍진이 각각 추도사를 낭독했다.

---

86)《申報》1922년 9월 27일자.

그 자리에 중국 호법정부 손문 총통을 비롯한 많은 인사들의 부의(賻儀)와 조사(弔詞)가 전달되었다.[87]

7. 맺 음 말

신규식은 임시정부가 상해에 자리 잡을 수 있는 교두보를 확보하는 데 앞장섰던 인물이자 임시정부 수립 초기에 주도적으로 활동하였던 핵심 세력 가운데 한 사람이다. 임시정부가 수립될 때부터 자신이 서거할 때까지 약 3년 반 동안 신규식은 임시정부와 관계를 갖고 활동하였다. 그는 1919년 4월 20일부터 두 달 보름 동안 의정원 의원과 부의장을 역임하였고, 10월부터 1920년 3월까지 반년에 걸쳐 법무총장을 맡았으며, 그해 10월부터 1922년 3월까지는 법무총장에 이어 국무총리대리 겸 외무총장까지 도맡게 되었다. 햇수로는 3년 반이나 되지만, 실제로 활동한 시간은 겨우 2년 남짓에 불과했던 셈이다.

임시정부가 상해에 정착하는 데 크게 기여했던 신규식이었지만, 정작 정부 수립과정에서는 핵심부에서 약간 비켜나 있었다. 그것이 그의 신병 문제에 말미암았다는 정도 외에는 밝힐 만한 자료가 없는데, 다만 그가 특정한 문제로 불만이 컸다는 사실만은 확인된 셈이다. 이동휘-안창호를 축으로 하면서 사실상 안창호 중심체제로 운영되던 임시정부는 이승만이 상해에 체류하면서 흔들리게 되었고, 이승만은 끝내 이를 수습하지 못했다. 요동치는 상황이 지속되던 바로 이때, 신규식은 임시정부를 지켜 나가는 핵심부로 들어서게 되었다. 신규식은 협성회 등 임시정부를 옹호하고 유지하고자 하는 노선을 적극 지지하면서 이승만의 도미 후 그 뒷감당까지 맡게 된 것이다.

---

87) 《獨立新聞》 1922년 10월 12일자.

법무총장에다가 국무총리대리 겸 외무총장이라는 임시정부의 핵심이
자 중책의 다수를 맡게 된 것에 대해, 신규식이 자신을 지명한 이승만과
사전 교감을 가졌으리라는 것은 더 이상 재론할 여지가 없다. 이승만으
로서는 중국 현지의 배경세력을 등에 업고 당시 호법정부의 수립과 손문
의 등극이라는 날개를 얻은 신규식을 신임한 것인데, 이러한 결정이 바
깥으로는 태평양회의에 대한 외교활동에 도움이 되리라고 본 것이다. 신
규식도 1910년대 이후 자신이 뿌려놓은 씨앗의 결실, 특히 광동 호법정
부와 손문의 존재를 활용할 수 있다는 점이 큰 힘으로 여겨졌을 것이다.
호법정부에 대한 신규식의 외교활동은 눈부신 것이었다고 평가할 수 있
다. 일찍부터 국제적 감각을 익힌 그는 손문에 커다란 기대를 걸고 있었
다. 호법정부와 태평양회의를 연결시키고자 하는 그의 계획과 실천은 일
생일대의 승부수였던 셈이다. 그러한 상황에서 태평양회의가 실망만을
가져다 준 점은 그의 신병을 최악의 상태로 몰아가기에 충분하였다.

　신규식이 《震壇》을 발간한 목적은 한국의 독립운동 상황을 주로 중국
혁명가들에게 알리고, 이를 통해 그들의 지원을 확보하고자 하는 데 있
었다. 신규식 자신이 혁명가들과 확보해 둔 관계를 자원으로 삼아 임시
정부와 접목시키는 것이 주요 추진방향이었고, 이를 위한 수단으로서
《震壇》이라는 잡지를 발간한 것으로 이해된다.

　한편 신규식은 대종교 활동에도 남다른 열의를 보였다. 1910년대 상해
지역의 독립운동은 대종교를 중심으로 전개되었으나, 임시정부가 수립되
고 그 직후에 국내에서 기독교인들이 대거 망명하면서 대종교의 교세는
흔들리는 듯했다. 즉 대종교 활동도 갈등의 소지가 전혀 없는 것이 아니
었던 것이다. 그렇지만 민족을 상위개념으로, 독립을 근본 목적으로 각각
삼았던 상황이었기 때문에, 독립운동계는 종교적 갈등을 겪는 대신 조국
의 광복과 민족의 구원을 기원하는 하나의 광장에 합류할 수 있었다. 신
규식은 자신이 주도하여 어천절 행사를 성황리에 개최함으로써 자신의
능력과 영향력을 입증했다. 특히 그가 서거한 이후에 그 행사 자체가 급

격히 쇠퇴한 점을 볼 때, 대종교 조직에서 그가 차지했던 비중과 위상을 읽을 수 있다.

신규식의 사망 원인은 신경쇠약과 심장질환이었다. 마지막 승부수가 결실을 맺지 못하자 신규식은 급격하게 위중해졌다. 그리고 나서 음식도 약도 모두 거부하고 자신의 뜻으로 세상을 떠났다. 그러므로 그의 죽음은 병사라기보다는 사실상 자결순국에 가깝다. 그리고 신규식은 죽기 전까지 말하기를 거부하였으나, 마지막 혼절한 상태에서 '정부'라는 말을 가쁘게 내뱉으며 숨을 거두었다. 그의 순국 장면은 물론 정부의 존재가치를 역설하는 것이었겠지만, 그만큼 험난한 임시정부의 장래를 예견하는 것이었는지도 모른다.

신규식은 20대 초반에 군인으로서 조국에 충성하였고, 20대 후반에는 교육구국운동을 벌였다. 30대에 들면서 상해로 망명한 그는 중국혁명인사들과 교류하면서 한국독립운동의 교두보를 확보하였다. 그리고 40대 이후에는 임시정부를 수립하고 신병을 겪으면서도 혼신의 힘을 쏟아 임시정부를 지켜나갔다. 《獨立新聞》이 그에 대해 간명하게 표현한 문장 하나를 인용하면서 글을 마친다.

溫原寡言하고 友情이 篤하며 後輩를 愛護함이 切하고 中國名士에게 親交가 多하다.[88]

---

88) 《獨立新聞》 1919년 10월 14일자.

백범 김구와 상해 임시정부

1. 머 리 말

　백범 김구(白凡 金九)의 일생을 살피는 일은 한국독립운동사를 하나로 꿰는 작업이라고 해도 전혀 지나치지 않다. 민족문제와 관련된 김구의 활동은 동학에서 출발하여 의병, 계몽운동, 1910년대 농촌운동을 차례로 거친 뒤 대한민국임시정부(이하 '임시정부') 참여로 이어져 마침내 해방에 이를 때까지 끊임없이 전개되어 왔기 때문이다. 다시 말하자면 그가 지나 온 독립운동의 길이 1894년부터 1945년에 이르는 한국독립운동사의 전 시기를 관통한다는 뜻이다. 그러므로 김구의 발자취를 추적하는 일이 바로 한국독립운동사를 정리하고 규명하는 작업 그 자체와 크게 다르지 않다고 말할 수 있을 것이다.

　김구는 한국인들이 가장 존경하는 인물 가운데 한 사람으로 꼽히는 인물이다. 또《백범일지》만 하더라도 시중에 20종이 넘게 출판되어 있다. 그렇기 때문에 김구에 관한 연구가 양적으로 상당히 많을 것이라고 쉽게 단정할 수 있을지도 모른다. 그렇지만 막상 연구 내용을 찾아보면

놀랍게도 전혀 그렇지 않다는 사실을 알게 될 것이다. 김구와 관련된 글들의 대다수가 전기류이거나 《백범일지》의 다른 판본에 불과할 뿐, 그의 업적을 정리하거나 평가한 글은 생각보다 매우 적기 때문이다.

우선 그동안 나온 김구 관련 연구업적들을 간략하게 살펴보자. 해방 직후에는 김구에 관한 약사(略史)류의 글이 몇 편 나왔다.[1] 그리고 1970년대에 접어들면서 《나라사랑》 21집에 김구에 대한 특집이 마련되었고,[2] 김구와 이승만을 비교한 글이 나왔으며,[3] 또 그의 일대기를 정리한 글도 발표되었다.[4] 그러다가 1980년대로 넘어오면서 비로소 김구의 활동과 위상을 임시정부와 관련하여 규명한 연구가 나왔고,[5] 이후 분단문제를 염두에 두고 그의 사상이나 정치노선을 분석한 연구가 여러 편 발표되었다. 1990년대에 들어서는 일반인들을 대상으로 하는 교양서가 출간되거나,[6] 1919년에서 1932년에 이르는 이른바 상해(上海)시대에 펼쳐졌던 김구의 활동을 규명하는 작업이 시도되기도 했다.[7]

이러한 결실들이 나왔음에도, 임시정부와 관련된 김구 연구는 아직까

---

1) 안재홍, 〈백범 김구선생 약사〉, 《新天地》, 1948. 8 ; 김광주, 〈백범 김구선생〉, 《新天地》, 1954. 8.

2) 《나라사랑》 21집은 1975년에 〈백범김구선생특집호〉로 발간되었고, 여기에 홍순옥, 〈김구 선생의 생애와 독립운동〉 ; 손세일, 〈김구 선생의 민족주의〉 ; 이연복, 〈김구 선생의 임정초기 활동〉 ; 조일문, 〈김구 선생의 애국생활〉 ; 선우진, 〈김구 선생의 애국사상〉 ; 김신, 〈나의 아버지 백범〉 ; 홍승면, 〈백범 가시던 날〉 등 7편의 글이 게재되었다.

3) 손세일, 《李承晩과 金九》, 일조각, 1970.
   송건호, 《李承晩과 金九의 民族路線》, 《한국근대사론》 3, 지식산업사, 1977.

4) 선우진, 《金九》, 태극출판사, 1972.
   이원모, 《白凡一代記》, 삼우정판사, 1977.

5) 신복룡, 〈大韓民國臨時政府와 金九〉, 국사편찬위원회, 《韓國史論》 10, 1981.
   신용하, 〈白凡과 韓國勞兵會〉, 《白凡研究》 4, 1989.
   이연복, 〈韓人愛國團과 白凡〉, 《白凡研究》 4, 1989.

6) 조범래, 《김구의 생애와 독립운동》, 독립기념관 한국독립운동사연구소, 1992.

7) 김희곤, 〈상해시대(1919~1932) 白凡 金九의 독립운동〉, 《오세창교수화갑기념 한국근현대사논총》, 1995.

지 본격적으로 이루어진 것이 사실상 없다고 해도 지나친 말이 아니다. 다행스럽게도 다음과 같은 세 가지 이유 덕분에 이제부터라도 깊이 있는 연구가 시작될 수 있을 것으로 기대된다. 첫째, 《白凡金九全集》 12권이 편찬되었고,[8] 둘째, 임시정부에 대한 연구가 최근에 크게 진척되었으며,[9] 셋째, 2001년 말에 백범학술원이 개원된 것이다.

이 글은 상해시대(1919~1932)의 임시정부에서 김구가 펼친 활동을 정리하고 그 성격을 규명하는 데 목표를 둔다. 김구가 상해시대에 임시정부에서 담당한 직책을 순서대로 정리하면, 경무국장(1919~1922), 내무총장(1923~1926), 국무령(1926~1927), 내무장(1927~1930), 재무장(1930~1932) 등 다섯 가지이다. 여기에서는 그 직책에 따라 장을 구성하는 방법을 통하여 김구가 임시정부에 참여하여 전개한 활동과 그 성격을 추적하고자 한다.

2. 경무국장 시기(1919~1922)의 정부수호활동

김구가 상해로 망명길에 오르게 된 계기는 3·1운동이었다. 전국으로 확산되던 민족의 함성을 들으며 새로운 활동지역을 선택한 것이다. 이에 앞서 일제강점기가 시작되자마자 김구는 안명근(安明根) 의거와 신민회(新民會) 결사에 대한 혐의로 모두 17년 형을 선고받았는데, 가출옥으로 풀려난 시기가 1915년 8월이었다. 그 뒤 1915년부터 황해도 안악에서 농촌부흥운동에 전념하던 김구는 일제에 의해 활동에 많은 제약을 받고 있

---

8) 《白凡金九全集》(대한매일신보사, 1999) 12권 가운데 제4권이 상해시대와 이동시대에 해당한다.
9) 한국근현대사학회가 임시정부에 관하여 60편의 주제를 설정하고 관련 논문들을 모아 펴낸 《대한민국임시정부수립80주년기념논문집》(상·하, 국가보훈처, 1999)과 한시준이 임시정부의 법령을 정리하여 편찬한 《대한민국임시정부법령집》(국가보훈처, 2000) 등이 관련 연구에 큰 보탬을 주고 있다.

었다. 그러던 차에 3·1운동 소식이 전해졌고, 여기에 힘입어 그가 새로운 활동지역을 찾아 나서게 된 것이다.[10]

김구가 망명길에 오른 날은 안악읍에서 시위가 있던 다음 날인 3월 29일이었다. 이처럼 3·1운동 소식을 접하자마자 망명한 사실에서 그가 이미 상해의 소식을 알고 있었으리라 짐작할 수 있다. 특히 안악에서 김용진(金庸震)이 김구에게 상해로 출발할 것을 권유한 장면으로 보아, 이들 사이에서 이미 상해에서 벌어지고 있던 상황이 논의되고 있었고, 김구 자신도 이에 대한 준비를 하고 있었다고 생각된다. 그는 사리원에서 하룻밤을 묵은 뒤 신의주에 도착했고, 그곳에서 압록강 다리를 건너 중국 땅 안동(安東)에 도착했다. 거기에서 7일을 보낸 뒤, 이륭양행(怡隆洋行)의 배로 출발하여 나흘 뒤에 상해 황포탄(黃浦灘) 부두 건너편인 포동(浦東)의 선창에 도착했다.[11]

이동 일정 및 임시정부와의 관련성을 고려하여 날짜를 짚어보면, 김구가 상해에 도착한 시기는 대체로 4월 11일 전후가 될 것으로 판단된다. 4월 10일에 열렸던 임시정부 수립을 위한 첫 회의의 참석자 명단에는 김구의 이름이 보이지 않지만, 13일에 발표된 임시정부 7개 위원회의 구성 명단에는 신익희(申翼熙)·윤현진(尹顯振) 등 8명과 함께 내무위원의 직함으로 그의 이름이 올려져 있음을 확인할 수 있다.[12] 또 그가 13일에 안

---

10) 김구가 상해를 망명지로 택한 이유는 다수의 한국독립운동가들이 이미 그곳에 교두보를 확보해 두고 있었기 때문이다. 상해는 개항지로서 프랑스·미국·영국 등 열강들이 조계(租界 ; concession)를 설치한 지역이었는데, 특히 프랑스조계에서는 자유로운 정치활동이 보장되었으므로 이곳에서 일본의 탄압을 피해 활동할 수 있었다. 여기에다가 상해는 세계 해상 교통과 동양 무역의 중심지요, 중국혁명의 핵심지역이며, 동아시아 민족운동의 중심지였다. 이러한 점들을 바탕으로 신규식(申圭植)·박은식(朴殷植)을 비롯한 독립운동자들이 상해에 모여들어 1912년 7월 4일에 이미 동제사(同濟社)를 조직하였고, 이를 출발점으로 하여 독립운동의 교두보를 서서히 마련해 나갔던 것이다(김희곤, 《中國關內 韓國獨立運動團體硏究》, 지식산업사, 1995, pp.31~42).

11) 김구, 《白凡逸志》(원본), 백범학술원 총서1, 나남출판, 2002, p.229(이하 '《백범일지》').

승원(安承源)·김병조(金秉祚)·장덕노(張德櫓)·이원익(李元益)·조상섭
(趙尙燮) 등과 함께 상해에 도착하였다는 기록도 있다.13) 그러므로 김구는
늦어도 13일 이전에 상해에 도착한 것이 분명하다. 또 포동 부두에 도착하
여 황포강을 건너 황포탄 부두에 도착한 다음 날에 이동녕(李東寧)·이광
수(李光洙)·김보연(金甫淵) 등을 만났다고 일지에 기록했으니,14) 11일,
또는 늦더라도 12일에는 그곳에 도착하였던 것으로 판단된다.

김구는 이동녕을 만나고 그를 통해 바로 임시정부에 관여하게 된 것으
로 보인다. 특히 김구는 의정원 초대 의장을 맡은 이동녕과의 만남을 매
우 감격적인 일로 기록하기도 했다.15) 임시정부 수립 초기에 관제가 여
러 차례 개편되었는데, 김구는 앞에서 본 것처럼 4월 13일자에 내무위원
이 되었다. 그리고 4월 23일에 열린 의정원 제2회 회의부터 그는 의원으
로서 참석하게 되었고, 그 자리에서 다시 내무부 위원으로 선임되었다.16)

의정원 의원으로 활동하던 김구는 1919년 8월 12일에 내무부 경무국
장을 맡으면서 임시정부에서 본격적인 활동을 펼치기 시작한다.17) 그리
고 1919년 10월 31일에 상해에서 민족대표 30인의 이름으로 제2의 3·1
선언이라 할 수 있는 〈선언서〉와 〈공약 3장〉이 발표되었는데, 김구가 박

12) 독립운동사편찬위원회, 《獨立運動史資料集》 7, 1973, p.1139.
13) 민족운동연구소, 《民族獨立鬪爭史》(史料 海外篇), 여론사, 1956, p.15.
14) 《백범일지》, p.218.
15) 김구는 당시 이동녕과의 만남을 "10여 년 동안을 晝宵로 그립던 이동녕 선생을
찾았다"고 표현하였다(《백범일지》, p.229). 그가 이동녕과 국내에서 마지막으로 만
난 것은 서울 양기탁(梁起鐸)의 집에서 열린 신민회 비밀회합 자리였다. 그것은
신민회가 만주에 독립군기지를 건설하고자 이동 계획을 논의한 자리였는데, 이동
녕이 만주로 먼저 파견되는 일과 김구가 황해도의 자금책을 맡게 되는 일이 결정
되었던 모임이었다(같은 책, p.155). 그 뒤 안명근 의거에 강제로 연루되어 김구가
15년 형을 받았을 때, 바로 이날의 회합 때문에 2년 형이 추가되었던 것이다. 그
모임 이후 처음 이동녕을 만난 것이었으니 김구에게는 대단히 반가운 만남이 되었
으리라 사료된다. 그 뒤로 김구는 이동녕을 줄곧 어른으로 받들면서 활동하게 되
었다.
16) 독립운동사편찬위원회, 《獨立運動史資料集》 7, 1973, p.1141.
17) 독립운동사편찬위원회, 《獨立運動史資料集》 7, 1973, p.1207.

은식(朴殷植) 등 30명으로 구성된 민족대표 명단에 포함된 사실을 볼 때, 상해지역 독립운동계에서 김구의 위상이 점차 높아져 갔음을 알 수 있다.[18]

김구는 당시 내무총장이던 안창호(安昌浩)에 의해 경무국장에 천거되었다. 김구는 '문호파수'(門戶把守)를 청원하였지만,[19] 안창호는 국무회의를 거쳐 그에게 정부청사를 수호하고 경찰·정보·검찰·법원 등의 기능을 모두 처리하도록 하는 중요한 구실을 맡겼다. 김구가 만 4년에 걸쳐 경무국장의 일을 맡으면서 펼친 주요 활동은 다음과 같이 크게 네 가지로 정리된다.

첫째, 일본영사관 경찰과 벌이는 첩보 대결이다. 홍구(虹口)에 자리 잡은 일본영사관은 프랑스조계에 있는 임시정부 청사에서 자동차로 20분 남짓한 거리에 있었다.[20] 일본영사관은 임시정부 요인의 동태 파악과 분열 책동을 위해 밀정이나 자객을 파견해 왔고, 실제로 상당수의 독립지사들이 그곳에서 체포되어 국내나 일본으로 압송되었다. 이에 대응하여 역으로 첩보전, 밀정 색출, 응징 작전 등을 전개한 지휘자가 바로 김구였다. "虹口 倭領事館과 우리 警務局이 대립되어 暗鬪中이다"라는 김구의 표현이 이런 상황을 함축하고 있다.[21]

둘째, 동포사회의 안녕질서를 확보하고 임시정부 요인을 경호하는 것이다. 이를 수행하기 위해 김구는 정복과 사복을 입은 20여 명의 경호원을 두고 활동하였다.[22] 일본영사관에서는 끊임없이 밀정을 파견하여 임

---

18) 〈선언서〉의 내용은 임시정부 중심으로 겨레가 일치단결할 것을 호소하고 정부 명의로 일제의 철수를 요구하는 것이었다(독립운동사편찬위원회, 《獨立運動史》 4, 1972, pp.241~243).

19) 《백범일지》, p.218.

20) 일본영사관은 현재 황포로에 있는 해구반점(海鷗飯店) 자리에 있었다.

21) 《백범일지》, p.232.

22) 《백범일지》, p.236. 1921년 초에 경무국에는 국장 김구를 비롯하여, 그 아래에 경호부장 여순근(呂淳根), 경호원 박종익(朴鍾益)·최진석(崔進錫)·차태여(車軩興)·조봉암(曹奉岩)·차균창(車均敞)·한태규(韓泰珪)·김영희(金永熙) 등이 소

시정부 주변을 면밀하게 조사하였고, 김구도 이에 맞서 그들의 동태를 손바닥 들여다보듯 자세히 파악하려 했다. 동포사회 속으로 잠입해 오는 일본의 자객이나 첩자를 색출하여 박멸하고 아울러 임시정부 요인의 안전을 책임지는 것, 그것이 바로 김구에게 주어진 경무국장의 임무였다.[23]

셋째, 임시정부에 도전하는 정치적 사건이 발생할 경우 자신에게 부여된 강제력을 통해 물리적으로 해결하는 일이다. 그 사례는 여러 가지가 있는데, 김립(金立) 처단이나 박은식에 대한 물리적 제재가 대표적인 것에 속한다. 전자는 소련의 레닌(V. I. Lenin)이 1920년에 임시정부에 보내준 자금을 국무총리인 이동휘(李東輝)가 정부에 들이지 않은 채 고려공산당 자금으로 전용한 뒤, 김립이 이를 가지고 곧바로 자취를 감춘 일이 발생하자, 김립을 찾아내어 제거한 일이다.[24] 그리고 후자는 1921년 초에 박은식, 김창숙(金昌淑) 등이 정부의 변혁을 요구하는 성명서 〈我 同胞에게 告함〉을 발표했을 때[25] 이에 대항하는 것이었다. 김구는 4월에

속되어 있었다(《白凡金九全集》 4, 대한매일신보사, 1999, p.49).

23) 천진(天津)에도 경무국 산하기관을 두었다는 기록이 보이지만, 확실하지는 않다. 즉 1921년에 천진에 경무지국이 설치되었고, 천진의 한민회장 박연희(朴淵熙)가 지국장에 임명되었으며, 경무국장이 천진을 방문할 예정이라는 일본의 첩보기록이 남아있다(《白凡金九全集》 4, 대한매일신보사, 1999, p.72). 그러나 김구가 실제로 천진을 방문했다는 기록은 보이지 않는다.

24) 소련에 보낼 임시정부 사절단으로 여운형(呂運亨) · 안공근(安恭根) · 한형권(韓亨權)이 선발되었으나, 국무총리였던 이동휘가 심복인 한형권만을 1919년 12월 초에 모스크바로 파견하였다. 그리고 레닌이 주기로 약속한 금화 2백만 루블 가운데 60만 루블을 받아 1차로 40만 루블을 들여오던 한형권은 그것을 치타에서 김립에게 인도하였다. 이 자금은 임시정부에 도착하지 않은 채 고려공산당 자금으로 사용되었고, 이것이 알려지면서 이동휘가 임시정부를 떠나게 되었다(김준엽 · 김창순, 《韓國共産主義運動史》 1, 청계연구소, 1986, pp.183~198 참조).

25) 이 선언은 1921년 2월 초에 박은식 · 원세훈(元世勳) · 김창숙 · 왕삼덕(王三德) · 유예균(劉禮均) 등 14명의 이름으로 발표되었다. 의정원 의원이거나 임시정부 외곽 인물이던 이들은 임시정부의 무능과 분열을 비판하면서, 근본적인 대개혁으로 독립운동에 새로운 국면을 열어야 하며 이를 위해 국민대표회의가 소집되어야 한다고 주장하였다. 이 선언은 1920년 12월에 상해에 도착해 있던 이승만(李承晩)에게 임시정부의 문제를 해결할 것을 강력히 요구하는 것이었다(김희곤, 《中國關內 韓

이승만(李承晚)을 절대 지지하고 정부를 옹호하기 위해 조완구(趙琬
九)·윤기섭(尹琦燮) 등이 조직한 협성회(協誠會)[26]에 참가하는 한편,[27]
이러한 대치 상황에서 앞의 성명서에 서명한 인물들에게 압력을 넣고자
했던 것이다.[28]

넷째, 프랑스조계와 긴밀한 협조관계를 유지하는 일이다. 임시정부가
지속적으로 존립하기 위해서는 무엇보다 프랑스조계 공무국의 지원이
급선무였는데, 이들과의 직접적인 관계 유지를 담당했던 인물이 바로 김
구였다. 물론 프랑스조계 당국이 여러 국가 출신 혁명인사들의 정치적
활동을 보장하고 있었기 때문에 임시정부가 처음부터 그곳에서 수립된
것이지만, 그 이후에도 그들의 협조 없는 독립운동이란 사실상 불가능한
일이었다. 김구의 임무는 프랑스조계의 협조를 이끌어내고 또 이를 지속
시키는 것이었다.[29] 일본 경찰의 체포나 수색 요구가 있을 때는 프랑스
조계 당국이 김구에게 먼저 정보를 알려왔고, 조계 구역 안에서 한인이
관련된 사건이 발생하면 그가 출석하여 사건을 처리했으며, 또 그 자신
이 보증하여 독립지사나 동포들을 석방시켰던 것이다.[30]

이처럼 일본영사관과 정면으로 대항하면서 프랑스조계 공무국과 유대
관계를 펼쳐나가는 총수의 위치에 있었기 때문에, 김구는 항상 일본 경
찰의 표적이 되고 있었다. 일본영사관은 김구를 제거하기 위해 온갖 방
법을 다 동원하였다. 그 과정에서 김구를 죽이고자 파견된 자객이 오히
려 김구에게 권총과 자금을 넘겨주면서 자수하는 경우도 있었다.[31] 이런
정황이었으므로 김구는 프랑스조계 구역 밖으로 한걸음도 나갈 수 없었

國獨立運動團體硏究》, 지식산업사, 1995, p.143).
26) 金正明,《朝鮮獨立運動》2 (東京 : 原書房, 1967), pp.463~464.
27) 《獨立新聞》1921년 3월 19일자.
28) 국회도서관,《韓國民族運動史料》(中國篇), 1976, p.325.
29) 임시정부는 아무리 곤란한 형편에 놓이더라도 매년 크리스마스에는 프랑스 영사
    와 조계 공무국에 선물을 보냈다(《백범일지》, pp.244~245).
30) 《백범일지》, pp.232~233.
31) 《백범일지》, p.235.

다. 때문에 그는 아내 최준례(崔遵禮)가 병이 들어 프랑스조계 지역 밖인 홍구 폐병원에서 숨을 거둘 때도 마지막 자리를 지키지 못하는 아픔을 겪어야만 했다.[32]

김구가 임시정부 활동 이외에 망명 초기에 보인 행보로는 신한청년당(新韓青年黨) 참가를 들 수 있다. 3·1운동의 계기를 마련하고 임시정부 수립의 초석이 되었던 이 단체에 김구가 언제 가담한 것인지는 확실하지 않지만, 아마 망명한 뒤 얼마 되지 않아 가입한 것으로 추정된다. 당헌에 따르면 신한청년당의 임원 조직은 이사와 서기 및 사무원으로 구성되어 있는데,[33] 김구는 1919년에 이사로서 활동하였다.[34] 구체적으로 그가 어느 부서를 담당하여 어떤 활동을 벌였는지 알 수 있는 확실한 자료는 없다. 그러나 신한청년당이 상해 한인청년계의 핵심 조직이었고 그 구성원들이 임시정부의 주요 청년인사였다는 점을 미루어볼 때, 신한청년당의 이사로서 그가 차지했을 비중을 짐작하기는 그리 어렵지 않을 것 같다.

김구는 이외에도 의용단(義勇團)을 발기하고 조직하는 데 참가하였다. 1920년 1월에 조직된 의용단의 발기인은 김구를 비롯하여 손정도(孫貞道)·김철(金澈)·김립·윤현진·김순애(金淳愛) 등이었다. 이 조직은 비록 상해에서 결성되었지만 사실상 임시정부를 지원하기 위해 국내에서 활동한 단체였던 것으로 판단된다. 일제경찰기록에 보이는 국내 의용단 관련 자료에는 평양, 황해도, 부산 등의 활동지역들이 나타난다.[35] 그 밖에 김구는 대한적십자회의 상의원(常議員)으로서 활동하기도 했다.

---

32) 《백범일지》, p.220.
33) 신한청년당 당헌 제4조, 《新韓青年》 창간호, 1920. 3. 1, p.77.
34) 1919년의 진용은 이사장에 서병호(徐丙浩), 이사에 김구를 비롯하여 여운형·선우혁(鮮于爀)·이광수·한진교(韓鎭教)·한원창(韓元昌)·김순애(金淳愛)·안정근(安定根)·조동호(趙東祜) 등 9명으로 구성되어 있었다(독립운동사편찬위원회, 《獨立運動史資料集》 7, 1973, p.1193).
35) 《白凡金九全集》 4, 대한매일신보사, 1999, pp.42~45.

324 제4부 상해시대의 주역들

3. 내무총장 시기(1923~1926)의 정부 유지와 장기전략 추진

김구가 내무총장에 취임한 시기는 명확하지 않으나 대개 1923년 초였던 것으로 추정된다.[36] 김구가 내무총장을 맡게 된 시기는 바로 국민대표회의가 열리던 때였다. 이승만이 상해 체류 때 난제를 제대로 해결하지 못한 채 1921년 6월 4일에 미국으로 떠나버리자, 엄청난 후유증을 해결하는 것은 남은 자들의 몫이 되었다. 이를 맡은 인물이 정부에서는 국무총리 겸 외무총장을 맡은 신규식(申圭植)이었고, 정부 밖에서는 안창호였다. 신규식은 이승만과 협의한 대로 손문(孫文)이 이끄는 광동(廣東)의 호법정부(護法政府)로 가서 태평양회의에 대한 공조를 다짐받고 돌아온 이후 태평양회의에 파견될 대표들을 지원하는 데 노력을 집중하였고, 안창호는 독립운동계의 통일을 모색할 국민대표회의를 준비해 나갔다.

국민대표회의를 열자는 안창호의 노력에 여운형(呂運亨)이 가세하였고, 때마침 레닌의 2차 자금이 도착한 데 힘입어, 국민대표회의가 1923년 1월 3일부터 개최될 수 있었다. 상해지역을 비롯한 중국 각 지역과 국내, 그리고 미주, 유럽, 소련지역 등 세계 각지에서 독립운동을 전개하고 있던 인사들 가운데 각 지역과 단체의 대표 3백여 명이 한꺼번에 상해로 집결하자, 회의의 분위기는 절정을 치달았다. 이들 가운데 130명 정도가 대표권을 인정받아 회의에 참석할 수 있었으니,[37] 당시 상해 독립운동계

---

36) 김구가 내무총장을 맡은 시기에 대한 기록은 자료에 따라 다르게 나타난다. 가장 소급해 본 것이 1922년 9월이다[韓國臨時政府宣傳委員會編, 〈大韓民國臨時議政院 및 臨時政府歷代一覽表〉, 《韓國獨立運動文類》(重慶 : 1942), 조일문 역주본, 건국대 출판부, 1984, p.132]. 그렇다면 신규식이 1922년 9월 25일에 사망한 직후 노백린(盧伯麟) 내각이 성립되고, 바로 노백린에 의하여 김구가 내무총장으로 발탁된 셈이다. 그러나 김구가 내무총장에 취임한 확실한 기록은 1923년 3월 18일자 신문 기사에 나타난다. 한국노병회(韓國勞兵會) 이사장인 김구가 내무총장에 선임된 뒤 고사하다가 이를 승낙했다는 것이다(《朝鮮日報》 1923. 3. 18). 따라서 김구가 노백린에 의해 내무총장으로 선임된 뒤 처음에는 이를 받아들이지 않다가, 뒤늦게 이를 수용하여 1923년 초에 들어서야 취임했다는 것으로 정리할 수 있을 것이다.

의 분위기는 대단했으리라 상상해볼 수 있다. 교회당인 삼일당(三一堂)에서 열린 국민대표회의는 그해 5월 15일까지 63회에 걸쳐 열렸다. 그러나 임시정부의 존재를 두고 대표자들은 개조파와 창조파로 나뉘게 되었고, 6월에는 창조파가 단독으로 회의를 개최하여 신정부 수립을 선언한 뒤 블라디보스토크로 떠나가기에 이르렀다.

임시정부는 국민대표회의가 열리자 그 권위를 인정하였고, 그에 걸맞은 합당한 결론이 나올 것이라 기대하고 있었다. 특히 의정원은 거의 매일 회의를 열고 국민대표회의의 진척을 지켜보면서 점차 이에 대응할 만한 조치를 마련하기 시작하였다. 국민대표회의를 긍정적으로 평가했던 의정원은 국민대표회의에서 제기된 이승만 대통령에 대한 탄핵안을 4월에 제출했다.[38] 그리고 5월 4일에는 헌법개정권을 국민대표회의에 넘기는 안을 통과시켰다.[39] 이것은 의정원의 기본 권한마저 넘기는 파격적인 조치였다. 내무총장인 김구는 정부 차원에서 국민대표회의를 인식하고 지원하며 상황의 추이를 지켜보고 있었다.

그런데 의정원에서 기대했던 것과는 전혀 다른 국면으로 사태가 번져가기 시작했다. 국민대표회의가 5월 15일을 고비로 임시정부의 체제를 개편하자는 개조파와 임시정부를 해체하고 새로 정부를 수립하자는 창조파로 갈라지면서 사실상 회의를 더 이상 지속할 수 없게 된 것이다. 마침내 6월에 접어들어서는 창조파가 따로 집회를 열게 되었고, 그 자리에서 임시정부의 해체와 신정부 수립을 선언하기에 이르렀다. 이렇게 되자 김구를 비롯한 임시정부 국무위원들은 태도를 완전히 바꾸었다. 자신들의 존재를 부인하는 집단을 그냥 내버려 둘 수는 없었던 것이다.

김구는 이에 대해 단호하게 처단을 내렸다. 내무총장으로서 임시정부의 권능을 무시하는 창조파의 동태를 도저히 용납할 수 없었기 때문이

---

37) 김희곤, 〈안창호와 중국관내지역의 통일운동〉, 《도산사상연구》 5, p.161.
38) 《獨立新聞》 1923년 5월 2일자.
39) 《獨立新聞》 1923년 6월 13일자.

다. 그는 6월 6일에 '내무총장 김구'의 명의로 국무원 포고 제1호와 내무부령 제1호를 발령하여 국민대표회의의 해산을 명하였다.

〈내무부령 제1호〉

國民代表會는 6월 3일 연호와 국호를 따로 정하는 건을 가결하였다. 이는 民國에 대한 반역행위이므로 앞서 懇諭한 바 있었으나 頑然 不應할 뿐 아니라 다시 헌법을 제정함은 조국의 존엄한 권위를 침범하는 것이다. 이에 있어 내무총장은 이천만 민족의 공동위탁에 의해 治安上 少數者가 집회하여 한 6월 2일 이후의 일체의 행위의 撤消와 대표회의 즉시 해산을 명함.[40]

세계 각 지역에서 파견되어 온 대표들, 그리고 개조파와 창조파의 분열과 엇갈리는 주장들의 연속 등으로 혼란스러웠던 상해 정국이 마치 태풍이 지나간 것처럼 조용해졌다. 어수선하게 흩어져 버린 상해의 공기를 정상화시켜야 했는데, 이 일을 맡아줄 인물이 별로 없었다. 국민대표회의에 진력하다가 탈진한 안창호는 이상촌(理想村) 사업으로 방향을 가늠하였고, 에너지 충전을 위해 1925년 말 미국으로 여행길에 올랐다.

임시정부는 이제 국민대표회의에서 노출된 문제들을 차분하게 풀어나가야 했다. 내무총장으로서 김구가 우선적으로 짊어져야 할 구실은 바로 1923년 중반 이후의 임시정부를 재정비하는 것이었다. 특히 임시정부의 체제 개편과 이승만 대통령 처리 문제가 핵심이었다. 김구가 내무총장을 맡던 바로 그 시기에 임시정부는 이승만에 대한 단안을 내리기 시작하였다. 첫 헌법에 대통령 임기가 정해져 있지 않았던 탓에 이승만을 제재할 방법을 찾기 어려웠으나, 임시정부는 차츰 대통령 탄핵이라는 결론을 내리는 방향으로 이 문제를 정리해 나갔다. 앞에서 본 것처럼 국민대표회의 기간인 1923년 4월 28일에 탄핵안이 의정원에 제출되었고,

---

40) 국회도서관, 《韓國民族運動史料》(中國篇), 1976, p.320.

다음 해인 1924년 6월에 대통령 유고안(有故案)이, 그리고 다시 해를 넘겨 1925년 3월에 탄핵안이 각각 통과되었다. 결국 창조파가 요구했던 이승만 탄핵 문제가 늦게나마 해결된 셈이었다.

1924년이 혼란을 정리한 해였다면, 1925년은 정부 개편의 해였다. 1923년에 내무총장이 된 김구는 국무총리 이동녕과 함께 국민대표회의라는 엄청난 외풍을 막아내며 임시정부의 혼란을 정리해 나갔고, 이 과정에서 임시정부의 핵심 인물로 점차 자리를 굳히게 되었다. 그러던 사이, 김구는 1924년 1월 1일에 아내 최준례를 잃었다.[41] 그러나 그에게는 아내를 잃은 슬픔을 느낄 틈도 없었다. 그의 어머니 곽낙원(郭樂園)은 아들의 활동에 방해가 된다고 판단하여 다섯 살 된 둘째 손자 신(信)을 데리고 1926년에 귀국하였고, 다음 해에는 맏손자 인(仁)도 귀국시켰다. 아들인 김구의 짐을 덜자는 생각이었던 것이다.

내무총장을 맡던 시기에 김구가 펼친 활동 가운데 한국노병회(韓國勞兵會)와 나석주(羅錫疇) 의거는 특히 두드러지는 것이다. 김구가 한국노병회를 결성한 시기는 내무총장을 맡기 직전인 1922년 10월이었다. 수립 직후에 활기를 띠던 임시정부가 1921년을 고비로 약화되어 가고, 또 수립 직전부터 노력을 쏟아 부었던 외교활동이 베르사유체제 출범으로 한계에 부딪히게 되자, 새로운 방략으로 전환을 시도하고 나선 것이다. 김

---

41) 김구의 아내 최준례는 1922년에 둘째 아들 신(信)을 낳은 뒤 계단에서 굴러 떨어져 뼈가 부러지면서 허파를 다쳤고, 이로 말미암아 폐렴으로 고생하였다. 산후조리 기간에 시어머니의 간호에 황송하여 직접 계단을 오르내리다가 변을 당한 것이다. 최준례는 프랑스조계 구역의 보륭병원(寶隆病院)에 입원했다가 병이 깊어져 홍구지역 폐병원으로 옮겨졌다. 그리고 1924년 1월 1일, 싸늘한 주검으로 말없이 돌아왔다(《백범일지》, pp.219~220).
    김구는 프랑스조계 숭산로(嵩山路) 공동묘지에 아내를 묻었는데, 한글학자 김두봉(金枓奉)이 한글 자음을 이용하여 출생과 사망시기를 단군기원으로 표기하였다. 즉 출생시기를 ㄹㄴㄴㄴ해ㄷ달ㅊㅈ날(단기 4222년 3월 19일)로, 사망시기를 대한민국ㅂ해ㄱ달ㄱ일(대한민국 6년, 곧 1924년 1월 1일)로 각각 새겼던 것이다(《동아일보》 1924. 2. 18).

구는 임시정부 외곽에 조직을 만들어 이들로 하여금 임시정부를 대신하여 독립운동방략을 펼치도록 하는 방안을 강구하였고, 그 의도가 집약되어 나타난 것이 바로 한국노병회였다.

한국노병회가 조직된 시기는 1922년 10월 28일이었다. 김구는 여운형·손정도·이유필(李裕弼)·양기하(梁基瑕)·조상섭·김인전(金仁全) 등 6명과 함께 한국노병회를 발기하고, 초대 이사장이 되었다. 여기서 말하는 '노병'은 소련 혁명에서 나타난 노동자와 병사 대표의 집합체인 노병회, 곧 소비에트(soviet)와는 전혀 달랐다. 이때 노병은 한 사람이 노동자이면서 동시에 병사가 된다는 의미이다. 독립은 전쟁을 통해 달성된다는 판단 아래, 전쟁의 기회가 도래할 때까지 10년을 상정하고 1만 명의 노병을 양성하여 1백만 원의 전쟁 비용을 마련하자는 것이 한국노병회의 목적이었다.[42] 평소에 병사를 양성해 놓더라도 이를 유지할 경제적 능력이 없으니, 전쟁준비를 하는 동안 스스로 생계를 꾸려가면서 전쟁 비용도 축적하자는 뜻이었던 셈이다.[43]

독립전쟁을 통한 복국(復國)의 가능성을 저울질하면서 전쟁 기회를 대비하는 준비가 필요했던 만큼, 한국노병회는 한인 청년을 선발하여 중국 군관학교에 파견하면서 자금 모집활동을 벌였다. 물론 신민회의 준비론에도 독립전쟁을 준비한다는 내용이 포함되어 있었겠지만, 한국노병회의 목표는 그보다 훨씬 구체화한 것이었다. 만주지역 독립군의 활동마저 벽에 부딪힌 상황에서 택한 방략으로서는 나름대로 타당성도 있었다. 하지만 실제 인적 자원의 부족으로 당초의 목표 달성은 거의 불가능에 가까운 일이었다.

이런 명백한 한계가 내재되어 있었음에도, 한국노병회는 창립 초기의 3년 정도는 왕성한 활동과 성과를 보였다. 중국 군사강습소나 강무당(講

---

42) 김희곤, 《中國關內 韓國獨立運動團體研究》, 지식산업사, 1995, pp.198~199.
43) 독립전쟁을 목표로 상정하고 병력과 자금을 마련해 나가는 방략이라는 의미에서, 필자는 이를 '독립전쟁 준비방략'이라 부르고 있다.

武堂)에 한인 청년을 파견하여 군사간부를 양성하고 전비를 모금하는 등 제법 괄목할 만한 활동을 보인 것이다. 이 시기는 바로 김구가 이사장을 맡아 한국노병회를 이끌던 때였다.

한국노병회의 임원 조직은 이사장과 이사 및 회계검사원 등으로 구성되었는데, 앞서 언급한 대로 김구가 초대 이사장으로 뽑혔다. 창립 당시 이사는 이유필·손정도·김인전·여운형·나창헌(羅昌憲)·조상섭 등 6명이었고, 회계검사원은 조동호(趙東祜)·최석순(崔錫淳)이었다.44) 김구가 이사장을 맡은 시기는 한국노병회 존립 기간인 10년 가운데 3분의 1에 해당하는 초기 3년 5개월 동안이었고,45) 바로 그 시기에 한국노병회는 가장 왕성한 면모를 보였다.46) 이를 통해 한국노병회와 관련된 김구의 구실을 가늠할 수 있고, 또한 상해 독립운동계에서 점차 주도적인 대열로 나서는 그의 모습을 확인할 수 있다.

다음으로 나석주 의거는 김창숙이 1925년부터 추진했던 '제2차 유림단 의거'의 산물인데,47) 여기에도 김구가 깊이 관여했다. 이미 1925년에 국내로 침투하여 자금을 거두어 온 김창숙이 1926년 5월에 상해로 찾아와 의열투쟁에 가담할 요원을 추천해 주기를 요청하였다. 이에 김구도 적극 동의하여, 자신의 제자인 나석주와 이승춘(李承春)을 추천하면서 소개

---

44) 金正明, 《朝鮮獨立運動》 2 (東京 : 原書房, 1967), p.298.
45) 1932년에 해체를 선언할 때까지 나머지 기간에 한국노병회의 이사장을 맡았던 사람은 이유필이었는데, 1926년을 넘어서면서 원래의 목표 달성에 한계를 절감하자 이유필은 병인의용대(丙寅義勇隊)를 조직함으로써 의열투쟁이라는 새로운 방략을 추구하게 되었다(김희곤, 《中國關內 韓國獨立運動團體硏究》, 지식산업사, 1995, pp.222~225).
46) 김희곤, 《中國關內 韓國獨立運動團體硏究》, 지식산업사, 1995, pp.214~220.
47) 김창숙은 중국 열하(熱河)와 찰하르에 독립운동기지를 건설하겠다는 계획을 세우고 여기에 필요한 자금을 모집하고자 1925년 8월경에 국내로 들어와, 이후 1926년 3월까지 주로 영남지역 유림들을 중심으로 자금 모집활동을 벌였다. 그러나 목표로 삼은 만큼 확보하지 못하자, 당시까지 확보한 3,350원만으로 의열투쟁을 벌이려는 계획을 세우고 상해를 방문한 것이다(김희곤, 〈제2차 유림단의거 연구─心山 金昌淑을 중심으로〉, 《大東文化硏究》 38, pp.461~485).

편지를 써주었다.48)

　의열투쟁에 관한 한, 나석주와 이승춘은 이른바 '준비된 요원'이었다. 이들은 김구가 키워낸 인물들로서 마치 '5분 대기조'와도 같은 존재였다.49) 나석주는 1925년, 즉 김창숙이 국내로 떠나던 그 무렵에 이미 국내 잠입과 의열투쟁에 대한 구체적인 계획을 세우고 이를 실천에 옮기려는 단계에 있었다. 그가 가진 계획은 어선 한 척을 구입하여 몇 명의 요원들이 한꺼번에 국내로 잠입하도록 한 다음, 동양척식주식회사를 비롯한 조선총독부의 산하기관들을 공격한다는 것이었다. 이를 위해 이미 1925년에 폭탄이나 권총을 확보한 상태였다. 그래서 함께 잠입할 동료가 필요했는데, 마침 김구 곁에 이승춘이 와 있는 것을 확인한 나석주는 이승춘에게 거사에 함께할 것을 권했다. 또 유자명(柳子明)이 천거한 한봉근(韓鳳根)도 거사에 동참하고 있었다.50)

---

48) 국역심산유고간행위원회, 〈躄翁七十三年回想記〉 中, 《國譯心山遺稿》, 1979, p.763. (이하 '〈회상기〉')

49) 황해도 재령 출신인 나석주는 국내에 있을 당시 김구가 설립한 양산학교에서 가르침을 받았고, 만주로 망명하여 이동휘가 세운 무관학교에서 군사간부로 성장했다. 집안 사정으로 잠시 귀국한 뒤 3·1운동에 참여하였고, 친일부호와 친일파를 처단하다가 다시 중국으로 망명하였다. 임시정부에 참여한 나석주는 스승 김구 아래에서 경무국 경호원으로 활동하였고, 한국노병회원이 된 1923년 초에는 중국 낙양(洛陽) 군벌 오패부(吳佩孚)가 경영하던 한단군사강습소(邯鄲軍事講習所)에 입교하여 사관훈련을 받았다. 이듬해 그는 중국군 초급장교로 임관되어 중대장으로 복무하다가, 1925년에 상해로 돌아와 임시정부에서 활동하였다. 그리고 이승춘도 김구가 교육한 인물인데, 1924년에 1년 동안 징역형을 받고 출옥한 지 그리 오래되지 않은 인물이었다(김희곤, 《中國關內 韓國獨立運動團體硏究》, 지식산업사, 1995, pp.206~207).

50) 최근 나석주의 편지 7편이 정리되었다. 1924년의 1편은 나석주가 김구에게 보낸 서한인데, 그는 '羅李'라는 이름을 사용하였다. 1925년 8월을 전후하여 6편이 집중되었는데, 이 시기의 서한들에는 국내 잠입 계획에 이승춘을 동참시키려고 애를 쓰는 상황이 자세하게 나타나 있다. 이 글에서 그는 '羅錫柱'·'金永一'·'石柱' 등의 이름을 사용하였다(《白凡金九全集》 4, 대한매일신보사, 1999, pp.98~99, pp.113~138). 나석주가 어선을 구입하여 국내로 침투하려 했다는 기록은 유자명의 회고록에도 등장한다. 그런데 유자명은 나석주가 계획한 대로 끝내 어선을 타고 잠입했다고 쓰고

나석주의 공격 목표는 동양척식주식회사와 조선식산은행이었다. 자신의 고향 재령평야가 일본인의 소유로 변한 데 따른 통분이 가슴 밑바닥에 깔려 있었던 것이다. 그는 중국에 있으면서도 재령평야에 3년 동안 계속된 흉년과 일제의 침탈 때문에 고향의 상황이 매우 어렵다는 소식을 잘 알고 있었다. 나석주는 어선을 구해 다수 인원을 동반하여 침투하려다가, 우여곡절 끝에 단독으로 무기를 가지고 1926년 12월 26일 오후 2시에 인천에 도착하게 되었다. 그리고 28일 오후, 나석주는 조선식산은행과 동양척식주식회사에 폭탄을 던지고 경찰들과 총격전을 벌이다가 자결하였다.

결국 나석주 의거는 임시정부 내무총장이던 김구와 북경(北京)에서 활약하던 유림의 대표인물 김창숙, 그리고 의열단(義烈團)의 유자명이라는 삼각구도 위에서 펼쳐진 것으로 이해할 수 있다. 다시 말하면, 김구가 키워낸 인물과 의열단의 유자명이 파견한 인물, 여기에 김창숙이 국내에서 모집한 자금이 한데 모여 이루어진 작품이었다.[51] 특히 김구와 나석주의 관계를 감안한다면, 이는 계몽운동과 한국노병회를 통해 김구가 기울였던 노력의 결실이라고 말할 수도 있을 것이다.

4. 국무령 시기(1926~1927)의 국무위원제 개헌

1925년 3월에 이승만을 탄핵한 임시정부는 병중에 있던 66세의 박은식을 후임 대통령에 선출하면서 개헌 작업에 박차를 가하였다. 3월 30일에 통과되고 4월 7일에 공포된 개정 헌법의 핵심은 정부 체제를 내각책

있어서, 그 뒤의 상황을 제대로 파악하지 못했던 것으로 여겨진다(유자명, 《한 혁명자의 회억록》, 독립기념관 한국독립운동사연구소, 1999, pp.145~146).

51) 김희곤, 〈제2차 유림단의거 연구〉, 《대동문화연구》 38, p.483.

임제로 전환하고 내각의 대표를 국무령(國務領)이라 정한 것이다.

초대 국무령으로는 만주 독립운동계의 거목인 석주 이상룡(石洲 李相
龍)이 천거되었다. 그러나 1925년 말에 상해에 도착한 이상룡은 내각을
조직하는 데 성공하지 못하고 약 6개월 만에 만주로 돌아가고 말았다.
그 뒤에도 안창호·양기탁(梁起鐸) 등이 천거되었으나 모두 취임하지 않
았다. 1926년 7월에는 홍진(洪震)이 국무령에 취임하였으나 역시 조각(組
閣)에 실패하고 물러났다. 내각 조직이 연이어 실패하자 정부는 무정부
상태에 빠져들었고, 이를 해결하려는 논의가 의정원에서 제기되었다. 이
러한 상황에서 의장인 이동녕이 김구에게 국무령 취임과 내각 조직을 부
탁하기에 이르렀다.

처음에 김구는 이를 사양하였다. 거절하는 이유로 김구는 "(1) 나는
해주 西村 金尊位(오늘날의 이장에 해당—필자)의 아들로서 정부가 아무
리 劇形 시기일지라 하여도 一國의 원수가 되는 것은 국가민족의 위신에
큰 관계가 된즉 불가하고, (2) 李(이상룡), 洪(홍진) 양씨도 응하는 인재
가 없어 실패하였거늘 나는 더욱 응할 인물이 없을 터이다"[52]라는 두 가
지를 들었다. 그러나 경무국장 시절 내무총장으로서, 내무총장 시절 국무
총리로서, 그리고 당시에는 의정원 의장으로서 이동녕이 거듭 요청하자,
결국 김구는 이를 수락하고 1926년 12월에 국무령에 취임하게 된다.

국무령에 취임한 김구는 윤기섭·오영선(吳永善)·김갑(金甲)·김철·
이규홍(李圭洪) 등으로 구성된 내각을 조직하였다.[53] 1910년대 중반 이
후부터 상해에서 활약하다가 정부 수립에 공헌하고 또 차장으로서 실무
를 맡았던 청년들이 내각의 주류를 이루었던 것이다. 즉 정부 수립 초기
에 각 지역의 영수급 인물들이 왔다가 몇 년 사이에 사망하거나 흩어진
뒤, 그동안 상해를 중심으로 성장한 청년지사들이 국무위원으로 등장하
여 그 자리를 대신하게 된 셈이었다.

---

52) 《백범일지》, p.242.
53) 《백범일지》, p.242.

국무령에 취임한 김구는 정부의 안정적인 운영 방안을 강구하지 않을 수 없었다. 이승만의 독주와 구성원들 사이의 불협화음으로 말미암아 결국 첫 번째 체제였던 대통령제를 폐지하고 대신 국무령제를 채택하게 되었지만, 김구가 국무령에 취임하기 전까지 새로운 체제에서 한동안 내각조차 구성하지 못한 채 허덕이고 있었을 정도로 임시정부는 불안하게 운영되고 있었기 때문이다. 김구는 국무령으로 취임하자마자 먼저 개헌을 계획하였다. 그런데 마침 그가 국무령으로 있던 시기에 중국본토지역에서 좌우합작운동, 곧 민족통일전선운동이 일어나고 있었다. 따라서 김구는 이러한 흐름에 상응할 만한 개헌을 본격적으로 추진하기로 작정하였다.

3차 개헌은 김구가 국무령에 취임한 지 석 달 뒤인 1927년 3월에 단행되고 4월에 새 헌법이 공포되었다. 개헌의 골자는 두 가지였다. 하나는 국무령제를 국무위원제로 개정한 것인데, 매번 조각 때마다 겪는 어려움을 극복하기 위한 것이었다. 내용의 핵심은 국무령이 개회 때에만 주석을 맡고, 그 뒤에는 국무위원들이 순서대로 돌아가면서 주석직을 맡는 윤번제였다. 그리하여 임시정부는 신헌법에 따라 정부 구성을 추진할 수 있게 되었으나, 새 내각은 신헌법이 공포된 지 넉 달이나 지난 8월에 이르러서야 구성할 수 있었다.

그 결과 이동녕이 주석 겸 법무장을, 김구가 내무장을 각각 맡았다. 그리고 김구가 국무령에 재임할 당시 내각의 일원이었던 오영선(외무장)·김철(군무장)·김갑(재무장) 등이 다시 국무위원이 되었다.[54] 사실상 정부 주석자리를 이동녕에게 넘겨주고 다시 내무부를 맡은 셈인데, 정부의 안정적인 운영을 도모하려는 김구의 의도가 드러난다.

개헌의 또 다른 골자는 당시 민족협동전선운동, 좌우합작운동 또는 민족단일당운동으로 불리며 국내외에 걸쳐 진행되던 유일당운동의 추이에

54) 朝鮮總督府 慶北警察部,《高等警察要史》, 1934, p.91.

상응하기 위해 정부의 체제를 바꾸려는 것이었다. 그것은 이른바 '이당치국'(以黨治國) 체제, 곧 중국국민당이나 소련공산당처럼 하나의 정당으로 국정을 통치하는 체제로 정부체제를 바꾸는 일이었다.55) 그래서 '신약헌'(新略憲) 제2조에 "대한민국의 최고 권력은 임시의정원에 있다. 단 광복운동자가 대단결한 정당이 완성될 때는 최고 권력은 그 당에 있는 것으로 한다"고 규정하고, 또 보칙에서도 "광복운동의 대단결한 정당이 완성된 경우에는 그 당에서 개정하는 것으로 한다"고 명시하였다.56)

유일당운동은 국민대표회의 실패 이후 이념적인 분화가 깊어진 가운데 다시 시도된 독립운동계의 통일운동으로서, 특히 중국본토지역에서 급진전을 보였다. 이 운동의 선두 주자는 미국 여행을 마치고 1926년 5월에 상해로 돌아온 안창호였다. 그는 1926년 10월에 북경에서 활동하는 대표적 인물들인 원세훈(元世勳)·장건상(張建相) 등과 합의하여 대독립당조직북경촉성회를 조직했다.57) 이에 영향을 받아 다음 해에 들어서는 상해(4월)·광동(5월)·무한(7월)·남경(9월) 등에서도 유일당촉성회가 조직되었고, 11월에는 이들을 하나로 묶는 한국독립당관내촉성회연합회(韓國獨立黨關內促成會聯合會)가 상해에서 조직되었다.58) 또 중국본부한인청년동맹이 유일당운동의 전위조직을 자처하고 나섰다.59)

이처럼 유일당운동이 활발히 전개되자, 김구도 여기에 동참하였다. 그래서 1926년 10월에 북경에서 북경촉성회가 조직된 이후 상해에서도 이에 대한 논의가 활발하게 진행되었고, 1927년 4월 11일에는 삼일당에서 한국유일독립당상해촉성회가 조직되기에 이르렀다. 김구는 여기에 참가하여 집행위원이 되었다. 집행위원은 좌파와 우파를 망라하여 24명이 선

55) 김희곤, 《中國關內 韓國獨立運動團體研究》, 지식산업사, 1995, p.234.
56) 독립운동사편찬위원회, 《獨立運動史》 4, 1972, p.556, 559.
57) 김희곤, 《中國關內 韓國獨立運動團體研究》, 지식산업사, 1995, p.245.
58) 김희곤, 《中國關內 韓國獨立運動團體研究》, 지식산업사, 1995, p.254 ; 김영범, 《한국 근대민족운동과 의열단》, 창작과비평사, 1997, p.223.
59) 김희곤, 《中國關內 韓國獨立運動團體研究》, 지식산업사, 1995, pp.259~262.

정되었다. 이 가운데 우파는 임시정부 요인 16명이었고, 좌파는 홍남표(洪南杓)와 조봉암(曺奉岩) 등 8명이었다.[60) 임시정부 요인 가운데는 국무령이던 김구를 비롯하여 내각을 구성하고 있던 국무위원 5명 전원이 참가했고, 의정원 의장인 이동녕도 집행위원에 포함되었다.

미국에서 돌아온 안창호가 독립운동계의 통일 운동을 벌이는 데 진력하고 있고 국무령이었음에도 조각에 실패했던 홍진이 유일당운동의 만주지역 확산을 위해 떠나간 상황에서, 김구는 정부를 맡아 정부체제를 정세에 맞게 개편하는 작업을 담당한 것이다. 허울 좋은 이름이든 아니든 일단 최고 권력자리인 국무령에 오른 사람으로서, 김구가 민족정당이 조직되면 정부 운영권을 넘기겠다고 밝힌 것은 이른바 '마음을 비운' 단안을 내놓은 것이라고 할 수 있다.

5. 내무장 시기(1927~1930)의 정부 기초 강화와 유일당운동

김구가 내무장을 맡은 시점은 앞에서도 본 것처럼 '신약헌'에 따라 1927년 8월에 신내각이 성립될 때였다. 1923년에서 1926년 사이의 내무총장 시기가 국민대표회의에 대한 대처와 그 이후의 뒤처리를 담당한 때였다면, 이제 내무장 시기는 유일당운동을 지켜보면서 정부체제를 이에 합당한 것으로 개편하고 또한 강한 정부를 만들어 나가야 하는 때였다. 그래서 안창호나 홍진이 유일당운동을 펼치고 있는 것에 발맞추어, 김구

---

60) 집행위원 명단은 다음과 같은데, 당시 김구를 비롯한 국무위원 전원이 포함되어 있다(朝鮮總督府 慶北警察部, 《高等警察要史》, 1934, p.105).
　　홍진·이동녕·이규홍·조상섭·조완구·나창헌·최석순·최창식(崔昌植)·김철·김갑·오영선·안공근·김구·윤기섭·송병조·김규식(金奎植)·홍남표·조봉암·황훈(黃勳)·강경선(康景善)·김두봉·정백(鄭栢)·현정건(玄鼎健)·이민달(李敏達)

는 헌법을 개정하고 정부 운영의 핵인 내무장을 맡았던 것이었다.

내무장인 김구는 내무부 산하 직속 자치기관인 상해교민단(이하 '민단')의 체질 개선에 나섰다. 우선 1929년 8월 29일에 김구는 자신이 직접 상해교민단장을 맡았다.[61] 정부의 내무장이 직속 하부기관의 기관장을 맡은 것이다. 민단은 1918년 가을에 출범했던 상해고려교민친목회(上海高麗僑民親睦會)가 임시정부 수립 후 내무부 산하 조직으로 개편됨으로써 성립되었다.[62] 민단은 내무부 산하의 지방행정 기능과 지방의회 기능을 갖고 있었고, 동포 자제를 위한 교육기관인 인성학교(仁成學校)를 운영하였으며,[63] 동포사회 속으로 파고드는 밀정을 색출하고 치안을 유지하고자 의경대(義警隊)를 두고 있었다.[64] 그런데 이 민단도 임시정부의 사정과 마찬가지로 1920년대 후반에 접어들면서 경제적인 어려움으로 침체 상태에 빠졌다. 이를 회복시키고자 내무장 김구가 직접 민단 운영을 맡고 나선 것이었다.

민단장을 맡은 김구는 민단의 업무에 혁신을 일으켰다. 그는 안으로는 호구조사와 자산조사 등을 실시하여 과세의 기초를 공고하게 만들고, 밖으로는 프랑스조계 공무국에 청원하여 매년 보조금을 받을 수 있도록 했다. 민단이 탄탄해져야 정부도 그만큼 탄탄해질 수 있기 때문이었다. 이러한 김구의 노력으로 민단의 면모는 일신되기에 이르렀다. 기초조직을 견고하게 만들어야 임시정부를 확실하게 유지할 수 있다는 판단 아래 김구가 추진한 정책이 성과를 보인 것이다. 하지만 이런 과정에서 자치적인 기능이 강한 민단이 독립운동기관의 성격을 점차 강하게 띠게 되자 다소의 반발이 나타나기도 했다.[65]

김구는 민단장의 임기가 끝나는 1931년 11월에 민단의 제도를 정무위

61) 독립운동사편찬위원회, 《獨立運動史資料集》 7, 1973, p.1431.
62) 김희곤, 《中國關內 韓國獨立運動團體硏究》, 지식산업사, 1995, p.114.
63) 김희곤, 《中國關內 韓國獨立運動團體硏究》, 지식산업사, 1995, pp.116~132.
64) 김희곤, 《中國關內 韓國獨立運動團體硏究》, 지식산업사, 1995, pp.132~134.
65) 김희곤, 《中國關內 韓國獨立運動團體硏究》, 지식산업사, 1995, pp.120~121.

원제로 바꾸었다. 그것은 종래의 민단장 중심제를 3명의 정무위원으로
구성되는 정무위원회라는 합의제로 개편한 것이다. 이후 김구는 1932년
1월부터 상해를 떠나는 5월까지 정무위원을 맡게 되었다.[66]

김구가 정부 운영에 힘을 쏟고 있는 사이, 좌우합작운동은 1927년 11
월의 한국독립당관내촉성회연합회 구성을 정점으로 점차 답보상태에 들
어가기 시작했다. 그해 7월 13일에 중국의 제1차 국공합작(國共合作)이
무너지면서 그 영향이 바로 미치기 시작했던 것이다. 게다가 1928년 12
월에 코민테른이 발표한 '12월 테제'는 민족협동전선체인 유일당 결성운
동이 중단되는 결정적인 계기가 되었다.[67] 이후 1929년 10월 26일에는
촉성회 해체를 선언하는 모임이 열리게 되었고, 그 자리에서 좌파세력은
유호한국독립운동자동맹(留滬韓國獨立運動者同盟)을 결성하였다.[68] 이에
대해 김구는 다음과 같이 기술하였다.

(전략) 레닌의 공산당인들의 發論하기를 식민지운동은 復國運動이 사회
운동보다 첩경이라는 말에 따라 어디까지 민족운동 즉 복국운동을 共產黨
是로 주창하는데 민족주의자들은 자연 찬동되어 유일독립당 촉성회를 성
립하였는데, 내부에 의연히 양파 共黨(화요파와 ML파—필자)의 권리 쟁탈
전이 明으로 暗으로 대립이 되어 一步難進이므로 민족운동자들도 차차 각
오가 생기어 共黨 기만의 需用에 응치 않음을 알고 공당의 음모로 해산되
었다.

그 후에 한국독립당이 조직되니 순전한 민족주의자 이동녕·안창호·조
완구·이유필·차리석·김붕준·김구·송병조 등 主腦로 창립되었으니 從
次로 민족운동자와 공산운동자가 조직을 따로 가지게 되었다.[69]

66) 金正明,《朝鮮獨立運動》2 (東京 : 原書房, 1967), p.464 ; 국사편찬위원회,《韓國
獨立運動史資料》3, 1973, pp.326~327.
67) 김희곤,《中國關內 韓國獨立運動團體硏究》, 지식산업사, 1995, p.263.
68) 국회도서관,《韓國民族運動史料》(中國篇), 1976, p.638.
69)《백범일지》, p.240.

좌우합작 노력이 중단되자, 임시정부 중심의 우파세력은 일단 헌법에 맞는 정당을 결성하기로 했다. 이로써 조직된 정당이 바로 1930년 1월 25일에 비밀리에 결성된 한국독립당이었다. 비록 좌우합작을 이루지는 못했지만 유일당을 조직하려 했던 목표만은 달성한 셈이었다. 이후 정부 운영이나 독립운동이 모두 정당 중심으로 추진되는 새로운 양상이 나타나게 된다.

한국독립당은 김구가 내무장으로서 정부를 맡고 있는 상황에서 결성된 정당이지만, 창당 과정에서 나타난 그의 구실이나 자취를 보여주는 자료는 없다. 한국독립당이 비밀리에 결성되었기 때문에 특히 그러할 것으로 사료된다. 그러나 당시 김구가 내무장을 맡고 있었던 상황임을 감안한다면, 창당 과정에서 그의 구실이 컸으리라고 어렵지 않게 짐작할 수 있다. 당 결성 직후에 이동녕이 이사장이 되고, 김구는 조소앙(趙素昻)과 함께 상무이사가 된 사실에서도 이를 확인할 수 있다.[70]

내무장 재임 때 김구의 활동은 임시정부의 기초를 강화하는 데 초점을 맞춘 것으로 정리된다. 직할기관인 민단을 강화시킨 것, 유일당운동에 참가하여 민족협동전선을 도모한 것, 그리고 한국독립당을 창당하는 데 참가한 것까지 모두 같은 맥락에서 이해될 수 있다.

6. 재무장 시기의 한인애국단 결성과 의열투쟁

1930년 11월, 국무위원의 임기 3년이 만료되었다. 이에 국무위원을 다시 선출한 결과, 김구는 재무장을 맡게 되었다. 이동녕이 주석과 법무장을 겸하면서 동시에 의정원 의장을 맡았고, 조완구가 내무장을, 조소앙이 외무장을, 그리고 김철이 군무장을 각각 맡게 되었다. 그리고 한국독립당

---

70) 추헌수 엮음, 《資料 韓國獨立運動》 2, 연세대출판부, 1972, p.107.

을 창당하면서 정부로 돌아온 안창호가 외교위원회와 경제후원회의 위원장에, 윤기섭이 군사위원장에 각각 선출되었다.

재무장을 맡으면서 김구는 최우선 과제인 재정문제를 해결하는 일에 매달렸다. 그는 먼저 1927년 '신약헌'에 따라 구성된 국무위원회 출범 이후 4년간의 예산집행결산서를 무더기로 의정원에 제출하였다.[71] 그 내역을 보면, 세입은 인구세와 애국금이 주종을 이루었는데, 1927년에서 1929년까지는 대체로 1,000원에서 1,400원 사이였지만, 1930년에는 547.51원으로 줄었다. 1930년에는 애국금이 없었고 오직 인구세만으로 세입이 잡혔기 때문이다. 1930년의 경우 지출은 가옥세가 40퍼센트를 넘게 차지하였고, 운영경비가 모자라서 고용원을 한 명도 둘 수 없는 지경에 이르렀다. 정부 수립 초기에는 인도인을 고용해서 수위로 세우기도 했었는데, 이제는 정부청사 집세 30원과 20원도 되지 않는 고용인 월급을 주지 못해 번번이 소송당하는 일이 벌어졌다.[72] 심지어 김구는 배가 고파 쓰레기통 안의 배추 잎을 주워 먹기도 하는 처절한 지경에 놓이기까지 했다.[73] 그래서 김구는 "宿事는 政廳에서, 식사는 직업을 가진 동포들의 집(電車公司와 公共汽車公司査票員이 6, 70명이더라)에 다니며 걸식하고 지내니 거지는 上等 거지다"[74]는 식으로 당시 자신의 모습을 표현하기도

---

71) 임시정부의 예산·결산은 공개하지 못하도록 1920년 3월 의정원 회의에서 결의하였고, 또 자료가 남아있지 않아 거의 알 수 없다. 그나마 김구가 재무장을 맡은 뒤 이를 의정원에 제출한 자료가 남아 있어, 당시의 재정 사정을 어느 정도 짐작해볼 수 있다(독립운동사편찬위원회, 《獨立運動史》 4, 1972, pp.432~435).

72) 최근 들어 중국 학자들이 한국독립운동에 중국의 지원이 상당했다고 주장하고 있지만, 실제 중국국민당 정부는 중경(重慶)시대인 1940년대로 접어들어서야 임시정부를 재정적으로 지원하였고, 중국 민간단체들 역시 이봉창(李奉昌)·윤봉길(尹奉吉) 의거가 있은 다음에 비로소 임시정부를 지원하기 시작했을 뿐이다. 결국 상해 시대의 임시정부에게 중국 정부가 지원해 준 일은 거의 없었다고 할 수 있다.

73) 1949년 김구 장례식 때 엄항섭(嚴恒燮)의 조사(독립운동사편찬위원회, 《獨立運動史》 4, 1972, p.434).

74) 《백범일지》, p.243. 중국의 '汽車'는 자동차를 말하는 반면, 우리의 기차는 '火車'라고 불린다.

했다.

이러한 정부의 재정적 난국을 타개하는 것이 재무장 김구에게 부여된
임무였다. 그래서 이에 대한 타개책을 찾느라 고심한 끝에 마련한 방안
이 바로 해외 동포에게 편지 쓰기였다. 1930년 말부터 시작된 것으로 보
이는 이 사업은 미국·하와이·멕시코·쿠바 등에 있는 동포들에게 자
금 협조를 부탁하는 글을 보내는 일이었다.[75]

> 나는 英文에 문맹이라 皮封도 쓸 수 없고 동포들 중에 幾個 친지가 있으
> 나 주소도 알 수 없으므로 엄항섭, 안공근 둘의 助力으로 그 곳의 주소 성
> 명 幾人을 知得하여 가지고 임시정부의 현상을 극진 설명하고 동정을 구하
> 는 편지를 써서 엄군이나 안군에게 피봉을 써서 우송하는 것이 유일의 사
> 무라.[76]

김구의 정성과 계획이 알려지게 되면서 편지에 대한 회답이 조금씩
증가하기 시작했다. 시카고·하와이·샌프란시스코·멕시코·쿠바 등지
에서 속속 의연금이 도착하기 시작했던 것이다. 1년 정도의 노력 끝에
의연금이 어느 정도 축적되기에 이르렀다.[77] 이 무렵인 1931년 11월에는

---

75) 김구는 이 사업을 펼쳐나갈 때를 재무장과 민단장을 겸임하던 시기라고 밝혔다
《백범일지》, p.246). 그가 민단장에 재임한 시기는 1929년 8월부터 1931년 11월까
지인데 재무장의 임기는 1930년 11월부터 1932년까지였으므로, 두 기간이 겹치는
시기는 1930년 11월과 1931년 11월 사이에 해당하는 1년이 된다.

76) 《백범일지》, p.245.

77) 김구는 아무리 어렵더라도 의연금을 철저하게 관리했다고 전해지는데, 그러한 사
실을 확인시켜주는 다음과 같은 증언이 남아있다. "미주에서 1년에 몇 백 달러씩
임시정부로 우송해 왔어요. 그러나 상해의 총우편국으로 오는 것이니 찾으러 가야
합니다. 총우편국은 홍구, 왜놈들이 조선 사람을 체포할 수 있는 공동조계에 있거
든요. 그러니까 백범이 손수 갈 수 없고 자기 심복 부하를 보내야 하지 않겠습니
까? 그런데 그 가운데는 찾아다가 백범에게 준 부하도 있고, 노름에 써 버린 놈도
있고, 잃어버렸다는 놈도 있었어요. 그때 형편이 그랬어요. 그런데 백범 손에 돈이
들어오면 백범은 주머니에 넣고 실로 꿰매어 봉해 버립니다. 자기 사생활이 세상없

중국국민당 조직부장이면서 평소 임시정부에 우호적인 자세를 보여 온 진립부(陳立夫)가 임시정부 외무장 조소앙에게 미화 5천 불을 보내왔고, 이 가운데 절반이 김구에게 활동자금으로 전해졌다. 김구는 이 자금으로 독립운동의 활성화를 도모하려 하였다.

이러한 과정에서 한인애국단이 등장하였다. 한인애국단이 존재했던 것만은 확실하지만, 그것이 조직된 시기를 정확하게 파악하기는 어렵다. 다만 이봉창(李奉昌) 의거 직전에 성립된 것으로 보는 것이 일반적인 추세인데, 이는 《백범일지》에 기술된 내용[78]과 1931년 12월 13일에 한인애국단에 가입했다는 이봉창 자신의 진술 및 한인애국단 앞으로 제출하는 선서문 등을 통해서 확인할 수 있다. 그런데 이봉창 의거 직후에 결성되거나 존재가 드러난 조직에는 한국독립당의 전위조직인 상해한인청년당과 한국독립당특무대가 있었다.[79] 이봉창이 한인애국단에 가입하였음에도 의거 직후에 이 명칭 대신 한국독립당특무대의 이름이 거론된 것으로 미루어 볼 때, 이봉창은 의거의 공을 한국독립당에게로 돌리려 했던 것으로 보인다.[80] 이때 한국독립당특무대라는 조직이 곧 한인애국단이었으리라 생각되고, 이후에는 한인애국단이란 명칭이 보편적으로 사용되었다.[81]

1931년 9월에 일제가 만주를 침공하자, 임시정부는 일제에 테러·의열투쟁을 전개하기로 결의하였다. 한국노병회를 통해 독립전쟁준비방략을 시도했다가 병력이나 전쟁비용에서 그 목표를 뜻대로 이루지 못한 채, 임

이 어려워도 그 돈을 쓰는 법이 없어요. 어떤 사람이든지 일하려는 사람이 오면 그 때서야 끌러서 다 줍니다." 〔정화암(鄭華岩) 증언, 이정식·김학준, 《혁명가들의 항일회상》, 민음사, 1988, pp.323~324〕

78) 《백범일지》, p.250.
79) 독립운동사편찬위원회, 《獨立運動史資料集》7, 1973, p.1458.
80) 독립운동사편찬위원회, 《獨立運動史》4, 1972, p.609.
81) 한인애국단의 처음 명칭이 의생단(義生團)이었다는 설도 전해지고 있다. 즉 조소앙이 특무대의 명칭을 의생단이라 하고 선언·강령·규약 등을 정해 김구에게 주었으나 김구가 실수로 이를 멸실하였고, 이후에는 특별한 강령이나 규약 없이 공작이 진행되었다는 설이다(독립운동사편찬위원회, 《獨立運動史》4, 1972, p.609).

시정부는 예견했던 것보다 빨리 전쟁에 직면하게 된 셈이었다. 그러니 소
규모 인원과 비용을 투입하는 의열투쟁이 당시로서 최선의 선택이었다.

한인애국단 명의의 의열투쟁은 1932년에 접어들면서 5개월 사이에만
네 가지의 굵직굵직한 의거로 나타났다. 파상적으로 전개된 의거들을 시
기 순으로 살펴보면, 1931년 12월에 일왕(日王) 암살을 위해 파견된 이봉
창 의거, 총독 암살을 위해 3월에 파견된 유진식(兪鎭軾)·이덕주(李德
柱) 의거, 상해지구 일본 고관을 처단하려는 목적으로 파견된 윤봉길(尹
奉吉) 의거, 관동군사령관 암살을 위해 4월 1일에 대련(大連)으로 파견되
었다가 5월 24일에 체포된 최홍식(崔興植)·유상근(柳相根) 의거 등이다.

김구는 해외동포로부터 모금한 자금을 바탕으로 만주사변 발발이라는
기회를 포착하고 1년이나 공을 들인 이봉창을 일본으로 파견하기에 앞
서, 1931년 12월 6일 밤에 자신의 계획을 국무회의에 보고하였다. 임시정
부는 이미 김구에게 특무공작을 사전에 위임했고, 김구는 비밀리에 인선
과 교육 및 공작을 진행한 바 있다. 그럼에도 실행에 앞서 이를 위임해
준 정부에 공작사항을 보고하는 것은 김구에게 당연한 일이었다.

이봉창 의거는 다음 해 1월 8일에 벌어졌다. 그가 일본 왕에게 던진 폭
탄은 거리가 다소 멀고 위력이 약해 근위병이 탄 말을 다치게 하고 행렬
을 아수라장으로 만드는 데 그쳤다. 비록 이봉창 의거는 기도했던 만큼의
목적을 달성하지 못했지만, 그 여파는 엄청난 것이었다. 중국 각지의 신
문들이 이봉창의 투탄이 '불행히도' 명중하지 못했다는 뜻에서 '不幸不中'
이라고 대서특필하자,[82] 이를 빌미로 삼아 일본군이 각지에서 신문사를
습격하였고, 결국 상해침공을 자행했던 것이다. 일제는 상해침공 이후 나

---

82) 중국국민당 기관지인 《靑島民國日報》는 큰 활자로 "韓人 李奉昌 狙擊 日皇 不幸
不中"이라고 게재했다가 청도 주둔 일본군에 의해 당사가 습격당하고 파괴되는 일
을 겪게 되었다. 일본군은 이봉창 의거 열흘 뒤인 1월 18일에 일본 승려의 죽음을
조작하면서 분위기를 조장했고, 무조건 협상하겠다는 중국 측의 요구에도 아랑곳
하지 않은 채 마침내 28일에 상해침공을 단행하였다(《백범일지》, p.251).

타난 중국 19로군(路軍)과 상해 시민들의 격렬한 저항에 고민하기도 했으나, 갑북(閘北) 지역의 일반 시민 거주지에 방화하고 그 속으로 중국 시민들을 집어넣어 살해하는 만행을 저지르면서 종전을 이끌어냈다.[83]

이봉창 의거의 영향은 재정적인 지원으로도 이어졌다. 의거 소식이 알려지자 미국·하와이·멕시코·쿠바의 동포들이 격려의 서신을 보내오는가 하면, 평소 임시정부를 반대하던 사람들까지도 태도를 바꾸어 애국성금을 보내옴으로써, 임시정부가 갑자기 활기를 띠게 된 것이다.[84]

김구는 한인애국단의 두 번째·세 번째 의거를 상해침공이 계속되던 3월과 4월에 잇따라 펼쳤다. 그는 3월 중순에서 하순까지 총독 암살을 목적으로 서이균(徐利均 ; 이덕주)과 유진만(兪鎭萬 ; 유진식)을 국내로 파견하였다. 여기에 3월 하순에는 금긍호〔琴兢鎬 ; 여성, 김긍호(金兢鎬)〕를 연락원으로 만주 안동에 파견하였다.[85]

세 번째 의거는 4월 29일에 윤봉길에 의해 펼쳐졌다. 상해침공에서 억지로 승리한 일본군은 4월 29일에 홍구공원에서 일본 왕의 생일인 천장절(天長節) 행사와 상해침공승전 축하행사를 겸하여 열었다. 일본영사관이 일본인들에게 축하식장에 물병과 도시락 및 일장기만을 하나씩 지참하라고 통지한 것을 신문을 통해 본 김구는 물통형과 도시락형 폭탄을 제조해 달라고 김홍일〔金弘壹 ; 왕웅(王雄)〕에게 부탁하였다. 이봉창 의거가 폭탄 불량으로 실패했기 때문에 이번에는 상해 병공창에서 직접 김구를 초청하여 성능 시험까지 가졌다.[86]

김구에게 하직한 윤봉길은 홍구공원으로 갔다. 단상 앞으로는 학생과 군대가 도열했고, 뒤쪽으로는 일본 민간인들이 에워싸고 있었으며, 단상과 민간인 사이를 기마병들이 차단하고 있었다. 하지만 윤봉길은 단상

---

83) 《백범일지》, p.251.
84) 《백범일지》, p.252.
85) 독립운동사편찬위원회, 《獨立運動史》 4, 1972, p.611.
86) 《백범일지》, pp.253~254.

뒤편에 있다가 군중을 밀치며 나아가 8명이 도열해 있는 단상으로 폭탄
을 던졌다. 이 자리에서 윤봉길은 상해지구 사령관인 시라카와(白川義則)
대장과 가와바타(河端貞次) 일본 상해민단 위원장을 죽이고, 상해 공사인
시게미쓰(重光葵)와 노무라(野村吉三郎), 우에다(植田謙吉) 중장 등에게
중상을 입혔다.[87]

한편 김구는 윤봉길 의거가 일어나기 전인 4월 1일에 이미 최흥식·유
상근·이성원(李盛元)·이성발(李盛發)을 대련으로 파견하였다. 이들에
게 준 임무는 관동군사령관인 혼조(本庄繁)와 남만철도(南滿鐵道)의 우
치다(內田康哉) 총재를 암살하라는 것이었다. 5월 26일에 일제의 만주침
공을 조사하기 위해 릿튼이 이끄는 국제연합조사단이 도착할 때 그 자리
에 참석해 있을 일본 고관들을 처단하는 것이 목적이었다. 김구는 이들
에게도 윤봉길 의거에 쓰인 것과 같은 물통형 폭탄을 지급하였다. 그러
나 이들은 5월 24일에 모두 체포당하였다.[88]

한인애국단의 활동 영역을 보면, 이들이 계속 일본의 대륙침략을 맞받
아쳐오고 있었다는 사실을 확인할 수 있다. 즉 한인애국단의 의거가 계
획되고 실행에 옮겨졌던 지역들을 열거하면 침략의 총지휘부인 동경(東
京), 한반도의 지휘부인 조선총독부, 만주침공의 현장 대련, 중국 중남부
지방의 최전방 사령부인 상해 등인데, 이들 지역들은 모두 일본제국주의
의 침략 거점이었다. 따라서 한인애국단의 의열투쟁은 바로 일제의 침략
전쟁에 정면으로 맞선 것이라고 해도 지나친 말이 아닐 것이다.[89]

김구는 윤봉길 의거 직후 결과를 이동녕에게 보고하고 피신할 것을
알렸다. 그리고 임시정부 요인과 구성원들에게 피신할 경비를 지급하였
다. 이후 김구는 김철·안공근(安恭根)·엄항섭(嚴恒燮)과 함께 상해의

87) 국회도서관, 《韓國民族運動史料》(中國篇), 1976, p.703, pp.717~719.
88) 엄항섭, 《屠倭實記》, 국제문화협회, 1946, pp.63~65 ; 金正明, 《朝鮮獨立運動》 2, p.498, 507.
89) 조동걸, 〈이봉창 의거의 역사성과 현재성〉, 이봉창의사장학회, 《이봉창의사와 한
국독립운동》, 단국대출판부, 2002, pp.69~70.

'Foreign YMCA' 주사인 미국인 피치(S. A. Fitch)의 집에 은거하다가,[90] 안창호 등이 체포된 소식을 들은 뒤 이봉창과 윤봉길 의거가 모두 김구 자신이 주모한 일임을 발표했다. 영어로 번역된 발표문은 5월 10일에 로이터통신을 타고 세계로 퍼져 나갔다.[91] 김구는 이어서 5월 24일에 대련에 파견되었던 단원들의 체포 소식을 듣고, 8월 10일에 이 또한 자신이 주모(主謀)한 투쟁이었음을 밝히는 〈한인애국단의 선언〉을 발표하기도 했다.[92]

이 의거 이후 중국의 은주부(殷鑄夫)・주경란(朱慶瀾) 등 중국 유명인사들의 면회 신청이 끊이지 않았고,[93] 이들과 19로군, 상해시상회(上海市商會), 동북재민구제회(東北災民救濟會) 등 중국 각 단체들이 3만여 달러에 달하는 많은 자금을 임시정부에 지원해 왔다.[94] 한편 일제는 김구를 60만원의 현상금을 내걸고 수배했다.[95] 그래서 김구는 상해를 떠나 가흥(嘉興)으로 피신하게 되었다. 김구의 상해시대가 막을 내린 것이다.

7. 맺음 말

지금까지 상해시대(1919~1932)에 김구가 전개한 독립운동의 양상을 임시정부에서 담당하던 직책에 따라 다섯 시기로 구분하여 살펴보았다. 3・1운동 직후에 망명길에 오른 김구는 임시정부 수립 무렵인 4월 11일경에 상해에 도착했고, 바로 이동녕과 만나게 되면서 임시정부에 참가했다. 김구의 본격적인 임시정부 활동은 그해 8월에 경무국장을 맡으면서

---

90) 국사편찬위원회, 《韓國獨立運動史資料》 2, 1972, pp.267~269.
91) 엄항섭, 《屠倭實記》, 국제문화협회, 1946, p.51.
92) 엄항섭, 《屠倭實記》, 국제문화협회, 1946, pp.65~67.
93) 《백범일지》, p.258.
94) 김희곤, 《中國關內 韓國獨立運動團體硏究》, 지식산업사, 1995, p.333.
95) 《백범일지》, p.260.

시작되었고, 4년에 걸친 재임기간에 김구는 일본영사관과 첩보전을 펼치며 임시정부와 동포사회의 안녕과 질서를 유지해 나갔다.

1923년 초에 내무총장을 맡은 김구는 한편으로는 국민대표회의의 과정을 지켜보면서 이에 대한 대응책을 마련했고, 또 한편으로는 내무총장 취임 직전에 한국노병회를 조직하고 초대이사장을 맡음으로써 독립전쟁 준비방략을 펼쳐 나갔다. 김구는 정부를 부정하고 나선 창조파에 대해 해산령을 내리는 등 국민대표회의 이후 혼란한 정국을 수습하고자 노력하였고, 특히 이승만 대통령 탄핵안이 통과되고 박은식이 잠시 대통령을 맡는 사이 개헌을 단행하여 기존의 대통령제를 내각책임제인 국무령제로 바꾸는 데 힘썼다.

초대 국무령 이상룡이 개각에 실패하고 도중하차하자, 김구는 1926년 12월에 국무령에 올랐다. 김구는 개각을 달성함으로써 정부의 안정을 도모하였으나, 국무령이란 자리에 매달리지 않고 임시정부의 안정적인 구도를 조성하는 데 목표를 두고 또다시 개헌작업에 나섰다. 그 결과 국무령제를 국무위원제로 개편하고 새로운 내각을 구성하게 되었으며, 김구 자신은 1927년 8월에 내무장을 맡게 되었다.

내무장으로서 김구는 한국유일독립당상해촉성회 집행위원이 되어 유일당운동에 참가하면서도, 정부를 수호하는 데 노력을 집중하였다. 그러나 좌우합작 추진이 중단된 이후 좌파세력이 유호한국독립운동자동맹을 결성하고 곧이어 임시정부를 중심한 우파세력이 한국독립당을 창당하는 상황이 되자, 김구는 상임이사의 자격으로 한국독립당에 참여하게 되었다. 상해시대를 마감할 때까지 김구 계열의 인물들이 사실상 한국독립당의 운영을 주도한 가운데, 김구 또한 당의 상임이사로서 줄곧 활약하였다. 한편 김구는 내무부 산하 자치기관인 상해교민단의 단장이 되어 프랑스조계 공무국에게서 자금 보조를 확보하는 등 임시정부의 기초 조직을 강화시켰고, 이에 따라 상해교민단은 차츰 독립운동단체의 성격을 띠게 되었다.

1930년 11월에 재무장이 된 김구는 임시정부의 재정 확충을 위해 노력하였다. 김구가 미주지역 동포들에게 편지를 보내고 지원을 부탁한 지 1년 정도 지나면서 그 성과가 조금씩 나타나기 시작했고, 이는 의열투쟁을 펴 나가는 데 중요한 기틀이 되었다. 독립전쟁을 준비했지만 인력과 재정의 한계에 부딪힌 김구로서는 소수의 인력과 자금으로 가능한 최선의 투쟁방략을 선택하지 않을 수 없었고, 이러한 전제 아래 다시 임시정부의 재무장으로서 자금 확보에 나섰던 것이다. 그것이 한인애국단 조직과 활동으로 나타났다.

김구가 주도한 한인애국단의 의열투쟁은 1932년 전반기에 일제 침략의 판도를 따라가며 이에 맞서는 파상적인 공격이었다. 의열투쟁은 독립운동에 활력을 불어넣었고, 특히 한인 독립운동에 대한 중국인들의 시각을 근본적으로 바꾸면서 중국국민당 정부와 민간인 단체들에게서 상당한 지원을 이끌어내기에 이르렀다. 한인애국단의 활동으로 말미암아 비록 임시정부는 1910년대 이래 독립운동의 교두보로서 자리매김해왔던 상해지역을 떠나야 했지만, 이러한 의열투쟁들이 가져온 결과는 이후 중국지역에서 펼쳐질 한국독립운동에 결정적으로 기여하는 것이었다. 이를 계기로 그동안 한국독립운동에 별다른 관심을 보이지 않던 중국국민당 정부가 임시정부와 김구를 지원하고 나섰고, 중국 민간단체들도 임시정부와 김구를 높이 평가함으로써, 만보산(萬寶山) 사건 이후 불어 닥친 양 국민의 갈등이 잦아들고 한국독립운동에 중국 민중이 호응하게 되었기 때문이다.

일찍이 국내에서 독립운동에 참가한 이후 서북지역에서 활약하며 조금씩 활동무대를 넓혀가던 김구는 상해로 망명한 후 독립운동계에서 가장 비중 있는 인물로 떠올랐다. 온갖 난관을 극복해 나가면서 임시정부를 수호하고 독립운동을 전개한 만 13년간의 상해시대가 김구를 한국독립운동의 최고지도자로 거듭나게 한 것이다. 임시정부가 고난의 길로 접어들면서 다수의 유력한 지도자들이 사라져 간 것과 반대로, 그의 구실

과 위상은 더욱 높아져 갔다. 따라서 상해시대의 김구를 위기 속에 성장
한 지도자의 상징이라 평가해도 크게 지나치지 않을 것 같다.

안창호의 중국관내지역 통일운동

1. 머 리 말

중국지역에서 통일운동, 곧 독립운동전선을 한데 통합하려는 운동은 대한민국임시정부(이하 '임시정부') 수립 이후 해방에 이르기까지 줄곧 추진되어 왔다. 독립운동선상에서 민족의 역량을 통합하려는 것은 당연한 것이지만, 실제로는 '민족독립'이나 '민족해방'이라는 목적을 같이하면서도 그 노선에서 서로 엇갈리는 일들이 자주 나타났다. 임시정부 수립 초기에는 여러 개의 정부조직체들이 나타나면서 이들의 통합이 절실히 요구되었고, 1920년 이후에는 임시정부가 점차 약화되자 기존 세력들의 재편과 강화라는 문제에서 역시 여러 목소리들에 대한 통일문제가 거론되었다. 그런가 하면 공산주의의 유입 이후에는 좌파와 우파의 대립이라는 문제가 대두되면서 두 세력을 하나로 묶을 필요성이 제기되기도 했다. 이상의 공통점은 모두 임시정부 안팎의 상황과 정세에 따라 다양하고 상이하게 나타나는 저마다의 노선 및 전략들을 하나로 통합하고자 했던 광범위한 움직임이었다는 것이다.

　임시정부가 상해(上海)에 머물던 1919년에서 1932년까지 이른바 '민족
전선통일운동'의 중심에는 언제나 도산 안창호(島山 安昌浩)가 서 있었
다.[1] 1919년 5월에 상해에 도착한 이후 안창호는 줄곧 임시정부의 초석
을 다지고 민족의 투쟁역량을 통합하고자 노력하였다. 전자를 위해 안창
호는 미주 대한인국민회에서 모금한 자금으로 임시정부의 면모를 갖추
고, 연통부(聯通府)와 교통국 제도를 채택하여 국내에 대한 통치력을 확
보하고자 하였으며, 《獨立新聞》을 발간하여 임시정부의 활동상을 알리고
대중의 투쟁을 이끌어 내었다. 그리고 후자를 위해서 블라디보스토크에
서 성립된 대한국민의회와 통합을 추진하였다. 이렇게 시작된 안창호의
중국관내(中國關內) 활동은 1932년에 윤봉길(尹奉吉) 의거로 상해에서
체포되기까지 독립운동의 역량을 통일하는 데 집중되었다.

　안창호는 1921년부터 1923년 사이에 국민대표회의를 추진하고 또 주
도하였으며, 1926년부터는 유일당운동을 이끌었다. 그리고 이것이 중단
되자 그는 우파만으로 한국독립당 결성을 주도한 뒤, 다시 중국인과의
통일운동에 나서다가 체포되었다. 이와 관련된 상해시절 안창호의 통일
운동에 대한 연구는 근래에 들어 단편적으로 이루어져 왔다.[2] 본고는 이

---

1) 1920년대 이후의 좌우합작운동에 대하여 일반적으로 우파에서는 민족협동전선운
　동이나 유일당운동으로, 좌파에서는 통일전선운동으로 불렀다. 그리고 해방 후에는
　좌우합작위원회가 있었던 것처럼, '좌우합작'이란 명칭이 사용되었다. 필자는 당시
　민족독립이나 민족해방을 위해 추진된 합작운동을 '좌'나 '우' 어디에도 기울지 않
　고 전체를 포괄하려는 의도에서 민족(독립·해방)운동의 통일이라는 뜻의 '민족전
　선통일운동'이라 정리하고, 이를 줄여서 '통일운동'이라고 부르고자 한다.
2) 대표적인 연구에는 다음의 것들이 있다.
　이명화, 〈도산 안창호의 독립운동과 노선〉, 도산사상연구회, 《安島山全書》 下,
　1993.
　_____, 〈興士團遠東臨時委員部와 島山 安昌浩의 民族運動〉, 독립기념관, 《한국독
　립운동사연구》 8, 1994.
　조동걸, 〈중국에서 도산의 독립운동〉, 도산사상연구회 엮음, 《도산 안창호의 사상
　과 민족운동》, 학문사, 1955.
　김희곤, 《中國關內 韓國獨立運動團體硏究》, 지식산업사, 1995.
　김희곤·한상도·한시준·유병용, 《대한민국임시정부의 좌우합작운동》, 한울, 1995.

러한 기존의 연구를 바탕으로 안창호의 통일운동 전반을 국민대표회의, 유일당운동, 한국독립당 창당과 중국과의 통일운동 모색 등으로 나누어 추적하려 한다.

2. 국민대표회의 주도

1923년 1월 3일부터 그해 5월까지 상해에서 열린 국민대표회의는 독립운동사에서 가장 큰 규모의 대표자회의였다.[3] 이 회의를 논의하고 추진했던 주역 가운데 한 사람이 바로 안창호였다.

안창호는 임시정부의 초석을 마련하고 대한국민의회와의 통합정부를 성취시켰다. 그런데 1920년 12월 8일에 임시대통령 이승만(李承晩)이 상해에 도착하면서 정치적인 격돌이 빚어졌다. 이승만과 국무총리 이동휘(李東輝) 사이에 정부 운영문제를 둘러싸고 불화가 생겼고, 마침내 1921년 1월 24일에 이동휘가 국무총리직을 사임하기에 이르렀던 것이다. 안창호는 양쪽 계열의 인사를 만나 타협점을 찾아 내각을 통일하려고 매우 애를 썼으나 실패하였고, 이에 그는 김규식(金奎植)과 더불어 내각에서 사임하였다. 안창호는 사태 해결을 위해 독립운동자들의 대표 모임에 관심을 가지기 시작하였다. 그는 여러 차례 국무총리에 추대되기도 하였으나 끝내 사양하였다.

이 무렵 이승만에게 사태를 해결하든지 아니면 물러나든지 결정하라

김영범, 《한국 근대민족운동과 의열단》, 창작과비평사, 1997.

3) 이 회의에 대한 명칭은 '국민대표회' 혹은 '국민대표회의'라고 사용되고 있다. 이것은 자료 자체가 그러했기 때문에 빚어진 일이다. 처음 이 회의가 추진될 때에는 '국민대표회'라는 명칭이 많이 사용되었다. 그러다가 회의가 진행되면서 후자, 곧 '국민대표회의'라는 명칭을 사용하는 빈도가 많아졌다. 이 모임이 하나의 집단을 형성한 조직체라기보다는 시국 사안을 논의하는 '회의체'였고 '의장'을 선출하는 자리였다는 점을 감안할 때, '국민대표회의'를 사용하는 것이 더 바람직할 것 같다.

는 강력한 요구가 국민대표회의 개최 촉구를 통해 표현되었다. 국민대표
회의 개최의 계기가 된 이러한 목소리들은 크게 네 가지 방향에서 터져
나왔는데, 그 가운데 세 가지는 대내적인 요구였고 다른 하나는 대외적
인 것이었다.

대내적인 요구의 하나는 1921년 2월에 박은식(朴殷植)을 비롯한 14인
이 〈我 同胞에게 告함〉이라는 선언을 발표한 것이었다.4) 〈我 同胞에게
告함〉은 의정원 의원을 포함하여 임시정부 외곽에서 활동하던 인물들이
발표한 것인데, "강력한 통일정부의 재조직과 衆智에 의한 최선의 독립운
동방식 정립"을 요구한 선언이다. 이것은 사실상 임시정부를 명실상부한
최고의 독립운동기관으로 개편함으로써 무장독립투쟁을 지지하고 독립
군 부대의 통합 및 지휘계통의 통일을 확립할 것을 촉구하는 내용이었다.

두 번째는 4월에 북경(北京) 군사통일주비회에서 회의 소집을 요구한
것이었다.5) 이승만이 초대 임시대통령으로 선출되자마자 반(反)임시정
부 활동을 전개해 온 신채호(申采浩)와 이에 동조한 박용만(朴容萬)·신
숙(申肅) 등이 주도한 요구였다. 군사통일주비회는 4월 27일에 임시정부
와 임시의정원에 대한 불신임안을 가결시키고 국민대표회의 소집을 결
의하였다. 그리고 이 결의문을 임시정부에 전달하였다.

세 번째는 5월 6일에 만주 액목현(額穆縣) 회의에서 임시정부의 개편
과 위임통치 청원자에 대한 퇴거를 요구한 것이었다. 이는 평소 임시정

---

4) 이 선언의 발기인은 다음과 같다.
　　고일표(高一彪)·김창숙(金昌淑)·김강산(金鋼山)·정인교(鄭寅敎)·유진호(柳
　振昊)·유건혁(柳健赫)·유예균(劉禮均)·이민창(李民昌)·박은식·손영직(孫永
　稷)·안병찬(安秉瓚)·최동오(崔東旿)·왕삼덕(王三德)·원세훈(元世勳)[국회도서
　관, 《韓國民族運動史料》(中國篇), 1976, pp.276~277]
5) 군사통일주비회(1921. 4)는 군사통일촉성회(1920. 9)의 뒤를 이어 조직된 것이다.
　촉성회가 봉오동전투(1920. 6)와 청산리전투(1920. 10) 사이의 통일된 지휘권 장악
　을 목표로 하고 있었다면, 주비회는 일본군의 공격으로 흩어진 독립군 및 독립운동
　단체의 단일화 작업에 주된 목표를 두고 있었다(김희곤, 《中國關內 韓國獨立運動
　團體硏究》, 지식산업사, 1995, p.146).

부를 지지해 오던 여준(呂準)·이탁(李沰)·김동삼(金東三) 등 만주지역
인물들이 제기한 것이었으므로, 그 충격은 매우 컸다.

　마지막으로 대외적인 요구가 있었는데, 바로 모스크바에서 열린 극동
인민대표회의(1922. 1. 21~2. 6)에서 터져 나온 요구이다. 이 회의는 소련
이 태평양회의(1921. 11. 11~1922. 2. 6 ; 워싱턴회의)와 때를 같이하여 모
스크바에서 개최한 것으로, 극동지역으로 공산주의의 팽창을 추진하려는
소련의 의도에서 비롯된 것이었다. 태평양회의의 결과가 가져다 준 실망
감은 자연히 소련에 대한 기대감으로 작용하였고, 특히 레닌(V. I. Lenin)
의 자금지원 약속은 이를 더욱 촉진시켰다. 이 회의에 한국 대표는 23개
단체에서 52명이 참가하였는데, 소련·중국·일본·자바 등 5개국에서
참석한 144명의 대표 가운데 36퍼센트를 차지했다. 이 회의는 한국문제
에 대해 "한국에서의 계급운동은 시기상조이며, 계급운동자들은 독립운
동을 지원해야 하고, 임시정부는 개혁될 필요가 있다"(밑줄 필자)라고 정
리하였다.[6] 여기에서 특히 세 번째 항목, 곧 임시정부 개혁의 필요성을
제기한 부분은 국민대표회의 개최를 요구하는 데 커다란 계기로 작용하
였다. 더욱이 레닌이 지원한 자금은 실제로 국민대표회의 개최를 가능하
게 했다.

　이처럼 국민대표회의 개최를 요구하는 목소리가 곳곳에서 높아지자,
임시정부는 처음에 이를 견제하고 나섰다. 특히 강력한 도전을 받은 것
은 누구보다도 대통령 이승만이었다. 이러한 상황에서 3월 5일에 조완구
(趙琬九)·윤기섭(尹琦燮) 등 이승만 지지자 45명이 임시정부를 반드시
유지해야 한다고 주장하면서, 이승만을 비롯한 임시정부에 절대적인 지
지를 부탁한다는 선언서를 발표하였다.[7] 이어 이승만을 지지하던 이동
녕(李東寧)·신규식(申圭植)이 정부 옹호를 위한 조직을 만들었으니, 이

　6) 〈피의자신문조서(제1회)〉, 몽양여운형선생전집발간위원회, 《몽양여운형전집》 1,
　　한울, 1991, pp.413.
　7) 국사편찬위원회, 《韓國獨立運動史》 3, 1967, pp.67~70 참조.

것이 바로 협성회(協誠會)였다. 안창호와 여운형(呂運亨)이 강연회를 통해 국민대표회의 소집을 추진하던 시기이자 북경의 요구가 도착하던 무렵인 4월 24일에 이들은 협성회의 발회식을 갖고 정부 유지 및 단점의 극복과 혁신 등의 강령을 포함한 선언서를 129명의 서명으로 발표하였다. 이로써 안창호 중심의 개혁 작업을 좌시하지 않겠다는 결의를 보인 셈이다. 나아가 임시정부는 5월 30일에 내무부 통첩 전문 〈불온 언동에 대한 주의〉를 발표하여 안창호가 주도하던 국민대표회의 상해기성회(上海期成會)에 쐐기를 박으려 하였다.[8]

그러나 안창호는 전혀 흔들리지 않고 이 일을 밀고 나아갔다. 안창호는 흥사단원동지부를 지지세력으로 삼고 연설회를 비롯한 여러 모임들을 만들어 나갔다.[9] 5월 12일에는 국민대표회의 소집을 요구하는 연설회를 가졌다. 연사는 안창호와 여운형이었다. 여운형은 쇠약해진 임시정부에 대한 해결책으로 국민대표회의를 열거나 다른 양법(良法)으로 일반 민의를 모아 통일을 도모해야 한다는 것을 내세웠다. 안창호는 "독립운동의 방법이 군사·외교·재정·교육·식산·통일 등 6개 항에 착안해야 한다고 주장하면서 그 가운데서도 통일이 가장 긴요한 일인데, 통일되지 못하고 있으니 그 해결책으로 국민대회의 의결을 기다리고자 한다"고 했다. 여기에 모인 400명 가운데 300명이 기립으로 국민대표회의 개최에 찬성하였다. 결국 이 연설회는 안창호를 중심으로 개최되었고, 정부 반대세력도 안창호에 동조한 것으로 파악된다.[10] 이후 일주일 만인 19일

---

8) 김희곤, 《中國關內 韓國獨立運動團體硏究》, 지식산업사, 1995, p.151.
9) 안창호는 1920년 초에 흥사단 지부 조직에 착수하였고, 그해 9월 20일에 상해에서 흥사단원동임시위원부를 조직하였다. 그런데 이에 대한 학계의 평가는 엇갈리고 있다. 그의 추종자인 주요한(朱耀翰)조차 "단우를 정선하는 방침과 널리 공개활동 아니하는 원칙은 세인으로 하여금 흥사단은 비밀단체라고 오해·곡해하게 하였고, 따라서 이를 질시하고, 혹은 도산을 두려워하고, 또 반대하는 기운을 조성한 것도 사실이니, 이해득실을 쉬이 판단하지 못할 것이다"라고 하면서 평가를 머뭇거렸다(주요한, 《安島山全書》, 삼중당, 1963, p.307).
10) 국회도서관, 《韓國民族運動史料》(三·一運動篇 其一), 1977, p.1001.

에 안창호는 제2회 연설회를 열고 다시 국민대표회의 소집을 촉구하면서 국민대표회의 상해기성회를 조직하였다.[11]

이러한 소용돌이 속에서 이승만은 끝내 임시정부의 혼란을 해결하지 못하고 6월 4일에 부랴부랴 상해를 떠나 하와이로 향했다. 이승만은 6개월도 안 되는 짧은 체류기간에 독립운동계를 정리하기는커녕 폭풍우만 남겨놓은 채 떠나버린 것이다. 상해를 떠나야 하는 그의 명분은 워싱턴에서 열릴 태평양회의에 대한 외교활동을 준비한다는 것이었다.[12]

안창호는 태평양회의가 구체적으로 진행되는 상황을 지켜보다가 8월에 접어들면서 일단 국민대표회의 추진을 잠시 멈추고 태평양회의외교후원회를 구성하였다. 안창호는 비록 태평양회의가 제1차 세계대전을 정리하는 마무리 작업으로서 열리는 군축회의이긴 했지만, 또다시 한국문제를 쟁점화할 수 있는 기회가 될지도 모른다는 생각을 가졌던 것 같다. 이에 안창호는 태평양회의에 대한 후원문제와 자금문제에 매달렸다. 하지만 태평양회의의 결과는 역시 냉혹하게 한국의 문제를 비켜갔다. 이에 따라 국민대표회의에 대한 논의가 다시 수면 위로 떠오르게 되었다.

1922년 4월 6일, 안창호는 현안과제가 국민대표회의 소집임을 다시 한번 천명하였다. 나흘 뒤인 10일에는 극동인민대표회의에 참가했던 여운형이 모스크바에서 상해로 돌아와 회의 소집을 위한 논의에 가세하고 나섰다. 태평양회의와는 반대로 극동인민대표회의는 국민대표회의 추진에 박차를 가할 수 있는 촉진제 구실을 하였던 것이다. 그러자 임시정부는 더 이상 이러한 움직임에 저항할 수 없었다. 태평양회의의 결과에 맥이 빠진 임시정부는 4월에 들어 노백린(盧伯麟) 군무총장을 제외한 모든 각료가 이미 사직한 상황이었다.[13] 국민대표회의 추진세력은 천세헌(千世

11) 국회도서관, 《韓國民族運動史料》(中國篇), 1976, pp.289~290.
12) 일제 정보 기록에 "이승만이 미국으로 돌아가 안창호가 공산주의자라고 퍼뜨렸기 때문에, 안창호는 미국의 신용이 떨어져 상해 미국영사관에서 해마다 여권의 갱신을 받을 때에도 적지 않은 지장을 받았다"는 기록이 있다(국회도서관, 《島山安昌浩資料集(1)》, 1997, p.7).

憲) 등 102명의 명의로 국민대표회의 소집에 대한 청원안을 임시의정원에 제출하였고, 4월 14일에 이것이 통과되었다.[14]

5월 10일에는 〈국민대표회의주비위원회선언서〉가 발표되었고, 이를 통해 대표 소집이 선언되었다.[15] 각지에 주비회의 선언문이 발송되자, 그 지역의 대표들도 상해로 집결하기 시작하였다. 먼저 북경군사통일회의의 신숙·강구우(姜九禹)·남공선(南公善), 천진기성회(天津期成會)의 김위택(金偉宅), 동녕현기성회(東寧縣期成會)의 최대갑(崔大甲), 상해기성회의 남형우(南亨祐)·원세훈(元世勳)·송병조(宋秉祚)·김철(金澈) 등이 도착하거나 합세하였다.[16]

5월 12일에 여운형과 함께 국민대표회의 소집을 요구하는 연설회를 가진 안창호는 6월 6일에 국민대표회의 상해기성회 제1회 총회를 소집하였다. 이 자리에서 간장(簡章)이 결정되었고, 안창호는 회장으로 선출되었다. 이제 안창호는 본격적으로 회의 소집에 박차를 가하였다. 9월 15일에 회의를 개최한다는 목표 아래 상해와 북경의 대표자 연석회의가 추진되었다. 7월 16일부터는 상해의 김규식·원세훈·여운형·윤현진(尹顯振)·이탁(李鐸) 등과 북경의 박건병(朴建秉)·최목(崔穆) 등이 모여 회의를 개최할 장소 선정 문제와 사용할 연호 문제를 논의하였다.[17]

안창호는 국민대표회의 소집을 확고히 하고자 여운형과 시사책진회

13) 국회도서관, 《韓國民族運動史料》(中國篇), 1976, p.290.
14) 《獨立新聞》, 1922년 6월 24일자.
15) 국사편찬위원회, 《韓國獨立運動史》 3, 1967, pp.440~442.
16) 국회도서관, 《韓國民族運動史料》(中國篇), 1976, p.291. 이 자료에는 '주비회'가 아니라 '준비회'로 기록되어 있다. 그러나 회의 첫날 남형우가 '주비회장'으로서 개회를 선언하였다고 기록된 사실로 보아 '주비회'가 옳은 것 같다(국회도서관, 《島山安昌浩資料集(1)》, 1997, p.15).
17) 국회도서관, 《韓國民族運動史料》(三·一運動篇 其一), 1977, p.569.
    북경세력은 반임시정부적인 정서 때문에 임시정부의 연호, 곧 민국연호를 거부하다가, 상해 측과 협의하여 기원연호, 곧 단기와 민국연호를 함께 사용하기로 합의했다(국사편찬위원회, 《韓國獨立運動史》 3, 1967, p.73).

(時事策進會)를 조직하였다. 이 두 사람을 중심으로 임시정부 인물 50여 명이 대거 참여한 시사책진회는 '임시의정원과 국민대표회의주비회', '한 형권(韓亨權) 소련원조금' 등의 문제들을 논의하고 해결하여 빠른 시간 안에 국민대표회의를 열고자 하였다.[18]

안창호는 여러 방면으로 자금 조달을 위한 노력을 기울였지만, 뜻대로 되지 않았다. 북경의 신숙을 통하여 국내의 천도교 자금을 확보하려고도 했으나, 그마저도 이루어지질 않았다. 그러다가 마침 레닌의 자금 일부가 한형권을 통해 투입됨으로써, 비로소 회의 개최가 가능해졌다. 사실 국민 대표회의 개최는 자금이 확보되지 못해 상당 기간 지연되고 있었는데, 소련의 자금이 들어오게 되면서 회의 개최가 급진전되었다. 그 결과 1922년 12월에는 독립운동사상 가장 많은 독립운동계 대표들이 상해에 집결하게 되었다. 사안의 진행 여부는 차치하더라도, 상해는 한국독립운 동계와 일제 정보요원 및 소련의 시선을 집중시키기에 충분하였다.

1923년 1월 3일, 드디어 국민대표회의가 개회되었고, 이후 5월 15일까 지 63회에 걸쳐 회의가 진행되었다.[19] 첫날에는 62명의 대표가 참석하였 는데, 미주 대한인국민회 대표로 회의에 참석한 안창호가 임시의장이 되 어 회의를 이끌어 갔다. 그러나 시작 직후인 1월 10일과 11일에 자신의 대표자격에 관한 논란이 일어나면서, 안창호는 며칠 동안 회의에 참석하 지 않았다. 당초 주비회 단계에서 안창호는 박은식을 명예회장으로 내세 우고 자신이 직접 일을 처리하도록 원세훈, 윤해(尹海), 남형우 등과 묵 계를 가졌다고 한다. 그런데 회의가 시작되자마자 각 지역대표들은 안창 호가 미국정부에 위임통치를 요구했던 미주 대한인국민회 대표이기 때 문에 국민대표회의에 참가할 자격이 없다고 문제를 들고 나왔다.[20] 이에

18) 국사편찬위원회, 《韓國獨立運動史》 3, 1967, pp.73~74.
19) 창조파와 개조파로 나뉘어 회의가 결렬되는 5월 15일까지만 계산해서 63회인데, 그 이후 6월 3·6·7일에 창조파만의 회의가 개최되기도 했다.
20) 국회도서관, 《島山安昌浩資料集(1)》, 1997, p.9.

안창호는 임시의장사면서와 퇴석통고서를 제출하고 불참하였다. 이 자격
시비는 회의 9일째인 1월 18일에 해결되었고, 안창호는 회장 김동삼에
이어 윤해와 더불어 부의장에 선출되었다.[21] 이 회의 과정에서 안창호는
외교분과위원을 맡았고, 또 헌법기초위원으로서도 활약하였다.[22]

이 회의는 우선 대표자격을 심사하였다. 지역대표와 단체대표를 합쳐
모두 130여 명을 대표로 확인하였고,[23] 이를 바탕으로 분과위원회를 조
직한 뒤 안건을 나누어 연구하고 발표하였다. 그러나 결국 중요한 문제
는 임시정부를 개조할 것인가(개조파), 아니면 이를 없애고 새로운 정부
를 만드는가(창조파) 하는 것이었다. 안창호가 당초 이 회의를 개최하려
했던 이유는 각 정파와 단체를 통일하는 데 있었다. 그러나 목적이 다른
집단들이 서로 통합된다는 것은 어려운 일이었다. 윤해와 원세훈 등 창
조파는 이승만 배척, 임시정부 해체, 새로운 정부 수립을 목표로 삼고 있
었던 것이다.[24]

대표들이 개조파와 창조파로 나뉘게 되면서 회의는 양측의 팽팽한 접
전으로 펼쳐졌다. 그러나 3월 20일 이후 정식 회의가 중지되었고, 개조파
와 창조파는 일단 비공식 접촉을 가지면서 돌파구를 찾으려 하였다. 공

---

21) 국회도서관, 《島山安昌浩資料集(1)》, 1997, p.23.
22) 국회도서관, 《島山安昌浩資料集(1)》, 1997, pp.43~44.
23) 《獨立新聞》을 정밀하게 검토하고 다른 자료들과 비교하여 조사한 결과, 국민대표
   회의 참석 대표로서 인정된 인원 수가 125명이라고 필자는 분석한 바 있다(김희곤,
   《中國關內 韓國獨立運動團體硏究》, 지식산업사, 1995, pp.156~157, 173~176,
   179~184). 이 숫자는 한형권의 회고와도 일치하는 수치이다(한형권, 〈臨時政府의
   對俄外交와 國民代表會議의 顚末〉, 《가톨릭靑年》 59, 1948, 8・9月合倂號, p.640).
   그런데 국회도서관에서 최근에 나온 자료에 따르면, 대표 인원이 가장 많았을 때가
   3월 상순인데 130명 정도에 이르렀다고 한다. 즉 '국민대표회의 규정' 제4장 제21조
   에 "개회는 총인원 4분의 3 이상 출석을 요한다"라고 되어 있는데(국회도서관, 《島
   山安昌浩資料集(1)》, 1997, p.27), 3월 10일에 "출석한 대표가 99명에 미달하였기 때
   문에 개회하지 못했음"(같은 책, p.67)이라는 내용이 있는 것으로 보아 총인원은
   129~132명 정도였을 것으로 추정할 수 있다.
24) 국회도서관, 《島山安昌浩資料集(1)》, 1997, p.13.

백기간이 지나고 4월 11일부터 회의가 재개되었지만, 쟁점은 다시 임시정부 처리문제로 모아졌다. 63번째 회의가 열린 5월 15일을 끝으로 양대 세력의 합동모임은 중지되었다. 결렬을 눈앞에 둔 6월 4일, 안창호·손정도(孫貞道)·정신(鄭信)·왕삼덕(王三德) 등의 개조파와 신숙·윤해 등의 창조파 및 김동삼이 합석하여 타협책을 마련하고자 노력하였다. 그러나 이마저도 결렬되고 말았다.[25]

창조파는 6월 6일에 독자적인 회의를 개최하여 국민위원회를 조직하고 헌법을 발표하였다. 이어서 이들은 블라디보스토크로 가서 조선공화국 또는 '한'(韓)이라 불리는 새로운 정부를 수립하겠다고 선언하였다. 이들이 새 정부를 굳이 소련지역에 수립하고자 했던 데는 한형권이 소지한 자금을 확보하려는 것뿐만 아니라 레닌에게서 받을 차관의 잔액 140만원을 손에 넣고자 하는 속셈도 작용했을 것이다.[26] 임시정부는 6월 7일에 임시정부 국무원 포고 3호와 내무부령 1호를 발표하여 창조파에 대한 응징을 선언하였고, 개조파에서도 창조파의 행위를 비난하는 성명서를 발표하였다.[27]

국민대표회의가 실패한 뒤, 안창호는 또다시 통일운동에 나섰다. 임시정부를 유지할 수 있는 기반을 마련하기 위해서였다. 1923년 말에 안창호는 여운형·안정근(安定根)·남형우 등과 함께 '임시정부가 몰락하면 장래 독립사업에 악영향을 초래할 것'이라 우려하고, 임시정부의 기초를 수립하기 위해 상해에서 각지의 대표자회의를 여는 것을 기획하였다.

---

25) 국회도서관, 《島山安昌浩資料集(1)》, 1997, p.97.
　　안창호는 이 회의에서 의정원 의원과 대표회의 회원 합동으로 헌법을 제정하고 기관을 조직한 뒤, 종전의 헌법과 기관을 일체 폐지하자고 안을 내놓았다. 또 안창호를 비롯한 개조파 대표들은 의정원과 국민대표회의의 비공식 연합회에서 헌법회의를 구성하게 되면 양측이 해산하여 헌법회의의 결정사항을 임시정부 국무원에서 공포하도록 하자는 안을 마련했다. 그러나 임시정부 측은 이러한 제안들을 모두 거부했다(국회도서관, 《島山安昌浩資料集(1)》, 1997, p.98).
26) 국회도서관, 《島山安昌浩資料集(1)》, 1997, p.14.
27) 국회도서관, 《島山安昌浩資料集(1)》, 1997, pp.106~111.

안창호는 우선 북경으로 갔다. 북경에서 동지들과 회합한 그는 1924년 1월 초에는 만주로 향하여 북만주와 서·북간도 일대의 독립단 대표와 숙의한 뒤 2월 중순경 상해로 돌아왔다. 그 지역 대표들과 북경 및 천진(天津)의 대표 30여 명을 상해로 소집하여 이들과 함께 통일회의를 다시 추진하려 했던 것이다.[28] 안창호는 상해로 귀환하고 나서 〈大同統一趣意書〉를 발표하고 통일운동을 재개하였다. 이에 만주지역 군인대표들이 화답하여 대동통일을 주장하는 선언을 발표하였다.[29] 이것은 상해청년동맹(1924. 4. 5) 창립 배경의 하나가 되었다.[30]

1924년에 접어들면서 안창호는 이상촌(理想村), 곧 새로운 독립운동기지 건설을 추진하다가 12월에 미국으로 떠났다.[31] 그동안 추진하던 통일운동을 점검하고 자금을 확보하기 위한 것이었다. 어떤 면에서 보면, 자신이 자리를 비운 상태에서 임시정부를 크게 개편하라는 뜻에서 선택한 미국행이었는지도 모른다. 당시 임시정부의 정국은 1924년 4월에 대통령 탄핵안이 의정원에 제출된 상황이었고, 9월 이후 대통령 직무대리를 맡고 있던 이동녕이 미국에 있던 이승만과 힘겨루기를 벌이다가 안창호가 미국으로 떠나던 12월에 내각 총사직을 단행하던 상태였다. 안창호가 자리를 비우자마자, 임시정부는 박은식을 수반으로 새 내각을 성립시키면서 국무령제(國務領制)를 골간으로 삼은 헌법개정안을 준비하였다. 그리고 다음 해 1925년 3월 23일에 의정원이 이승만을 면직시키게 되고, 30일에는 개헌안을 의결하여 4월 7일자로 이를 공포하였다. 이후 박은식이 2대

---

28) 국회도서관, 《韓國民族運動史料》(中國篇), 1976, p.322.
29) 국회도서관, 《韓國民族運動史料》(中國篇), 1976, pp.323~324.
30) 김영범, 《한국 근대민족운동과 의열단》, 창작과비평사, 1997, pp.126~127.
31) 미국으로 출발하기 전에 안창호는 국내 동포에게 보내는 글을 쓴 뒤 북경에서 이광수를 만나 이를 전달했다. 그런데 그 내용이 당시 이광수가 펼치고 있던 국민개조론과 흐름을 같이하는 것이기도 하여 부정적으로 평가되는 경우가 있다. 물론 이는 이광수가 문장을 다듬는 과정에서 안창호의 의도를 다소 왜곡시킨 것일 가능성도 있지만, 국민대표회의 실패 이후 안창호가 느꼈던 답답한 심정이 나타난 대목으로 해석할 수도 있을 것이다.

임시대통령직을 사임하자 이상룡(李相龍)이 국무령으로 선출되어 9월에 취임하였다.[32] 말하자면, 안창호가 미국에 체류하는 사이에 임시정부는 이승만의 탄핵과 국무령제 채택이라는 엄청난 체제 변화를 이루게 된 것이다.

안창호의 미국행이 이러한 임시정부의 변화와 무관한 것 같지는 않다. 그 이유는 그가 미국에 있으면서도 자신의 측근들에게 서신을 보내어 임시정부에 영향력을 행사했던 데 있다. 우선 안창호는 임시정부에 재정을 지원하였다. 12월 16일에 샌프란시스코에 도착한 뒤로 그는 현지에서 인구세와 애국금을 거두며 임시정부 유지비를 지원했던 것이다. 그리고 안창호는 이승만이 대통령직에서 탄핵된 뒤 후임에 박은식이 선출되는 데도 영향을 주었다. 안창호는 대통령 탄핵안이 의결되기 전인 1925년 1월에 이유필(李裕弼)과 조상섭(趙尙燮)에게 편지를 보내어 이승만의 후임으로 박은식과 이상룡을 추천한 바 있는데,[33] 결과적으로 임시정부는 후임 대통령에 박은식을 선출한 것이다. 또한 박은식의 임기 도중 헌법을 개정하여 대통령제를 국무령제로 바꾼 뒤, 초대 국무령으로 이상룡을 선출했다. 그렇다면 안창호는 자신이 꿈꾸던 통일운동에 이승만이 적합하지 않다고 결론지었던 것으로 보인다. 그래서 미국에 머물며 이 문제들을 매듭지은 다음에 중국으로 돌아와 국민대표회의에서 못 다한 통일운동을 다시 추진하려 한 것으로 생각된다.

안창호는 미국에서 북미한인유학생회 연례회의에 참석하여 강연하였는가 하면, 미국에 체류하는 중국인들과 연합을 모색하기도 했다. 그러다가 1926년 5월에 2만 원의 자금을 갖고 다시 상해로 귀환하였다.[34] 7년

---

32) 국회도서관, 《島山安昌浩資料集(1)》, 1997, pp.121~123 ; 독립운동사편찬위원회, 《獨立運動史》 4, 1972, p.146.

33) "임시정부 명의를 존속하기 위해서는 白岩선생이나 기타 누구든지 백암선생과 같지 않더라도 仁愛하는 德이 있는 이면 만족하고 (중략) 박은식선생이나 이상룡선생 같은 이를 두령으로 추대하는 것이 좋을까 합니다"(독립기념관 한국독립운동사연구소, 《島山安昌浩資料集(3)》, 1992, pp.207~208).

전에 상해에 도착할 때는 임시정부 초석 마련과 통합정부 수립이라는 과제가 기다리고 있었지만, 이번에는 이념의 분화를 극복하고 독립운동계를 통합해야 하는 커다란 과제가 안창호의 앞에 놓여 있었다.

3. 유일당운동의 추진

상해로 돌아오자마자 안창호는 이상룡이 내각 구성에 실패하고 2월에 만주로 떠나버리면서 공석이 된 임시정부 국무령직을 거의 강요당하다시피 했지만, 이를 끝내 사양했다.[35] 대신 안창호는 이상촌 건설계획을 다시 추진하려 했다. 우선 흥사단 조직을 강화시키고 남경(南京)에 동명학원(東明學院)을 설립했다. 그러면서 안창호는 다시 통일운동에 나서기 시작했다.

---

34) 국회도서관, 《島山安昌浩資料集(1)》, 1997, p.131.

지금까지는 안창호가 미국에서 상해로 돌아온 시기를 1926년 5월로 보았다. 그 근거는 안창호가 미국 흥사단 이사부장 한승곤(韓承坤)과 서무원 장이욱(張利郁)에게 보낸 편지에 적혀 있는 "弟가 上海에 5월 7일경에 도착하여"라는 글귀에서 비롯되었다(주요한, 《安島山全書》, 삼중당, 1963, p.794).

그런데 1926년 2월에 안창호가 남경(南京) 또는 상해로 귀환했다는 자료도 있다(조선총독부 경무국 1926년 3월 보고, 〈上海·南京·廣東지방 不逞조선인의 近狀〉, 국회도서관, 《島山安昌浩資料集(1)》, 1997, p.131, 133 ; 〈예심청구서〉, 같은 책, p.159). 그러나 안창호가 오스트레일리아를 방문하고 4월 14일자로 출발하여 중국으로 향했다는 기사(《신한민보》 1926년 5월 6일자)에 따르면 5월에 상해에 도착한 것이 옳다.

안창호가 가져온 자금에 대해서도 2만 원(국회도서관, 《島山安昌浩資料集(1)》, 1997, p.131)과 5만 원(구익균, 《其益均 회고록 : 새 역사의 여명에 서서》, 일월서각, 1994, p.134)의 두 가지로 엇갈린다.

35) 안창호는 이미 미국에 체류하던 시기인 1925년 1월에 조상섭과 이유필에게 보낸 서신을 통하여 "나는 임시정부의 두령이 되어 가지고는 아무것도 적극적으로 진행할 자신이 없읍니다"라고 밝혀, 국무령직을 맡을 뜻이 없음을 분명히 했다(독립기념관 한국독립운동사연구소, 《島山安昌浩資料集(3)》, 1992, p.206). 1926년 6월 3일자 일제 보고에는 안창호가 5월 28일자로 국무령직을 응낙하였다고 적혀 있지만(같은 책, p.146), 그가 실제로 취임하지는 않았다.

유일당운동의 첫걸음은 5월에 결성된 독립운동촉성회였다. 주역들의
면면은 조상섭·오영선(吳永善)·최창식(崔昌植)·이유필·안공근(安恭
根) 등으로, 바로 안창호의 측근들이었다. 즉 안창호의 상해 도착을 기점
으로 이들이 통일운동을 시작하였던 것이다. 이들은 7월 8일에 삼일당
(三一堂)에서 임시정부 존립과 단체 통일을 위한 연설회 개최를 주도함
으로써, 유일당운동의 횃불을 드높이는 데 크게 기여했다. 이 연설회가
열리던 시기는 국민대표회의가 좌절된 이후 이제 어느 정도 정돈기간이
지나고 다시 국내외에서 통일운동에 대한 분위기가 조금씩 무르익어 가
던 무렵이었다. 따라서 이 움직임은 전체 독립운동계의 통일운동을 선도
하는 것이기도 하였다.

안창호는 이 연설회에서 민족의 혁명에 대해서 이야기하면서 대혁명
당 조직과 임시정부 유지라는 두 가지 과제를 제시하였다. 그리고 선 민
족혁명, 후 정치·경제혁명을 주장하면서, 안창호 자신은 민족주의자도
공산주의자도 아니지만 사유재산의 공유화에는 찬성한다고 말하였다.[36]
안창호 역시 어느 정도 사회주의적 요소를 수용하고 있음을 보여주는 부
분이나, 이때 그의 사회주의 논리가 구체적이거나 체계적인 수준에 이르
지는 않았던 것으로 보인다.

다음으로 안창호는 "우리들이 성취하려는 것은 민족적 혁명이다. (중
략) 우리들이 취할 태도는 장래 건설될 政體를 위해 싸우지 말고, 주의를
위해 다투지 말고, 이천만 동포가 공동 일치하여 이민족과 싸워야 한다"
고 설파했다.[37] 즉 주의 여하를 불문하고 단합된 통일조직을 결성해야
한다는 것이다. 그는 국내에서 일고 있던 타협주의와 자치론에 대해 그
오류를 지적하면서, 이는 절대 불가능한 일이라고 강력하게 주장하였다.
이어서 좌·우를 통합한 일대혁명당(一大革命黨)을 조직하여 이를 중심
으로 독립운동을 전개해야 하며, 조직방법으로 중국과 같은 '이당치국'

---

36) 《新韓民報》 1926년 10월 14일자 4면.
37) 국회도서관, 《韓國民族運動史料》(中國篇), 1976, p.599.

364 제4부 상해시대의 주역들

(以黨治國 : 당으로써 국가를 운영함) 형태를 취해야 한다고 갈파하였다.38) 바로 유일독립당촉성회 결성을 선도하고 촉구한 것이었다. 같은 날, 홍진 (洪震)은 국무령 취임식에서 비타협적 자주독립의 신운동, 전 민족을 망라한 당체(黨體) 조직, 전 세계 피압박민족과 협동전선 조직 등 세 가지의 강령을 제시하였다.39) 이 역시 민족대당체(民族大黨體) 결성을 시정방침으로 천명한 것이다.

때마침 국내에서 전해진 6·10만세 소식은 안창호에게 크나큰 감격과 용기를 주었다. 7월 16일에는 삼일당에서 독립신문사와 혁명청년사가 주최하는 6·10만세에 대한 보고회가 열렸다. 이 자리에서 안창호는 "이 운동을 한층 유력한 것으로 만들려면 전 민중의 중심이 될 통일기관을 필요로 한다. 더욱이 이의 실현을 위해서는 내부의 쟁투를 그치고 공동의 적인 일본인과 싸울 준비를 하지 않으면 안 된다"40)고 연설함으로써, 다시 한번 통일운동을 강조하였다.

안창호는 8·9월에 걸쳐 북경에서 원세훈과 대동단결에 관한 문제를 깊이 있게 논의하였다. 이것은 유일당운동을 위한 본격적인 회합의 첫 단계였다. 원세훈은 북경의 유력자요, 국민대표회의에서 창조파의 실세였으며, 이르쿠츠크파의 대표적 인물이었다. 이들은 각지 촉성회 형태의 세포조직 설치, 그것의 연합체 형태인 주비회 조직, 그리고 주비회들의 통일에 이은 유일독립당 결성이라는 3단계의 수순에 합의하였다. 10월에 들어 두 사람의 회합은 결실을 맺었다. 10월 16일에 대독립당조직북경촉성회(大獨立黨組織北京促成會 ; 이하 '북경촉성회')가 성립된 것이다.41) 10일부터 16일까지 세 차례 열린 회합 가운데, 안창호는 12일에 열린 2차 회합에 직접 참석하였다.42) 북경촉성회는 선언문을 통해 '당적 결합의 당위

---

38) 국회도서관, 《韓國民族運動史料》(中國篇), 1976, pp.599~600.
39) 국회도서관, 《韓國民族運動史料》(中國篇), 1976, p.615.
40) 국회도서관, 《韓國民族運動史料》(中國篇), 1976, p.602.
41) 朝鮮總督府 慶北警察部, 《高等警察要史》, 1934, pp.109~110.
42) 朝鮮總督府警務局長, 〈大獨立黨北京促成會ニ關スル件〉, 朝保秘第1401號, 1925년 11

성을 강조하고 유일대당의 결성을 촉구'하고 나섰다.

안창호의 삼일당 연설과 북경 방문은 임시정부 옹호파와 창조파에게 서로 한발씩 양보하여 실익을 얻을 것을 권고하는 의미도 띤 것이었다고 볼 수 있다. 임시정부 옹호파로서는 임시정부 해체론의 철회를 조건으로 하여 창조파의 '당적 결합론'을 일부 수용하는 것이 그나마 임시정부의 조직과 위상을 유지하는 현실적 방책이 될 것이었다. 또한 창조파로서는 노골적인 반임시정부 조직인 국민위원회가 일반 운동자들의 지지를 크게 얻지 못하고 영향력도 제한되어 있는 상황에서는 그것을 자진해체하고 임시정부의 존치를 묵인하는 대신, 통일적 독립당을 '창조'하여 민족운동자들을 총단결시키는 것이 '전투적 독립운동' 이념을 더욱 효과적으로 구현하는 첩경일 것이었다.[43]

일단 북경촉성회를 성립시킨 안창호는 발걸음을 만주로 돌렸다. 유일당운동을 확산시켜 나가고자 1927년 2월에 길림(吉林)으로 떠난 것이다. 그러나 그곳에서 순회 강연회를 가지던 가운데, 일본의 간교로 말미암아 중국 공안국에 검속되는 어려움을 겪기도 하였다. 안창호는 이에 굴복하지 않고 4월에 들어서도 길림 남쪽의 신안둔(新安屯) 회의에 참석하여 김동삼과 더불어 유일당운동을 확산시키려 노력하였다.

북경촉성회가 결성되자 이 바람은 바로 상해에 밀어닥쳤고, 곧 중국관내지역 전체로 확산되어 갔다. 특히 정우회선언(政友會宣言)이 알려지면서부터 더욱 급진전되었다. 임시정부 역시 유일당운동의 추세에 대처하기 시작하였다. 1926년 12월에 국무령에 취임한 김구(金九)는 곧바로 개헌작업에 착수했다. 바깥으로 안창호가 유일당운동을 전개하는 것에 발맞추어, 김구는 임시정부를 '이당치국' 체제로 전환시키고자 한 것이다. 3월 5일에 임시정부는 이러한 내용이 담긴 개헌안을 통과시켰다.

상해에서는 1927년 3월 21일 삼일당에서 홍남표(洪南杓)·조봉암(曺奉

월 2일.
43) 김영범,《한국 근대민족운동과 의열단》, 창작과비평사, 1997, p.218.

巖)과 홍진·이동녕 등 좌·우 세력 대표 40여 명이 모여 한국유일독립
당상해촉성회(韓國唯一獨立黨上海促成會 ; 이하 '상해촉성회')를 결성하였
다. 이 자리에서 이들은 〈전민족적독립당결성의 선언문〉을 발표하였
다.44) 의열단도 5월에 들어 〈독립운동촉성선언〉을 발표하여 통일적 중
추기관, 곧 대당을 결성시켜야 한다고 주장했다.45) 그리고 북경과 상해
에 이어 광동촉성회(5월 8일), 무한촉성회(7월), 남경촉성회(9월 27일)가
연이어 결성되었다. 이처럼 중국관내 5대 도시에서 유일당촉성회가 순조
롭게 조직됨에 따라, 이들을 하나로 묶는 작업이 곧 추진되었다. 그 결실
이 1927년 11월 9일에 상해에서 개최된 '한국독립당관내촉성회연합회'(이
하 '연합회')였다. 이 모임은 11월 22일에 선언서를 통해 독립운동의 흥폐
(興廢)가 당 조직 여부에 있다고 주장하면서, 다음 순서가 당조직주비회
결성임을 밝혔다.46) 이들은 만주와 노령(露領) 및 미주(美洲)에도 촉성회
설립을 촉구하기로 하고, 1928년 1월에 홍진과 정원〔鄭遠 ; 정세호(鄭世
鎬)〕을 각각 상해와 북경 대표로서 길림성에 파견하였다.47) 그리고 이
연합회의 전위조직으로서 5개 지역 청년회가 연합하여 중국본부한인청
년동맹도 결성하였다.48)

유일당운동이 추진되는 동안 안창호는 내내 그 선봉에 서 있었다. 그
리고 우익진영에서는 김구와 이동녕을 중심으로 하는 임시정부 측이 헌
법을 개정하는 등 능동적인 자세를 하고 있었고, 좌익진영에서는 화요파
가 우세를 보이는 가운데 홍남표(화요파)와 정백(鄭栢 ; ML파) 등이 활약
하고 있었다. 그러나 유일당운동은 촉성회 단계를 지나 주비회 결성 단
계에 접어들기 시작하면서 상당한 난관에 부딪히게 되었다.

---

44) 朝鮮總督府 慶北警察部,《高等警察要史》, 1934, p.105 ; 김영범, 〈1920년대 후반기
    의 민족유일당운동에 대한 재검토〉,《한국근현대사연구》1, 1994, p.111.
45) 이현종,《近代民族意識의 脈絡》, 아세아문화사, 1979, pp.245~247.
46) 朝鮮總督府 慶北警察部,《高等警察要史》, 1934, p.106.
47) 국회도서관,《韓國民族運動史料》(中國篇), 1976, pp.618~619.
48) 국회도서관,《韓國民族運動史料》(中國篇), 1976, p.628.

1928년에 들면서 유일당운동이 답보상태에 빠지기 시작하자, 안창호는 돌파구 마련에 부심하였다. 중국 전역과 만주를 오르내리는 동안, 안창호는 객관적인 정세를 볼 때 우리 민족의 통일만으로는 독립을 달성하기가 어려운 상황이라고 판단했던 것 같다. 때문에 그는 중국과의 연대투쟁을 염두에 두고 활동하기 시작하였다. 안창호는 1928년 5월 20일자 중국 세계신문사와 중앙일보에 양국의 합작을 강력하게 요구하는 〈告中國革命同志〉를 게재하고 나섰다. 그는 이 글에서 "저 왜제국주의의 과거 죄악과 미친 저 횡포는 이미 중한 양국의 세대 원수가 될 뿐더러 또한 세계의 공적이 되었습니다. 왜적의 흥망성쇠는 우리 중한 두 민족의 생존 발전에 반비례 관계가 있습니다"라고 두 민족과 일본의 관계를 정리하였다. 그리고 나서 그는 "中韓 兩族의 協同 戰線"을 이루는 일이 중국과 한국 두 민족의 다행이자 전 세계 피압박민족의 행복이라고 주장했다.[49]

한편 유일당운동은 한걸음도 더 나아가지 못하고 있었다. 그 양상은 두 가지 단계에 걸쳐 나타났는데, 첫 단계의 원인은 좌·우익의 갈등에 말미암은 좌·우의 분립구도 때문이었다. 이 현상은 유일당운동의 배경이 되고 있던 중국의 국공합작(國共合作)이 무너지면서 나타났다.[50] 좌파 헤게모니 전략의 즉각적인 적용 여부를 둘러싸고 벌어진 화요파와 ML파의 갈등도 이 시기 분립구도의 한 축으로 작용하였다.[51]

---

49) 《新韓民報》 1928년 7월 12일자(맞춤법에 맞게 일부 수정했음).
50) 1927년 7월에 장개석(蔣介石)이 이끄는 국민당 정부가 중국공산당을 공격하였고, 8월에는 남창(南昌) 봉기가 일어났으며, 12월에는 광주(廣州)에서 인민정권인 광동 코뮌이 수립되었다. 여기에 참가했던 한인사회주의자 오성륜(吳成崙)·김성숙(金星淑)·장지락(張志樂)·최용건(崔庸健)·김원봉(金元鳳)이 상해에 도착하고 이후 국내에서도 한위건(韓偉健)·안광천(安光泉) 등의 조선공산당 주요 인물들이 상해에 들어오면서 좌파의 재편 작업이 추진되었고, 그 영향이 우파에도 미쳐 상해 정계가 분주해졌다.
51) 화요파가 중국본부한인청년동맹을 이끌면서 우파와의 '결합'을 우선시하여 그 적용을 유보했다면, ML파는 재중국한인청년동맹을 장악하면서 우파와의 '분리'와 헤게모니 전략의 상시적·즉각적인 적용을 강조하였다. 이러한 노선의 차이에서 양측의 날카로운 대립 구도가 비롯된 것이다(김영범,《한국 근대민족운동과 의열

두 번째 단계의 원인은 1928년 12월에 발표된 코민테른의 '12월 테제'
였다. 이 테제는 좌파에게 민족부르주아 세력과 결별할 것을 요구한 것
인데, 좌파가 1929년 7월에 이를 받아들임으로써 유일당운동과 멀어지고
말았다. 즉 민족주의보다는 국제주의 노선이 강조되는 가운데 좌익진영
은 내부 결속을 다졌고, 결국 우익진영과 대립구도를 형성하게 된 것이
다. 좌파 안에서는 ML파의 논리가 화요파의 논리를 누르고 우위를 점하
게 되었다. 특히 의열단이 ML파를 지지하고 나섬에 따라 두 세력 사이의
우열은 확연하게 드러났다. 한편 재중국한인청년동맹 제1구 상해지부
(ML파)는 "제군의 조국 소비에트 러시아(밑줄 필자)는 제국주의 강도군
의 무력적 포위에 직면하였다"는 구절이 담긴 격문을 발표하였다. 그동
안 ML파와 대립해 오던 화요파도 7월에 중국본부한인청년동맹을 통해
'소련 옹호'의 뜻을 담은 선언서를 발표하여 이에 동참을 표명했다.52)

좌익진영의 이러한 성명들이 발표되면서. 이제 좌우합작노선은 붕괴되
고 상호 비난이 난무하게 되었다. 우익진영은 '제군의 조국 소비에트 러
시아'라는 좌익진영의 용어 표현을 들어 "모국을 팔아먹고 조상을 바꾸
는〔賣母換祖〕 행위"라고 강력하게 비판을 제기하였다.53) 그러자 좌익진
영 역시 임시정부 인사들에 대해 강경한 비난을 퍼부었다. 이를테면, 재
중국한인청년동맹 상해지부에서는 김구·조완구·조소앙(趙素昻)·엄항
섭(嚴恒燮)·박찬익(朴贊翊) 등을 불(佛)제국주의자와 중국국민당 정부
의 비호를 받고 있는 민족파시스트라고 비난했다.54)

결국 1929년 10월 26일에 상해촉성회가 해체되면서 안창호가 추진해
온 유일당운동은 일단 끝이 났다. 상해촉성회가 해체된 바로 그 자리에서
좌익진영은 유호한국독립운동자동맹(留滬韓國獨立運動者同盟 ; 이하 '유호

단》, 창작과비평사, 1997, pp.243~244).
52) 독립운동사편찬위원회, 《獨立運動史資料集》7, 1973, pp.1425~1429.
53) 독립운동사편찬위원회, 《獨立運動史資料集》7, 1973, pp.1428~1429.
54) 국회도서관, 《韓國民族運動史料》(中國篇), 1976, pp.652~657.

동맹')을 결성하였다. 이어서 1930년 2월에 남경촉성회가 해체되는 등 중국관내 유일당운동은 사실상 종결되었다.

유호동맹은 '협동전선의 조직형태와 방법 여하'에 문제가 있었다고 지적하면서 국제주의의 논리 위에서 중국 및 소련과 연대할 것을 주장했다.[55] 그런데 이후 국내에서 광주학생운동 소식이 전해지자 상해지역 한인독립운동단체가 모두 참가하는 재상해각단체연합회가 결성되었고, 이 연합회의 주도로 1930년 1월에 군중대회가 열리고 시위가 벌어졌다. 잠시나마 통일운동에 대한 가능성이 되살아나는 것처럼 전망되었던 것이다. 그러나 좌익진영이 이를 반제투쟁으로 몰아가자 양측의 일시적인 연대는 깨어졌고, 통일운동은 또다시 결렬상태에 빠졌다.

4. 한국독립당 창당 · 대중국 통일운동 모색

1) 한국독립당 창당

통일운동이 정돈상태에 빠지자, 안창호는 국면 돌파방법으로 두 가지 전략을 구상한 것 같다. 하나는 미약해진 임시정부를 안정시키는 것이고, 다른 하나는 다시 통일운동의 기회를 포착하는 것이었다. 이 사실은 그가 내심 통일을 과제로서 인식하고 있었음에도 우선 우익진영을 단결시켜야 한다고 생각하였음을 보여준다. 즉 좌익진영과의 통일을 뒤로 미루는 대신 먼저 우익진영만의 통일이라도 성취하여 임시정부를 견고하게 만들어야 한다는 것이다. 특히 좌익진영이 유호동맹 결성으로 단일화한 모습을 보이는 상황이었기 때문에 일단 우익진영도 그러한 자세를 보일 필요가 있으리라 판단했을 것이다. 이러한 전략들은 1930년 1월 25일 한

---

55) 日本外務省, 《朝鮮民族運動史未定稿》 6 (서울 : 고려서림, 1989), p.639.

국독립당의 창당으로 표면화되었다.

당시 안창호는 임시정부를 해체하고 새로운 민족운동의 최고기관을 수립하는 것을 의도했으나, 임시정부 고수론이 우세한 정황을 고려하여 한국독립당을 조직하는 방향으로 선회했다.56) 즉 그는 임시정부가 기대에 부응하지 못할 뿐만 아니라 오히려 재외한인의 민족사상 발달을 저해하는 경향이 있다고 판단하고, 이를 해체한 뒤 시대에 맞는 민족운동의 중심기관을 설립하여 민족운동의 발흥을 기대하고자 했던 것이다. 이러한 사실은 그가 수년에 걸쳐 전개해 온 유일당운동을 포기하지 않았음을 말해준다. 다만 이에 대해 이동녕·김철 등 간부들이 반대하였기 때문에 일단 우익진영만의 통합이라도 달성하자는 뜻에서 한국독립당을 창당하게 된 것이다.57) 한국독립당 창당의 의미는 우익진영의 통합이라는 것 외에도 장차 통일운동의 전개를 위한 기반 구축에 있었다고 할 수 있다.58) 이 당은 대독립당 조직을 적극 촉성함과 아울러 그것이 달성되는 날에는 자진 해산하여 대독립당에 가입할 것을 규정하였다고 전해지기 때문이다.59)

안창호 계열은 한국독립당에서 수적으로 가장 큰 세력이었다. 28명의 발기인 가운데 흥사단 출신이 12명이었고 평안도 출신이 16명이었다. 안창호는 이동녕·이유필·김두봉(金枓奉)·안공근·조완구·조소앙 등과 함께 당의(黨義)와 당강(黨綱)을 작성하는 기초위원이 되었다.60) 이 당시 제정된 당의와 당강은 알려지지 않고 있지만, 안창호의 사상, 곧 '대공주의'(大公主義)가 그 기초를 이루었다고 전해지고 있다.

---

56) 국회도서관, 《韓國民族運動史料》(中國篇), 1976, p.667.
  안창호는 임시정부 수립 초기에도 정부보다는 정당체 조직을 원했다. 이는 국민대표회의에서 나타난 창조론자들의 견해와 비슷한 것이기도 했다.
57) 우익진영만으로 결성된 통일체라는 의미에서 이때의 한국독립당은 1940년 중경(重慶)에서 결성된 같은 이름의 정당과 동일한 성격을 띤 조직체였다.
58) 구익균, 《具益均 회고록 : 새 역사의 여명에 서서》, 일월서각, 1994, pp.109~110.
59) 국사편찬위원회, 《韓國獨立運動史資料》 3, 1973, p.396.
60) 金正柱, 《朝鮮統治史料》 10 (東京 : 韓國史料研究所, 1975), p.697.

2) 대독립당 추진

안창호는 한국독립당을 창당시킨 뒤 바로 천진으로 가서 다시 통일운동에 나섰다. 그는 한국독립당 결성 직후인 3월에 천진으로 가서 그곳의 유력자인 박용태(朴龍泰)를 만났다. 당시 박용태는 북경의 재중국 조선무정부주의자연맹 대표 유기석(柳基石)과 협력하여 대한대독립당주비회를 추진하고 있었다.[61] 안창호는 박용태 등과 회합하여 '독립운동전선의 통일' 방침에 관해 협의한 뒤, 만주와 노령 그리고 미국 각지에 흩어져 있는 운동단체들의 대표대회를 6월 상순에 천진에서 개최하려는 사실을 알리는 장문의 선언서를 이들 단체에 보냈다.[62] 6월 중하순에 박용태는 주비회의 순간(旬刊) 기관지 《조선의 血》 1, 2호를 연속으로 발간해서 간도·상해·북경·미주 등지로 배포하였다. 창간사는 "우리는 근본적으로 우리와 타협하지 않는 독립운동자, 배도(背道)로 달리는 합법적이고 타협적인 조선공산당 자치운동자 및 일본제국주의의 주구를 제거하는 외에는 무릇 혁명전선상에 설 일체의 독립운동자는 응당 약소민족의 민족혁명 원리에 의거하여 대한대독립당의 조직을 완성해야 할 것"이라는 주장을 담고 있었다. 7월 초에 안창호는 다시 천진으로 가서, 통일운동에 진력하고 있던 배천택(裵天澤)·송호(宋虎)·박관해(朴觀海) 등 유력한 청년들과 접촉하였다.[63]

그러나 안창호의 노력이 계속되었음에도 6월에 대독립당주비회는 열

---

61) 추헌수 엮음, 《資料 韓國獨立運動》 2, 연세대출판부, 1975, pp.48~9 ; 朝鮮總督府 警務局保安課, 《高等警察報》 2, 1934, p.36.
　　상해유일당촉성회가 해체되고 남만주에서 조선혁명당이 결성되었다는 소식이 들려오자, 북경촉성회는 해체되었다. 북경촉성회는 곧 한족동맹[1930. 2 ; 조성환(曺成煥)·손일민(孫逸民)·이천민(李天民)·강구우]로 바뀌었다가, 얼마 뒤 조선혁명당 제1부(강구우·이천민)와 한국독립당 북경지부(조성환·손일민)로 분화된 것으로 보인다(국회도서관, 《韓國民族運動史料》(中國篇), 1976, p.824 참조).
62) 국사편찬위원회, 《韓國獨立運動史資料》 3, 1973, p.442, 445 참조.
63) 국사편찬위원회, 《韓國獨立運動史資料》 3, 1973, p.444.

리지 못했다. 7월 초에 안창호가 천진에 다녀온 것을 끝으로 대독립당주
비회의 활동도, 유일당운동과 관련한 다른 어떤 움직임도 현저히 둔화되
었다. 그러나 대독립당 조직에 대한 열망은 끈질기게 이어져 이듬해인
1931년에 통일운동이 재개되는 불씨가 되었다. 1931년 여름(또는 봄)에
안창호의 주창으로 권국빈(權國彬)·이동녕·최동오(崔東旿)·조성환(曺
成煥) 등이 민족운동단체들을 결집시켜 '독립전선통일동맹'의 결성을 꾀
하였던 것이다. 하지만 이 역시 결국 실현되지 못했다. 그럼에도 같은 해
9월의 만주사변 발발과 다음 해 1월의 상해침공이라는 상황을 맞으면서
안창호의 활동은 다시 활발하게 전개되었다.[64] 이 사실은 한국독립당 창
당 이후에도 안창호가 통일운동을 줄곧 밀어붙였다는 것을 의미한다.

3) 중국과의 전선통일운동

안창호는 대내적으로 통일운동을 전개하면서 대외적으로는 중국 정부
와 연대관계 확립, 나아가 전선 통일을 추구하였다. 앞에서도 본 것처럼,
안창호는 이미 1928년에 중국 언론을 통해 한·중 양국이 협동전선을 결
성할 필요성에 대해 주장한 바가 있다. 중국 정부와 합작하지 않고서는
중국에서 항일독립운동을 전개하는 데 커다란 한계가 있기 때문이었다.
그렇지만 1920년대 말까지 중국 정부 자체가 북벌과 좌우분립 등의 문제
로 혼란을 거듭하고 있었기 때문에, 1920년대에는 항일전선의 통일을 꿈
꾸지도 못하였다.

1931년 4월에 임시정부는 남경의 중국국민당 정부에 대해 〈在南京中
國國民黨會議에 대한 선언〉을 발표하고 한국독립당의 존재를 부각시켰
다. 이 선언을 중국 정부에 공식적으로 전달하는 임무는 안창호와 박찬

---

64) 坪江汕二, 《改訂增補 朝鮮民族獨立運動秘史》(東京 : 巖南堂書店, 1966), p.91 ; 李
   磐松, 《朝鮮社會思想運動沿革史》, 제1장, 한대희 편역, 《식민지시대 사회운동》, 한
   울림, 1986, p.90. 후자의 자료는 이 시기를 1931년 봄으로 기록하고 있다.

익이 맡았다. 5월 12일에 안창호는 남경 중국국민당회의에 파견되어 한
국영토 안의 민주독립국가 설립과 균등제도 실현이라는 두 가지 요구를
제시하고, 한국독립과 중국혁명 사이의 밀접한 연계를 역설하며 재중 한
국독립운동에 대한 지원을 재차 요청하였다.65)

그러나 대일정책의 기조를 '유화'에 두고 있던 장개석(蔣介石)의 남경
정부와 장학량(張學良)은 재만(在滿) 한인 보호문제에 여전히 미온적인
태도를 보였다. 그러던 차에 1931년 7월 초에는 일제의 이른바 한·중
이간책략으로 말미암아 만보산(萬寶山) 사건이 발생하여 한·중 두 민족
사이의 관계가 악화되었다. 안창호는 이를 극복하지 못하면 앞으로 중국
에서 전개될 한국독립운동이 치명적인 악영향을 받을 수 있다고 판단하
고 대처 방안에 부심하였다. 한편으로 중국 정부에 외교적 교섭을 펼쳐
나갔고, 또 한편으로는 7월 10일에 재상해각단체연합회를 결성하고 선언
서를 발표했다. 이 연합회는 한국독립운동 개황(槪況)을 1천 부 인쇄하여
중국인들에게 배포하였다.66)

안창호는 만주사변 이후 중국국민당 좌파 호한민(胡漢民)과 왕정위(汪
精衛)가 이끄는 광동(廣東)정부와 중한대일전선통일동맹의 결성을 추진
하였다.67) 중국국민당 우파인 장개석의 남경정부와 교섭을 추진하였으
나 계속하여 냉대를 받자, 안창호가 교섭 대상을 중국국민당 좌파세력으
로 바꾼 것이다. 만주사변이 발발한 지 한 달 정도가 지난 뒤, 먼저 조소
앙이 장개석의 유력한 경쟁자이면서 국민당의 원로인 호한민을 임시정
부 외무부장 자격으로 만나 "대일시국에 관하여 장시간 요담"하고 한중
연합군 조직을 협의하였다.68) 11월에는 안창호가 남북화평회의 참석차

65) 국회도서관, 《韓國民族運動史料》(中國篇), 1976, p.672.
66) 국사편찬위원회, 《韓國獨立運動史資料》3, 1973, p.469.
67) 중국국민당 광동국민정부는 왕정위 등의 중국국민당 반장(反蔣 ; 개조파) 세력이
    1931년 5월에 수립한 것이었다.
68) 국사편찬위원회, 《韓國獨立運動史資料》3, 1973, p.547 ; 국회도서관, 《韓國民族運
    動史料》(中國篇), 1976, p.695.

상해에 온 왕정위를 방문하여 그와 면담하고 "한중합작항일운동에 관한
양해"를 받아냈다.[69]

안창호는 다시 광동에서 활동하다가 상해로 온 왕억(王億 ; 권국빈)을
만나 '대일전선통일동맹'이라는 이름의 합작기구를 조직할 것을 협의하
였다.[70] 거기에는 광동정부와 대립하고 있던 남경정부를 자극하여 일말
의 태도 변화라도 이끌어내려는 의도가 상당 부분 깔려 있었을 것이
다.[71] 대일전선통일연맹은 안창호가 12월 초순에 프랑스조계 1014호 롱
(弄)30호에 있는 자신의 집에 이동녕·최동오·조성환 등을 모아 권국빈
과 협의하여 결성한 조직이라고 전해진다.[72] 안창호는 이후 두어 차례
권국빈과 만나 대일전선통일연맹의 규약인 간장(簡章)을 만들었고, 권국
빈은 필요한 비용을 조달하느라 분주했다. 그러나 뜻대로 되지 않아 당
초의 목적을 이루는 데는 실패하였다.[73]

또 중국의 정세도 여기에 도움이 되지 않는 방향으로 전개되었다.
1932년 1월에 왕정위가 일시적으로 하야한 장개석의 뒤를 이어 국민당
정치회의 주석과 남경정부 행정원장으로 취임하는 등 광동정부 요인들
이 대거 남경정부에 참여함으로써, 이른바 장·왕 합작이 성립하였다. 상
해사변 이후로는 관내지역에서도 대대적인 항일운동과 실지수복운동이
개시되는 상황이었던 것이다.

---

69) 국사편찬위원회, 《韓國獨立運動史資料》3, 1973, pp.442~443.
    안창호와 왕정위의 만남은 왕정위와 접촉이 있었던 박용태의 주선으로 이루어졌
    을 수도 있다(김영범, 《한국 근대민족운동과 의열단》, 창작과비평사, 1997, p.288).
70) 국사편찬위원회, 《韓國獨立運動史資料》3, 1973, p.729, 731 ; 국회도서관, 《韓國民
    族運動史料》(中國篇), 1976, p.725.
71) 김영범, 《한국 근대민족운동과 의열단》, 창작과비평사, 1997, p.288.
72) 〈豫審請求書〉, 국회도서관, 《島山安昌浩資料集(1)》, 1997, p.160.
73) 〈豫審終結決定〉, 국회도서관, 《島山安昌浩資料集(1)》, 1997, p.167.
    〈判決文〉에는 압수문건으로 〈對日戰線統一同盟計劃案〉, 〈對日戰線統一同盟簡章〉
    등이 포함되었다(국회도서관, 《島山安昌浩資料集(1)》, 1997, p.169).

4) 대공주의 이론화

일반적으로 안창호의 정치사상을 '대공주의'라 일컫는다. 그런데 그 내용을 선명하게 밝혀주는 직접적인 자료는 발견되지 않고 있다. 그 이유는 대공주의라는 사상 자체가 명료하게 성립되기 직전에, 또는 그것이 정치하게 명문화되기 이전에 안창호가 체포당했기 때문인 것 같다. 그렇지만 안창호의 여러 차례에 걸친 연설의 내용이나 행적으로 미루어 볼 때, 대공주의의 골간에 통일운동의 이론을 담고 있었을 것은 분명하다. 1926년 7월의 삼일당 연설을 비롯하여 기회가 있을 때마다 그는 민족주의와 사회주의를 포괄하는 자세를 보이면서 이에 우선하는 민족혁명을 주장하였기 때문이다.

지금까지 이루어진 연구에 따르면, 대공주의가 등장하기 시작한 시기는 바로 유일당운동이 전개되고 있던 1927~8년 무렵이라 한다.[74] 그렇다면 안창호의 대공주의와 조소앙의 삼균주의(三均主義)가 비슷한 시기에 형성되기 시작했다고 볼 수 있다. 두 사상의 성립 순서를 둘러싸고 이론이 제기되었던 것은 이 때문이다. 마침 두 사람 모두 한국독립당의 당강과 당의를 작성한 기초위원이었기 때문에, 이것이 일방적으로 어느 한 사람만의 작품이라고 해석하기에는 무리가 있었다. 그래서 대공주의와 삼균주의 모두 한국독립당의 당강과 당의에 대한 중요한 이론적 틀로서 논의되었음에도, 각각 한쪽이 더 중요한 위치를 차지했다고 주장되었던 것이다.

이와 관련하여 한국독립당의 이념을 바탕으로 대공주의와 삼균주의의 관계를 밝힌 연구들도 많이 나왔다. 그 가운데에는 삼균주의는 조소앙이 창안한 것으로 널리 알려져 있지만, 실은 안창호의 반일민주론과 대공주의를 결합하여 이론화한 것이라는 주장도 있었다.[75] 한편으로는 처음의

---

74) 홍선희, 《趙素昂思想》, 태극출판사, 1975, pp.58~59.
75) 박만규, 〈삼균주의 정립의 민족운동사적 배경 고찰 : 안창호와 조소앙을 중심으

강령이 안창호의 구상에 따라 만들어졌으며 그 내용은 반일과 민주사상을 근간으로 삼았다는 해석도 있는 만큼,[76] 대공주의가 삼균주의와 한국독립당의 강령으로 발전해 갔다고 보아도 무리는 아닐 것이다. 즉 안창호의 대공주의가 이론적 싹이었다면, 삼균주의나 임시정부를 중심으로 한 여러 정당들의 이론은 대공주의의 결실이었다고 볼 수 있겠다. 안창호의 구상이 한국독립당의 강령으로 정착되고 1920년대에서 1930년대에 걸쳐 중국에서 활동한 민족진영의 공통된 이상으로 자리 잡음으로써, 식민지 시대 후반 이후 임시정부를 비롯한 민족주의적 성격을 지닌 각 단체들의 이념적 지표가 되었기 때문이다.[77]

분명 한국독립당의 이념이 삼균주의에만 근거하지는 않았던 것으로 보인다. 1942년에 차리석(車利錫)이 작성한 문건에는 한국독립당의 이념을 삼균주의라고 부르자는 일부의 견해에 대해 잘못된 것이라고 강하게 반박하는 글이 실려 있기 때문이다.[78] 그렇다면 삼균주의 이외에 한국독립당이나 임시정부의 이념적 바탕이 된 이론이 있었다는 말인데, 대공주의 이외에는 그만한 이론을 찾기가 쉽지 않다.

대공주의의 윤곽을 알려주는 자료들 가운데 다음의 세 가지가 특히 흥미롭다. 첫 번째 자료는 안창호가 서거하자마자 임시정부보다 먼저 조선민족전선연맹이 추도식을 거행하였다는 기록과 기관지인 《朝鮮民族戰線》 창간호에 게재된 추도문이다. 조선민족전선연맹은 1938년 3월 23일에 한구(漢口)에서 안창호를 기리는 추도식을 거행하였다.[79] 그리고 김

로〉, 《변태섭교수화갑기념 사학논총》, 삼영사, 1985 ; 〈도산 안창호의 대공주의에 대한 일고찰〉, 《한국사론》 26, 1991 ; 〈도산의 민주국가건설론〉, 도산사상연구회 엮음, 《변혁기의 개혁운동과 도산사상》, 연구사, 1993

76) 胡春惠, 신승하 옮김, 《中國 안의 韓國獨立運動》, 단국대출판부, 1978, p.194.

77) 박만규, 〈도산의 민주국가건설론〉, 도산사상연구회 엮음, 《변혁기의 개혁운동과 도산사상》, 연구사, 1993, p.182.

78) 차리석, 〈韓國獨立黨黨意의 理論的體系草案〉(프린트본), 重慶, 1942. pp.25~33.

79) 《朝鮮民族戰線》, 창간호(1938. 4. 10), 독립기념관 한국독립운동사연구소, 《震光·朝鮮民族戰線·朝鮮義勇隊》, 1988, p.155.

성숙(金星淑)은 안창호의 생애와 정신을 기리는 〈哀悼島山先生〉이라는 추도문을 기관지에 게재하였다. 김성숙은 안창호의 중국지역 활동에 대해 "한국임시정부에 참가하고, 국민대표대회를 소집했으며 혁명운동의 통일을 도모하였고, 그 뒤에 한국독립당을 조직하고 독립운동의 통일적 지도를 策動하였다"라고 정리하였다. 이어서 그는 "혁명운동 중 도산의 일관된 주장이 전민족적 역량을 집중하는 데 있었고 '實幹苦幹'의 정신으로 매진하였다"라고 했다. 그러면서 "전민족반일통일전선운동이 고조되고 있는 요즈음 도산의 육체를 비록 적의 손에 잃었지만, 그의 혁명정신은 우리 혁명자의 가슴에 영원히 남고 또 혁명운동에 뿌리내리도록 영도할 것"이라고 하면서, "우리는 전민족 역량의 집중이란 선생의 遺志를 받들어 전민족적 통일전선을 속히 수립하고 일본제국주의를 타도하자"라고 서술하였다.[80]

두 번째 자료는 1938년 4월 5일에 임시정부가 안창호 순국기념 추도식에서 발표한 것으로, 안창호의 업적을 정리하는 과정에서 그의 사상도 함께 언급하고 있는 글이다. 이를 살펴보면, 안창호의 혁명이론은 "민족주의에 근거하고, 민족내부에 사회민주정책의 한 체계적 방법을 세워 세계대동으로 나아가는 것"이었다.[81] 또한 안창호는 "민족적 역량으로 원수 일본세력을 소멸시키고 한국 영토와 주권을 완전 광복한 뒤, 민족평등·정치평등·경제평등·교육평등을 기초한 민주공화국을 건설해야 한다"는 생각을 갖고 있었고, 민족주의와 더불어 민주정치와 평등권리를 제창하였다고 한다. 그리고 안창호는 민중적 혁명과 한국혁명사업을 주장하면서 그것이 소수 독재나 특수 계급에서 비롯되어서는 안 되고 반드시 "全民族總集團으로 推動進行"해야 성공한다고 했다. 결론적으로 안창

---

80) 星淑, 〈哀悼島山先生〉, 《朝鮮民族戰線》, 창간호(1938. 4. 10), 독립기념관 한국독립운동사연구소, 《震光·朝鮮民族戰線·朝鮮義勇隊》, 1988, p.155.
81) 〈韓國革命領袖安島山先生史略〉, 독립기념관 한국독립운동사연구소, 《島山安昌浩資料集(3)》, 1992, p.264.

호의 일생일대의 혁명방략은 "먼저 민중의식을 환기하고 민중조직을 촉
진하여 革命陣線과 더불어 민중혁명화·혁명민중화를 이루어 위대한 역
량을 조성함을 기약하고, 혁명무력화와 전민족 총무장동원으로 한국독립
을 완성한 뒤에 국제평등과 세계공영으로 나아간다"는 것이었다.[82]

이 내용은 다음과 같이 네 가지로 요약된다. 첫째, 기본 이념을 민족주
의에 근거하면서 사회민주정책을 추진하여 세계대동을 달성하는 것을
혁명이론의 근간으로 삼은 것, 둘째, 광복 후 건설할 국가상으로서 민
족·정치·경제·교육의 네 부문의 평등에 기초한 신민주국가를 구상하
였다는 것, 셋째, 한국독립방략으로 민중의식 환기, 민중조직 촉진, 혁명
무력화, 전민족 총무장동원으로 이어지는 4단계 전략을 세운 것, 넷째,
독립 이후 국제적 지향점을 국제 평등과 세계 공영의 실현으로 잡았던
것 등이 그것이다.

세 번째 자료는 김산(金山)으로 잘 알려진 장지락(張志樂)의 《아리
랑》이다. 장지락은 《아리랑》을 통하여 안창호와 이광수를 대비하면서 안
창호의 성격을 다음과 같이 명쾌하게 정리하였다.

안창호가 부르주아적 원칙을 따르는 민주적 대중운동을 대변하는 반면에,
이광수는 그것과 평행한 상층 부르주아와 부르주아 지식층의 자유주의적 문
화운동을 대변하고 있다. 이광수는 프롤레타리아의 세력 증대에 반대하지만
안창호는 프롤레타리아의 혁명적 역할을 인정한다. 이광수는 가부장제 귀족
주의적 경향을 가지고 있지만, 반면에 안창호는 참으로 자유주의적이고 민
주적인 지도자이다. 손문과 중국 민족주의자들이 중국의 복잡다단한 문제를
해결하기 위하여 마르크스주의로 전향함과 동시에 안창호는 공산주의 이론
과 전술에 관심을 가지게 되었다. 안창호는 결코 공산주의자가 되지는 않았
다. 하지만 아직 미숙한 조선공산당을 반대한 적이 한번도 없었다.[83]

---

82) 〈韓國革命領袖安島山先生史略〉, 독립기념관 한국독립운동사연구소, 《島山安昌浩
資料集(3)》, 1992, p.264.

이처럼 좌파와 우파 모두에게서 추모되는 인물이었다는 점에서 안창
호의 진면목을 다시 한번 확인할 수 있다. 이는 곧 안창호의 한결같은
통일운동이 낳은 결과였던 셈이다. 이런 의미에서 "대공주의는 민족혁명
전선상의 중도적 민족주의세력이 민주공화주의 이념과 사회주의 이념을
접목시키고자 한 소중한 시도"[84]이자 통일운동의 이론적 골간이었다고
정리할 수 있을 것이다.

5. 맺음말

중국관내지역에서 전개된 안창호의 활동은 무엇보다 '통일운동'이 그
핵심이었다. 미국을 떠나 상해에 도착한 1919년 5월부터 1932년 4월 29일
일제에 체포당할 때까지, 안창호는 1년 정도를 제외하고 거의 12년간 줄
곧 상해에서만 활약하였다. 한편으로는 임시정부를 견고하게 만들고자
노력하였고, 또 한편으로는 중국관내와 만주지역에 걸쳐 독립운동의 역
량을 통합하는 데 매진하였다.

안창호의 통일운동은 1919년에 통합정부 수립을 위해 활동하면서 시
작되었다. 1920년 이후 임시정부가 혼란과 쇠약의 길에 들어섰을 때는
이를 극복하고자 국민대표회의를 개최하고 추진해 나갔다. 그가 의도했
던 대로 국민대표회의가 진행되지는 않았지만, 이 회의는 독립운동사상
최대 규모의 대표자회의로서 개최되었고, 한인이 존재하는 모든 장소에
서 독립운동단체가 조직되어 있음을 확인시켜 주었다.

국민대표회의가 실패로 돌아가자 안창호는 1924년 12월에 미국으로
떠났다가 1926년 2월에 상해로 귀환하였다. 미국생활 속에서도 임시정부
에 애정을 잃지 않았던 그는 이승만 탄핵 이후의 인선문제나 독립운동

83) Nym Wales, 조우화 옮김, 《아리랑》(개정판), 동녘, 1992, p.101.
84) 김영범, 《한국 근대민족운동과 의열단》, 창작과비평사, 1997, p.259.

방향에 이르기까지 임시정부와 관련된 여러 구상안과 추진 계획들을 마련하였다.

상해로 돌아오자마자 안창호는 다시 통일운동을 전개하기 시작하였다. 상해와 북경을 오르내리던 그의 노력은 결국 1926년 10월에 대독립당조직북경촉성회 결성이라는 성과를 거두게 되었다. 그리고 그 영향으로 상해를 비롯하여 남경·광동·무한에서도 유일당촉성회가 수립되었고, 중국관내지역 곳곳에서 전개되고 있던 유일당운동을 하나로 묶는 작업이 추진되기에 이르렀다. 한편 안창호는 만주지역에도 통일운동의 불길을 전파시켰을 뿐만 아니라 미주동포사회나 유학생회에까지 이를 확산시켜 나갔다. 그러나 이러한 노력은 중국의 국공분열과 코민테른의 '12월 테제'라는 악재에 부딪혀 일단 주저앉고 말았다.

유일당운동이 중단된 뒤 안창호는 우선 우익진영만의 통일을 추진하였고, 그 결과가 한국독립당의 조직으로 나타났다. 한국독립당의 성립은 유일당운동을 통해 추진된 '이당치국'의 목적을 이루는 것이기도 하였다. 그리고 안창호가 제시하였던 대공주의는 한국독립당의 이념으로 정착되었고, 나아가 임시정부와 주변 여러 정당의 이념 정립에도 절대적인 영향을 끼쳤다. 그리고 만주사변을 전후하여 안창호는 중국 정부와의 항일연대투쟁을 기획하고 통일운동을 펼쳐 나가기도 했다.

한국독립운동사에서 안창호의 통일운동이 가지는 역사적 의의는 막대하다. 비록 생전에 통일조직을 완성하지는 못했지만, 그의 활동은 크게 다음과 같은 두 가지 면에서 긍정적으로 평가될 수 있다. 첫째, 독립운동단체나 인물을 하나로 묶는 작업이야말로 절대적으로 필요한 활동이었는데, 이를 줄곧 이끌었던 인물이 바로 안창호였다. 안창호의 통일운동은 그가 체포된 뒤에도 후계자들에게 계승되어, 1930년대의 대일전선통일동맹·민족혁명당·한국광복운동단체연합회(광복진선)·조선민족전선연맹(민족전선)·전국연합진선협회·7당회의·5당회의 등을 거쳐 마침내 1940년대에 임시정부가 통일을 달성하게 되는 밑거름이 되었다. 둘째, 안창호가 정립한 대공주의는 임시정부와 주변 정치단체의 이념적 기틀이 되었다. 비록 통일조직이 아니더라도 독립운동단체 정당조직들이 이를 근간으로 삼아 논리를 발전시켰으니, 여기에서 이미 '이념적 통일'이 달성된 셈이다. 즉 1930·40년대 중국관내의 통일운동에는 형태상으로 안창호의 통일운동이, 이념상으로 그의 통합 이론인 대공주의가 각각 중요한 부분으로 작용했음을 알 수 있다. 남북분단 극복이라는 오늘날의 역사적 과제를 해결하는 데 안창호의 통일운동에 대한 관심이 그 무엇보다 절실한 이유도 여기에 있다.

제5부

결 론

■ 대한민국임시정부의 역사적 의의와 정통성 문제

대한민국임시정부의 역사적 의의와 정통성 문제

1. 대한민국임시정부 수립과 그 역사적 의의

1919년 3·1운동이 절정기에 이르렀던 4월 13일, 중국 상해(上海)에서 대한민국임시정부(이하 '임시정부')가 수립되었다. 임시정부는 그 이름에서 알 수 있듯이 크게 두 가지의 특성을 보여준다. 하나는 임시정부의 국호가 '대한제국'이 아닌 '대한민국'이라는 사실이다. 즉 대한민국이라는 국호는 임시정부가 우리 민족사에서 민주공화정부로 수립된 첫 번째 정부라는 혁명적인 사실을 드러냄으로써, 그 자체로 임시정부의 역사적 의의를 강조하고 있는 것이다. 다른 하나는 '정식'정부가 아닌 '임시'정부였다는 점이다. 말 그대로 독립을 달성할 때까지 임시로 정부를 구성한다는 뜻이다. 말하자면, '임시'는 임시정부의 다음 목표가 독립 후 '정식' 대한민국을 수립하는 것임을 매우 뚜렷하게 드러내는 표현이었던 셈이다.

임시정부가 상해에서 수립된 이유는 이곳이 중국에서 가장 혁명 활동이 활발하던 진보적인 지역이요 국제정보를 쉽게 파악할 수 있는 곳인 동시에, 세계로 연결되는 항구이자 정치활동의 자유를 보장하는 프랑스

조계가 위치한 도시였기 때문이다. 또한 이곳에는 이미 1910년대부터 한
국독립운동의 교두보가 마련되어 있었기 때문이기도 하다.

1910년대에 상해에서 활동하던 독립운동가들은 3·1운동을 일으키는
촉발제 구실을 하였다. 제1차 세계대전이 끝난 뒤 이와 관련된 문제들을
처리하기 위해 프랑스 파리에서 강화회의가 열리자, 이를 기회로 삼아
한인들의 주장을 세계에 천명하려 했던 것이다. 그 결실로 일어난 것이
3·1운동이었고, 그 과정에서 한국은 '독립국'이라는 사실이 전 세계에
선포되었다. 그러므로 독립국을 운영할 정부를 수립하는 것은 지극히 당
연한 수순이었다. 때문에 3·1운동 직후 선포된 정부조직이 8~9개나 되
었는데, 이 가운데 3개의 정부를 제외한 나머지는 모두 전단만으로 나타
난 조직이었다.

임시정부는 상해시대(1919~1932), 이동시대(1932~1938), 중경(重慶)시
대(1939~1945)를 거치면서 다양한 활동을 펼쳐 나갔다. 처음 터를 잡았
던 상해에서는 국내 행정력 장악 노력, 직할 군사조직과 만주 독립군 통
할 노력, 중국·미국·소련 등 열강과 외교활동 전개, 이봉창(李奉昌)·
윤봉길(尹奉吉) 의거 등의 의열투쟁 추진, 군사력 양성과 광복군 창설,
연합군과의 연대와 국내 진입 시도, 좌우합작과 국내외 독립운동의 통합
등의 활동들이 그 핵심을 이루었다.

임시정부는 시기에 따라 왕성하게 독립운동계를 대표하고 이끌어 가
기도 하였지만, 그 반대로 매우 허약한 모습을 보이기도 하였다. 경우에
따라서는 그 영향력이 '정부'라는 이름에 어울리지 않게 하나의 독립운동
단체 정도의 수준에 지나지 않거나 오히려 다른 독립운동 조직보다 훨씬
미약했던 시기도 있었다. 임시정부의 세력 약화는 독립운동 세력의 분화,
인적·물적 자원의 공급 차질, 좌파와 우파의 분화에 따른 이념적 갈등
현상 등의 내적인 원인과 중국 내정을 비롯한 국제 정세의 변화라는 외
적인 원인이 복합적으로 맞물려 작용한 결과였다. 이에 따라 임시정부는
한때 '바람 앞의 등불'과도 같은 심각한 국면에 처하기도 하였지만, 이런

난관을 하나씩 극복해 나가면서 무려 26년 반이라는 긴 시간에 걸쳐 독립운동의 중심축으로서 자리매김해왔다.

한국사와 세계사에서 임시정부가 가지는 역사적 의의는 크다. 임시정부의 대내적 성과로는 최초의 민주공화정부를 세웠다는 것과 이념적 분화를 극복하여 좌우통합정부를 달성하였다는 사실을 들 수 있다. 특히 임시정부가 독립운동계의 대통합을 달성한 사실은 민족통일을 염원하고 있는 오늘날의 우리에게 귀중한 교훈을 주고 있다. 그리고 임시정부는 대외적으로도 세계사적 의의를 갖는 두 가지 성과를 남겼다. 하나는 세계 식민지해방운동사에서 정부조직으로서 26년이 넘도록 식민지해방운동을 전개하였다는 전무후무한 사례를 남긴 것이고, 다른 하나는 이를 바탕으로 열강 세력들이 카이로선언(1943. 12. 1)을 통해 한국의 독립을 보장하게 되는 초유의 사건을 가져 온 것이다. 그렇기 때문에 인도의 지도자 네루(P. J. Neru)는 아시아 식민지국가 가운데 열강들에게서 독립을 보장받은 유일한 나라가 한국이라며 부러워했던 것이다.

2. 대한민국임시정부에 대한 정통성 시비와 바른 인식

이러한 민족사적·세계사적 의의를 지니고 있었음에도 임시정부는 해방 후 오히려 격심한 풍랑을 겪게 되었다. 해방 정국에서 통일정부 수립을 주장하던 임시정부 세력은 설 곳을 잃었고, 남한과 북한의 집권세력 모두에게 역사의 무대에서 철저히 배제되었다. 특히 남한의 경우 이른바 '정당성' 문제로 의심받는 정부가 들어설 때는 집권세력이나 이들을 호위하는 학자들이 나서서 '이 정권은 정통성을 가진 임시정부를 계승했다'라는 주장을 반복함으로써 정권의 정당성을 확보하고자 했다. 반대로 이에 저항하던 세력들은 임시정부의 역사적 의의와 가치를 극단적으로 폄하해 왔다. 심지어 일부의 논리는 북한의 주장과 동일한 것이기도 했다.

앞에서 살펴보았듯이 임시정부는 수립 자체에서 이미 정통성을 확보하였다. 이에 대한 첫 번째 근거는 3·1운동에서 표출된 민족의 열망인 민족국가·국민주권국가 수립을 임시정부가 달성했다는 점이다. 한국 역사상 최초의 민주공화정부를 수립하였다는 것은 분명 근대 민족운동이 거둔 빛나는 결실 가운데 하나이다. 두 번째 근거는 당시 선언으로서 나타난 여러 정부 가운데 명확한 실체를 가지고 있었던 노령(露領) 대한국민의회(3. 17), 상해 대한민국임시정부(4. 13), 국내 한성정부(4. 23)를 1919년 9월에 하나로 통합하는 데 성공했다는 점이다.

그러나 임시정부가 끝까지 정통성을 독점할 수는 없다. 정통성이란 바로 민족의 양심과 일치하는 데 있었고, 민족의 양심이란 무엇보다 일제 강점에 저항하고 민족 독립을 추구하는 길이었다. 그러므로 이러한 길 위에 서 있었다면, 조직이나 단체들의 이념 및 성향과는 상관없이 자신들의 활동 내용만큼 정통성을 가진다고 말할 수 있다. 국내뿐만 아니라 미주·소련·중국·유럽 등 어디에서든지 민족의 양심과 같은 길을 걸었던 인물과 집단은 모두 마찬가지다. 그 노선을 걸었다면 이념의 차이는 큰 문제가 되지 않는다. 그러므로 임시정부만이 정통성을 가진다는 말은 편협한 주장이다.

지난 날 냉전 구도 속에서 남북한은 모두 정권 유지를 위해 상호 배타적인 정통성·법통성 시비를 펼쳐 왔다. 남한에서는 임시정부가 독립운동의 최고봉으로서 독립운동계를 장악하거나 지도했다고 찬양해 왔다. 이에 반해 북한은 임시정부를 "인민의 피를 빨아 외교청원 놀음이나 펼친 부르조아 정권"이라고 매도해 왔다.

이런 분위기 아래 남한 학계의 상당수 인사들도 견강부회한 것이 사실이다. 물론 남과 북이 적대관계에 놓여 있는 상황에서 충분히 이해되는 일이기도 하지만, 그 때문에 연구 자체가 휘청거리는 일은 옳지 않다고 생각한다. 임시정부는 민족운동의 결실인 민주공화정부를 수립했다는 점에서 존립가치를 갖고 있다. 그러면서도 시기에 따라서 임시정부의 구실과 비중은 일정하지 않았던 만큼, 구실에 대한 평가는 시기에 따라 다르게 이루어져야 할 것이다. 그렇지만 이것이 정치적인 목적에 따라 극단적인 숭상과 폄하를 오가서는 안 된다.

남한이나 북한 어느 한쪽에 배타적인 정통성을 부여하면 결국 통일 이후 어느 한쪽에만 정통성을 두는 논리를 가져오게 된다. 우리 민족사를 더욱 왜소하게 만들어야 하는 이유가 어디에 있겠는가. 통일된 한국에서는 역시 이 시대의 민족적 양심에 맞는 길을 걸었던 모두에게 정통성을 부여함으로써 그 전체를 민족사적 총 역량으로 파악하게 되리라 기대해 본다.

1999년 4월 13일, 국가보훈처는 임시정부 수립 80주년을 맞이하여 《대한민국임시정부 법령집》을 발간하였다. 그토록 정통성 논쟁을 벌이면서도 우리는 그 법적 근거가 되는 법령집조차 발간하지 못하고 세월을 보내왔던 것인데, 이제서야 겨우 체면을 차릴 정도가 된 것이다. 그리고 한국근현대사학회가 60개 주제로 구성된 방대한 기념논문집 《대한민국임시정부수립80주년기념논문집》(상·하, 국가보훈처, 1999)을 발간하기에 이르렀다. 이처럼 임시정부에 대한 연구는 선행 연구자들과 신진 연구자들의 노력을 바탕으로 이미 상당한 업적들을 이루어냈고, 특히 근자에 들어 새로운 연구 분야를 개척해 가면서 참신한 시각으로 접근한 값진 성과들을 속속 생산해내고 있다. 비로소 임시정부에 대한 인식과 평가가 제 길에 들어서고 있다는 느낌이 든다.

부 록

■ 조선의용대의 독립운동전략
■ 중국 남부지역 한국독립운동 유적의 현황과 과제

조선의용대의 독립운동전략
—《朝鮮義勇隊通訊》·《朝鮮義勇隊》를 중심으로

1. 머 리 말

1938년 10월 10일, 김원봉(金元鳳)을 대장으로 하여 무한(武漢)에서 결성된 조선의용대(朝鮮義勇隊)는 중국 본토지역에서 조직된 최초의 한인 무장단체로서, 약 3년 반에 걸쳐 항일전투를 치렀다. 본대는 1942년에 광복군으로 합류하였고, 3분의 2에 가까운 나머지 병력은 1941년에 화북(華北)으로 이동하여 조선의용대 화북지대를 거친 뒤 조선의용군이 되어 연안(延安)에 위치한 중국공산당의 지원 아래 활약하였다.

조선의용대에 관한 연구는 비교적 최근에 개척되었음에도,[1] 이와 관련된 의열단(義烈團)이나 조선의용군에 대한 연구가 알차게 진행되어 왔다. 그럼에도 조선의용대가 발간했던 기관지가 확보되지 않아 그들의 전략을

---

1) 김영범, 〈朝鮮義勇隊 硏究〉,《한국독립운동사연구》2, 1988 ; 염인호,《김원봉 연구》, 창작과비평사, 1993 ; 염인호, 〈朝鮮義勇軍 硏究〉, 국민대 박사논문, 1994 ; 조동걸, 〈의열단과 조선의용대(군)의 발자취〉,《독립군의 길따라 대륙을 가다》, 지식산업사, 1995.

파악하는 데 미흡했던 차에, 마침 국가보훈처에서 1993년에 그동안 수집
된 중문판 《朝鮮義勇隊通訊》과 《朝鮮義勇隊》를 묶어 발간함으로써 연구
를 위한 새로운 길을 열어놓았다. 그렇지만 이를 참고로 한 연구가 곧바
로 나오지 않았다. 그래서 필자는 우선 이 기관지의 발행과 필자 및 내용
의 대강을 분석하고, 이를 바탕으로 대적공작(對敵工作)의 내용을 규명한
바 있다.2)

　　조선의용대는 본대와 각 지대(구대) 및 분대에서 기관지를 발간하여
자신들의 활동 상황과 전략 등을 홍보하였다. 그 기관지를 보면, 본대의
《朝鮮義勇隊通訊》(중문, 34기부터 《朝鮮義勇隊》로 개칭)과 《戰鼓》(조선
문), 제1지대의 《戰崗》(조선문), 제1지대 제3분대의 《內外消息》(중문)과
《華中通訊》(조선문), 제2지대 제1분대의 《朝鮮義勇隊》 한수판(漢水版 ;
조선문), 제2지대 제2분대의 《朝鮮義勇隊》 황하판(黃河版 ; 조선문), 제2
지대 제3분대의 《朝鮮義勇隊》 화북판(華北版 ; 조선문), 제3지대의 《江南
通訊》(조선문), 미주조선의용대후원회의 《의용보》(조선문) 등이었다.3)

　　《朝鮮義勇隊通訊》과 《朝鮮義勇隊》는 본부와 전방을 연결시키는 중요
한 구실을 맡았다. 본부에서 전략을 수립하고 이를 통지하면서 전방 활동
을 격려하는 동시에, 반대로 전방의 소식을 수집하고 이것을 체계적으로
정리하여 대내외에 그 성과를 알린 것이다. 그러므로 이 기관지는 안으로
는 조선의용대의 두뇌이자 핏줄 구실을 하고, 밖으로는 자신들의 활동을
홍보하는 등 선전을 담당하는 유용한 수단이었다.

　　조선의용대 본대가 발간한 《朝鮮義勇隊通訊》와 《朝鮮義勇隊》는 1939년
1월부터 1942년 4월까지 모두 42기에 걸쳐 나왔다.4) 창간호부터 33기까

---

2) 김희곤, 〈朝鮮義勇隊의 기관지 발간과 그를 통해 본 對敵工作〉, 《史學志》 31,
　 1998.
3) 〈本隊發刊物一覽表〉, 《朝鮮義勇隊》 34기, p.10 ; 국가보훈처, 《海外의 韓國獨立運
　 動史料》 Ⅷ, 1993, p.382. 이하 《朝鮮義勇隊通訊》와 《朝鮮義勇隊》의 인용 면수는 모
　 두 《海外의 韓國獨立運動史料》 Ⅷ의 면수이다.
4) 창간호와 2호 및 4기(4호부터는 '期로 변경) 등 3회분을 제외하고는 모두 정리되

지는 계림(桂林)에서 《朝鮮義勇隊通訊》이라는 제호로 발간되었으나, 34기 (1940년 5월)부터는 중경(重慶)에서 《朝鮮義勇隊》라고 개칭되어 발간되었다. 창간 날짜는 1939년 1월 15일이었던 것이 거의 확실하다.[5]

이 기관지들은 조선의용대의 대본부에서 발간되었다. 창간호와 2호는 남아 있지 않아서 알 수 없으나, 3호부터 8기(4호부터는 '기'로 헤아렸다)까지는 발행·통신처가 '廣西省 桂林市 桂西路 新知書店'로 되어 있었다. 이후 9기부터 22기까지는 '桂林市 水東門外 東寧街 1號'에서, 23기부터 33기까지는 '桂林市 水東門外 施家園 53號'에서, 34기는 '重慶市 兩路口中三路63號 附號'에서, 35기부터 42기까지는 '重慶市 南岸彈子石大佛段'에서 각각 발간되었다.

발간 간격은 처음에 순간(旬刊)으로 계획되었는데, 1호부터 27기까지는 이 간격이 지켜지다가 28기부터는 반월간으로 바뀌었다. 그 이후에는 발간일자가 일정하지 않게 되면서 기관지는 사실상 월간 또는 부정기 간행물이 되었다. 모두 42기까지 발간된 기관지를 연도별로 보면, 창간된 해인 1939년에만 전체 분량의 71퍼센트에 해당되는 30기까지 발행되었고, 2년째인 1940년에는 31기부터 38기까지 8회 발간되면서 발행빈도가 크게 줄었다. 그리고 3년째와 4년째인 1941년과 1942년에는 각각 2회씩만 발간되는 데 그쳤다.

어 있다. 다만 확보된 자료 가운데 더러 빠진 면이 있기는 하다. 5기의 1, 2면, 7기의 2면, 15기의 4~7, 12면, 30기의 11, 12면, 38기의 12, 13면 등이 빠져 있다.

5) 창간시기를 1939년 1월 21일로 본 견해도 있으나, 5기의 편집후기에 해당하는 〈編輯室言〉에 "원래 매 5일이 되는 날에 출판하려고 정하였으나 5기부터는 매 1일이 되는 날로 결정하였는데, 인쇄상의 방편 때문이다"라고 기록되어 있는 것으로 보아, 정확한 창간일자는 1월 15일이었던 것으로 판단된다. 마침 5기도 1면이 탈락되어 출판 날짜가 알려지지 않고 있지만 3월 1일이 확실한 듯하다. 이것으로 소급해보면 창간일자는 1월 15일이고, 이후 발간일은 2호가 1월 25일, 3호 2월 5일, 4기 2월 15일이다. 그리고 5기는 2월 25일에 발간되어야 했으나 밀려서 3월 1일이 되어서야 발간되었고, 6기부터는 매 1일, 곧 매달 1·11·21일에 발간된 것으로 보인다 (김희곤, 〈朝鮮義勇隊의 기관지 발간과 그를 통해 본 對敵工作〉, 《史學志》31, 1998, pp.512~513 〈표 1〉 참조).

　게재된 글의 편수는 모두 486편이었는데, 추도특집에 실린 만사(84편)
와 창설기념호에 게재된 휘호(30편)를 제외하면 372편이 된다. 이를 기준
으로 삼을 때, 정세분석을 다룬 논설문이 165편(44%)으로 가장 많았고,
그 가운데서도 조선의용대의 활동과 전략에 대한 것이 57편(15%)으로 으
뜸이었다. 그 다음으로 비중 있게 다루어진 주제는 국제정세와 해방운동
일반, 한·중 연합문제, 중국전쟁 상황, 일본침략정세와 일본국내 관련소
식, 전방소식과 격려의 글 등이었다.6)

　집필자는 모두 113명이 등장하였다. 이 가운데서도 이달(李達)이 가장
중요한 논객이면서 잡지 발간을 주도한 인물이었는데, 무려 28회에 걸쳐
원고를 게재하였다. 다음으로 유금용(劉金鏞)·왕계현(王繼賢)·한지성
(韓志成)·이정호(李貞浩)·교시(喬矢)·윤위화(尹爲和) 등 6명이 꾸준히
잡지 발간을 담당하면서 10차례 이상 원고를 게재하였다. 또 5회 이상 글
을 게재한 인물은 교한치(矯漢治)·김성숙(金星淑)·김원봉·마의(馬
義)·박효삼(朴孝三)·반문치(潘文治)·양민산(楊民山)·왕통(王通)·윤
세주(尹世胄)·이두산(李斗山)·이영여(李嬰如) 등 11명이었다. 김원봉은
김약산(金若山)이라는 이름으로 후반에 많이 기고하였고, 왕계현과 한지
성은 중·후반에 집중적으로 기고하였다. 그리고 교한치는 전반기에 '시
사'란을 담당했다가 중단하였다. 중국인 가운데서는 중요한 논객이었던
마의가 5회 기고하였고,7) 황학(黃鶴)이 2회를 기고하였으며, 나머지는 모
두 1회씩이었다. 일본인으로는 일본혁명민주협의회 소속이었던 아오야마
(靑山和夫)가 3회에 걸쳐 기고했다. 또 위안부에 관하여 일본 여인이 기
고한 글이 한 편 있는데, 이름은 기재되어 있지 않다.8)

---

6) 김희곤, 〈朝鮮義勇隊의 기관지 발간과 그를 통해 본 對敵工作〉,《史學志》31,
　　1998, p.516〈표 2〉참조.
7) 마의는 1942년 12월에《朝鮮義勇隊勝利的四年》(國際出版社)이라는 32면의 책자
　　를 편저로 발간하였다.
8) 김희곤, 〈朝鮮義勇隊의 기관지 발간과 그를 통해 본 對敵工作〉,《史學志》31,
　　1998, p.517〈표 3〉참조. [다만 이토(伊藤進)는 일본인임]

2. 전략의 추이

조선의용대의 당초 목적은 조선혁명군을 조직하여 중국의 대일항전[中國抗戰]에 직접 참가하는 것이었다. 그러나 구성인원이 너무 적었던 까닭에 먼저 정치선전공작의 대오로서 조선의용대를 조직한 다음, 이를 통해 장차 근본 목적인 조선혁명군을 건설하기 위한 기초를 건립하고 장래에 펼칠 작전의 준비를 완성하고자 계획하였다. 이를 위해 조선의용대는 적의 중국 공격 및 한국과 중국 양 민족에 대한 이간책을 분쇄하는 것, 일본군에 편입되어 있는 조선 동포와 일본군민들을 포섭하는 것, 중국의 대일항전에 참가하여 이를 바탕으로 조선민족의 해방공작에 이바지하는 것 등의 세 가지를 우선 활동방침으로 삼았다.9) 즉 중국의 대일항전 참가와 한·중 연대투쟁이 그 골간을 이루는 것이었다. 그리고 조선의용대의 활동이 성과를 얻기 위해서는 '혁명적 대오 결성, 중국인민대중의 동정 확보, 정치공작 성취로 중국군사기관의 신임과 원조 획득' 등 세 가지를 달성하는 것이 급선무라고 하였다.10) 이를 위해 김원봉은 조선의용대가 장개석(蔣介石)의 노선을 적극 지지함으로써 그들과 동맹하고 일본을 타도하자며 외쳤다. 김원봉은 동아시아에 완전히 상반된 두 가지의 길, 곧 일본이 '신동아질서'라고 일컫는 동아시아 패권 장악의 길과 장개석의 독립·평등·호혜·정의에 기초한 동아시아 세계 기초 확립의 길이 있다고 전제하면서, 이 가운데 후자를 따라야 한다고 강조하였다.11)

이런 방침 아래, 조선의용대는 성립되자마자 무한 방어전에 투입되었고, 무한 함락 직전에 그곳을 탈출하여 구대별로 분산되었다. 본부대는 계림으로, 제1구대는 9전구사령부인 호남성(湖南省) 장사(長沙)로, 제2구대는 황하(黃河) 남쪽 하남성(河南省) 낙양(洛陽)과 안휘성(安徽省) 서북

9) 金若山, 〈第二年的開始〉, 《朝鮮義勇隊通訊》 28기, p.276.
10) 李斅如, 〈朝鮮義勇隊的新發展〉, 《朝鮮義勇隊通訊》 7기, p.43~44.
11) 陳國斌, 〈東亞人民前面的兩條路〉, 《朝鮮義勇隊通訊》 8기, p.51.

쪽의 1전구, 그리고 호북성(湖北省) 방면의 5전구로 각각 이동하였다. 이들은 전선에 도착한 뒤 바로 공작에 들어갔다. 중요한 활동을 보면, 최전선과 적의 후방을 내왕하면서 적군 사병에 선전활동을 펼치고 적의 병영과 진지를 공격하며 중국군 부상자를 구호하고 중국 인민을 원조하는 일 등이었다.[12] 즉 조선의용대는 궁극적으로 '의용대' 단위에서 '혁명군'으로 성장하는 것을 자신들의 진로로 상정해두고 있었다.

창설 1주년을 맞게 될 무렵, 조선의용대는 지난 활동들을 평가하였다. 김원봉은 조선의용대의 첫해 활동 가운데 무엇보다 대적선전공작의 결실이 컸다고 자평했다. 각 전구에서 펼쳐진 대적선전은 위험한 공작이었지만 그 효과는 상당했고, 또 조선의용대의 명성을 중국군의 뇌리에 강하게 심어 주었다고 했다. 그 결과 중국 인민들뿐만 아니라 대만인들도 호응하기 시작했고 미주 동포들도 후원회를 조직하고 나섰다는 것이다. 이어서 김원봉은 지난 1년간의 실제투쟁은 조선혁명자 이론의 통일을 촉진시켰다고 했다. 과거의 미흡했던 혁명이론이 혁명운동의 통일과 발전을 가로막았는데, 중국 당국과 인민의 도움 및 지도에 힘입어 이를 완성할 수 있었다는 것이다.

김원봉은 당시의 상황이 제1차 세계대전 시기와는 크게 다르다고 하였다. 즉 대만이나 인도, 필리핀, 미얀마 등 아시아 약소민족의 해방투쟁 역량이 상당히 발전했다는 것이다. 그리고 이제 승리의 단계에 점차 접어들고 있으며, '동북항일연군' 소속 조선혁명동지와 연해주의 조선군대가 모두 조국 해방을 쟁취하고자 투쟁하고 있다고 밝혔다. 그러면서 김원봉은 1939년의 전략으로 통일이론의 건립과 적 점령지구의 동포 확보, 대적선전의 혁명이론 고양과 중·한민족 연합 강화, 조선의용대 홍보, 대만·일본 등의 반일 역량 연결 등을 제시하였다.[13] 즉 김원봉은 1939년 초부터 사실상 적의 점령지구를 주요 공작대상으로 잡고 있었음을 알 수 있다.

---

12) 金若山, 〈我們參加中國抗戰的意義〉, 《朝鮮義勇隊通訊》 15기, pp.135~136.
13) 金若山, 〈第二年的開始〉, 《朝鮮義勇隊通訊》 28기, pp.278~279.

이러한 긍정적인 평가 외에 반성도 있었다. 김학무(金學武)는 조선의용대의 활동이 갖고 있는 한계로서 자신들의 사업이 아직 보편화하지 못하여 조선 동포와 기술인재들을 집중시키지 못한 것, 대적선전 간부 요원의 양성이 부족하여 공작부대 건설이 미흡한 것, 피점령지구 공작에 성과가 없어 부대를 확충할 방법이 없다는 점 등을 지적하였다.[14] 이러한 반성을 바탕으로 12월에 들어서는 적 점령지구로 이동하는 문제가 논의되었다. 이것은 물론 북상을 의미했다. 김학무는 해결방법으로 무장대오 건설, 분산 배치된 대원의 집중 배치 및 평진(平津)·상해(上海)·석가장(石家莊)·신향(新鄕) 등 적 점령지역의 동포에 대한 공작 등을 내걸었다.[15]

1940년에 접어들면서 적 후방 공작의 필요성에 대한 기고문이 부쩍 많아졌다. 특히 창설 2주년을 맞은 1940년 가을에는 더욱 그러했다. 창설 2주년 기념식에서 김원봉은 조선의용대가 당초 대적선전의 임무를 띠고 있었지만 그동안 무장투쟁, 포로 교육, 간부 훈련 등의 공작에 더 치중해 왔음을 지적하고, 앞으로는 조선의용대가 적 후방의 동포들을 구하고 또 이들을 반일투쟁에 참가시킴으로써 중국관내(中國關內)와 동북지역 및 국내의 혁명투쟁을 연계시켜나갈 것을 요구하고 나섰다.[16] 조선의용대가 이러한 목표를 달성하기 위해서는 당연히 화북지방으로 이동해야만 했다. 마침 당시는 각 지대별로 북상 길에 접어들었던 시기이기도 했다.

1940년 3월에 제1구대는 부대장 신악(申岳) 이하 20여 명이 9전구지역에서 낙양 방면의 1전구로 일찌감치 이동해 있었고,[17] 5전구지역의 2구대나 3·9전구 지역의 3구대도 거의 모든 병력이 화북 진출을 전제로 하여 이미 10월 초순경에 낙양으로 집결을 완료했거나 속속 집결하고 있는 상

14) 金學武, 〈一年來朝鮮義勇隊工作總結與今後工作方向〉, 《朝鮮義勇隊通訊》 30기, pp.314~315.
15) 金學武, 〈一年來朝鮮義勇隊工作總結與今後工作方向〉 續完, 《朝鮮義勇隊通訊》 31기, p.324.
16) 金若山, 〈我們向勝利邁進〉, 《朝鮮義勇隊》 38기, pp.458~459.
17) 金正明, 《朝鮮獨立運動》 2 (東京 : 原書房, 1967), p.653.

황이었다.[18] 이렇게 해서 낙양에 집결한 각 구대와 독립분대는 약 2, 3개월의 부대 정비와 재편성 및 재훈련 기간을 가졌다. 그리고 나서 조선의용대는 1941년 봄과 여름에 걸쳐 네 개의 그룹으로 나뉘어 황하를 건너 화북으로 진출하였다.[19]

광복군이 성립된 지 두 달도 채 되지 않은 1940년 11월 4일에 조선의용대는 중경 대본부에서 확대간부회의를 열고 적 후방에 대한 공격의 필요성을 다시 한번 확인하였다. 이 자리에서 조선의용대는 2년간 전개했던 대적선전의 성과를 바탕으로 적후 공작을 통해 동포들의 조직화를 이루어 내고 이로써 무장부대를 건립하는 것을 목표로 천명하였다. 그리고 반일혁명의 통일전선 건설과 참모본부 설치의 필요성도 이 자리에서 논의되었다.[20] 그리고 천진(天津)·상해·석가장·신향 등의 도시에 동포들이 정착하여 상업에 종사하거나 노동자가 되고 있는데, 그 가운데 상공업자로 자리를 잡은 소수의 사람들도 있는 반면 유랑자로 떠돌아다니고 있는 부류들도 있으므로, 이곳에 혁명근거지를 건립해야 한다는 의견 또한 강하게 제기되었다.[21]

북상이 끝난 뒤인 1941년 10월, 창설 3주년에 즈음하여 모처럼 발간된 《朝鮮義勇隊》40기에 왕통은 의미심장한 글을 게재하였다. 북상한 동료들에게 중경에서 보내는 주의사항이면서 바람이기도 한 〈朝鮮義勇隊的政治路線〉이란 글이었다. 이 글에서 왕통은 다음의 세 가지 내용을 강조하였다. 첫째, 조선의용대의 유일한 목표인 민족독립을 위해 반일민족통일전선이 유지되어야 하고, 조선의용대는 결코 특정한 계급의 대오가 아니라 민족제일·독립제일의 민족대오여야 한다. 둘째, 조선의용대는 반일·반침략으로 일관해왔고, 때문에 중국만이 아니라 세계 모든 반일·반침략

18) 樸孝三, 〈兩年來本隊工作的總結〉, 《朝鮮義勇隊》 37기, p.436.
19) 김영범, 〈朝鮮義勇隊 硏究〉, 《한국독립운동사연구》 2, 1988, p.503.
20) 樸孝三, 〈擴大幹部會議的收獲〉, 《朝鮮義勇隊》 39기, pp.475~477.
21) 陳朗, 〈鬪爭了兩年的朝鮮義勇隊〉, 《朝鮮義勇隊》 38기, p.470.

역량과도 연합해야 하며, 나아가 전 세계 피압박민족의 해방운동과 일본 내 혁명운동과도 제휴해야 한다. 셋째, 목전의 공작이 비록 적 점령지역의 조선 동포에 중점을 두고 있다 하더라도 최종 목적지는 화북과 화남의 적 후가 아니라 국내 해방이고, 이 지역은 다만 그 경로일 뿐이다.22) 결국 이 글의 뜻은 화북으로 이동한 대원들이 반일민족통일전선의 틀을 버리고 연안에 귀속되는 것을 우려하는 것이었다. 즉 "중공당과 과도하게 밀착하여 독자성을 잃거나 화북지역만을 공작근거지로 고집하는 愚를 범하지 말라고 충고한 것"23)이었다고 생각된다. 지금까지 활동해왔던 것처럼 반일·반침략에 근거한 국제적 연합전선을 유지해야 하며, 특히 궁극적으로는 국내 해방에 최종 목적이 있는 것이므로 중간 경로에 사로잡히지 말아달라는 부탁이었던 것이다. 그렇다고 해서 이미 화북으로 진출하여 현지에서 조직한 조선의용대 화북지대를 원격 조정할 수는 없었다.

1942년에 들어서도 왕통은 화북과 화남 및 화중지역에 거주하는 수십만 명의 동포들을 포섭하여 무장대오를 건립해야 한다는 점을 거듭 강조하였다. 이와 함께 조선의용대는 국제지원 확보, 선전공작의 지속적인 전개, 새로운 간부 양성 및 국제적인 반일·반파쇼 투쟁 참여 등을 활동 진로로 잡았다.24) 그렇지만 이 주장은 공허하게만 보였다. 이미 병력의 80퍼센트를 상실한 조선의용대가 홀로 서기란 사실상 불가능했기 때문이다. 차라리 왕통의 글과 같은 지면에 실린 윤징우(尹澄宇)의 〈紀念'三·一'與我們的任務〉가 조선의용대의 처지를 훨씬 더 솔직하게 보여주는 글인 듯하다. 윤징우는 3·1운동 23주년을 맞이하여 최우선적 임무가 조선혁명의 최고통일기구를 성립시키는 데 있다면서, 현재 대한민국임시정부만이 통일기구적인 가능성을 가지고 있으므로 일체 역량을 대한민국임시정부로 집중해야 한다고 주장했다.25) 핵심세력이 곧 대한민국임시정

---

22) 王通, 〈朝鮮義勇隊的政治路線〉, 《朝鮮義勇隊》 40기, pp.507~510.
23) 김영범, 〈朝鮮義勇隊 硏究〉, 《한국독립운동사연구》 2, 1988, p.507.
24) 王通, 〈關內運動的特殊任務〉, 《朝鮮義勇隊》 41기, pp.544~548.

부로 합류하게 되는 조선의용대의 방향을 미리 말해주는 글이었던 것이
다. 1942년 4월 1일자로 발간된 종간호 42기는 형태전투(邢台戰鬪 ; 1941.
12. 26)에서 사망한 4명의 동지들, 곧 손일봉(孫一峯)·왕현손(王現孫)·
최철호(崔鐵鎬)·주동욱(朱東旭)에 대한 추모특집호였다.[26] 84편의 만사
(輓詞)를 수록한 종간호는 전사한 동지들을 추모하기보다는 오히려 조선
의용대의 마지막을 고하는 느낌을 준다. 이제 조선의용대는 자신들이 줄
곧 견제해 왔던 광복군에 편입되어, 광복군 제1지대로서 새로운 장을 시
작하게 된 것이다.

3. 공작 활동

1) 대적선전공작

조선의용대의 활동 가운데 가장 두드러졌던 것이 바로 대적선전공작이
었다. 일차적으로 일본군 사병에 대적선전의 초점이 맞추어져 있었고, 일
본 민간인도 선전 대상에 포함되었다. 그러다가 징병으로 동원된 한인 사
병들이 전선에 도착하면서부터는 이들 역시 주요 포섭 대상이 되었다.
공작 목표는 일본군 내 반전운동을 촉발시키고 이를 적의 전·후방에
확산시킴으로써 일본군의 사기를 떨어뜨리고, 궁극적으로는 일본군의 전
력을 약화시키는 것이었다. 즉 침략기능을 저하시키는 것이 반전운동의
최종목표였다. 자신들이 예상했던 것보다 전쟁이 장기화함에 따라 일본
군 사병들 가운데에는 전쟁을 싫어하는, 곧 염전의식(厭戰意識)을 가진
자들이 등장하였다. 조선의용대는 일본군의 소극적인 염전의식을 적극적
인 반전의식으로 끌어올리고, 이들 각자의 개별적인 저항을 조직적인 저

---

25) 澄宇, 〈紀念'三一'與我們的任務〉, 《朝鮮義勇隊》41기, p.538.
26) 《朝鮮義勇隊》42기, pp.551~582.

항운동으로 발전시키려는 계획을 수립하였다.[27]

선전공작의 주요 방법은 가두에서 행하는 것과, 적군과 직접 마주하면서 행하는 것으로 크게 구분되었다. 가두에서 펼치는 선전공작에는 벽에다 선전 벽보나 벽화를 붙이는 것, 커다란 글씨로 벽서를 쓰는 것, 그리고 전단이나 '街頭報'를 살포하거나 잡지를 배포하는 것 등이 있었다. 가두 벽보의 경우에는 전단을 붙이기도 하고 큰 글자를 직접 쓰기도 했다. 적군을 마주 대하면서 전개하는 선전공작으로는 대화나 고함을 치는 방법과 전단이나 잡지를 적진 속에 살포하는 방법이 사용되었다. 적과 대화할 경우에는 고도의 심리전술이 필요하기 때문에 주의할 사항도 많았다. 우선 일본군 사병과 일본 정부 사이를 갈라놓는 공작을 채택하였다. 그래야만 사병들의 동정을 얻고 공감대를 형성할 수 있기 때문이다. 조선의용대는 자신들의 전투대상이 일본군 사병이 아니라 일본군벌이라는 사실을 확신시켜주고자 했다. 이를 위해 일본군벌의 속셈과 부패상뿐만 아니라 속전속결 계획의 허구성을 정연한 논리로써 설명하고, 일본의 국제적인 고립상황과 일본 내의 반전운동 소식을 자세히 알려주었다.

조선의용대가 조사한 중국 안에 들어와 있던 일본군의 염전주의자는 전체의 38퍼센트를 차지했다. 일본군의 이러한 정서는 일본군벌에 치명적인 것이었고, 전쟁의 장기화로 이와 같은 현상은 더욱 악화되어 갔다. 반면에 중국은 국제적 지원을 받으면서 점차 안정을 되찾고 장기 항전의 자세를 확립하였다. 이러한 사정을 일본군 사병들에게 알리는 것이 공작의 중요한 부분이었다.[28] 그리고 전단이나 잡지를 살포할 때 그 안에 통행증을 첨부하였다. 실제로 일본군의 행장에서 조선의용대가 살포한 통행증이 나온 경우가 많았다. 더불어 포로에 대한 우대정책을 알리는 데도 힘을 기울였다.

효과적인 반전운동을 위해서는 일본군 사병들의 처지를 이해하고 공감

---

27) 王繼賢, 〈由敵人的反戰說到對敵宣傳〉, 《朝鮮義勇隊通訊》 12기, pp.107~108.
28) 王繼賢, 〈由敵人的反戰說到對敵宣傳〉, 《朝鮮義勇隊通訊》 12기, pp.107~108.

을 불러일으켜야 했다. 당시 일본군은 급여가 적었고 사병과 군관의 차별 대우가 심했으며 군복조차 제때 공급되지 않는 상태였다. 조선의용대는 일본군 사병이 수양법(修養法)에 따라 주어지는 휴가[回國]가 지켜지지 않아 염전의식이 심해지고 1년에 500명 이상이 자살하는 추세라는 사실 을 알고 있었다. 특히 산서(山西)의 곡옥(曲沃)에서 일본군 500명이 집단 으로 휴가를 요구하다가 강제로 짓밟히는 소동이 일어났다는 소식이 전 해졌다. 이 소식은 '반전전단'을 통하여 적군 사이에 유포되었고, 적지에 뿌려졌던 전단이 포로나 적군 사망자의 가방에서도 발견되었다. 이 전단 은 또한 계남(桂南)의 적병이 '남지파견군대동맹'(南支派遣軍大同盟)을 조 직하고 '군벌 타도, 사카가키(坂垣) 처단이 일본인의 유일 출구'라고 선전 하였다는 것이나, 악북(鄂北)의 적병이 전선에서 '중국에 협조하여 일본 군벌 타도하고 동아신질서 건립하자'는 반전 전단을 살포하였다는 소식 등과 같은 각 지역의 반전 선전들을 소개하였다.[29]

1939년에 접어들면서 조선의용대는 현 시기를 항전 2기로 규정하고 시 기에 맞는 대적선전공작 방향을 수립하였다. 이들은 대적선전공작이 일 본군에게 상당한 실효를 거두고 있다고 판단하면서도 이를 더욱 발전시 킬 필요성을 절감하여, 적군사병에게 선전을 계속하는 가운데 새로운 활 동방향을 채택하게 되었다. 먼저 중국군에게 일본어를 교육시킴으로써 공작원을 증원하기로 했다. 여기에 덧붙여 적 후방의 점령구역에 진입하 여 일본 민중과 한인에게 선전공작을 펼치고, 후방에서 일본 포로에게 전 향 교육을 실시하고자 했다. 특히 후자를 위해 이들은 포로학교를 설립하 려는 계획을 세우기도 하였다.[30]

1939년 가을 이후 조선의용대의 선전공작은 '진지선전대'와 '유격선전 대'로 나뉘어 전개되었다. 전자는 진지 앞에서 적의 공격을 견디며 선전 공작을 전개하는 작전이었고, 후자는 적진을 넘나들며 선전활동을 펼치

---

29) 北鷗, 〈論敵軍的反戰〉, 《朝鮮義勇隊》 35기, pp.394~395.
30) 李達, 〈第二期抗戰中朝鮮義勇隊與對敵宣傳〉, 《朝鮮義勇隊通訊》 12기, p.99.

는 것이었다. 이것은 당시까지 축적된 경험을 바탕으로 발전된 투쟁전략
이었다. 그리고 방법도 다양해졌다. 전단 살포에 종이비행기를 사용했는
가 하면, 전단 깃발과 돌 전단을 쓰기도 했다. 전단 깃발이란 높이 2척,
너비 1척 반의 백지에 일본어로 표어를 써서 적의 시선이 닿을 만한 높은
곳에 매달아놓는 것이고, 돌 전단은 전단을 돌에 묶어 수류탄처럼 적의
진지에 던져넣는 것이다. 이러한 선전전술은 당시 가장 좋은 효과를 보았
다고 한다.[31]

　또 조선의용대는 선전공작의 효과를 더욱 높이기 위해 지난 1년 동안
펼친 공작들을 검토하여 표어와 전단 작성에 대한 주의사항을 마련하였
다. 그 주요 내용은 "표어는 모든 지역에 중국어와 일본어를 사용하고, 내
용은 구체적이고 문법에 맞아야 한다. 또 적과 대치 중인 향촌의 농가 벽
에 쓰는 것은 좋지 않은데, 일본군이 점령하면 소각하기 때문이다. 표어
의 양식과 내용은 많을수록 좋으며, 가장 효과 있는 큰 표어는 적군 정면
에 붙인다. 그리고 오래 보존되도록 나무에 쓰고, 적의 미신을 이용하여
사당이나 불상 근처 등을 이용한다. 전단은 그 표제와 주요 내용을 크게
인쇄하고 종이의 양면을 이용하며 다양한 색을 사용한다. 내용은 일본어
문법에 틀리지 않아야 하고, 진지에서는 소형 전단을 사용한다. 전단 살
포에는 조선의용대원만이 아니라 중국 민중, 편의대 및 중국사병을 이용
하고, 또 연을 비롯한 각종 도구를 사용한다"[32]라는 것이었다.

　1940년에 접어들자 대적선전공작의 수준은 가히 최고 수준에 오르게
되었고, 이에 대한 정리된 원칙이 만들어졌다. 우선 침략전쟁이 오히려
그들을 위험한 지경에 밀어 넣고 있다는 사실과 거기에서 벗어나는 유일
한 방법은 침략전쟁을 반대하고 전쟁의 도발자와 침략주의자들을 타도하
는 것이라는 사실을 적이 스스로 깨닫도록 하는 데 목표를 두었다. 그리
고 과거 관념을 극복할 것, 급한 효과를 기대하지 말고 꾸준히 추진할 것,

---

31) 王亞平,〈戰鬪在前線及敵後的朝鮮義勇隊〉,《朝鮮義勇隊通訊》25・26・27기, pp.262~263.
32) 李貞浩,〈一年來的對敵宣傳工作〉,《朝鮮義勇隊通訊》25・26・27기, p.258.

공작 도구와 자재를 다양화할 것, 중국부대의 보호와 원조 아래 공작하고 군중 속으로 공작을 확산시켜 나갈 것, 선전용품은 자작자급할 것, 무장 공작의 과감성을 키울 것 등으로 선전공작의 방향을 잡았다.[33]

한지성은 3년간의 공작을 다음과 같이 단계별로 나누어 각 단계의 특성을 정리하였다. 우선 1단계의 목표는 중국의 대일항전에 적극 참가하고, 조선혁명의 지역적 임무를 완수하며, 조선혁명을 추동하여 조국해방을 완성하는 것이었다. 1단계의 주요 공작은 대적공작이었다. 구체적으로 보면, 진지에서 펼치는 대적선전공작으로 1939년에 악북 전투·상북(湘北) 전투·계남 전투 등을 치렀다. 전투파괴공작으로는 악북 전투·강서(江西) 전투·중조산(中條山) 전투·항주성내(杭州城內) 전투 등 수십 곳의 전투에 참가하였다. 그리고 전단인쇄 배포의 경우, 2년에 걸쳐 일문·조선문·중문 등으로 각각 작성된 소책자 5만 부, 전단 50만여 장, 표어 40만여 장, 통행증 만여 장을 살포했다. 이를 위해 50여 명의 포로를 교육한 뒤 본대에 편입시키기도 했다. 그리고 적의 문건을 번역하여 많은 정보를 수집했는데, 제2구대가 1·5전구에서 2년간 95만여 자를 번역하였다. 또한 중국군의 대적선전 간부를 육성하는 프로그램에 참가하여 2년 동안 중·하급 대적선전 요원 6만여 명을 4천 시간 동안 교육시키기도 했다. 끝으로 만화·연·인형 등을 사용한 예술적 선전공작도 펼쳤다. 일반군민에 대한 공작은 장사·평강(平江)·중조산(中條山)·강서·절서(浙西)·계남 등에서, 국제선전은 광범한 지역에서 각각 전개되었는데,

---

33) 王通,〈關於對敵宣傳的幾個問題〉,《朝鮮義勇隊通訊》33기, pp.364~367. 이 글은 구체적으로 표어와 전단에 대해서도 다음과 같이 정리하였다. "비가 오기 전날 저녁이나 바람이 없어 전단이 날리지 않을 때는 표어와 전단을 살포하지 말아야 한다. 색깔 있는 전단이 백지보다 더 좋다. 뿌리는 전단이 붙이는 전단보다 좋다. 소형이 대형보다 낫다. 전단 뒤에 통행증이나 우대증을 인쇄하면 더 좋다. 전단을 종이연으로 만들어 하늘로 날려 보내는 방식인데, 하지만 이것은 먼저 적과의 거리를 계산할 수 없는 단점이 있다. 붙이는 전단과 뿌리는 전단의 효과는 수시로 조사를 통해서 방법을 바꾸어나가야 한다. 전단을 돌에다가 붙여놓는다."

특히 대만의용대의 성립과 중국의 대일항전 참가에 영향을 주었다. 동포들에 대한 공작은 조선문 잡지와 총서를 발간하고 매주 2회 국내 및 중국에 라디오 방송을 실시하는 것으로 진행되었고, 이를 통해 동포들의 항일투쟁 의기를 북돋우었다.[34]

이상과 같이 전개된 1단계 공작에서는 몇 가지 문제점이 지적되었다. 대적선전이 군부와 민중의 각 방면에 완전히 연계되지 못했고, 비무장이었던 탓에 효력이 적었으며, 조선 동포 발동과 자력갱생적 자세가 부족했다는 것이 그 골간이었다. 앞으로 추진할 방향은 국내외 조선 동포를 발동하고, 조선 독립을 완성하기 위한 무장화를 통해 공작을 일신하며, 간부의 일본어 교육을 심화시키는 것이었다.

2단계 공작 목표는 첫 번째로 조선의용대원에 대한 교육훈련공작으로 1·2·3구대원을 낙양에서 3개월에 걸쳐 훈련을 실시하는 것이었고, 두 번째는 중심공작원을 적 후방에 침투시킨 뒤 조선혁명자를 연결하여 훈련하는 것과 미국 재미한족연합회의 원조를 받는 것, 그리고 필리핀에 본대 통신처를 설립하여 남양(南洋)의 동포조직을 교육하는 것 등이었으며, 세 번째는 장관사령부와 정치부에 일어교육을 실시하고 낙양·서안(西安) 등지에 선전대가 공작을 벌이는 것이었다.

한지성은 장개석과 본대 지도위원회가 직접 이끌었던 3년에 걸친 조선의용대의 공작을 총결산하면서, 조선의용대가 항일투쟁에 노력하고 항전 경험을 쌓았으며 병력을 3배로 증강시키는 성과를 거두었다고 평가했다. 그리고 조선의용대는 당시 중·소·영·미 및 세계 반침략·반파쇼 국가들이 파쇼국가들을 공격하고 있기 때문에 민족의 앞길이 밝다고 판단하

34) 韓志成, 〈朝鮮義勇隊三年來工作的總結〉, 《朝鮮義勇隊》 40기, pp.503~505. 조선의 용대는 매주 화요일과 목요일 저녁 9시 10분(중경시각)부터 국내와 남양(南洋) 및 미국 등지에 단파방송을 통하여 공작을 펼쳤다(《朝鮮義勇隊播音時間》, 《朝鮮義勇隊》 42기, p.556) 한편 임시정부가 이끄는 광복군에서도 당시 요원을 두어 방송 공작을 실시하였는데, 국내에서 이 방송이 청취되었다는 기록이 더러 나타나고 있다.

였다. 그러므로 더욱 조선민족의 무장이 긴요함을 강조하고, 이를 바탕으로 조선혁명을 발동하고 조선독립을 완성하며 중국의 대일항전을 원조하자고 외쳤던 것이다.[35]

2) 대적전투

선전대의 유격전이란 적의 후방을 파괴하고, 적의 행군과 운송에 혼란을 주며, 재정 조사와 정보 수집 및 선전을 담당하는 활동을 일컫는 말이다. 조선의용대는 대적선전을 위한 유격전쟁과 정규전쟁을 수행하고 항전 중 일제의 붕괴를 촉성하면서 조선혁명군의 기초를 건립하는 데 목표를 두었다.[36] 조선의용대는 비록 정치선전공작의 대오로서 출발했지만, 유격대를 조직하여 유격전에 출전하기도 했다. 직접 무장하는 데는 제약이 있었기 때문에, 이들은 중국군과 함께 유격대를 구성하여 적진지를 뚫고 들어가 상대시설을 파괴하고 전단을 살포하는 활동을 주로 전개하였다. 이들이 펼치던 선봉작전의 목적은 적의 군사시설 및 정치음모를 꾀하는 간첩조직 파괴, 대적선전을 통한 적군 와해, 징병제로 투입된 화북·광동(廣東)지역의 조선청년 구출, 피점령지역의 민중운동 추동, 중국 인민의 호응을 유도하는 공동투쟁 전개 등이었다.[37]

제1유격선전대는 통성(通城) 방향 청룡산(靑龍山)으로 유격대를 이동하여 1939년 5월 상탑시(上塔市) 북방, 5월 27일 상하백죽(上下白竹)·황안시(黃岸市)를 각각 거쳐 상사산(相獅山)을 돌아 주항남충(朱港南沖) 유격근거지에 도착하였다. 그리고 126단과 유격 임무를 교대하고 그곳에서 활동하던 선전대 동지들과 합류하였다. 이들의 활동이 두각을 나타내자, 일본군은 의용대원에 500원의 현상금을 걸었다. 한편 밀양 부근에서 격

35) 韓志成, 〈朝鮮義勇隊三年來工作的總結〉, 《朝鮮義勇隊》 40기, pp.505~506.
36) 李達, 〈從遊擊戰說到朝鮮義勇隊〉, 《朝鮮義勇隊通訊》 15기, p.137.
37) 李嬰如, 〈朝鮮義勇隊的新發展〉, 《朝鮮義勇隊通訊》 7기, pp.43~45.

렬한 전투가 있었는데, 이 과정에서 투쟁기술을 습득할 수 있었다. 그리고 인쇄시설이 부족하여 선전물을 중국어로 목각하여 사용하였고, 종이도 마찬가지여서 일본어 선전물 뒷면을 사용하기도 했다.[38]

제2유격선전대는 5월 통성 석산(錫山) 공격의 성공으로 은제 장장(獎章)을 받았다. 제8연장(連長) 유운서(柳運瑞)는 석산 공격 도중 부상을 입었는데, 선전대에 구출되어 장사에서 치료를 받았다. 이에 대한 보답으로 유운서가 선전대에 감사편지를 보내왔다.[39] 그리고 이들은 통성과 새공교(賽公橋)에서 '전투로서 선전한다'라는 각오로 용감한 활동상을 보였다. 직접 적진의 철조망을 뚫고 들어가 전단을 배포하고 적의 보루를 부수며 화망(火網) 속에서 연설하였던 것이다. 1939년 5월 4일에 조선의용대 제2유격선전대는 통성 석산 전투에 참가했다. 양가령(楊家嶺)에 도달한 뒤 각 부대들이 제1선 결사대, 제2선 분용대(奮勇隊), 제3선 공격대로 편성될 때, 조선의용대는 제2선에 배치되었다. 다음 날 새벽, 결사대와 조선의용대의 분용대가 적진을 공격하기 시작하여 시종 협동전투를 수행했다.[40]

제2구대는 1939년부터 1940년 사이에 세 차례에 걸쳐 전개된 5전구의 악북 전투에 전투원으로 참가하였고, 1940년 2월에는 1전구 지역인 하남성의 임현(林縣)·급현(汲縣) 일대에서 적의 통신망과 철로를 파괴하였다. 1·2구대가 1939년에 펼친 전투에서 파괴한 적의 탱크[坦克車]의 수는 무려 4, 50대나 되었다.[41] 그런데 본부대와 전선에 배치된 부대 사이의 연락이나 경험의 교류가 활발하지 못했기 때문에 더욱 커다란 효과를 거두는 데는 한계가 있었다는 지적을 받은 작전이기도 했다.[42]

1941년, 곧 후기에 접어들어 조선의용대가 벌인 전투 가운데 가장 규모

38) 劉金鏞 譯, 〈朝鮮義勇隊 第1區隊 血戰紀實〉 6, 《朝鮮義勇隊通訊》 19·20기, pp.199~200.
39) 劉金鏞 譯, 〈朝鮮義勇隊 第1區隊 血戰紀實〉 8, 《朝鮮義勇隊通訊》 22기, p.224.
40) 王亞平, 〈戰鬪在前線及敵後的朝鮮義勇隊〉, 《朝鮮義勇隊通訊》 25·26·27기, pp.263~264.
41) 韓志成, 〈朝鮮義勇隊三年來工作的總結〉, 《朝鮮義勇隊》 40기, p.504.
42) 金學武, 〈一年來朝鮮義勇隊工作總結與今後工作方向〉, 《朝鮮義勇隊通訊》 30기, p.314.

가 컸던 것은 호가장전투(胡家莊戰鬪 ; 12. 12)와 형태전투(12. 26)였다. 이
두 차례에 걸친 전투에 대해서는 기록에 따라 약간의 차이를 보이고 있
다. 일단 두 가지 기록을 들 수 있는데, 하나는 호가장전투를 자세히 다룬
〈독립동맹, 피의 투쟁사〉이고, 다른 하나는 《朝鮮義勇隊》 41, 42기에 실
려 있는 기록이다. 전자에 따르면, 1941년 12월 12일 밤, 경광선(京廣線)
일대에 배치된 조선의용대 가운데 원씨현(元氏縣) 지방에서 활동하던 김
세광(金世光)의 제2대가 호가장에서 숙영하던 사이, 이 마을 구장이 일본
군을 데리고 와 이들을 습격함으로써 잠자던 박철동(朴喆童) · 이만갑(李
萬甲) · 손일봉 등이 전사하고 2명이 부상을 당하는 참사가 일어났다. 석
가장 전선에서 사흘 밤을 새우며 선전공작을 하고 돌아온 2구대원 30명
이 호가장에 숙영할 때, 이들을 호위하던 팔로군(八路軍)이 4리 떨어진
아랫마을에 주둔하면서 7리 떨어진 곳에 있던 일본군에 대한 방어벽 노
릇을 하고 있었다. 그래서 이들은 안심하고 잠들었는데, 동네 구장의 안
내로 팔로군 지역을 비켜 지나온 일본군에게 습격당한 것이다.[43] 이것은
조선의용대 세력들을 연안으로 강제 흡입시키려는 팔로군 본대의 의도로
써 만들어진 사건으로 파악된다.[44] 김세광 대장이 중상을 당했고, 김학철
(金學鐵)은 부상을 입고 일본군에 체포당했다. 김학철은 포로가 되어 일
본 시모노세키(下關) 감옥에서 옥고를 치르게 되었으나, 김세광은 부상당
한 채 대원들을 지휘하여 이들을 태항산(太行山)으로 철수시키는 데 성공
하였다. 그 뒤 김세광은 부상당한 팔을 잘라낸 뒤 외팔장군으로 용맹을
떨쳤다.[45]

　여기서 자료에 따라 엇갈리는 내용으로 대표적인 것이 손일봉의 전사
와 관련된 부분이다. 손일봉에 대해 《朝鮮義勇隊》 41, 42기는 호가장전투
가 아닌 형태전투에서 전사한 것으로 기록하였다. 즉 호가장전투 2주일

---

43) 〈독립동맹, 피의 투쟁사〉, 이정식 · 한홍구 엮음, 《항전별곡》, 거름, 1986, pp.121~125.
44) 조동걸, 《독립군의 길따라 대륙을 가다》, 지식산업사, 1995, pp.275~276.
45) 조동걸, 《독립군의 길따라 대륙을 가다》, 지식산업사, 1995, p.276.

뒤인 26일에 벌어진 이 전투에서 손일봉을 비롯한 왕현순(王現淳 ; 왕현손)·주동욱·최철호 등이 전사하였다고 기록한 것이다.[46]

이외에도 반소탕전(反掃蕩戰)이라는 큰 전투가 있었다. 이것은 1942년 4월 1일에 《朝鮮義勇隊》 종간호인 42기가 발간된 직후인 5월 초순에 벌어진 대규모의 전투였다. 일본군 북지방면파견군(北支方面派遣軍) 20개 사단의 40만 명이 북중국 일대의 반일세력, 특히 중국공산당과 팔로군을 소탕하려는 작전을 개시하자, 조선의용대 화북지대는 이를 막아내기 위한 역포위공격(逆包圍攻擊)에 참가하였다. 이 전투에서 조선의용대는 윤세주·김창화(金昌華)·호유백(胡維伯) 등 10여 명이 전사하는 피해를 입었다.[47]

3) 정보 수집과 포로 교육

정보 수집과 포로 교육 또한 조선의용대의 중요한 대적공작 가운데 하나였다. 정보 수집에는 적의 방송을 녹음하여 분석하는 것, 노획된 적군의 서류를 번역하여 전황을 판단하는 것, 포로를 심문하여 정보를 파악하는 것 등의 방법이 동원되었다.[48] 특히 조선의용대원의 언어 구사력은 이러한 작업의 중요한 기틀이 되었다. 상당수의 대원들이 일본어와 중국어를 구사할 수 있었기 때문에 이와 같은 공작이 가능했던 것이다.

외국어에 익숙한 대원들은 전구 사령부의 공작 가운데 포로 교육을 담당하였다.[49] 능통한 일본어로 포로들에게 일제침략정책의 실상과 군벌의 목적을 인식시킴으로써 이들로 하여금 이전까지 갖고 있던 침략적 사고

---

46) 貞浩, 〈犧牲的烈壯和利勝的榮光〉, 《朝鮮義勇隊》 41기, p.526 ; 李貞浩, 〈故孫一峯 同志略歷〉, 《朝鮮義勇隊》 42기, pp.552~558. 이러한 차이가 어디에서 비롯되었는지 확실하지 않다.
47) 김영범, 〈朝鮮義勇隊 硏究〉, 《한국독립운동사연구》 2, 1988, pp.507~508.
48) 金學武, 〈一年來朝鮮義勇隊工作總結與今後工作方向〉, 《朝鮮義勇隊通訊》 30기, p.312.
49) 金學武, 〈一年來朝鮮義勇隊工作總結與今後工作方向〉, 《朝鮮義勇隊通訊》 30기, p.312.

를 떨쳐내어 반전의식을 갖도록 하고, 더 나아가 이들을 반전운동의 전사로 육성하려는 것이 목적이었다. 실제로 이렇게 육성된 요원이 일선 중국군 부대를 방문하여 환담한 기록도 나타난다. 또 1939년 2월에는 일본인 포로였던 이토(伊藤進)가 선전공작에 동참하여 기관지에도 글을 게재하기도 했다.50) 그리고 이익성(李益星) 지대장 휘하의 진동명(陳東明) 분대장이 21명의 대원들과 함께 악북의 어느 중국군 부대를 방문하였는데, 그 자리에서 오다케(大竹), 마쓰이(松井), 이시무라 자매(井村月雄·芳子) 등 일본인 4명을 소개받았다. 이 가운데 오다케는 예악(豫鄂) 전투에서 제2구대의 포로가 되어 장관사령부로 이송되었다가, 조선의용대에 보내진 뒤 반전운동의 요원으로 교육받아 이후 거꾸로 대적공작에 투입된 인물이었다.51)

정보 수집에서 적의 서류 번역과 포로 심문은 중요한 방법임에 틀림없다. 이를 위해서는 일본군의 심리에 대한 연구가 긴요하지 않을 수 없었다.52) 따라서 수집된 정보를 철저히 분석하는 한편, 일제 정책의 변화 등 적의 내부 사정에도 지속적으로 관심을 가져야 했다. 기관지의 곳곳에서 그러한 흔적을 찾아볼 수 있다. 이를테면 조선총독부의 통계치 같은 자료들을 확보하고 분석하는 한편 일본군 안에서 벌어진 사건·사고 등을 정확하게 제시함으로써, 대원들로 하여금 국내와 일본의 동향을 용이하게 파악하도록 했던 것이다.

4) 대원 확충

조선의용대의 대원 확보책은 두 가지로 나뉜다. 하나는 한적(韓籍) 사병을 공작으로써 투항해 오도록 만들거나 포로가 된 동포를 중국군에게

50) 伊藤進, 〈我的新生〉, 《朝鮮義勇隊》 9기, pp.68~69.
51) 唐鐵克, 〈活躍在鄂北前線的朝鮮義勇隊〉, 《朝鮮義勇隊》 35기, p.399.
52) 樸孝三, 〈兩年來本隊工作的總結〉, 《朝鮮義勇隊》 37기, p.433.

서 인수받아 교육 후 대원으로 편입시키는 것이고, 다른 하나는 직접 적의 후방 지역으로 파고들어 동포들을 포섭하는 방법이었다. 이 가운데 전자의 경우, 즉 투항해 오거나 포로가 된 한적 사병을 넘겨받아 대원으로 양성한 기록은 두 곳에서 발견된다.

첫 번째 사례는 1939년에 한적 사병 포로 오문성(吳文星) 등 31명이 해방되어 조선의용대에 배속된 일이다. 중국국민당의 하응흠(何應欽) 부장은 〈朝鮮義勇隊金大將並轉吳文星等同志鑒〉이라는 전문에서 "제군의 대의를 밝힘과 신성한 항전에 참가함에 불굴의 정신으로 적과 싸워 광복을 이루고 세계의 평화와 인류의 자유를 쟁취하며, 건강을 기원한다"고 말했다. 또한 훈사를 통하여 "본부대가 의식을 가진 포로들을 해방시켜 중국의 대일항전에 참가하게 하는, 전 세계에 전에 없던 이런 일들에 대해 경축하며 기뻐한다"고 덧붙였다. 하응흠은 조선이 지금 일본에게 포로생활을 당하고 있음에 애석함을 표하면서, "지금 중국 대일항전의 혁명역량은 더욱 강해져 승리의 날이 앞당겨질 것이며, 조선의용대가 중국의 대일항전에 참가한 지 1년이 된 시점에서 대원들은 벌써 장단점을 인식하였으며 이에 더욱 진보할 것"이라고 밝혔다. 마지막으로 그는 일본군 사이에 반전사상이 고조되고 있고 군벌주의에 대해 반대하는 인식들이 일어나고 있다고 언급한 뒤, "조선의용대가 계속해서 노력분투하고 전진하기 바란다"고 격려했다.[53]

두 번째 사례는 1940년 후반에 중국의 한 지구 포로수용소장이었던 왕대첩(汪大捷)이 한적 포로를 해방시키는 전례식에서 치사를 한 기록이다. 왕대첩은 "제군의 금일 해방은 단지 포로의 해방만이 아니라 일본제국주의 수십 년 압박하의 망국노의 해방이요, 나아가 전세계피압박민족해방의 제1성이기도 하다"고 말하고, 이어서 "해방된 포로는 즉시 귀국 의용대의 生力軍이 되어 조선부흥의 선봉대가 되어야 한다"고 강조했다.[54]

---

53) 〈何部長來電及訓詞〉, 《朝鮮義勇隊通訊》 28기, p.290.
54) 汪大捷, 〈致朝鮮同志〉, 《朝鮮義勇隊》 39기, p.474.

더 이상의 사례가 보이지는 않지만, 조선의용대의 대원 수는 점차 증가
하여 1941년에는 결성 당시의 3배에 이르렀다고 한다.

5) 중국군민과의 합작

중국군민에 대한 공작은 최전방 지역에서 펼쳐졌다. 여기에는 어려운
점이 상당히 많았다. 중국 정부의 지원 속에 활동하던 조선의용대로서는
중국군과 대등한 위치에서 활동하기가 쉽지 않았기 때문이다. 조선의용
대를 대하는 중국군의 인상이나 자세가 그리 호의적이었을 것으로만 생
각되지는 않는다. 하지만 조선의용대는 그러한 난관을 대원들의 우수성
으로 극복해나갔다. 조선의용대의 다수는 중국군보다 더 교육을 받은 인
물들이었기 때문에 국제정세와 상황분석에 뛰어났고, 삼민주의(三民主
義)를 비롯한 여러 정치논리들로 무장되어 있었던 것이다.

장관사령부에서 이루어지는 공작에는 별다른 큰 문제가 없었다. 장관
사령부에서는 부대장의 지원 아래 포로 심문과 교육 및 정보 수집을 진
행하였고, 그 밖에도 대적공작요원에게 전술 훈련과 단기 일본어 교육 등
을 실시하였다. 하지만 전선에서 전개되는 공작의 경우 일반 병사들과 함
께 활동하는 것이었으므로, 중국군과 유대관계를 다지는 것은 필수적인
일이었다.

연합작전은 최전방에서 전개되었는데, 대원들은 전선에 도착하자마자
중국군과 친근한 유대관계를 맺고자 했다. 처음 중국전선공작을 시작했
을 때는 중국 사병들과 거리감이 있었지만, 조선의용대는 그들과 함께 생
활하면서 쉽게 혼연일체가 될 수 있었다. 조선의용대 대원들은 전선에서
오락의 기회가 없는 중국 병사들에게 소규모의 동락회(同樂會)를 만들게
한 뒤 사병들을 교육하고 노래를 가르쳐주는 등의 활동을 펼침으로써 점
차 분위기를 바꾸어갔다. 이를 바탕으로 조선의용대의 대적선전공작은
곳곳에서 큰 힘을 발휘하게 되었고, 이들의 희생적인 노력이 중국 사병들

의 가슴에 흥분과 존경심을 가져다주었다. 이러한 결실들이 있었기에 대적선전공작이 실효를 거둘 수 있었던 것이다.[55]

중국군에게 대적선전공작 방법을 가르치는 것도 중요한 사업이었다. 또한 일본어로 공작을 펼 수 있도록 하기 위해서는 대적선전법과 함께 일본어도 가르쳐야 했다. 그 결과 중국군에도 대적선전대가 설치되는 성과를 거두었다.[56] 그런데 중국군 사병들의 문자 해독력이 워낙 떨어졌던 탓에 대적선전법을 강의하는 데는 어려움도 많았다.[57] 그렇지만 조선의용대원들은 공작 과정에서 이를 해결할 수 있는 효과적인 요령을 터득하였다. 예를 들자면, 구호를 학습할 경우 중국 사병들은 마치 염불을 외는 것처럼 발음이 부정확하였을 뿐만 아니라, 두 구절을 읽고 나면 한 구절을 잊어버리기 일쑤였다. 그래서 대원들은 중국 사병들을 반(班) 단위로 편성한 뒤 그 가운데 비교적 똑똑한 사람을 선발하였는가 하면, 각 반마다 일본어 말하기 대회를 열어 사병들이 경쟁하게끔 했다. 수준 차이가 크게 나타나는 경우에는 수준별로 여러 명을 따로 모아 합반을 하기도 하였다.[58]

대민사업 역시 대단히 중요한 공작이었다. 그 가운데는 국어·상식·산술·창가 등을 교육하는 민중학교[59]를 설립하는 것도 포함되어 있었다. 민중학교는 자녀들을 교육시키는 동시에 민중의 이해와 공감을 불러일으키고자 진지 부근에 건립하는 일종의 소학교였다. 예를 들어 제1구대의 제2유격선전대는 진지 부근에 민중소학을 건립하여 운영하면서, 현지 민중들의 자녀들에게 연필·종이·사탕 등을 공급하였다. 말하자면 민중학교 설립은 중국 농부들이 가난하여 자녀를 교육시키는 것이 어려웠다는 사실과, 그렇지 않은 경우라도 전쟁으로 학교가 폐교되거나 후방

---

55) 李貞浩, 〈一年來的對敵宣傳工作〉, 《朝鮮義勇隊通訊》 25·26·27기, p.256.
56) 樸孝三, 〈兩年來本隊工作的總結〉, 《朝鮮義勇隊》 37기, p.436.
57) 劉金鏞 譯, 〈朝鮮義勇隊 第1區隊 血戰紀實〉 5, 《朝鮮義勇隊通訊》 18기, p.188.
58) 王通, 〈關於對敵宣傳的幾個問題〉, 《朝鮮義勇隊通訊》 33기, p.367.
59) 劉金鏞 譯, 〈朝鮮義勇隊 第1區隊 血戰紀實〉 5, 《朝鮮義勇隊通訊》 18기, p.188.

으로 이동한 관계로 정상적인 교육이 불가능했던 사실을 함께 고려한 사
업이었던 것이다. 이 부대는 두 곳에 학교를 설립하였고, 경비는 조선의
용대원의 생활비에서 조달하였다. 이 노력에 화답하여 중국인들은 매일
콩이나 채소를 조선의용대에 보내왔고, 민중학교는 자연스럽게 군·민
합작의 교량 구실을 하게 되었다. 또 중국인들은 산탑시(山塔市) 부근에
서 환자가 발생하면 환자를 조선의용대로 이송해 왔고, 그 과정에서 환자
와 관계자들이 진심으로 감사를 표시한 일도 있었다.60) 간첩조직을 타도
하고 대적선전을 벌이는 것이 정치공작원의 주요 작업이었던 만큼, 사람
과 땅 모두가 낯설었을 대원들에게는 우군의 도움 외에도 현지 민중들의
협조가 절대적으로 필요했을 것이다.61) 민중학교는 이를 환기하는 데 큰
구실을 담당했던 셈이다.

조선의용대는 공작이 추진될수록 이러한 대민사업의 중요성을 절감하
게 되었다. 중국에서 이루어지는 공작이면서 또 중국과 연합하는 항전이
었기에, 조선의용대 본래의 역량도 중요하지만 중국 인민들과 연대하는
것 또한 막중했던 것이다.62) 따라서 제2구대는 동원공작으로 조양군민대
회(棗陽軍民大會)를 개최하고, 난민 구제를 위해 식량을 공급하기도 했
다.63)

4. 조선혁명군 건설 계획

김원봉이 이끄는 조선민족전선연맹이 처음부터 조선의용대 조직을 의
도했던 것은 아니었으며 궁극적으로 조선혁명군 건립에 목표를 두고 있

---

60) 劉金鏞 譯, 〈朝鮮義勇隊 第1區隊 血戰紀實〉 8, 《朝鮮義勇隊通訊》 22기, p.225.
61) 李貞浩, 〈一年來的對敵宣傳工作〉, 《朝鮮義勇隊通訊》 25·26·27기, pp.256~257.
62) 韓志成, 〈目前朝鮮義勇隊的動態〉, 《朝鮮義勇隊通訊》 30기, p.309.
63) 樸孝三, 〈兩年來本隊工作的總結〉, 《朝鮮義勇隊》 37기, p.435.

었다는 사실은 이미 앞에서도 언급하였다. 인원수가 극히 적었고 중국 정부의 승인이 이루어지지 않았다는 현실적인 한계에 부딪히게 되자, 이들은 일단 조선의용대로 출발하여 비무장선전공작에 매달리게 되었던 것이다. 그렇지만 이들은 출발 직후부터 줄곧 무장대오를 건립한다는 목표에서 한 걸음도 물러서지 않았다.

조선의용대가 무장대오로 발전하기 위해서는 분산되어 있던 대원들을 한 지역으로 집중시킬 필요가 있었다. 또 대원들의 규모를 확충하는 것이 선결조건이었으므로 동포들이 집결해 있는 적의 점령지역에 진출하는 것이 급선무였다. 그렇게 동포들을 확보하여 조선혁명군을 세워야 외부의 원조도 얻어낼 수 있다고 판단하였던 것이다.[64] 그럼에도 조선의용대가 무장대오로 전환하는 것에 대한 중국 정부의 허락은 쉽게 나지 않았다.

조선의용대는 조선혁명군 건설에 대하여 기회가 있을 때마다 기관지를 통해 앞으로 나아갈 방향이 무장대오 건설이자 적 후방 공략이며 그것이 바로 중한(中韓)연합전선의 진보된 표현이라고 주장하였다. 또 그러한 바탕 위에서 조선혁명이 수립될 수 있음을 분명히 밝혔다. 박효삼은 조선혁명군 건립이 가능한 이유를 다음과 같이 내세웠다. 첫째, 혁명종사자인 구성원들의 다수가 군사적·정치적 능력을 겸비하고 중국 북벌 이후 많은 경험을 가진 우수한 간부들이라는 점이다. 둘째, 적 점령지역의 조선 동포들을 풍부한 자원으로서 활용할 수 있다는 점이다. 셋째, 적군에 징집된 한적 사병들의 항일정신이 날로 고조되어 가고 있다는 점이다.[65]

이달도 중국의 대일항전이 2년이 지나 2기로 접어든 때에, 조선의용대를 조선혁명군으로 만들어야 하는 네 가지 이유를 주장하였다. 첫째, 독립과 해방을 위해 조선혁명군이 필요하고, 둘째, 내부적 조건의 성숙과 2년간의 투쟁경험을 바탕으로 조선의용대가 조선혁명군으로서 충분한 역량을 갖게 되었으며, 셋째, 선전공작은 전투를 겸할 때 비로소 최고 효과

---

64) 韓志成, 〈目前環境與朝鮮義勇隊今後工作方向〉,《朝鮮義勇隊》34기, p.376.
65) 樸孝三, 〈爲建立朝鮮革命軍而鬪爭〉,《朝鮮義勇隊》35기, p.393.

를 낼 수 있기 때문이고, 넷째, 2기에는 전쟁을 벌이면서 선전해야 하기
에 전쟁을 위주로 하는 조선혁명군이 필요하다는 것이다.[66]

조선의용대가 계획한 조선혁명군의 모델은 '동북조선혁명군' 또는 '동
북항일연군'이었다. 동북지역에는 1939년 당시 120만 명의 동포가 거주하
고 있었는데, 일본의 만주침공 이후에 동북항일연군이 건립되면서 동포
들이 직접 유격전에 참가하고 있었다. 《朝鮮義勇隊》 38기는 동북항일연
군이 처음에는 수백 명으로 시작하였다가 이후 2~3만 명으로 늘어나 한
국과 중국의 국경에서 활약하고 있다고 소개하였다. 더불어 이 부대가 중
국부대와 연합하여 일본군의 '토벌'작전을 분쇄하고 있는 활약상도 기록
하였다.[67]

흥미로운 사실은 조선혁명군의 모델로 '金日成부대'가 제시되기도 했
다는 점이다. 김일성부대는 중국동북항일군사와 더불어 작전을 벌이는
조선의 가장 유력한 혁명군이요, 미나미(南次郞) 총독이 '일본제국의 암'
이라 불렀던 부대라고 《朝鮮義勇隊》 39기에 소개되어 있다. 같은 지면에
서는 또한 1939년 4월 초에 김일성 장군이 간도성(間島省) 화룡현(和龍
縣)으로 정진하여 조선 동포의 폭동을 책동하고 일본 인민의 반전을 환
기시켰다고 전한 뒤, 4월 27일에는 전사들이 보초망을 뚫고 재만특무회
가 경영하는 탄광을 습격하여 일화(日貨) 5백만 엔을 획득했다고 덧붙였
다. 게다가 이를 진압하고자 만주국 토벌대가 병력을 1만 5천 명에서 3만
명으로 증강시켰지만 김일성부대는 여전히 토벌작전을 뚫고 활약을 전개
하고 있는 가운데 안도현(安圖縣) 일대에서 일본군의 수색에 매복과 습격
으로 맞서고 있다고 전하면서, 그 누구의 힘으로도 김일성을 소멸시킬 수
없다고까지 격찬하였다.[68]

---

66) 李達, 〈關於朝鮮革命軍問題〉, 《朝鮮義勇隊》 36기, pp.407~408.
67) 馬義, 〈朝鮮人在中國〉, 《朝鮮義勇隊》 38기, p.465.
68) 韋明, 〈英勇戰鬪中的東北朝鮮革命軍〉, 《朝鮮義勇隊》 39기, pp.485~486.

5. 민족통일운동 인식

조선의용대는 독립운동세력들의 통일운동을 추진하였다. 그동안 전개된 통일운동에 대해 이정호는 세 가지 단계로 구분하였다. 1단계는 대일전선통일동맹 결성에서 조선민족혁명당 성립에 이르는 시기로 김원봉 총서기가 주축이 되었던 때이고, 2단계는 김구(金九)의 영도 아래 한국국민당이 성립된 뒤 한국광복운동단체연합회(1937. 3)와 조선민족전선연맹(1937. 11. 20)의 양대 체제가 구축된 시기이다. 당시의 주요 임무는 국내외 통일전선 추진, 조선의용대 창립(1938. 10. 10), 중국의 대일항전 참가, 유격전 및 선전활동 전개 등이었다. 3단계는 앞으로 조선민족전선연맹과 한국광복운동단체연합회가 통일하여 새로운 단일당을 추진하는 것인데, 이는 김원봉이 1939년에 제시한 방안이라고 했다. 즉 1939년 5월에 김구와 김원봉이 공개서신을 통해 10개 원칙을 밝히고 단일당 구성을 결의했던 것을 가리키는 것이었다.[69]

물론 그동안 통일운동이 제대로 성과를 거둔 것만은 아니었다. 신간회(新幹會) 해산이 손실이라고 이해한 이영여는 통일운동 중단의 원인이 중국관내 조선혁명운동의 내재적 모순과 대립 및 분화에 있다고 주장하면서 여섯 가지 세부 요인을 밝혔다. 그것은 계급 차이에 따른 혁명자 인식의 불통일, 동일한 계급 출신 혁명자들 사이의 의견 분리, 국내외 혁명운동들 사이의 연계 미흡, 중국 불통일의 영향, 민족주의·공산주의·무정부주의자의 대립, 개인적 야심과 감정문제 등이었다.[70] 이달 역시 신간회 해산은 손실이었다고 말하며, 이제 정치적 인식은 달라도 반일에 일치하여 민족전선의 통일을 이루어내야 한다고 주장하였다.[71]

조선의용대는 김원봉과 김구의 공동명의로 발표된 전국연합진선협회

69) 李貞浩, 〈現階段朝鮮社會和朝鮮革命運動〉 5, 《朝鮮義勇隊通訊》 23기, pp.236~237.
70) 李嬰如, 〈關於關內朝鮮革命運動統一問題的管見〉 2, 《朝鮮義勇隊》 10기, pp.76~77.
71) 李達, 〈關於統一問題〉, 《朝鮮義勇隊通訊》 13기, p.111.

선언 이후 민족운동통일체의 건립에 강한 희망을 갖고 있었다. 그래서 이정호는 "이번의 '통일'은 관내 조선혁명단체의 제3차 통일운동이요, 바로 최후의 1차이다"라고 밝혔다.[72] 이 무렵 한지성도 정치상 통일된 조직의 공고한 단결이 필수적이라고 말하였다.[73] 하지만 이 같은 희망도 사실상 큰 한계를 가진 것이었다. 그것은 어디까지나 김원봉과 조선민족혁명당이 연합전선의 중심이 되는 것을, 또 무장대오 결성 시에도 조선의용대가 중심이 되는 것을 원했던 것일 뿐이다. 때문에 조선의용대는 중국과 연합전선을 추진하면서도 임시정부를 견제했고, 광복군 결성 추진에도 격렬히 반대하고 나섰던 것이다.

한중(韓中)연합전선을 추진하는 작업은 대내적인 통일의 바탕 위에서 이루어져야 함에도, 조선의용대는 이 과정에서 임시정부와 광복군을 경쟁상대로 파악하여 배제시키려 하였다. 이들은 임시정부가 형식상 존재하는 것이어서 연합전선의 단위가 될 수 없다고 주장하였고,[74] 광복군 성립 나흘 전인 1940년 9월 13일자 《朝鮮義勇隊》37기(2주년 특집호)에 "두 집단의 출현은 바람직하지 못하다"는 견해를 밝히기도 했다. 그러면서 임시정부 측이 광복군 결성의 이유로 들고 나온 조선의용대에 대한 인식을 잘못된 것이라고 반박하였다. 즉 조선의용대가 단순히 국제종대에 불과하고 중국정부에 속한 민중단체이며 비무장 선전대라는 주장이 있지만, 조선의용대는 30여 년에 이르는 투쟁의 산물로서 어디까지나 조선민족해방의 전체 책략에 의거하여 조직된 단체이자 앞으로 중국의 대일항전에 참가하여 조선혁명을 완성할 단체이므로, 역사적인 안목에서 볼 때 다른 무장대오와는 성격이 다르다는 것이었다. 또 조선의용대는 자신들이 한・중 두 민족을 연결한 동방의 기본군대로서 양민족연합전선의 본보기이자 비무장투쟁과 무장투쟁을 동시에 펼친 실천적 부대임을 강조

---

72) 李貞浩, 〈預祝統一運動成功〉, 《朝鮮義勇隊通訊》 24기, p.240.
73) 韓志成, 〈目前朝鮮義勇隊的動態〉, 《朝鮮義勇隊通訊》 30기, pp.308~309.
74) 陳元仲, 〈中韓民族聯合戰線與朝鮮義勇隊〉, 《朝鮮義勇隊》 38기, p.463.

하면서, 자신들이야말로 각 당파를 망라하여 관내 혁명자들을 통일하고 단결시킬 대오라고 주장하였다.[75] 즉 조선의용대가 표방한 통일전선운동의 방향은 매우 자기중심적인 것이었던 셈이다.

6. 한중연합전선 추구

조선의용대가 한중연합전선을 추구했던 것은 지극히 당연한 일이다. 그들은 과거 조선혁명이 실패했다고 규정하고, 그 원인에 대해 대내적으로 통일전선을 통한 전면적 혁명투쟁이 불가능했던 점과 대외적으로 동방피압박민족의 공동 혁명운동이 미흡했던 점을 들었다. 그런데 이제 중국의 전면 항전 후 혁명 조건이 성숙된 만큼, 관건은 통일전선 및 한중항일투쟁연합전선을 조직하는 것이라는 주장이 조선의용대 내부에서 제기되었다. 대내적으로는 여러 차례의 시도를 거쳐 조선민족전선연맹을 결성하였으니, 이제는 한중연합전선 결성이 필요하다는 것이다. 이러한 주장은 특히 이념적인 면에서 삼민주의와 민족전선의 혁명목적이 일치하므로 연합전선 결성에는 이념적인 문제가 없다는 판단 아래, "동북항일연군은 한중연합전선의 雛形"이라 하여 동북항일연군 형태의 연합전선 결성을 목표로 삼는 것이었다.[76]

연합전선의 추진은 조선과 중국이 일본이라는 공동의 적을 두고 있고, 중국의 대일항전의 승리가 조선 해방에 결정적 영향을 준다는 전제 아래에서 출발한다. 그런데 조선의용대는 그 연합전선이 인식과 행동의 통일위에서만 비로소 가능하다고 주장하면서, 먼저 다음과 같은 통일된 인식이 필요하다고 했다. 첫째, 조선이 중국의 속국이라는 낙후된 관념을 버

75) 如松, 〈論朝鮮義勇隊在革命運動中的地位〉,《朝鮮義勇隊》37기, pp.444~448.
76) 尹爲和, 〈朝鮮民族革命的統一戰線與中韓抗日鬪爭的聯合戰線〉,《朝鮮義勇隊通訊》 8기, p.54.

리고 세계 평화와 정의를 위해 중국과 함께 투쟁해나갈 해방의 동반자라
는 생각을 가져야 한다. 둘째, 중국을 돕는 것은 두 민족이 공동의 적을
타도하기 위한 것이라는 인식을 가져야 한다. 셋째, 반드시 삼민주의로써
조선혁명을 완성한다는 관점은 재고되어야 한다. 삼민주의는 물론 반
제·반봉건 혁명주의이지만, 중국사회에 적합한 혁명주의가 반드시 조선
의 혁명주의에 적합한 것은 아니다. 삼민주의나 다른 주의를 채택할 때는
조선사회의 현실성을 보고 결정해야 한다. 넷째, 이른바 '조선유민'이라는
관념을 버려야 한다. 일본의 이간작용으로 말미암아 중국과 조선 민족 사
이에 상당한 반감과 거리감이 생겼는데, 이를 극복해야 한다. 결국 서로
가 동맹국이라는 인식을 바탕으로 삼아 연합전선을 이루고 마지막 승리
를 쟁취해야 한다는 것이다. 바꾸어 말하면 이 논리는 서로의 현실에 맞
는 이념적 특수성을 인정하는 바탕 위에서 한국과 중국이 대등한 관계를
이루어야 한다는 것으로 요약된다.

다음으로 조선의용대는 행동의 통일이 필요하다고 주장했다. 한중연합
전선의 시작은 바로 두 민족의 투쟁역량이 확대되고 강화되는 구체적인
표현이므로 중국의 어떠한 당파와도 삼민주의 혁명정신 아래 연대해야
하고, 흩어진 역량과 분산된 원조를 단결시키고자 연합전선을 행동의 통
일 위에서 건립해야 한다는 것이다.[77]

그런데 조선의용대는 중국과 연합전선을 추진하면서도, 한편으로는 임
시정부를 견제하였다. 두 민족의 연합전선이 대내적인 통일의 바탕 위에
이루어져야 함에도, 조선의용대는 한중연합전선에서 임시정부와 광복군
을 경쟁상대로 파악하고 배제시키려 한 것이다. 이들은 "중한민족연합전
선에 정부형식이 결성단위가 될 수 없다. 이론상 정부는 통치기구이며 통
치권력을 대표하는 것이지 혁명조직은 아니다. 소수 조선동포들이 옹호
하는 한국임시정부는 형식상 존재하는 것이어서 연합전선의 단위가 될

---

77) 李貞浩,〈中韓兩民族應怎樣的聯合起來打倒日本帝國主義〉,《朝鮮義勇隊通訊》24기,
pp.241~244.

수 없다"는 논리를 폈다.[78]

또 조선의용대는 한중민족연합전선은 시기적 필요에 따라 중국관내 조선인민과 중화민족이 결합한 것이며, 자신들이 그 첫 '雛形'이라고 주장했다. 그 이유는 30년에 걸친 혁명운동 역사를 바탕으로 반제투쟁을 전개해왔고 적후 공작을 통해 연합작전을 펼쳐 왔으며 중·한민족이 공동으로 조직한 조선의용대지도위원회의 지도를 받고 있는 등, 자신들은 이미 연합항전의 성과를 거두고 있기 때문이라는 것이다. 즉 한중민족연합전선은 정부의 외교관계가 아니기 때문에 임시정부와는 연합할 수 없는 단위이며, 연합발전의 특수성 때문에 조선의용대가 역사적 짐을 지고 중국과 함께 항일투쟁을 해왔다는 주장이었다.[79] 결국 조선의용대는 한중연합전선을 이루는 데 자신들이 기득권을 가진다는 논리를 폄으로써 광복군의 등장을 견제하고 나선 것이었다.

7. 원동반제통일전선 추진

조선의용대는 중국과 연합전선을 추구한 데 이어, 동아시아 피압박 민족들과 반제통일전선을 형성하고자 노력하였다. 이를 위해 기관지의 여러 지면에 이들 민족의 참상과 투쟁을 보도하거나 따로 특집을 마련했는데, 특히 대만·인도·미얀마·베트남·필리핀 등의 상황을 많이 다루었다. 그리고 중국 안의 일본인 반전주의자들과 연합활동을 펴 나갔고, 심지어 일본 국내의 반전운동 세력과 연합하는 문제까지 고려하기도 했다.

조선의용대의 반제통일전선운동은 대만 쪽에서 가장 먼저 성과를 거두었다. 대만 출신 인사들이 조선의용대의 영향을 받아 대만의용대를 결성한 것이다. 《朝鮮義勇隊》 17기는 대만 6·17운동선언 45주년을 기념하여

---

78) 陳元仲, 〈中韓民族聯合戰線與朝鮮義勇隊〉, 《朝鮮義勇隊》 38기, p.463.
79) 陳元仲, 〈中韓民族聯合戰線與朝鮮義勇隊〉, 《朝鮮義勇隊》 38기, p.464.

발간한 대만혁명운동 특집호였다.[80] 대만인인 이우방(李友邦)은 조선과
대만의 반제통일전선 구축을 요구하고 나섰다. 이우방은 "조선과 대만은
일본의 멸망을 앉아서 기다릴 것이 아니라 투쟁한다면 최후 승리는 우리
의 것이요, 중국의 대일항전은 중화민족의 자유해방만이 아니고, 항전의
승리는 동방피압박민족혁명 성공의 희망이므로 힘을 모아 중국의 대일항
전을 도와야 한다. 또 환란을 겪고 있는 대만 혁명 역량의 연합을 소홀히
해서는 안 된다. 우리들은 반드시 일본 파시스트를 포위할 수 있는 전선
을 건립해야 한다"고 역설하였다.[81] 또 쟁(錚)이라고 쓴 다른 대만인도
조선의용대가 조직되자 연이어 대만의용대가 성립되었다고 한 뒤, 조선
의용대 성립 3주년을 축하하면서 반전연합투쟁을 요구하였다.[82]

원동(遠東)지역 통일반제전선운동의 이론에 대해 마의는 다음과 같이
정리하면서 이를 추진하자고 주장하였다. 첫째, 전쟁은 제국주의의 산물
이요 무장된 정치행위이므로, 이러한 제국주의 전쟁을 반대하며 일어나
고 있는 혁명운동이야말로 진보한 정의로운 전쟁이다. 둘째, 전 세계에서
고통 받고 있는 인민들이 사회주의를 요망하고 있고, 반제투쟁은 전 세계
인민의 정치적 각오가 확산되었음을 말해주는 것이며, 모든 혁명은 연계
되어 있다. 셋째, 중국의 대일항전이 극동의 반제투쟁을 주도하고 있고,
조선의용대·대만의용대·인도구호대·일본인민 반제동맹 등이 일본의
침략야욕을 꺾고 있으며, 조선의용대의 중국 대일항전 참가는 중국인들
에게 흥분과 감동을 주었다. 넷째, 극동 반제 역량의 단결이 필요하고, 인
민은 최고 무기인 투쟁을 전개해야 한다. 이상과 같이 정리하면서 끝으로
마의는 러시아 10월 혁명의 영향으로 반제혁명전선이 구축되었고 이제
그 불꽃이 극동에서 타오르고 있다고 하면서, 반제혁명전선이 일제를 재
로 만들고 새로운 중국과 조선, 극동을 만들어낼 것이라고 주장하였다.[83]

---

80) 《朝鮮義勇隊通訊》 17기, pp.167~178.
81) 李友邦, 〈成功的一年〉, 《朝鮮義勇隊通訊》 25·26·27기, pp.259~260.
82) 錚, 〈祝朝鮮義勇隊成立三週年紀念〉, 《朝鮮義勇隊》 40기, p.513.

조선의용대는 또한 베트남의 투쟁을 소개하고 이를 격려하였다. 《朝鮮義勇隊》 39기에는 "80년 프랑스 압제에서 신음하며 투쟁해왔다. 독일이 프랑스를 섬멸하였다. 기회가 왔다. 우방이여 원조를"이라고 외치는 〈越南人民統一革命黨兩大宣言〉과 "일치단결하여 혁명을 수행하자"라는 내용의 〈告我越南革命同志之寓在中國者洞鑒〉이 게재되었다. 또 같은 호에 '월남인민통일혁명당' 성립을 축하하는 단평이 게재되기도 하였다.[84]

조선의용대의 반전운동은 중국에서 활동하던 일본인 반전주의자와도 연결되었다. 일본인 아오야마는 "조선의용대가 관내 혁명단체가 연합한 최우수 실천군대로서, 각 전구에서 대적선전공작을 수행하여 공적을 세웠다. 조선의용대 발전은 비단 조선혁명자의 임무만이 아니라 중국의 대일항전에 원조하는 소수 일본인의 중요한 과제가 된다. 일본노농계급과 조선민족해방투쟁의 결합은 중요하고, 동시에 중한민족혁명의 결합과 조선민족해방투쟁의 발전은 중국의 대일항전에 유력한 동원이다"라고 밝혔다.[85]

또한 '일본반전동지식진등'(日本反戰同志植進等)의 명의로 발표된 축사는 조선의용대의 활동과 위상을 찬양하면서, 중국·조선·일본 세 민족의 자유해방을 성취하자고 제안하였다.[86] 축사에는 조선의용대가 20여 년간 투쟁해 온 김원봉을 총대장으로 하여 1938년 10월 10일에 결성되었고, 과거의 조선혁명투쟁정신을 계승하여 중국의 대일항전에 참가했으며, 조선 동포들을 소집하여 중국의 대일항전에 참가시켰다는 내용이 실려 있었다. 또 조선의용대의 일부가 5·9전투에 참가하여 크게 공헌했으니 조선의용대는 조선민족의 선봉대요, 각 혁명단체와 동지의 모범이라면서, 머지않아 조선혁명을 이룰 것이라는 격려도 담겨 있었다. 중국에서

---

83) 馬義, 〈爲鞏固和擴大 遠東反帝統一戰線而鬪爭〉, 《朝鮮義勇隊》 37기, pp.449~454.
84) 《朝鮮義勇隊》 39기, p.472.
85) 青山和夫, 〈朝鮮義勇隊的兩週年〉, 《朝鮮義勇隊》 38기, pp.459~460.
86) 日本反戰同志植進等, 〈朝鮮義勇隊成立第三週年紀念祝辭〉, 《朝鮮義勇隊》 40기, p.514.

활약하던 일본의 반전주의자 가지(鹿地亘)의 글도 이와 비슷한 유형의
글이었다.[87]

8. 맺 음 말

이상에서 조선의용대가 발행한 중국어판 기관지《朝鮮義勇隊通訊》과
《朝鮮義勇隊》를 통하여 이들의 독립운동전략을 살펴보았다. 중일전쟁이
일어나고 남경(南京)이 함락된 뒤, 함락 직전이었던 무한에서 결성된 조
선의용대는 한인들이 중국관내지역에서 최초로 조직했던 군사조직이었
다. 이들의 근본적인 목표는 일본군과 직접 전투를 벌일 무장부대를 결성
하는 것이었다. 그러나 인원이 부족하고 전선이 내륙으로 밀리는 상황이
었으므로, 조선의용대는 자신들의 여력으로 펼칠 수 있는 활동방향을 찾
았다. 그것은 최전방에서 대적공작이 가능한 공작대오를 우선 형성시키
고, 장차 전투부대를 조직하기 위한 한인병사들을 확보해나가는 전략이
었다.

성립되자마자 무한 방어전에 투입된 이래, 조선의용대는 대적선전공작
에 힘을 기울였다. 제1구대가 호남성 장사지역에서, 제2구대는 하남성과
안휘성에서, 제3구대는 호남성 일부와 강서성(江西省)·절강성(浙江省)·
복건성(福建省) 일대에서 각각 대적선전공작과 전투파괴공작에 나서 상
당한 성과를 올렸던 것이다. 이들의 대적선전공작은 가장 빛나는 성과를
올린 부분이었는데, 일본군에게는 반전의식을 전파하고 중국군에게는 승
리에 대한 확신을 심어주는 공작이었다. 또한 조선의용대는 진지선전대
와 유격선전대를 구성하고 갖가지 독창적인 전술을 개발하여 활약하였
다. 이를 통해 투항자를 유도하였고, 포로를 교육시킨 뒤 다시 대적선전

---

87) 鹿地亘,〈祝朝鮮義勇隊成立二週年〉,《朝鮮義勇隊》37기, p.441.

공작에 나서게 하였으며, 중국군에게도 이러한 전술을 교육시켜 그들로
하여금 대적선전부대를 특별히 조직하도록 만들었다.

그럼에도 조선의용대는 대적선전공작만으로 진행되는 활동에 불만을
토로하면서 본래의 목표, 곧 무장부대 결성을 요구하는 글을 기관지에 여
러 차례 게재하였다. 그러면서 화북지역에 관심을 표명하였다. 왜냐하면
그곳에는 전선을 따라 이동해 온 한인들이 많이 유입되고 있었기 때문이
다. 그 결과 1940년 3월 이후 상당수의 병력이 낙양으로 모여들었고, 이
들은 이듬해 봄과 여름에 걸쳐 모두 황하를 건너 화북으로 이동하게 되
었다. 이들은 1941년 겨울에 연안으로 이동함으로써 중경에 자리 잡은 조
선의용대 본부의 지휘권역에서 이탈했지만, 한인의 독자적인 무장부대,
곧 '조선혁명군'의 결성이라는 목표만큼은 변함없이 추구하고 있었다. 그
리고 그 모델이 바로 '동북조선혁명군'과 '김일성부대'였다. 그런데 대다수
대원들의 화북 진출은 결국 조선의용대가 자신들의 경쟁세력으로 상정하
고 있던 광복군에 흡수·통합되는 결과를 가져오게 되었다.

조선의용대는 대내적으로 민족통일전선을, 대외적으로 한중연합전선
및 원동반제통일전선을 각각 추진하였다. 이들은 대내적으로 조선민족전
선연맹(1937. 11)을 결성한 뒤, 김구와 김원봉이 공동 발표한 선언을 바탕
으로 하는 통일체 건립에 강한 희망을 내보였다. 그렇지만 조선의용대가
내건 통일전선의 성격은 조선혁명당이 중심을 이루어야 한다는 자기중심
적인 성향을 띠고 있었다. 이 사실은 한중연합전선 추진 과정에서 임시정
부와 광복군을 대상에서 제외시키려 했던 점에서도 헤아려진다.

조선의용대가 중국과 연합전선을 추구한 것은 지극히 당연한 일이었
다. 한국과 중국이 일본이라는 공동의 적을 두고 있는 상황에서 중국의
승리가 곧 한국의 해방에 결정적으로 영향을 끼치리라는 것은 누구나 쉽
게 예측할 수 있는 것이었기 때문이다. 조선의용대는 한중연합전선에 대
해, 두 민족 사이에서 확대되고 강화된 투쟁역량이 구체적으로 표현된 것
이라고 하면서, 중국의 어떠한 당파와도 삼민주의 정신 아래 연합할 수

있다고 주장하였다. 그렇지만 앞에서도 언급한 것처럼, 이러한 주장은 임시정부와 광복군을 경쟁상대로 파악하고 배제하는 연합전선을 상정하고 있었다는 점에서 명백한 한계를 가질 수밖에 없었다.

　조선의용대는 한중연합전선뿐만 아니라 아시아의 다른 피압박민족과 원동반제통일전선을 추구하기도 했다. 대만·인도·미얀마·베트남·필리핀 등과 이를 시도하였는데, 특히 대만의용대의 조직은 조선의용대의 영향에서 비롯된 결과물이었다. 그리고 이 운동에는 일본인 반전주의자들도 가담하였다.

　조선의용대의 독립운동전략은 근본적으로 무장부대를 조직한 뒤 중국군과 합작하여 항일전투를 치름으로써 해방을 이루는 것이었다. 이를 위해 조선의용대는 우선 대적선전공작과 파괴를 통한 대적전투를 벌였고, 장차 만주의 한인무장부대와 같은 '조선혁명군'을 조직하는 데 궁극적인 목표를 두었다. 조선의용대는 대적공작에서 상당한 성과를 올리며 그 위상을 뚜렷하게 드러냈지만, 아쉽게도 한계를 극복하지 못하고 독자적인 부대를 조직하는 데 끝내 실패하였다.

중국 남부지역 한국독립운동 유적의 현황과 과제[1]

1. 머 리 말

중국 남부지역의 한국독립운동 유적들 가운데 대다수는 대한민국임시정부(이하 '임시정부')와 관련되어 있다. 구체적으로 임시정부 청사와 정부 산하의 여러 단체, 광복군, 임시정부 요인과 가족들의 주거지가 유적지의 대부분을 차지한다. 그러므로 임시정부가 수립되고 이동해 갔던 과정에 따라 독립운동과 관련된 유적지들이 형성되었다고 볼 수 있을 것이다. 또한 임시정부에 직접적으로 관여하지 않았지만 이와 일정한 관계를 가지면서 이동하였던 독립운동 단체들의 유적도 많다. 김원봉(金元鳳) 계열의 단체나 인물, 조선의용대(朝鮮義勇隊) 등의 군사조직, 아나키스트들의 활동 등과 관련된 유적 등이 대표적이다. 이와 달리 최남단 지역인

---

1) 이 글은 2002년 한국근현대사학회가 독립기념관의 용역을 받아 추진한 '해외한국 독립운동 유적조사사업' 가운데 하나였던 중국남부지역 조사에 대한 결과보고서이다. 필자가 단장을 맡고, 한규무(광주대)·조범래(독립기념관)·서진교(서강대)·신창균(안동대) 등이 공동으로 참가하였다.

광주(廣州)의 경우 임시정부와 무관한 인물의 유적이 존재하기도 한다. 임시정부 수립 이전에 이미 이곳을 내왕하면서 활동한 인물도 있었고, 1920년대에 이곳으로 집결하여 혁명의 대열에 동참했던 한인청년들도 있었기 때문이라 추측된다. 그렇다고 하더라도 대다수 유적이 임시정부와 관련된 것이라는 점은 분명하다.

중국 남부지역에 대한 조사단은 아열대기후의 더위를 피하기 위해 2002년 1월과 2월 사이에 현지를 방문하고 조사활동을 벌였다. 그리고 이와 별도로 7월에 또 다른 현지조사가 진행되었던 덕분에 내용을 보충할 수 있었다. 남부지역 조사단에게 맡겨진 지역은 장강(長江) 유역과 그 남부였는데, 다만 안휘성(安徽省)의 부양(阜陽)과 임천(臨泉)이 남부지역 조사단의 조사대상에 포함되었다.

임시정부가 양자강(揚子江) 하류지역에서 수립되어 활동하다가 점차 중류를 거쳐 상류지역으로 거슬러 올라간 사실을 감안하여, 유적 및 유적지에 대한 서술도 그러한 순서로 접근하고자 했다. 다만 지역별 권역을 나누어 보고하는 것이 서술과 이해 모두에 도움이 되므로 일단 네 개의 범주로 지역을 나누기로 했다. 장강의 하류지역〔상해(上海)·가흥(嘉興)·항주(杭州)·진강(鎭江)·남경(南京)〕, 중류지역〔부양·임천·무한(武漢)·장사(長沙)〕, 상류지역〔중경(重慶)·기강(綦江)·성도(成都)〕, 그리고 화남(華南)지역〔광주·계림(桂林)·유주(柳州)·곤명(昆明)〕이 그것이다.

이 글은 다음과 같이 구성된다. 먼저 유적들을 지역별로 분류하고 그 가운데 대표적인 것의 현황을 정리했다. 그리고 원형의 유지 여부와 변화과정을 드러내고 유적의 급속한 소멸현상을 짚어보면서 이에 대한 대책을 과제로 제시했다. 마지막으로 지역별 보존 사례를 살펴봄으로써 차후 보존방향을 가늠하고, 이와 더불어 추가적이고도 지속적인 현장 조사와 문헌 조사의 필요성에 대해서도 검토하기로 한다.

2. 지역별 유적 분포와 현황

1) 長江 하류지역

(1) 上 海

상해는 한국독립운동사에서 상징성을 지닌 곳이다. 1910년대 이후 독립운동의 교두보가 마련된 뜻 깊은 장소이자 이를 바탕으로 독립운동의 상징인 대한민국임시정부가 수립되었던 역사적인 도시가 바로 상해이기 때문이다. 상해는 1932년에 윤봉길(尹奉吉) 의거로 임시정부가 거처를 옮기게 될 때까지 20년이 넘도록 줄곧 한국독립운동의 메카로서 존재해 왔다. 따라서 상해에는 한국독립운동과 관련된 유적들이 밀집해 있을 수밖에 없다. 상해는 단일 지역 가운데 가장 많은 독립운동 유적지들이 남아 있는 곳인데, 특히 옛 프랑스조계 지역에는 관련 유적들이 빼곡하게 자리 잡고 있다.

그러나 오늘날 상해에서 한국독립운동 유적을 원형 그대로 만날 수는 없다. '동방명주'(東方明珠) 전시탑(電視塔)으로 대변되듯이 상해 자체가 중국현대화의 상징이 되었을 정도로, 이곳에서는 도시현대화 사업이 급속도로 진척되어 왔다. 유적이 밀집한 옛 프랑스조계 지역도 마찬가지다. 따라서 옛 유적이 원형을 그대로 유지하고 있는 경우는 거의 없다고 표현하는 것이 옳을 것이다.

상해지역의 유적은 특히 임시정부와 관련을 가진 것이 주류를 이룬다. 임시정부 청사를 비롯하여 임시정부의 산하 기관이나 외곽단체들의 유적이 그것이다. 우선 임시정부 청사 가운데는 1926년 이후 1932년 윤봉길 의거 직후까지 사용된 것만이 제대로 남아 있는데, 이는 수리되어 '대한민국임시정부구지진열관'(大韓民國臨時政府舊址陳列館)으로 이용되고 있다. 나머지 청사는 이미 원형을 상실한 지 오래되었다. 그 밖에 임시의정원·민단·인성학교(仁成學校)·한국노병회(韓國勞兵會)·독립신문사 등의 임시정부 관련 유적도 마찬가지다. 한편 요인들의 거주지는 대개 임시정부 관련 유적과 같이 붙어 있거나 아예 같은 건물인 경우가 많았다. 하지만 본래의 모습을 간직하고 있는 것이 거의 없어서 해당 건물이 유적지라는 사실을 확인하기가 무척 어려운 실정이다. 한편 윤봉길 의거와 황포탄(黃浦灘) 의거와 같이 그 자리가 뚜렷한 경우는 유적지라는 사실을 확인하기 쉽지만, 이마저도 변형이 가해졌거나 공원으로 바뀌어 버린 탓에 당시의 모습을 찾기가 힘들다.

◀〔사진 2〕 윤봉길 의사가 심문 받던 일본 상해주둔군 헌병대사령부 자리. 옛 건물의 흔적을 전혀 찾아볼 수 없다.

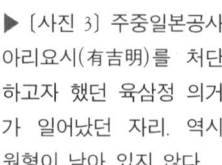

▶〔사진 3〕 주중일본공사 아리요시(有吉明)를 처단하고자 했던 육삼정 의거가 일어났던 자리. 역시 원형이 남아 있지 않다.

〔표 2〕 상해지역 유적 현황(이하 2002년 현재)

유적(지)명	관련 내용	옛 주소	현 주소	현 상황	비고
임시정부청사	1926년 3월부터 1932년 5월까지 사용된 임시정부청사	白來尼夢馬浪路普慶里 4호	盧灣區馬當路 306롱 4호	대한민국임시정부 구지진열관	복원 전시
만국공묘	독립운동가들이 다수 묻힌 곳			宋慶齡陵園 (1981. 6)	한인추정묘 잔존
한국노병회 결성 장소	1922년 10월 한국노병회가 결성되어 창립회를 가진 곳	麥賽而蒂羅路 '24호	興安路 24호	홍콩백화점 (Hong Kong Plaza)	자취 없음
홍구공원 밀의 장소	1932년 4월 의거직전 김구·윤봉길의 밀의 장소	홍릉다원	興業路 169·170	友盛紅 木調製商店	개조
윤봉길 심문 장소	일본 상해주둔군 헌병대사령부		四川北路 2135호	中國工商銀行 복합5층건물	원형 없음
윤봉길 의거 장소	1932년 4월 29일 윤봉길 의거가 일어난 홍구공원	虹口公園		魯迅公園	梅亭
육삼정 의거 장소	남화한인청년연맹에서 주중일본공사 아리요시를 처단하려다 실패한 곳	武昌路 六三亭	乍浦路 190호	富翁大酒店 永安酒店 芳香酒店	원형 없음
인성학교	한인 학생을 위한 초등학교	白來尼夢馬浪路協成里 1호	馬當路 協成里 1호		철거됨
황포탄 의거 현장	1922년 3월 28일 오성륜·김익상이 일본 육군대장 다나카를 처단하고자 시도한 곳	黃浦灘 부두	상해 外灘公園	상해 외탄공원	부두 없어짐
한국대일전선 통일동맹	1932년 10월 한국독립당 등 5개 단체가 통일전선체 결성을 협의한 곳	民國路 小東門	人民路 40호 甲乙	勤儉旅社	개조
독립신문사					도로가 됨
미확인 유적	대한교민단, 상해한인청년당, 국민대표회의, 구국모험단				

(2) 杭 州

　항주에 있는 유적들도 모두 임시정부와 관련된 것이다. 항주는 임시정부가 윤봉길 의거로 말미암아 상해를 벗어난 직후부터 1935년까지 머물렀던 곳이다. 1932년 5월에 항주에 도착한 임시정부는 청태(靑泰) 제2여사(旅社)에 머물다가 호변촌(湖邊村)으로 이동하였다. 그 건물들은 현재 인화로(人和路)와 장생로(長生路)에 각각 남아 있어, 아직까지 옛 모습의 일부를 전하고 있다. 그리고 정부 요인과 그 가족들이 살았던 오복리(五福里)의 아파트 또한 안팎으로 당시의 모습을 담고 있다. 이외에도 한국독립당이 학사로(學士路)의 사흠방(思鑫坊)에 들어서 있었는데, 이 건물은 길게 2층으로 늘어선 연립주택 가운데 하나이다. 호수가 변하여 원래의 집이 어디인지 확실히 알 수 없지만, 현지 주민의 고증을 통해 겨우 추정할 수는 있다. 따라서 차후 문헌상으로 정확한 고증 작업이 필요하다. 그런데 집 구조가 모두 동일하므로 비교적 원래의 모습을 많이 간직한 집을 모델로 삼아 당시의 모습을 대강이나마 가늠해 볼 수 있다.

▲ 〔사진 4〕 1932년 11월부터 1935년 11월까지 임시정부 청사로 사용되었던 호변촌의 목조식 건물. 원형이 일부 남아 있다.

〔표 3〕 항주지역 유적 현황

유적(지)명	관련 내용	옛 주소	현 주소	현 상황	비고
임시정부청사 (청태제2여사)	상해를 떠나 항주에 도착한 직후 청사로 사용	青泰 第二旅社	人和路 22호	군영반점 (여관, 음식점)	원형 변화
임시정부청사 (호변촌)	1932년 5월부터 1935년 11월까지 항주에 머무르면서 청사로 사용	長生路 湖邊村 23호	長生路 湖邊村 23호	3층 목조식 건물로 비교적 상태 양호	원형 일부 보존
요인 및 가족 거주지	1934년 11월에 임시정부 요인 가족들이 이주	板橋路 五福里 2가 2호	板橋路 五福里 二弄 2호	2층의 목조식 가옥, 왕씨 성을 가진 사람이 거주	원형 보존
한국독립당 사무소	한국독립당이 정부와 함께 항주로 이동하여 사무소로 사용	學士路 思鑫坊 40·41호	학사로 32호 근처	학사로 32호 근처 골목 왼쪽 첫 번째 집	사흠방 34호 기록도 있음

(3) 嘉興

윤봉길 의거가 일어난 1932년 4월 29일 직후에 안창호를 비롯한 몇몇 독립운동가들이 체포되는 가운데, 5월에 접어들면서 임시정부 요인들은 항주 방향으로 이동하게 되었다. 특히 그 가운데서도 한인애국단 단장으로서 의열투쟁을 엮어낸 김구(金九)는 중국국민당의 절대적인 도움을 받아가면서 일제첩보망을 피할 수 있었다. 가흥은 김구가 상해를 벗어나 몸을 숨긴 첫 번째 장소이다. 그리고 1935년과 1936년에 의정원회의가 열렸던 곳이기도 하다.

현재 이곳에는 김구가 혼자 피신하던 매만가(梅灣街)의 건물과 이동녕(李東寧)을 비롯한 임시정부 요인 몇 명이 거주하던 건물이 각각 남아있다. 이 두 채의 집에는 가흥시 정부의 요구와 독립기념관의 의욕적인 노력에 따라 보수와 보완작업이 가해졌다. 특히 김구가 피난처로 사용하던 집의 내부는 전시공간으로서 활용되고 있다.

한편 해염현(海鹽縣) 남북호(南北湖) 호숫가에 자리 잡은 재청별장도 김구가 피신처로 사용하던 집이다. 이곳도 2001년에 독립기념관의 지원으로 보수공사를 마쳤고, 그 곁에 전시관을 두어 임시정부 이동기의 사진과 문헌자료를 전시하고 있다.

▲ 윤봉길 의거 이후 가흥으로 피신한 김구가 피난처로 사용한 장소들. 왼쪽[사진 5]이 매만가에 있는 가옥이고 오른쪽[사진 6]은 해염현에 있는 재청별장이다.

〔표 4〕 가흥지역 유적 현황

유적(지)명	관련 내용	옛 주소	현 주소	현 상황	비고
임시정부요인 거주지 (매만가)	임시정부가 항주로 이동할 때 요인들이 피난 생활을 하던 장소	梅灣街 17호	日暉橋 17호	독립기념관과 가흥시가 공동으로 보수·보완하여 2001년 12월에 작업 완료	
김구 피난처 (매만가)	윤봉길 의거 직후 김구가 피난처로 이용한 장소		南當弄 梅灣街 76호	독립기념관과 가흥시 문물관리소에서 2001년에 보수공사 완료, 내부에 침대 등 집기류 전시	
김구 피난처 (재청별장)	김구가 매만가 피난처를 떠난 뒤 사용한 은신처		가흥시 해염현 남북호	독립기념관이 지원하여 2001년 12월에 보수공사 완료, 곁에 전시관 설치	임시정부 이동시기 관련 사진과 문헌자료 전시

(4) 鎭 江

진강은 상해에서 남경으로 가다가 남경에서 약 60킬로미터 정도 못 미친 곳에 자리 잡고 있다. 임시정부가 이곳 진강에 들어서게 된 이유는 일본의 강력한 견제 때문에 중국정부가 임시정부의 남경 진입을 막았기 때문이다. 실제로 당시 정부 요인들은 대부분 남경에 머무르고 있었다. 임시정부가 진강에 머문 시기는 약 2년(1935. 11~1937. 11) 정도였다. 그렇다고 하여 임시정부가 진강에서만 활동하였던 것은 아니다. 이 시기에도 김구가 은신해 있던 가흥에서 의정원회의를 개최하였고, 중일전쟁이 일어난 1937년 7월 이후에는 요인들이 남경에서 공개적으로 활동을 전개하였으며, 10월에는 의정원회의를 남경에서 열기도 하였다.

그러나 진강에 있었던 임시정부 청사의 흔적을 찾기란 무척 힘들다. 우선 임시정부 자체가 이 시기에는 철저하게 일제의 시선에 노출되지 않는 곳에 머물러야 했고, 또 임시정부 요인들이 대부분 남경에서 활동하고 있었기 때문이다. 이 지역에서 향토사를 정리하는 인물의 증언을 따르면, 진강에는 임시정부 요인과 가족의 거주지 세 곳과 관련 학교 한 곳이 있었다고 한다. 그렇지만 어느 한 곳도 확실한 증거자료를 갖고 있지 않아 유적의 존재 여부를 단언할 수 없는 실정이다.

(5) 南 京

남경의 유적은 대개 두 가지 유형, 곧 김원봉 계열의 것과 임시정부 계열의 것으로 구분된다. 1932년에 김원봉이 중국국민당 정부의 수도인 이곳에 자리 잡으면서 설립한 조선혁명군사정치간부학교 및 조선민족혁명당과 관련된 유적이 전자에 속하고, 김구를 비롯한 정부 요인들의 거주지나 임시정부 관련 단체들의 유적이 후자에 속한다. 따라서 김원봉 계열의 유적은 1932년부터 1937년 사이에 남겨진 흔적이고, 임시정부 계열의 유적은 1935년부터 1937년 11월 말까지, 곧 중일전쟁이 일어나 남경이 일본군에 점령되기 직전까지 펼쳐졌던 임시정부 활동의 자취라고

[표 5] 진강지역 유적 현황

유적(지)명	관련 내용	옛 주소	현 주소	현 상황	비고
임시정부 요인 및 가족 거주지 (대파파항)	임시정부 요인 및 그 가족들이 거주한 장소로 추정	大爸爸巷 1호	紫金大廈 (건축 중)	대파파항 1호 주변 건물은 모두 철거되고 현재는 현대식 건물(오피스텔) 신축 중	원형 없음
임시정부 가족 거주지 (공익리)	임시정부 가족들이 거주하던 장소로 추정	水陸寺巷 公益里	公益里	옛날 가옥은 모두 헐리고 현재 진강시 시급기관 유아원 건물이 들어서 있음	원형 없음
임시정부 요인 거주지 (강소여사)	임시정부 가족들이 거주하던 장소로 추정	江蘇旅社	水陸寺巷 3호	7층짜리 아파트 건물이 들어서 있음	원형 없음
목원소학교 구지	1930년대 중반 박병강(朴炳疆)이라는 독립운동가가 일시 머물렀고 임시정부 관계자 金씨가 연설하였다는 장소	穆源小學校	진강시 楊家門23호 목원소학교	원형이 잘 보전되어 있어 보수·정비가 가능하나 임시정부 관련 유적임을 증명하는 일이 선행되어야 함	진강시박물관에 박병강이 쓴 족자 2점 있음

추정할 수 있을 것이다.

김원봉은 의열단(義烈團) 간부들과 함께 광동(廣東)의 황포군관학교(黃埔軍官學校)를 졸업한 뒤 북경(北京)으로 갔다가 남경으로 이동해 왔다. 이곳에서 김원봉은 황포군관학교 동기생들을 통해 중국국민당 정부의 지원을 받아 세 차례에 걸쳐 간부학교에서 군사간부를 양성한 바 있다. 그 간부학교가 세 곳에 있었는데, 지금은 세 번째의 것만이 일부 자취를 남기고 있다. 이것은 이번 유적조사를 하면서 처음으로 확인된 것이다. 그 밖에도 조선민족혁명당과 관련된 유적들의 현장이 일부 발견되지만, 이들 가운데 제 모습을 간직하고 있는 경우는 거의 없다. 대표적인 것이 호가화원(胡家花園)인데, 조선민족혁명당원이나 군사간부로 양성된 인물이 머물던 이연선림(怡然仙林)과 묘오율원(妙悟律院)은 모두 사라졌다.[2]

---

2) 이들 사원은 문화혁명으로 모두 황폐화하여 사라졌지만, 묘오율원은 이 조사 직

　한편 김구를 비롯한 임시정부 인사들은 1935년에 남경에 왔지만, 임시정부는 일제의 견제 때문에 온전히 남경에 들어서지 못하고 진강에 청사를 두어야 했다. 이 시기에 정부 요인들이 거주하던 건물들은 현재 모두 헐린 상태이고, 그 자리에는 새로운 건물이 들어서 있다. 다만 김구가 청년들을 군사간부학교에 보내기 전에 대기시키던 장소인 동관두(東關頭) 건물은 아직 제자리에 남아있지만, 이마저도 최근 10년 사이에 원형을 크게 잃어가고 있다. ㅁ자 형태로 반듯하게 자리 잡은 건물 마당에까지 방이 만들어졌고, 뒤쪽 진회하(秦淮河)로 나가는 쪽문에도 방이 들어서 버린 것이다.

　한편 해방 후에 임시정부는 중국의 당시 수도였던 남경에 주화대표단 본부를 설치하였다. 주화대표단은 중국주재 대사관의 구실을 맡은 기구였는데, 그것이 자리하고 있던 2층 벽돌 건물은 지금도 본래의 모습을 대부분 간직하고 있다.

▲ 왼쪽[사진 7]은 김원봉이 군사간부를 양성하던 조선혁명군사정치간부학교 훈련장소로, 일부의 흔적만이 남아 있다. 오른쪽[사진 8]은 비교적 보존 상태가 양호한 임시정부 주화대표단 본부 건물.

후인 2002년 가을에 '고와관사'(古瓦官寺)라는 불교사당으로서 복구되었다. 묘오율원은 본래 1800년대에 세워진 '와관사'(瓦官寺)가 이름을 바꾸어 명맥을 유지해온 곳으로, 문화혁명 때 파괴되었다. 부서진 건물들을 수리하여 새로 문을 연 '고와관사'의 마당에는 문화혁명 당시 파괴된 비석도 몇 기 남아있다.

[표 6] 남경지역 유적 현황

유적(지)명	관련 내용	옛 주소	현 주소	현 상황	비고
조선혁명군사 정치간부학교	조선혁명군사정치 간부학교 제3기생의 훈련장소	江蘇省 康寧縣 上方鎮 天寧寺	南京市 江寧區 上坊鎮 長山林區 天寧寺	폐허 상태인 가운데 정문 주춧돌, 우물, 화장실 흔적 잔존	2002년 1월에 처음 현장 확 인
김구 계열의 학생훈련소 사무소	1935년에 김구가 중 국 중앙육군군관학 교에 입교시킬 한인 청년을 모집하여 사 전교육을 실시한 학 생훈련소 사무소	東關頭 32호	秦淮區 東關頭 32호	10여 가구 거주, 연 이은 증축으로 원형 이 거의 훼손됨, □ 자형의 가옥구조	10년 사이에 크게 훼손됨
김원봉 · 지청천계 청년 거주지	김원봉·지청천 계 열의 한인특별반 학 생들이 1935년 4월 졸업 이후 일시 거 주하던 장소	敎敷營 16호	秦淮區 敎敷營 16호 일대	교부영 16호 일대에 6층 아파트건물이 들어서 있음	
민족혁명당 거점 (호가화원)	김원봉을 비롯한 만 족혁명당 인사들과 1935년 4월에 중국 중앙육군군관학교 낙양분교(한인특별 반)를 졸업한 김원 봉 계열 학생들이 거주한 곳	花露崗 胡家花園	胡家花園	빈민촌으로 변해 있 으나 주변 경관은 아직 옛 모습을 간 직하고 있음	이 연선림은 없어지고, 묘 오율원은 다 시 문을 염
임시정부 주화대표단 본부	1946년 5월경 중경 에서 남경으로 이전 한 대한민국임시정 부 주화대표단이 본 부로 사용	南京 馬路街 復興新村 5호	南京市 白下區 馬路街 復成新村 8호	2층 양옥으로 원형 유지	임시정부 환 국 이후 대사 관 역할 수행
임시정부요인 거주지	이동녕·엄항섭 등 임시정부 요인과 학 생훈련소 대원들이 일시 거주	藍旗街 8호	藍旗街 8호	원 건물은 헐리고, 현재 현대식 건물이 들어서 있음	
미확인유적	한국혁명당 ; 대사사로 문안리 16호 한국대일전선통일동맹 회의 개최장소 ; 문창항 6호 주화대표단 화남구선무단 사무소 ; 태평로 144호 민족혁명당 군사부 훈련장소 ; 선파항 17호 한국독립당 남경지부 ; 도서가 70호 한국특무대독립군 본부 ; 목장영 고안리 1호 낙양군관학교 졸업생(지청천 계열) 처소 ; 고강리 10호, 모가원 7호				

2) 長江 중류지역

(1) 武 漢

무한은 무창(武昌) · 한양(漢陽) · 한구(漢口), 곧 무한삼진(武漢三鎭)이라 부르는 지역의 중심지이다. 양자강 중류에 위치한 무한은 강을 따라 올라오는 열강들이 일찌감치 조계지를 설치했던 지역이고, 따라서 외세의 영향을 많이 받아왔던 곳이다.

무한과 한국독립운동의 인연은 1927년에 설립된 중국중앙군사정치학교 무한분교에 200명 가까운 한인청년들이 개교 당시부터 다니게 되면서 시작되었다. 또 김원봉처럼 무창봉기에 참가하면서 무한에 족적을 남긴 한인들도 있었다. 그리고 10년 뒤인 1937년 12월에는 남경에서 철수한 임시정부 요인들이 이곳으로 이동하였는가 하면, 조선민족혁명당과 조선민족전선연맹이 이곳에 자리 잡기도 했다. 특히 1938년 10월에 조선민족혁명당이 일본군에 함락되기 직전에 이곳에서 조선의용대를 창설함으로써, 중국본토지역에서 무장항쟁에 본격적으로 참여하게 되는 전기를 마련했다.

무한지역의 유적들은 대부분 재개발로 없어진 상태이고, 남아 있는 것마저도 곧 철거될 예정이다. 조선청년전시복무단과 조선청년전위동맹이 있던 영청로(永淸路) 37호는 영성신촌의 한 부분이 되었으나, 그 자리에 도로가 건설되면서 예전의 모습은 사라졌다. 조선의용대가 창설식을 가졌던 한구(중화)기독교청년회관 자리에는 현재 부호가리성(富豪家俬城, Dickson 가구)이라는 가구점 빌딩이 들어서 있다.

한편 이번 조사에서 새로 밝혀진 사실이 있는데, 조선민족전선연맹이 있었던 자리는 현재의 장춘가(長春街) 77호가 아니라는 점이다. 지금까지는 '대화가(大和街) 813가(街) 15호'라는 일제 정보기록을 바탕으로 그곳이 현재의 장춘가 77호에 해당하는 것으로 생각해 왔지만, 이번 조사를 통해서 '대화가'는 그 자체가 '813가'라는 사실, 곧 대화가와 813가는 같은 지역을 가리키는 지명이라는 사실이 밝혀졌다. 즉 조선민족전선연맹이 있던 813가 15호는 현재의 승리가(勝利街) 15호 자리라고 정리된다.

이 지역에 남아 있는 한국독립운동 관련 유적을 찾기는 어려운 일이지만, 다만 한인청년들이 군사간부로 육성되었던 중국중앙군사정치학교 무한분교만은 원형의 일부가 보존되고 있다. 그 자리에 들어선 무창실험소학교(武昌實驗小學校)의 뒤편에 무한분교 강의실 2개 동이 남아 무한시의 문물보호단위로 지정되어 있다.

◀ [사진 9] 조선민족전선연맹의 거점이었던 현 승리가 15호. 상가 건물로 사용되고 있다.

▶ [사진 10] 1938년 10월 10일에 조선의용대가 창설식을 가진 장소. 옛 모습을 전혀 찾아볼 수 없다.

〔표 7〕 무한지역 유적 현황

유적(지)명	관련 내용	옛 주소	현 주소	현 상황	비고
중앙군사정치학교 무한분교	한인청년들을 군사간부로 육성하던 곳의 하나		湖北省武漢市解放路259호	武昌實驗小學校가 들어서 있음	강의실 2개동 잔존
조선민족전선연맹	1937년 12월에 조선민족전선연맹이 자리 잡은 곳	大和街, 八一三街 15호	武漢市勝利街 15호	퇴락한 채 3층 상가주택(1층 상가, 2·3층 주택)으로 사용	장춘가 77호는 잘못 알려진 것임
조선청년전시복무단 거점	1938년에 조선청년전시복무단과 조선청년전위동맹이 있던 곳	永淸路 37호	영성신촌	도로 건설로 없어짐	원형 없음
조선의용대 창설 장소	1938년 10월 10일에 조선의용대가 창설식을 가진 장소	三敎街 한구중화기독교청년회 (YMCA)	黎黃陂路中山大道 1090	가구점 富豪家俬城 건물이 들어서 있음	원형 없음
미확인유적	조선민족혁명당 본부				

(2) 長沙

장사지역은 중일전쟁이 발발한 뒤 임시정부가 이곳을 통과하는 과정에서 한국독립운동과 관련을 가지게 되었다. 그 시기는 대략 1937년 12월에서 1938년 7월까지였던 것으로 보인다. 당시 임시정부와 정부 요인들뿐만 아니라 이를 둘러싸고 있던 한국국민당과 조선혁명당 및 한국독립당(재건) 등의 주요 인물들도 이 지역으로 이동해 왔다.

또 중·일 양국 군대가 장사를 중심으로 네 차례에 걸쳐 대회전을 벌이던 가운데, 조선의용대와 광복군이 각각 시기를 달리하며 활약하게 되면서 이들 역시 장사와 인연을 가지게 되었다. 장사는 중국군 제9전구지역의 중심부였고, 제9전구 장관사령부가 호남성(湖南省) 계동(桂東)에 있었다. 장사대회전이 벌어지던 1944년에서 1945년 사이에는 많은 한인 병사들이 일본군에서 탈출하였고, 광복군총사령부는 요원을 파견하여 이들을 흡수하려 노력하기도 하였다.

장사지역의 유적은 도심 속에 위치하고 있었기 때문에 현재 대부분 재개발되어 잔존하지 않는다. 임시정부 청사가 있던 곳이나 조선혁명당 본부, 곧 남목청(楠木廳) 9호(현 4호)에는 모두 아파트가 들어섰다. 다만 중상을 입은 김구가 수술 및 입원치료를 받던 상아의원(湘雅議院)은 호남의과대학 부속병원으로 변경되었다가, 호남의과대학이 중남대학교(中南大學校)와 통합된 뒤로 현재까지 중남대학교 의과대학 부속병원으로 사용되고 있어서 옛 모습을 전해준다.

광복군과 관련된 곳으로는 중국군 9전구사령부가 있던 호남성 계동과 강서성(江西省) 의춘(宜春)을 들 수 있다. 그러나 이제 계동에서는 9전구 사령부의 흔적을 찾을 수 없다. 다만 뒷날 광복군 제1지대 3구대로 편제 되는 9전구공작대원들이 머물던 곳에 계동현 인민정부가 들어서 있음을 확인할 수 있다. 그리고 현재 생존하는 대원들이 회상하는 개울이나 하천변 등은 정확하게 알아 볼 수 있을 만큼 온전히 남아 있지만, 그들이 머물던 건물은 없어졌다.

▶ [사진 11] 임시정부 청사가 자리 하고 있었던 장소. 현재 그곳에는 아파트 4동이 들어서 있다.

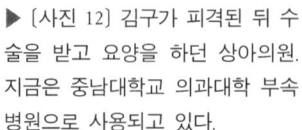

▶ [사진 12] 김구가 피격된 뒤 수 술을 받고 요양을 하던 상아의원. 지금은 중남대학교 의과대학 부속 병원으로 사용되고 있다.

[표 8] 장사지역 유적 현황

유적(지)명	관련 내용	옛 주소	현 주소	현 상황	비고
임시정부청사 자리	임시정부 청사가 있었던 자리	西園北里 6호	西區 通泰街 西園北里 1호와 2호	아파트가 들어서 있음	원래 모습이 완전히 사라짐
조선혁명당 본부, 김구 피격 장소	조선혁명당 본부, 김구 피격 장소	楠木廳 9호	楠木廳 4호	아파트가 들어서 있음	원래 모습이 완전히 사라짐
김구가 수술 받던 병원 (湘雅醫院)	피격 후 김구가 수술 받고 요양을 하던 병원			병원 건물은 중남대학교 부속병원의 일부로 사용 중임	병원 건물 잔존
미확인유적	조선의용대 제1구대 활동장소				

(3) 阜陽·臨泉

부양과 임천은 안휘성의 북서쪽 맨 구석, 곧 하남성(河南省)과 경계를 이루는 지점에 자리 잡은 도시로서, 성도(省都)인 합비(合肥)에서 250킬로미터 정도 떨어져 있다. 이곳이 한국독립운동과 관계를 가진 계기는 서주(徐洲)대회전을 비롯한 일련의 전투 과정에서 탈출한 한인 병사들을 임시정부가 광복군으로 편입시키려 했던 정책에서 비롯되었다. 당시 임천에는 중국 제10전구사령부와 그 예하부대들이 자리 잡고 있었는데, 임시정부는 일본군에서 탈출한 한인 병사들을 확보하고자 광복군 제6징모분처를 설치하였고, 그 결과 광복군 제3지대를 결성시킬 수 있었다.

부양에는 광복군 제3지대와 관련된 유적이 남아 있다. 1945년 6월 30일에 광복군 제3지대가 성립식을 갖고 연극도 공연한 바 있는 인민극장이 그것이다. 현재 '맨하탄디스코장'으로 바뀌었고 입구도 새롭게 고쳐졌지만, 실제 내부는 본래 극장이었던 골격을 그대로 유지하고 있다.

임천은 부양에서 다시 60킬로미터 정도 더 들어간 곳에 있다. 사실상 성의 경계 지역인 셈이다. 임천현의 인민정부 맞은편에는 임천제일중학교가 있는데, 이 자리가 바로 광복군 제6징모분처와 3지대가 운영한 한

국광복군훈련반의 훈련장소였다. 최근에는 학교 입구에 4~5층 규모의
과학관이 신축되었다.

◀ 〔사진 13〕 지금은 '맨하탄디
스코장'으로 사용되고 있는 광
복군 제3지대 성립 장소.

▶ 〔사진 14〕 한국광복군훈련
반이 있던 자리에는 현재 임천
제일중학교가 들어서 있다.

〔표 9〕 부양·임천지역 유적 현황

유적(지)명	관련 내용	옛 주소	현 주소	현 상황	비고
광복군 제3지대 성립 장소	1945년 6월 30일에 광복군 제3지대가 성립전례식을 거행한 곳	부양시 人民路 人民劇場	古樓區 仁里街 人民西路 2호	맨하탄디스코장(2층 규모)으로 바뀌었지만, 건물 내부 골격은 유지	
한국광복군 훈련반 훈련 장소	광복군 제6징모분처와 3지대에서 운영한 한국광복군훈련반 훈련 장소	安徽省 臨泉縣 臨泉小學校	安徽省 臨泉縣 임천제일중학교	현재 임천제일중학교로 바뀌어 있음	
미확인유적	부양현 내 한국광복군 제3지대 본부				

3) 長江 상류지역

(1) 重 慶

중경은 대략 1939년부터 한국독립운동과 관련을 맺었다. 1937년 11월에 남경이 함락될 위기에 놓이게 되자 중국국민당 정부가 중경을 전시수도로 삼아 천도(遷都)하였고, 한국독립운동 세력들도 대개 1~2년 뒤에 이곳으로 이동하여 근거지를 확보하였다. 김원봉이 계림에서 조선의용대와 조선민족전선연맹을 이끌고 중경으로 이동해 왔고, 김구는 임시정부와 함께 광동까지 갔다가 그곳에 일본군이 상륙하자 바로 북상하여 장사를 거쳐 급박하게 중경으로 자리를 옮겼다. 그리고 임시정부 요인들과 그들의 가족은 유주와 기강을 거쳐 중경으로 오는 데 2년 이상이 걸릴 정도로 천천히 북상하였다.

중경지역의 유적들 역시 임시정부 관련 유적이 대부분을 차지한다. 우선 임시정부 청사가 있고, 그 산하 조직인 정당과 광복군 및 가족들의 거주지가 주류를 이룬다. 그리고 임시정부에 참가하지 않다가 마침내 합류한 김원봉 계열의 조선민족전선연맹이나 조선의용대와 관련된 유적들도 있다.

이들 가운데서도 특히 임시정부의 마지막 청사가 중경지역 유적의 중심이 되고 있다. 연화지(蓮花池) 38호에 자리 잡은 청사는 1995년에 '대한민국임시정부구지진열관'으로 개관되었고, 2001년에는 독립기념관이 주도하여 건물을 다시 재보수하고 전시내용을 수정・보완하였다. 그리고 10년에 걸쳐 여러 차례 조사가 진행되면서 다른 유적들도 많이 발굴되었다. 새로 확인된 유적지들은 오사야항(吳師爺巷)의 임시정부 세 번째 청사, 광복군총사령부, 토교(土橋)의 한인촌, 화상산(和尙山) 공동묘지, 조선민족혁명당과 김원봉 거주지, 광복군 제1지대 본부 등이다.

이번 조사에서는 그동안 조사가 되지 않던 광파대하(廣播大廈)와 유가만(劉家灣) 포로수용소가 있던 자리를 처음으로 확인하였다. 전자는 임시정부와 광복군이 국내로 단파방송을 발신하여 전쟁상황을 알리면서 국내 봉기를 유도하는 공작을 벌인 곳인데, 현재 그 자리에는 중경방송국인 '중경인민광파전대'(重慶人民廣播電台)가 세워져 있다. 그리고 후자는 일본군대에서 탈출하거나 포로가 된 한인사병과 일본병사를 수용했던 유가만 남천집중영(南泉集中營) 포로수용소였다. 임시정부가 한인사병들을 인수하여 광복군을 확충하기도 했던 그 자리가 처음으로 확인된 것이다. 현재 주소는 파남구 홍기팔사 유가만대(巴南區 紅旗八社 劉家灣隊)인데, 당시의 모습을 보여주는 흔적은 거의 없고 단지 포로수용소로 쓰이던 건물의 일부 담벼락만이 남아 있을 뿐이다.

그리고 이번 조사에서 화평로(和平路) 6호(당시 오사야항 1호)에 있는 임시정부 세 번째 청사의 본래 크기가 확인된 점도 특기할 만하다. 지금까지는 6호 건물만이 청사라고 알려져 왔는데, 이번 조사를 통해 5호와 7호의 일부도 6호에 속한 것이라는 사실이 새롭게 확인된 것이다. 내부구조 조사와 현지 주민의 고증을 자세하게 진행한 결과, 이 청사 건물은 19세기 말의 전형적인 건축물이라는 사실 또한 밝혀졌다. 즉 본래의 외형과 내부 구조가 온전히 드러나면서, 당시 청사의 크기가 지금보다 1.5배 정도였다는 점이 자연스럽게 밝혀진 것이다.

한 가지 아쉬운 점은 주변이 새로 개발됨에 따라 토교촌이 옛 모습을 완전히 잃어간다는 점이다. 앞을 흐르는 개천 너머로 대로가 건설되었고, 그 여파로 동감폭포의 정취는 간 곳이 없다. 토교의 한인사회를 희미하게 전하던 마지막 자취마저 없어져 가고 있는 것이다.

▲ 〔사진 15〕 일본군 포로들을 수용하는 데 사용되었던 유가만 남천
집중영 포로수용소 자리. 당시 일본군 포로들 가운데는 일본군에 소
속되어 있던 한국인 병사들도 포함되어 있었다. 현재는 수용소 건물
의 담장 일부만 남아 있다.

▲ 〔사진 16〕 중경방송국인 '중경인민광파전태'의 모습. 임시정부의
국내외 선전방송을 담당했던 광파대하가 바로 이 자리에 있었다.

450   부록

〔표 10〕중경지역 유적 현황

유적(지)명	관련 내용	옛 주소	현 주소	현 상황	비고
임시정부청사 (연화지)	임시정부의 마지막 청사	市中區 七星崗 蓮花池 4호	渝中區 蓮花池 38호	1995년 보수·복원 후 임시정부구지진 열관으로 사용	일부 전시물의 수정이 요구됨
임시정부청사 (오사야항)	중경시기 임시정부의 세 번째 청사	市中區 和平路 五福街 吳師爺巷 1호	渝中區 和平路 2항 5호, 6호, 7호 일부	1900년대 전반기의 전형적인 2층 목조 가옥으로, 원형을 잃은 부분이 많음	길 쪽 건물 일부도 본래 임시정부청 사임
광복군 총사령부	광복군총사령부 본부가 있던 건물		渝中區 鄒容路 39호	'味苑' 찬청이 들어서 있음	1층 크게 변형, 2층 집무실은 자취 일부 간직
남천집중영 포로수용소	일본군 포로수용소로 이용된 지주의 집	劉家湾 南泉集中營	巴南區 紅旗八社 劉家湾隊	수용소로 이용된 민가의 담장 일부만 남아 있음	원형 없음
토교 한인촌	임시정부 요인과 가족, 광복군 산하 토교대 대원들이 거주하던 장소		九龍坡區 花溪鄉 花溪村	당시의 한인가옥 가운데 단 1채만이 폐허에 가까운 상태로 남아 있고, 나머지 유적은 없어짐	주변에 큰 도로 개설됨
화상산 한인묘지	독립운동가 및 그 가족들이 묘지가 있던 자리	江北區 上橫家 望津門	南岸區 彈子石 仁家灣綜 合垃圾 處理場	和尙山은 낮은 野山으로, 묘지의 흔적은 찾아볼 수 없음	쓰레기처리장이 넓혀지고 있음
광파대하	임시정부가 국내외로 선전방송을 보낸 장소		渝中區 中山 3路 159호	重慶人民播電台 빌딩이 들어섬	
김원봉 거주지	조선의용대 대장과 광복군 제1지대 지대장이던 김원봉의 거주지		南岸區 彈子石 大佛段正街 172호	작은 2층 건물로, 1층은 大佛段診所로 사용되고 있음	옛 모습 없음
한국광복군 제1지대 본부	한국광복군 제1지대 본부가 있던 자리	南岸區 彈子石 碉堡村	南岸區 彈子石 大佛段 150	渝黔高速道路가 개통되어 흔적이 완전히 없어짐	흔적 없음
조선민족 혁명당·조선 의용대 본부	조선민족혁명당과 조선의용대 본부 자리	南岸區 彈子石 鵝宮堡	南岸區 彈子石 苗背沱 81	中國共産黨 四川 儲備物資管理局 435 처 위원회가 사용	접근 불허

(2) 綦江

사천성(四川省) 기강은 중경에서 남쪽으로 자동차로 한 시간 정도의 거리에 있다. 1939년 3월에 광서성(廣西省) 유주에서 옮겨온 이후 1940년 3월에 중경으로 다시 이동할 때까지 임시정부가 1년간 머무른 곳이 기강이다. 따라서 유적의 대다수가 임시정부 요인과 가족들의 거주지인데, 다만 김구와 김원봉이 독립운동세력의 통합을 이루고자 통일회의를 열었던 곳만이 예외이다.

강변에 자리 잡은 김구와 이동녕 및 조성환(曺成煥)의 거주지는 모두 변형되거나 무너지기 직전에 놓여 있다. 왜냐하면 기강 강변의 오래된 주거지역이 신도시로 재개발되고 있기 때문이다. 그리고 상승가(上升街) 골목 안으로 자리 잡은 임시정부 청사건물에는 청사 유적이라는 안내판이 빛이 바랜 채 붙어 있지만, 실제로는 1940년대의 건물이 아니라 뒷날 신축된 것이어서 임시정부와 관련이 없다. 그리고 골목 안에 있는 두 채의 건물은 모두 지방문화재급 건물이다. 차리석(車利錫)·김학규(金學奎)·황학수(黃學秀) 등이 머문 상승가 33호와 이청천(李靑天)을 비롯한 조선혁명당 요인들과 가족들이 가장 많이 살던 상승가 107호[당시 태자상(台子上) 30호]가 그것인데, 이들에 대해서는 기강현 정부가 문화재 보존 차원에서 이전 및 복원 계획을 수립하고 있다. 이를 위해 기강현 정부는 상승가 107호 건물을 기강지역 한국독립운동 사료전시관으로 사용하겠다는 계획을 세우고 한국정부의 지원을 희망하고 있다.

▲ [사진 17] 조선혁명당 요인들과 임시정부 가족들이 많이 거주하던 현 상
승가 107호. 보존 상태가 상대적으로 양호한 편이다.

▲ [사진 18] 좌우합작을 위한 7당통일회의가 열렸던 영산빈관 자리. 현재
중산로소학이 들어서 있다.

[표 11] 기강지역 유적 현황

유적(지)명	관련 내용	옛 주소	현 주소	현 상황	비고
임시정부청사 구지	1939년 4월부터 1940년 10월까지 임시정부청사로 사용되던 장소	綦江縣 臨江街 43호	綦江縣 古南鎭 上升街 27호	현재의 3층 건물은 당시의 것이 아님, 그리고 그마저도 철거 예정	재개발지역으로서 곧 철거될 예정
차리석·김학규·황학수 거주지	차리석, 김학규, 황학수 등이 거주했던 곳		綦江縣 古南鎭 上升街 33호	붉은 벽돌 담장을 두른 지방문화재급 대형 가옥으로, 원형이 유지되어 있음	기강현정부가 문화재로 정비 계획 중
조선혁명당·임시정부 요인과 가족 거주지	조선혁명당 요인들과 임시정부 요인 가족들이 거주하던 장소	古南鎭 台子上 30호	古南鎭 上升街 107호	원형을 많이 보존하고 있는 2층 가옥, 2001년까지 古南鎭 上升街 居民委員會 입주, 지금은 3가구 거주	기강현정부가 이전복원 계획 중
김구 거주지	김구가 중경에서 활약하면서 기강에 일시 머물던 집		沱灣 9호	정면 5칸·기와지붕의 작고 허름한 단층 목조가옥으로, 붕괴 직전	별칭은 望江亭임
이동녕 거주지	이동녕이 거주하던 집		沱灣 87호	정면 2칸·측면 1칸의 1층 벽돌가옥으로, 원형 훼손이 심함	건물벽에 李東寧舊居遺址 표지 있음
조성환 거주지	조성환이 거주하던 집		沱灣 10호	정면 3칸·측면 1칸의 벽돌집으로, 원형이 크게 훼손된 상태임	조성환 거주지를 알리는 표지 있음
7당통일회의 개최 장소	7당통일회의가 개최된 영산빈관 자리		中山路 18호 中山路小學	중산로소학 구내	

[표 12] 성도지역 유적 현황

유적(지)명	관련 내용	옛 주소	현 주소	현 상황	비고
사천대학	유림·김광 등이 유학하고, 김규식이 강의했던 대학		望江路 29호	사천대학 교정	대학 당안관 조사가 필요함
성도군관학교 남교장·북교장	한인청년들이 군사간부훈련을 받던 군관학교 자리		남교장; 錦里西路 북교장; 北較場西路	건축공사 진행 중, 당시 유적은 없음	북교장 일부 지역은 군부대로 이용 중

(3) 成 都

　성도(成都)는 사천성의 성도(省都)이다. 이곳에는 몇몇 독립운동가들이 개인적으로 활동한 곳과 한인 청년들을 군사간부로 육성하던 장소의 유적이 있다. 먼저 사천대학은 1920년대에 이미 유림(柳林)이 유학하여 아나키스트로 성장한 곳이자, 임시정부가 중경으로 이동한 1940년대에는 김규식(金奎植)이 영문과 교수로서 활약하던 곳이다. 그리고 임시정부가 중경에 정착한 시기에 한인 청년들이 이곳의 성도군관학교에 진학하여 초급장교로 육성되었는데, 이번 조사에서 당시 훈련장이던 남교장(南敎場)과 북교장을 처음으로 확인하였다.

◀ [사진 19] 성도군관학교 남교장 터

▶ [사진 20] 성도군관학교 북교장 성벽

4) 華南지역

(1) 廣州

1920년대의 광주지역은 혁명과 독립을 바라는 한인 청년들이 대거 집결하는 곳이었다. 손문(孫文)의 호법정부(護法政府)가 세워진 뒤로 임시정부가 이들과 각별한 관계를 가지게 되면서, 광주는 독립운동의 무대가 되었다. 황포군관학교가 세워질 무렵에는 광주의 여러 혁명기지에 한인 청년들이 몰려들었고, 또한 중산대학(中山大學)에는 교육에 관심 있는 젊은이들이 많이 지원했던 것이다.

광주지역의 유적 가운데 신규식(申圭植)과 관련된 것은 이전까지 그리 알려져 있지 않았다. 이번 조사에서는 임시정부국무총리 겸 외무총장으로서 손문 대총통을 공식적으로 방문한 바 있는 신규식의 발자취를 애써 찾아보았다. 1921년 11월 3일에 두 사람의 회견이 열린 대총통 관저는 광주시내 중심부를 내려다보는 진산(鎭山)인 관음산(觀音山) 중턱에 있었다. 현재 관음산은 월수공원(越秀公園)으로 단장되어 있고, 그 중턱에 '孫先生讀書治事處'라는 기념비가 서 있다. 그리고 신규식이 손문의 북벌서고식에 초청되어 공식 국빈사절로 대접을 받았던 장소인 군사훈련장 동교장(東敎場)은 이제 광동성의 체육장, 곧 종합경기장으로 사용되고 있다.

한편 황포군관학교와 관련하여 최근에 종합적인 전시관이 새로 신축되었다. 본래 황포군관학교의 건물 가운데 일부만 남아 있었는데, 그 곁에 당시 군관학교의 외양과 간부훈련을 받는 모습을 재현한 기념진열관을 세운 것이다. 특히 중국국민당 계열의 인물까지 전시하는 등 중국의 자신감과 자세변화를 보여주고 있어 흥미롭다.

그리고 중산대학과 사하병영(沙河兵營) 등도 1920년대 중반에 한인 청년들이 집중적으로 몰려든 곳이었다. 중산대학은 여전히 그 자리를 지키고 있고, 사하병영이 있던 자리에는 광주경비사령부가 들어서 있다.

　　임시정부의 이동기에 광주지역은 다시 한번 한국독립운동과 인연을 맺게 된다. 1938년 7월 20일, 임시정부는 장사에서 출발하여 광주에 도착하였는데, 불과 두 달 뒤인 9월 20일에 일본군의 광주 상륙소식을 접하고 급히 북서쪽으로 방향을 틀어 광주를 떠나야 했던 것이다. 그 사이에 임시정부가 잠시 머물던 정부판공처와 한국독립당 광동지부가 있던 건물은 옛 모습을 전혀 남기지 않고 있다.

◀ 〔사진 21〕 한인 청년들이 군관학교에 입교하기 전에 예비훈련을 받던 사하병영이 있던 곳. 현재 중국인민해방군의 광주경비사령부 부지로 사용되고 있다.

▶ 〔사진 22〕 한국독립당 광동지부가 자리 잡고 있었던 와요후가 일대의 모습.

〔표 13〕 광주지역 유적 현황

유적(지)명	관련 내용	옛 주소	현 주소	현 상황	비고
황포군관학교	의열단 간부, 한인 청년의 군사간부 육성 장소		廣州市 長州島 黃埔	중국육군군관학교 기념관으로 사용되고 있음	기념진열관 신축
사하병영	한인 청년들이 군관학교에 입교하기 전에 예비 훈련을 받던 곳			중국인민해방군 광주경비구 광주경비사령부	
손문 대총통 관저 자리	1921년 11월에 임시정부 국무총리 신규식과 손문 총통이 회견을 가진 장소		廣州市 觀音山 越秀公園 중턱	관저 건물은 없어지고, 관음산 중턱 관저 자리에 기념비가 서 있음	越秀公園으로 조성됨
동교장	임시정부 국무총리 신규식이 중국호법정부에게서 정식 외교 사절로서 접견의 식을 가진 곳			廣東省 體育場으로 사용되고 있음	종합경기장
한국독립당 광동지부 사무소	한국독립당 광동지부가 있던 곳	瓦窯後街 41호	瓦窯後街 일대 (현재 41호는 찾을 수 없음)	와요후가에 일대 재개발이 추진되어, 41호로 추정되는 지역은 헐리고 없음	옛 지번 확인 안 됨
중산대학	1920년대 중반에 한인 청년들이 많이 다닌 독립운동의 주요 거점		海珠區 新港西路 135호	中山大學 교정	
임시정부 판공처	임시정부 청사로 잠시 사용되던 곳		署前橫路 2호와 5호 사이	東山公園으로 조성되어 있음	흔적 없음

(2) 桂 林

계림은 조선의용대와 관련된 곳이다. 1938년 10월 10일에 무한에서 결성되자마자 그곳을 빠져나와야 했던 조선의용대가 이후 옮겨간 곳이 바로 계림이었던 것이다. 계림에서 조선의용대는 중경으로 이동하던 1940년 4월까지 1년 6개월에 걸쳐 전지공작에 참여하였다.

조선의용대 총대가 있던 자리는 수동문외(水東門外) 동령가(東靈街) 1호와 수동문외 시가원(施家園) 53호였다. 그런데 1958년에 공산혁명 10주년

을 기념하여 그 일대에 칠성공원(七星公園)이 조성되었던 관계로, 지금은
원래의 모습을 찾아볼 수 없다. 예전에는 동령가 1호가 있었을 공원 안의
어느 잔디밭 앞에서 당시의 모습을 그저 짐작해보기만 할 뿐이다. 한편
중국 역대의 유명한 시인묵객들의 글이 새겨져 있는 천연 동굴은 당시에
방공호로 사용되었다고 하는데, 그 앞을 흐르는 강 근처에 조선의용대의
막사가 있었다고 전해진다. 그 천연동굴과 회교사원인 청진사(淸眞寺)가
그나마 예전의 모습을 보여주고 있다.

　　조선의용대는 이곳에서 1939년 1월부터 1940년 3월까지 33기에 걸쳐
《朝鮮義勇隊通訊》을 발행하면서 자신들의 활동 소식을 홍보하고 투쟁
방향을 제시하였다. 그리고 나서 1940년 5월에 중경에서 제호를 《朝鮮義
勇隊》로 바꾸어 34기부터 발간을 재개하게 된다.

〔표 14〕 계림지역 유적 현황

유적(지)명	관련 내용	옛 주소	현 주소	현 상황	비고
조선의용대 본부	조선의용대가 자리 잡고 활동한 곳	東靈街 1호	桂林市 七星公園	칠성공원으로 조성됨	흔적 없음

(3) 柳 州

　　유주지역은 임시정부가 광주에서 기강으로 가는 사이에 6개월(1938.
11~1939. 4) 정도 머문 곳이다. 따라서 유적들이 모두 임시정부와 관련을
갖고 있다. 이 지역에 대해서는 과거에 그리 관심이 집중되지 않았다. 그
러다가 근래에 들어 유주시 인민정부가 한국 관광객을 유치하기 위해 대
한민국임시정부의 유적을 발굴하고 전시하겠다는 방침을 결정하고 추진
하자, 한국 측의 관심도 더불어 커지게 되었다.

　　현재 이야기되고 있는 유적은 크게 네 가지이다. 그 가운데 유주시 정
부가 가장 관심을 갖는 것이 시내 중심부에 자리 잡은 낙군사(樂群社)
건물이다. 이것은 1930년대에 유주시에서 가장 규모가 크고 멋진 호텔이
었는데, 유주시 관계자들은 이곳에 임시정부 요인들이 머물렀다고 주장

하면서 여기에 '대한민국임시정부항전활동유주진열관'(大韓民國臨時政府
抗戰活動柳州陳列館)을 개관하였다. 유주시는 처음에 '대한민국임시정부
구지진열관'(大韓民國臨時政府舊址陳列館)이라는 명칭을 사용하려 하였다.
그러나 우리 측은 그 자리가 임시정부 청사였다는 확실한 근거 자료가
없으므로 일단 '구지'(舊址)라는 용어를 사용하지 않도록 권하였다. 그 결
과 명칭이 수정되었다.

임시정부가 유주에 머물 당시에 정부청사 건물을 따로 사용하였다는
기록은 확인되지 않는다. 그렇지만 김구를 제외한 국무위원 대다수가 이
곳에 머문 사실만큼은 확실하다. 따라서 비록 정부청사가 없었다고 하더
라도 요인들이 머물면서 연락거점으로 삼던 건물은 존재했을 것이다. 당
시 김구는 중경에서 활약하면서 정부요인과 가족들을 그곳으로 이주시
키고자 지속적으로 노력하고 있었다. 그 결과 유주 체류 6개월 만인
1939년 4월에 임시정부는 기강으로 이동하게 되는데, 이동 직전까지 요
인과 가족들은 유주의 여러 곳에 분산되어 살았다. 생존자의 증언에 따
르면 중국국민당 정부의 주선으로 주택을 배당받았다고 하는데, 이에 대
한 기록이 확인되지 않아 정확한 곳을 알지 못한다.

그런데 담중로(潭中路)에 있는 건물은 임시정부와 관련된 유적지가 거
의 확실한 것 같다. 현재 중산로(中山路) 36호 건물이 그것인데, 유주시
정부 인사의 조사내용과 한국 생존지사의 증언이 서로 일치하기 때문이
다. 당시 유주에는 서양식 건물이 두 채 있었는데, 강남의 낙군사(樂群
社)와 강북의 담중로 건물이었다고 한다. 게다가 생존지사인 이윤철은
당시 서양식 건물에 살았다는 사실을 밝힌 뒤 유주시의 초청으로 현장을
방문해 확인한 결과, 몇 가지 측면에서 담중로 건물이 당시에 거주했던
건물로 생각된다고 증언하였다. 특히 이 건물은 한국광복진선청년공작대
(韓國光復陣線靑年工作隊)의 활동지역과 매우 가까운 곳이어서 이와 같은
내용은 신빙성이 높다.

유주시의 유적 가운데는 임시정부 청사와 관련된 두 곳 외에 한국광

복진선청년공작대와 관련된 장소가 두 군데 있다. 조선민족전선연맹이 1938년 10월 10일에 무한에서 조선의용대를 결성한 지 1년 뒤, 한국광복운동단체연합회(광복진선)가 이곳 유주에 도착하여 결성한 청년공작대가 바로 한국광복진선청년공작대이다. 이들은 유주에서 중국청년공작대와 연대하여 항전의식을 고취하는 시가행진을 벌이고, 중국 부상장병을 위로하고자 극장에서 연극이나 연주회를 공연하였다. 그 공연 장소가 배신로(培新路) 68호인데, 지금은 그 자리에 아파트가 들어서고 1층에 중국공상은행 점포가 문을 열었다. 그렇지만 1939년 4월에 한국광복진선청년공작대가 유주를 떠날 때 중국청년공작대와 더불어 기념사진을 찍었던 유후공원(柳候公園) 안의 정자와 그 현장은 그대로 남아 있다.

◀ [사진 23] 임시정부 요인들이 머물렀던 곳으로 추정되는 현 중산로 36호 건물.

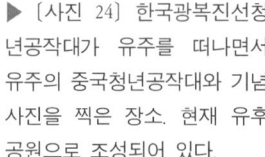

▶ [사진 24] 한국광복진선청년공작대가 유주를 떠나면서 유주의 중국청년공작대와 기념사진을 찍은 장소. 현재 유후공원으로 조성되어 있다.

〔표 15〕 유주지역 유적 현황

유적(지)명	관련 내용	옛 주소	현 주소	현 상황	비고
임시정부청사 추정지 (樂群社)	임시정부 요인들이 묵었던 장소로 추정되는 곳		柳州市 柳石路 1호 20동	유주시 정부가 '대한민국임시정부항전활동유주기념관'으로 사용	유주시가 임정청사라 추정하지만, 가능성은 적음
임시정부청사 추정지 (담중로)	1938~1939년 사이의 6개월 동안 임시정부와 요인 및 가족들이 머물던 곳으로 추정되는 장소	柳州市 潭中路	柳州市 中山路 36호	중공 유주시위원회 통일선전공작부와 대만동포연의회가 사용	임시정부 요인의 연락 거점이었을 가능성이 큼
한국광복진선청년공작대 활동지	광복진선청년공작대가 유주중국청년공작대와 이별 기념 사진을 찍었던 곳		廣西省 柳州市 柳候公園	柳候公園	유주시 정부가 현장보존 의지를 가지고 있음
한국광복진선청년공작대 공연 장소	광복진선청년공작대가 중국 부상장병들을 위로하고자 공연한 장소		柳州市 培新路68호 1동	중국공상은행 점포가 입주한 아파트가 들어서 있음	현장 기념비 설립을 추진하는 중

(4) 昆 明

운남지역에 대한 조사는 이번이 처음이었다. 이곳에서는 운남육군강무당(雲南陸軍講武堂)과 미국전략첩보국(OSS) 중국전구본부 자리 등 두 곳의 관련 유적이 확인되었다. 운남육군강무당은 1916년부터 한인청년들이 입학하여 군사간부로 육성되던 곳인데, 이곳에서 배출된 대표적인 인물로 이범석(李範奭)을 들 수 있다. 연병장을 가운데에 두고 크게 口자형으로 세워져 있는 강무당의 남쪽 건물은 현재 '운남육군강무당구지진열관'(雲南陸軍講武堂舊址陳列館)으로 사용되고 있다. 이곳에는 많은 자료와 사진들이 전시되어 있다.

한편 광복군과 관련된 유적으로 OSS 중국본부가 있다. 광복군 제1지대와 제6징모분처(3지대)가 모두 OSS 중국본부 측과 논의하였고, 그 결과 이들 부대 모두 국내로 파견할 정진군을 양성하고자 OSS가 주관하는 훈련을 받게 되었다. 그 본부가 있던 백탑로(白塔路) 347번지 일대는 본래

들판이었지만 지금은 곤명의 중심지가 되었고, 현재 큰 도로와 여러 대지로 분할되어 많은 건물이 들어서 있다.

◀ [사진 25] 한인 청년들이 입학하여 군사간부로 양성되던 운남육군강무당. 현재 구지 진열관으로 사용되고 있다.

▶ [사진 26] OSS 중국전구 본부가 있던 자리.

[표 16] 곤명지역 유적 현황

유적(지)명	관련 내용	옛 주소	현 주소	현 상황	비고
운남 육군강무당	1916년부터 한인 청년들이 입학하여 군사간부로 양성된 곳		雲南省 昆明市 翠湖西路 22호	雲南陸軍講武堂 舊址 진열관(남루)으로 사용되고 있음	문물중점 보호단위
OSS 중국전구 본부 구지	OSS 중국전구 본부가 있던 곳	昆明市 唐家營18호 북쪽 1km (미14항공대)	昆明市 白塔路 347번지 일대	새로운 건물이 들어서고 일부가 대지로 남아 있음	도심이 됨

3. 과 제

1) 지역별 유적 보존 정책

중국 전역이 개발의 속도를 올리고 있다. 그 추진 속도가 빨라질수록 한국독립운동 유적은 그만큼 빠르게 사라질 것이다. 실제로 한 해가 다르게 유적들이 사라지고 있다. 특히 대도시의 경우는 어제와 오늘이 다를 지경이다. 대표적인 지역으로 상해와 남경을 들 수 있다. 상해의 경우 10년 전까지만 해도 남아 있던 독립운동유적들이 현재는 거의 모두 원형을 잃은 상태이다. 지하철 공사와 대규모 빌딩 건설이 지속적으로 추진되어 왔기 때문이다. 단적인 예로 프랑스조계 지역이었던 한국독립운동의 요람지는 사실상 상해의 주요 개발 대상지이다. 그래서 이미 10여 년 전에 홍콩의 자본이 들어와 이곳에 30~50층 규모의 빌딩을 짓기 시작하였고, 이후 고층건물들이 속속 들어서면서 상해의 스카이라인도 크게 바뀌게 되었다. 현재 '대한민국임시정부구지진열관'으로 사용되고 있는 일대까지도 대규모 빌딩들이 밀려들어온 상태이다. 이제 그 진열관 일대에 남아 있는 몇 안 되는 헌 집들의 철거와 개발도 시간문제인 것이다.

남경의 경우 처음 조사하던 10년 전만 하더라도 김구와 관련된 유적이 어느 정도 제 모습을 보여주었다. 그러나 지금은 대개 새로운 건물이 들어서서 원형을 알 수 없게 되었고, 설령 그 유적들이 개발되지 않았다 하더라도 변형이 워낙 심해 원형을 알아보기 힘든 상황이다. 다만 주화대표단이 사용하던 건물만이 온전하게 제 모습을 보여줄 뿐이다. 한편 도심에서 떨어진 산간지역에 자리 잡은 조선혁명군사정치간부학교 유적은 일부나마 형태를 간직하고 있다. 하지만 이는 워낙 도심에서 멀리 떨어져 있고 접근하기 어려워 지속적인 관리가 쉽지 않은 처지이다.

중경의 연화지 청사는 재개발로 사라지는 유적을 되살려 낸 대표적인 사례이다. 철거반이 들이닥치는 시기에 광복군 조사반이 도착하여 재개

발 관련 사실을 확인하고 중경시 정부와 타협한 끝에 '대한민국임시정부
구지진열관'을 건립할 수 있었던 것이다. 한국 기업의 대규모 투자를 기
대하는 중경시 정부의 희망과 한국독립운동 유적을 보존하려는 한국 측
의 요구가 조율된 데서 얻어진 결실이었다.

　그런데 근처에 있는 오사야항의 청사 건물은 당장이라도 헐리기 직전
이다. 지난 번 조사에서 그 건물의 원형이 청대 말기의 전형적인 건물이
며, 앞쪽 5호의 일부와 뒤쪽 7호의 일부도 지금까지 유일한 청사 건물로
알려졌던 6호에 속한 것이었다는 전문가의 견해를 확인하였기 때문에,
제대로 복원한다면 당시의 구조 그대로 살릴 수 있다는 확신을 가지게
되었다. 하지만 바로 옆에 25층 건물의 골조공사가 최근 마무리되고 내
장공사 완공도 그리 멀지 않은 형편이다. 다행스럽게도 최근에 우리 정
부가 이 문제 해결에 적극 나서고 있어 해체 위기는 넘길 수 있으리라
희망을 가져본다.

　중경지역을 조사하면서 가장 안타깝게 여긴 사실은 화상산 공동묘지
가운데 주로 임시정부 요인들이 묻힌 구역이 쓰레기매립장이 되어 날마
다 사라져 가고 있다는 점이다. 정확하게 표시된 묘지 표시가 없으니 무
작정 발굴하자고 주장하는 것은 불가능하지만, 근처 윤곽을 증언하는 생
존지사의 이야기와 후손들의 말을 들어 볼 때 그 위치가 200미터 반경의
오차를 넘어서지는 않을 듯하다. 하지만 그러한 증언만으로는 중경시 정
부가 매립을 중단하지 않을 것이다. 이국 땅에서 조국을 위해 살다간 인
사들의 묘소가 쓰레기로 덮여 가는 모습을 그저 바라보는 수밖에 없다는
것이 한스럽기만 하다.

　유주의 경우는 특별한 사례이다. 유주시 정부가 먼저 나서서 우리보다
앞서 유적을 찾아내고, 1차 단계이지만 이미 '대한민국임시정부항전활동
유주진열관'을 개관하고 나선 것이다. 다른 지역의 경우에는 한국 정부의
자금 지원을 요구하면서 여러 해를 끌어 왔지만, 유주는 대단히 빠른 속
도로 일을 진척시켜 왔다. 그 이유는 단 한 가지, 바로 한국인 관광객을

유치하기 위해서이다. 고속도로로 1시간 30~40분 남짓한 거리에 있는 계림에는 서울을 오가는 직항 항공편이 열려 있어 한국 관광객이 곳곳에서 눈에 띈다. 그런데 계림에서 2시간도 걸리지 않는 유주에서는 한국관광객의 발길을 찾아보기 힘들다. 그래서 유주시 정부가 상해의 임시정부진열관을 모델로 삼아 시내에서도 가장 붐비는 도심에 자리 잡은 낙군사라는 호텔건물을 임시정부 요인들이 머물렀다는 노인들의 증언을 바탕으로 개조하여 임시정부구지진열관으로서 개관하려 한 것이다. 이에 대해 우리 측은 임시정부 청사로 사용되었다는 확실한 근거가 없다면 '구지'라는 표현을 사용하지 않는 편이 좋겠다는 의견을 보냈고, 유주시는 이를 받아들여 '구지'라는 글자를 삭제하였다. 그리고 그들의 노력과 도움 덕분에 유주지역의 관련 유적지를 쉽게 조사할 수 있었다. 유주시의 경우는 중국 측의 필요에 따라 한국독립운동 유적이 효과적으로 조사되고 보존될 수 있음을 여실히 보여주는 사례이다.

다시 말하자면, 중경은 필요에 따라 우리가 직접 투자하여 보존하고 복원한 경우이고, 유주는 중국 측의 필요에 따라 그들의 힘으로 조사되고 보존되는 경우이다. 그런데 그 중간에 속하는 경우도 있다. 가흥과 기강의 사례가 그것이다.

가흥과 기강은 공통점을 많이 가지고 있다. 첫째, 바로 이웃에 위치한 거대한 도시의 영향권 안에 있는 소도시라는 점이다. 가흥이 상해권역에 속한다면, 기강은 중경권역에 속한다. 둘째, 주변 대도시에 한국관광객이 몰려드는 거점이 있다는 점이다. 가흥은 상해와 항주의 중간 지점인데, 상해를 관람한 한국관광객이 가흥 앞을 통과하는 고속도로를 따라 항주를 관광하면서도 정작 가흥에는 들르지 않는 현상은 가흥의 관계자들에게 기가 막힌 것이었다. 기강도 마찬가지일 것이다. 비록 상해만큼은 아니더라도, 중경에도 일단 관광객들의 발걸음이 잦아지고 있는 것만은 확실하기 때문이다. 셋째, 이웃 대도시에 한국독립운동 관련 진열관이 문을 열었고, 이를 중심으로 한국인의 내왕이 급증하고 있다는 점이다. 상해에

임시정부 청사가 진열관으로 문을 연 뒤에 급증하는 유료 입장객을 지켜
보면서 가흥으로서는 가만히 있을 수 없었다. 기강도 중경에 문을 연 임
시정부진열관을 보면서 흥미를 가지게 되었다. 넷째, 이들 두 소도시는
모두 임시정부와 깊은 인연을 가졌다. 가흥은 윤봉길 의거 직후 김구가
은신하였고 이동녕을 비롯한 요인들도 비밀리에 거주하면서 활동한 곳
일 뿐만 아니라, 의정원회의가 열린 곳이면서 또 그 유적도 남아 있는
지역이다. 기강 또한 1년 반이나 임시정부가 자리하면서 여러 요인과 가
족들이 거주했던 곳이고, 가흥과 마찬가지로 관련 유적들이 남아 있는
장소였던 것이다.

  이러한 조건에 따라 두 지역은 모두 한국관광객 유치를 위한 정책을
마련했다. 다만 상해가 중경보다 빨랐던 것처럼, 가흥이 기강보다 발 빠
르게 움직였다. 가흥현 정부는 조선족 가이드를 구하는 데 어려움을 겪
자 한족(漢族) 관광 안내원으로 하여금 한국어를 익히게 하고, 김구의 은
신처와 이동녕을 비롯한 요인들이 거주하였던 집에서 살고 있던 중국인
들을 내보내면서 이 장소들에 대한 보존작업에 들어갔던 것이다. 그리고
나서 가흥은 한국 측에 지원을 요청하였고, 김구의 은신처였던 매만가의
주택건물을 전시관으로 꾸몄다. 그런데 기강은 중경의 출발이 늦었듯이
이에 대한 관심도 늦었고, 또 정책 추진도 느렸다. 그러나 2002년 1월과
7월, 두 차례 현장조사를 벌이는 과정에서 그들의 변화를 확인할 수 있
었다. 특히 7월의 현장조사에는 기강현의 부현장(副縣長)이 문화국장을
비롯한 관계자들을 인솔하고 조사현장에 나타나 일행을 안내하였고, 공
식 회의를 열어 기념사업의 방향에 대해 논의하기도 하였다. 그 회의에
서 부현장은 기강현 관계자들에게 한국조사단이 요구하는 자료를 제공
하라고 지시하였는가 하면, 한국조사단에게는 유적 보존과 전시사업을
위해 한국 정부에 50퍼센트 정도의 지원을 요청한다고 밝히기도 했다.

  이런 사례들을 정리하여 보면, 우리의 독립운동유적을 보존하는 문제
도 결국은 중국 현지의 요구와 밀접한 관계를 갖는다는 점을 확인할 수

있다. 따라서 현지의 개발 속도와 형편을 감안하고 지방 정부의 요구와 처지를 헤아려 적절한 유적 보존책을 세우는 것이 마땅할 것이다.

2) 지속적인 조사

2002년에 실시된 해외독립운동유적 조사는 지금까지 진행된 조사 가운데 가장 규모가 컸다. 그만큼 얻게 된 성과도 대단히 많았다. 아울러 독립운동사의 범주가 세계적이라는 사실도 확인하는 성과를 올렸다. 그런데 이러한 조사과정은 기존의 조사에 크게 의존했던 것도 사실이다. 새로 발굴한 것도 있었지만, 이미 10여 년에 걸쳐 조사해 왔던 현장을 다시 확인하는 경우도 적지 않았기 때문이다. 그런데 새로운 발굴과정에서 새삼 확인한 사실은 그렇게 짧은 현장 조사만으로는 유적 조사와 발굴에 한계가 있다는 점이다. 어느 지역을 막론하고 조사기일이 너무 짧았다는 것은 공통된 지적이었다. 실제로 오랫동안 추진된 선행 업적들의 바탕 위에서 출발하지 않았다면 제대로 된 결실을 얻을 수 없었을 만큼 촉박한 기간이었다.

중국남부지역의 가장 대표적인 유적지라면 단연 상해가 꼽힐 것이다. 그렇지만 상해에서조차 프랑스조계 구역 안에 촘촘히 밀집해 있던 유적지의 현장들을 하나하나 확인하기란 벅찬 것이었다. 우선 원래의 주소를 확인하고 몇 차례 변경된 지번(地番)을 추적하여 정확한 현장을 찾아내는 작업을 진행해야 하는데, 외국인은 지적도를 볼 수 없으므로 이러한 작업이 불가능하다. 따라서 한·중 합작으로 공동조사가 펼쳐져야 한다. 아직도 철거되지 않고 남아 있는 유적이 없는 것은 아니지만, 정확한 지번을 확인하지 않고서는 어느 것에도 접근하기 어렵다. 더구나 개발이 계속됨에 따라 유적지 현장이 빠른 속도로 사라져 가고 있으므로 추가조사가 매우 시급한 실정이다. 이는 상해뿐만 아니라 남경이나 광주 등 대다수 지역들에 공통으로 해당되는 문제이다.

이와 함께 문헌 조사도 지속적으로 추진되어야 한다. 현재 극복하기 힘든 부분이 남경 당안관(檔案館) 자료 조사인데, 이것의 결과에 따라 연구나 사업의 내용도 크게 바뀔 가능성이 있으므로, 남경 당안관과 꾸준히 교섭하여 신의가 지켜지는 관계를 유지하여야 할 것이다. 이외에도 운남 강무당, 중산대학, 사천대학, 황포군관학교 등의 당안(檔案)에 대한 접근이 필요하다. 또 중경 당안관 자료를 비롯한 중국의 각 전구별 문서들에 대한 지속적인 추적도 필요하다. 특히 문제가 된 9전구지역의 광복군 문제는 더욱 자세한 현장조사와 함께 엄밀한 문헌 추적을 동반해야 원형을 복원할 수 있을 것이다. 그리고 작은 것이지만 김구가 수술 받고 치료했던 상아의원에서 병력카드를 확보하는 작업도 긴요하다.

영상자료 수집도 시급한 문제이다. 많은 사진자료들이 제대로 발굴되지 않는 것에 대한 인식과 노력이 필요하다. 그리고 현지조사 과정에서 중국의 각 지방 신문들이 매우 중요한 자료라는 사실을 자주 실감하게 되는데, 낡은 신문을 들추어가면서 작업하기란 여간 어려운 일이 아니다. 마이크로필름으로 제작된 중국 신문과 잡지의 목록이 확인되었으므로, 이들을 일괄 구입하는 것이 좋다. 조사단이 신문자료들을 신청하여 읽어가는 과정에서 너무나 많은 시간이 소요되고 또 현지에 해당 자료들이 모두 소장되어 있지 않은 경우가 대부분이기 때문에, 이를 구입하는 일이야말로 가장 필요한 것이라 말할 수 있다.

4. 맺음말

중국남부지역은 한국독립운동 유적들이 밀집한 곳이다. 그 가운데 특히 임시정부와 관련된 유적들이 집중되어 있다. 물론 예외도 있기는 하지만, 대개 다른 유적지들도 임시정부의 이동과 함께 나타나거나 사라졌다. 따라서 이들을 연결하면 임시정부를 중심으로 형성된 독립운동의 맥락을 따라갈 수 있다.

이번 중국남부지역의 유적들을 조사한 결과를 간단하게 정리하면 다음과 같다.

첫째, 유적들은 독립운동 초기의 거점이었던 상해와 남경 등 장강(長江) 하류 지역에 집중되어 있었지만, 중일전쟁이 진행되는 과정에서 독립운동의 무대가 장강의 중·상류 지역으로 옮겨 감에 따라, 유적의 범위 또한 중국 내륙 깊숙한 지점까지 확대되었다.

둘째, 유적의 대다수는 도시개발로 말미암아 이미 사라졌거나 지금 이 시간에도 사라지고 있다. 그래서 이번 조사는 이미 사라졌거나 아직 잔존하는 유적들의 현장과 현황을 확인하는 데 초점을 두었다. 상해나 남경, 그리고 중경과 같은 대도시의 유적들은 제 모습을 가진 것이 거의 없을 정도이다.

셋째, 이번 조사를 통해 얻은 수확은 지역에 따라 차이가 있다. 상해와 중경과 같은 지역은 기존 작업들을 바탕으로 한 차원 높은 조사를 실시할 수 있었던 반면, 곤명·성도·진강·유주 등은 이제 막 조사를 개척하는 단계에 그쳤다. 따라서 조사된 내용이나 수준에 지역별로 질적인 차이가 나타나지 않을 수 없었다. 전자의 지역에는 일찍부터 관심을 집중해 온 만큼, 관련 문헌자료도 많이 수집할 수 있었다. 하지만 후자의 경우에는 위치를 확인하는 수준에 머물렀고, 문헌 조사에 대해서는 엄두도 내지 못하는 상황이었다.

넷째, 중요한 유적에 대한 보존 및 기념 방법은 도시의 형편에 따라 다르기 때문에, 이에 대한 대응책도 지역별 특성에 맞추어 계획할 필요가 있다. 한국 측의 투자가 절대적으로 작용하는 곳이 있는가 하면, 반대로 중국 측의 투자만으로 일이 추진되는 곳도 있다. 대개 한·중 합작으로 진행해야 할 것이지만, 지역에 따라 정도의 차이가 있다는 점을 고려해야 한다.

다섯째, 유적 조사가 계속 추진되어야 한다. 여기에는 한·중 두 나라의 이해관계가 모두 얽혀 있다. 한국의 연구자들은 독립운동의 현장을 확인하고 사료를 확보하여 한민족사의 복원을 시도한다는 의미에서 유적조사를 필요로 할 것이고, 한국관광객의 경우 중국의 광활한 여행지에서 한민족사의 현장을 방문하며 긍지를 가질 수 있는 기회가 되므로 이러한 필요성에 대해 긍정적인 반응을 보일 것이다. 한편 중국으로서는 무엇보다 관광수입의 확보라는 차원에서 필요한 사업이다. 특히 한국관광객이 급증함에 따라 중국의 지방정부가 경쟁적으로 기념사업을 기획하고 있을 정도이다. 2000년대에 접어들면서 관광객의 발길은 중국 내륙 깊숙한 곳까지 들어가고 있다. 성도와 중경, 계림, 곤명 등에 직항노선이 마련된 것도 이러한 추세를 말해준다. 그런데 이들 지역 가운데 유적 조사가 미흡한 곳이 많다. 강서성의 상요(上饒)처럼 여전히 조사의 손길이 닿지 못한 곳도 있다는 사실이 고려되어야 한다. 그리고 홍콩(香港)과 타이완(臺灣)도 대상지역에 포함시켜 조사해야 할 것이다.

여섯째, 유적 조사를 펼치면서 제대로 수행하지 못한 문헌 조사를 다시 추진하여야 한다. 문헌 조사 가운데 특히 신문과 잡지를 추적하는 일은 항상 시간을 많이 소비하게 되는 고된 작업이었다. 그런데 북경에 중국지역의 신문과 잡지를 마이크로필름으로 제작해 판매하는 곳이 있으므로, 이를 일괄 구입하여 독립기념관에서 연구자들이 검색할 수 있도록 하는 것이 필요하다. 이것은 2~3억 원 정도의 자금이면 가능한 일이므로 신속한 추진을 기대한다. 그리고 자료의 보고인 남경 당안관의 자료를 확보하는 일은 반드시 이루어야 하는 과제이다.

찾아보기

ㄱ

가와바타(河端貞次) 81, 344
가지(鹿地亘) 426
각단체연합주비위원회 219
감사대(敢死隊) 157
강경선(康景善) 197, 335
강구우(姜九禹 ; 강부약) 195, 356, 371
강대현(姜大鉉) 88
강명규(姜明圭 ; 양원(陽園)) 117
강부약(姜扶弱 ; 강구우) 195
강창제(姜昌濟) 226
강태동(姜泰東) 99
개봉병국(開封兵局) 117
개조파 68, 69, 128, 193, 325, 326,
    357~359
거류민단제(居留民團制) 57, 121
경성독립단 33
경학사(經學社) 106
고려공산당 35, 44, 67, 128, 264, 321
고이허(高而虛) 223
고일청(高一淸) 99
고일표(高一彪) 295, 352
〈告中國革命同志〉 367
고진소(高振宵) 307

고한(高漢 ; 고의봉(高義鳳)) 99
고활신(高豁信) 223
《公立新報》 85
공주선(孔周宣) 117
공진원(公震遠) 221, 245
곽낙원(郭樂園) 327
곽헌(郭憲) 203, 206
《廣東群報》 303, 307
광동촉성회 198, 217, 366
광복군 21~23, 25, 27, 29, 39, 41, 42, 44,
    48, 50, 137~143, 146, 163~167,
    171, 183, 235, 240, 245, 246, 249,
    252, 257, 386, 393, 400, 402, 407,
    420, 422, 423, 427~429, 443~445,
    447, 448, 461, 468
——— 제1지대 42, 51, 143, 402, 444,
    447, 450, 461
——— 제2지대 41, 51, 164
——— 제3지대 41, 138, 164, 445, 446,
    461
——— 제5지대 143, 163, 246, 254
——— 제6징모분처 138, 445, 461
——— 총사령부 50, 138, 141, 162,
    163, 169, 246, 443, 447, 450
——— 토교대 41, 450

광복회 157
광주동산육군병원 126
광주학생운동 133, 207, 209, 369
교시(喬矢) 396
교통국 22, 59, 60, 65, 67, 120, 127, 153, 154, 170, 182, 350, 48
교한치(矯漢治) 396
구국모험단 67, 100, 107, 122, 124, 156, 157, 433
《救國日報》 292
구미위원부(歐美委員部) 28, 34, 40, 51, 62, 119, 306
구연흠(具然欽) 203~205
구익균(具益均) 29
국공합작 72, 74, 75, 129, 144, 193, 266, 337, 367
국내정진군(國內挺進軍) 144, 164
국민대표회의 22, 38, 55, 56, 67~72, 91, 124, 128, 129, 145, 193, 264, 265, 275, 287, 295, 310, 322, 324~327, 334, 335, 346, 350~361, 363, 364, 370, 379, 433
────── 상해기성회 354~356
국제연맹회의 66, 122
군사주비단(軍事籌備團) 152~154, 170, 182
군사통일주비회 67, 294, 295, 296, 352
군사통일촉성회 67, 294, 295, 296, 352
군사통일회의 124, 128, 356
군사특파단(軍事特派團) 137, 162, 163, 171, 246
군정회(軍政會) 64
권경지(權敬止) 195
권국빈(權國彬 ; 왕억) 372, 374
권업회(勸業會) 103
권준호 29

극동인민대표회의 63, 67, 68, 73, 119, 193, 194, 264, 266, 287, 295, 353, 355
금긍호[琴兢鎬 ; 김긍호(金兢鎬)] 80, 343
길돈사건(吉敦事件) 79
김갑(金甲) 99, 197, 214, 332, 333, 335
김강(金剛) 253
김강산(金鋼山) 295, 352
김광(金光) 453
김광선(金廣善) 195
김구(金九) 20, 22, 23, 26, 31, 37, 38, 43, 70, 71, 78~81, 99, 131, 133~136, 139, 140, 144, 155, 158, 160, 161, 163, 166~169, 179, 182, 183, 196, 197, 214, 215, 221, 226, 228, 230~235, 237, 241~245, 248, 257, 268, 269, 272, 315~348, 365, 366, 368, 419, 427, 433, 435~437, 439, 440, 444, 445, 447, 451, 453, 459, 463, 466, 468
김규광(金奎光) 238, 240
김규식(金奎植) 22, 31, 43, 61, 90, 95, 114, 118, 121, 133, 139, 169, 197, 225, 227, 251, 262, 263, 284, 335, 351, 356, 453, 454
김기덕(金基德) 117
김기진(金其鎭) 200
김대지(金大池) 100
김동삼(金東三) 43, 68, 87, 100, 353, 358, 359, 365
김동우[金東宇 ; 노종균(盧鐘均)] 231
김동형(金東灐) 100
김두봉(金枓奉) 31, 43, 100, 144, 197, 199, 203, 225~227, 327, 335, 370
김립(金立) 294, 321, 323
김명시(金命時) 205

김문택   29
김병두(金炳斗)   237
김병조(金秉祚)   31, 43, 100, 319
김보안(金輔安)   223
김보연(金甫淵)   100, 194, 319
김붕준(金朋濬)   231, 244, 255, 337
김산(金山 ; 장지락)   22, 138, 200, 217,
      237, 367, 378
김상덕(金尙德)   131, 222, 227
김석황(金錫璜)   100
김성근(金聲根)   100
김성숙(金星淑)   22, 43, 134, 198, 217,
      237, 248, 253, 367, 377, 396
김세광(金世光)   410
김세쟁(金世錚)   117
김수청(金秀靑)   200
김순애(金淳愛)   323
김승은(金勝恩)   231
김승학(金承學)   19, 66
김시현(金始顯)   157
김신(金信)   327
김약연[金躍淵 ; 약연(若然)]   87
김영식(金英植)   200
김영희(金永熙)   321
김용진(金庸震)   318
김우전   22, 29
김우진(金宇鎭)   100
김운파(金雲坡)   195
김원봉(金元鳳)   22, 31, 43, 44, 126, 127,
      132~136, 138~141, 143, 160, 169,
      183, 216~219, 226~229, 233, 237,
      239, 241~243, 246~248, 252, 253,
      257, 367, 393, 396~399, 416, 419,
      420, 425, 427, 429, 437~441, 447,
      450, 451
김원서(金元叙)   255
김원식(金元植 ; 김형선)   203, 205, 220,
      222
김위택(金偉宅)   356
김유성(金有成)   195
김윤식(金允植)   112
김응선(金應繕)   100
김응섭(金應燮)   100
김의한(金毅漢)   245
김익상(金益相)   433
김인(金仁)   232, 327
김인전(金仁全)   100, 328, 329
김인제(金人濟)   195
김인철(金仁哲)   252
김일성(金日成)   142, 240, 418, 427
김일성(金一成)   195
김일주(金一柱)   198, 199
김재호[金載浩 ; 호건(胡建)]   253
김정목(金鼎穆)   100
김정묵(金正默)   100
김종림(金鍾林)   120
김종상(金鍾商)   194
김준엽   29
김지섭(金祉燮)   157
김진우(金振宇)   100
김찬(金贊)   195
김창근(金昌根)   232
김창숙(金昌淑)   23, 29, 67, 100, 295,
      321, 329~331, 352
김창화(金昌華)   222, 411
김천정(金擅庭)   307
김철(金澈)   79, 86, 100, 197, 213~215,
      230, 323, 332, 333, 335, 338, 344,
      356, 370
김치근(金致根)   100
김태연(金泰淵)   100, 124
김학규(金學奎)   22, 227, 244, 451, 453

김학무(金學武) 144, 241, 399
김학철(金學鐵) 410
김해산(金海山) 195
김현식(金鉉軾) 100
김형선(金炯善 ; 김원식) 203, 205, 220, 222
김홍권(金弘權) 100
김홍서(金弘敍) 66, 101, 227
김홍일〔金弘壹 ; 왕웅(王雄)〕 343
김홍조(金弘祚) 101
김희담(金熙譚) 307
김희선(金羲善) 64

ㄴ

나석주(羅錫疇) 117, 327, 329~331
나용균(羅容均) 101
나월환(羅月煥) 162, 222, 235, 246, 254
나창헌(羅昌憲) 197, 329, 335
나태섭(羅泰燮) 162
낙양학병단(낙양강무당) 117
남경정부(남경정권, 왕조명 정부) 179, 181
남경정부(중국국민당) 373~375
남경촉성회 198, 366, 369
남경한족회 237
남공선(南公善) 356
남대관(南大觀) 220
남의사(藍衣社) 228, 229
남지파견군대동맹(南支派遣軍大同盟) 404
남형우(南亨祐) 90, 91, 101, 356, 357, 359
남화학원(南華學院) 121
남화한인청년연맹(南華韓人靑年聯盟)

35, 134, 237, 254, 433
네루(P. J. Neru) 168, 387
노무라(野村吉三郞) 81, 344
노백린(盧伯麟) 64, 95, 120, 284, 287, 309, 324, 355
노복선(盧福善) 162

ㄷ

당계요(唐繼堯) 303
당소의(唐紹儀) 292
대공주의(大公主義) 37, 269, 370, 375, 376, 379~381
대독립당조직북경촉성회 73, 195, 196, 198, 208, 212, 217, 266, 334, 364, 365, 371, 380
《大同》(大同週報) 124
대동단 99
〈大同團結宣言〉 32, 86, 111, 116, 261, 262, 274, 280, 282, 293
대동청년당 100~102, 105, 106
대만의용대 407, 423, 424, 428
대서양헌장 166, 181
대일강화회의 184~186
대일전선통일동맹 38, 131, 133, 209, 219, 225, 228, 230, 236, 243, 380, 419, 433, 440
대한광복군정부 86
대한광복군총영 41, 64, 65, 120, 152
대한교민단 58, 433
대한국민의회 33, 56, 63, 88, 92, 93, 95, 118, 119, 123, 124, 149, 263, 264, 283, 350, 351, 388
대한국민회 58
대한대독립당주비회 371, 372

대한독립군비단(大韓獨立軍備團)   65,
　　120
대한독립단   65, 120
대한독립애국단   59
대한독립의군부   87, 106
〈대한민국건국강령〉   37, 140, 246, 247,
　　272~274, 276
대한민국애국부인회   59, 211
〈大韓民國陸軍臨時軍制〉   41, 64, 120,
　　152, 182
〈大韓民國臨時約憲〉   178
〈大韓民國臨時政府敬告中華民國各界諸
　　君子書〉   302
〈大韓民國臨時政府對日宣戰聲明書〉
　　141, 174, 178, 179
대한민국청년외교단   59
대한부인애국단(대한인부인구제회)
　　234
대한인국민회   58, 121, 233, 350, 357
대한인단합회   234
대한인대동보국회   113
대한인독립단(대한인독립군)   234
대한인동지회   234
대한청년단연합회 의용대   65, 120
덜레스(J. F. Dulles)   185
도인권(都寅權)   64
독립군결사대   157
〈獨立黨促成運動에 대한 宣言〉   197,
　　217
독립(임시)사무소   86~88, 98, 109
《獨立新聞》   21, 39, 66, 68, 121, 144,
　　151, 196, 283, 288~291, 294, 296,
　　314, 350, 358
독립운동촉성회   73, 194, 363
동녕현기성회   356
동명학원   362

동방무정부주의자연맹   255
동북재민구제회(東北災民救濟會)   345
동북항일연군   142, 240, 398, 418, 421
동제사(同濟社)   35, 60, 66, 77, 86,
　　101~104, 106, 108, 109, 115, 260,
　　261, 279, 288, 290, 291, 299, 318
──── 배달학회   288
〈동지・동포 제군에게 보내는 공개통
　　신〉   135, 242
동필무(董必武)   166, 169
등걸(藤傑)   135
등연달(鄧演達)   216

ㄹ

레닌(V. I. Lenin)   63, 68, 119, 128, 151,
　　268, 321, 324, 337, 353, 357, 359
루스벨트(F. D. Roosevelt)   166~168, 179,
　　181

ㅁ

마관조약(馬關條約)   307
마쓰이(松井)   412
마의(馬義)   396, 424
만보산사건(萬寶山事件)   81, 347, 373
만주국   181, 219
──── 토벌대   418
맹혈단(猛血團)   232
모택동(毛澤東)   144
무장계획단   157
무정(武亭)   138
무쵸(J. J. Muccio)   184
무한 방어전   397, 426

무한촉성회 198, 218, 366
문창범(文昌範) 90, 95, 123, 124
미국전략첩보국(OSS) 25, 26, 40, 41,
　　144, 164, 171, 461
───────── 중국본부 461, 462
미나미(南次郎) 418
민무(閔武) 220
민병길(閔丙吉) 222, 226, 229, 236
민제호(閔濟鎬) 101
민족유일당조직동맹 223
민족혁명당 36, 38, 39, 41, 77,
　　131~138, 141~143, 183, 214, 220,
　　224, 226~234, 236~239, 241, 243,
　　245, 247~249, 251~257, 269, 271,
　　274, 380, 419, 420, 437, 438, 440,
　　441, 443, 447, 450
───────── 해외전권위원회 251
〈民族自決與韓國獨立〉 293
《民族革命》 229
민충식(閔忠植) 101
민필호(閔弼鎬) 29, 43, 303, 304

ㅂ

박건병(朴健秉) 101, 195, 199, 356
박건웅(朴建雄) 134, 198, 217, 219, 225,
　　237, 248, 253
박관해(朴觀海) 371
박기성 22
박기준(朴基駿) 262
박달학원(博達學院) 115, 279, 290
박병강(朴炳疆) 438
박신애(朴信愛) 234
박용각(朴容珏) 101
박용만(朴容萬) 95, 124, 284, 352

박용태(朴龍泰) 207, 371, 374
박은식(朴殷植) 22, 23, 31, 43, 66, 67,
　　72, 87, 114, 122, 193, 262, 266,
　　280, 288, 292, 295, 296, 318, 320,
　　321, 331, 346, 352, 357, 360, 361
박재혁(朴載赫) 157
박종익(朴鍾益) 321
박진순(朴鎭淳) 151
박찬익(朴贊翊) 31, 43, 77, 79, 131, 215,
　　245, 250, 306, 368, 373
박창세(朴昌世) 226, 228, 236
박철동(朴喆童) 410
박해관(朴海觀) 195, 208
박헌영(朴憲永) 206
박화우(朴化祐) 307
박효삼(朴孝三) 142, 239, 396, 417
박희곤(朴熙坤) 117
반문치(潘文治) 396
배운영(裵雲英) 195
배천택(裵天澤) 195, 199, 208, 371
배형식(裵亨湜) 101
백남규(白南奎) 101
백남칠(白南七) 89, 101
백문울(柏文蔚) 292
백서농장(白西農莊) 106
백운서(白雲瑞) 117
백정기(白貞基) 254
베르사유조약 61
베르사유체제 67, 70, 127, 154, 156,
　　327
변장성(邊長城 ; 변동화(邊東華)) 200
병인의용대(丙寅義勇隊) 35, 36, 43, 71,
　　75, 76, 79, 157, 215, 231, 268, 329
보합단(普合團) 157
봉오동전투 65, 67, 70, 121, 352
(북경)군사통일회의 124, 128, 356

북경학생단 117
북로군정서(北路軍政署) 36, 41, 58, 64,
    67, 120, 153
북미한인유학생회 361
북지방면파견군(北支方面派遣軍) 411

人

사영백(謝英伯) 307
사지(謝持 ; 호한민) 292, 304, 308, 373,
    374
사하병영(沙河兵營) 126, 455~457
삼균주의(三均主義) 23, 36, 37, 78, 214,
    227, 231, 245, 249, 269~273, 275,
    276, 375, 376
삼민주의(三民主義) 414, 421, 422, 427
3·1운동 24, 36, 43, 57, 64, 72, 77,
    83~91, 93, 97, 98, 100~109, 114,
    116, 140, 147, 150, 155, 182, 245,
    260, 263, 274, 280, 285, 290, 308,
    317, 318, 323, 330, 345, 385, 386,
    388, 401
삼일중학(三一中學) 121
상해거류민단(上海居留民團) 57
상해고려교민친목회 57, 65, 121, 336
상해교민단 336, 346
《上海大公報》 235
상해대한인거류민단(上海大韓人居留民
    團) 57
상해대한인국민회 57
상해대한인민단(上海大韓人民團) 35
상해시상회(上海市商會) 345
상해잠편지대(上海暫編支隊) 26
상해청년동맹 360
《上海타임쓰》 124

상해파 199
상해한인단체연합회 207, 209
상해한인애국부인회 122, 215
상해한인여자청년동맹 215
상해한인청년당 215, 341, 433
상해한인청년회 196, 200
서겸(徐謙) 304, 307, 308
서대우(徐大宇) 194
서로군정서(西路軍政署) 36, 41, 58, 64,
    67, 120, 153
서병호(徐丙浩) 86, 92, 101, 323
서성권(徐成權) 101
서울청년회파 199
서이균(徐利均 ; 이덕주) 80, 159, 342,
    343
서재철(徐載哲) 101
서파(徐波) 162
선우혁(鮮于爀) 86, 90, 101, 323
성자군관학교 136
성주식(成周寔 ; 성준용) 117, 222, 227
성준용(成俊鏞 ; 성주식) 117, 222, 227
성현원(成玄園) 252
소련공산당 73, 74, 334
소쟁(蕭錚) 135
손과(孫科) 139, 169
손두환(孫斗煥) 101, 126, 237, 252, 255
손문(孫文) 61, 62, 125, 139, 144, 151,
    281, 285, 290, 292, 299, 302~306,
    308, 312, 313, 324, 378, 455, 457
손사민(孫士敏) 307
손영직(孫永稷) 295, 352
손일민(孫逸民) 371
손일봉(孫一峯) 402, 410, 411
손정도(孫貞道) 89, 92, 101, 115, 283,
    323, 328, 329, 359
송교인(宋敎仁) 115

송병조(宋秉祚) 78, 134, 194, 197, 225,
    226, 228, 232, 233, 244, 335, 337,
    356
송세호(宋世浩) 101
송호〔宋虎 ; 송호성(宋虎聲)〕 117, 195,
    207, 371
쇼(George L. Show) 60, 153
시게미쓰(重光葵) 81, 344
시라카와(白川義則) 81, 344
시사책진회(時事策進會) 356, 357
신간회 198, 419
신건식(申健植) 282
신규식(申圭植) 31, 43, 61, 62, 86, 92,
    95, 101, 111, 114, 115, 117~119,
    149, 151, 260~262, 279~295,
    297~314, 318, 324, 353, 455, 457
신기언(申基彦) 252, 255
《新大韓》 124
신민회 77, 85, 99, 100~104, 106, 108,
    109, 113, 317, 319, 328
《申報》 311
신빈(申斌) 262
신석우(申錫雨) 89, 102, 262
신숙(申肅) 124, 131, 220, 352, 356,
    357, 359
신아동제사(新亞同濟社) 115, 279, 292
신악(申岳) 247, 399
신안둔회의(新安屯會議) 365
신영삼(申榮三) 252, 255
신익희(申翼熙) 31, 43, 87, 90, 102, 195,
    222, 225, 227, 253, 301, 318
신정완(申貞琬) 253
신채호(申采浩) 23, 37, 43, 102, 115,
    122~125, 193, 259, 262, 266, 280,
    352
신철(申鐵) 102

신한독립당 132, 133, 219, 220, 222,
    225~227, 229, 236, 256, 269
신한민국정부(新韓民國政府) 33
《新韓民報》 85
신한민주당 36, 77, 249, 255, 256
신한청년당 35, 60, 61, 66, 77, 86, 87,
    99, 100~109, 116, 118, 262, 263,
    280, 300, 323
신한혁명당 35, 86, 115, 261, 279, 299
신해혁명(辛亥革命) 34, 62, 89, 111,
    114, 115, 145, 261, 274
신흥강습소(新興講習所) 106
신흥무관학교 64, 100, 103, 104, 106
심천요새(深川要塞) 126
19로군 343, 345

ㅇ

〈我 同胞에게 告함〉 67, 295, 321, 352
《아리랑》 378
아리요시(有吉明) 254, 432, 433
아오야마(青山和夫) 396, 425
안공근(安恭根) 73, 151, 197, 231, 232,
    321, 335, 340, 344, 363, 370
안광천(安光泉) 217, 367
안명근(安明根) 317, 319
안병무 22
안병찬(安秉瓚) 295, 352
안승원(安承源) 102, 319
안우생(安禹生) 232
안원생(安原生) 255
안재환(安在桓) 222
안정근(安定根) 31, 323, 359
안중근(安重根) 27
안창호(安昌浩) 22, 26, 29, 31, 33, 34,

37, 39, 43, 59, 62, 66, 68, 73, 77~79, 90, 93~95, 114, 119, 123, 124, 129, 151, 154, 157, 194, 195, 207, 209, 213, 214, 264~267, 269, 275, 281, 283, 284, 290, 298, 301, 312, 320, 324, 326, 332, 334, 335, 337, 339, 345, 350, 351, 354~381, 435

안훈(安勳 ; 조경한) 43, 220, 221, 244

《앞으로》 204

액목현회의(額穆縣會議) 67, 295, 352

양기탁(梁起鐸) 43, 72, 227, 319, 332

양기하(梁基瑕) 328

양묵[楊墨 ; 양명진(楊明鎭)] 231, 244

양민산(楊民山) 396

양서감(楊庶堪) 292

양우조(楊宇朝) 27, 176

양준명(梁濬明) 102

어주학생군(魚珠學生軍) 126

엄항섭(嚴恒燮) 200, 230, 231, 244, 339, 340, 344, 368, 440

ML파 75, 76, 78, 130, 196, 198, 200~204, 218, 267, 268, 337, 366~368

여순근(呂淳根) 321

여운형(呂運亨) 22, 29, 31, 43, 61, 62, 68, 70, 86, 102, 151, 155, 264, 311, 321, 323, 324, 328, 329, 354~356, 359

여운홍(呂運弘) 87, 102

여월한인동향회(旅粵韓人同鄕會) 116, 118

여준(呂準) 87, 353

여지이[呂志伊 ; 천민(天民)] 304

연병호(延秉昊) 222

연통제(聯通制) 22, 48, 59, 65, 67, 125, 149, 153, 154, 170

엽하성(葉夏聲) 307

오광선(吳光鮮) 131, 221

오기만(吳基萬) 206

오다케(大竹) 412

5당(통일)회의 39, 135, 140, 162, 243, 257, 380

오면직(吳冕稙) 231

오문성(吳文星) 413

오성륜(吳成崙 ; 함성) 157, 199, 200, 217, 367, 433

오영선(吳永善) 73, 194, 197, 214, 332, 333, 335, 363

오의선(吳義善) 102

오익표(吳翼杓) 102

오정방(伍廷芳) 304

오정창(吳鼎昌) 292

오철성(吳鐵城) 22, 139, 166, 167, 169

오패부(吳佩孚) 62, 330

옥성빈(玉成彬) 102

왕계현(王繼賢) 396

왕대첩(汪大捷) 413

왕삼덕(王三德) 295, 321, 352, 359

왕억(王億 ; 권국빈) 372, 374

왕정위(汪精衛) 373, 374

왕조명(汪兆銘) 181

왕통(王通) 396, 400, 401

왕현손[王現孫 ; 왕현순(王現淳)] 402, 411

요시다(吉田茂) 185, 186

《우리 길》 222

우에다(植田謙吉) 81, 344

우우임(于右任) 292

우치다(內田康哉) 344

우흡경(虞洽卿) 115

워싱턴회의(태평양회의) 63, 151, 281, 286, 287, 297~303, 306, 307, 309,

310, 313, 324, 353, 355
────── 태평양회의외교후원회 301, 355
원세개(遠世凱) 61, 115, 116, 299
원세훈(元世勳) 124, 195, 266, 295, 321, 334, 352, 356~358, 364, 67, 73, 87
원흥(元興) 195
윌슨(T. W. Wilson) 62, 262
유건혁(柳健爀) 295, 352
유경환(柳璟煥) 102
유금용(劉金鏞) 396
유기석(柳基石) 237, 254, 371
유동열(柳東說) 223, 227, 244, 249, 250, 255
유림(柳林) 29, 43, 255, 453, 454
유범규(柳範奎) 102
유상근(兪相根) 80, 159, 342, 344
유예균(劉禮均) 295, 321, 352
유운서(柳運瑞) 409
유월한국혁명동지회(留粤韓國革命同志會) 126
유일당 158, 196, 197, 199, 204, 212, 214, 267, 337, 338
────── 운동 35, 36, 38, 56, 72~75, 78, 127, 129, 130, 132, 145, 191, 192, 201, 202, 206, 208, 209, 212, 213, 225, 243, 256, 257, 265, 267, 271, 275, 333~335, 346, 350, 351, 363~370, 372, 375, 380
────── 촉성회 56, 74, 127, 212, 217, 267, 334, 366, 380
유자명[柳子明 ; 유흥식(柳興湜)] 134, 217, 237, 239, 240, 254, 330, 331
유정근(兪政根) 102
유진식(兪鎭軾 ; 유진만) 80, 159, 342, 343
유진만(兪鎭萬 ; 유진식) 80, 159, 342, 343
유진호(柳振昊) 295, 352
유호한국독립운동자동맹(留滬韓國獨立運動者同盟) 35, 36, 75, 76, 78, 132, 201, 204~209, 212, 253, 268, 275, 337, 346, 368, 369
육군무관학교 41, 64, 120, 152, 170, 182
육삼정(六三亭) 의거 254, 432, 433
6·10만세 364
윤괴추(尹愧椎) 195
윤기섭(尹琦燮) 197, 214, 222, 225, 227, 295, 322, 332, 335, 339, 353
윤봉길(尹奉吉) 27, 34, 55, 56, 66, 78, 80, 81, 130, 145, 158~160, 169, 171, 209, 215, 221, 225, 226, 230, 235, 269, 339, 342~345, 350, 386, 431~436, 466
윤세복(尹世復) 262
윤세주(尹世冑) 227, 396, 411
윤원삼(尹愿三) 102
윤원장(尹元章) 117
윤위화(尹爲和) 396
윤징우(尹澄宇) 401
윤해(尹海) 68, 357~359
윤현진(尹顯振) 87, 102, 318, 323, 356
은주부(殷鑄夫) 345
의생단(義生團) 341
의열단 23, 35, 42, 67, 70, 78, 100, 103, 107, 124~127, 129, 132, 133, 136, 157, 197, 198, 202, 211, 216~220, 226, 227, 229, 237, 256, 269, 331, 366, 368, 393, 438, 457
────── 선언 193
의용단 67, 157, 211, 323, 324

이강훈(李康勳) 43, 254
이경산(李景山) 227
이경선(李慶善) 252
이경재〔李景材 ; 이성(李成)〕 117
이관수〔李寬洙 ; 최환(崔煥)〕 200
이광(李光) 92, 102, 195
이광수(李光洙) 66, 87, 89, 103, 319,
　　323, 360, 378
이광제(李光濟) 229, 255
이교헌(李敎憲) 88
이규갑(李奎甲) 88, 103
이규정(李圭禎) 103
이규채(李圭彩) 131
이규홍(李圭洪) 197, 332, 335
이기룡(李起龍) 103
이달(李達) 396, 417, 419
이덕주(李德柱 ; 서이균) 80, 159, 342,
　　343
이동건(李東健) 117
이동녕(李東寧) 20, 23, 31, 43, 78, 79,
　　87, 89, 92, 95, 96, 103, 160, 197,
　　199, 203, 213~215, 230, 231, 244,
　　284, 287, 295, 298, 300, 319, 327,
　　332, 333, 335, 337, 338, 345, 353,
　　360, 366, 370, 372, 374, 435, 440,
　　451, 453, 466
이동휘(李東輝) 26, 31, 33, 34, 43, 63,
　　90, 93, 95, 104, 119, 123, 128, 150,
　　151, 264, 281, 284, 298, 312, 321,
　　330, 351
이두산(李斗山) 396
이륭양행(怡隆洋行) 60, 153, 318
이르쿠츠크파 199, 364
이만갑(李萬甲) 410
이명교(李命敎) 103
이민달(李敏達) 197, 203, 335

이민창(李民昌) 295, 352
이범석(李範奭) 164, 227, 228, 461
이복원(李復源) 244
이봉수(李鳳洙) 88, 103
이봉창(李奉昌) 80, 81, 130, 158, 160,
　　171, 225, 230, 339, 341~343, 345,
　　386
이상룡(李相龍) 72, 332, 346, 361, 362
이상설(李相卨) 85, 115
이성발(李盛發) 344
이성요(李聖耀) 308
이성원(李盛元) 344
이숙 29
이승만(李承晩) 17, 20, 33, 34, 40, 43,
　　62, 67, 69~71, 90, 94, 95, 119,
　　122~124, 127~129, 145, 151, 166,
　　182, 184, 193, 233, 234, 265, 281,
　　283~285, 293~295, 297~301, 309,
　　310, 312, 313, 316, 322, 324~326,
　　331, 333, 346, 351~353, 355, 358,
　　360, 361, 379
이승춘(李承春) 329, 330
이시무라 자매(井村月雄・芳子) 412
이시영(李始榮) 22, 87, 90, 91, 95, 103,
　　231, 245, 284, 287, 300
이영근(李洪根) 89, 103
이영여(李嬰如) 396, 419
이영찬(李永贊) 103
이용혁(李龍爀) 262
이우방(李友邦) 424
이웅(李雄) 223
이원익(李元益) 103, 319
이유필(李裕弼) 31, 71, 225, 328, 329,
　　337, 361~363, 370
이윤철 459
이익봉(李益鳳) 239

이익성(李益星) 412

이장녕(李章寧) 220

이정규(李丁奎) 103

이정호(李貞浩) 248, 250, 253, 396, 419, 420

이준(李儁) 174

이준식(李俊植) 162

이찬(李贊) 195

이천민(李天民) 371

이청천[李靑天 ; 지청천(池靑天)] 131~134, 136, 160, 183, 220, 221, 226~229, 232, 233, 237, 244, 269, 272, 440, 451

이춘숙(李春塾) 91, 103

이춘암(李春岩) 239

이치준(李致俊) 103

이탁(李沰) 353

이탁(李鐸) 356

이토(伊藤進) 397, 412

2·8운동 87, 100~105, 107, 108

이필규(李泌珪) 103

이화숙(李華淑) 288

이회영(李會榮) 22, 103

이희경(李喜儆) 103

인성학교(仁成學校) 58, 65, 66, 121, 153, 336, 431, 433

일합사(一合社) 100, 106

임봉래(林鳳來) 104

임시사료편찬회 66, 122

임팔(Imphal)전투 40

ㅈ

자유시(自由市) 사건 65

작탄대(炸彈隊) 157

장개석(蔣介石) 81, 127, 135, 136, 141, 142, 143, 160, 166~168, 215, 216, 219, 221, 228, 242, 246, 247, 367, 373, 374, 397, 407

장건상(張建相) 22, 29, 43, 144, 169, 199, 251, 334

장계민(張啓民) 311

장계영(張啓榮) 307

장덕노(張德櫓) 319

장덕수(張德秀) 43

장도선(張道善) 254

장도정(張道政) 104

장병준(張炳俊) 104

장붕(張鵬) 104

장성산(張聖山) 199

장승언(張承彦) 223

장이욱(張利郁) 362

장정강(張靜江) 292

장정로(張正櫓) 104

장준하(張俊河) 22, 29, 31, 43

장지락(張志樂 ; 김산) 22, 138, 200, 217, 237, 367, 378

장학량(張學良) 77, 215, 373, 76

〈在南京中國國民黨會議에 대한 선언〉 206, 372

재만특무회 418

재미한족연합회 407

재상해각단체연합회 369, 373

재상해환구학생회(在上海寰球學生會) 288

재중국한인청년동맹(재중한청) 201, 202, 267, 367

────────── 제1구 상해지부 203, 204, 267, 368

쟁(錚) 424

전경무(全耕武) 234

전국연합진선협회 37, 241~244, 247,
    254, 257, 380, 419
〈전민족적독립당결성의 선언문〉 197,
    366
〈전쟁개시에 관한 협약〉 174
정대호(鄭大鎬) 104
정백(鄭栢) 196, 197, 205, 335, 366
정상겸(丁象謙) 307
정신(鄭信) 359
정우회(政友會) 196
─── 선언 365
정원〔鄭遠 ; 정세호(鄭世鎬)〕 200, 201,
    366
정원택(鄭元澤) 104, 282
정의단(正義團) 64
정인과(鄭仁果) 104
정인교(鄭寅敎) 295, 352
정일명(鄭日明) 227
정재면(鄭載冕) 87
정정화 22, 254
정진국(鄭鎭國) 117
정태희(鄭泰熙) 200, 203, 206, 222
정팔선(鄭八仙) 227
정학빈〔鄭學彬 ; 정유린(鄭有燐)〕 198,
    200
정해리(鄭海里) 254
정화암(鄭華岩) 29, 43, 134, 341
《제시의 일기》 176
제이콥스(J. E. Jacobs) 184
조경한(趙擎韓 ; 안훈) 43, 220, 221, 244
조동진(趙東珍) 104
조동호(趙東祜) 31, 43, 86, 104, 323,
    329
조봉암(曺奉岩) 22, 197, 203, 205, 206,
    321, 335, 365
조상섭(趙尙燮) 73, 194, 197, 319, 328,

    329, 335, 361~363
조선공산당 205, 241, 367, 371, 378
───── 재건동맹 218
조선독립동맹 39, 47, 137, 139, 142,
    144, 146, 254, 274
조선무정부주의자연맹 36, 254, 255, 371
《朝鮮民族戰線》 240, 376
조선민족전선연맹(민족전선) 36, 38,
    39, 47, 134, 135, 140, 146, 161,
    234, 236~244, 246, 247, 253, 254,
    257, 376, 380, 416, 419, 421, 427,
    441~443, 447, 460
조선민족전선통일촉성회 237
조선민족해방동맹 134, 135, 142, 237,
    239, 243, 247, 251~255
조선민족해방투쟁동맹 35, 248, 251~254
(조선)민족혁명당 36, 38, 39, 41, 77,
    131~138, 141~143, 183, 214, 220,
    224, 226~234, 236~239, 241, 243,
    245, 247~249, 251~257, 269, 271,
    274, 380, 419, 420, 437, 438, 440,
    441, 443, 447, 450
───────── 해외전권위원회 251
조선민족혁명통일동맹 249
조선사회당 280, 299
《조선의 血》 371
조선의용군 42, 142, 143, 393
조선의용대 27, 41, 132, 136, 138~143,
    146, 161, 163, 183, 239~241,
    246~248, 250, 253, 393~405,
    407~414, 416~429, 441~443, 445,
    447, 450, 457, 458, 460
───── 제1유격선전대 408
───── 제2유격선전대 409, 415
───── 지도위원회 407, 423
───── 화북지대 139, 393, 401,

411
《朝鮮義勇隊》 394, 395, 400, 410, 411,
    418, 420, 423, 425, 426, 458
《朝鮮義勇隊通訊》 394, 395, 426, 458
조선청년전시복무단 241, 441, 443
조선청년전위동맹 135, 243, 247, 248,
    253, 441, 443
조선혁명군사정치간부학교 136, 160,
    219, 437, 439, 440, 463
조선혁명당 36, 44, 133~135, 215, 219,
    223, 224, 227, 229, 232, 237, 243,
    244, 256, 268, 269, 272, 371, 427,
    443, 445, 451~453
〈조선혁명선언〉 125, 193, 266
조선혁명자연맹 36, 134, 135, 142,
    237~239, 243, 254, 255
조성환(曺成煥) 87, 90, 104, 114, 115,
    162, 195, 226, 229, 231, 236, 244,
    262, 371, 372, 374, 451, 453
조소앙(趙素昻) 20, 22, 23, 27, 37, 43,
    77~79, 86, 87, 90, 104, 111, 133,
    134, 139, 166, 167, 169, 175, 179,
    199, 214~216, 226~228, 230, 232,
    233, 236, 244, 245, 248, 249, 262,
    269, 272, 338, 341, 368, 370, 373,
    375
조시원(趙時元) 244
조영진(趙永晉) 104
조완구(趙琬九) 59, 78, 79, 87, 104, 197,
    203, 214, 215, 226, 228, 231, 245,
    250, 288, 295, 311, 322, 335, 337,
    338, 353, 368, 370
조원창(趙元昌) 104
조중상민수륙무역장정(朝中商民水陸貿
    易章程) 112
주가화(朱家驊) 166, 167, 169

주경란(朱慶瀾) 345
주념조(朱念祖) 307
주동욱(朱東旭) 402, 411
주만참의부(駐滿參議府) 120, 153
주문원(朱文元) 117
주미외교위원부 144, 164, 166
주요한(朱耀翰) 28, 66, 354
주은래(周恩來) 144, 166, 169
주의자동맹(主義者同盟) 73, 194
주화대표단 439, 440, 463
중광단(重光團) 64
중국공산당 36, 47, 50, 75, 76, 78, 114,
    127, 131~133, 137, 138, 144, 165,
    166, 169, 204~207, 209, 212, 217,
    237, 241, 242, 248, 253, 254, 367,
    393, 411
————— 상해지부 205
————— 소조 141
————— 한인지부 76, 206
중국국민당 48, 73~75, 80, 119, 141,
    144, 167, 169, 193, 215, 229, 231,
    241, 247, 254, 334, 341, 342, 372,
    413, 435, 455
————— 광동국민정부 373
————— 정부 20, 27, 40, 50, 79,
    131, 135, 136, 137, 142, 146, 161,
    165, 166, 169, 177, 206, 214,
    226~229, 240, 242, 243, 257, 339,
    347, 368, 373, 437, 438, 447, 459
————— 정부 군사위원회 143
————— 중앙선전부 대적선전위원
    회 164
————— 중앙집행위원회 77, 215
중국군관학교 낙양분교(낙양군관학교)
    131, 136, 160, 215, 221, 440
중국군사위원회 41, 133, 135, 167, 240

중국본부한인청년동맹(중본한청)   74,
    200~202, 267, 334, 366, 367
중산대학(中山大學)   74, 125, 126, 455,
    457, 468
중국중앙군사정치학교 무한분교   74,
    441~443
중일전쟁   37, 41, 48, 131, 132, 134, 136,
    137, 145, 146, 161, 163, 177, 231,
    232~237, 241, 242, 257, 271, 426,
    437, 443, 469
(중한)대일전선통일동맹   373, 374
진갑수(陳甲秀)   200
진과부(陳果夫)   135
진기미(陳其美)   115
《震壇》   281, 285, 288, 291~293, 313
진단학교   290
진덕삼(陳德三 ; 홍남표)   73, 74, 196,
    197, 199, 203, 205, 206, 335, 366,
    367
진독수(陳獨秀)   292
진동명(陳東明)   412
진립부(陳立夫)   139, 341
진의로(陳義路)   227
진희창(秦熙昌)   104

ㅊ

차균창(車均敞)   321
차리석(車利錫)   134, 214, 226, 231, 244,
    337, 376, 451, 453
차태여(車軸輿)   321
창조파   68~70, 124, 128, 193, 325~327,
    346, 357~359, 364, 365
채군선(蔡君仙)   117
처칠(W. Churchill)   166, 179, 181

천마산대   157
천병일(千炳日)   227
천세헌(千世憲)   69, 287, 355
천진기성회   356
천진대한교민단   58, 115, 121
철혈단(鐵血團)   42, 122, 157, 211, 222
《靑島國民日報》   80
청도회담(靑島會談)   113
청산리전투   65, 67, 70, 121, 352
최근우(崔謹愚)   87, 104
최대갑(崔大甲)   356
최동오(崔東旿)   133, 223, 227, 229, 249,
    255, 295, 352, 374
최목(崔穆)   356
최봉관(崔鳳官)   203
최석순(崔錫淳)   197, 227, 329, 335
최선화(崔善嬅)   176
최완(崔浣)   105
최용건(崔庸健)   367
최원(崔圓)   199
최재형(崔在亨)   90
최준례(崔遵禮)   323, 327
최진석(崔進錫)   321
최창식(崔昌植)   87, 105, 197, 203, 205,
    335, 363
최창익(崔昌益)   132, 137, 141, 241, 248
최천호(崔天浩)   117
최철호(崔鐵鎬)   402, 411
최추해(崔秋海)   199, 200
최호(崔灝)   220
최홍식(崔興植)   80, 159, 342, 344

ㅋ

카이로선언   144, 168, 171, 387

486

캘리포니아 흥사단 26
코민테른 44, 68, 133, 193, 203, 206, 237, 264
———— 12월 테제 75, 130, 202, 267, 337, 368, 380

ㅍ

파리강화회의 61, 62, 66, 116, 119, 123, 150, 152~154, 156, 170, 182, 262, 263, 299, 386
팔로군(八路軍) 248, 410, 411
포타포프(Alexei Potapov) 151
피치(S. A. Fitch) 345

ㅎ

하딩(W. G. Harding) 297
하응흠(何應欽) 413
하지(J. R. Hodge) 184
《韓國見聞錄》 290
〈한국과 강화조약〉 185
〈한국광복군선언문〉 141
한국광복동지회 219
한국광복운동단체연합회(광복진선) 36, 39, 134, 135, 137, 140, 146, 161, 233~238, 241~244, 247, 257, 380, 419, 460
한국광복진선청년공작대(韓國光復陣線青年工作隊) 41, 137, 161, 162, 235, 459~461
한국국민당 36, 39, 134, 135, 227, 229, 231~234, 236, 243, 244, 257, 268, 269, 272, 419, 443

———— 청년단 232
한국노병회(韓國勞兵會) 35, 36, 42, 70, 71, 75, 76, 79, 117, 155, 157, 158, 170, 182, 215, 231, 324, 327~331, 341, 346, 431, 433
(한국)대일전선통일동맹 38, 131, 133, 209, 219, 225, 228, 230, 236, 243, 380, 419, 433, 440
한국독립당 36~37, 55, 56, 76~80, 132~133, 158, 201, 206~209, 213~216, 219, 222, 223, 225~230, 232, 233, 236, 256, 268~271, 275, 276, 338, 341, 346, 350, 351, 370~372, 375~377, 380, 433~435
———— 광동지부 231, 456, 457
———— 남경지부 440
———— 북경지부 371
———— 통일동지회 142, 251
———— 특무대 341
(만주) 44, 131, 132, 220~222, 224, 269
(재건) 36, 134, 135, 227, 229, 230, 233, 236, 243, 244, 255, 268, 269, 272, 443
(중경) 36, 39, 77, 140~143, 163, 214, 244~247, 249~253, 255~257, 268, 272, 35, 370
한국독립당관내촉성회연합회 74, 75, 129, 199, 200, 208, 212, 267, 334, 337, 366
《韓國獨立運動之血史》 122
한국유일독립당상해촉성회 73~76, 197, 199, 202, 203, 212, 217, 334, 346, 366, 368
한국청년전위단 232
한국청년전지공작대(韓國靑年戰地工作

隊) 41, 138, 143, 162, 163, 246,
    254
한국특무대독립군 160, 231, 232, 440
한국혁명각단체대표자대회 225
한국혁명당 132, 220, 222, 269, 440
한국혁명운동통일7단체회의(7당통일회
    의) 39, 135, 140, 162, 243, 253,
    257, 380, 452, 453
〈韓國魂〉 292, 293
한기악(韓基岳) 105
한길수 25
한남수(韓南洙) 88, 105
한단군사강습소 117, 330
한도원(韓道源) 231
《韓民》 231
한봉근(韓鳳根) 330
한빈〔韓斌；왕지연(王志延)〕 239, 241,
    248, 250, 253
한성정부   33, 56, 88, 90, 93, 95,
    103~105, 123, 149, 263, 282, 283,
    388
한승곤(韓承坤) 362
한시대(韓始大) 234
한원창(韓元昌) 323
한위건(韓偉健) 105, 367
한인사회당 33, 151, 260, 264
한인애국단 23, 35, 36, 43, 79, 80, 130,
    133, 136, 158, 159, 170, 180, 183,
    215, 230, 341~344, 345, 347, 435
한인애국단(미주 대한인애국단) 234
〈한인애국단의 선언〉 345
《韓日關係史料集》 66, 122
한일래〔韓一來；천병림(千炳林)〕   219,
    225, 240
한족동맹회 371
한중문화협회 139, 169

한중협회(韓中協會) 117
한중호조사(韓中互助社) 117
한지성(韓志成) 142, 396, 406, 407, 420
한진교(韓鎭敎) 86, 105, 194, 262, 323
《韓靑》 232
한태규(韓泰珪) 321
한형권(韓亨權) 151, 321, 357~359
함성(咸聲；오성륜) 157, 199, 200, 217,
    367, 433
허열추(許悅秋) 199
허운(許雲) 194
허정숙(許貞淑) 132, 137, 241
헤이그평화회의 174
《革命運動》 126
현순(玄楯) 31, 43, 87, 90, 105, 233, 290
현익철(玄益哲) 223, 224
현정건(玄鼎健) 197, 199, 335
현정경(玄正卿) 223
현창운(玄彰運) 105
현하죽(玄河竹) 224
협성회(協誠會)   285, 295~297, 312,
    322, 354
형태 전투 402, 410
혜령전수여학교 295
혜중학교(惠中學校) 203
호가장 전투 410
호법정부(護法政府) 62, 118, 119, 151,
    281, 285, 286, 299, 302, 304~310,
    312, 313, 324, 455, 457
호유백(胡維伯) 411
호한민(胡漢民；사지)   292, 304, 308,
    373
〈互惠條約 五款〉 304
혼조(本庄繁) 344
홍남표(洪南杓；진덕삼) 73, 74, 196, 197,
    199, 203, 205, 206, 335, 365, 366

홍면희(洪冕憙 ; 홍진)　31, 43, 72~75,
　　　88, 105, 195~197, 199, 220, 222,
　　　226, 229, 230, 232, 236, 244, 245,
　　　248, 249, 255, 266, 301, 311, 332,
　　　335, 364, 366
홍명희(洪命憙)　262
홍주(洪疇)　92, 105
홍진(洪震 ; 홍면희)　31, 43, 72~75, 88,
　　　105, 195~197, 199, 220, 222, 226,
　　　229, 230, 232, 236, 244, 245, 248,
　　　249, 255, 266, 301, 311, 332, 335,
　　　364, 366
홍진의(洪震義)　105
화북조선독립동맹　38
화요파　75, 76, 78, 130, 196, 199~204,
　　　267, 268, 337, 366~368
황포교도단(黃埔敎導團)　126
황포군관학교　74, 125, 126, 129, 136,
　　　157, 216, 219, 229, 438, 455, 457,
　　　468
황포동학회(黃埔同學會)　133
황포탄 의거　157, 432, 433
황공호(黃公浩)　105
황욱〔黃郁 ; 황일산(黃一山)〕　195
황중현(黃中顯)　295
황진남(黃鎭南)　105
황학(黃鶴)　396
황학수(黃學秀)　31, 43, 162, 220, 451,
　　　453
황훈(黃勳)　194, 197, 203, 335
흑색공포단　255
흥사단　35, 67, 77, 101, 107, 213, 354,
　　　362, 370
───── 원동지부　354